Individualschutz im Betriebsverfassungsrecht

Schriften zum
Unternehmens- und Wirtschaftsrecht

Herausgegeben von Marcus Bieder, Andreas Fuchs,
Lars Leuschner, Markus Stoffels und Dirk A. Verse

Band 26

PETER LANG

Michel Hoffmann

Individualschutz im Betriebsverfassungsrecht

PETER LANG

Bibliografische Information der Deutschen Nationalbibliothek
Die Deutsche Nationalbibliothek verzeichnet diese Publikation
in der Deutschen Nationalbibliografie; detaillierte bibliografische
Daten sind im Internet über http://dnb.d-nb.de abrufbar.

Zugl.: Heidelberg, Univ., Diss., 2018

D 16
ISSN 2364-0863
ISBN 978-3-631-78214-9 (Print)
E-ISBN 978-3-631-78215-6 (E-PDF)
E-ISBN 978-3-631-78216-3 (EPUB)
E-ISBN 978-3-631-78217-0 (MOBI)
DOI 10.3726/b15304

Peter Lang – Berlin · Bern · Bruxelles · New York ·
Oxford · Warszawa · Wien

Diese Publikation wurde begutachtet.

www.peterlang.com

Vorwort

Die vorliegende Untersuchung wurde von der Juristischen Fakultät der Ruprecht-Karls-Universität Heidelberg im Wintersemester 2018/2019 als Dissertation angenommen. Literatur und Rechtsprechung wurden bis Ende 2017 berücksichtigt.

Danken möchte ich zunächst meinem Doktorvater Herrn Prof. Dr. Markus Stoffels, an dessen Lehrstuhl am Institut für Bürgerliches Recht, Arbeitsrecht und Insolvenzrecht ich als Wissenschaftlicher Mitarbeiter drei sehr lehrreiche Jahre in einem stets angenehmen Arbeitsumfeld verbringen durfte. Gerne erinnere ich mich zurück an viele gute Gespräche, die nicht nur rein juristischer Natur sein mussten und die Unterstützung auch außerhalb des Promotionsprojekts, etwa bei eigenen Veröffentlichungen oder auch im Referendariat. Herrn Prof. Dr. Thomas Lobinger danke ich für die freundliche Übernahme und Erstellung des Zweitgutachtens.

Ein herzlicher Dank gilt auch den Mitarbeiterinnen und Mitarbeitern des Lehrstuhls, insbesondere Dr. Sabrina Traeger, Christian Warns, Dr. Miriam Sprink, Florian Klein und Diana Buntner für wertvolle Unterstützung, fachliche Diskurse und einem stets harmonischen Miteinander. Nicht unerwähnt bleiben darf auch Frau Nicole Bung, die im Sekretariat stets Anlaufstelle für alle Fragen und Nöte der Doktorranden war und ganz maßgeblich zu dem guten Arbeitsklima beigetragen hat.

Der größte Dank gilt schließlich Manon Hennies für sehr viel Geduld, die immer wieder aufmunternden Worte und die stetige Unterstützung, die weit über das Lektorat der Arbeit hinausgingen.

Heidelberg, Dezember 2018 Michel Hoffmann

Inhaltsübersicht

Inhaltsverzeichnis

Abkürzungen

Auf Abkürzungen soll in der Arbeit weitgehend verzichtet werden. Soweit sie notwendig wurden und nicht allgemein gebräuchlich sind, entsprechen sie dem „Abkürzungsverzeichnis der Rechtssprache“ von *Hildebert Kirchner*, 8. Auflage, Berlin 2015.

1. Kapitel – Einführung in die Thematik

A. Einleitung

Die betriebliche Mitbestimmung in Deutschland ist als bedeutender Faktor zur Stabilisierung der Wirtschafts- und Sozialordnung ein Erfolgsmodell.[1] Sie hilft Hierarchien zu überbrücken und den sozialen Abstand zu verringern und leistet damit einen Beitrag zur sozialen Integration der Gesellschaft. Zugleich bedeutet Mitbestimmung auch Mitverantwortung und bietet gerade auf der Ebene der betrieblichen Mitbestimmung einer Vielzahl von Bürgern[2] die Möglichkeit, demokratische Aufsicht zu übernehmen. Sie entlastet aber auch das Verhältnis zwischen Arbeitnehmern und Arbeitgebern von Konflikten, da die Leitungsstruktur des Betriebs auf eine gesetzliche Grundlage gestellt wird und so eine kooperative Unternehmenskultur begünstigt. Dabei müssen die Beteiligung der Belegschaft und die Sicherung ihrer Rechte durch repräsentative Institutionen nicht unbedingt Hindernisse für die Effizienz des Betriebs sein, sondern können im Gegenteil produktive Ressourcen darstellen.[3] Gleichwohl ist die betriebliche Mitbestimmung im geschichtlichen Kontext zuallererst als Schutz des einzelnen Arbeitnehmers vor der umfassenden Regelungsmacht des Arbeitgebers konzipiert worden.[4] Das Erfolgsmodell Betriebsverfassung hat aber in den letzten Jahren an Glanz verloren. Insbesondere in Betrieben und Unternehmen, die traditionell über starke Interessenvertretungen verfügen, scheint eine Entwicklung stattzufinden, die sich mehr und mehr von den Bedürfnissen und Ansprüchen des einzelnen Arbeitnehmers entfernt. Wenn das Fortkommen im Unternehmen nicht zuvorderst an der Leistung, sondern an der Gewerkschaftszugehörigkeit

---

1 Zuletzt ausführlich mit der Gesamtbedeutung auseinandergesetzt hat sich ein Positionspapier des *Bundesministeriums für Arbeit und Soziales* (BMAS) unter Leitung von Frau *Andrea Nahles*: Mitbestimmung – eine gute Sache (Januar 2017).

2 Es sind stets Personen männlichen und weiblichen Geschlechts gleichermaßen gemeint; aus Gründen der Lesbarkeit wird im Folgenden nur die männliche Form verwendet.

3 Zum Gesamten vgl. die Ausführungen der Kommission Mitbestimmung hrsg. von der *Bertelsmann Stiftung* u. der *Hans-Böckler-Stiftung*, Mitbestimmung und neue Unternehmenskulturen, 7 ff. Zu Vorzügen und Nachteilen der betrieblichen Mitbestimmung siehe auch DKKW/*Däubler*, Einl. BetrVG Rn. 62 ff.

4 Zum geschichtlichen Kontext der Mitbestimmung und den wesentlichen Entwicklungsschritten siehe ausf. *Reichold*, Betriebsverfassung als Sozialprivatrecht, 54 ff. sowie die Ausführungen im 2. Kapitel, A. I.

hängt, Gegenstimmen im Betrieb kollektiv kleingehalten werden und der Betriebsrat seine Machtposition zum Machterhalt einsetzt, hat die Betriebsverfassung eine gefährliche Eigendynamik entwickelt. Dieses Problem ist mittlerweile im gesellschaftlichen Bewusstsein angekommen und von den Medien aufgegriffen worden.[5] Auch persönliche Gespräche im Rahmen dieser Arbeit mit Personalverantwortlichen und Betriebsräten größerer deutscher Unternehmen haben diesen Konflikt in unterschiedlicher Intensität und Ausgestaltung bestätigen können. Die großen Skandale bei Volkswagen oder Siemens sind in dieser Dimension sicher einzigartig.[6] Dennoch haben sie das Vertrauen in die Interessenvertretung grundsätzlich ins Wanken gebracht.[7] Dass der Arbeitgeber wie im Fall von Siemens tatsächlich den Versuch unternahm, mit einer von ihm finanzierten und maßgeblich beeinflussten Arbeitnehmervertretung ein Gegengewicht zur IG Metall zu schaffen, führt die gesamte Idee der betrieblichen Mitbestimmung *ad absurdum*.[8] Gezeigt haben diese Fälle deutlich, dass auch der Betriebsrat, nicht gefeit ist vor Rechtsmissbrauch, Korruption und Partikularinteressen. Dies wirft aus rechtlicher Sicht die Frage auf, inwieweit solche Überschreitungen in der Betriebsverfassung Ausnahmecharakter aufweisen oder ob sie nicht möglicherweise gar institutionell bedingt sind.[9]

Den richtigen Einstieg bietet folgendes Zitat aus einem Dossier des Bundesministeriums für Arbeit und Soziales: „Wo sich wirtschaftliche Macht zusammenballt, ist Kontrolle ein wichtiges Instrument um Missbrauch zu verhindern".[10]

---

5 Zuletzt ausführlich thematisiert hat das *Claas Tatje* im Artikel der Zeit vom 7.4.2016 mit den soeben genannten Beispielen. Siehe http://www.zeit.de/2016/16/volkswagen-ig-metall-betriebsrat-unternehmenskultur (letztmalig abgerufen am 27.1.2017).

6 Zur Chronologie der Fälle siehe etwa http://www.handelsblatt.com/unternehmen/industrie/zehn-jahre-vw-affaere-gebauer-wo-bleiben-die-weiber/11972752.html (letztmalig abgerufen am 27.1.2017) sowie http://www.stern.de/wirtschaft/news/chronologie-der-siemens-aub-skandal-3738114.html (letztmalig abgerufen am 27.1.2017).

7 Zu weiteren Sonderzahlungen an die Betriebsräte bei Opel und VW siehe etwa die Beiträge der FAZ: http://www.faz.net/aktuell/wirtschaft/vw-abgasskandal/abgasskandal-top-betriebsraete-von-vw-werden-gesetzeswidrig-bezahlt-13849839.html (letztmalig abgerufen am 27.1.2017) sowie http://www.faz.net/aktuell/wirtschaft/automobilindustrie/rechtswidrige-lohnzuschlaege-opel-schmiert-seine-betriebsraete-11494339.html (letztmalig abgerufen am 27.1.2017).

8 Vgl. dazu nur https://www.welt.de/wirtschaft/article2481559/Wie-Siemens-sich-eine-Gewerkschaft-kaufte.html (letztmalig abgerufen am: 27.1.2017).

9 Für Ausnahmeerscheinungen, die im Wesentlichen an der Realität vorbeigehen, hält dies DKKW/*Däubler*, Einl. BetrVG Rn. 266. Als grundsätzliches Problem adressiert wird es hingegen etwa bei *Blomeyer*, in: GS Dietz, 147, 156.

10 *BMAS*, Mitbestimmung – eine gute Sache, 10.

Diese allein auf die Beziehung zum Arbeitgeber verstandene Kontrollmöglichkeit wird auch im Hinblick auf den Betriebsrat immer offenkundiger. Der Individualschutz in der Betriebsverfassung scheint fragmentarisch, wenn man Kontroll- und Rechtsschutzmöglichkeiten in der Beziehung zum Betriebsrat gänzlich ausblendet. Pointiert lässt sich fragen: „Wer schützt eigentlich vor dem Betriebsrat?“[11].

Es ist unklar, ob die Betriebsverfassung hierauf eine ausreichende Antwort enthält. Die Beziehung zwischen Betriebsrat und Arbeitnehmer ist gesetzlich nicht ausgestaltet, sodass die ganz herrschende Meinung insoweit auch keine Ansprüche gegen den Betriebsrat anerkennt.[12] Gleichwohl können die Auswirkungen der betrieblichen Mitbestimmung auf den Einzelnen gravierend sein. Im Grundsatz begründet man die freiheitsbeschränkende Wirkung der betrieblichen Mitbestimmung mit dem Schutz des Arbeitnehmers.[13] Das lässt sich aber dort schwer rechtfertigen, wo der Betriebsrat als Antagonist auftritt. Will er etwa das berufliche Fortkommen eines Arbeitnehmers von einem Gewerkschaftseintritt abhängig machen, sind das keine leeren Drohungen. Im Bereich der personellen Einzelmaßnahmen kann der Betriebsrat mit seiner Zustimmungsverweigerung *de facto* erheblichen Einfluss nehmen. Auch auf vielen anderen Feldern der betrieblichen Mitbestimmung gilt es potentielle Benachteiligungen zu untersuchen. Dies reicht von belastenden Betriebsvereinbarungen über die generelle Versagung der Hilfe gegenüber dem Arbeitgeber bis zu erheblichen Nachteilen im Rahmen des Kündigungsschutzes, etwa wenn der Betriebsrat der Kündigung nicht widerspricht (§ 102 Abs. 3 BetrVG) oder den Arbeitnehmer gar sachwidrig auf die Namensliste gesetzt hat (§ 1 Abs. 5 KSchG). Erschwerend aus Sicht des einzelnen Belegschaftsmitglieds kommt außerdem hinzu, dass er zwangsweise in dem Kollektiv eingegliedert ist.[14] Er muss einen bereits bestehenden Betriebsrat ebenso hinnehmen wie einen solchen, den er nicht gewählt hat. Der Arbeitnehmer mag sich davon distanzieren, sei es durch Wahlenthaltung, Protestaktionen oder Appelle an den Arbeitgeber – dies hilft ihm aber alles nicht

---

11 So der Titel des Beitrags von *Neef*, NZA 2001, 361.

12 Größtenteils wird hierauf nur am Rande eingegangen. Vgl. etwa BAG 3.12.1985, AP BAT § 74 Nr. 2; GK/*Kreutz*, § 75 BetrVG Rn. 24; *Richardi/Maschmann*, § 75 BetrVG Rn. 54; *Bommermann*, Theorie der Wirksamkeitsvoraussetzung, 91 mwN; *Biedenkopf*, BB 1972, 1513, 1516; *Neef*, NZA 2001, 361, 362; vgl. auch *Wiese*, NZA 2006, 1, 8 f. mit Überlegungen *de lege ferenda*. Konkret etwa für § 99 BetrVG: BAG 27.5.1982, AP ArbGG 1979 § 80 Nr. 3.

13 Insb. zu den verfassungsrechtlichen Fragen siehe unten im 3. Kapitel, C. IV. 2. f).

14 *Rüthers*, in: Zwei arbeitsrechtliche Vorträge, 8, 27.

in einem System, das auf betrieblicher Ebene seit geraumer Zeit den ganzen Minderheitenschutz vergessen zu scheint.[15] Die Unterwerfung des Einzelnen unter die Interessenvertretung lässt sich dann aber kaum privatautonom erklären.[16] In diesem Zusammenhang wird es noch im Einzelnen darzulegen sein, dass die betriebliche Mitbestimmung viel eher eine Fremdbestimmungsordnung ist, die den Betriebsrat als Zwangsrepräsentation begreift.[17] Bedenklich erscheint es in einem solchen Umfeld, dem Arbeitnehmer keine eigenen Ansprüche gegen den Betriebsrat zubilligen zu wollen. Die Handlungsmacht bleibt dann allein begrenzt durch die Gegenmacht des Arbeitgebers.[18] Dieser tritt damit skurrilerweise in die Rolle als „Anwalt des Arbeitnehmers"[19]. Die fehlende demokratische Überwachungsinstanz im Betrieb[20] lässt die von den Belegschaftsmitgliedern immer mehr empfundene Objektstellung greifbar werden.[21] Sie können im Extremfall zum Spielball unterschiedlichster Interessen und Absprachen zwischen den Betriebsparteien werden. Dann aber stellt sich die Frage zu Recht: Wer schützt den Arbeitnehmer in diesen Fällen vor dem Betriebsrat? Bestehende Schutzlücken bedingen einen neuen Konflikt zwischen Selbstbestimmung und Fremdbestimmung, der sich tatsächlich zu einer Macht- und damit zu einer Systemfrage zuspitzen kann.[22]

Ein wesentliches Anliegen der Arbeit wird sein, diesen Konflikt umfassend in der Betriebsverfassung nachzuvollziehen, um ein Gesamtbild der tatsächlich existierenden Schutzlücken zeichnen zu können. Dies kann jedoch nicht bedeuten, dass sämtliche Mitbestimmungstatbestände auf ihr Beeinträchtigungspotential bezüglich der in Rede stehenden Individualinteressen hin untersucht werden. Allerdings soll ein relevanter Querschnitt der in Betracht kommenden Möglichkeiten helfen, die tatsächlichen Schutzdefizite besser zu erfassen. Denn gerade an einer solchen Gesamtbetrachtung scheint es zu fehlen. Singulär

15 So zutreffend *Däubler*, NZA 1988, 857, 860.

16 Diskutiert wird diese Frage vornehmlich im Rahmen der Legitimation von weitreichenden Betriebsvereinbarungen. Siehe hierzu unten im 2. Kapitel, B. II. 3. a).

17 Vgl. etwa HWGNRH/*Rose*, Einl. BetrVG Rn. 87 ff. mit Auflistung der unterschiedlichen Ansätze. Ferner *Richardi*, Einl. BetrVG Rn. 105 mwN; *Belling*, Haftung des Betriebsrats, 41 ff., 56 ff.

18 Vgl. nur *Belling*, Haftung des Betriebsrats, 55.

19 So bereits *Biedenkopf*, BB 1972, 1513, 1516.

20 So auch *Rüthers*, in: Zwei arbeitsrechtliche Vorträge, 8, 23.

21 Diese Bedenken wurden bereits im Regierungsentwurf im Vorfeld zu den Änderungen im Jahr 1972 festgehalten. Siehe dazu im 2. Kapitel, A. I. 4.

22 So bereits die Bedenken bei *Picker* zum BetrVG 2001 (*Picker*, RdA 2001, 259, 291).

wurden Probleme im Hinblick auf die Beziehung von Kollektivgewalt und Individualinteresse jedenfalls intensiv diskutiert. Man denke nur an die kaum noch zu überblickende Vielfalt der Literaturansichten zur Reichweite und Grenzen der Betriebsvereinbarung.[23] Neben der Untersuchung einzelner Problemfelder soll gleichzeitig versucht werden, diese bereits in einen Systematisierungsansatz miteinfließen zu lassen, um für die weitere Behandlung der Thematik erste abstrakte Kriterien herausfiltern zu können. Die Rechtsprechung hat bisher wenig Gelegenheit erhalten, den Grundsatzkonflikt zu beleuchten, was angesichts der in Rede stehenden Rechtsschutzdefizite nicht weiter verwunderlich ist. Die bereits ergangenen Entscheidungen lassen aber aufhorchen. Ändert der Betriebsrat seine Blockadehaltung gegen einen Sozialplan, nachdem ihm konkrete Begünstigungen versprochen wurden,[24] droht er dem einzelnen Arbeitnehmer offen mit Nachteilen, wenn dieser seinen Gewerkschaftsaustritt nicht rückgängig macht[25] oder installiert der Betriebsrat eine zweite Kommunikationsebene im Betrieb, die er einseitig mit Gewerkschaftsleuten besetzt,[26] verfestigt sich der Gesamteindruck, dass der Rechtsmissbrauch in der Betriebsverfassung durchaus systemrelevant geworden ist. Dabei wird man nicht so weit gehen müssen wie *Picker*, der in der Entwicklung die Verkehrung der Ursprungsidee der kollektivarbeitsrechtlichen Institutionen sieht und im Ergebnis für den Arbeitnehmer den einstigen Beschützer als zukünftigen Gegner proklamiert.[27] Zu untersuchen sein wird aber, inwieweit der Arbeitnehmer von einer Abhängigkeit befreit wurde, nur um möglicherweise in eine neue (kollektive) Abhängigkeit zu gelangen.

Der Beitrag soll sich aber nicht darin erschöpfen, bestehende Defizite im Hinblick auf den Individualschutz aufzuzeigen. Es war von Beginn an das Ziel, den Individualschutz auf einer grundlegenden Basis zu verbessern. Die vereinzelt gebliebenen Lösungsansätze der Literatur sind häufig nur fragmentarisch ausgestaltet und zielen lediglich auf eingegrenzte Schwachstellen der Betriebsverfassung.[28] *Belling* hingegen hat in seiner Habilitationsschrift die Thematik des Individualschutzes in das Zentrum seiner Überlegungen gestellt und auch auf abstrakter Ebene die Lösung des Problems vorangetrieben.[29] Ohne an dieser

---

23 Insoweit ist auf die umfangreichen Literaturnachweise im Abschnitt der Betriebsvereinbarung unter B. II. im 3. Kapitel zu verweisen.

24 Vgl. LAG Sachsen 27.08.2008 – 2 Sa 752/07 – juris.

25 Vgl. LAG Köln 15.12.2000, NZA-RR 2001, 371.

26 Vgl. BAG 29.4.2015, NZA 2015, 1397.

27 *Picker*, RdA 2001, 259, 291 f.

28 Dazu im 2. Kapitel, B. VI.

29 *Belling*, Haftung des Betriebsrats, 41 ff. und passim.

Stelle bereits eine konkrete Würdigung seiner Thesen vornehmen zu wollen, hat er einen zentralen Aspekt deutlich herausgearbeitet. Der Individualschutz kann flächendeckend und umfassend nur durchgesetzt werden, wenn man dem Arbeitnehmer eine eigene betriebsverfassungsrechtliche Rechtsposition zuerkennt.[30] Die Wucht dieser Aussage ist dem Autor dabei durchaus bewusst. Ein solches Verständnis rüttelt an den Grundsätzen der Betriebsverfassung und würde das Verhältnis von Arbeitnehmer und Betriebsrat vollständig neu definieren. Will man die Umsetzung nicht erst *de lege ferenda* erreichen, bedarf es hierfür eines normativen Anknüpfungspunktes.[31] Die einzige in Betracht kommende Vorschrift kann hier § 75 Abs. 1 BetrVG sein. Sie wird als *Magna Charta*[32] der Betriebsverfassung verstanden und versucht die Behandlung der Arbeitnehmer durch die Betriebsparteien an die Grundsätze von Recht und Billigkeit zu binden. Sie erlaubt die umfassende rechtliche Wertung unter allen bekannten Gesichtspunkten und soll zugleich die Einzelfallgerechtigkeit sicherstellen.[33] Die Norm ist auch nach bisherigem Verständnis weit mehr als ein unverbindlicher Programmsatz. Man erkennt in ihr gar eine Drittdimension, weil sie Pflichten im Verhältnis zu den im Betrieb beschäftigten Personen schaffe.[34] Allerdings will man mit diesen Pflichten korrespondierende Rechte gerade nicht anerkennen. Die Programmatik der herrschenden Meinung stellt dann bei Lichte betrachtet möglicherweise viel weniger dar, als sie zu sein vorgibt. Wenn sie im Kern den Schutz des einzelnen Arbeitnehmers nicht zu gewährleisten vermag, verkommt sie zu einer inhaltsleeren Phrase. Zweifelsohne ist bei einem hier angestrebten Verständnis erheblicher Widerstand zu erwarten. Dies muss allerdings in erster Linie Ansporn sein, die Herleitung einer eigenen Rechtsposition aus dieser Vorschrift heraus fundiert zu begründen und die methodischen Schritte hinreichend offenzulegen. Es wird nicht genügen, § 75 Abs. 1 BetrVG nur im Kontext der betriebsverfassungsrechtlichen Interessenlage auszulegen. Hinzuzuziehen sind allgemeine Rechtsprinzipien und vergleichbare gesetzliche Regelungen, die im Rahmen einer Gesamtabwägung ein anderes Licht auf das bisherige Verständnis werfen können. Denn es erscheint außerhalb des Betriebsverfassungsrechts durchaus als Konsens, dass überall dort, wo uneingeschränkt und weitgehend

---

30 Vgl. *Belling*, Haftung des Betriebsrats, 41 ff., 132 ff., 217 ff.

31 Für entsprechende Gedanken *de lege ferenda* etwa *Wiese*, NZA 2006, 1, 8 f.

32 *Richardi/Maschmann*, § 75 BetrVG Rn. 1.

33 Zum aktuellen Verständnis ausf. unter B. im 3. Kapitel.

34 Vgl. *Richardi/Maschmann*, § 75 BetrVG Rn. 1; zust. ErfK/*Kania*, § 75 BetrVG Rn. 1; GK/*Kreutz*, § 75 BetrVG Rn. 2.

ohne Rechtskontrolle Macht besteht, der Machtmissbrauch vorgezeichnet und damit institutionell bedingt ist.[35]

Die Anerkennung solcher Rechte bedingt aber zugleich auch deren konkrete Ausgestaltung, was gerade im Hinblick auf die Grenzen Fragen aufwirft. *Buchner* hat hier sehr anschaulich die Limitierungen formuliert, innerhalb derer man eine Lösung anstreben muss. Wichtig sei, dass „übertriebener Individualismus im Sinne eines Infragestellens der Notwendigkeit kollektiver Interessenverfolgung im Betrieb ebenso wenig zum Durchbruch kommen sollte, wie kollektiver Fatalismus, der das Wohl des Einzelnen schon allein deshalb als gewahrt ausgibt, weil die Belegschaft als solche Mitbestimmungsmöglichkeiten hat."[36] Bei der Austarierung wird man stets im Hinterkopf behalten müssen, dass die uneingeschränkte Inanspruchnahme des Betriebsrats durch den Arbeitnehmer unmittelbar zur Funktionsaufgabe führen würde.[37] Die vorliegende Arbeit wird diese Fragen beantworten müssen, um der tatsächlichen Umsetzung reale Chancen zu geben. Die Intensität der potentiellen Beeinträchtigung kann hier möglicherweise als Regulativ dienen. Ein Anliegen ist es aber auch, dass keine Drohkulissen aufgebaut werden, welche dazu geeignet sind, die Mitbestimmungsrechte des Betriebsrats ganz generell zu überdenken.[38] Es geht nicht darum, die kollektive Schutzaufgabe des Betriebsrats zu verringern oder die Stellung des Betriebsrats als solche zu schwächen, sondern allein darum, dem Arbeitnehmer zusätzlichen Individualschutz zu gewähren.[39] Der Arbeitnehmer muss als dritter Akteur der Betriebsverfassung hinreichend anerkannt werden, um letztlich auch die Akzeptanz der betrieblichen Mitbestimmung wieder auf das eingangs erwähnte Niveau zu heben. Denn die Durchsetzung von Individualinteressen widerstrebt nicht grundsätzlich dem Gedanken der Kollektivvertretung, sondern kann – soweit

---

35 Deutlich wird dies zunächst auf der Ebene des Staatsorganisationsrechts, wo ganz wesentliche Aspekte des Rechtsstaats auf einer gegenseitigen Kontrolle der Gewalten aufbauen. Wird dieses Gleichgewicht gestört, droht Machtmissbrauch. Vgl. etwa http://www.faz.net/aktuell/feuilleton/rechte-des-amerikanischen-praesidenten-macht-macht-missbrauch-1302370.html (letztmalig abgerufen am 5.2.2017). Ausführlich auch zu außerrechtlichen Grundsätzen und gesellschaftlichen Wertungen unten unter C. IV. 3. im 3. Kapitel.

36 *Buchner*, in: Innerbetriebliche Arbeitnehmerkonflikte, 35 f.

37 Aus diesen Gründen etwa hält *Stöckl*, Das rechtliche Verhältnis zwischen Betriebsrat und Arbeitnehmer, 216 ff. einen verbesserten Individualschutz für praktisch nicht umsetzbar.

38 So etwa die ähnlich gelagerten Befürchtungen bei *Däubler*, NZA 1988, 857 f.

39 Zutreffend formuliert *v. Hoyningen-Huene*, ZRP 1978, 181.

sie sich hierbei in einem noch zu definierenden Rahmen bewegt – insgesamt zu einem verbesserten Miteinander innerhalb des Betriebs führen. Entscheidungen erfolgen dann nicht mehr völlig autark vom Willen des Betroffenen. Der Rechtsschutz kann zugleich echte Partizipationsmöglichkeiten eröffnen. Das Belegschaftsmitglied tritt dann aus seiner Objektstellung heraus und kann in Einzelfällen auf die Einhaltung seiner eigenen subjektiven Rechte pochen und im Zweifel ihn belastende Maßnahmen des Betriebsrats auch gerichtlich überprüfen lassen.

Dies führt neben der Ausgestaltung auch zur Frage der tatsächlichen Umsetzung einer solchen Konzeption. Regelmäßig findet man hier nur noch skizzenhafte Ausführungen. Auch die vorliegende Arbeit wird sich nicht gänzlich dem Vorwurf erwehren können, das Konstrukt sei nicht umfassend auch auf ihre praktische Durchsetzung hin überprüft worden. Allerdings sollen neben den abstrakten Ausführungen zur Umsetzung zwei Fallbeispiele sehr konkret durchexerziert werden. Sozusagen als erste Speerspitzen des Konzepts sollen im Rahmen einer verhinderten personellen Einzelmaßnahme wie auch bei einem willkürlich unterlassenen Widerspruch zur Kündigung die tatsächlichen Rechtsschutzmöglichkeiten des Arbeitnehmers untersucht werden. Dabei geht es nicht nur um prozessuale Fragen der Durchsetzung in einem als nicht kontradiktorischen Rechtsstreit verstandenen Beschlussverfahren, sondern auch um konkrete Auswirkungen im Betrieb. Muss der Arbeitgeber während des Verfahrens möglicherweise die Stelle unbesetzt lassen, weil er anderenfalls das Rechtsschutzziel des Arbeitnehmers vereitelt? Wer trägt hierfür, ebenso wie für die zusätzlichen Verfahren, die Kosten? Die Durchsetzung des Individualschutzes allein auf dem Rücken der Arbeitgeber auszutragen, wird einer umfassenden Gesamtabwägung ebenfalls nicht gerecht. Und letztlich bedarf auch diese ganz zentrale Frage einer Beantwortung: In welchen Fällen ist es dem Arbeitnehmer überhaupt gestattet, entgegen der in der Betriebsverfassung angelegten Systematik gegen den Betriebsrat vorzugehen? Hierauf lassen sich durchaus abstrakte Antworten finden, die aber wie bei neuen Konzeptionen so häufig, nicht viel mehr sein können als erste Impulse. Die Arbeit kann in diesem Teil nicht auf Vollständigkeit pochen, aber sie kann Grundsteine legen für die Umsetzung eines verbesserten Individualschutzes, der in der Betriebsverfassung möglicherweise so dringend wie nie benötigt wird.

B. Gang der Darstellung

Der Aufbau der Untersuchung wird sich im Wesentlichen an den einleitenden Worten orientieren. Vorweggestellt werden soll den Ausführungen im 2. Kapitel zunächst ein Blick auf den geschichtlichen Hintergrund der betrieblichen Mitbestimmung. Dieser ermöglicht es zu verstehen, weshalb die Betriebsverfassung in ihrer Entstehungsgeschichte nicht in erster Linie den Individualschutz des Arbeitnehmers vor dem Betriebsrat im Auge hatte. Wie dringend eine generelle Neujustierung dieser Ursprungsideen aber ist, soll auch anhand der geänderten Rahmenbedingungen klargemacht werden. Sodann werden ausgewählte betriebsverfassungsrechtliche Regelungen kritisch im Hinblick auf die Berücksichtigung von Individualinteressen untersucht. Dargestellt werden soll, dass es sich bei der unzureichenden Berücksichtigung tatsächlich um ein grundlegendes, in der Systematik der Betriebsverfassung angelegtes Strukturproblem handelt. Entscheidend ist dabei, wie sehr die Betriebsverfassung Eingriffe in die Individualstellung des Einzelnen ermöglicht. Sehr ausführlich diskutiert wird dies bereits jetzt im Rahmen von belastenden Betriebsvereinbarungen. Auch diese Arbeit wird nicht umherkommen, die wesentlichen Aspekte des Diskurses aufzugreifen. Gleichwohl soll aus dem hiesigen Blickwinkel die Frage nach einem effektiven Individualschutz in den Fokus gestellt werden. Vermehrt muss sich die Aufmerksamkeit daher auch auf Mitentscheidungsbefugnisse des Betriebsrats richten, die sich unmittelbar individualrechtlich auswirken können. Es gilt zu klären, inwieweit der Betriebsrat tatsächlich die Versetzung oder eine Einstellung behindern oder sogar unmöglich machen kann. Beleuchtet werden müssen dort auch die Möglichkeiten des Arbeitnehmers, direkt gegen den Arbeitgeber vorzugehen, um etwa ein Verfahren zur Zustimmungsersetzung nach § 99 Abs. 4 BetrVG durchzuführen. Hieran hängen unweigerlich Folgefragen. Was geschieht etwa, wenn der Arbeitgeber nicht gegen den Betriebsrat vorgehen will? Stehen dem Arbeitnehmer dann zumindest Schadensersatzansprüche zu? Potentielle Benachteiligungen für den einzelnen Arbeitnehmer eröffnet aber nicht bloß § 99 BetrVG. Nachteile können nämlich nicht nur aus aktiven Handlungen drohen, sondern können sich auch daraus ergeben, dass der Betriebsrat im Hinblick auf den betroffenen Arbeitnehmer gar nicht tätig wird.[40] Besonders erheblich ist dies im Fall eines unterlassenen Widerspruchs im Rahmen von § 102 Abs. 3 BetrVG. Ähnliche Fragen stellen sich aber auch dann, wenn Mitbestimmungsrechte nach § 87 Abs. 1 BetrVG sachwidrig genutzt werden oder ihre Geltendmachung pflichtwidrig unterlassen wird. Als gesondertes Thema behandelt werden sollen zudem Abreden von Betriebsrat und Arbeitgeber, die auf sachfremden, also nicht von der Betriebsverfassung vorgegebenen

---

40 Vgl. *v. Hoyningen-Huene*, ZRP 1978, 181, 184.

Motiven beruhen.[41] Sogenannte Koppelungsgeschäfte können auch im Hinblick auf den Einzelnen erhebliche Auswirkungen haben.

Insgesamt soll versucht werden, diese verschiedenen Facetten potentieller Beeinträchtigungen zu abstrahieren und hieraus mögliche Fallgruppen zu bilden, die sich im Kern an der Intensität der Maßnahme im Hinblick auf den einzelnen Arbeitnehmer orientieren. Eine solche Typenbildung kann zugleich helfen, grundsätzliche Antworten auf wiederkehrende Beeinträchtigungen zu finden. Denn es erscheint fraglich, ob den Einflussmöglichkeiten des Betriebsrats auf die Individualrechtsposition des Arbeitnehmers adäquate Rechtsschutzmöglichkeiten des Betroffenen gegenüberstehen. Kaum diskutiert werden etwa individuelle Möglichkeiten des Belegschaftsmitglieds, den Betriebsrat zumindest bei evidenten Fehlern zur Rechenschaft zu ziehen. Zu klären gilt es auch, welche Kontrollmechanismen die Betriebsverfassung ganz generell für einen sachwidrig agierenden Betriebsrat enthält. Das aktuelle Verständnis der betriebsverfassungsrechtlichen Regelungen soll sich im 2. Kapitel ganz überwiegend am vorherrschenden Verständnis orientieren, um die tatsächlichen Auswirkungen in der Praxis so plastisch wie möglich darzustellen. Bereits existierende Lösungsvorschläge sollen gleichwohl nicht unterschlagen werden, sondern werden gesammelt am Ende des Kapitels in der gebotenen Kürze behandelt.

Um die unzureichend geregelte Beziehung von Arbeitnehmer und Betriebsrat nicht zu neuen Abhängigkeiten führen zu lassen, ist die Anerkennung einer eigenen betriebsverfassungsrechtlichen Rechtsposition des Arbeitnehmers notwendig. Das mit dieser Arbeit verfolgte Ziel soll im 3. Kapitel umfassend auf die tatsächliche Vereinbarkeit mit der Betriebsverfassung hin überprüft werden. Entscheidend ist dabei, ob sich für solch einen Ansatz eine normative Grundlage finden lässt. Es geht um einen ersten Versuch das bis *dato* zumindest in seiner Gesamtheit nicht behandelte Thema aufzugreifen und so einer Lösung zuzuführen. In das Zentrum der Überlegung soll § 75 Abs. 1 BetrVG gestellt werden. Bereits nach bisherigem Verständnis schützt die Norm verfassungsrechtlich gewährleistete Rechtspositionen des Arbeitnehmers. Denn die Vorschrift stellt eine der wenigen Einfallstore für die Berücksichtigung individualrechtlicher Interessen des Arbeitnehmers dar. Zu klären gilt es, inwieweit die generalklauselartige Fassung der Vorschrift eine Reaktion auch auf außerrechtliche Veränderungen ermöglicht. Akzentuiert werden muss folglich die Generalklauseleigenschaft von § 75 Abs. 1 BetrVG. Sie verbindet die gesetzlichen Regelungen

41 Eine einhellige Definition für Koppelungsgeschäfte gibt es nicht. Vgl. den Begriffsansatz unten unter B. V. im 2. Kapitel.

mit den für jede Rechtskultur konstitutiven, gesellschaftlichen Basiswertungen.[42] Die Funktionsweise der Generalklausel im Gesamtsystem könnte helfen, das hier angestrebte Verständnis auch rechtsmethodisch abzusichern. In Weiterentwicklung des bisherigen Verständnisses soll dann diskutiert werden, ob sich die Herleitung einer subjektiven Rechtsposition unter umfassender Würdigung betriebsverfassungsrechtlicher Schutzzwecküberlegungen, verfassungsrechtlicher Grundsätze und bestehender Rechtsprinzipien ermöglichen lässt. Hinsichtlich der fehlenden Rechtsschutzmöglichkeiten ist der Blick auch auf andere Rechtsgebiete zu richten, die mit ähnlichen Grundkonflikten konfrontiert wurden. Unter dem Topos des Drittschutzes hat sich etwa auch im Kartellrecht die Frage nach der richtigen Balance von Institutions- und Individualschutz gestellt. Rechtsvergleichend sollen schließlich ebenfalls ein paar Worte zum Grundsatz der *duty of fair representation* verloren werden. Der angelsächsische Bereich nämlich kennt die Diskussion um die gefährdete Individualrechtsposition des Arbeitnehmers insbesondere im Bereich der sehr weitreichenden Regelungsbefugnisse der Gewerkschaften. In Folge des entwickelten Grundsatzes hat man erstmals subjektive Rechte gegen die Interessenvertreter anerkannt. Neben der Herleitung wird aber auch die Frage zu beantworten sein, inwieweit ein eigener betriebsverfassungsrechtlicher Anspruch des Arbeitnehmers überhaupt in die Systematik zu integrieren ist. Zweifelsfrei wird es hier systemimmanente Beschränkungen geben müssen. Es wurde bereits angemahnt, dass die Verstärkung des Individualschutzes die betriebliche Mitbestimmung nicht über Gebühr einschränken darf. Knüpft man ein unmittelbares Vorgehen gegen den Betriebsrat an eine Erheblichkeitsschwelle, wird man diesen Bedenken möglicherweise entgegentreten können. Überlegt werden muss zudem, ob sich die herausgestellten, potentiellen Benachteiligungsformen auch als hilfreich für die abstrakte Ausgestaltung der subjektiven Rechtsposition erweisen. Letztlich sind generalisierende Aussagen zu treffen, die das Individualinteresse des Arbeitnehmers hinreichend berücksichtigen, ohne zu einem systemkollabierenden Eingriff zu führen.

Die gefundenen Ergebnisse sollen im 4. Kapitel sodann auf ihre tatsächliche Durch- und Umsetzung überprüft werden. Zunächst sollen allgemein gültige Prämissen eines unmittelbaren Anspruchs gegen den Betriebsrat formuliert werden. Dies betrifft den Anspruchsinhalt, aber auch die Haftung bei Verstößen gegen § 75 Abs. 1 BetrVG. Auch etwaige Unterlassungsansprüche des Arbeitnehmers gegen den Betriebsrat sind zu diskutieren. Die Ausgestaltung in diesem

---

42 Vgl. *Kramer*, Methodenlehre, 76: die Generalklausel als „Fensteröffner".

Bereich steht jedoch völlig am Anfang und wird bisher ungeklärte Grundfragen der Betriebsverfassung tangieren. Steht der Betriebsrat etwa vermehrt als Anspruchsgegner vor Gericht, werden die Fragen der Haftung und einer entsprechenden Vollstreckungsmöglichkeit gerichtlicher Beschlüsse neu an Brisanz gewinnen. Sämtliche Überlegungen werden zudem das bisher nicht geklärte Verhältnis zum Betriebsrat weiter zugänglich machen müssen. Anknüpfend hieran sollen die bereits im einleitenden Teil erwähnten Umsetzungsbeispiele intensiver untersucht werden. Die verweigerte Zustimmungzu einer personellen Einzelmaßnahme ist ebenso wie der fehlende Widerspruch gegen eine Kündigung von erheblicher Auswirkung für den betroffenen Arbeitnehmer. Wie der Rechtsschutz gegen solche Maßnahmen aussehen kann, bedarf genauerer Untersuchung. Möglicherweise bietet sich der Rückgriff auf bereits existierende Regelungssysteme an. Einige der dort relevant werdenden Fragen wurden bereits formuliert und sollen einer Lösung zugeführt werden. Nicht umher kommen wird man allerdings auch, bestimmte Problemfelder nur ganz generell zu skizzieren und zur weiteren Untersuchung durch die Rechtswissenschaft zu überlassen. Denn selbst wenn man die mit dieser Arbeit verfolgte Idee nicht teilen kann, wird man die grundsätzliche Notwendigkeit einer verbesserten Rechtsstellung kaum bestreiten können. Gleichsam ist es Anliegen des 4. Kapitels zu zeigen, dass die Subjektivierung von Arbeitnehmerinteressen in der Betriebsverfassung bereits jetzt tatsächlich möglich ist.

2. Kapitel – Notwendigkeit eines verbesserten Individualschutzes

A. Ausgangskonflikt: Individual- versus Kollektivinteresse

Der Gesetzgeber hat sich zum Schutz des Arbeitnehmers für die Statuierung einer Kollektivmacht entschieden. Mit dieser Entscheidung hat er aber zugleich die Rahmenbedingungen für den bereits angerissenen Grundsatzkonflikt geschaffen, welcher im Übrigen auch im Tarifrecht anzutreffen ist.[43] Die einer privatautonomen Gestaltungsfreiheit widerstrebende Imparität zwischen Arbeitgeber und Arbeitnehmer hat man also dergestalt aufzulösen versucht, dass man das Kollektiv zur Sicherung der Interessen des Arbeitnehmers eingesetzt hat.[44] Diese Regelungssystematik hat bis heute Bestand, obgleich man auf anderen Feldern, beispielsweise des Kündigungsschutzes, einen individualrechtlichen Weg gewählt hat.[45] Zweifelsfrei dient die Betriebsverfassung auch dem Schutz des einzelnen Arbeitnehmers.[46] Kritikwürdig ist allerdings das Verständnis, wonach die betriebsverfassungsrechtliche Mitbestimmung als Instrumentarium der Privatautonomie verstanden wird.[47] Denn die Mitbestimmung versteht sich als Fremdbestimmung und schränkt die Selbstbestimmung des Einzelnen daher zwangsläufig ein. Der Betriebsrat agiert nicht zur Ausübung kollektiver Privatautonomie; er ist vielmehr Produkt einer Staatsintervention, Träger eines privaten Amtes mit eng vorgegebenen Kompetenzen.[48] Die Betriebsverfassung schafft auch keinen Rahmen, in dem die Selbstbestimmungsfreiheit erst möglich wird.[49] Denn die betriebliche Mitbestimmung schafft zwar ein Gegengewicht zur

---

43 Siehe dazu nur *Isele*, JR 1960, 289 ff.; *O. Schmidt*, AcP 162 (1963), 305 ff.

44 Die strukturelle Unterlegenheit des Arbeitnehmers wird bis heute als Argument für kollektives Handeln gebraucht. So zuletzt etwa in der Begründung zum Tarifeinheitsgesetzes: BT-Drs. 18/4062, 8. Vgl. etwa auch BVerfG 26.6.1991, NJW 1991, 2549, 2551.

45 Vgl. *Waltermann*, Rechtsetzung durch Betriebsvereinbarung, 68. Zum Schutzzweck des KSchG etwa ErfK/*Oetker*, § 1 KSchG Rn. 1 ff.

46 Zum Schutzzweck der Betriebsverfassung vgl. die Ausführungen unten im 3. Kapitel, C. IV. 2. d) (1).

47 So ausdrücklich etwa *Richardi*, Betriebsverfassung und Privatautonomie, 12.

48 Zutreffend *Rieble/Klumpp/Gistel*, Rechtsmißbrauch in der Betriebsverfassung, 17 f. (Rn. 26).

49 So aber etwa *Belling*, Haftung des Betriebsrats, 41; *Hammer*, betriebsverfassungsrechtliche Schutzpflicht, 124. Unklar auch DKKW/*Däubler*, Einl. BetrVG Rn. 75; GK/*Wiese*, Einl. BetrVG Rn. 77.

Alleinentscheidungsbefugnis des Arbeitgebers, sie löst aber gerade nicht das der Privatautonomie entgegenstehende Problem der Imparität. Der Arbeitnehmer enthält keine verbesserte Rechtsstellung im privatrechtlichen Gefüge, sondern eher eine schlechtere. Deutlich wird dies an § 99 BetrVG, der eine Vereinbarung zwischen Arbeitnehmer und Arbeitgeber unter den Vorbehalt des Kollektivs stellt. Diese Einschränkungen vermag man möglicherweise zu rechtfertigen. Sie dürfen aber nicht den Blick darauf verhindern, dass die Mitbestimmung der Selbstbestimmung gegenübersteht und sie nicht etwa fördert. Mitbestimmung ist daher kein Selbstzweck, sondern muss den Schutz des Arbeitnehmers dienen.[50] Tut sie dies nicht, stellt sich – gerade im Hinblick auf die Selbstbestimmungsfreiheit des Einzelnen – die Frage nach den Grenzen der Gruppenentscheidung. Denn der Verlust an individueller Freiheit darf nur so weit gehen, wie ihn der Zweck gerade noch erfordert.[51] Inwieweit der Gesetzgeber die freiheitsbeeinträchtigende Wirkung der Betriebsverfassung tatsächlich vor Augen hatte, ist fraglich. Naheliegend scheint es viel eher, dass er davon ausging, der Betriebsrat behalte stets das wohlverstandene Interesse des einzelnen Arbeitnehmers im Auge.[52] Ob eine Neujustierung betriebsverfassungsrechtlicher Rechtspositionen notwendig wird, hängt maßgeblich auch an einer von *Rüthers* formulierten zentralen Frage der Industriegesellschaften: In welchem Maße darf der Schutz des Individuums den Kollektivmächten unkontrolliert anvertraut werden?[53] Um diese Frage beantworten zu können, bedarf es einer tiefergehenden Auseinandersetzung mit der aktuellen Rechtslage und den heutigen Rahmenbedingungen. Um die grundsätzliche Entscheidung des Gesetzgebers überhaupt verstehen zu können, ist auch der geschichtliche Hintergrund unentbehrlich.

I. Die geschichtliche Entwicklung der Mitbestimmung

Die Etablierung der Fremdbestimmungsordnung, welcher sich der Arbeitnehmer selbst bei einem ausdrücklich erklärten Willen zur Selbstbestimmung nicht entziehen kann, lässt sich nur historisch erklären. Als grundlegendes Ziel des gesamten Arbeitsrechts wird bis heute ausgegeben, den Arbeitnehmer aus seinen

---

50 Vgl. etwa die kritische Analyse bei *Reuter*, in: Recht im sozialen Rechtsstaat, 197, 210 ff.

51 *Belling*, Haftung des Betriebsrats, 42.

52 So auch *v. Hoyningen-Huene*, ZRP 1978, 181, 184. Vgl. auch *Biedenkopf*, BB 1972, 1513, 1515 f., der ausführt, dass der Gesetzgeber Interessenlagen in der Betriebsverfassung typisieren müsse und damit notwendigerweise eine gewisse Unschärfe entstehen würde.

53 *Rüthers*, in: Zwei arbeitsrechtliche Vorträge, 8, 40.

Abhängigkeiten zu befreien und die bestehende Vertragsimparität zum Arbeitgeber auszugleichen.[54] Diese Grundprämisse bedingt es aber, dass die Vertragsfreiheit als solche im Arbeitsrecht nur eingeschränkt Anerkennung findet und damit die Integration ins Privatrecht von Anfang an erschwert wurde.[55] Gleichzeitig verlangte die schrankenlose Vertragsfreiheit des Wirtschaftsliberalismus nach Antworten, welche man in kollektiver Arbeitnehmervertretung fand. Zu Anfang ging es wahrhaftig nicht darum, die Rechtsposition des Einzelnen gegenüber der Betriebsvertretung abzugrenzen, sondern es mussten überhaupt erst einmal elementare Belange der Arbeitnehmerseite gesichert werden.[56]

1. *Anfänge der Arbeitnehmerbeteiligung*

Den Ursprung nahmen die ersten Ideen mit den Anfängen der Industrialisierung, die jede soziale Rücksichtnahme der Unternehmer vermissen ließen.[57] Die neu gewonnene Freiheit der Arbeitnehmer war nichts wert, sondern führte sie in neue Abhängigkeiten im Fabrikbetrieb, die sogar eine weitere Verschlechterung der ohnehin prekären Lage bedeuten konnten.[58] Dies veranlasste bereits im Vormärz erste Überlegungen zur Beschränkung der Unternehmergewalt.[59] Aus heutiger Sicht wurde dabei zunächst nur unzureichend erkannt, dass nicht die Verbesserung einzelner Missstände im Betrieb das Ziel der Überlegungen sein musste, sondern dass die Problematik vielmehr im liberalen System selbst angelegt war. Es ging folglich um „die Erweckung eines sozialen Gemeinsinns und die gleichberechtigte Anerkennung der arbeitenden Schichten, mit deren Hilfe der Aufbau der nationalen Industrie erst möglich wurde“[60]. Erst *Robert*

---

54 Vgl. BVerfG 26.6.1991, NJW 1991, 2549, 2551; BAG 16.3.1994, NZA 1994, 937, 939; *Belling*, Haftung des Betriebsrats, 41; *Säcker*, Gruppenautonomie, 87 ff.; *C. Picker*, RdA 2014, 25, 26; kritisch zur tatsächlich bestehenden Übermacht des Arbeitgebers etwa *Zöllner*, AcP 176 (1976), 221 ff. Grdl. zur Vertragsparität und einer damit verbundenen „Richtigkeitsgewähr“ von Verträgen: *Schmidt-Rimpler*, AcP 147 (1941), 130 (149 ff.).

55 Vgl. *Picker*, in: FS Richardi, 141, 144.

56 Zutreffend *Buchner*, in: Innerbetriebliche Arbeitnehmerkonflikte, 35, 40.

57 Zu Grundüberlegungen und Ideen im Einzelnen siehe *Teuteberg*, Geschichte der industriellen Mitbestimmung, 1 ff.

58 *Fabricius*, in: FS Fechner 1973, 171, 177 ff.; *Waltermann*, Rechtsetzung durch Betriebsvereinbarung, 71.

59 Von diesen Vordenkern zu nennen sind bspw. *Franz F. Baader* sowie *Immanuel Wohlwill* (jeweils mit einer zusammenfassenden Übersicht ihrer grundsätzlichen Ideen: *Teuteberg*, Geschichte der industriellen Mitbestimmung, 8 ff., 19 ff.).

60 *Teuteberg*, Geschichte der industriellen Mitbestimmung, 59.

von Mohl stellte 1835 dieses systematische Problem heraus und gründete hierauf seine Forderung nach einer „Fabrikarbeiter-Abordnung".[61] Diese Ideen flossen dann auch ein in die ersten Kodifizierungsversuche, die in der Frankfurter Nationalversammlung von 1848 in Form eines Entwurfs einer Gewerbeordnung eingebracht wurden.[62] Sie sahen erstmals einen Fabrikausschuss vor, dem aufgetragen werden sollte, auch eine Fabrikordnung zu erstellen.[63] Es blieb allerdings ein Minderheitsentwurf, sodass die unmenschlichen Bedingungen nahezu bis zum Ende des Jahrhunderts unverändert blieben.[64] Nicht unüblich war es, dass der Betriebsinhaber bis in den privaten Lebensbereich hinein Anweisungen erteilte und auch die Strafgewalt für sich in Anspruch nahm.[65] Vorherrschend war und blieb ein patriarchalischer „Herr-im-Hause-Standpunkt".[66] Sehr vereinzelt blieben sozial-liberal eingestellte Unternehmen, die freiwillige Arbeiterausschüsse bildeten, und in vielen Angelegenheiten bereits Mitbestimmungsrechte einräumten.[67] Eine Zäsur brachte erst der kaiserliche Erlass vom 4.2.1890 mit der Ankündigung einer Änderung in der Arbeiterschutzpolitik, welchem dann auch ein Arbeiterschutzgesetz vom 1.6.1891 folgte.[68] Dieser entwickelte sich im weiteren Fortgang als „Keimzelle der betrieblichen Mitbestimmung".[69] Die zunächst fakultativ vorgesehenen Arbeiterausschüsse wurden in bestimmten Branchen, namentlich dem Bergbau, bereits ab dem Jahr 1900 obligatorisch.[70] Erst nach

---

61 *Richardi*, Einl. BetrVG Rn. 6; *Teuteberg*, Geschichte der industriellen Mitbestimmung, 24 ff.; *Waltermann*, Rechtsetzung durch Betriebsvereinbarung, 71.

62 *Haßler*, Verhandlungen der deutschen verfassunggebenden Reichsversammlung, 921 ff. Zu dem Entwurf siehe etwa GK/*Wiese*, Einl. BetrVG Rn. 1 ff.; *Richardi*, Einl. BetrVG Rn. 6; *Waltermann*, Rechtsetzung durch Betriebsvereinbarung, 72.

63 Sehr ausführlich *Teuteberg*, Geschichte der industriellen Mitbestimmung, 94 ff.

64 Zur weiteren geschichtlichen Entwicklung siehe auch *Richardi*, Einl. BetrVG Rn. 6 ff.; *Waltermann*, Rechtsetzung durch Betriebsvereinbarung, 72 ff.

65 *Hromadka*, ZfA 1979, 203, 205 f. Ferner *Waltermann*, Rechtsetzung durch Betriebsvereinbarung, 72.

66 GK/*Wiese*, Einl. BetrVG Rn. 5; *Reichold*, Betriebsverfassung als Sozialprivatrecht, 90 ff.

67 Immer wieder genannt wird hier *Heinrich Freese*, da dieser für seine Vorstellungen auch literarisch eintrat. Vgl. etwa die Ausführungen bei GK/*Wiese*, Einl. BetrVG Rn. 6; *Reichold*, Betriebsverfassung als Sozialprivatrecht, 196 ff.; *Teuteberg*, Geschichte der industriellen Mitbestimmung, 260 ff.

68 GK/*Wiese*, Einl. BetrVG Rn. 7; *Kaufhold*, ZfA 1991, 277, 296 f., 305 ff.

69 *Richardi*, Einl. BetrVG Rn. 8; *Reichold*, Betriebsverfassung als Sozialprivatrecht, 114 ff.

70 GK/*Wiese*, Einl. BetrVG Rn. 8; *Reichold*, Betriebsverfassung als Sozialprivatrecht, 177 ff.; *Teuteberg*, Geschichte der industriellen Mitbestimmung, 410 ff. Zu den Vorgängern der Betriebsräte siehe auch *Flatow*, Kommentar zum BRG, 9 ff.

dem ersten Weltkrieg führte man mit dem Gesetz über den vaterländischen Hilfsdienst vom 5.12.1916 flächendeckend Arbeiter- und Angestelltenausschüsse in Betrieben mit in der Regel mindestens 50 beschäftigten Arbeitern ein.[71] Dies galt allerdings lediglich für kriegs- und versorgungswichtige Betriebe.[72] Dennoch wurde damit erstmals der kollektivrechtliche Schutz vor willkürlichen Behandlungen durch den Arbeitgeber etabliert.[73] Spätestens hiermit war der Grundstein für das heute unbestrittene Verständnis gelegt, wonach eine Industriegesellschaft ohne Demokratie in Politik und Arbeitsleben nicht auf Dauer lebensfähig ist.[74] Gleichwohl gab es auch zu diesem Zeitpunkt bereits erste Bedenken, dass die Arbeiterausschüsse aufgrund eines zu guten Verhältnisses zum Arbeitgeber die Interessen der einzelnen Arbeitnehmer nicht hinreichend berücksichtigen würden.[75]

2. *Betriebsrätegesetz vom 4.2.1920*

Die weitere Entwicklung wurde dann ganz wesentlich geprägt durch die Weimarer Reichsverfassung, die in Art. 165 ein Rätesystem für die wirtschaftliche Interessenvertretung vorsah, worunter auf der untersten Stufe auch die Betriebsräte anzusiedeln waren.[76] Als Ausgestaltung fungierte das Betriebsrätegesetz, das erstmals eine Mitbestimmung im heutigen Sinne innerhalb der Betriebsverfassung verwirklichte. Die Befugnisse der Arbeitnehmervertretungen waren dabei im Vergleich zur aktuellen Rechtslage, insbesondere bezüglich wirtschaftlicher Fragestellungen, durchaus eingeschränkt.[77] Dennoch gab es echte Mitbestimmungsrechte, beispielsweise bei der Vereinbarung von „Dienstvorschriften“ nach § 66 Nr. 5 BRG.[78] Der Arbeitgeber hatte von nun an hinzunehmen, dass er nicht mehr allein den bis dahin faktisch ohnmächtigen Arbeitnehmern seine

---

71 Vgl. *Reichold*, Betriebsverfassung als Sozialprivatrecht, 185 ff.

72 GK/*Wiese*, Einl. BetrVG Rn. 9.

73 Dies wurde bereits zur damaligen Zeit als epochale Änderung hervorgehoben. Vgl. *Schmoller*, Social- und Gewerbepolitik der Gegenwart, 439.

74 Vgl. *Waltermann*, NZA 1995, 1177, 1178.

75 DKKW/*Däubler*, Einl. BetrVG 4; *Teuteberg*, Geschichte der industriellen Mitbestimmung, 450.

76 Hierzu etwa GK/*Wiese*, Einl. BetrVG Rn. 13; *Richardi*, Einl. BetrVG Rn. 10; *Flatow*, Kommentar zum BRG, 11 ff.; *Reichold*, Betriebsverfassung als Sozialprivatrecht, 227 ff.; *Nörr*, ZfA 1992, 361, 373 ff.

77 *Richardi*, Einl. BetrVG Rn. 11. Mit weiteren Einzelheiten etwa auch GK/*Wiese*, Einl. BetrVG Rn. 14

78 Dazu *Flatow*, Kommentar zum BRG, 75.

Bedingungen in den Arbeitsvertrag diktieren konnte.[79] Die dringend geforderten Veränderungen und die Kämpfe um das Mitbestimmungsrecht fanden in der Kodifikation zunächst ihren Abschluss.[80] Von allzu langer Dauer waren die erlangten Errungenschaften allerdings nicht, da mit dem Nationalsozialismus die Mitbestimmung faktisch zum Erliegen kam und als wesentlicher Grundsatz das Führerprinzip statuiert wurde.[81]

3. Entstehung des Betriebsverfassungsgesetzes vom 14.11.1952

Erst mit Zusammenbruch 1945 bildeten sich wieder kollektive Interessenvertretungen im Betrieb, obwohl es zunächst an gesetzlichen Grundlagen fehlte.[82] Der Weg bis zur endgültigen Neufassung in Form des Betriebsverfassungsgesetzes dauerte allerdings noch bis 1952,[83] weil ein erbitterter Kampf um die generelle Neuordnung der deutschen Wirtschaft entstand.[84] Die Gewerkschaften forderten die Mitbestimmung an allen wirtschaftlich maßgeblichen Entscheidungen und überschritten damit deutlich die Möglichkeiten des Betriebsrätegesetzes.[85] Über den betrieblichen Bereich hinaus sollte eine derartige Mitbestimmung auf allen Stufen unternehmerischer Entscheidungen entstehen. Dies führte zu unüberbrückbaren Differenzen der Sozialpartner.[86] Letztlich entschied sich die Bundesregierung trotz aller Proteste und angedrohten politischen Streiks für eine am freien Unternehmertum festhaltende, freiheitliche Wirtschaftsordnung.[87] In der hitzig geführten Diskussion um die Aufteilung betrieblicher und außerbetrieblicher Macht spielte der Individualschutz vor dem Kollektiv zunächst keine Rolle.

---

79 *Waltermann*, Rechtsetzung durch Betriebsvereinbarung, 80.

80 *Flatow*, Kommentar zum BRG, 11 ff.

81 Umfassend hierzu *Rüthers*, AuR 1970, 97 ff. Siehe ferner GK/*Wiese*, Einl. BetrVG Rn. 15; *Waltermann*, Rechtsetzung durch Betriebsvereinbarung, 81.

82 Vgl. GK/*Wiese*, Einl. BetrVG Rn. 17 f.; *Waltermann*, Rechtsetzung durch Betriebsvereinbarung, 81. Abgeschlossen wurden durchaus auch Betriebsvereinbarungen, denen man normative Wirkung zuerkannte (*Dietz*, RdA 1949, 161, 163; *Nikisch*, BB 1948, 193, 194).

83 Verkündet am 14.10.1952 und inkraftgetreten am 14.11.1952 (BGBl. I, 681).

84 *Richardi*, Einl. BetrVG Rn. 16; *Feldmann*, Die betriebliche Willensbildung, 79 mwN.

85 Vgl. Vorschläge des DGB zur Neuordnung der deutschen Wirtschaft vom 14.4.1950, abgedruckt in RdA 1950, 183 ff. sowie der Gesetzesvorschlag des DGB für das Gebiet der Bundesrepublik Deutschland zur Neuordnung der deutschen Wirtschaft vom 22.5.1950, abgedruckt in RdA 1950, 227 ff.

86 GK/*Wiese*, Einl. BetrVG Rn. 20.

87 Zum Gesamten *Reichold*, Betriebsverfassung als Sozialprivatrecht, 370 ff.; zur Ausgestaltung siehe etwa *Feldmann*, Die betriebliche Willensbildung, 80 ff.

4. *Erste individualprägende Ansätze im Betriebsverfassungsgesetz von 1972*

Dies änderte sich erst im Rahmen der weiteren Entwicklung des Betriebsverfassungsgesetzes. Der Wunsch der Gewerkschaften nach einem Ausbau der Betriebsverfassung sowie die Kritik an verschiedenen Vorschriften im Betriebsverfassungsgesetz 1952, aber auch ein Wandel der gesellschaftlichen Anschauung führten zur Überzeugung, dass das bestehende Betriebsverfassungsrecht zu reformieren sei.[88] Zum ersten Mal gelangte der Gesetzgeber hier zur Erkenntnis, dass der einzelne Arbeitnehmer aus seiner Anonymität herauszuheben sei und als mitdenkender und mündiger Mitarbeiter anerkannt werden müsse.[89] In der Begründung des Regierungsentwurfs heißt es hierzu, dass die Erfahrungen der Praxis deutlich gemacht hätten, dass trotz der umfassenden Interessenvertretung der Arbeitnehmerschaft durch den Betriebsrat beim einzelnen Arbeitnehmer, insbesondere in größeren Betrieben, vielfach das Gefühl einer bloßen Objektstellung weiterbestehe.[90] Dies führte auch zur Frage, ob nicht ungeachtet der notwendigen kollektiven Interessenvertretung der Arbeitnehmer als Individuum selbst eigenverantwortlich an der Gestaltung des betrieblichen Geschehens zu beteiligen sei.[91] Erstaunlicherweise zielte allerdings nur der Entwurf von der sich damals in der Opposition befindlichen CDU/CSU auf eine weitgehende Anerkennung von individualrechtlichen Arbeitnehmerpositionen.[92] Durchgesetzt hat sich dies freilich nicht. Im Ergebnis blieb nur die Einführung von sogenannten Individualrechten in den §§ 81 ff. BetrVG, die letztlich die ohnehin bestehenden Rechte gegen den Arbeitgeber in der Betriebsverfassung festschrieben.[93] Eine Subjektivierung des Arbeitnehmers im Gesamtgefüge der Betriebsverfassung kann man diesen gesetzlichen Änderungen nur schwerlich entnehmen. So wurde bei der Würdigung auch weniger auf den unmittelbaren

---

88 Vgl. zur Entwicklung sowie zu den wesentlichen Änderungen DKKW/*Bachner*, Einl. BetrVG Rn. 22 ff.; *Feldmann*, Die betriebliche Willensbildung, 86. Siehe auch *Wiese*, RdA 1973, 1, 2 f.

89 *Feldmann*, Die betriebliche Willensbildung, 87.

90 BT-Drs. 6/1786, 47.

91 Dies wurde bereits unmittelbar mit Einführung des Gesetzes diskutiert: *Blomeyer*, in: GS Dietz, 147, 167 ff.; *Wiese*, RdA 1973, 1, 2.

92 Vgl. BT-Drs. 6/1806 S. 38. Zum weiteren Fortgang dieser Idee siehe unten im 3. Kapitel, C. IV. 2. b).

93 GK/*Franzen*, Einführung vor § 81 BetrVG Rn. 11 ff.; Richardi/*Thüsing*, Vorbem. §§ 81 – 86a BetrVG Rn. 1.

Ertrag, als vielmehr auf die grundsätzlich dahinterstehende Idee verwiesen.[94] Ganz prägend blieb aber der Gedanke, dass die sich aus der Zugehörigkeit des Arbeitnehmers zum Betrieb ergebende tatsächliche und rechtliche Abhängigkeit (historisch bedingt) nur im Hinblick auf den Arbeitgeber bestehe.

5. *Entwicklung bis heute*

Grundlegende Änderungen an der Stellung des Arbeitnehmers in der Betriebsverfassung hat es im Weiteren nicht mehr gegeben. Während die Gewerkschaften den Ausbau betrieblicher Mitbestimmungsrechte verfolgen und damit zweifelsohne auch den Arbeitnehmerschutz vorantreiben, halten Arbeitgeberverbände hiergegen. Die Konkretisierung und Weiterentwicklung von individuellen betriebsverfassungsrechtlichen Rechtspositionen des Arbeitnehmers findet dabei nahezu keine Berücksichtigung. Sehr anschaulich wird dies in den Vorüberlegungen, die letztlich 2001 zum Gesetz zur Reform des Betriebsverfassungsgesetzes (BetrVerf-Reformgesetz) geführt haben.[95] Während man sich auf zahlreiche Änderungen in der organisatorischen Struktur der Betriebsverfassung einigen konnte,[96] traten im Hinblick auf die Stellung des Individuums nur marginale Änderungen ein. Zu nennen ist hier allein § 86a BetrVG,[97] der – wie noch zu sehen sein wird – praktisch keine Verbesserung der Rechtsstellung mit sich bringt.[98] Zu Recht wurde spätestens seit 2001 resümiert, dass die Anerkennung des Individuums als verantwortlich handelnde und mitgestaltende Person im Arbeitsverhältnis bedenkliche Rückstände aufweist, wenn es um ihre tatsächliche Umsetzung geht.[99] In der geschichtlichen Entwicklung lässt sich die Ursache hierfür deutlich ablesen. Angefangen mit der Idee, wonach der Einzelne nicht fremd gesteuert werden darf, er also nicht in existenzieller Abhängigkeit vom unkontrollierten Willen eines Dritten oder von Systemzwängen gehalten werden soll,[100] hat sich der Fokus der kollektivarbeitsrechtlichen Betrachtung zu stark auf diesen Fragenkreis verengt. Die drohenden Abhängigkeiten von Seiten

---

94 Vgl. Richardi/*Thüsing*, Vorbem. §§ 81 – 86a BetrVG Rn. 7; Siehe aber auch *Blanke/Rose*, RdA 2001, 92, 94: „hoher symbolischer Wert"; *Wiese*, RdA 1973, 1, 9.

95 Dazu etwa DKKW/*Däubler*, Einl. BetrVG Rn. 37 ff. Die Entwürfe im Einzelnen finden sich unter http://www.zaar.uni-muenchen.de/forschung/dokumentation/gesetzgebung/betrvg/index.html (letztmalig abgerufen am 11.1.2017).

96 Dazu DKKW/*Däubler*, Einl. BetrVG Rn. 40; *Richardi*, Einl. BetrVG Rn. 37 f.

97 Vgl. dazu GK/*Franzen*, Einf. §§ 81 ff. BetrVG Rn. 1.

98 Siehe im 2. Kapitel, B. IV. 2.

99 *Blanke/Rose*, RdA 2001, 92, 94.

100 Vgl. zu den gesetzgeberischen Motiven etwa DKKW/*Däubler*, Einl. BetrVG Rn. 47.

des Betriebsrats wurden dabei weitgehend ausgeblendet. *Picker* hat diese Entwicklung anhand der Änderungen 2001 zutreffend beschrieben und kritisiert.[101] Wie sich zeige, erweitere die Neuerungen nicht die Regelungsbereiche privater Autonomie. Sie schränke sie vielmehr zusätzlich zugunsten der Heteronomie des Betriebsrats und seiner Unterinstanzen als korporative Organe ein. Entgegen aller Einleitungsprogrammatik transferiere die Betriebsverfassung Gestaltungsmacht vom Individuum auf das Kollektiv.[102]

II. Verschärfung des Konflikts durch geänderte Rahmenbedingungen

Das damals in aller Deutlichkeit hervorstechende Machtungleichgewicht zwischen Arbeitgeber und Arbeitnehmer hat dazu geführt, dass bis heute die gesetzlichen Regelungen als Ausgleich dieser strukturellen Unterlegenheit verstanden werden.[103] Die geschichtliche Entwicklung hat aber auch deutlich gemacht, dass danach eine Anpassung an das Individuum nicht mehr stattgefunden hat. Zwar hoben die auf der Arbeitnehmerseite entstandenen Gegenkräfte die Machtüberlegenheit des Arbeitgebers auf, die Selbstbestimmung des Arbeitnehmers wurde damit aber nur bedingt verwirklicht.[104] Zugespitzt lässt sich formulieren, dass der Arbeitnehmer aus einer Abhängigkeit befreit wurde, nur um in eine neue, wenn auch regelmäßig nicht so gravierende, Abhängigkeit zu gelangen.[105] Diese Entwicklung ist übrigens in vielen Industrienationen mit kollektiver Interessenvertretung registriert worden und dort zum Teil bereits ähnlichen wie den hier angestrebten Lösungen zugeführt worden.[106] Sehr klar wird das Problem der unkontrollierten Macht von Gewerkschaften adressiert, wenn diese bei *Zwarts* als „social and economic institution of paramount importance" bezeichnet werden, „capable of exercising a power over union members that rivals the powers of

---

101 *Picker*, RdA 2001, 259 ff.

102 Zum Vorstehenden *Picker*, RdA 2001, 259, 275.

103 Vgl. BVerfGE 84, 212, 229: Die „Tarifautonomie ist darauf angelegt, die strukturelle Unterlegenheit der einzelnen Arbeitnehmer beim Abschluß von Arbeitsverträgen durch kollektives Handeln auszugleichen und damit ein annähernd gleichgewichtiges Aushandeln der Löhne und Arbeitsbedingungen zu ermöglichen." Ob man das in dieser Allgemeinheit tatsächlich aufrechterhalten kann, ist durchaus fraglich. Sehr kritisch bspw. *Picker*, in: FS Richardi, 141, 144 f.

104 *Belling*, Haftung des Betriebsrats, 42.

105 *Belling*, Haftung des Betriebsrats, 42; *Krejci*, in: Verantwortung in Staat und Gesellschaft, 259, 260. Vgl. auch *Reichold*, NZA-Bl. Heft 4/2012, 146, 151.

106 Vgl. unten im 3. Kapitel, C. IV. 4.

employers".[107] *Belling* hat zutreffend ausgeführt, dass jede kollektive Interessenvertretung einen gewissen Verlust an individueller Freiheit bedingt, allerdings dürfe dieser nur so weit gehen, wie ihn der Zweck gerade noch erfordert.[108] Ob der Schutz der Arbeitnehmer mit einer vollständigen Versagung von Ansprüchen gegen den Betriebsrat einhergehen muss, scheint auch angesichts der sich ändernden Rahmenbedingungen fragwürdig. Vielfach haben sich (betriebliche) Machtstrukturen gebildet, deren primärer Zweck zunächst auf den Selbsterhalt zielt. Offen zu Tage getreten sind die widerstreitenden Interessen und Machtfragen insbesondere im Diskurs konkurrierender Gewerkschaften.

1. Konkurrenzkampf der Gewerkschaften und die damit verbundene Auswirkung auf den Betriebsfrieden

Denn seit Jahren ist eine Entwicklung zu erkennen, die sich immer weiter von dem Gedanken einer unter dem Dach des Deutschen Gewerkschaftsbundes (DGB) organisierten Einheitsgewerkschaft verabschiedet. Zahlreiche Berufsgruppengewerkschaften wie beispielsweise Cockpit, der Marburger Bund oder die Gewerkschaft Deutscher Lokomotivführer (GDL) haben durch Streiks an neuralgischen Punkten in den Betrieben trotz geringer Personenstärke für viel Aufmerksamkeit und Beachtung gesorgt. Gleichzeitig sind sie in offene Konkurrenz zu den bisherigen Einheitsgewerkschaften getreten und haben so zweifelsohne den Trend zur Entsolidarisierung innerhalb der Belegschaft verstärkt.[109] Gewerkschaftliche Konfilkte haben damit unmittelbar Einzug in die Betriebspolitik gefunden. Ermöglicht hat diese Entwicklung allerdings erst die Rechtsprechungsänderung des Bundesarbeitsgerichts, die mit der Aufhebung der Tarifeinheit im Jahr 2010 entgegen aller Kritik[110] das Tor zu einem solchen Vorgehen weit aufstieß.[111] Da nunmehr kleine, effizient streikende Arbeitnehmergruppen im eigenen Interesse Arbeitskämpfe führen konnten, kam es zu einer erheblichen Mehrung von Arbeitskämpfen und zu Divergenzen innerhalb

---

107 *Zwarts*, 28 McGill Law Journal 1982–1983, 59, 62.

108 *Belling*, Haftung des Betriebsrats, 42.

109 *Feudner*, RdA 2008, 104.

110 Kritisch etwa *Hromadka/Schmitt-Rolfes*, NZA 2010, 687, 690; *v. Steinau-Steinrück/ Brugger*, NZA-Beilage Heft 3/2010, 127, 135.

111 Zur Aufhebung der Tarifeinheit siehe zunächst den Vorstoß des 4. Senats BAG 27.1.2010, NZA 2010, 645. Nach der Aufgabe der bisherigen Rechtsprechung durch den 10. Senat (BAG 23.6.2010, NZA 2010, 778) war der Weg zur Rechtsprechungsänderung frei, BAG 7.7.2010, NZA 2010, 1068.

der Belegschaft, die nunmehr in Verteilungskämpfen gegeneinander traten.[112] Zwischen den in Berufsgruppengewerkschaften organisierten Spezialisten und den in Massengewerkschaften organisierten, übrigen Mitarbeitern gab es eine immer weitergehende Entfremdung, welche ihren Höhepunkt in den Streiks im Bahnverkehr erreichte.[113] Angeführt durch den Vorsitzenden der GDL, *Claus Weselsky*, gab es eine beispielslose Streikwelle,[114] die nahezu überall außerhalb der Spartengewerkschaft auf Unverständnis stieß und über ein Jahr lang andauerte.[115] Der Streik wurde dabei immer weniger als Durchsetzung angemessener Arbeitsbedingungen verstanden. Bereits zuvor war deutlich geworden, wie verhärtet die Fronten unter den Gewerkschaften mittlerweile tatsächlich waren. In einem gemeinsamen Eckpunktepapier vom 4.6.2010 des Deutschen Gewerkschaftsbundes (DGB) und der Bundesvereinigung der Deutschen Arbeitgeberverbände (BDA) wurde dies erstmals offenkundig. Trotz ihres Verständnisses als natürliche „Gegenspieler" schloss man sich zusammen, um die Wiedereinführung der Tarifeinheit durch den Gesetzgeber zu fordern.[116] Dies hat nicht nur bei den konkurrierenden Gewerkschaften ein negatives Echo erzeugt.[117] Letztlich führten aber mutmaßlich das immer weiter sinkende Verständnis in der Bevölkerung und die enormen gesamtwirtschaftlichen Belastungen der Streiks im Bahnverkehr zu einer Intervention der Bundesregierung.[118]

Der in der Folge erarbeitete Entwurf eines Tarifeinheitsgesetzes der Bundesregierung trat letztlich am 10.7.2015 in Kraft.[119] Über den neu eingefügten § 4a

---

112 Zum Gesamten BeckOK-ArbR/*Giesen*, § 4a TVG Rn. 3 f.

113 Dies war bspw. schon bei *v. Steinau-Steinrück/Brugger*, NZA-Beilage Heft 3/2010, 127, 135 in genau dieser Form prognostiziert worden.

114 Zu den (umstrittenen) Kosten siehe etwa https://www.welt.de/wirtschaft/article141673379/Lokfuehrer-Streiks-fressen-den-Gewinn-der-Bahn-auf.html (letztmalig abgerufen am 16.1.2017).

115 Vgl. http://www.zeit.de/wirtschaft/2015-07/bahn-tarifkonflikt-beendet (letztmalig abgerufen am 16.1.2017).

116 Abgedruckt in: RdA 2010, 315 ff.

117 Kritisch bspw. *Bayreuther*, DB 2010, 2223 ff.; *Dieterich*, AuR 2011, 46 ff.; *Greiner*, NZA 2010, 743; *Konzen*, JZ 2010, 1036 ff.

118 Die Sympathie für die streikenden Lokführer brach zum Ende hin erheblich ein. Vgl. etwa http://www.faz.net/aktuell/wirtschaft/streiks-bei-bahn-und-lufthansa/kaum-noch-verstaendnis-fuer-die-gdl-streiks-13584039.html (letztmalig abgerufen am 7.10.2017).

119 Tarifeinheitsgesetz, BGBl. 2015 I 1130. Das Tarifeinheitsgesetz ist nach Auffassung des Bundesverfassungsgerichts trotz erheblicher Bedenken in der Literatur (vgl. etwa *Greiner*, NZA 2015, 769, 771 f.) weitgehend mit dem Grundgesetz vereinbar: BVerfG 11.7.2017, NZA 2017, 915. § 4a TVG sei nur insoweit mit Art. 9 Abs. 3 GG nicht

TVG soll nun versucht werden, den Grundsatz der Tarifeinheit wieder aufleben zu lassen. Bedenken bestehen insbesondere an Praxistauglichkeit des Gesetzes.[120] Denn gerade in Bereichen der Daseinsvorsorge, auf die das Gesetz insbesondere abzielt, sind die bestreikten Unternehmen in viele kleinere Betriebe aufgeteilt.[121] Da die Feststellung der Mehrheit sich aber nach § 4a Abs. 2 S. 2 TVG nicht am Unternehmen, sondern am Betrieb orientiert, sind ganz unterschiedliche Ergebnisse je nach Betrieb möglich und damit im Ergebnis auch ein Streikrecht der Minderheitengewerkschaft im Unternehmen nicht ausgeschlossen.[122] Für die hier angestrebte Betrachtung kommt es aber allein darauf an, ob das Konfliktpotential weiter bestehen bleibt. Welcher Tarifvertrag nunmehr Anwendung findet, soll sich nämlich nicht wie bisher unter dem Gesichtspunkt der Sachnähe ergeben, sondern dem Mehrheitsprinzip folgen, § 4a Abs. 2 S. 2 TVG.[123] Das macht die Aussöhnung der Belegschaft bereits zweifelhaft. Im Gegenteil wird dies viel eher dazu führen, dass die Gewerkschaften in den Betrieben so stark wie nie um die Vorherrschaft kämpfen werden.[124] Dies wird, unabhängig von jeder betriebsverfassungsrechtlichen Programmatik, im Wesentlichen über die Betriebsräte laufen.

Denn 70 Prozent der Betriebsratsmitglieder sind gewerkschaftlich organisiert und so agiert der Betriebsrat dadurch faktisch häufig als unterste Ebene der Gewerkschaft.[125] Die Konflikte zwischen den Gewerkschaften werden dadurch unmittelbar in den Betrieb getragen und die „richtige" Gewerkschaftszugehörigkeit damit immer mehr zu einem nicht unerheblichen Kriterium. Zugleich dürften auch vermehrt Fragen im Spannungsfeld zwischen erlaubter

---

vereinbar, als es an Vorkehrungen fehle, die sicherstellen, dass die Interessen der Berufsgruppen, deren Tarifvertrag nach § 4a Abs. 2 S. 2 verdrängt werden kann, im verdrängenden Tarifvertrag hinreichend berücksichtigt werden. Bis zu einer Neuregelung gilt § 4a Abs. 2 S. 2 TVG mit der Maßgabe fort, dass ein Tarifvertrag von einem kollidierenden Tarifvertrag nur verdrängt werden kann, wenn plausibel dargelegt ist, dass die Mehrheitsgewerkschaft die Interessen der Berufsgruppen, deren Tarifvertrag verdrängt wird, ernsthaft und wirksam in ihrem Tarifvertrag berücksichtigt hat.

120 Zu den praktischen Auswirkungen vgl. *Bayreuther*, NZA 2013, 1395 ff.; *Ubber*, RdA 2016, 361 ff.

121 Früh darauf hingewiesen hat bspw. *Bayreuther*, NZA 2013, 1395, 1396, 1399. Zu den Problemen unklarer Mehrheitsverhältnisse auch *Fischer*, NZA 2015, 662, 664.

122 Vgl. *Ubber*, RdA 2016, 361, 363 ff.

123 *Löwisch/Rieble*, § 4a TVG Rn. 147 ff.

124 *Greiner*, NZA 2015, 769, 778.

125 DKKW/*Däubler*, Einl. BetrVG Rn. 60 mwN.

gewerkschaftlicher Betätigung und der Verpflichtung zur gewerkschaftsneutralen Amtsführung auftauchen.[126]

2. Aktuelles Beispiel aus der Rechtsprechung: Installation von Kommunikationsbeauftragten zur Machterhaltung im Betrieb

Nur ganz selten kommen aufgrund der Ausgestaltung der Betriebsverfassung arbeitnehmerinterne Konflikte, insbesondere mit dem Betriebsrat, vor die Arbeitsgerichte. Eine Chance besteht dann, wenn Betriebsratsmitglieder gegen den eigenen Betriebsrat ein Beschlussverfahren anstreben. An einem jüngst vom Bundesarbeitsgericht zu beurteilenden Sachverhalt wird sehr gut deutlich, wie konkret der Machtkampf der Gewerkschaften auch auf der betrieblichen Ebene Einzug gehalten hat.[127] Der Betriebsrat hatte sich dort mit dem Arbeitgeber auf eine Betriebsvereinbarung geeinigt, wonach eine bestimmte Anzahl von sogenannten Kommunikationsbeauftragten im Betrieb tätig werden sollte. Bei diesen handelt es sich um Hilfspersonen, die aufgrund der Größe der repräsentierten Belegschaft (dort circa 22.000 Arbeitnehmer) zur Unterstützung des Betriebsrats im Rahmen des Informations- und Meinungsaustauschs mit der Belegschaft bestellt werden. Die Ernennung der Kommunikationsbeauftragten erfolgt durch Betriebsratsbeschluss mit einfacher Stimmenmehrheit. Ihre Brisanz erhält diese Struktur dadurch, dass die im Betrieb vorherrschende Gewerkschaft der IG Metall, die auch die Mehrheiten im Betriebsrat besitzt, zunächst ausschließlich solche Personen zu Kommunikationsbeauftragten ernannt hat, die auch Vertrauensleute der IG Metall waren. Ausweislich des ermittelten Sachverhalts wurde in einem anberaumten Treffen der Kommunikationsbeauftragten mit der Gewerkschaftsführung ausdrücklich die Thematik Mitgliederentwicklung und Werbung besprochen. Die Bedenken liegen auf der Hand. Auch ohne viel Fantasie wird man erkennen können, dass der gewerkschaftlich dominierte Betriebsrat durch die Kommunikationsbeauftragten zumindest auch die Machterhaltung beziehungsweise –erweiterung anstrebt. Der 7. Senat hat dies ebenso wie die Vorinstanzen allerdings anders gesehen. Die signifikante Frage, ob die Mehrheit im Betriebsrat die Kommunikationsbeauftragten nicht zweckwidrig für eigene, gewerkschaftliche Interessen einsetzen kann, beantwortet der Senat ganz im Sinne der vorherrschenden Gewerkschaft. Als Hauptargument dient die fragwürdige Feststellung, dass die Kommunikationsbeauftragten Hilfspersonen des gesamten Betriebsrats seien und auch sämtlichen Mitgliedern des Betriebsrats

126 Zur Grenzziehung etwa *Richardi/Maschmann*, § 74 BetrVG Rn. 79 f.
127 BAG 29.4.2015, NZA 2015, 1397.

entsprechende Einflussnahmemöglichkeiten zustehen würden.[128] Die Mehrheitsfraktion dürfe die Kommunikationsbeauftragten nicht für die Weitergabe ihrer spezifischen Meinungen und Informationen und für ihre eigene Werbung einsetzen.[129]

Angesichts des festgestellten Sachverhalts muss man dies für eine erstaunliche Einordnung halten. Wenn die Mehrheitsfraktion *de facto* durch ihre Stimmenmehrheit nur eigene Leute als Kommunikationsbeauftragte einsetzen kann und damit eine zweite Ebene zwischen Belegschaft und Betriebsrat schafft, sind die Einflussmöglichkeiten nicht wegzudiskutieren. Es bedarf schon einer erheblichen Umdeutung allgemeiner Lebenserfahrung, um zu behaupten, diese Beauftragten würden nicht als Hilfspersonen des „IG Metall Betriebsrats" tätig.[130] Schwer wiegt auch die Versagung eines Minderheitenschutzes durch die Ernennung der Kommunikationsbeauftragten nach den Grundsätzen der Verhältniswahl.[131] Als reines Lippenbekenntnis wirkt letztlich die Ausführung des Senats, dass im Hinblick auf § 75 Abs. 1 BetrVG für die Auswahl der Kommunikationsbeauftragten die gewerkschaftliche Zugehörigkeit nicht maßgebend sein dürfte.[132] Womöglich auch aufgrund der geringen Fallzahl scheint die Rechtsprechung hinsichtlich der in der Betriebsverfassung angelegten Grundproblematik nicht hinreichend sensibilisiert.

3. *Zunahme innerbetrieblicher Konflikte als Ergebnis der Entwicklung*

Insgesamt zeichnet sich damit eine Entwicklung ab, die auch auf betrieblicher Ebene zur Verschärfung der Konflikte innerhalb der Belegschaft führt. Die Rechtsprechung erhält aufgrund der bisherigen Ausgestaltung der Betriebsverfassung kaum Möglichkeiten, auf drohendes missbräuchliches Handeln des Betriebsrats Einfluss zu nehmen. Soweit dies überhaupt einmal der Fall ist, sendet die Rechtsprechung deutlich verfehlte Signale aus. Wenn dann auch das Bundesverfassungsgericht die Praxis der Gewerkschaften duldet, die Kandidatur auf einer fremden Liste bei den Betriebsratswahlen als Ausschlussgrund zu deklarieren, zementiert es damit die Machtstellung einzelner Gewerkschaften im Betrieb weiter.[133] Erst eindeutige Fälle des Missbrauchs, beispielsweise die vollständige

---

128 Vgl. BAG 29.4.2015, NZA 2015, 1397, 1401 f.

129 BAG 29.4.2015, NZA 2015, 1397, 1401.

130 So ausdrücklich aber BAG 29.4.2015, NZA 2015, 1397, 1401.

131 Dazu BAG 29.4.2015, NZA 2015, 1397, 1403.

132 Die grundlegende Problematik der Fragestellung wird auch weitgehend übersehen bei der Besprechung durch *Reichold/Rein*, RdA 2016, 369 ff.

133 BVerfG 24.2.1999, NZA 1999, 713.

Verweigerung der Hilfe durch den Betriebsrat, solange bis in die „richtige" Gewerkschaft gewechselt werde, haben aufhorchen lassen.[134] Dass dieser Fall aber überhaupt der gerichtlichen Überprüfung zugeführt wurde, lag allein daran, dass die konkurrierende, ebenfalls im Betrieb vertretene Gewerkschaft den Antrag nach § 23 Abs. 1 BetrVG stellte. Der betroffene Arbeitnehmer allein hätte sich dagegen nicht zur Wehr setzen können. Die Gewerkschaftszugehörigkeit ist dabei offenkundig nur eins der möglichen Konfliktfelder, die zu einer ungünstigen Behandlung des einzelnen Arbeitnehmers durch den Betriebsrat führen können.[135] Wie diesen Tendenzen entgegenwirkt werden soll, bleibt in Rechtsprechung und Literatur weitgehend unklar. Wenn *Däubler* der Gefahr nur mit einem Appell begegnen will, dass sich die einzelnen Betriebsratsmitglieder ungeachtet unterschiedlicher Auffassung und politischer und weltanschaulicher Einstellung nicht als Vertreter einer bestimmten Gruppierung, sondern wieder vermehrt als Repräsentant aller Beschäftigten begreifen sollen,[136] zeigt dies deutlich, dass es an einem klaren Regelungskonzept mangelt.[137] Zu konstatieren ist viel eher, dass die Machtzentrierung verbunden mit der Verschärfung der innerbetrieblichen Konflikte zwischen der Belegschaft die Frage der Rechtsstellung des Einzelnen nunmehr ganz besonders in den Fokus der Betrachtung gerückt hat.

B. Fehlender Individualschutz als Systemproblem

Den bestehenden Interessenkonflikt und die daraus resultierenden Schutzlücken in der Betriebsverfassung deutlich zu machen, ist eines der wesentlichen Anliegen der Arbeit. Um das Verständnis für die einzelnen Probleme zu schärfen, sollen den jeweiligen Abschnitten regelmäßig Fallbeispiele vorweggestellt werden. Denn der fehlende Individualschutz ist keine auf bestimmte Ausnahmefälle beschränkte Problematik, sondern ein in der Betriebsverfassung selbst angelegtes Strukturproblem. Hierfür genügt es nicht, nur bestimmte Mitwirkungs- oder Mitbestimmungsrechte des Betriebsrats auf ihren Individualschutz hin zu überprüfen. Neben potentiell benachteiligenden Maßnahmen des Betriebsrats sind auch die bestehenden Schutzmechanismen zu durchleuchten.

---

134 LAG Köln 15.12.2000, NZA-RR 2001, 371.

135 Zu denken ist hier auch an das unrühmliche Verhalten vieler Betriebsräte gegen die Leiharbeitnehmer im Betrieb. Vgl. etwa *Düwell/Dahl*, NZA-RR 2011, 1, 2 f.

136 So ausdrücklich DKKW/*Däubler*, Einl. Rn. 133.

137 In ähnliche Richtung geht auch *Fitting*, § 1 BetrVG Rn. 188 ff.: der Betriebsrat müsse sich als Betriebsrat aller Arbeitnehmer verstehen.

Das Betriebsverfassungsgesetz enthält durchaus Vorschriften, die darauf abzielen sollen, eine sachgemäße Amtsausübung zu gewährleisten. Insoweit soll der Blick erweitert werden auf unterschiedlichste Bereiche der Betriebsverfassung. Der bisherige Fokus der Diskussion auf das Zustimmungsersetzungsverfahren nach § 99 Abs. 4 BetrVG und in noch größerem Maße auf die Wirkungsweise und Reichweite einer Betriebsvereinbarung haben viele andere Felder weitgehend ausgeblendet. Obgleich diesen Problematiken auch hier hinreichend Platz eingeräumt werden muss, wird es notwendig sein, eine umfassende Gesamtwürdigung existierender Möglichkeiten des Arbeitnehmers gegen belastende Maßnahmen des Betriebsrats vorzunehmen. Gleichzeitig muss klar werden, weshalb die Betriebsverfassung solche Regelungsstrukturen getroffen hat. Denn der Betriebsrat wird regelmäßig nicht nur Individualinteressen, sondern auch die Interessen des Kollektivs bei seiner Entscheidung zu berücksichtigen haben. Aus dieser Verantwortung resultiert die Befugnis auch für den Einzelnen negative Entscheidungen treffen zu können. Am plastischsten wird dies am Beispiel der Zustimmungsverweigerungsgründe gemäß § 99 Abs. 2 BetrVG. Aber auch in anderen Fragen der Mitbestimmung und Mitwirkung gibt es gute Gründe, warum der Betriebsrat nicht stets verpflichtet ist, zugunsten des Einzelnen einzuschreiten. Viele der Überlegungen beruhen dabei auf sinnvollen Argumenten und werden das Wohl der Belegschaft und des Unternehmens im Gesamtkontext berücksichtigen. Die Verweigerung zu einer Versetzung oder die fehlende Zustimmung zu einer betrieblichen Fortbildungsmaßnahme kann für den betroffenen Arbeitnehmer eine erhebliche Härte mit sich bringen. Sie kann aber notwendig und angemessen sein, damit ein anderer Arbeitnehmer beispielsweise von einer Kündigung verschont bleibt. Schwierig wird es für einen engagierten Betriebsrat auch dort, wo im Rahmen von Umstrukturierungen weitreichend Arbeitsplätze wegfallen und Interessen ganzer Gruppierungen gegeneinander abgewogen werden müssen. Deswegen ist es nachvollziehbar und richtig, dass die Betriebsverfassung in vielen Bereichen die Interessenabwägung in die Hände des Betriebsrats gelegt und ihm insoweit ein Ermessen zugebilligt hat.[138] Für problematisch erachtet wird dies aber dort, wo ein eingeräumtes Ermessen keiner Rechtskontrolle mehr unterliegt. Auch evidente Fehler oder willkürliches Verhalten sind maximal subsidiär über die Einwirkungsmöglichkeiten des Arbeitgebers geltend zu machen. Wie im weiteren Verlauf des 2. Kapitels darzustellen ist, hat die Betriebsverfassung auf einen willkürlich agierenden, die Interessen des Einzelnen oder kleinerer Gruppen nicht berücksichtigenden Betriebsrat

---

138 Vgl. BAG 19.1.2010, NZA 2010, 592, 593; GK/*Oetker*, § 23 BetrVG Rn. 23.

nahezu keine Antwort. Um die unterschiedlichen Beeinträchtigungsgrade in der Betriebsverfassung auch abstrakt erfassen zu können, soll im Folgenden versucht werden drei Kategorien herauszuarbeiten, die die unterschiedlichen Interventionsformen am ehesten erfassen.

I. Mögliche Interventionsformen im Hinblick auf den Individualschutz – ein Systematisierungsansatz

Ausgangspunkt der Überlegung ist dabei im Wesentlichen die Privatautonomie des einzelnen Arbeitnehmers. Zu fragen ist, inwieweit die Betriebsverfassung den Betriebsparteien, insbesondere dem Betriebsrat, die Möglichkeit gewährt, in die Selbstbestimmungsfreiheit des Einzelnen einzugreifen. Die von der Betriebsverfassung vorgesehene Intervention des Betriebsrats kann ganz unterschiedliche Formen der Intensität für den einzelnen Arbeitnehmer erreichen. Diese zu systematisieren kann helfen, auf die Frage nach den Rechtsschutzmöglichkeiten des Einzelnen abstrakte Antworten zu finden.[139] Abgrenzungsschwierigkeiten wird es bei einer solchen Form der Kategorisierung zweifelsohne geben. Dennoch kann eine Typenbildung in Korrelation zur Eingriffsintensität Anhaltspunkte liefern, wo die Selbstbestimmungsfreiheit des Arbeitnehmers besonders stark betroffen ist. Die Herausarbeitung abstrakter Problemfelder kann zugleich auch im Rahmen etwaiger Lösungsmodelle fruchtbar gemacht werden. Obgleich es im Ergebnis keine in jeder Hinsicht zutreffende Zuordnung gibt, lassen sich im Wesentlichen drei Gruppen der unterschiedlichen Interventionsintensität begreifen.

1. Extensive Intervention

Zunächst ist an den Fall zu denken, in dem durch das Vorgehen der Betriebsparteien eine bereits individualrechtlich bestehende Rechtsposition faktisch beseitigt wird, ohne dass der Arbeitnehmer hiergegen vorgehen kann. Eine solche, hier unter dem Begriffstypus der *extensiven Intervention* agierende Beeinträchtigung ist gleichzeitig der weitestgehende Eingriff in die Individualrechtsposition des Arbeitnehmers. Paradigmatisch sind die Auswirkungen

---

139 Vgl. insoweit auch die Ausführungen von *Lobinger*, der die Beteiligungstatbestände des Betriebsverfassungsrechts in unterschiedliche Kategorien einteilt, um die Rechtspositionen des Betriebsrats klarer herauszustellen (zusammenfassend ZfA 2004, 101, 173 f.). Auch wenn sich die Zielsetzung diametral unterscheidet, kann ein solcher Systematisierungsansatz doch wertvolle Hilfe für eine grundsätzliche Überlegung bieten.

einer Verweigerung der Zustimmung zu einer personellen Einzelmaßnahme im Sinne des § 99 Abs. 2 BetrVG zu nennen. Die Individualrechtspositionen des Arbeitnehmers können massiv eingeschränkt werden und als *ultima ratio* gar zur (betriebsbedingten) Kündigung führen. Eine zuvor getroffene Absprache zwischen Arbeitgeber und Arbeitnehmer hinsichtlich der Einstellung kann dann hinfällig sein. Der Arbeitnehmer darf aufgrund des betriebsverfassungsrechtlichen Beschäftigungsverbots nicht beschäftigt werden, was regelmäßig zu seiner Kündigung führen wird.[140] Selbstredend handelt es sich bei solchen unmittelbaren Eingriffen in die Individualrechtspositionen des Einzelnen um Ausnahmefälle in der Betriebsverfassung. Sie sind zugleich aber besonders gravierend, da eine vom Arbeitnehmer nicht legitimierte Macht letztlich sogar als Entscheidungsinstanz über sein Arbeitsverhältnis auftreten kann. Es wird untersucht werden müssen, inwiefern ähnliche Konstellationen in der Betriebsverfassung zu finden sind und ob diese *extensiven Interventionen* nicht zwingend korrekturbedürftig sind.

2. *Reduzierte Intervention*

Eine Beeinträchtigung durch den Betriebsrat wird aber vielfach auch in anderer Weise auftauchen. Sie erscheint dann weniger als absoluter Eingriff in eine Rechtsposition, als vielmehr in einer Beschränkung von Rechten oder in der Vereitelung des Zugewinns von eben solchen. Einer solchen Wirkung soll im Folgenden der Begriff der *reduzierten Intervention* zugeordnet werden. Von der *reduzierten Intervention* lässt sich primär dort sprechen, wo der Betriebsrat durch eine aktive Handlung oder auch durch ein Unterlassen die originär vorgesehene Verstärkung des Individualschutzes durch die Kollektivvertretung einseitig vereiteln kann. Illustrativ kann hierfür der Fall des § 102 Abs. 3 BetrVG herangezogen werden. Widerspricht der Betriebsrat einer Kündigung, ermöglicht dies dem Arbeitnehmer unter anderem unter den Voraussetzungen des § 102 Abs. 5 BetrVG zunächst zu unveränderten Arbeitsbedingungen weiterbeschäftigt zu werden. Unterlässt der Betriebsrat allerdings den Widerspruch, entsteht ein solcher Anspruch erst gar nicht. Das Arbeitsverhältnis zwischen Arbeitnehmer und Arbeitgeber enthält einen so weitgehenden Anspruch nämlich grundsätzlich nicht.[141] In diesen Fällen liegt die Verbesserung des Individualschutzes allein

---

140 Siehe zum Gesamten ausführlich die Ausführungen im 2. Kapitel, B. III. 1. c).

141 In Betracht kommt insoweit nur ein allgemeiner Weiterbeschäftigungsanspruch nach dem Obsiegen in der ersten Instanz, vgl. nur APS/*Koch*, § 102 BetrVG Rn. 239 ff. Siehe auch unten im 4. Kapitel, C. I. 2. e) aa).

in den Händen des Betriebsrats. Die Nichtausübung bedeutet dann keine Verletzung der Privatautonomie im Sinne einer *extensiven Intervention*, sondern einen Verlust an zusätzlichen Arbeitnehmerschutzrechten, die die Betriebsverfassung für den Betroffenen ursprünglich vorgesehen hat. Der Arbeitnehmer hat hier keinerlei Handhabe das Vorgehen des Betriebsrats zu erzwingen.

Der Kreis der *reduzierten Interventionen* ist aber noch weiter zu ziehen und betrifft mittelbar auch das privatautonome Verhältnis von Arbeitnehmer und Arbeitgeber. Der Betriebsrat kann gerade im Vorfeld von personellen Maßnahmen seine Mitbestimmungs- und Mitwirkungsrechte dazu nutzen, dass Rechtspositionen auf Seiten des Arbeitnehmers gar nicht erst erwachsen. Macht er dem Arbeitgeber bereits frühzeitig klar, dass er die Beförderung eines konkreten Arbeitnehmers in keinem Fall tolerieren werde, wird es, wenn der Arbeitgeber nicht auf Konfrontationskurs mit dem Betriebsrat gehen möchte, keine individualrechtlichen Absprachen mit dem Arbeitnehmer geben. Der Grad der Interventionsform hängt also von den bestehenden Rechtspositionen im Verhältnis von Arbeitnehmer zu Arbeitgeber ab. Von einer *extensiven Intervention* ist in Abgrenzung zur *reduzierten Intervention* nur dann zu sprechen, wenn in bereits existierende Rechtspositionen eingegriffen wird.

3. *Obstruierende Intervention*

Von den genannten Typen zu unterscheiden sind letztlich Fälle, in denen der Betriebsrat durch ein Tätigwerden weder Rechtspositionen tatsächlich einschränkt noch sie vereitelt, sondern sie in ihrer Durchsetzung (lediglich) erschwert beziehungsweise hemmt. Insoweit soll hier von einer *obstruierenden Intervention* gesprochen werden. Die Beispiele sind vielschichtiger Natur und weisen durchaus Überschneidungen mit *reduzierten Interventionen* auf. Zu denken ist etwa an den Fall, in dem der Arbeitnehmer mit dem Arbeitgeber über die Lage des Erholungsurlaubs keine Einigung erzielen kann. In diesen Fällen enthält § 87 Abs. 1 Nr. 5 BetrVG ein Mitbestimmungsrecht des Betriebsrats, welches ausnahmsweise individuellen Bezug hat.[142] Der Betriebsrat soll an die Seite des

142 Ganz h.M.: BeckOK-ArbR/*Werner*, § 87 BetrVG Rn. 88; DKKW/*Klebe*, § 87 BetrVG Rn. 149; ErfK/*Kania*, § 87 BetrVG Rn. 46; *Fitting*, § 87 BetrVG Rn. 204 ff.; *Richardi*, § 87 BetrVG Rn. 467; *Hanau*, RdA 1973, 281, 287; *von Hoyningen-Huene*, NJW 1981, 713, 718. In diesen Fällen hält GK/*Wiese*, § 87 BetrVG Rn. 474 die betriebliche Mitbestimmung für nicht einschlägig und fordert stets einen kollektiven Bezug. Dies überrascht, weil die Verstärkung des Rechtsschutzes durch den Betriebsrat keine Ausnahme dieser Vorschrift ist, sondern auch an anderer Stelle bedenkenfrei praktiziert wird (bspw. im Rahmen von § 80 Abs. 1 BetrVG).

Arbeitnehmers treten und unter Berücksichtigung der Gesamtumstände versuchen, über die Urlaubswünsche des betroffenen Arbeitnehmers eine Einigung mit dem Arbeitgeber zu erzielen.[143] Die Vorschrift bezweckt insofern eine Verstärkung des ohnehin bestehenden Individualanspruchs aus § 7 Abs. 1 BUrlG.[144] Tritt der Betriebsrat nicht für die Rechte des Arbeitnehmers ein, vereitelt er insoweit zwar auch die vom Betriebsverfassungsgesetz vorgesehene Erweiterung der Durchsetzungsmöglichkeiten. Das heißt nach dem hiesigen Modell läge grundsätzlich eine *reduzierte Intervention* vor. Entscheidend ist aber, dass der Arbeitnehmer eigenständig in der Lage bleibt, die in Rede stehende Maßnahme gerichtlich zu überprüfen und gegebenenfalls zu erzwingen. Die Rechtsdurchsetzung wird lediglich erschwert oder gehemmt. Auf den konkreten Fall bezogen wird der Betriebsrat nämlich regelmäßig aufgrund seiner Sachnähe über konkurrierende Urlaubswünsche anderer Arbeitnehmer und entgegenstehender betrieblicher Interessen deutlich besser Bescheid wissen und könnte daher die Rechte des Betroffenen effektiver durchsetzen.[145] Ausschlaggebend ist damit, dass im Unterschied zur *reduzierte Intervention* bei einer *obstruierenden Intervention* durch den Betriebsrat dem Arbeitnehmer weiterhin Rechtsschutzmöglichkeiten (gegenüber dem Arbeitgeber) offenstehen, um seine Interessen durchzusetzen. Ähnlich verhält es sich auch bei Fällen, in denen der Betriebsrat seine Beteiligungsrechte überhaupt nicht ausübt und damit erst die grundsätzlich mitbestimmten Einwirkungsmöglichkeiten (wieder) allein in die Hände des Arbeitgebers legt. Beispielsweise kann der Betriebsrat seine Mitbestimmungsrechte nach § 87 Abs. 1 BetrVG nicht oder nur völlig unzureichend im Hinblick auf eine bestimmte Gruppe von Arbeitnehmer im Betrieb ausüben. Dem Arbeitnehmer bleibt es unbenommen, seine Rechte gegenüber dem Arbeitgeber gerichtlich durchzusetzen, auch wenn dies möglicherweise geringere Chancen auf Erfolg haben dürfte. Die im Weiteren behandelten Problemfelder der Betriebsverfassung sollen nach Möglichkeit den einzelnen Interventionsformen zugewiesen werden. Dadurch ergibt sich letztlich ein besseres Gesamtbild der tatsächlich vorhandenen Eingriffsintensitäten betriebsrätlichen Handelns auf die Individualrechtspositionen des Einzelnen.

---

143 ErfK/*Kania*, § 87 BetrVG Rn. 46; *Fitting*, § 87 BetrVG Rn. 205.
144 Vgl. BeckOK-ArbR/*Werner*, § 87 BetrVG Rn. 87.
145 Vgl. ErfK/*Kania*, § 87 BetrVG Rn. 46.

II. Rechtssetzung durch Kollektivvertrag: Schutz vor belastenden und diskriminierenden Betriebsvereinbarungen

An kaum einer Stelle wird der Ausgangskonflikt so plastisch wie im Rahmen der Betriebsvereinbarung. Die Betriebsvereinbarung ist das klassische Mittel zur Gestaltung der betrieblichen Ordnung. Sie ist die gegebene Form für die Ausübung der Mitbestimmungsrechte des Betriebsrats und daher von immenser praktischer Bedeutung.[146] Zwar kann grundsätzlich auch eine formlose Betriebsabsprache genügen, aber nur die Normen der Betriebsvereinbarung gelten unmittelbar und zwingend nach § 77 Abs. 4 S. 1 BetrVG.[147] Häufig findet sich daher der Passus, dass allein die Betriebsvereinbarung geeignet sei, den zwingenden und unabdingbaren Schutz der Arbeitnehmer zu gewährleisten.[148] Dies kann sich aus Sicht des einzelnen Arbeitnehmers allerdings ganz anders darstellen. Die Entscheidung durch das Kollektiv ersetzt hier die Privatautonomie des Einzelnen und gerät nahezu zwangsläufig damit in Konflikt.[149] Weil sich die Unterwerfung unter die Kollektivmacht nicht privatautonom erklären lässt, wird folgerichtig ganz überwiegend von einer Fremdbestimmungsordnung gesprochen.[150] Dies wiederum erfordert Erklärungsansätze für die Legitimation der Fremdbestimmung und ihrer Reichweite. Die Grenzziehung der Regelungsbefugnis der Betriebsparteien hält *Kreutz* daher ein für „die Arbeitsrechtswissenschaften faszinierende[s] Zentralproblem im Recht der Betriebsvereinbarungen".[151] Das gilt insbesondere dort, wo potentiell belastendende oder gar diskriminierende Betriebsvereinbarungen im Raum stehen. Die geschilderte Problematik ist über Jahrzehnte Gegenstand einer kaum noch zu überblickenden Fülle von Beiträgen geworden, die trotz unterschiedlicher Ansätze und Stoßrichtungen dennoch das gleiche Ziel verfolgen: den Schutz des Einzelnen vor der Kollektivnorm.[152]

---

146 Siehe nur BeckOK-ArbR/*Werner*, § 77 BetrVG Rn. 9; ErfK/*Kania*, § 77 BetrVG Rn. 4; GK/*Kreutz*, § 77 BetrVG Rn. 33 ff.; *Richardi*, § 77 BetrVG Rn. 17.

147 Vgl. nur *Fitting*, § 77 BetrVG Rn. 127.

148 Vgl. etwa BAG 24.2.1987, BAG AP BetrVG 1972 § 77 Nr. 21; *Richardi*, § 77 BetrVG Rn. 19.

149 Vgl. nur *Waltermann*, Rechtssetzung durch Betriebsvereinbarung, 64 ff.

150 Siehe sogleich unter 3. a), b).

151 *Kreutz*, in: Schmidt-Jortzig, 753, 754.

152 Nur auszugsweise seien hier zu erwähnen die Monographien von *Aksu*, Regelungsbefugnis; *H. Hanau*, Individualautonomie; *F. Kirchhof*, Private Rechtsetzung; *Kreutz*, Grenzen der Betriebsautonomie; *Merten*, Regelungsbefugnisse; *Müller-Franken*, Rechtsstellung des Einzelnen durch Betriebsvereinbarung; *Richardi*, Betriebsverfassung und Privatautonomie; *ders.* Kollektivgewalt und Individualwille; *Waltermann*,

Schon gleich nach der Einführung des Betriebsverfassungsgesetzes wurde die Problematik von *Siebert* mit der Forderung nach einem kollektivfreien Individualbereich aufgegriffen.[153] Obgleich erstaunliche Unsicherheiten und synonymartige Verwendungen in den Begrifflichkeiten vorherrschen,[154] lassen sich drei beziehungsweise vier Bereiche zusammenfassen, in welchen die Grundsatzproblematik zu finden ist.[155] Zunächst zu nennen ist die Diskussion um die Grenzen der Regelungsbefugnis der Betriebsparteien.[156] Unter Regelungsbefugnis versteht man richtigerweise den Bereich, in dem die Betriebsparteien autonom Vereinbarungen treffen können, denen der Staat durch die Anordnung in § 77 Abs. 4 S. 1 BetrVG zur Geltung verhilft.[157] Ebenfalls relevant wird die Grundsatzproblematik aber auch bei der Frage des Verhältnisses von Arbeitsvertrag und Betriebsvereinbarung unter Berücksichtigung des Günstigkeitsprinzips sowie bei der Beurteilung des Maßstabs der konkreten Rechts- bzw. Billigkeitskontrolle durch die Gerichte. Eine entscheidende Vorfestlegung erfährt die Grenzziehung zudem schon bei der Frage nach der Legitimation betriebsverfassungsrechtlichen Handelns. Die jeweils genannten Fragen und die mit ihnen zusammenhängenden Lösungsansätze rühren dabei an den Grundfragen des kollektiven Arbeitsrechts,[158] die zum Teil bis heute keiner stimmigen Lösung zugeführt werden konnten. Den kaum noch zu systematisierenden Ansätzen soll vorliegend weder ein neuer hinzugefügt werden, noch sollen sie in der hierfür eigentlich erforderlichen Breite dargestellt werden.[159] Angesichts der Bedeutung der Diskussion sollen aber zumindest die Grundströmungen aufgezeigt und – entsprechend dem Kernanliegen der vorliegenden Untersuchung – ein

---

Rechtsetzung durch Betriebsvereinbarung; sowie die Beiträge von *Linsenmaier*, RdA 2008, 1 ff.; *Picker*, NZA 2002, 761 ff.; *Richardi*, NZA 1999, 617 ff. Explizit zur Legitimationsfrage siehe nur *Veit*, Zuständigkeit des Betriebsrats, 140 ff.; *Lobinger*, RdA 2011, 76, 84 ff.

153 *Siebert*, in: FS Nipperdey 1965, 119 ff.; *ders.*, BB 1953, 241 ff.; ausführlich zu diesen und weiteren ähnlich gelagerten Ansätzen GK/*Kreutz*, § 77 BetrVG Rn. 331 ff.

154 Siehe dazu *Waltermann*, Rechtssetzung durch Betriebsvereinbarung, 53 ff. mit Beispielen und Begriffserklärung.

155 Ähnlich auch *Preis/Ulber*, RdA 2013, 211 mit entsprechenden Nachweisen.

156 Sogleich unter 4.

157 Zur Normwirkung siehe in diesem Abschnitt unter 3. c) aa).

158 Siehe nur *Preis/Ulber*, RdA 2013, 211 mit der Formulierung einiger wichtiger Grundfragen.

159 Ein Systematisierungsansatz findet sich bspw. bei GK/*Kreutz*, § 77 BetrVG, der sich allerdings auch dort über nahezu 150 Seiten erstreckt und dadurch zwangsläufig an Übersicht verliert.

besonderes Augenmerk auf den tatsächlichen Schutz des einzelnen Arbeitnehmers vor belastenden Betriebsvereinbarungen gerichtet werden. Dabei soll die These belegt werden, dass im Rahmen der Betriebsvereinbarung, obgleich oder gerade weil so intensiv diskutiert, der Arbeitnehmer regelmäßig über einen hohen Schutzstandard verfügt. Die gerichtliche Kontrolle von Betriebsvereinbarungen, auch durch den einzelnen Arbeitnehmer, ist möglich und die Rechtskontrolle wird bis auf wenige Ausnahmefälle auch uneingeschränkt von den Gerichten vorgenommen.[160] Die strikte gerichtliche Kontrolle korreliert dabei mit einem sehr weitreichenden Verständnis der Regelungsbefugnis der Betriebsparteien.[161] Beides ist nicht frei von Kritik geblieben und fußt im Kern ebenfalls auf einem sehr unterschiedlichen Verständnis der Betriebsautonomie.

1. Beispiele belastender Betriebsvereinbarungen

Besonderes Gewicht erhält die Diskussion dort, wo die Betriebsvereinbarung für den Einzelnen nicht nur Vorteile mit sich bringt, sondern auch belastende Regelungen enthält. Die Motive des Betriebsrats, solchen Vereinbarungen zuzustimmen, können vielfältiger Natur sein und werden regelmäßig auf fundierten Überlegungen beruhen. Kein Einzelfall geblieben sind hingegen aber auch solche Vereinbarungen, die auf sachwidrigen Absprachen zwischen Arbeitgeber und Betriebsrat beruhen.[162] Ein Blick in die betriebliche Praxis bietet eine kaum zu überblickende Vielfalt an unterschiedlichen, den einzelnen Arbeitnehmer belastenden Betriebsvereinbarungen. Rein belastende Betriebsvereinbarungen unterliegen dabei weitreichenden Bedenken.[163] Das gilt insbesondere für Vereinbarungen, die die persönliche Lebensführung des Arbeitnehmers betreffen. Arbeitgeber und Betriebsräte haben in dieser Hinsicht etliche Bestrebungen unternommen, die Verwendung des Arbeitsentgelts zu regeln oder sogar die Gestaltung der arbeitsfreien Zeit in Teilen festzulegen, beispielsweise durch die Pflicht zur Teilnahme an Betriebsausflügen.[164] Schwieriger zu beurteilen sind

---

160 Zu den Ausnahmen etwa im Interessenausgleich siehe unten in diesem Kapitel, B. III. 3.

161 Dazu sogleich in diesem Abschnitt unter 4.

162 Vgl. hierzu die Ausführungen in diesem Kapitel, B. V.

163 Vgl. BAG 10.3.1976, AP BGB § 618 Nr. 17; 7.8.1975, AP BGB § 242 Ruhegehalt Nr. 169; *Säcker*, Gruppenautonomie, 454; *Richardi*, § 77 BetrVG Rn. 111. Für eine weitgehende Zulässigkeit solcher Regelungen aber MünchArbR/*Matthes*, § 238 Rn. 50.

164 Nach nahezu einhelliger Ansicht sind solche Absprachen dem Grunde nach unzulässig, vgl. nur BAG 12.12.2006, NZA 2007, 453, 455; 18.7.2006, NZA 2007, 462, 464;

Übereinkünfte der Betriebsparteien, die zur Verschlechterung von Ansprüchen und Anwartschaften führen. Auch hier hat die Rechtsprechung mit einer Vielzahl von Fallgestaltungen zu kämpfen.[165] Ebenso kann sich der Arbeitnehmer mit Vereinbarungen konfrontiert sehen, die vertragliche Kündigungsbeschränkungen zu seinen Lasten verändern wollen.[166] Dies gilt insbesondere für einen bestehenden Ausschluss der ordentlichen Kündigung.[167] Die Mannigfaltigkeit von für den Arbeitnehmer nachteiligen Absprachen zwischen Betriebsrat und Arbeitgeber ist damit aber bei weitem nicht erschöpft. Von einseitigen Haftungsausschlüssen für den Arbeitgeber bis zu weitreichenden Nebentätigkeitsverboten ist vieles Gegenstand höchstrichterlicher Rechtsprechung geworden, welches unter verständiger Würdigung kaum dem Interesse des einzelnen Arbeitnehmers gedient haben dürfte.[168] Der Widerstreit zwischen Kollektiv- und Individualinteressen wird zudem besonders plastisch, wenn der Betriebsrat über die Einführung und Anwendung von technischen Einrichtungen entscheiden muss, die dazu bestimmt sind, das Verhalten oder die Leistung der Arbeitnehmer zu überwachen (§ 87 Abs. 1 Nr. 6 BetrVG).[169] Zu kämpfen hat der einzelne Arbeitnehmer im digitalisierten Zeitalter aber auch mit Vereinbarungen, die darauf abzielen den gesetzlichen Datenschutz zu verschlechtern.[170] Die Liste von belastenden oder gar offensichtlich diskriminierenden Betriebsvereinbarungen ließe sich hier nahezu beliebig fortsetzen. Rechtsprechung und Literatur jedenfalls haben unterschiedliche Ansätze entwickelt, um solchen Vereinbarungen im Hinblick auf den Individualschutz entgegenzuwirken.

GK/*Kreutz*, § 77 BetrVG Rn. 356 mwN auch zu den divergierenden Begründungsansichten; ferner ErfK/*Kania*, § 77 BetrVG Rn. 38; *Fitting*, § 77 BetrVG Rn. 56; MünchArbR/*Matthes*, § 238 Rn. 52; *Richardi*, § 77 BetrVG Rn. 104.

165 Vgl. nur BAG GS 16.9.1986, NZA 1987, 168; siehe auch BAG 21.9.1989, NZA 1990, 351. Zum Gesamten ausführlich und mit zahlreichen Nachweisen GK/*Kreutz*, § 77 BetrVG Rn. 345 ff.

166 Vgl. GK/*Kreutz*, § 77 BetrVG Rn. 363; *Richardi*, § 77 BetrVG Rn. 106. Zum Tarifvertrag: BAG 16.2.1962, AP TVG § 4 Günstigkeitsprinzip Nr. 11.

167 Vgl. GK/*Kreutz*, § 77 BetrVG Rn. 363; HWGNRH/*Worzalla*, § 77 BetrVG Rn. 76.

168 Zum Haftungsausschluss: BAG 5.3.1959, AP BGB § 611 Fürsorgepflicht Nr. 26; *Richardi*, § 77 BetrVG Rn. 112. Im Hinblick auf das Verbot von Nebentätigkeiten vgl. DKKW/*Berg*, § 77 Rn. 82; MünchArbR/Matthes, § 238 Rn. 52; Rewolle, BB 1959, 670, 672.

169 Vgl. GK/*Wiese*, § 87 BetrVG Rn. 487 ff.

170 Ausf. zu dieser Möglichkeit GK/*Kreutz*, § 77 Rn. 375.

2. *Betriebsvereinbarung als privatrechtlicher Vertrag*

Weitgehend Einigkeit besteht mittlerweile allerdings über den Entstehungsakt. Die Betriebsvereinbarung kommt durch rechtsgeschäftliche Einigung zwischen den Betriebsparteien zustande (§§ 145 ff. BGB) und ist daher als privatrechtlicher Vertrag zu verstehen.[171] Sie kann ebenso wie andere privatrechtliche Dauerschuldverhältnisse durch Kündigung beendet werden. Die sog. Vertragstheorie bildet dies zutreffend ab und grenzt sich überzeugend gegenüber früher vertretenen Ansätzen wie etwa der Satzungstheorie ab.[172] Für die Grundannahme einer Satzung mit konstitutionellem Charakter fehlt es an einer Organstruktur von Arbeitgeber und Betriebsrat im Betrieb.[173] Ein entsprechender Arbeitsverband zwischen Arbeitgeber und Betriebsrat, für den diese gemeinsam eine entsprechende Verbandssatzung erlassen, spiegelt die tatsächlichen Gegebenheiten im Betrieb nicht wider.[174] Zwar sind die Betriebsparteien insbesondere durch § 2 Abs. 1 BetrVG zur vertrauensvollen Zusammenarbeit verpflichtet, allerdings verfolgen sie originär unterschiedliche, nicht zwingend auf einen gemeinsamen Verbandszweck gerichtete Interessen.[175] Mit der nahezu einhelligen Ansicht ist die Betriebsvereinbarung daher als privatrechtlicher Vertrag zu verstehen. Damit ist freilich noch nicht erklärt, weshalb dem Vertrag zwischen Betriebsrat und Arbeitgeber die Rechtswirkung für und gegen den einzelnen Arbeitnehmer nach § 77 Abs. 4 S. 1 BetrVG zukommt.

3. *Unmittelbare und zwingende Wirkung, § 77 Abs. 4 BetrVG*

Vereinfacht lässt sich der überwiegend vertretene Ansatz erklären als ein privatrechtlicher kollektiver Normenvertrag, der zwischen Arbeitgeber und Betriebsrat

---

171 Siehe nur BeckOK-ArbR/*Werner*, § 77 BetrVG Rn. 10; DKKW/*Berg*, § 77 BetrVG Rn. 15; ErfK/*Kania*, § 77 BetrVG Rn. 4; *Fitting*, § 77 BetrVG Rn. 13; GK/*Kreutz*, § 77 BetrVG Rn. 38 f.; HWGNRH/*Worzalla*, § 77 BetrVG Rn. 8; *Richardi*, § 77 BetrVG Rn. 24; WPK/*Preis*, § 77 BetrVG Rn. 7.

172 Zu den unterschiedlichen Theorien näher *Säcker*, AR-Blattei, Betriebsvereinbarung I, D I. Für die Satzungstheorie insb. *Herschel*, RdA 1956, 161, 168; *ders.*, RdA 1948, 47, 49. Vgl. auch *Radke*, RdA 1950, 338 ff.

173 Zutreffend *Richardi*, § 77 BetrVG Rn. 23.

174 Anders u.a. *Reuter* mit der Lehre vom Arbeitsverband im Betrieb. Siehe nur *Reuter*, in: FS Kreutz, 359, 373 ff.; *ders.*, RdA 1994, 152, 157 ff.; *ders.* ZfA 1993, 221, 226 ff.; *ders.*, RdA 1991, 193, 195 ff.; auch *Nebel*, Normen des Betriebsverbandes, 50 ff.; kritisch *Kreutz*, in: FS Reuter, 643, 653 f.

175 GK/*Kreutz*, § 77 BetrVG Rn. 39; siehe auch *Fitting*, § 77 BetrVG Rn. 14; *Richardi*, § 77 BetrVG Rn. 23.

abgeschlossen wird und kraft staatlicher Ermächtigung unmittelbar und zwingend die betrieblichen Arbeitsverhältnisse normativ gestaltet.[176] Die Details hingegen sind Gegenstand zahlreicher Streitigkeiten und in ihrem Ursprung häufig auf die Diskrepanz von Normerzeugungsmethode und Normwirkung zurückzuführen. Denn die Betriebsvereinbarung lässt sich nur in ihrer Entstehung in das traditionelle Modell der Privatautonomie einordnen.[177] Die normative Wirkung für die einzelnen Arbeitnehmer, insbesondere bei belastenden Betriebsvereinbarungen, lässt sich auf diesem Wege aber nicht überzeugend erklären. Die hierzu vertretenen Ansätze sind nur kursorisch aufzugreifen, da die Normwirkung als solche nicht bestritten wird und für die hier behandelte Frage nur von untergeordneter Bedeutung ist.

a) Privatrechtliche Konstruktionen (Selbstbestimmungsordnung)

Die Betriebsvereinbarung wirkt unabhängig vom Willen der regelungsbetroffenen Arbeitnehmer. Alle Ansätze, die Normwirkung als privatautonom zu erklären, müssen als gescheitert gelten, weil traditionelle privatrechtliche Konstruktionen nicht weiterhelfen können.[178] Der Betriebsrat ist weder Vertreter der Arbeitnehmer noch schließt er einen Vertrag zugunsten Dritter ab.[179] Er ist vielmehr selbst Vertragspartei. Im Übrigen wirkt die Betriebsvereinbarung unmittelbar und zwingend auch für erst nach ihrem Abschluss in den Betrieb eintretende Arbeitnehmer.[180] Beide Erklärungsansätze weisen somit erhebliche Mängel auf. Auch die Wahl des Betriebsrats, soweit überhaupt bereits durch den betroffenen Arbeitnehmer vorgenommen, begründet keine umfassende Legitimation,[181]

---

176 BAG 18.2.2003, NZA 2004, 337, 339 mit Hinweis auf *Fitting*, § 77 BetrVG Rn. 13 dort mit zahlreichen Nachweisen.

177 Vgl. *Richardi*, § 77 BetrVG Rn. 25 „Akttyp der Betriebsverfassung".

178 Ein kritischer Überblick über die vertretenen Ansätze findet sich bspw. bei *Kreutz*, Grenzen der Betriebsautonomie, 51 ff.; vgl. ferner *Lobinger*, RdA 2011, 76, 84 f.

179 So aber bspw. *Jacobi*, Grundlehren Arbeitsrecht, 348 ff. Ferner *Gaul*, BB 1984, 931, 932 „Verpflichtungsermächtigung".

180 GK/*Kreutz*, § 77 BetrVG Rn. 229; *Bickel*, ZfA 1971, 181, 189 ff.; kritisch bereits im Hinblick auf diese Konstellation im Tarifrecht bspw. *Zöllner*, Rechtsnatur der Tarifnormen, 9 f.

181 Siehe nur *Richardi*, § 77 BetrVG Rn. 65; *Kreutz*, Grenzen der Betriebsautonomie, 66 ff.; *H. Hanau*, Individualautonomie, 61 f.; *Müller-Franken*, Rechtsstellung des Einzelnen durch Betriebsvereinbarungen, 59 ff.; *Waltermann*, Rechtssetzung durch Betriebsvereinbarung, 91 f.; vgl. auch *Lobinger*, ZfA 2004, 101, 130 Fn. 123 mwN.; einschränkend *Bieder*, Verhältnismäßigkeitsprinzip als Schranke privater Rechtsausübung, 322; a.A. *Jahnke*, Tarifautonomie und Mitbestimmung, 111.

insbesondere keinen privatrechtlichen Unterwerfungsakt unter die Mitgestaltungsmacht des Betriebsrats. Der mandatarische Ansatz hat sich zu Recht nicht durchgesetzt. Letztlich kann eine solche privatrechtliche Anerkennung auch nicht in dem Abschluss des Arbeitsvertrages erblickt werden.[182] Der einzustellende Arbeitnehmer erklärt bei Abschluss des Arbeitsvertrages lediglich, er wolle eine bestimmte, gegebenenfalls durch Weisung näher zu konkretisierende, Art von Tätigkeit erfüllen.[183] Seine Willenserklärung ist darüber hinaus weder als Unterwerfungsakt unter die Gestaltungsmacht noch als (freiwilliger) Beitritt in einen wie auch immer gearteten Verband zu deuten.[184] Hieran scheitert letztlich auch der Ansatz von *Reuter* und der ihm folgenden Literaturstimmen.[185] Nach der von ihm begründeten Verbandslehre ist der Betriebsverband ein privatautonomer legitimierter Verband und die Betriebsvereinbarung nichts anderes als eine kollektive Selbstbestimmung. Das fehlende Einverständnis, sich der Regelungsmacht Dritter zu unterwerfen, will er umgehen, indem er eine Freiwilligkeit der Mitgliedschaft in dem Betriebsverband fingiert. Freiwillig ist aber alleine der Abschluss des Arbeitsvertrages, dem im Übrigen kein weiterer Inhalt darüber zu entnehmen ist, ob der Arbeitnehmer dem Betriebsverband beitreten will oder nicht.[186] Außerdem besteht keine Wahloption. Erklärt der Arbeitnehmer bei Abschluss des Arbeitsvertrages explizit, er möchte nicht beitreten, ändert dies an der normativen Wirkung der Betriebsvereinbarung nichts.[187] Denn richtigerweise handelt es sich um einen privatrechtlichen Zwangsverband.[188] Die Betriebsverfassung ist eine vom Gesetz an das Arbeitsverhältnis gekoppelte

182 Dafür aber *Meyer-Cording*, Die Rechtsnormen, 89 f., 102 ff. Anknüpfend hieran auch *Reichold*, Betriebsverfassung als Sozialprivatrecht, 486 ff., 542 ff.

183 Siehe nur *Müller-Franken*, Rechtsstellung des Einzelnen durch Betriebsvereinbarungen, 89 f.

184 Zu Recht h.M. GK/*Kreutz*, § 77 BetrVG Rn. 232, *Zöllner*, in: FS 25 Jahre BAG, 745, 753 f.; *Lobinger*, RdA 2011, 76, 84.

185 Zu diesem Ansatz siehe nur *Reuter*, in: FS Kreutz, 359, 373 ff.; *ders*., RdA 1994, 152, 156 ff.; *ders*, RdA 1991, 193, 197 ff.; ihm folgend bspw. *Nebel*, Normen des Betriebsverbandes, 124 ff.

186 Siehe nur *Müller-Franken*, Rechtsstellung des Einzelnen durch Betriebsvereinbarungen, 89 f.; *Veit*, Zuständigkeit des Betriebsrats, 144 ff.; explizit als Replik auf *Reuter*: *Kreutz*, in: FS Reuter, 643, 654.

187 *Aksu*, Regelungsbefugnis, 37; *Kreutz*, Grenzen der Betriebsautonomie, 66; *ders*, in: FS Reuter, 643, 654; *Veit*, Zuständigkeit des Betriebsrats, 176; *Konzen*, in: FS Wolf, 279, 295.

188 Vgl. nur *Picker*, NZA 2002, 761, 769: „unentrinnbare zwangskooperatistische Ordnung".

Zwangsordnung.[189] Damit ist jeder Ansatz privatautonomer Legitimation letztlich eine Fiktion.[190] Im Ergebnis kann es dementsprechend auch nicht gelingen, die Defizite der Erklärungsansätze zu überwinden, indem man sie kombiniert.[191]

b) Fremdbestimmungsordnung

So einig sich das überwiegende Meinungsspektrum bei der Kategorisierung als Fremdbestimmungsordnung ist, so umstritten ist allerdings, wie genau sich diese Fremdbestimmungsordnung erklären lässt. Da die Normsetzungsmacht der Betriebsparteien keine privatautonome Herleitung findet, wird zum Teil auf den im Tarifrecht bekannten Ansatz der Delegationstheorie zurückgegriffen.[192] Die Normsetzungsbefugnis beruht dann auf staatlicher Übertragung rechtssetzender Gewalt. Weil dies nach dem originären Verständnis aber nur eine ganzheitlich öffentlich-rechtliche Rechtserzeugungsmethode zu erklären vermag, wird überwiegend von einer gesetzlichen Erteilung einer Betriebsautonomie ausgegangen, in derer die Betriebsparteien mit der in § 77 Abs. 4 S. 1 BetrVG festgehaltenen Normwirkung Vereinbarungen treffen können.[193] Wer sich dem nicht anschließen will, braucht einen weiteren Schritt, um der an sich wirkungslosen, privaten Fremdbestimmung zur normativen Geltung zu verhelfen. Das von *Ferdinand Kirchhof*[194] hierzu entwickelte Erklärungsmodell enthält darauf eine einfache, aber zutreffende Antwort. Danach wird private Regelbildung erst durch den staatlichen Geltungsbefehl (§ 77 Abs. 4 S. 1 BetrVG) zur privaten Norm.[195] Diese zweigleisige Entstehung kann die Wirkungsweise durchaus

---

189 *H. Hanau*, Individualautonomie, 69; *Müller-Franken*, Rechtsstellung des Einzelnen durch Betriebsvereinbarungen, 90; *Däubler*, NZA 1988, 857, 860; *Konzen*, ZHR 150 (1986), 387, 388.

190 Zutreffend *Lobinger*, RdA 2011, 76, 84

191 So aber *Hänlein*, RdA 2003, 26, 30 f.; ihm folgend wohl auch *Franzen*, NZA-Beilage Heft 3/2006, 107, 108.

192 *Adomeit*, Rechtsquellenfragen, 136 ff.; *Biberacher*, Rechtssetzungsmacht, 36 ff.; *Müller*, Grenzen der Betriebsvereinbarung, 71 ff.; unklar bei *Picker*, NZA 2002, 761, 769; kritisch bspw. *Schmeisser*, Regelungsabreden, 69 f.

193 Vgl. nur *Fitting*, § 77 BetrVG Rn. 45; *Hueck/Nipperdey*, Kollektives Arbeitsrecht II/2, 1275 f.; *Säcker*, Gruppenautonomie, 344. Die Einzelheiten hängen hier besonders stark von den Grundannahmen der einzelnen Autoren ab. Im Übrigen scheint auch der 1. Senat des BAG zur Annahme einer Betriebsautonomie zu tendieren BAG 12.12.2006, NZA 2007, 453, 455.

194 *Kirchhof*, Private Rechtsetzung, 138 ff.

195 *Kirchhof*, Private Rechtsetzung, 138 ff., 145.

zutreffend und systemgerecht erklären, ohne die Besonderheit der Entstehung von kollektiven Regelungen verfälscht wiederzugeben.[196]

c) Legitimation und Rechtfertigung

Die Klärung der Entstehungsweise enthält aber noch keine abschließende Antwort zur Legitimation der Fremdbestimmungsordnung. Viele Aussagen bleiben in dieser Hinsicht nebulös, welches sich im Wesentlichen auf begriffliche Unschärfen zurückführen lässt.[197] Zu mehr Klarheit führt zunächst eine Rückbesinnung auf die originären Möglichkeiten der Rechtsetzung. Zwei Formen sind dabei grundsätzlich denkbar: die Rechtsetzung durch den Staat, also die Fremdbestimmung, und eine solche durch Private, *ergo* die Selbstbestimmung.[198] Hieran muss sich auch ihre Legitimation orientieren. Folgerichtig stützen sich privatautonome Erklärungsansätze daher auf die freie Selbstbestimmung des Einzelnen.[199] Die durch Art. 2 Abs. 1 GG geschützte Privatautonomie dient dann nämlich zugleich als Legitimation für eine in freier Willensentscheidung ergangene Unterwerfung unter das Kollektiv. Das kann – wie bereits gesehen – aber nicht überzeugen. Zu legitimieren bleibt damit der staatliche Geltungsbefehl.

aa) Originäre Legitimation eines staatlichen Geltungsbefehls privatrechtlichen Handelns

Das von *Kirchhof* bereits beschriebene Modell geht von einer zweigleisigen Entstehung aus, die neben der privaten Regelbildung stets einen staatlichen Geltungsbefehl benötigt.[200] Exakt dieser bedarf zunächst der originären Legitimation. Der

---

196 Zustimmend auch *Waltermann*, Rechtssetzung durch Betriebsvereinbarung, 142 ff.; *Schmeisser*, Regelungsabreden, 71. Es braucht dann auch keines weiteren, möglicherweise „privatrechtsnäheren“ Erklärungsansatzes. Das von *Kreutz* eingeführte „privatheteronome Rechtsgeschäft“, welches die Fremdbestimmung zivilrechtlich an die Figur des gesetzlichen Vertreters anlehnen will, ist im Ergebnis dem hier vertretenen Lösungsansatz auch gar nicht so fremd. Es bleibt die Einordnung als rechtsgeschäftliche Fremdbestimmungsordnung, deren privatrechtliche Regelungen erst durch gesetzliche Anerkennung Geltung beanspruchen können (vgl. dazu *Kreutz*, § 77 BetrVG Rn. 241 in Bezug auf *Richardi*, in: FS Kreutz, 379, 386).

197 Dazu sogleich unter bb).

198 Siehe nur *Herrmann*, NZA-Beilage Heft 3/2000, 14, 19.

199 So folgt für *Reichold*, der einen vertragsakzessorischen Ansatz wählt, um die Reichweite der Regelungsbefugnis zu bestimmen, die Legitimation aus dem Arbeitsvertrag (Betriebsverfassung als Sozialprivatrecht, 537 ff.). Siehe ferner *Hänlein*, RdA 2003, 26, 27.

200 *Kirchhof*, Private Rechtsetzung, 139 f.

Grundgedanke dahinter ist einfach formuliert: Wenn die privatrechtliche Vereinbarung nur durch die Anerkennung eines staatlichen Geltungsbefehls ihre normative Wirkung entfalten kann, muss auch ihre Legitimation hoheitlicher Rechtsetzung genügen.[201] Die Anordnung beruht zunächst auf einem Akt des Gesetzgebers (§ 77 Abs. 4 S. 1 BetrVG). Legitimiert wird dies unmittelbar aus dem Demokratieprinzip, Art. 20 Abs. 2 S. 1, 2 GG.[202] Die Akte der Gesetzgebung erfahren dabei direkte personelle Legitimation durch das Volk.[203] Dass es sich im Ergebnis um private Rechtsetzung handelt, vermag daran nichts zu ändern, sondern ist der Besonderheit kollektivrechtlicher Mitbestimmung geschuldet. Wer mit dem staatlichen Geltungsbefehl Ernst macht, kann diesen auch nur in staatlichen Kategorien legitimieren. Im Übrigen herrscht zwischen privatautonomen und fremdbestimmten Erklärungsansätzen strikte Exklusivität. Wer den privatautonomen Ansatz ablehnt, kann eine Legitimation der Fremdbestimmung nur aus staatsrechtlicher Perspektive erklären. Eine Kumulation unterschiedlicher Argumentationsmuster verbietet sich. Die Legitimation kann daher insbesondere nicht auf ein der Betriebsverfassung inhärentes Demokratieprinzip gestützt werden.[204] Es geht an der eigentlichen Fragestellung vorbei, wenn Aspekte der nicht privatautonom zu erklärenden Betriebsverfassung durch die Hintertür wieder in die Legitimationsproblematik eingeführt werden.

bb) Verfassungsrechtliche Rechtfertigung der Fremdbestimmungsordnung

Von der originären Legitimation gedanklich getrennt werden sollte die Diskussion über die Eingriffswirkung der Fremdbestimmung. Diese Trennung bereitet bereits sprachliche Schwierigkeiten, geht es doch auch hier um die Legitimation, also die Rechtfertigung einer (weitgehenden) Fremdbestimmungsordnung. Der Begriffstypus der Legitimation wird (richtigerweise) auch dort verwendet, wo

---

201 Vgl. *Waltermann*, Rechtsetzung durch Betriebsvereinbarung, 142 ff.

202 Wie hier wohl auch *Herrmann*, NZA-Beilage Heft 3/2000, 14, 20; siehe auch *Linsenmaier*, RdA 2008, 1, 3; zum Demokratieprinzip als Legitimation gesetzgeberischer Handlungen BeckOK-GG/*Huster*/*Rux*, Art. 20 GG Rn. 55 ff.

203 Siehe nur Maunz/Dürig/*Grzeszick*, Art. 20 GG (57. Lfg. 2010) Rn. 134.

204 Diesen Weg scheint aber *Richardi*, Betriebsverfassung und Privatautonomie, 8 f. gehen zu wollen. Gleiches gilt im Übrigen auch für privatautonome Erklärungsansätze, deren Legitimationsdefizite durch „den Gedanken der Repräsentation“ angereichert werden sollen (*Franzen*, NZA-Beilage Heft 3/2006, 107, 108; ebenso *Hänlein*, RdA 2003, 26, 30 ff.). Die Wahl des Betriebsrats nach demokratischen Grundsätzen spielt erst im Rahmen einer verfassungsrechtlichen Rechtfertigung der Fremdbestimmung eine Rolle. Insoweit systematisch richtig BAG 12.12.2006, NZA 2007, 453, 455.

es darum geht, die Eingriffswirkung der Fremdbestimmung zu rechtfertigen.[205] Häufig bleibt dann aber unklar, ob die originäre Möglichkeit der Rechtsentstehung gemeint ist, oder ob bereits Grenzen ausgelotet werden sollen. Ungeklärt ist nämlich auch nach den obenstehenden Ausführungen noch, ob die Anordnung in § 77 Abs. 4 S. 1 BetrVG die grundrechtlich garantierten Freiheiten des Einzelnen aus Art. 2 Abs. 1, Art. 12 Abs. 1 GG hinreichend berücksichtigt. Dies hängt maßgeblich an der Ausgestaltung der den Betriebsparteien zuerkannten Regelungsbefugnis sowie der gerichtlichen Überprüfbarkeit und ist eine Frage der verfassungsrechtlichen Rechtfertigung. Zu fragen ist in einem zweiten Schritt also, ob die Entscheidung des Gesetzgebers, die betrieblichen Belange weitgehend in die Hände der Betriebsparteien zu legen, mit grundrechtlichen Werteentscheidungen zu vereinbaren ist. Während die Auswirkungen in ihrer Gesamtschau noch im 3. Kapitel ausführlich auf ihre Verfassungsmäßigkeit hin überprüft werden sollen,[206] geht es hier in erster Linie allein um die Betriebsvereinbarung. Zentrale einfachgesetzliche Bestimmung hierfür ist § 77 Abs. 4 S. 1 BetrVG. Soweit ersichtlich zweifelt niemand ernsthaft diese Grundsatzentscheidung unter verfassungsrechtlichen Gesichtspunkten an.[207] Dennoch bedarf die Statuierung einer privaten sozialen Macht der Rechtfertigung. Der Gesetzgeber hat sich im Lichte von Art. 12 GG und unter Berücksichtigung der geschichtlichen Entwicklung dafür entschieden, dass die abhängig Beschäftigten ihre Berufsfreiheit am ehesten unter angemessenen Bedingungen ausüben können, wenn der Staat eine kollektive Wahrnehmung der Arbeitnehmerinteressen ermöglicht.[208] Ein – auch unter Abwägung gegenläufiger Interessen Einzelner – zulässiger Weg liegt in der Anerkennung einer solchen Fremdbestimmungsordnung mit der Bereitstellung von Regelungsinstrumenten zur wirksamen Durchsetzung. Dem Staat ist es auch nicht verwehrt, den Vereinbarungen privater Rechtssubjekte durch Anerkennung Rechtsnormcharakter zu verleihen.[209] Die Rechtfertigung möglicher Eingriffe entspringt also dem Schutz des Arbeitnehmers und

205 Häufig wird auch dort von Legitimation gesprochen, wo dem Grunde nach eine (verfassungsrechtliche) Rechtfertigung im hiesigen Sinne gemeint ist. Vgl. nur GK/*Kreutz*, § 77 BetrVG Rn. 243; *Hänlein*, RdA 2003, 26, 29; auch *Lobinger*, RdA 2011, 76, 86: „Das Ob und das Worüber der Fremdbestimmung bedürfen mit ihr folglich keiner eigenständigen Legitimation mehr".

206 Siehe unten im 3. Kapitel, C. IV. 2. f).

207 Ausf. zur verfassungsrechtlichen Problematik: *Kreutz*, Grenzen der Betriebsautonomie, 82 ff.; Vgl. auch *Linsenmaier*, RdA 2008, 1, 3.

208 *Waltermann*, Rechtsetzung durch Betriebsvereinbarung, 145.

209 *Kreutz*, Grenzen der Betriebsautonomie, 98; *Linsenmaier*, RdA 2008, 1, 3.

dem Ziel, seine Rechte effektiv durchzusetzen.[210] Dass dies zugleich mit einer Einschränkung seiner Privatautonomie einhergehen kann, weist tatsächlich ein gewisses Paradoxon auf und wurde bereits oben erläutert.[211] An der verfassungsrechtlichen Rechtfertigung ändert dies aber an dieser Stelle nichts. Die hingegen reichlich diffizilere Frage zielt auf die Grenzen der den Betriebsparteien zugebilligten Fremdbestimmung ab. Eine weitgehende Regelungsbefugnis stellt an die verfassungsrechtliche Rechtfertigung jedenfalls höhere Anforderungen.[212]

4. Regelungsbefugnis und Reichweite

Geprägt von dieser Vorüberlegung ist die Bedeutung der Diskussion rund um die Reichweite der Regelungsbefugnis zu verstehen. Die überwiegende Ansicht, mitbegründet und protektiert durch die ständige Rechtsprechung des Bundesarbeitsgerichts,[213] erkennt eine umfassende Befugnis der Betriebsparteien zur Regelung aller formellen und materiellen Arbeitsbedingungen durch die Betriebsvereinbarung an.[214] Eine so weitgehende Anerkennung sei auch unter verfassungsrechtlichen Gesichtspunkten nicht bedenklich.[215] Diese Rechtsprechung hat sich

---

210 *Waltermann*, Rechtsetzung durch Betriebsvereinbarung, 145. Inwieweit dies die gesamte Systematik zu rechtfertigen vermag ist allerdings zweifelhaft. Siehe dazu die Ausführungen unten im 3. Kapitel, C. IV. 2. f) aa) (2).

211 Zu diesem grundsätzlichen Problem, bei dem der propagierte Schutz des Arbeitnehmers zur Ausdehnung der Kollektivmacht führt, siehe etwa *Picker*, in: FS Richardi, 141, 145 f. sowie die obigen Ausführungen in diesem Kapitel unter A.

212 Die hieran teilweise geübte Kritik, wonach auf den Staatsapparat gemünzte Kategorien ins Privatrecht übertragen würden (so etwa *Hänlein*, RdA 2003, 26, 29) verfängt nicht. Soweit § 77 Abs. 4 S. 1 BetrVG in Verbindung mit anderen Vorschriften des Betriebsverfassungsgesetzes einen weitgehenden Eingriff in die Privatautonomie des Einzelnen ermöglicht, sind die Gesetze und ihre Anordnung auch verfassungsrechtlich zu rechtfertigen. Der privatautonome Entstehungsakt alleine begründet keine andere Behandlung.

213 BAG (GS) 7.11.1989, NZA 1990, 816; BAG 12.12.2006, NZA 2007, 453

214 Vgl. nur BAG (GS) 7.11.1989, NZA 1990, 816, 818; 16.3.1956, AP BetrVG § 57 Nr. 1; BAG 12.12.2006, NZA 2007, 453; 19.5.1978, AP BetrVG 1972 § 88 Nr. 1. Aus der Literatur: ErfK/*Kania*, § 77 BetrVG Rn. 36; *Fitting*, § 77 BetrVG Rn. 45 f.; *Kreutz*, Grenzen der Betriebsautonomie, 208 ff.; *Säcker*, Gruppenautonomie, 341 ff.; *Buchner*, DB 1985, 913, 915 f.; *Zöllner*, ZfA 1988, 265, 276.

215 BAG 12.12.2006, NZA 2007, 453; GK/*Kreutz*, § 77 BetrVG Rn. 243; *Linsenmaier*, RdA 2008, 1, 5 ff. Siehe auch *Fitting*, § 77 BetrVG Rn. 12. Dort wird allerdings die Rechtfertigung gerade darauf gestützt, dass die Mitbestimmung nicht weitergehe als das Direktionsrecht des Arbeitgebers. Für solch eine eingeschränkte Regelungsbefugnis treten die Autoren aber gerade nicht ein (vgl. Rn. 45 f. mwN).

jedoch im Laufe der Zeit vielfältiger Kritik ausgesetzt gesehen,[216] ohne allerdings im Wesentlichen von ihrem Standpunkt abzuweichen. Die Ursache der stetigen Diskussion lässt sich in der fehlenden klaren Grundaussage des Gesetzgebers zur Reichweite der Regelungsbefugnis finden. Hierfür genügt § 77 Abs. 4 S. 1 BetrVG allein nicht, weil die Norm nur eine grundsätzliche Aussage über den staatlichen Geltungsbefehl enthält, nicht aber über dessen Reichweite. Die vorherrschende Meinung stützt die umfassende Regelungsbefugnis daher auf einen Umkehrschluss zu § 77 Abs. 3 BetrVG.[217] Dabei wird durchaus gesehen, dass die Vorschrift primär der Sicherung der ausgeübten und aktualisierten Tarifautonomie dient.[218] Dennoch sei ihr zugleich die Entscheidung des Gesetzgebers zu entnehmen, dass dort, wo die Tarifparteien ihre Befugnis zur Regelung von Arbeitsbedingungen nicht wahrnehmen würden, von einer Regelungskompetenz der Betriebsparteien auszugehen sei.[219] Auch wenn dieser Schluss nicht aussagenlogisch zwingend sei, dränge er sich aber nach dem gesetzlichen Gesamtzusammenhang auf.[220] Für das Bestehen eines solchen Gesamtzusammenhangs wird auch § 88 BetrVG angeführt. Freiwillige Betriebsvereinbarungen seien gerade nicht auf die dort genannten Gegenstände beschränkt, sondern, wie sich aus dem der Aufzählung vorangestellten Wort „insbesondere" ergebe, auch über andere Gegenstände möglich.[221]

Beide Auslegungen haben mit der Zeit deutliche Kritik erfahren.[222] Dies gilt zunächst für den Umkehrschluss aus § 77 Abs. 3 BetrVG, dessen logische Voraussetzungen, anders als *Kreutz* meint, durchaus zweifelhaft sind.[223] Angesichts

---

216 Vgl. nur *Waltermann*, Rechtsetzung durch Betriebsvereinbarung, 18 ff.; *Veit*, Zuständigkeit des Betriebsrats, 207 ff.; *Lobinger*, RdA 2011, 76, 86. Siehe zur Kritik im Einzelnen und zu weiteren Gegenstimmen sogleich in diesem Abschnitt.

217 BAG (GS) 7.11.1989, NZA 1990, 816; BAG 12.12.2006, NZA 2007, 453, 454; *Fitting*, § 77 BetrVG Rn. 46; ausf. GK/*Kreutz*, § 77 BetrVG Rn. 92 ff.

218 Vgl. nur BAG 12.12.2006, NZA 2007, 453, 454.

219 BAG 12.12.2006, NZA 2007, 453, 454.

220 *Linsenmaier*, RdA 2008, 1, 4 im Hinblick auf die Kritik von *Veit*, Zuständigkeit des Betriebsrats, 209.

221 BAG (GS) 7.11.1989, NZA 1990, 816, 818; BAG 12.12.2006, NZA 2007, 453, 454; *Fitting*, § 77 BetrVG Rn. 46.

222 Siehe nur Veit, Zuständigkeit des Betriebsrats, 207 ff.; *Waltermann*, Rechtsetzung durch Betriebsvereinbarung, 18 ff.; ausf. und mit zahlreichen Nachweisen auch *Merten*, Regelungsbefugnisse, 106 ff.; ferner *Bayreuther*, Tarifautonomie, 536 f.; *Hartmann*, Negative Tarifvertragsfreiheit, 317; *Lobinger*, RdA 2011, 76, 85; *Richardi*, ZfA 1990, 211, 235 f.

223 Vgl. GK/*Kreutz*, § 77 BetrVG Rn. 90.

der herausragenden Bedeutung der gesuchten Norm, die immerhin Reichweite und Inhalt der Betriebsvereinbarung bestimmen soll, erscheint der bloße Umkehrschluss aus § 77 Abs. 3 BetrVG in der Tat etwas „schwach auf der Brust".[224] Die Vorschrift lässt sich nur schwerlich als „globale Regelungskompetenz der Betriebsparteien"[225] deuten. Dies gilt insbesondere im Hinblick auf die eigentliche Funktion des Absatzes drei. Entgegen der Ansicht des Großen Senats des Bundesarbeitsgerichts,[226] finden sich auch in den Gesetzesmaterialien keinerlei Anhaltspunkte für die von ihm vorgenommene Auslegung. Der Gesetzgeber äußert sich dort einzig und allein zum Vorrang des Tarifvertrags.[227] Wenig ergiebig ist auch die als Auffangvorschrift verstandene Norm des § 88 BetrVG.[228] Zunächst gilt § 88 BetrVG nur für soziale Angelegenheiten.[229] Die dort genannten Regelungsbeispiele beziehen sich nicht auf Leistungspflichten des Arbeitsverhältnisses und sie betreffen auch keine Gegenstände, die in die individuelle Rechtsstellung oder die privatautonome Gestaltungsfreiheit der regelungsunterworfenen Arbeitnehmer eingreifen.[230]

Das Begründungsmodell der vorherrschenden Ansicht kann nicht ohne Weiteres überzeugen, beruht es doch letztlich lediglich auf Versatzstücken der Betriebsverfassung. Vielmehr ist zu konstatieren, dass der Gesetzgeber zur Reichweite der Betriebsverfassung schlichtweg keine klarstellende Norm geschaffen hat. Klärungsbedürftig bleibt dennoch, ob eine umfassende Regelungskompetenz möglich und sinnvoll ist. *Waltermann* hat bei dieser Frage zu Recht dafür plädiert, den Fokus vom Verhältnis der Betriebs- zur Tarifautonomie zu lösen und stärker auf die eigentliche Problematik der individuellen Rechtsstellung der betroffenen Arbeitnehmer Bezug zu nehmen.[231]

a) Ansätze zur Begrenzung der Regelungsbefugnis

Unter verstärkter Berücksichtigung des Individualwillens wurden in der Literatur unterschiedliche Ansätze entwickelt, um die Regelungsbefugnis bereits von

---

224 Siehe nur *Richardi*, § 77 BetrVG Rn. 66 mwN; *Herrmann*, NZA-Beilage Heft 3/2000, 14, 17.

225 So ausdrücklich BAG (GS) 7.11.1989, NZA 1990, 816, 818.

226 Vgl. BAG (GS) 7.11.1989, NZA 1990, 816, 818.

227 BT-Drs. 6/1786, 47.

228 WPK/*Preis*, § 77 BetrVG Rn. 18; ausf. *Joost*, Anm. BAG 20.11.1987, AP BGB § 620 Altersgrenze Nr. 2; krit. auch *Wank*, NJW 1996, 2273, 2280.

229 WPK/*Preis*, § 77 BetrVG Rn. 18.

230 *Waltermann*, RdA 2007, 257, 260.

231 *Waltermann*, RdA 2007, 257, 260.

Anfang an zu begrenzen. So hat sich *Richardi* schon früh in mehreren Beiträgen dafür stark gemacht, die Regelungsbefugnis grundsätzlich einzuschränken.[232] Denn der Zwangsordnungscharakter der Betriebsvereinbarung lasse sich nicht mit der Möglichkeit vereinbaren, sämtliche materiellen Arbeitsbedingungen in der Betriebsvereinbarung zu regeln.[233] Ein stringentes Modell wurde aber erst von *Waltermann* aufgestellt, der den Vorbehalt des Gesetzes aus der öffentlich-rechtlichen Dogmatik exportieren will. Die Regelungsbefugnis zum Abschluss von belastenden Betriebsvereinbarungen besteht demnach nur dann, wenn im Einzelfall eine hinreichende, parlamentsgesetzliche Ermächtigungsgrundlage besteht.[234] Das Prinzip der Staatsverantwortung für grundrechtseinschränkendes Handeln Dritter soll damit auf das Betriebsverfassungsrecht übertragen und bereits im Rahmen der Regelungsbefugnis zur Geltung gelangen.[235] Weil es an einer solchen Ermächtigungsgrundlage aber fehlt und insbesondere § 88 BetrVG nicht als „Allzuständigkeit" der Betriebsparteien verstanden werden kann, ist eine umfassende Regelungsbefugnis nicht aufrecht zu erhalten.[236] In ähnliche Richtung argumentiert auch *Herrmann*, die allerdings § 88 BetrVG im Ergebnis sogar für verfassungswidrig hält, da dieser zu weitreichend sei und insbesondere zu unbestimmt den Eingriff in die Privatautonomie ermögliche.[237]

aa) Bestimmungsrechtsakzessorischer Ansatz

Im Begründungsansatz variierend sind die Lehren, die sich am ehesten unter dem Topos der Vertragsrechtsakzessorietät zusammenfassen lassen. Die Regelungsbefugnis wird dort mit der einseitigen Bestimmungsmacht des Arbeitgebers aus dem Arbeitsvertrag verknüpft. Diesen unter anderem von *Reichold*[238] und *Rieble*[239] vertretenen Ansatz hat *Lobinger* in jüngerer Zeit noch einmal präzisiert und mit der Bezeichnung der Bestimmungsrechtsakzessorietät versehen.[240]

---

232 *Richardi*, Kollektivgewalt und Individualwille, 313, 317, 319 ff.; *ders.*, ZfA 1992, 307, 320 ff.; *ders.*, ZfA 1990; 211, 235 ff.

233 *Richardi*, ZfA 1990, 211, 236; vgl. insgesamt auch GK/*Kreutz*, § 77 BetrVG Rn. 90.

234 *Waltermann*, Rechtsetzung durch Betriebsvereinbarung, 142 ff.; *ders.*, RdA 2007, 257 ff.; *ders.*, RdA 1996, 129, 134; *ders.*, NZA 1996, 357 ff.

235 Zustimmend WPK/*Preis*, § 77 BetrVG Rn. 18; *Wank*, NJW 1996, 2273, 2280.

236 WPK/*Preis*, § 77 BetrVG Rn. 18; zu den Konsequenzen im Einzelnen *Waltermann*, Rechtssetzung durch Betriebsvereinbarung, 157 ff.

237 *Herrmann*, NZA-Beilage Heft 3/2000, 14, 21.

238 *Reichold*, Betriebsverfassung als Sozialprivatrecht, 486 ff., 542 ff.

239 *Rieble*, Arbeitsmarkt und Wettbewerb, Rn. 1418 ff.

240 *Lobinger*, RdA 2011, 76, 85 f.

Ausgangspunkt der Überlegung ist, dass die aus dem öffentlichen Recht übertragenen Ansätze zur Erklärung der Fremdbestimmung in der Betriebsverfassung verfehlt seien, da selbst im nicht-verfassten Betrieb der Arbeitnehmer der Fremdbestimmung (durch den Arbeitgeber) unterliege. Dies mache § 106 GewO eindrucksvoll deutlich.[241] Der Arbeitgeber ist damit bereits originär legitimiert, weitreichende Regelungen zu erlassen. Versteht man Mitbestimmung dann lediglich als Partizipation an der Regelungsmacht des Arbeitgebers, sind die Grenzen der Regelungsbefugnis vorgezeichnet. Arbeitgeber und Betriebsrat können (nur) insoweit tätig werden, als die originäre Regelungsmacht des Arbeitgebers reicht. Die Mitbestimmung bedeutet dann richtigerweise die Abmilderung der bestehenden Fremdbestimmungsmöglichkeiten, nicht aber die Schaffung neuer.[242] Aus individualrechtlicher Perspektive ist dies zunächst ebenfalls begrüßenswert. Zu Recht wird attestiert, dass die Eingriffswirkung für den einzelnen Arbeitnehmer als äußerst gering einzustufen ist, da die ohnehin bestehende Regelungsmacht des Arbeitgebers lediglich in Übereinkunft mit dem Betriebsrat ausgeübt werden muss.[243] Eine zu eingeschränkte Regelungsbefugnis reduziert zudem die Gefahr des Missbrauchs durch die Betriebsparteien. Trotz dieser Einschränkung bleibt die in der Betriebsverfassung vorgesehene Mitbestimmung aber Fremdbestimmung und bedarf daher einer gesetzlichen Ermächtigungsgrundlage.[244]

bb) Defizite regelungsbeschränkender Ansätze

Spricht man sich im Ergebnis dennoch für eine weitreichende Regelungsbefugnis aus, wird man sich dem Vorwurf nicht gänzlich erwehren können, dass der

---

241 *Lobinger*, RdA 2011, 76, 85.

242 *Lobinger*, RdA 2011, 76, 85.

243 *Lobinger*, RdA 2011, 76, 86.

244 Dies muss auch *Lobinger*, RdA 2011, 76, 86 zugestehen. Er löst sich insoweit nicht von der Grundannahme der vorherrschenden Meinung, dass sich die Normsetzung gerade nicht privatautonom erklären lasse. *Schmeisser* hingegen hält einen solchen, gesetzgeberischen Akt dann nicht (mehr) für notwendig und unterläuft damit sein zuvor gefundenes Ergebnis, wonach sich die Rechtsetzung der Betriebsparteien zutreffend durch das *Kirchhofsche* Modell erklären lasse (Regelungsabreden, 71, 75). Festzuhalten bleibt an dieser Stelle, dass jede Form der nicht privatautonom gewählten Fremdbestimmung einen Eingriff in die Rechtsstellung des Arbeitnehmers bedeutet. Allein das Eingriffsniveau mag (deutlich) reduziert sein, wenn die Regelungsbefugnis der Betriebsparteien nicht weiterreichen kann als die Regelungsmacht des Arbeitgebers im Verhältnis zum Arbeitnehmer.

Arbeitnehmer dadurch im verfassten Betrieb weitergehenden Einschränkungen unterliegen kann, als im nicht-verfassten Betrieb.[245] Das klingt zunächst paradox, lässt sich aber möglicherweise sogar als ausdrücklicher Wille des Gesetzgebers begreifen. Mit der Statuierung der Fremdbestimmungsordnung hat man auf bestimmten Feldern die Selbstbestimmungsfreiheit des Einzelnen deutlich eingeschränkt. Zwar fehlt es an einer generellen Kompetenzregelung für die Betriebsparteien, einzelne gesetzliche Regelungen gehen aber erkennbar von einer weitreichenden Regelungsbefugnis aus. Dies gilt etwa für die Anordnung von Kurzarbeit gemäß § 87 Abs. 1 Nr. 3 BetrVG. Die Vorschrift wird überwiegend als Ermächtigungsgrundlage für eine entsprechende Eingriffsbefugnis der Betriebsparteien verstanden.[246] Würde man die vorübergehende Verkürzung der Arbeitszeit allein an die einzelvertragliche Ermächtigung des Arbeitgebers knüpfen wollen, liefe die Vorschrift weitgehend ins Leere. Denn der Arbeitgeber kann regelmäßig keine Kurzarbeit anordnen und wäre dann in den engen Grenzen des § 19 KSchG auf eine Zulassung durch die Bundesagentur für Arbeit angewiesen.[247] Noch deutlicher wird die Kollision allerdings im Rahmen von § 1 Abs. 5 KSchG.[248] Der – auch hier als problematisch empfundene – Wille des Gesetzgebers ist eindeutig. Die Betriebsparteien können Einschränkungen des gesetzlichen Kündigungsschutzes vornehmen, die durch den Arbeitgeber allein nicht zu erreichen gewesen wären.

b) Weitreichende Regelungsbefugnisse als Sicherung erhöhter Flexibilität

Nun lässt sich trefflich darüber streiten, ob man solch eindeutige Anordnungen des Gesetzgebers als Ausnahmen mit in eine Lehre implementiert oder sie als Beleg dafür ansieht, dass der Gesetzgeber den Betriebsparteien durchaus eine weitergehende Regelungsmacht zutraut, weil die Hinzuziehung des Betriebsrats die Sicherung der Belegschaftsinteressen doch meistens garantiert.[249] Es ist

---

245 So etwa *Lobinger*, ZfA 2004, 101, 130.

246 BAG 3.6.2003, NZA 2003, 1155, 1157; 12.10.1994, NZA 1995, 641, 642; ErfK/*Kania*, § 87 BetrVG Rn. 35; *Fitting*, § 87 BetrVG Rn. 141; GK/*Wiese*, § 83 BetrVG Rn. 363; *Richardi*, § 87 BetrVG Rn. 335; a.A. *Boecken*, RdA 2000, 7, 11; *Rieble*, Arbeitsmarkt und Wettbewerb, Rn. 1437; *Waltermann*, NZA 1993, 679 ff.; insoweit konsequent dann auch *Lobinger*, RdA 2011, 76, 86.

247 ErfK/*Kania*, § 87 BetrVG Rn. 36.

248 Siehe 2. Kapitel, B. III. 3.

249 Dies wirft in letzter Konsequenz auch die Frage auf, ob der vertragsrechtsakzessorische Ansatz über den beschreibenden Charakter hinaus tatsächlich eine Hilfestellung zur Lösung der betriebsverfassungsrechtlichen Fragestellungen bieten kann. Soweit es um

zugleich eine höchst mühsame Frage, weil der Wille des Gesetzgebers im (Kollektiv-)Arbeitsrecht meist nicht mehr ist, als der zu erringende Minimalkonsens der Interessenverbände. Tiefgreifende Veränderungen, die im Ergebnis auch die Regelungsbefugnis der Betriebsparteien und damit den Einfluss der Betriebsräte betreffen, sind schlichtweg nicht zu erwarten.[250] Klarer wird das Bild, wenn man die betriebliche Situation in ihrer Gesamtheit erfasst. Die schnelle und unbürokratische Einführung von Kurzarbeit etwa stellt ein effektives Mittel dar, um betriebsbedingte Kündigungen überflüssig zu machen.[251] Es würde die betriebsverfassungsrechtliche Praxis auf den Kopf stellen, wenn vor jeder weitergehenden Absprache zwischen Betriebsrat und Arbeitgeber überprüft werden müsste, wie konkret die Arbeitsverträge der betroffenen Arbeitnehmer ausgestaltet sind, und ob sie eine derartige Absprache individualvertraglich zulassen würden. Schwierigkeiten ergeben sich auch dann, wenn die Arbeitsverträge deutlich unterschiedlich ausgestaltet sind und somit nur ein kleiner Teil der Belegschaft kollektiven Maßnahmen unterliegt.

Aber auch dann, wenn man weitergehende Regelungsbefugnisse nur an ausdrückliche gesetzliche Ermächtigungsgrundlagen knüpfen will,[252] wird man auf neue Herausforderungen und Anforderungen der betrieblichen Zukunft kaum noch reagieren können. Eine erhöhte Flexibilität der Betriebsparteien bereits im Kern einzuschränken, obgleich sie dem Wohl des Betriebes und letztlich auch den Beschäftigten regelmäßig zugutekommt, rüttelt in letzter Konsequenz auch an den Grundprämissen der Betriebsverfassung. Denn funktionierende „Betriebsautonomie“ lebt davon, dass der Betriebsrat Vereinbarungen abschließt, die überobligatorische Leistungen des Arbeitgebers vorsehen, aber in weniger guten Zeiten auch einfache und schnelle Lösungen (zulasten der Belegschaft) zu finden bereit sind. Wenn der Arbeitgeber die durch die Mitbestimmung vorgegebenen Einschränkungen seiner Handlungsmacht nur noch als „enteigneten Eingriff“[253] verstehen muss, trägt dies kaum zu einer Verbesserung

---

die Bestimmung von Eingriffsbefugnissen geht, kann dies allein unter Bezugnahme auf die gesetzliche Regelung erfolgen (so *Annuß*, NZA 2001, 756, 758).

250 Zu nennen ist hier nur der stetig währende Versuch, die Kodifikation eines einheitlichen Arbeitsvertragsgesetzes voranzutreiben. Siehe dazu die Nachweise unten in Fn. 1238.

251 BAG 4.3.1986, NZA 1986, 432, 434; ErfK/*Kania*, § 87 BetrVG Rn. 35.; *Löwisch*, in FS Wiese, 249.

252 So insb. der Ansatz von *Waltermann*, Rechtsetzung durch Betriebsvereinbarung, 142 ff.; *ders.*, RdA 2007, 257 ff.; *ders.*, RdA 1996, 129, 134; *ders.*, NZA 1996, 357 ff.

253 So etwa *Lobinger*, ZfA 2004, 101, 128 f.

des Klimas unter den Betriebspartnern bei. Überdies muss der Spielraum der Betriebsparteien gar nicht „geopfert" werden, um das hehre Ziel des Individualschutzes zu erreichen. Die mögliche und von der Rechtsprechung auch überwiegend konsequent betriebene Rechtskontrolle der Betriebsvereinbarung schützt den Einzelnen hinreichend. Anders als in vielen Teilen der Betriebsverfassung besitzt der Arbeitnehmer hier nämlich die Möglichkeit, ihn belastende Regelungen gerichtlich überprüfen zu lassen.[254] Aus Sicht des einzelnen Arbeitnehmers besonders problematisch sind daher nicht die schriftlich fixierten Vereinbarungen, die möglicherweise diskriminierenden oder willkürlichen Charakter enthalten, sondern solche Vereinbarungen, die informell getroffen werden und dem Arbeitnehmer deshalb vorenthalten bleiben. Diese Defizite können durch eigene Ansprüche des Arbeitnehmers gegen den Betriebsrat ausgeglichen werden, ohne dass hierfür der in vielen Fällen sinnvolle Gestaltungsraum der Betriebsparteien von vornherein beschnitten werden muss.

5. *Rechtskontrolle von Betriebsvereinbarungen*

Die Rechtsprechung hat der weitgehenden Gestaltungsmacht der Betriebsparteien von Anfang an eine scharfe gerichtliche Kontrolle gegenübergestellt. Stets als Grenzziehung gedient hat das zwingende Gesetzesrecht.[255] Aber auch eine weitergehende Überprüfung im Einzelfall blickt auf eine längere Tradition in der Rechtsprechung zurück. Seit der Leitentscheidung des 3. Senats des Bundesarbeitsgerichts vom 30.1.1970[256] wurden zunächst alle Betriebsvereinbarungen einer allgemeinen gerichtlichen Billigkeitskontrolle unterzogen.[257] Ohne bestehende Anknüpfung im Gesetz und von einer großen Uneinheitlichkeit geprägt, statuierte die Rechtsprechung damit letztlich eine Billigkeitskontrolle,[258]

---

254 Vgl. nur BAG 12.12.2006, NZA 2007, 453, 455.

255 BAG 12.12.2006, NZA 2007, 453, 455; 17.1.1974, AP BUrlG § 1 Nr. 3. Vgl. auch *Fitting*, § 77 BetrVG Rn. 53; HWGNRH/*Worzalla*, § 77 BetrVG Rn. 50; *Richardi*, § 77 BetrVG Rn. 91; WPK/*Preis*, § 77 BetrVG Rn. 25; *Linsenmaier*, RdA 2014, 336, 337 f.

256 BAG 30.1.1970, AP BGB § 242 Ruhegehalt Nr. 142 mit zust. Anm. *Richardi*.

257 Vgl. nur BAG 17.3.1987, AP BetrAVG § 1 Ablösung Nr. 9; 9.12.1981, AP BetrVG 1972 § 112 Nr. 14; 8.12.1981, AP BetrAVG § 1 Ablösung Nr. 1 mit krit. Anm. *Herschel*; 11.3.1976, AP BGB § 242 Ruhegehalt-Unverfallbarkeit Nr. 11; BAG 25.3.1971, AP BetrVG § 57 Nr. 5;

258 Anknüpfungspunkt waren neben einer unmittelbaren Anwendung von § 75 BetrVG (BAG 11.3.1976, AP BGB § 242 Ruhegehalt-Unverfallbarkeit Nr. 11) auch die §§ 315, 317, 319 BGB analog (BAG 8.12.1981, AP BetrAVG § 1 Ablösung Nr. 1 mit krit. Anm. *Herschel*) oder § 76 Abs. 5 S. 3 BetrVG. Ausf. dazu GK/Kreutz, § 77 BetrVG Rn. 327 ff.

die viel mehr eine Ermessenskontrolle darstellte.[259] Die Rechtsprechung wollte sich dadurch weitergehende korrigierende Eingriffe vorbehalten, die sich alleine mit einem Verstoß gegen höherrangiges Recht oder die guten Sitten nicht hätten begründen lassen.[260] Gestützt wurde die Billigkeitskontrolle im Wesentlichen darauf, dass eine Abhängigkeit des Betriebsrats vom Arbeitgeber bestehe und daher nicht wie bei einem Tarifvertrag die Gewähr gegeben sei, dass die Betriebsvereinbarung einen billigen Ausgleich der widerstreitenden Interessen der Arbeitnehmer und des Betriebs beinhalte.[261] Zudem sei dem Betriebsrat der Arbeitskampf verwehrt.[262] Sowohl die fehlende methodische Herleitung als auch der Begründungsansatz haben umfangreiche Kritik in der Literatur hervorgerufen.[263] Die Rechtsprechung hat im Laufe der Jahre hierauf unter weitgehender Zurückdrängung starrer Schranken reagiert und praktiziert nunmehr eine flexible Rechtskontrolle von Betriebsvereinbarungen unter Heranziehung des Verhältnismäßigkeitsprinzips.[264] Die Grundlage für eine solche Rechtskontrolle erblickt das Bundesarbeitsgericht nunmehr in der mittelbaren Grundrechtsbindung der Betriebsparteien, welche über § 75 BetrVG vermittelt wird.[265] Über die Anwendung des Verhältnismäßigkeitsgrundsatzes wird zugleich gewährleistet, dass krasse Verstöße gegen die Einzelfallgerechtigkeit weiterhin auch im Individualverfahren korrigiert werden können.[266] Ausgeführt wird dazu wörtlich: „Die Betriebsparteien sind beim Abschluss von Betriebsvereinbarungen gemäß § 75 Abs. 1, Abs. 2 S. 1 BetrVG in Verbindung mit Art. 2 Abs. 1 GG unter anderem zur Wahrung der Handlungsfreiheit der Arbeitnehmer verpflichtet. Von ihnen

---

259 GK/*Kreutz*, § 77 BetrVG Rn. 323; MünchArbR/*Matthes*, § 239 Rn. 87; *Kreutz*, ZfA 1975, 65, 66; *Preis/Ulber*, RdA 2013, 211, 212.

260 GK/*Kreutz*, § 77 BetrVG Rn. 323.

261 Vgl. nur BAG 30.1.1970, AP BGB § 242 Ruhegehalt Nr. 142; 9.12.1981, AP BetrVG 1972 § 112 Nr. 14.

262 BAG 30.1.1970, AP BGB § 242 Ruhegehalt Nr. 142.

263 Nur auszugsweise MünchArbR/*Matthes*, § 239 Rn. 85 ff.; *v. Hoyningen-Huene*, Billigkeit im Arbeitsrecht, 161ff.; *Thiele*, in FS Larenz, 1043, 1057 f.; *Kreutz*, ZfA 1975, 65 ff.; *Rolfs*, RdA 2006, 349, 354 ff.; ferner GK/*Kreutz*, § 77 BetrVG Rn. 324 mwN; zustimmend hingegen DKKW/Berg, § 77 BetrVG Rn. 173 f.

264 Ausdrücklich bspw. BAG 26.10.1994, NZA 1995, 266, 268: die Billigkeitskontrolle ist „insoweit eine Rechtskontrolle". Ebenso BAG 13.5.1997, NZA 1998, 160, 162. Zur gesamten Entwicklung ausführlich *Preis/Ulber*, RdA 2013, 211 ff.

265 BAG 12.4.2011, NZA 2011, 989, 990; 13.2.2007, NZA 2007, 640, 643; 11.7.2000, NZA 2001, 462, 464; ausf. dazu GK/*Kreutz*, § 77 BetrVG Rn. 315 ff.

266 Schaub/*Koch*, AbR-HdB, § 231 Rn. 10; vgl. auch BAG 26.8.2008, NZA 2008, 1187, 1190; *Richardi*, § 77 BetrVG Rn. 102.

vorgenommene Beschränkungen müssen dem Grundsatz der Verhältnismäßigkeit genügen. Sie müssen geeignet, erforderlich und unter Berücksichtigung des gewährleisteten Freiheitsrechts angemessen sein, um den mit der Regelung erstrebten Zweck zu erreichen."[267] Der Rückgriff auf die Billigkeitskontrolle ist damit überflüssig geworden.[268] § 75 BetrVG kommt damit an dieser Stelle unter zweierlei Gesichtspunkten eine besondere Bedeutung zu. Zwingend vorgeschrieben ist zum einen die Beachtung der dort genannten und aus der Norm entwickelten Grundsätze, beispielsweise der Gleichbehandlungsgrundsatz.[269] Zugleich – und hierin liegt die wesentliche Bedeutung begründet – enthält § 75 BetrVG nach nunmehr vorherrschender Ansicht die Verpflichtung zur Beachtung der grundrechtlichen Werteentscheidung und stellt damit die mittelbare Grundrechtsbindung her.[270]

a) Konsequenz aus der weitreichenden Regelungsbefugnis

Es lässt sich nicht von der Hand weisen, dass erst die Annahme einer umfassenden Regelungsbefugnis zu einer strikten Rechtskontrolle unter teilweiser Hinzuziehung des Verhältnismäßigkeitsgrundsatzes geführt hat. Das Bundesarbeitsgericht hat über sein Prüfprogramm in den meisten Fällen gleichwohl sachgerechte Ergebnisse gefunden, die unter dem Gesichtspunkt materieller Gerechtigkeit kaum Kritik verdienen.[271] Dies rückt die Frage in den Fokus, ob die unterschiedlichen Ansätze im Ergebnis häufig gar nicht so weit auseinanderliegen. Am Beispiel der Einführung von lohnmindernder Kurzarbeit lässt sich dies gut verdeutlichen: Soweit der Arbeitgeber individualrechtlich oder kraft tarifrechtlicher Regelung nicht in der Lage ist, die Kurzarbeit anzuordnen,

---

267 BAG 12.12.2006, NZA 2007, 453, 455.

268 *Linsenmaier*, RdA 2008, 1, 8 f.

269 Siehe hierzu mit zahlreichen Beispielen aus Literatur und Rechtsprechung HWGNRH/*Worzalla*, § 77 BetrVG Rn. 62 ff. Im Hinblick auf die ebenfalls in § 75 Abs. 1 BetrVG normierten Diskriminierungsverbote scheint aber durch das Allgemeine Gleichbehandlungsgesetz eine Ablösung stattgefunden zu haben. Die Rechtsprechung stützt sich im Wesentlichen nur noch auf die dortigen Vorschriften. Insb. bei Altersgrenzen in Betriebsvereinbarungen, dazu nur BAG 17.09.2013, NZA 2014, 33; 23. 4. 2013, NZA 2013, 980; ferner *Fitting*, § 77 BetrVG Rn. 53c f. mwN.

270 BAG 12.4.2011, NZA 2011, 989, 990; 13.2.2007, NZA 2007, 640, 643; 11.7.2000, NZA 2001, 462, 464; ausf. dazu GK/*Kreutz*, § 77 BetrVG Rn. 315 ff.; ferner DKKW/*Berg*, § 75 BetrVG Rn. 7; *Fitting*, § 77 BetrVG Rn. 53; WPK/*Preis*, § 77 BetrVG Rn. 26.

271 Dies wird selbst von denjenigen konstatiert, die eine umfassende Regelungsbefugnis für verfehlt halten. Vgl. etwa *Preis/Ulber*, RdA 2013, 211.

gelangt das streng bestimmungsrechtsakzessorische Verständnis bereits auf diesem Wege zur Unwirksamkeit der Betriebsvereinbarung.[272] Aber auch dort, wo grundsätzlich von einer umfangreichen Regelungsbefugnis ausgegangen wird, gibt es Bestrebungen den Anwendungsbereich unter Berücksichtigung der Schutzzwecklehre ebenfalls auf eine ausdrückliche, individualvertragliche Vereinbarung einzugrenzen.[273] Hegt man gegen eine umfassende Regelungsbefugnis zur Einführung von Kurzarbeit keine Bedenken,[274] so wird doch auf die besondere Schwere der Belastung hingewiesen und eine sorgfältige Prüfung des Verhältnismäßigkeitsgrundsatzes angemahnt.[275] Eine Betriebsvereinbarung, die ohne weitere tatbestandlichen Vorgaben die Kurzarbeit anordnet und damit für die betroffenen Arbeitnehmer keine konkreten Anhaltspunkte für Ausmaß und Intensität des Eingriffs enthält, dürfte nach allen vertretenen Ansätzen unwirksam sein.[276] Betrachtet man die geschichtliche Entwicklung der Rechtsprechung wird deutlich, dass die Individualinteressen des Arbeitnehmers im Rahmen der Betriebsvereinbarung überwiegend eine herausgehobene Stellung eingenommen haben. Die Regelungen sind gerichtlich voll überprüfbar und das Bundesarbeitsgericht ist, wenn auch zunächst methodisch fragwürdig, stets für eine umfassende Rechtskontrolle eingetreten, um unverhältnismäßigen Beschränkungen

---

272 So *Lobinger*, RdA 2011, 76, 86. Im Ergebnis gleich, wenn auch mit anderer Begründung *Waltermann*, NZA 1993, 679 ff. § 87 Abs. 1 Nr. 3 BetrVG sei keine taugliche Rechtsgrundlage. Eine solche sei aber notwendig, da derartige Eingriffe in die Rechtsstellung des Arbeitnehmers stets dem Gesetzesvorbehalt unterliegen würden.

273 So etwa die Überlegungen bei GK/*Kreutz*, § 77 BetrVG Rn. 374 mwN. Im Ergebnis ist allerdings bei *Kreutz* keine eindeutige Tendenz auszumachen, da durch die Einführung von Kurzarbeit die materiellen Arbeitsbedingungen nicht ausschließlich zuungunsten der Arbeitnehmer geregelt würden.

274 So die h.M.: BAG 14.2.1991, NZA 1991, 607; BeckOK-ArbR/*Werner*, § 87 BetrVG Rn. 71; ErfK/*Kania*, § 87 BetrVG Rn. 36; *Fitting*, § 87 BetrVG Rn. 158; HWGNRH/*Worzalla*, § 87 BetrVG Rn. 228; MünchArbR/Matthes, § 245 Rn. 43; *Bauer/Günther*, BB 2009, 662, 663; *Bischof*, NZA 1995, 1021, 1023; *Otto*, NZA 1992, 97, 100; *Kleinebrink*, DB 2009, 342, 344. Anders bspw. *Canaris*, AuR 1966, 129, 135 f., der die Anordnung der Kurzarbeit in einer Betriebsvereinbarung für generell unwirksam hält, weil Interessen des Kollektivs zu sehr über die Individualinteressen gestellt werden. Kritisch auch *Heinze*, RdA 1998, 14, 19.

275 Vgl. nur *Fitting*, § 77 BetrVG Rn. 63; ferner HWGNRH/*Worzalla*, § 87 BetrVG Rn. 228 mit zahlreichen Nachweisen aus beiden Lagern. Er weist aber darauf hin, dass der Entgeltausfall der Arbeitnehmer unter Umständen über die §§ 169 ff SGB III durch das Kurzarbeitergeld in Teilen ausgeglichen werden kann. Zugleich erhöhe die Kurzarbeit regelmäßig die Chancen auf einen Arbeitsplatzerhalt.

276 Vgl. LAG Berlin 29.10.1998, BeckRS 1998, 30453945; *Fitting*, § 87 BetrVG Rn. 158.

individualrechtlicher Rechtspositionen entgegenzutreten.[277] Systematisch eingrenzende Ansätze zur Regelungskompetenz werden regelmäßig im Hinblick auf den gewünschten Individualschutz keine qualitative Steigerung mit sich bringen. Das mit diesen Ansätzen einhergehende Manko einer starren, wenig flexiblen Betriebsverfassung ist auch nicht mit bestehenden Einbußen in puncto Rechtssicherheit aufzuwiegen.[278]

b) *Keine „Richtigkeitsgewähr" von Betriebsvereinbarungen*

Die strikte Rechtskontrolle setzt sich auch fort auf der Ebene des angelegten Prüfungsmaßstabs. Während im Tarifvertragsrecht früher häufiger von einer sogenannten Richtigkeitsgewähr des Tarifvertrags gesprochen wurde, weil das Tarifrecht Ergebnis einer ausgewogenen Verhandlungsmacht sei und daher einen großzügigeren Beurteilungsspielraum ermögliche,[279] hat sich die Rechtsprechung diesen Ansatz im Betriebsverfassungsrecht nicht zu eigen gemacht. Der Prüfungsmaßstab sei vielmehr strenger als beim Tarifvertrag.[280] Der 1. Senat führt hierfür die fehlende verfassungsrechtliche Absicherung der Betriebsautonomie sowie die fehlende mitgliedschaftliche Legitimation an.[281] Der Senat umgeht damit die noch zur Billigkeitskontrolle vertretene und vielfach kritisierte Argumentation. Danach sollte die Richtigkeitsgewähr ausscheiden, weil aufgrund der Abhängigkeit des Betriebsrats vom Arbeitgeber keine Vertragsparität bestehe und daher nicht wie bei einem Tarifvertrag die Gewähr gegeben sei, dass die Betriebsvereinbarung einen billigen Ausgleich der widerstreitenden Interessen der Arbeitnehmer und des Betriebs beinhalte.[282] Hiergegen wurde

---

277 Vgl. nur BAG 12.12.2006, NZA 2007, 453, 455.

278 Zu den Einbußen der Rechtssicherheit im Hinblick auf die früher vertretene Billigkeitskontrolle: *Kreutz*, Grenzen der Betriebsautonomie, 8. Auch durch die Orientierung am Verhältnismäßigkeitsgrundsatz dürfte sich daran im Kern nichts geändert haben. Dieses Problem ist allerdings kein spezifisch betriebsverfassungsrechtliches. Zur Diskussion im Kündigungsrecht siehe etwa *Stückmann/Kohlepp*, RdA 2000, 331.

279 Vgl. nur BAG 10.6.1980, AP GG Art. 9 Arbeitskampf Nr. 64; gegen ein zu weitgehendes Verständnis der Richtigkeitsgewähr aber bspw. BAG 16.9.1993, NZA 1994, 221. Im Übrigen vermeidet die Rechtsprechung mittlerweile die Begrifflichkeit, obgleich die Kernthese unberührt bleibt. Vgl. dazu zuletzt BAG 21.5.2014, NZA 2015, 115. Siehe auch BeckOK-ArbR/*Waas*, § 1 TVG Rn. 13.

280 BAG 12.12.2006, NZA 2007, 453, 456; ebenso *Fitting*, § 77 BetrVG Rn. 58; *Richardi*, § 77 BetrVG Rn. 102; *Linsenmaier*, RdA 2008, 1, 8; *Preis/Ulber*, RdA 2013, 211, 213, 226.

281 BAG 12.12.2006, NZA 2007, 453, 456.

282 So noch BAG 30.1.1970, AP BGB § 242 Ruhegehalt Nr. 142 mit zust. Anm. *Richardi*.

eingewandt, dass die Annahme gestörter Vertragsparität zwischen Betriebsrat und Arbeitgeber wegen fehlender Unabhängigkeit der Betriebsratsmitglieder die Grundkonzeption der betrieblichen Mitbestimmung infrage stellen würde.[283] Denn das Gesetz ginge davon aus, dass die Betriebspartner die betrieblichen Angelegenheiten „richtig" ordnen können und der Betriebsrat auch beim Abschluss von Betriebsvereinbarungen zu kraftvoller Wahrnehmung der Arbeitnehmerinteressen in der Lage ist.[284] Ob eine weitgehende Inhaltskontrolle (nicht Billigkeitskontrolle), gestützt auf die fehlende Verhandlungsparität, tatsächlich die Grundkonzeption der Betriebsverfassung infrage stellt, erscheint durchaus zweifelhaft. Man wird zumindest nicht ernsthaft behaupten können, dass die Verhandlungsstärke von Betriebsräten im Grundsatz mit denen der führenden DGB-Gewerkschaften zu vergleichen sind. Ausnahmen mag es vielleicht im Bereich der Automobilindustrie geben, den Regelfall stellen sie aber nicht da.[285] Verschiebt man das Begründungsparameter nur marginal und stellt den Individualschutz des Arbeitnehmers verstärkt in den Fokus, erscheint die tatsächliche Stellung des Betriebsrats im Betrieb für die Beantwortung dieser Frage nur von geringer Bedeutung. Denn das weite Regelungsspektrum, welches die vorherrschende Meinung den Betriebsparteien zubilligt, erfordert als Akt der Fremdbestimmung geradezu eine intensive Rechts- und Inhaltskontrolle.[286] In der Konsequenz sind damit unterschiedliche Gestaltungsmöglichkeiten im Tarifvertrag und der Betriebsvereinbarung denkbar.[287]

c) Unzulässigkeit rein belastender Betriebsvereinbarungen

Mit Bezug auf die Rechtsprechung des Bundesarbeitsgerichts finden sich auch immer wieder Ausführungen in der Kommentarliteratur, die von einer generellen Unwirksamkeit einseitig belastender Betriebsvereinbarungen ausgehen.[288]

283 GK/*Kreutz*, § 77 BetrVG Rn. 326; *Jahnke*, Tarifautonomie und Mitbestimmung, 123; *Kallrath*, Gerichtliche Kontrolle von Betriebsvereinbarungen, 187 ff.; *Kreutz*, ZfA 1975, 65, 78 f. Vgl. hierzu auch *Thiele*, in FS Larenz, 1043, 1050.

284 GK/*Kreutz*, § 77 BetrVG Rn. 326. So grds. auch MünchArbR/*Matthes*, § 239 Rn. 86.

285 Und dort auch mit eher zweifelhaftem Vorteil für die Belegschaft. Erwähnt sei hier nur der bereits eingangs angesprochen Fall Opel: http://www.faz.net/aktuell/wirtschaft/automobilindustrie/rechtswidrige-lohnzuschlaege-opel-schmiert-seine-betriebsraete-11494339.html (letztmalig abgerufen am 02.09.2016).

286 Zutreffend *Preis/Ulber*, RdA 2013, 211, 212.

287 So auch *Linsenmaier*, RdA 2008, 1, 8; *Preis/Ulber*, RdA 2013, 211, 213.

288 Insb. *Richardi*, § 77 BetrVG Rn. 111; vgl. aber auch *WPK/Preis*, § 77 BetrVG Rn. 27; einschränkend HWGNRH/*Worzalla*, § 77 BetrVG Rn. 82.

Abgesehen von einem einzigen *obiter dictum* lässt sich das ansonsten in dieser Absolutheit nicht in der Rechtsprechung wiederfinden.[289] In weiter angeführten Urteilen fehlt es an klaren Aussagen darüber, dass (rein) belastende Regelungen *per se* zur Unwirksamkeit der Betriebsvereinbarung führen sollen.[290] Diese Beobachtung wird gestützt durch die jüngsten Ausführungen des 1. Senats, welcher sich angesichts der bestehenden Überprüfungsmöglichkeit unter Hinzuziehung des Verhältnismäßigkeitsgrundsatzes nicht zu einer weitergehenden Bindung genötigt sah.[291] Obgleich im Grundsatz ausschließlich belastende Betriebsvereinbarungen unzulässig sein dürften, lässt sich hieraus ein feststehender und unumstößlicher Rechtssatz nicht formulieren. Das liegt schon darin begründet, dass allein die Feststellung einer ausschließlich belastenden Regelung nicht ohne Weiteres möglich ist. Während die eingangs erwähnte generelle Haftungsbeschränkung zugunsten des Arbeitgebers nach einhelliger Ansicht unwirksam ist,[292] gestaltet sich die Beurteilung schon wieder deutlich diffiziler, wenn der Arbeitgeber eine überobligatorische Leistung erbringt und hierfür nicht (zusätzlich) mit Haftungsrisiken belastet werden will. Diskutiert wird in diesem Zusammenhang regelmäßig der Fall, in dem der Arbeitgeber den Arbeitnehmern Parkplätze zur Verfügung stellt und in diesem Zusammenhang seine Haftung beschränkt.[293] Unterschiedlich beurteilt werden auch im Sozialplan verankerte

---

289 Der 3. Senat führt hierzu aus: „Jedoch erscheint der Hinweis angebracht, daß in der Tat Sozialpläne nach ihrem gesetzl. definierten Zweck, wirtschaftl. Nachteile auszugleichen oder zu mildern, jedenfalls keine Regelungen enthalten dürfen, die ausschließlich zu Lasten der Arbeitnehmer wirken." (v. 7.8.1985, AP BGB § 242 Ruhegehalt Nr. 169).

290 BAG 12.12.2006, NZA 2007, 453, 454; 1.12.1992, NZA 1993, 711; 10.3.1976, AP BGB § 618 Nr. 17.

291 Im Hinblick auf diesen auch in der Literatur vertretenen Ansatz (vgl. nur *Kreutz*, Grenzen der Betriebsautonomie, 246 ff.) führt der 1. Senat aus: „Inwieweit diese Konzepte zu einer generellen Grenzbestimmung taugen und ob darüber hinaus auch das Günstigkeitsprinzip nicht nur als Kollisionsregel zwischen als solcher wirksamer – Betriebsvereinbarung und individueller Rechtsposition, sondern schon als Kompetenzbegrenzung und Regelungsschranke für die Betriebsparteien in Frage kommt, braucht nicht entschieden zu werden. Das BAG hat die Grenze der allgemeinen Regelungsbefugnis der Betriebsparteien jedenfalls in den Grundsätzen von Recht und Billigkeit gem. § 75 I BetrVG … erblickt." (v. 18.7.2006, NZA 2007, 462, 465).

292 BAG 5.3.1959, AP BGB § 611 Fürsorgepflicht Nr. 26 = NJW 1959, 1555; *Fitting*, § 77 BetrVG Rn. 64; GK/*Kreutz*, § 77 BetrVG Rn. 371; HWGNRH/*Worzalla*, § 77 BetrVG Rn. 82.

293 Auch in diesem Fall gegen eine Haftungsbeschränkung BAG 5.3.1959, AP BGB § 611 Fürsorgepflicht Nr. 26 = NJW 1959, 1555; wohl auch *Rüthers*, in: zwei arbeitsrechtliche

sogenannte Klageverzichtsklauseln, wonach die Zahlung aus dem Sozialplan davon abhängt, dass der betroffene Arbeitnehmer gegen die Kündigung nicht vorgeht.[294] Auch wenn in den genannten Einzelfällen am Ende regelmäßig zur Unwirksamkeit solcher Regelungen tendiert wurde, liegt die zurückhaltende Annahme von festen Grundsätzen deutlich auf der Linie der bisherigen Rechtsprechung.

d) *Eingriffe in bestehende arbeitsvertragliche Regelungen („betriebsvereinbarungsoffene Vertragsgestaltung")*

Mit großer Skepsis betrachtet werden muss hingegen die Entwicklung der Rechtsprechung zu ablösenden (verschlechternden) Betriebsvereinbarungen.[295] Der 1. Senat hat in einem viel beachteten Urteil das Günstigkeitsprinzip deutlich abgewertet.[296] Der (bisherige) Grundsatz lautet, dass eine Betriebsvereinbarung nur dann eine bereits bestehende arbeitsvertragliche Regelung wirksam verschlechternd ablösen kann, wenn diese den Vorbehalt einer kollektivrechtlichen Änderung enthält, also „betriebsvereinbarungsoffen" ausgestaltet ist.[297] Ohne Betriebsvereinbarungsoffenheit kollidiert die kollektivrechtliche Regelung mit dem Günstigkeitsprinzip.[298] Die Betriebsvereinbarungsoffenheit muss rechtsgeschäftlich nachgewiesen werden und im Streitfall vom Arbeitgeber dargetan und bewiesen werden,[299] so zumindest die bisherige Lesart. Zwar war die Rechtsprechung stets großzügig bei der Annahme eines auch konkludent möglichen

---

Vorträge, 7, 29 f.; überzeugend dafür etwa *Fitting*, § 77 BetrVG Rn. 64; GK/*Kreutz*, § 77 BetrVG Rn. 372; *Richardi*, § 77 BetrVG Rn. 112; *Veit*, Zuständigkeit des Betriebsrats, 402 ff.

294 Nach wie vor für unwirksam gehalten wird dies von der Rechtsprechung (zuletzt BAG 31.5.2005, NZA 2005, 997), obgleich bspw. *Kreutz* davon ausgeht, dass diese Regelung dem betroffenen Arbeitnehmer per saldo lediglich Vorteile bringt (näher dazu GK/Kreutz, § 77 BetrVG Rn. 363 mwN).

295 Zur gesamten Entwicklung ausf. GK/*Kreutz*, § 77 BetrVG Rn. 271 ff.

296 BAG 5.3.2013, NZA 2013, 916. Diese Rechtsprechung hat in der Literatur für ein erhebliches Echo gesorgt. Kritisch aufgenommen bspw. von *Preis/Ulber*, NZA 2014, 6; *Säcker*, BB 2013, 2677 ff. i.E. allerdings befürwortend; *Waltermann*, SAE 2013, 94, 99 f. Zustimmend etwa *Linsenmaier*, RdA 2014, 336; *Meinel/Kiehn*, NZA 2014, 509; siehe ferner *Gruber/Stumpf*, BB 2014, 1205, 1209 f.; *Hromadka*, NZA 2013, 1061.

297 BAG GS 16.9.1986, NZA 1987, 169; BAG 16.11.2011, NZA 2012, 349.

298 Dazu etwa HWGNRH/*Worzalla*, § 77 BetrVG Rn. 160 ff.; *Richardi*, § 77 BetrVG Rn. 151 ff. jeweils mwN.

299 GK/*Kreutz*, § 77 BetrVG Rn. 285.

Öffnungsvorbehaltes.[300] Entscheidend war allerdings, dass dem einzelnen Arbeitnehmer der Hinweis auf eine mögliche, ablösende Betriebsvereinbarung seinerzeit erkennbar war.[301]

aa) Betriebsvereinbarungsoffene Vertragsgestaltung durch Verwendung von vorformulierten Vertragsbedingungen?

Der der aktuellen Entscheidung zugrundeliegende Sachverhalt bot nach den genannten Voraussetzungen, die immerhin auch durch die Rechtsprechung des Großen Senats abgesichert sind,[302] kaum Spielraum für weitergehende Einschränkungen. Die fragliche Betriebsvereinbarung regelte die Beendigung des Arbeitsverhältnisses bei Erreichen der Altersgrenze, obgleich der (Muster-) Arbeitsvertrag „auf unbestimmte Zeit" abgeschlossen wurde.[303] Eine Öffnungsklausel gab es demnach nicht. Um dem auf der Hand liegenden Verstoß gegen das Günstigkeitsprinzip zu entgehen und damit die rechtspolitisch gewollte Altersgrenze doch noch durchzusetzen,[304] hat der 1. Senat sich zu einem rechtsmethodisch mehr als zweifelhaften Kunstgriff hinreißen lassen.[305] Um die Betriebsvereinbarungsoffenheit zu rechtfertigen, knüpft der Senat nunmehr an die Art der Ausgestaltung des Arbeitsverhältnisses an. Soweit die arbeitsvertraglichen Regelungen auf vorformulierten Vertragsbedingungen beruhen, also Allgemeine Geschäftsbedingungen darstellen, und „kollektiven Bezug" besitzen, spreche dies für die Betriebsvereinbarungsoffenheit des Arbeitsvertrages.[306] Der Senat führt hierzu wörtlich aus: „Da Allgemeine Geschäftsbedingungen ebenso wie Bestimmungen in einer Betriebsvereinbarung auf eine Vereinheitlichung der Regelungsgegenstände gerichtet sind, kann aus Sicht eines verständigen und redlichen Arbeitnehmers nicht zweifelhaft sein, dass es sich bei den vom Arbeitgeber gestellten Arbeitsbedingungen um solche handelt, die einer Änderung durch Betriebsvereinbarung zugänglich sind."[307] Unterstellt wird also folgendes: Ein

300 Vgl. nur BAG 23.10.2001, NZA 2003, 986: „Dies wird insbesondere in Betracht kommen, wenn die vertragliche Einheitsregelung nicht schriftlich abgefasst worden ist und sich aus den Umständen, wie es zu dieser Regelung gekommen ist, ergibt, dass eine etwaige Ablösung durch kollektiv-rechtliche Regelungen eröffnet sein soll."

301 BAG 10.12.2002, NZA 2004, 272; ErfK/*Kania*, § 77 BetrVG Rn. 80.

302 BAG GS 16.9.1986, NZA 1987, 169.

303 Vgl. BAG 5.3.2013, NZA 2013, 916.

304 Zu den Zielen des 1. Senats *Preis/Ulber*, NZA 2014, 6, 7.

305 *Hromadka*, NZA 2013, 1061, 1063 spricht kurz aber zutreffend von einem „Trick".

306 Vgl. BAG 5.3.2013, NZA 2013, 916; zustimmend etwa *Fitting*, § 77 BetrVG Rn. 198.

307 BAG 5.3.2013, NZA 2013, 916, 921.

Arbeitnehmer, dem regelmäßig ein vorformulierter Arbeitsvertrag zur Unterschrift vorgelegt wird, ist sich bei Abschluss des Arbeitsvertrages darüber im Klaren, dass die dort niedergeschriebenen Vereinbarungen allein aufgrund der Ausgestaltung des Arbeitsvertrages als Allgemeine Geschäftsbedingungen späteren Abänderungen durch eine Betriebsvereinbarung unterliegen.[308]

bb) Der fingierte Arbeitnehmerwille

Mit dem tatsächlichen Empfängerhorizont des Arbeitnehmers hat das wenig zu tun. Unterstellt wird ihm ein Wille, der regelmäßig fiktiv ist.[309] Dass der 1. Senat diese Auslegung gleichzeitig noch mit dem Etikett „nicht zweifelhaft" versieht,[310] hinterlässt in der Tat einen bitteren Nachgeschmack. Eine solche mit der Rechtsgeschäftslehre schlichtweg nicht in Einklang zu bringende Fiktion bezeichnen *Preis/Ulber* daher zutreffend als „ganz modriges Trinkwasser, das man nicht zu sich nehmen möchte".[311] Unklar bleibt auch, wie der als Einschränkung geforderte „kollektive Bezug"[312] überhaupt zu verstehen ist. Wesentliche Restriktionen wird man hier nicht erwarten dürfen.[313] Denn der Senat möchte den Gestaltungsspielraum der Betriebsparteien für zukünftige Anpassungen von Arbeitsbedingungen keinesfalls zu stark eingegrenzt sehen.[314] Dies legt viel eher den Schluss nahe, dass nunmehr nahezu alle im vorformulierten Arbeitsvertrag aufgeführten Arbeitsbedingungen grundsätzlich betriebsvereinbarungsoffen sind.[315] In Betracht kämen etwa nicht individuell angepasste Vertragsklauseln zur betrieblichen Arbeitszeit sowie zu zusätzlichen, allgemeinen Vergütungsbestandteilen (betriebliche Altersversorgung, Zulagen oder Jahressonderzahlungen).[316] Die genannten Passagen wurden folglich von nicht wenigen gar als

---

308 In ähnliche Richtung auch *Fitting*, § 77 BetrVG Rn. 198. Dies ist höchst zweifelhaft. Ganz regelmäßig wird Arbeitnehmer bei vorformulierten Arbeitsvertragsbedingungen überhaupt nicht davon ausgehen können, dass arbeitsvertragliche Regelungen tatsächlich zur Disposition gestellt werden.

309 Kritisch etwa auch DBD/*Däubler*, § 305c BGB Rn. 56 ff.

310 BAG 5.3.2013, NZA 2013, 916, 921.

311 *Preis/Ulber*, NZA 2014, 6, 9.

312 BAG 5.3.2013, NZA 2013, 916, 921.

313 Vgl. ErfK/*Kania*, § 77 BetrVG Rn. 83–86; zweifelnd auch *Preis/Ulber*, NZA 2014, 6, 8. Ferner *Stoffels*, NZA 2016, 581, 586: „bemerkenswert weitreichende Eingriffsbefugnisse".

314 Vgl. BAG 5.3.2013, NZA 2013, 916, 921

315 Vgl. ErfK/*Kania*, § 77 BetrVG Rn. 83–86; *Hromadka*, NZA 2013, 1061.

316 So ErfK/*Kania*, § 77 BetrVG Rn. 83–86.

Rückkehr zum Ablösungs- und Ordnungsprinzip verstanden.[317] Auch wenn die Rechtsprechung einen so radikalen Kurswechsel möglicherweise nicht vollziehen will,[318] so stellt sie das Günstigkeitsprinzip doch klar ins Abseits. Das Regel-Ausnahme-Prinzip verkehrt sich hier ins Gegenteil. Verschlechternde Betriebsvereinbarungen sind trotz entgegenstehender arbeitsvertraglicher Regelungen möglich, soweit diese nicht (ausnahmsweise) individuell vereinbart worden sind. Der Individualschutz wird dabei weiter zu Gunsten einer flexiblen, betrieblichen Ausgestaltung geschmälert.[319] Hierfür übergeht die Rechtsprechung auch selbst aufgestellte Grundsätze und verletzt elementare Grundlagen des Vertrags- und AGB-Rechts.[320] Zugegebenermaßen wird man auch hier nicht mit massiven und unkontrollierten Einschnitten zu Lasten der Arbeitnehmer rechnen müssen, da die Rechtskontrolle über § 75 BetrVG regelmäßig zu vertretbaren Ergebnissen führt.[321] Im Ergebnis bleibt es aber dabei, dass die Rechtsprechung ohne größere Not klar statuierte Grenzen für den Individualschutz herabgesetzt hat und sich dabei einer sehr zweifelhaften Argumentation bedient. Wie weit die Rechtsprechung sich dabei vom Vertragsrecht entfernt hat, zeigt ein Blick in die Adaptation der Rechtsprechung im *Erfurter Kommentar*. Dort rät *Kania* für die betriebsvereinbarungsfeste Vertragsgestaltung nun ausdrücklich folgenden Passus aufzunehmen: „Die Rechte und Pflichten dieses Vertrages sind nicht betriebsvereinbarungsoffen.“[322]

6. *Rechtsschutzmöglichkeiten des Arbeitnehmers*

Entscheidend im Hinblick auf den Individualschutz ist aber, dass auch der einzelne Arbeitnehmer die Rechtskontrolle der Betriebsvereinbarung gerichtlich erzwingen kann. Anders als beispielsweise im Rahmen einer personellen

---

317 *Säcker*, BB 2013, 2677, 2679; siehe auch *Hromadka*, NZA 2013, 1061, 1063.

318 Vgl. BAG 17.2.2015, BeckRS 2015, 68731. Dort greift der 1. Senat zur Begründung der Betriebsvereinbarungsoffenheit auf die Beteiligung des Betriebsrats bei den fraglichen Leistungen in der Vergangenheit zurück. Einschränkend auch *Preis/Ulber*, NZA 2014, 6, 10.

319 Vgl. *Preis/Ulber*, NZA 2014, 6, 7.

320 ErfK/*Preis*, § 310 BGB Rn. 19b; zu den Anforderungen an eine Öffnungsklausel im Arbeitsvertrag siehe *Richardi*, § 77 BetrVG Rn. 158; *Preis*, Der Arbeitsvertrag, II O 10 Rn. 1 ff.

321 ErfK/*Kania*, § 77 BetrVG Rn. 82; vgl. auch *Hromadka*, NZA-Beilage Heft 4/2014, 136, 138 f, 142; *Linsenmaier*, RdA 2014, 336, 344.

322 ErfK/*Kania*, § 77 BetrVG Rn. 83–86.

Einzelmaßnahme im Sinne des § 99 BetrVG ist er hier nicht auf die Mithilfe des Betriebsrats oder des Arbeitgebers angewiesen.[323]

a) Gerichtliche Geltendmachung im Urteilsverfahren

Die Geltendmachung erfolgt im Urteilsverfahren, soweit die Betriebsvereinbarung Ansprüche aus dem Arbeitsverhältnis stützt oder solche durch sie beeinflusst werden, § 2 Abs. 1 Nr. 3, Abs. 5 ArbGG.[324] Dabei ist über das Bestehen oder Fortbestehen, die Wirksamkeit und den Inhalt der Betriebsvereinbarung inzident beziehungsweise als Vorfrage zu entscheiden.[325] Eine Betriebsvereinbarung die jährlich sechs Sonntagsschichten als Überstunden festlegt, ist ebenso durch den Arbeitnehmer im Rahmen eines Feststellungsantrags zu überprüfen, wie die auf einer kollektivrechtlichen Regelung beruhende Einbehaltung der Kosten für die Bearbeitung von Lohn- und Gehaltspfändungen durch den Arbeitgeber.[326] Aus Sicht des Arbeitnehmers sind ihn belastende, unwirksame Betriebsvereinbarungen grundsätzlich als *obstruierende Interventionen* zu begreifen. Dass der Betriebsrat in diesen Fällen die Individualinteressen nicht hinreichend miteinbezogen hat hat, oder keine ernsthaften Bemühungen unternommen hat, die Interessen des Einzelnen hinreichend zu berücksichtigen, etwa auch in der Einigungsstelle, hemmt allein die effektive Durchsetzung der Interessen und Rechtspositionen des Arbeitnehmers. Die eigene gerichtliche Überprüfung steht ihm jederzeit offen.

b) Bestehende Defizite

Obgleich der einzelne Arbeitnehmer somit weitreichend auf die Einhaltung seiner Rechte pochen kann, ist die Rechtskontrolle im Bereich der Arbeitnehmerüberlassung aber auch in einigen anderen Sonderkonstellationen nicht lückenlos gewährleistet.

---

323 Zu dem nach herrschender Meinung fehlenden Antragsrecht des Arbeitnehmers nach § 99 Abs. 4 BetrVG siehe unten in diesem Kapitel, B. III. 1. f).

324 ErfK/*Kania*, § 77 BetrVG Rn. 155; GK/*Kreutz*, § 77 BetrVG Rn. 468; *Richardi*, § 77 BetrVG Rn. 314.

325 BAG 25.3.1971, AP BetrVG § 57 Nr. 5; vgl. etwa auch BAG 3.6.2003, NZA 2003, 1155; *Fitting*, § 77 BetrVG Rn. 229.

326 Zur Überstundenregelung vgl. BAG 3.6.2003, NZA 2003, 1155 = AP BetrVG 1972 § 77 Tarifvorbehalt Nr. 19 mit krit. Anm. *Lobinger*. Eine Betriebsvereinbarung über die Kostenlast bei Lohn- und Gehaltspfändung hingegen ist unwirksam: BAG 18.7.2006, NZA 2007, 462.

aa) Leiharbeitnehmer im Geltungsbereich einer Betriebsvereinbarung im Entleiherbetrieb

Die Besonderheiten der rechtlichen Beziehungen im Rahmen der Arbeitnehmerüberlassung und die dortigen, teilweise ungelösten Probleme im Rahmen der Mitbestimmung wirken sich zwangsläufig auch in besonderer Weise auf das Schutzniveau der Leiharbeitnehmer aus.[327] Durch die Eingliederung des Leiharbeitnehmers in den Betrieb des Entleihers entsteht nach ganz überwiegender Ansicht kein Arbeitsverhältnis.[328] Unstreitig treffen den Entleiher aber arbeitsvertragliche Rechte und Pflichten.[329] Mit den §§ 13, 14 AÜG, § 7 BetrVG und § 6 AGG hat der Gesetzgeber zumindest einigen der daraus resultierenden Schutzlücken Rechnung getragen.[330] So hat der Leiharbeitnehmer beispielsweise einen unmittelbaren Anspruch gegen den Entleiher auf Zugang zu Gemeinschaftseinrichtungen, § 13b AÜG.[331] Da die Vorschrift nicht tarifdispositiv ist,[332] wird auch eine Abbedingung in der Betriebsvereinbarung nicht helfen.[333]

(1) Normwirkung der Betriebsvereinbarung und Legitimationsdefizit

Weitgehend ungeklärt ist aber noch die Frage, inwiefern dem Betriebsrat des Entleiherbetriebs auch die Normsetzungsbefugnis für Leiharbeitnehmer zukommt. Gerade im Hinblick auf die Arbeitsbedingungen im Betrieb (Torkontrollen, Zeiterfassungssysteme usw.) wird man die Leiharbeitnehmer praktisch kaum ausnehmen können. Neben der Legitimation[334] ist aber auch der dogmatische Ursprung der Normwirkung fraglich. Streng genommen erhält die Betriebsvereinbarung auch hier ihren Geltungsbefehl durch die staatliche

---

327 Zum Problemkreis aus der gespaltenen Arbeitgeberstellung vgl. nur *Linsenmaier/Kiel*, RdA 2014, 135, 150 ff.

328 Gegen ein Arbeitsverhältnis spricht ganz klar § 10 Abs. 1 S. 1 AÜG bspw. BAG 15.03.2011 NZA 2011, 653; BeckOK-ArbR/*Kock*, § 1 AÜG Rn. 50 f.; GMP/*Schlewing*, § 2 ArbGG Rn. 52; Schüren/Hamann/*Schüren*, AÜG, Einl. Rn. 111; a.A. noch *Mayer-Maly*, ZfA 1972, 1 (23 ff.).

329 Vgl. BeckOK-ArbR/*Kock*, § 1 AÜG Rn. 50 f.; sehr ausführlich zu den rechtlichen Beziehungen zwischen Leiharbeitnehmer und Entleiher auch Schüren/Hamann/*Schüren*, AÜG, Einl. Rn. 109 ff.

330 Zu den Rechten des Leiharbeitnehmers gegen den Entleiher ausf. *Lembke*, NZA 2011, 319 ff.

331 ErfK/*Wank*, § 13b AÜG Rn. 1; *Hamann*, EuZA 2009, 287, 319.

332 ErfK/*Wank*, § 13b AÜG Rn. 1; *Lembke*, NZA 2011, 319, 323.

333 Zu den Möglichkeiten die Nutzung an weitere Voraussetzungen zu knüpfen siehe etwa BeckOK-ArbR/*Kock*, § 13b AÜG Rn. 13.

334 Ulber/*zu Dohna-Jäger*, § 14 AÜG Rn. 71.

Anordnung in § 77 Abs. 4 BetrVG. Ob dies aber tatsächlich ohne Weiteres auch dann funktioniert, wenn der Betriebsrat vom Leiharbeitnehmer typischerweise weder gewählt wurde noch gewählt werden kann,[335] erscheint nicht unbedenklich. Dieses zusätzliche Legitimationsdefizit wird man aber wohl hinnehmen müssen, soweit man der Betriebsvereinbarung umfassend zur Geltung verhelfen will.[336] Lehnt man eine unmittelbare und zwingende Wirkung ab und knüpft die Gestaltungsmacht allein an das übertragene Direktionsrecht des Entleihers, wird man sich damit begnügen müssen, dass darüberhinausgehende Betriebsvereinbarungen für Leiharbeitnehmer nicht verpflichtend sind.[337]

(2) Fehlende Rechtsschutzmöglichkeiten

Das mangelnde Arbeitsverhältnis zum Entleiher wirkt sich zugleich negativ im Rahmen der gerichtlichen Überprüfung aus. Der Leiharbeitnehmer wäre nach aktueller Lesart nicht berechtigt, im Urteilsverfahren die Betriebsvereinbarung überprüfen zu lassen. Im Rahmen eines Schadensersatzanspruches aus dem Allgemeinen Gleichbehandlungsgesetz hat das Bundesarbeitsgericht aber den § 2 Nr. 3 a ArbGG über den Wortlaut hinaus dahingehend ausgelegt, dass Streitigkeiten, die ihren Ursprung in der Arbeitnehmerüberlassung haben, vom Leiharbeitnehmer gegen den Entleiher geltend gemacht werden können.[338] Soweit dem Entleiher wesentliche Arbeitgeberfunktionen vom Verleiher übertragen würden, müsse dieser gespaltenen Arbeitgeberstellung bei der Zuständigkeit der Gerichte für Arbeitssachen Rechnung getragen werden.[339] Diesen Ausführungen kommt durchaus verallgemeinerungswürdiger Charakter zu. In konsequenter Fortsetzung dieser Rechtsprechung wäre auch die gerichtliche Überprüfbarkeit

---

335 Dies gilt nicht im Hinblick auf die grundsätzliche Wahlmöglichkeit, sondern den typischen Zeitraum der Arbeitnehmerüberlassung, der lediglich wenige Monate beträgt. Die Mehrheit der Leiharbeitnehmer ist nicht länger als 6 Monate im gleichen Betrieb. Vgl. hierzu die Auswertungen von *Haller/Jahn*, in: IAB-Kurzbericht 13/2014, 1, 5.

336 Dem Grundsatz nach bejahend im Detail aber differenzierend *Richardi*, § 77 BetrVG Rn. 80; *Waltermann*, Rechtsetzung durch Betriebsvereinbarung, 229 f. Ohne weitere Begründung hierfür Ulber/*zu Dohna-Jaeger*, § 14 AÜG Rn. 138; Boemke/Lembke/*Boemke* § 14 AÜG Rn. 88. Unklar ist auch, inwieweit eine normzweckorientierte Auslegung zur Erklärung dieses Ergebnisses beitragen soll, so explizit *Linsenmaier/Kiel*, RdA 2014, 135, 150.

337 So der Vorschlag bei HWGNRH/*Worzalla*, § 77 BetrVG Rn. 33. Vgl. auch *Konzen/Jacobs*, in: FS Dieterich, 297, 317 f.

338 BAG 15.3.2011, NZA 2011, 653, 654.

339 BAG 15.3.2011, NZA 2011, 653, 654; ebenso GK-ArbGG/*Schütz*, § 2 ArbGG (87. Lfg. 2013) Rn. 72b; GMP/*Schlewing*, § 2 ArbGG Rn. 52.

von belastenden Betriebsvereinbarungen möglich, um den ansonsten fehlenden Rechtsschutz damit sicherzustellen.

bb) Weitere Sonderfälle

Obwohl damit ganz überwiegend sichergestellt ist, dass der Arbeitnehmer gegen eine ihn belastende Betriebsvereinbarung vorgehen kann, bestehen an einigen Stellen Defizite im Rechtsschutz. Diese sollen hier nur kurz erwähnt und dann im Rahmen der weiteren Ausführungen konkret untersucht werden. Zu nennen ist hier zum einen die gesetzlich angeordnete, eingeschränkte Überprüfbarkeit von Namenslisten im Interessenausgleich, § 1 Abs. 5 S. 2 KSchG.[340] Zum anderen ist fraglich, inwieweit ein an sich nicht zu beanstandender Sozialplan unwirksam sein kann, wenn es im Vorfeld der Zustimmung durch den Betriebsrat zu Unregelmäßigkeiten kam.[341] Zu denken ist hier insbesondere an Geldzahlungen oder weitere Vergünstigungen, die dem Betriebsrat unter Verstoß gegen § 78 S. 2 BetrVG gewährt wurden. Letztlich ebenfalls nicht zu erfassen ist der Fall, indem der Betriebsrat eine für den Einzelnen günstige Betriebsvereinbarung verhindert und damit zugleich den Rechtsschutz erst gar nicht entstehen lässt.[342]

7. Zusammenfassung

Die Betriebsvereinbarung als zentrales Mittel der betrieblichen Mitbestimmung steht symptomatisch für den in der Betriebsverfassung angelegten Interessenkonflikt. Die Interessen des Kollektivs müssen nicht deckungsgleich sein mit den Interessen des einzelnen Arbeitnehmers, was die Rechtswissenschaft bis heute veranlasst, nach möglichst individualschonenden Möglichkeiten der kollektiven Gestaltungsmacht zu suchen. Dabei sind gerade die Ansätze zur Beschränkung der Regelungsbefugnis der Betriebsparteien aus individualrechtlicher Perspektive zu begrüßen. Die herrschende Meinung inklusive der Rechtsprechung haben diesen Ansatz aber nicht aufgegriffen. Die von ihr vertretene, umfassende Regelungsbefugnis weist in ihrer gesetzlichen Herleitung allerdings Defizite auf. Begründen lässt sie sich wohl eher mit praktischen Erwägungen. Die Betriebsparteien verfügen im Regelfall über eine hohe Sachkompetenz und sollen auf kurzfristige Veränderungen dynamisch reagieren können. Behält man das gesamtbetriebliche Interesse im Auge, kann es in Einzelfällen als zu eng erscheinen, die Regelungsbefugnis nur auf die gesetzlich genannten Tatbestände

340 Siehe in diesem Kapitel unter B. III. 3.
341 Dazu insbesondere in diesem Kapitel unter B. V. 4. b).
342 Vgl. die Fallgestaltung in diesem Kapitel unter B. III. 5. a) aa).

zu beschränken. Auch Eingriffe in die Individualrechtspositionen des Einzelnen, die über das hinausgehen gehen, was im Gestaltungsbereich des Arbeitgebers liegt, können sinnvoll und gerechtfertigt sein. Abgesichert werden muss dies allerdings durch eine strikte Rechtskontrolle der Gerichte, die im Einzelfall zu entscheiden haben, inwieweit die Individualinteressen ausreichend berücksichtigt worden sind. Die Rechtsprechung lässt hier ganz überwiegend nicht erkennen, dass sie diese Prüfung einseitig zugunsten des Kollektivs ausübt. Im Ergebnis muss trotz der drohenden Gefahren erkannt werden, dass der einzelne Arbeitnehmer hier die Möglichkeit des Rechtsschutzes besitzt, welche ihm an anderen Stellen der Betriebsverfassung gänzlich versagt wird. Bis auf die noch zu behandelnden Sonderfälle stellen übermäßig belastende Betriebsvereinbarungen daher regelmäßig *obstruierende Interventionen* hinsichtlich des betroffenen Arbeitnehmers dar.

III. Beteiligungs- und Mitbestimmungsrechte im Lichte des Individualschutzes

Deutlicher zutage treten die Rechtsschutzdefizite im Anwendungsbereich der konkreten Ausübung von Beteiligungs- und Mitbestimmungsrechten, soweit sie nicht auf Betriebsvereinbarungen beruhen. Bereits die im Rahmen der Einleitung angerissenen Fallgestaltungen machen deutlich, dass gerade hierin erhebliches Benachteiligungspotential liegen kann.[343] Die Ursachen hierfür sind vielschichtig. Sie reichen von internen Streitigkeiten im Betriebsrat über die Druckausübung auf Nicht-Gewerkschaftsmitglieder bis hin zu persönlichen Differenzen.[344] Besonders eklatant sind die Fälle, in denen sich der Arbeitgeber die Gewogenheit des Betriebsrats mit Sonderzahlungen erkauft hat. Aber selbst wenn keine gezielte Absicht der Benachteiligung vorliegt, kann eine den Einzelnen benachteiligende Entscheidung bereits daraus resultieren, dass die Interessenlage von Arbeitnehmer und Betriebsrat immer häufiger nicht mehr

---

343 Zu weiteren Konstellationen, in denen der Betriebsrat erheblich Einfluss auf das berufliche Schicksal des Arbeitnehmers Einfluss nehmen kann siehe *Gamillscheg*, Arbeitsrecht II, 51.

344 Letzteres legt die Fallkonstellation in BAG 16.3.2010, NZA 2010, 1028 nahe. Der Betriebsrat hatte sich gegen die Versetzung eines Arbeitnehmers insb. aufgrund von unkollegialen Verhaltens ausgesprochen. Zu dem unbegründeten Vorwurf der Störung des Betriebsfriedens vgl. BAG 16.11.2004, NZA 2005, 775. Hier hatte allerdings der Arbeitgeber erfolgreich die Zustimmung des Betriebsrats zu der personellen Maßnahme ersetzen lassen.

deckungsgleich ist. Für die Untersuchung von besonderer Relevanz ist der Bereich der personellen Einzelmaßnahmen.

1. *Willkürliche Verweigerung von Einzelmaßnahmen, § 99 BetrVG*

Begutachtet man zunächst den Schutzzweck der Norm, lassen sich hieraus bereits Tendenzen zu einem Konfliktpotential von Individual- und Kollektivinteressen erkennen.[345] Ganz überwiegend zielt § 99 BetrVG auf den Schutz der vorhandenen Belegschaft ab.[346] Besonders deutlich wird dies in § 99 Abs. 2 Nr. 3 und 6 BetrVG. Gleichzeitig schützt § 99 Abs. 2 Nr. 4 BetrVG aber konkret den betroffenen Arbeitnehmer der personellen Einzelmaßnahme vor einer möglichen Benachteiligung, sodass Individualinteressen ebenfalls Berücksichtigung finden.[347] In ähnliche Richtung geht auch § 99 Abs. 2 Nr. 1 BetrVG,[348] obgleich nicht jeder Verstoß gegen ein Verbotsgesetz zum Vorteil des Arbeitnehmers beziehungsweise Bewerbers sein muss. Dies ist spätestens mit der Diskussion zur vorübergehenden Arbeitnehmerüberlassung gemäß § 1 Abs. 1 S. 2 AÜG klar geworden.[349] Im Falle von widerstreitenden Interessen obliegt es also dem Betriebsrat, diese miteinander abzuwägen und zu einem angemessenen Interessenausgleich zu führen.[350] Insoweit wird man dem Betriebsrat auch eine Einschätzungsprärogative zubilligen müssen.[351] Überschreitet er diese deutlich,

---

345 In diese Richtung auch *Fitting*, § 99 BetrVG Rn. 3.

346 BAG 27.10.2010, NZA 2011, 527, 529; 25.1.2005, NZA 2005, 945, 946; GK/*Raab*, § 99 BetrVG Rn. 5.

347 BAG 8.12.2009, NZA 2010, 665, 667; DKKW/*Bachner*, § 99 BetrVG Rn. 4; *Fitting*, § 99 BetrVG Rn. 3; GK/*Raab*, § 99 BetrVG Rn. 5; insb. für die Versetzung bspw. Küttner/*Poeche*, Personalbuch 2017, Versetzung Rn. 15; Schaub/*Koch*, ArbR-Hdb, § 241 Rn. 20; hiergegen wendet sich *Czerny* mit der schwerlich überzeugenden Argumentation, dass eine Norm, die überwiegend kollektive Interessen berücksichtigt, nicht auch zugunsten eines einzelnen Arbeitnehmers ausgestaltet sein kann (in: Rechtskraft und Bindungswirkungen im Rahmen personeller Einzelmaßnahmen, 91); a.A. auch *Heinze*, Personalplanung, Rn. 190.

348 Hierfür bspw. GK/*Raab*, § 99 BetrVG Rn. 5.

349 Für ein Verbotsgesetz und daher im Ergebnis für ein Zustimmungsverweigerungsrecht falls der Leiharbeitnehmer nicht nur vorübergehend beschäftigt werden soll: BAG 30.9.2014, BeckRS 2015, 65514; 10.7.2013, NZA 2013, 1296; *Hamann*, RdA 2011, 321, 327; a.A. *Lipinski*, NZA 2013, 1245, 1247.

350 DKKW/*Bachner*, § 99 BetrVG Rn. 4.

351 Insoweit lässt sich eine Parallele ziehen zu dem Mitbestimmungsrecht nach § 87 Abs. 1 BetrVG. Das Tätigwerden steht auch dort richtigerweise im „pflichtgemäßen Ermessen“ des Betriebsrats (BAG 19.1.2010, NZA 2010, 592; *Hromadka/Maschmann*,

beispielsweise weil er zu einer vom Arbeitnehmer gewünschten Versetzung nur deshalb die Zustimmung verweigert, da der Arbeitnehmer im Vorfeld der letzten Betriebsratswahlen die Arbeit des Betriebsrats deutlich kritisiert hatte, stellt sich die Frage nach den konkreten Rechtsschutzmöglichkeiten des Arbeitnehmers. Konkret können sich die Möglichkeiten des Betriebsrats wie folgt auswirken.

a) Verhinderung von Einstellung und Versetzung (Fallbeispiel)[352]

Betriebsratsvorsitzender (R) vertritt im Betrieb des Arbeitgebers (A) zugleich die bisher vorherrschende Gewerkschaft (G). Bisher sind alle Betriebsratsmitglieder zugleich entsprechende Gewerkschaftsmitglieder. In letzter Zeit mehren sich allerdings die Konflikte innerhalb der Belegschaft und auch andere Gewerkschaften versuchen im Betrieb Fuß zu fassen. R fürchtet im nächsten Wahlgang erstmals einige Betriebsratsposten an alternative Listen zu verlieren. Als A den Bewerber (B) einstellen will, der regional bereits für die Spartengewerkschaft (S) aktiv ist, hält R den Betriebsrat an, die Zustimmung zur geplanten Einstellung zu verweigern. Die Begründung hierfür ist offensichtlich unzutreffend. A verzichtet gleichwohl auf gerichtliche Schritte und sucht einen neuen Arbeitnehmer. Betriebsratsmitglied (H) hatte das Vorgehen von R zuvor allerdings kritisiert. Ein solches Verhalten führe gerade zu einem Vertrauensverlust bei der Belegschaft und erreiche im Ergebnis genau das Gegenteil. Als H kurz darauf aufgrund einer abgeschlossenen Meisterprüfung die Abteilungsleitung übernehmen soll, stellt sich der Betriebsrat plötzlich quer und verweigert die Zustimmung zur Versetzung. A erklärt H, dass er nicht gewillt ist gegen den Betriebsrat, insbesondere R, vorzugehen. Dieser hätte bereits gedroht, bei der gerichtlichen Ersetzung den Betrieb „völlig lahmzulegen". Eine entsprechende Beförderung des H unterbleibt.

b) Einführung in die Problematik

Das Betriebsverfassungsgesetz ordnet mit dem Zustimmungsersetzungsverfahren in § 99 Abs. 4 BetrVG die Auflösung einer solchen Problematik zunächst allein der Entscheidungssphäre des Arbeitgebers zu. Der Arbeitnehmer ist in

ArbR Bd. 2, § 16 Rn. 97a.). Der Betriebsrat überschreitet dieses aber dann, wenn er mit dem Arbeitgeber eine Vertragsstrafenvereinbarung trifft, die den Arbeitgeber bei mitbestimmungswidrigem Verhalten zur Zahlung zwingt und dadurch erreicht werden soll, dass der Betriebsrat untätig bleibt (BAG 19.1.2010, NZA 2010, 592, 594).

352 Der Fall ist zum Teil realen Vorkommnissen in einem größeren deutschen Unternehmen mit mehr als 1200 Arbeitnehmern nachgebildet.

diesem Verfahren nämlich nach stark überwiegender Auffassung weder Beteiligter, noch hat er ein eigenes Antragsrecht.[353] Der Arbeitgeber schlüpft damit aber zugleich in die erstaunliche Rolle des Arbeitnehmeranwalts.[354] Inwieweit die Belange des Arbeitnehmers hier überhaupt Berücksichtigung finden,[355] ist ebenso zu untersuchen wie die Frage, ob sich die Zustimmungsverweigerung zwangsläufig auch individualrechtlich auswirken muss. Letzteres folgt aus dem ganz überwiegend anerkannten Prinzip der Trennung von personeller Einzelmaßnahme einerseits und zugrundeliegender Arbeitsvertragsgestaltung andererseits.[356] Die Durchführung einer personellen Maßnahme ohne Zustimmung des Betriebsrats stellt zunächst nur einen Pflichtverstoß gegenüber dem Betriebsrat dar und ist folglich betriebsverfassungsrechtlich unwirksam.[357] Ob die Verweigerung einer konkreten Einzelmaßnahme durch den Betriebsrat überhaupt unmittelbar oder mittelbar Auswirkungen auf die individualrechtliche Stellung des Arbeitnehmers entfaltet, bedarf näherer Untersuchung. Hat der Arbeitgeber mit dem Arbeitnehmer bereits einen Arbeitsvertrag geschlossen und der Betriebsrat verweigert die Einstellung, kann je nach Verständnis eine Kündigung notwendig werden.[358] Inwieweit die Gerichtsentscheidung nach § 99

---

353 BAG 3.12.2002, NZA 2003, 1215, 1218; 31.5.1983, AP BetrVG 1972 § 118 Nr. 27; 17.5.1983, AP BetrVG 1972 § 99 Nr. 18; 22.3.1983, AP BetrVG 1972 § 101 Nr. 6; 27.5.1982, AP ArbGG 1979 § 80 Nr. 3; DKKW/*Bachner*, § 99 BetrVG Rn. 243; *Fitting*, § 99 BetrVG Rn. 288; HWGNRH/*Huke*, § 99 BetrVG Rn. 196; MünchArbR/*Matthes*, § 263 Rn. 89; WPK/*Preis*, § 99 BetrVG Rn. 77; *Boemke*, ZfA 1992, 473, 482 f.; siehe zur Problematik auch GK/*Raab*, § 99 Rn. 231, *Richardi*, NZA 1999, 617. Kritisch wird das insbesondere von den Vertretern gesehen, die im Rahmen von § 99 BetrVG eine Schutzlücke für den Arbeitnehmer erkennen, die nicht anders zu schließen sei (bspw. Richardi/*Thüsing*, § 99 BetrVG Rn. 282; *Dütz*, AuR 1993, 33, 38 f.). Vgl. näher dazu die Lösungsansätze in diesem Kapitel unter B. VI. 1.

354 Zutreffend gesehen bereits bei *Biedenkopf*, BB 1972, 1513, 1516; wie hier auch Richardi/*Thüsing*, § 99 BetrVG Rn. 280.

355 Zur Grundproblematik des § 99 BetrVG im Hinblick auf diese Frage siehe *Stöckl*, Das rechtliche Verhältnis zwischen Betriebsrat und Arbeitnehmer, 197 ff.

356 BAG 25.6.1987, NZA 1988, 391; 2.7.1980, AP BetrVG 1972 § 101 Nr. 5; BeckOK-ArbR/*Mauer*, § 99 BetrVG Rn. 29; ErfK/*Kania*, § 99 BetrVG Rn. 44; Richardi/*Thüsing*, § 99 BetrVG Rn. 292 ff.; WPK/*Preis*, § 99 BetrVG Rn. 79; ausführlich *Weber*, Betriebsverfassungswidrige Einzelmaßnahmen, passim; a.A. noch *Fitting*, § 99 BetrVG Rn. 278 (27. Auflage, 2014).

357 BAG 5.4.2001, NZA 2001, 893, 896.

358 Nach hier vertretenem Verständnis wirkt sich die Verweigerung aber nicht unmittelbar auf die individualvertragliche Vereinbarung zwischen Arbeitnehmer und Arbeitgeber aus. Dazu sogleich unter c).

Abs. 4 BetrVG hier präjudizielle Wirkung zu Lasten des betroffenen Arbeitnehmers entfaltet, ist nicht abschließend geklärt.[359] Insgesamt muss für diese Fragen richtigerweise zwischen den unterschiedlichen personellen Maßnahmen und den divergierenden Normzwecken differenziert werden.[360]

c) Einstellung

Mangels Legaldefinition ist bereits der Anknüpfungspunkt für das Mitbestimmungsrecht bei der Einstellung problematisch. Während ein nicht unerheblicher Teil der Literatur[361] mit der früheren Rechtsprechung[362] unter Einstellung sowohl die Begründung des Arbeitsverhältnisses, also den Abschluss des Arbeitsvertrags, als auch die tatsächliche Eingliederung in den Betrieb versteht, stellt sich die neue Rechtsprechung des Bundesarbeitsgerichts auf den Standpunkt, dass lediglich die tatsächliche Beschäftigung mitbestimmungsrechtlich relevant sei.[363] Eine solche tatsächliche Beschäftigung ist dann gegeben, wenn Personen in den Betrieb eingegliedert werden, um gemeinsam mit den dort bereits tätigen Arbeitnehmern den arbeitstechnischen Zweck des Betriebes durch weisungsgebundene Tätigkeit zu verwirklichen.[364] Relativiert wird der Unterschied

---

359 Zur Eingruppierung und der fehlenden präjudiziellen Wirkung dort: BAG 3.5.1994, AP BetrVG 1972 § 99 Eingruppierung Nr. 2; 13.5.1981, AP HGB § 59 Nr. 24 mit Anm. *v. Hoyningen-Huene*; *Fitting*, § 99 BetrVG Rn. 101; *v. Hoyningen-Huene*, RdA 1992, 355, 363 f.; *Prütting*, RdA 1991, 257, 259 ff.; ausführlich dazu *Czerny*, Rechtskraft und Bindungswirkungen im Rahmen personeller Einzelmaßnahmen, 160 ff; *Weth*, Das arbeitsgerichtliche Beschlußverfahren, 359 ff.; kritisch *Veit*, RdA 1990, 325, 329. Zu beachten ist allerdings BAG 3.12.2002, NZA 2003, 1215, 1218, wonach sich der Arbeitnehmer im Rahmen einer Versetzung wohl auf eine (von ihm erzwungene) bestandskräftige Entscheidung im Beschlussverfahren verweisen lassen muss.

360 GK/*Raab*, § 99 BetrVG Rn. 160; Richardi/*Thüsing*, § 99 BetrVG Rn. 292; ausführlich zur gesamten Fragestellung auch *Raab*, ZfA 1995, 479, 481 ff. Anders noch die früher vorherrschende Ansicht, wonach eine ohne Zustimmung des Betriebsrats durchgeführte personelle Maßnahme *per se* unwirksam sei: *Hanau*, RdA 1973, 281, 289; *Boewer*, RdA 1974, 72, 73.

361 *Fitting*, § 99 BetrVG Rn. 30 ff.; GK/*Raab*, § 99 BetrVG Rn. 28 f.; HWGNRH/*Huke*, § 99 BetrVG Rn. 24 f.; WPK/*Preis*, § 99 BetrVG Rn. 15.

362 BAG 18.7.1978, AP BetrVG 1972 § 99 Nr. 7; 14.5.1974, AP BetrVG 1972 § 99 Nr. 2.

363 Grundlegend BAG 28.4.1992, AP BetrVG 1972 § 99 Nr. 98; dem zustimmend DKKW/*Bachner*, § 99 BetrVG Rn. 39; Löwisch/*Kaiser*, § 99 BetrVG Rn. 6; MünchArbR/*Matthes*, § 263 Rn. 7; kritisch zur gesamten Begriffsbestimmung Richardi/*Thüsing*, § 99 BetrVG Rn. 26 ff.

364 BAG 23.1.2008, NZA 2008, 603; 27.7.1993, AP BetrVG 1972 § 93 Nr. 3.

aber dadurch, dass (auch) die neue Rechtsprechung es für erforderlich hält, den Betriebsrat bereits vor Abschluss des Arbeitsvertrages zu beteiligen und seine Zustimmung zu der geplanten Beschäftigung einzuholen.[365] Dies stellt insoweit eine Übereinstimmung mit der gegenteiligen Auffassung dar, als dass diese bei zeitlichem Auseinanderfallen von Vertragsschluss und Eingliederung jeweils die zeitlich erste Maßnahme als mitbestimmungsrechtlich relevant ansieht.[366] Im Übrigen soll dieser Diskurs nicht weiter vertieft werden. Ausgehend von dem vorliegenden Anliegen ist alleine entscheidend, dass der Betriebsrat ein weitgehendes Mitspracherecht bei jeder tatsächlichen Beschäftigung im Betrieb erhält. Hiervon umfasst ist also nach übereinstimmender Ansicht auch die Eingliederung von Nicht-Arbeitnehmern, insbesondere Leiharbeitnehmern.[367]

Dass der Betriebsrat hierbei der Einstellung widersprechen kann, liegt nicht etwa auch im Schutzinteresse des betroffenen Bewerbers, sondern alleine im Interesse der Belegschaft.[368] Die fehlende Interessenberücksichtigung des Arbeitsplatzbewerbers hat im Rahmen der Einstellung aber nicht nur theoretische Relevanz, stellt die Einstellung doch einen Gestaltungsakt mit Außenwirkung dar.[369] Verweigert der Betriebsrat die Zustimmung und strebt der Arbeitgeber kein Verfahren nach § 99 Abs. 4 BetrVG an, führt die Verweigerung zu einem Beschäftigungsverbot.[370] Gleiches gilt auch für die betriebsfremde Versetzung eines Arbeitnehmers.[371] Richtigerweise entfaltet die Zustimmungsverweigerung aber keine unmittelbare Auswirkung auf das Vertragsverhältnis zwischen Arbeitgeber und Arbeitnehmer.[372] Der Arbeitgeber kann in diesen Fällen allerdings,

365 BAG 28.4.1992, AP BetrVG 1972 § 99 Nr. 98.

366 *Fitting*, § 99 BetrVG Rn. 32; vgl. auch BAG 18.7.1978, AP BetrVG 1972 § 99 Nr. 7.

367 BAG 23.6.2010, NZA 2010, 1302; 22.4.1997, NZA 1997, 1297; 27.7.1993, AP BetrVG 1972 § 93 Nr. 3; ErfK/*Kania*, § 99 BetrVG Rn. 7 f.; *Fitting*, § 99 BetrVG Rn. 35; der Anordnung in § 14 Abs. 3 AÜG bedürfte es insoweit nicht. Dies zeigt im Übrigen auch, dass die Bedenken des BAG gegen die gegenteilige Auffassung, ein Mitbestimmungsrecht ließe sich dann für solche Konstellationen nicht begründen, insoweit unzutreffend waren (vgl. BAG 28.4.1992, AP BetrVG 1972 § 99 Nr. 98).

368 Richardi/*Thüsing*, § 99 BetrVG Rn. 26; *Raab*, ZfA 1995, 479, 490.

369 In Abgrenzung zur Ein- und Umgruppierung: GK/*Raab*, § 99 Rn. 55.

370 BAG 5.4.2001, NZA 2001, 893; 2.7.1980, AP BetrVG 1972 § 101 Nr. 5; GK/*Raab*, § 99 BetrVG Rn. 160.

371 ErfK/*Kania*, § 99 BetrVG Rn. 15; ausf. dazu sogleich unter e).

372 BAG 5.4.2001, NZA 2001, 893; 2.7.1980, AP BetrVG 1972 § 101 Nr. 5; DKKW/*Bachner*, § 99 BetrVG Rn. 250; ErfK/*Kania*, § 99 BetrVG Rn. 45; *Fitting*, § 99 BetrVG Rn. 278; GK/*Raab*, § 99 BetrVG Rn. 160; HWGNRH/*Huke*, § 99 BetrVG Rn. 14; Richardi/*Thüsing*, § 99 Rn. 293; WPK/*Preis*, § 99 BetrVG Rn. 81; *Alberty*, Fehlende Zustimmung bei personellen Einzelmaßnahmen, 70 ff.; 102 f.; *Hahn*, Rechtsfolgen

insbesondere vor Ablauf der Wartezeit des Kündigungsschutzgesetzes, ohne Weiteres aus betriebsbedingten Gründen kündigen.[373] Dem Schutzzweck des Mitbestimmungsrechts bei der Einstellung ist Genüge getan, wenn die tatsächliche Beschäftigung des betroffenen Arbeitnehmers unterbleibt.[374] Die Nichtigkeit des Arbeitsvertrages würde nicht nur unverhältnismäßig in die Privatautonomie der Parteien eingreifen,[375] sondern zugleich auch ohne sachlichen Grund den Arbeitnehmer schutzlos stellen. Vorstehendes gilt auch im Hinblick auf § 100 Abs. 1 BetrVG, der lediglich die Befugnis des Arbeitgebers zur betriebsverfassungsrechtlichen Durchführung der personellen Maßnahme enthält und keine Aussage zur individualrechtlichen Auswirkung beinhaltet.[376] Im Übrigen wird der Arbeitgeber regelmäßig das Arbeitsverhältnis unter die auflösende Bedingung der Zustimmung durch den Betriebsrat stellen.[377]

Sperrt sich der Betriebsrat also mit begründeten oder auch unbegründeten Argumenten gegen eine Einstellung, obliegt es allein dem Arbeitgeber hiergegen

---

mangelnder Beteiligung, 125 ff.; *Heinze*, Personalplanung, Rn. 340 ff.; *Meisel*, Mitwirkung und Mitbestimmung, Rn. 289; *Stöckl*, Das Verhältnis von Betriebsrat und Arbeitnehmer, 211; *Matthes*, DB 74, 2007 f.; *Misera*, Anm. zu BAG v. 18.7.1978 u. 21.11.1978, SAE 1980, 103, 106; *Raab*, ZfA 1995, 479, 490; a.A. *Boewer*, RdA 1974, 72, 73 f.; *Hanau*, RdA 1973, 283, 289; *Meyer*, BB 1982, 1614 ff.; bis zur 27. Auflage 2014 auch noch *Fitting*, § 99 BetrVG Rn. 278.

373 LAG Baden-Württemberg, 31.7.2009, BeckRS 2009, 72962; DKKW/*Bachner*, § 99 BetrVG Rn. 251, § 100 BetrVG Rn. 41; HaKo-BetrVG/*Kreuder*, § 99 Rn. 71; Richardi/*Thüsing*, § 99 BetrVG Rn. 331; *Matthes*, DB 1974, 2007, 2011; auch *Raab*, ZfA 1995, 479, 492, der hierin allerdings viel eher eine personenbedingte Kündigung sieht. Deutlich anders aber *Schipp*, ArbRB 2015, 339, 342 unter fälschlicher Berufung auf BAG 22.4.2010, NZA 2010, 1235: Der Arbeitgeber sei an den Arbeitsvertrag gebunden und könne diesen noch nicht einmal aus betriebsbedingten Gründen kündigen, selbst wenn er ein Zustimmungsersetzungsverfahren durchgeführt habe, weil das Beschäftigungshindernis theoretisch mit weiteren Zustimmungsersuchen beseitigt werden könnte.

374 BAG 2.7.1980, AP BetrVG 1972 § 101 Nr. 5. Es handelt sich insoweit um ein Beschäftigungs- nicht aber um ein Abschlussverbot, zutreffend DKKW/*Bachner*, § 99 BetrVG Rn. 250.

375 GK/*Raab*, § 99 BetrVG Rn. 160.

376 Zum Normzweck: Richardi/*Thüsing*, § 100 BetrVG Rn. 1 f.; anders die früher vorherrschende Ansicht bspw. *Hanau*, RdA 73, 283, 289 f., der aus dem Bestehen von § 100 Abs. 1 BetrVG auch die Unwirksamkeit der zugrundeliegenden individualrechtlichen Maßnahme herleiten will.

377 BeckOK-ArbR/*Mauer*, § 99 BetrVG Rn. 29; ErfK/*Kania*, § 99 BetrVG Rn. 45; WPK/*Preis*, § 99 Rn. 81.

vorzugehen (§ 99 Abs. 4 BetrVG). Inwieweit er hierzu überhaupt verpflichtet ist, wird an späterer Stelle noch zu untersuchen sein.[378] Insbesondere dann, wenn der Betriebsrat aus unredlichen Motiven die personelle Einzelmaßnahme verhindern will, zeigt sich das Benachteiligungspotential für den einzelnen Arbeitnehmer im Rahmen des § 99 BetrVG. Wohl ohne diesen Konflikt im Auge zu haben, hat das Bundesarbeitsgericht für die Unwirksamkeit einer Zustimmungsverweigerung außerhalb von § 99 Abs. 4 BetrVG hohe Hürden formuliert. Erforderlich ist zwar eine konkrete Begründung des Betriebsrats, diese muss aber weder tatsächlich gegeben, noch muss sie überhaupt schlüssig formuliert worden sein.[379] Hat aber auch der Arbeitgeber kein gesteigertes Interesse an der Durchsetzung einer Personalie, oder entscheidet er sich zugunsten einer gut funktionierenden Zusammenarbeit mit dem Betriebsrat gegen ein Verfahren nach § 99 Abs. 4 BetrVG, ist der betreffende Bewerber beziehungsweise Arbeitnehmer auch einer willkürlichen Entscheidung des Betriebsrats zunächst einmal ausgeliefert.

d) Ein- und Umgruppierung

Die Zustimmungsverweigerung des Betriebsrats zur Ein- oder Umgruppierung des Arbeitnehmers aus unlauteren Motiven hingegen weist kaum konkretes Benachteiligungspotential auf. Im Gegensatz zur Einstellung und – wie noch zu sehen sein wird – auch der Versetzung, handelt es sich nicht um rechtsgestaltende Maßnahmen des Arbeitgebers, sondern lediglich um einen Akt des Normvollzugs und um die Kundgabe einer Rechtsansicht.[380] Das Mitbestimmungsrecht ist hier vielmehr als Mitbeurteilungsrecht im Sinne einer Richtigkeitskontrolle ausgestaltet.[381] Eingruppierung meint demnach die Einordnung des einzelnen Arbeitnehmers in ein kollektives Entgeltschema,[382] während man unter Umgruppierung jede Änderung der Einreihung in die tarifliche oder

378 Hierzu sogleich unter f).

379 BAG 21. 11. 1978, AP BetrVG 1972 § 101 Nr. 3; 18. 7. 1978, AP BetrVG 1972 § 101 Nr. 1.

380 BAG 19.10.2011, NZA 2011, 1239; 3.5.1994, AP BetrVG 1972 § 99 Eingruppierung Nr. 2; 10.2.1976, AP BetrVG 1972 § 99 Nr. 4; *Fitting*, § 99 BetrVG Rn. 79; GK/*Raab*, § 99 BetrVG Rn. 55; HWGNRH/*Huke*, § 99 BetrVG Rn. 48; *Weber*, Betriebsverfassungswidrige Einzelmaßnahmen, 96.

381 BAG 22.3.1983, AP BetrVG 1972 § 101 Nr. 6; GK/*Raab*, § 99 BetrVG Rn. 55; HWGNRH/*Huke*, § 99 BetrVG Rn. 48; *Stege/Weinspach/Schiefer*, §§ 99–101 BetrVG Rn. 20e; *Edenfeld*, BetrVG, 187 Rn. 264.

382 St. Rspr. BAG 31.10.1995, NZA 1996, 890; 22.11.1993, NZA 1994, 461; 28.1.1986, NZA 1986, 536; Richardi/*Thüsing*, § 99 BetrVG Rn. 62; WPK/*Preis*, § 99 BetrVG Rn. 17.

betriebliche Lohn- oder Gehaltsgruppenordnung versteht.[383] Der Widerspruch beziehungsweise die Zustimmungsverweigerung wirkt zunächst nur betriebsverfassungsrechtlich, der Arbeitnehmer kann also vom Arbeitgeber auf individualvertraglicher Basis die richtige Eingruppierung verlangen.[384] Er kann dabei sogar dann eine günstigere als die bestehende Eingruppierung gerichtlich forcieren, wenn bereits eine Eingruppierung im Rahmen des § 99 Abs. 4 BetrVG festgestellt wurde.[385] Eine Bindung oder Einschränkung der individualrechtlichen Vereinbarung durch § 99 Abs. 1 BetrVG besteht somit nicht.[386] Insoweit bleiben zutreffende Ein- beziehungsweise Umgruppierungen, die ohne Beteiligung des Betriebsrats zustande gekommen sind, wirksam.[387] Sollten Arbeitgeber und Betriebsrat gemeinsam eine fehlerhafte Ein- oder Umgruppierung vornehmen, kann der Arbeitnehmer ebenfalls im Urteilsverfahren feststellen lassen, in welche Vergütungsgruppe er einzustufen ist.[388] Im Ergebnis stellt sich das Mitbeurteilungsrecht im Rahmen der Ein- und Umgruppierung als erstaunlich wirkungslos da. Nicht von der Hand zu weisen sind daher Stimmen, die die Aufnahme in § 99 Abs. 1 BetrVG für weitgehend überflüssig erachten.[389] Jedenfalls entstehen unter Zugrundelegung der Rechtsprechung keine Schutzlücken für den Arbeitnehmer durch die willkürliche Ausübung des Mitbeurteilungsrechts.

e) Versetzung

Versetzung bedeutet nach der Legaldefinition in § 95 Abs. 3 S. 1 BetrVG die Zuweisung eines anderen Arbeitsbereiches, die voraussichtlich die Dauer von einem Monat überschreitet oder mit einer erheblichen Änderung der Umstände

---

383 BAG 26.10.2004, NZA 2005, 367 mwN aus der Rspr.; HaKo-BetrVG/*Kreuder*, § 99 BetrVG Rn. 32; *Fitting*, § 99 BetrVG Rn. 104; *Edenfeld*, BetrVG, 187 Rn. 265.

384 ErfK/*Kania*, § 99 BetrVG Rn. 47.

385 BAG 3.5.1994, AP BetrVG 1972 § 99 Eingruppierung Nr. 2; ErfK/*Kania*, § 99 BetrVG Rn. 47; *Fitting*, § 99 BetrVG Rn. 282.

386 ErfK/*Kania*, § 99 BetrVG Rn. 47; anders z.B. noch *Hanau*, RdA 73, 281, 288, der davon ausging, dass der Arbeitnehmer den Arbeitgeber auch bei Einverständnis mit der konkreten Eingruppierung verklagen müsse, um die Wirkung des Widerspruchs durch den Betriebsrat zu überwinden.

387 DKKW/*Bachner*, § 99 BetrVG Rn. 257; *Fitting*, § 99 BetrVG Rn. 281; GK/*Raab*, § 99 Rn. 67.

388 Vgl. BAG 22.3.1983, AP BetrVG 1972 § 101 Nr. 6; 10.2.1976, AP BetrVG 1972 § 99 Nr. 4.

389 So bspw. GK/*Raab*, § 99 BetrVG Rn. 65 ff.

verbunden ist, unter denen die Arbeit zu leisten ist.[390] § 95 Abs. 3 S. 2 BetrVG enthält insoweit eine Einschränkung bei Arbeitnehmern, die nach der Eigenart des Arbeitsverhältnisses üblicherweise häufig rotieren. Zur Konkretisierung des Mitbestimmungsrechts sind die notwendigen Maßnahmen für eine Versetzung, häufig auch Ebenen genannt,[391] näher zu bestimmen. Damit der Arbeitgeber dem Arbeitnehmer überhaupt „einen anderen Arbeitsbereich" zuweisen kann, bedarf es hierfür einer schuldrechtlichen Befugnis.[392] Dies kann zum einen Ausfluss seines Direktionsrechts aus § 106 GewO in Verbindung mit dem Arbeitsvertrag sein,[393] oder sich aus einer einvernehmlichen oder mittels Änderungskündigung erzwungenen Vertragsänderung ergeben.[394] Die Versetzung setzt daher die Umgestaltung des Arbeitsverhältnisses voraus und betrifft somit die sogenannte individualrechtliche Ebene.[395] Davon zu unterscheiden ist die tatsächliche Zuweisung eines anderen Tätigkeitsbereichs als Realakt.[396] Dieser ist als Vollzug der Versetzungsregelung von der individualrechtlichen Regelung selbst zu trennen.[397] Die Versetzung auf der sogenannten tatsächlichen (auch betriebsorganisatorischen)[398] Ebene meint daher die Realisierung der Versetzung zum Beispiel durch Aushändigung der erforderlichen Arbeitsmittel oder durch die Einführung in den neuen Arbeitsplatz.[399] Das Mitbestimmungsrecht

---

390 Diese Legaldefinition hat die Rechtsprechung aber nicht davor bewahrt, sich mit einer Vielzahl von Detailfragen auseinandersetzen zu müssen. Vgl. den Überblick bei Richardi/*Thüsing*, § 99 BetrVG Rn. 101 a ff.

391 Insb. *v. Hoyningen-Huene/Boemke*, Die Versetzung, 30ff.; *v. Hoyningen-Huene*, NZA 1993, 145 f.; dem zustimmend bspw. *Fitting*, § 99 BetrVG Rn. 118; vgl. auch GK/*Raab*, § 99 BetrVG Rn. 75.

392 *Fitting*, § 99 BetrVG Rn. 118.

393 Küttner/*Poeche*, Personalbuch 2017, Versetzung Rn. 2. Zu den Anforderungen zuletzt BAG 28.8.2013, NZA-RR 2014, 181; zur AGB-Kontrolle bei einer Versetzungsklausel vgl. BAG 19.1.2011, NZA 2011, 631; ausführlich auch DBD/*Bonin*, § 307 BGB Rn. 183 ff.; *Fliss*, NZA-RR 2008, 225

394 DKKW/*Bachner*, § 99 BetrVG Rn. 98 f.; HaKo-BetrVG/*Kreuder*, § 99 BetrVG Rn. 34; HWGNRH/*Huke*, § 99 BetrVG Rn. 74; *Fitting*, § 99 BetrVG Rn. 118.

395 *v. Hoyningen-Huene/Boemke*, Die Versetzung, 30f.; *v. Hoyningen-Huene*, NZA 1993, 145 f.

396 Vgl. GK/*Raab*, § 99 BetrVG Rn. 76; *Edenfeld*, Betriebsverfassungsrecht, Rn. 266 spricht insoweit von einer „räumlich-funktionalen Tätigkeitsänderung".

397 Schaub/*Koch*, ArbR-Hdb, § 241 Rn. 20; *v. Hoyningen-Huene*, NZA 1993, 145, 146.

398 So GK/*Raab*, § 99 BetrVG Rn. 76.

399 Die Begrifflichkeit geprägt hat *v. Hoyningen-Huene*, NZA 1993, 145, 146; zustimmend *Fitting*, § 99 BetrVG Rn. 119.

des Betriebsrats knüpft nur an Letzteres an.[400] Das macht schon der Wortlaut („Zuweisung eines anderen Arbeitsbereiches“) deutlich.[401] Darüber hinaus geht es hier auch nicht um eine Rechtskontrolle der schuldrechtlichen Gestaltung, sondern um den Schutz der Belegschaft sowie des einzelnen Arbeitnehmers[402] vor tatsächlichen Belastungen und Nachteilen durch die veränderten Rahmenbedingungen.[403] Die Zustimmung des Betriebsrats begründet daher noch nicht die Rechtmäßigkeit der individualrechtlichen Versetzung.[404] Ist für diese eine Änderungskündigung notwendig, muss der Betriebsrat vielmehr auch über § 102 BetrVG zur Kündigung angehört werden.[405] Die Zustimmungsverweigerung führt aber ebenso wie bei der Einstellung zu einem betriebsverfassungsrechtlichen Beschäftigungsverbot.[406] Keine Feststellung ist damit aber getroffen zur individualrechtlichen Auswirkung einer Zustimmungsverweigerung durch den Betriebsrat. Von besonderer Relevanz für den Schutz des Arbeitnehmers ist dabei der Fall, in dem die Versetzung von ihm ausdrücklich gewünscht war. Hierbei sind zwei Konstellationen zu unterscheiden.

aa) Versetzung innerhalb eines Betriebes

Aufgrund des aufgeteilten Normzwecks auch zugunsten der Belegschaft ist die Zustimmung des Arbeitnehmers zu einer geplanten Versetzung nicht allein maßgeblich. Zwar wird die Versetzung für den konkreten Arbeitnehmer häufig ein berufliches Fortkommen bedeuten, für die abgebende Einheit kann sie aber mit einer (unzumutbaren) Mehrbelastung verbunden sein.[407] Das Bundesarbeitsgericht hat daher im Falle einer Verdoppelung des Verantwortungsbereichs eines Schichtleiters durch die Versetzung des zweiten Schichtleiters die

---

400 BeckOK-ArbR/*Mauer*, § 99 BetrVG Rn. 12; DKKW/*Bachner*, § 99 Rn. 98; ErfK/*Kania*, § 99 BetrVG Rn. 18; GK/*Raab*, § 99 BetrVG Rn. 77; *Fitting*, § 99 BetrVG Rn. 120; *Czerny*, Rechtskraft und Bindungswirkungen im Rahmen personeller Einzelmaßnahmen, 39; im Übrigen scheint auch der 2. Senat des BAG (30.9.1993, AP KSchG 1969 § 2 Nr. 33) davon auszugehen. Zum Teil wird dies auch als dritte Ebene klassifiziert vgl. *v. Hoyningen-Huene*, NZA 1993, 145, 146.

401 GK/*Raab*, § 99 BetrVG Rn. 77

402 Zum insoweit aufgeteilten Schutzzweck siehe etwa Richardi/*Thüsing*, § 99 BetrVG Rn. 93.

403 GK/*Raab*, § 99 BetrVG Rn. 77.

404 BeckOK-ArbR/*Mauer*, § 99 BetrVG Rn. 12.

405 DKKW/*Bachner*, § 99 BetrVG Rn. 99; *Fitting*, § 99 BetrVG Rn. 122; MünchArbR/*Matthes*, § 265 Rn. 29.

406 Löwisch/*Kaiser*, § 99 BetrVG Rn. 134.

407 Löwisch/*Kaiser*, § 99 BetrVG Rn. 24.

Zustimmungsverweigerung des Betriebsrats für wirksam erachtet.[408] Führt die Versetzung möglicherweise gar zur Kündigung eines anderen Arbeitnehmers, besteht hier ebenfalls ein Mitbestimmungsrecht des Betriebsrats gemäß § 99 Abs. 2 Nr. 3 BetrVG.[409] Im Übrigen sind auch Belange etwaiger Mitbewerber zu beachten.[410] Der Betriebsrat hat hierdurch aber kein Instrument erhalten, einen absoluten Konkurrenzschutz für die Belegschaft herzustellen.[411] Will der Betriebsrat beispielsweise die Zustimmung verweigern, weil er mit der Versetzung zugleich die Beförderungschancen eines anderen Arbeitnehmers in Gefahr sieht, kann er dies nur dann wirksam unternehmen, wenn die Beförderungschance durch eine Rechtsposition oder eine rechtlich erhebliche Anwartschaft abgesichert ist.[412] Somit lässt sich festhalten, dass der Betriebsrat im Rahmen der Versetzung häufig auch im Interesse der Belegschaft tätig wird. Dies gilt selbst für die Fälle, in denen dem betroffenen Arbeitnehmer bei Ablehnung der Versetzung durch den Betriebsrat eine Kündigung droht.[413] Anders ist es lediglich bei dem Zustimmungsverweigerungsgrund gemäß § 99 Abs. 2 Nr. 4 BetrVG. Aufgrund des dort vermittelten Individualschutzes ist bei klarem Wunsch des konkret betroffenen Arbeitnehmers zur Versetzung die Zustimmungsverweigerung unerheblich.[414] Es reicht jedoch nicht aus, dass der Arbeitnehmer die Maßnahme nur hinnimmt.[415] Dem Betriebsrat bleibt es aber unbenommen, auch in diesen Fällen die Zustimmungsverweigerung auf einen anderen Grund zu stützen.[416]

bb) Versetzung in einen anderen Betrieb innerhalb des Unternehmens

Bei einer Versetzung in einen anderen Betrieb innerhalb des Unternehmens wird ganz überwiegend zwischen einer vorübergehenden und einer dauerhaften

---

408 BAG 15.9.1987, NZA 1988, 101.

409 Hierzu BeckOK-ArbR/*Mauer*, § 99 BetrVG Rn. 20.

410 *Fitting*, § 99 BetrVG Rn. 229; Richardi/*Thüsing*, § 99 BetrVG Rn. 244.

411 Richardi/*Thüsing*, § 99 BetrVG Rn. 208; *Richardi*, JZ 1978, 485, 486 f.

412 BAG 18.9.2002, NZA 2003, 622; 30.8.1995, NZA 1996, 496; 13.06.1989, NZA 1989, 937; Richardi/*Thüsing*, § 99 BetrVG Rn. 244.

413 Vgl. BAG 22.9.2005, NZA 2006, 486.

414 BAG 9.10.2013, NZA 2014, 156; 2.4.1996, NZA 1997, 219; ErfK/*Kania*, § 99 BetrVG Rn. 32; HaKo-BetrVG/*Kreuder*, § 99 BetrVG Rn. 63; Richardi/*Thüsing*, § 99 BetrVG Rn. 231; *v. Hoyningen-Huene/Boemke*, Die Versetzung, 179; kritisch wohl auch dann *Fitting*, § 99 BetrVG Rn. 246.

415 BAG 9.10.2013, NZA 2014, 156; 2.4.1996, NZA 1997, 219.

416 *v. Hoyningen-Huene/Boemke*, Die Versetzung, 180.

Versetzung unterschieden.[417] Liegt eine vorübergehende Versetzung in einen anderen Betrieb vor, soll der Betriebsrat unter dem Gesichtspunkt der Versetzung auch dann mitbestimmen, wenn der Arbeitnehmer mit der Entsendung einverstanden ist.[418] Sofern der Arbeitnehmer in dem aufnehmenden Betrieb eine von dessen Inhaber organisierte weisungsgebundene Tätigkeit wahrnimmt, liegt zugleich eine Einstellung vor.[419] Wird ein Arbeitnehmer hingegen auf Dauer in einen anderen Betrieb versetzt, so soll das Mitbestimmungsrecht unter dem Gesichtspunkt der Versetzung zumindest dann entfallen, wenn der Arbeitnehmer mit der Versetzung einverstanden ist.[420] Diese Unterscheidung überzeugt. Ist bereits absehbar, dass der Arbeitnehmer nach einer gewissen Zeit wieder in den alten Betrieb zurückkehrt (beispielsweise aufgrund einer Fortbildungsmaßnahme), betrifft der temporäre Wechsel die Belegschaft in gleicher Weise wie bei einer innerbetrieblichen Versetzung.[421] Gleiches gilt grundsätzlich auch für die dauerhafte Versetzung. Allerdings kann der Betriebsrat das Mitbestimmungsrecht des § 99 BetrVG nicht dergestalt ausüben, dass der Arbeitnehmer am freiwilligen Ausscheiden aus dem Betrieb gehindert wird.[422] Für einen Schutz des von der Versetzung Betroffenen ist daher dann kein Raum, wenn dieser mit der Maßnahme einverstanden ist oder diese sogar selbst beantragt hat.[423] Im Ergebnis muss der abgebende Betriebsrat somit bei einer dauerhaften, auf Wunsch des Arbeitnehmers erfolgten Versetzung nicht beteiligt werden. Für den Fall der vorübergehenden Versetzung besteht aber das Mitbestimmungsrecht grundsätzlich unabhängig vom Willen des betroffenen Arbeitnehmers. Einzige Ausnahme

---

417 BAG 26.1.1993, AP BetrVG 1972 § 99 Nr. 102 mit krit. Anm. *v. Hoyningen-Huene*; 20.9.1990, AP BetrVG 1972 § 99 Nr. 84; 1.8.1989, AP BetrVG 1972 § 95 Nr. 17; *Fitting*, § 99 BetrVG Rn. 173; GK/*Raab*, § 99 Rn. 106 ff.; Löwisch/*Kaiser*, § 99 BetrVG Rn. 31 f.; Richardi/*Thüsing*, § 99 BetrVG Rn. 122; a.A. DKKW/*Bachner*, § 99 BetrVG Rn. 107.

418 BAG 1.8.1989, AP BetrVG 1972 § 95 Nr. 17; Löwisch/*Kaiser*, § 99 BetrVG Rn. 31; Richardi/*Thüsing*, § 99 BetrVG Rn. 122.

419 Eine Zuständigkeit des Gesamtbetriebsrats kommt dennoch nicht in Betracht, da die jeweiligen Betriebsräte die Angelegenheiten sachnäher regeln können: BAG 26.1.1993, AP BetrVG 1972 § 99 Nr. 102; *Fitting*, § 99 BetrVG Rn. 173; GK/*Raab*, § 99 BetrVG Rn. 115; *Stege/Weinspach/Schiefer*, §§ 99–101 BetrVG Rn. 171; a.A. Richardi/*Thüsing*, § 99 BetrVG Rn. 124.

420 BAG 26.1.1993, AP BetrVG 1972 § 99 Nr. 102; 20.9.1990, AP BetrVG 1972 § 99 Nr. 84; Löwisch/*Kaiser*, § 99 BetrVG Rn. 32; a.A. DKKW/*Bachner*, § 99 BetrVG Rn. 107.

421 BAG 20.9.1990, AP BetrVG 1972 § 99 Nr. 84; GK/*Raab*, § 99 Rn. 112; Richardi/*Thüsing*, § 99 BetrVG Rn. 122.

422 Zutreffend *Fitting*, § 99 BetrVG Rn. 171; vgl. auch Löwisch/*Kaiser*, § 99 BetrVG Rn. 32.

423 GK/*Raab*, § 99 BetrVG Rn. 110.

muss hier aber – wie auch im originären Fall – die Berufung auf § 99 Abs. 2 Nr. 4 BetrVG bilden, soweit sich der Arbeitnehmer freiwillig für die streitige personelle Einzelmaßnahme entschieden hat.

cc) Rechtsstellung des betroffenen Arbeitnehmers

Deutlich umstrittener als bei der Einstellung ist, wie sich die Zustimmungsverweigerung auf die sogenannte individualrechtliche Ebene auswirkt.[424] Das Bundesarbeitsgericht geht davon aus, dass auch die individualrechtliche Versetzung im Verhältnis von Arbeitgeber zu Arbeitnehmer entsprechend § 134 BGB unwirksam sei.[425] Anwendung findet dies aber nur dort, wo die Versetzung nicht auf einer Änderungskündigung beruht.[426] Bei einer Versetzung, die zumindest auch im Interesse des Arbeitnehmers liegt, dürfte das aber regelmäßig nicht der Fall sein. Begründet wird die Unwirksamkeit – und damit der Unterschied zur Einstellung – insbesondere mit den zu berücksichtigenden Individualinteressen des Arbeitnehmers.[427] Gewichtige Stimmen in der Literatur sehen diese Einschränkungen allerdings kritisch und fordern die strikte Einhaltung der Trennung von Individual- und Kollektivebene.[428] Ebenso wie bei der Einstellung soll dem Schutzzweck Genüge getan sein, wenn aus der verweigerten Zustimmung ein betriebsverfassungsrechtliches Beschäftigungsverbot entstehe.[429] Teilweise wird erwogenen, den Individualschutz des betroffenen Arbeitnehmers durch ein Leistungsverweigerungsrecht abzusichern.[430] Weitergehend wird auch eine

---

424 Einen guten Überblick über den Streitstand bietet GK/*Raab*, § 99 BetrVG Rn. 161 ff.

425 BAG 22.4.2010, NZA 2010, 1235; 5.4.2001, NZA 2001, 893, 896; 26.1.1993, AP BetrVG 1972 § 99 Nr. 102 mit krit. Anm. *v. Hoyningen-Huene*; 26.1.1988, NZA 1988, 476; dem zustimmend, allerdings ohne weitere Begründung: DKKW/*Bachner*, § 99 BetrVG Rn. 252; *Fitting*, § 99 BetrVG Rn. 283; MünchArbR/*Matthes*, § 265 Rn. 26.

426 Vgl. BAG 22.4.2010, NZA 2010, 1235; 30.9.1993, NZA 1994, 615; MünchArbR/*Matthes*, § 265 Rn. 30. Zu den hieraus resultierenden Folgeproblemen instruktiv der Beitrag von *Berkowsky*, NZA 2010, 250.

427 BAG 22.4.2010, NZA 2010, 1235; 26.1.1988, NZA 1988, 476.

428 BeckOK-ArbR/*Mauer*, § 99 BetrVG Rn. 30; ErfK/*Kania*, § 99 BetrVG Rn. 46; HWGNRH/*Huke*, § 99 BetrVG Rn. 96; Löwisch/*Kaiser*, § 99 BetrVG Rn. 134; Richardi/*Thüsing*, § 99 BetrVG Rn. 299 f.; *Stege/Weinspach/Schiefer*, § 99 BetrVG Rn. 152a; *Heinze*, Personalplanung, Rn. 340 ff.; *Ehrich*, NZA 1992, 731; kritisch auch GK/*Raab*, § 99 BetrVG Rn. 161.

429 Löwisch/*Kaiser*, § 99 BetrVG Rn. 134.

430 GK/*Kraft*, § 99 BetrVG (7. Auflage) Rn. 124; Richardi/*Thüsing*, § 99 BetrVG Rn. 299 f; wohl auch WPK/*Preis*, § 99 BetrVG Rn. 80; ablehnend *Czerny*, Rechtskraft und Bindungswirkungen im Rahmen personeller Maßnahmen, 90 ff. Allerdings erkennt sie schon den Individualschutz in § 99 Abs. 2 Nr. 4 BetrVG nicht an.

Differenzierung nach den konkreten Zustimmungsverweigerungsgründen vorgeschlagen.[431] Nur dort, wo tatsächlich Interessen des konkreten Arbeitnehmers betroffen seien (Abs. 2 Nr. 4), könne die individualrechtliche Ebene letztlich unwirksam sein.[432]

(1) Differenzierung zwischen Individual- und Kollektivschutz

Sichtbar zutage tritt dabei, dass die Rechtsprechung ihrem Verständnis sehr einseitig die Individualinteressen zugrunde legt,[433] während die überwiegende Ansicht in der Literatur diese konträr dazu ganz überwiegend ausblendet.[434] Dabei sind die Unterschiede zur Einstellung in der Tat minimal. Auch im Rahmen der Versetzung wird es zum Schutz der Belegschaft ausreichen, wenn der Arbeitnehmer nicht beschäftigt werden darf. Eine darüberhinausgehende Unwirksamkeit auf individualrechtlicher Ebene macht nur dann Sinn, wenn der Anknüpfungspunkt für die Zustimmungsverweigerung konkret die Interessen des betroffenen Arbeitnehmers sind (Abs. 2 Nr. 4).[435] Ausschließlich dann spielt der Individualschutz innerhalb von § 99 BetrVG überhaupt eine Rolle. Eine Kontrollüberlegung bestätigt dieses Ergebnis. Lehnt der Betriebsrat rechtmäßig oder auch rechtswidrig die personelle Maßnahme ab, so kann er die individualrechtliche Position des Arbeitnehmers nur dort beeinflussen, wo er (originär) zum Schutze des betroffenen Arbeitnehmers tätig wird. Soweit der Arbeitnehmer die Ansicht des Betriebsrats nicht teilt und die personelle Maßnahme ausdrücklich gewünscht hat, ist nach oben dargelegten Grundsätzen die Zustimmungsverweigerung unerheblich. Die personelle Maßnahme bleibt dann sowohl auf der Individual- als auch auf der betriebsorganisatorischen Ebene wirksam.

(2) Praktische Auswirkung

Die insoweit überzeugendere methodische Herangehensweise führt allerdings auch zu Problemfeldern, die zumindest die Rechtsprechung in Teilen umgeht.

---

431 GK/*Raab*, § 99 BetrVG Rn. 161; *Poletti*, Auswirkungen fehlerhafter Beteiligung des Betriebsrats, 189 ff.; wohl auch HWK/*Ricken*, § 99 BetrVG Rn. 96.

432 Zutreffend bereits *Weber*, Anm. BAG 26.1.1988, EzA § 99 BetrVG 1972 Nr. 58; dem folgend GK/*Raab*, § 99 BetrVG Rn. 161; *ders.*, ZfA 1995, 479, 501 ff.

433 BAG 22.4.2010, NZA 2010, 1235; 5.4.2001, NZA 2001, 893, 896; 26.1.1993, AP BetrVG 1972 § 99 Nr. 102 mit krit. Anm. *v. Hoyningen-Huene*; 26.1.1988, NZA 1988, 476.

434 BeckOK-ArbR/*Mauer*, § 99 BetrVG Rn. 30; ErfK/*Kania*, § 99 BetrVG Rn. 46; Löwisch/*Kaiser*, § 99 BetrVG Rn. 134; *Czerny*, Rechtskraft und Bindungswirkungen im Rahmen personeller Maßnahmen, 90 ff.; differenzierend Richardi/*Thüsing*, § 99 BetrVG Rn. 298 ff.

435 So zumindest im Begründungsansatz zutreffend *Raab*, ZfA 1995, 479, 501 ff.

Das macht die folgende Fallkonstellation deutlich. Versetzt der Arbeitgeber einen Arbeitnehmer nicht etwa im Rahmen seines Direktionsrechts, sondern wird eine Vertragsänderung notwendig, ergibt sich folgendes Bild: Auf dem neuen Arbeitsplatz kann der Arbeitnehmer aufgrund des betriebsverfassungsrechtlichen Beschäftigungsverbots nicht arbeiten. Gleiches gilt aufgrund des geänderten Arbeitsvertrags auch für den alten Arbeitsplatz. Lässt sich der Arbeitnehmer nicht auf eine erneute Vertragsänderung ein und hielte man mit der Literatur die zuvor vereinbarte Vertragsänderung für weiterhin wirksam,[436] könnte der Arbeitnehmer zunächst einmal bis zur Ersetzung der Zustimmungsverweigerung gemäß § 99 Abs. 4 BetrVG oder einer erfolgreichen Änderungskündigung, Annahmeverzugslohn gemäß § 615 S. 1 BGB verlangen.[437] Auf den ersten Blick erscheint dies als nicht interessengerechtes Ergebnis. Zur Lösung des Konflikts wird neben einer Anwendung von § 242 BGB[438] auch darüber nachgedacht, die vertragliche Abrede möglicherweise unter eine vorläufige (schwebende) Unwirksamkeit zu stellen, die erst mit Zustimmung des Betriebsrats oder durch die Ersetzung wirksam wird.[439] Letzteres soll nach *Raab* auch für die vergleichbare Problematik bei einer schon ausgesprochenen Änderungskündigung gelten.[440] Unter praktischen Gesichtspunkten kann dies aber nicht überzeugen und ist zudem nicht vollständig widerspruchsfrei. Zum einen kann die Änderungskündigung nicht als schwebend unwirksam angesehen werden. Denn die Kündigung als einseitige Gestaltungserklärung ist mit einem solchen

---

436 Wünscht der Arbeitnehmer die Versetzung, bleibt auch nach Teilen der Gegenansicht die Vertragsänderung wirksam: bspw. MünchArbR/*Matthes* § 265 Rn. 27.

437 Löwisch/*Kaiser*, § 99 BetrVG Rn. 135; *Czerny*, Rechtskraft und Bindungswirkungen im Rahmen personeller Einzelmaßnahmen, 69 ff. Der Annahmeverzugslohn ist hier richtigerweise auf § 615 S. 1 BGB zu stützen und bedarf nicht der Konstruktion über die Betriebsrisikolehre (so aber die st. Rspr. des BAG 8.2.1957, NJW 1957, 687 – nun ausdrücklich geregelt in § 615 S. 3 BGB). Zutreffend ist die Annahme, dass § 615 S. 1 BGB auch die Fälle der Annahmeunfähigkeit (hier durch das betriebsverfassungsrechtliche Beschäftigungsverbot) umfasst: ErfK/*Preis*, § 615 BGB Rn 7; ausführlich Staudinger/*Richardi/Fischinger*, § 615 BGB Rn. 19 ff. Zu dieser von *Picker* begründeten Lehre der Annahmeunmöglichkeit siehe *Picker*, in: FS Huber, 497 ff.; *ders.*, JZ 1979, 285. Erstaunlicherweise ging die Rechtsprechung im Rahmen einer mitbestimmungswidrigen Einstellung ebenfalls von einem Annahmeverzugslohn nach § 615 S. 1 BGB aus, ohne dies aber weiter zu begründen (BAG 2.7.1980, AP BetrVG 1972 § 101 Nr. 5).

438 So zumindest für den Fall einer zwischenzeitlich erhobenen Änderungsschutzklage KR/*Kreft*, § 2 KSchG Rn. 237.

439 GK/*Raab*, § 99 BetrVG Rn. 162.

440 GK/*Raab*, § 99 BetrVG Rn. 163.

Zustand rechtlicher Ungewissheit kaum zu vereinbaren.[441] Zum anderen führt es im Ergebnis – unabhängig von dem konkreten Zustimmungsverweigerungsgrund – zu einer Kumulation von individualrechtlicher und kollektivrechtlicher Ebene, die doch ursprünglich gerade Kern der Kritik war.[442] Während nach der Rechtsprechung solche Fälle nur dann denkbar erscheinen, wenn der Arbeitnehmer aus rein tatsächlichen Gründen nicht mehr auf seinem alten Arbeitsplatz eingesetzt werden kann, beispielsweise weil dieser nicht mehr existiert oder durch einen anderen Arbeitnehmer besetzt wurde,[443] ist nach der hier präferierten Lösung die Wahrscheinlichkeit solcher Fälle deutlich höher. Letztlich lässt sich ein solches Ergebnis aber als Risiko des Arbeitgebers begreifen, der die tatsächliche Versetzung durchgeführt hat, ohne zuvor für Klarheit beim Betriebsrat zu sorgen.[444] Im Übrigen geht die ganz überwiegende Ansicht im Falle der Zustimmungsverweigerung zur Einstellung ebenfalls von einem bestehenden Anspruch auf den Annahmeverzugslohn aus.[445] Insoweit sind keine Unterschiede erkennbar, die eine Differenzierung rechtfertigen würden. Zudem bleibt es dem Arbeitgeber unter den Voraussetzungen des § 100 BetrVG unbenommen, die personelle Maßnahme vorläufig durchzuführen und somit zu verhindern, dass ein Anspruch auf den Annahmeverzugslohn überhaupt entsteht.[446] Folglich ist auch die mitbestimmungswidrige Versetzung im Grundsatz ohne Auswirkungen auf die individualrechtliche Ebene. Einzige Ausnahme bildet der Zustimmungsverweigerungsgrund nach § 99 Abs. 2 Nr. 4 BetrVG.

f) Das Zustimmungsersetzungsverfahren, § 99 Abs. 4 BetrVG

Verweigert der Betriebsrat die Zustimmung zur Einstellung oder Versetzung, entsteht ein betriebsverfassungsrechtliches Beschäftigungsverbot. Will der

441 Vgl. BAG 22.4.2010, NZA 2010, 1235, 1236; BAG 30.9.1993, NZA 1994, 615; *Preis*, Prinzipien des Kündigungsrechts, 344 f.

442 Besonders deutlich wird dies bei *Raab*, ZfA 1995, 479, 504 f., der die mühsam herausgearbeitete Differenzierung insoweit torpediert, als dass er von einer gleichen Rechtsfolge ausgeht. Dann allerdings erscheinen die Überlegungen wenig fruchtbar.

443 Hierzu *v. Hoyningen-Huene*, NZA 1993, 145, 150.

444 *Czerny*, Rechtskraft und Bindungswirkungen im Rahmen personeller Einzelmaßnahmen, 71; auch Löwisch/*Kaiser*, § 99 BetrVG Rn. 135 hält das Ergebnis für nicht änderungsbedürftig.

445 BAG 2.7.1980, AP BetrVG 1972 § 101 Nr. 5; DKKW/*Bachner*, § 99 BetrVG Rn. 250; WPK/*Preis*, § 99 BetrVG Rn. 81; *Raab*, ZfA 1995, 479, 489 mit zahlreichen Nachweisen; a.A. ErfK/*Kania*, § 99 BetrVG Rn. 45.

446 Zu den Voraussetzungen Richardi/*Thüsing*, § 100 BetrVG Rn. 4 ff.

Arbeitgeber dies nicht hinnehmen, so muss er das Verfahren nach § 99 Abs. 4 BetrVG bis zu einer rechtskräftigen Entscheidung durchführen.[447] Zu einer vorläufigen Maßnahme ist der Arbeitgeber nur unter den Voraussetzungen des § 100 BetrVG berechtigt.[448] Ebenso denkbar ist allerdings, dass er die Einwendungen des Betriebsrats akzeptiert und auf einen Rechtsstreit mit diesem verzichtet.[449] Dies kann darin begründet liegen, dass er das Verfahren nicht für aussichtsreich hält, ihn die Gründe des Betriebsrats überzeugt haben oder er eine Auseinandersetzung mit dem Betriebsrat vermeiden will, beispielsweise um das gute Arbeitsklima nicht zu gefährden.[450] Letzteres dürfte wohl ganz regelmäßig der Fall sein.[451] In diesen Fällen erscheint es grundsätzlich angemessen, dass der Arbeitgeber zumindest die Möglichkeit haben muss, von der personellen Maßnahme gänzlich abzusehen.[452] Noch restriktiver ist der Ansatz des 3. Senats des Bundesarbeitsgerichts[453]: Kein Arbeitnehmer könne ohne besondere Umstände darauf vertrauen, dass der Arbeitgeber sich ohne Weiteres verpflichten wolle, gegenüber dem Betriebsrat einen rechtlichen Konflikt durchzustehen, weil er diesen gewinnen würde. Eine derartige Herangehensweise widerspräche einer rationalen und die Funktion des Betriebsrats als Organ der Betriebsverfassung achtenden Vorgehensweise des Arbeitgebers.[454] Anders ist es nur bei der Ein- beziehungsweise Umgruppierung, da der Arbeitgeber verpflichtet ist, den Arbeitnehmer entsprechend der Tätigkeit zu vergüten und einzugruppieren.[455] Zugleich ist es aber aus individualrechtlicher Sicht nicht unbedenklich, dass dann der Betriebsrat in einigen Konstellationen zur Entscheidungsinstanz über das Beschäftigungsschicksal eines Bewerbers oder Arbeitnehmers werden kann.[456] Letzteres ist zum Beispiel dann denkbar, wenn der Arbeitgeber statt einer Kündigung die Versetzung anstrebt (vgl. § 1 Abs. 2 S. 2 Nr. 1 b) KSchG),

---

447 HWGNRH/*Huke*, § 99 BetrVG Rn. 193.

448 Zu den Anforderungen im Rahmen von § 100 BetrVG siehe Richardi/*Thüsing*, § 100 BetrVG Rn. 4 ff.

449 So bspw. DKKW/*Bachner*, § 99 BetrVG Rn. 250.

450 Vgl. *Stege/Weinspach/Schiefer*, §§ 99–101 BetrVG Rn. 102.

451 Siehe dazu bereits *Reuter*, in: Recht im sozialen Rechtsstaat, 197, 211; *Biedenkopf*, BB 1972, 1513, 1516.

452 Vgl. BAG 16.3.2010, NZA 2010, 1028, 1030; DKKW/*Bachner*, § 99 BetrVG Rn. 250; ErfK/*Kania*, § 99 BetrVG Rn. 41; *Schipp*, ArbRB 2015, 339, 341.

453 BAG 16.3.2010, NZA 2010, 1028.

454 BAG 16.3.2010, NZA 2010, 1028, 1030.

455 ErfK/*Kania*, § 99 BetrVG Rn. 41.

456 Kritisch auch WPK/*Preis*, § 99 BetrVG Rn. 78.

der Betriebsrat die Zustimmung aber verweigert und eine Überprüfung der Zustimmungsverweigerung in einem möglichen Kündigungsschutzprozess nicht vorgenommen wird.[457]

aa) Anspruch auf Einleitung des Verfahrens als Ausfluss der Fürsorgepflicht

Will der Arbeitgeber aus oben genannten Gründen auf das Zustimmungsersetzungsverfahren und somit auch auf die Durchführung der personellen Einzelmaßnahme verzichten, rückt die Frage nach einem entsprechenden Anspruch des Arbeitnehmers auf Einleitung eben dieses Verfahrens in den Fokus. Überwiegend wird ein solcher Anspruch zumindest nicht *per se* für undenkbar gehalten.[458] Entscheidend sei dabei die Rechtsbeziehung zwischen Arbeitgeber und Arbeitnehmer.[459] Wenig Aussagekräftiges findet man jedoch zur konkreten Anspruchsgrundlage und insbesondere zur Ausgestaltung eines solchen Anspruchs.[460] Häufig begnügt man sich mit der Aussage, dass eine solche Verpflichtung nur in Ausnahmefällen anzuerkennen sei, ohne auf diese aber näher einzugehen.[461] Am überzeugendsten erscheint es, einen solchen Anspruch aus dem Arbeitsverhältnis in Verbindung mit der Fürsorgepflicht des Arbeitgebers

---

457 In diese Richtung jedenfalls KR/*Griebeling/Rachor*, § 1 KSchG Rn. 223; WPK/*Preis*, § 99 BetrVG Rn. 78; einschränkend aber Bader/*Bram*, § 1 KSchG (Stand: 71. Erg.-Lfg. 2009) Rn. 302. Zu beachten ist in diesem Kontext auch BAG 22.9.2005, NZA 2006, 486. Dort wurde eine etwaige Zustimmungsersetzungspflicht durch den Arbeitgeber bei der Kündigung eines schwerbehinderten Arbeitnehmers diskutiert. Virulent werden diese Fragen auch bei der Rechtsdurchsetzung des einzelnen Arbeitnehmers im 4. Kapitel, C. I. 1.

458 Im Grundsatz bejahend BAG 16.3.2010, NZA 2010, 1028; 22.9.2005, NZA 2006, 486; 3.12.2002, NZA 2003, 1215; DKKW/*Bachner*, § 99 BetrVG Rn. 250; *Fitting*, § 99 BetrVG Rn. 289; GK/*Raab*, § 99 BetrVG Rn. 231; HWGNRH/*Huke*, § 99 BetrVG Rn. 196; MünchArbR/*Matthes*, § 263 Rn. 82; Richardi/*Thüsing*, § 99 BetrVG Rn. 279; *Boewer*, RdA 1974, 72, 78 Rn. 57; *Gottwald*, BB 1997, 2427, 2428 ff.; a.A. *Stege/Weinspach/Schiefer*, §§ 99–101 BetrVG Rn. 102; *Meisel*, Mitwirkung und Mitbestimmung, Rn. 263 mwN; kritisch auch noch BAG 29.1.1997, NZA 1997, 709.

459 BAG 16.3.2010, NZA 2010, 1028, 1030; MünchArbR/*Matthes*, § 263 Rn. 82; Richardi/*Thüsing*, § 99 BetrVG Rn. 279.

460 Häufig völlig offengelassen: HWGNRH/*Huke*, § 99 BetrVG Rn. 196; MünchArbR/*Matthes*, § 263 Rn. 82. Nur bei einer besonderen vertraglichen Abmachung: DKKW/*Bachner*, § 99 BetrVG Rn. 250. (Wohl) ohne weitere Einschränkungen für einen solchen Anspruch unmittelbar aus dem Arbeitsverhältnis bspw. Richardi/*Thüsing*, § 99 BetrVG Rn. 279; *Boewer*, RdA 1974, 72, 78 Rn. 57.

461 So bspw. GK/*Raab*, § 99 BetrVG Rn. 231; auch WPK/*Preis*, § 99 BetrVG Rn. 75: eine solche Verpflichtung besteht „grundsätzlich nicht". Völlig im Unklaren lässt einen

herzuleiten.[462] Dabei kann der Inhalt der allgemeinen Fürsorgepflicht nicht abstrakt umschrieben werden, sondern hängt stets auch von den Umständen des Einzelfalls ab.[463] Jedenfalls vermittelt die Fürsorgepflicht Schutz-, Sorgfalts- und Auskunftspflichten, welche sich letztlich auch in dem durch die Schuldrechtsmodernisierung eingeführten § 241 Abs. 2 BGB wiederfinden.[464] Konkretisiert bedeutet dies, dass der Arbeitgeber alles Erforderliche zu tun oder zu unterlassen hat, damit der vertraglich geschuldete Erfolg, also die Durchführung des Arbeitsverhältnisses, nicht gefährdet wird.[465] Der Arbeitgeber ist somit im Grundsatz gehalten, die Beschäftigung des Arbeitnehmers auch durch die Durchführung des Verfahrens nach § 99 Abs. 4 BetrVG zu ermöglichen. Kritiker eines solchen Anspruchs führen vor allem gegenteilige Interessen des Arbeitgebers ins Feld.[466] In der Tat sind Fallkonstellationen denkbar, in denen kein umsichtig agierender Arbeitgeber das Verfahren gegen den Willen des Betriebsrats durchsetzen würde. So kann der Betriebsrat seine Zustimmung zu eminent wichtigen Betriebsvereinbarungen möglicherweise (wenn auch sachwidrig) an die Unterlassung dieses Verfahrens koppeln.[467] Aber auch wenn keine derart gravierenden Folgen für den Betrieb drohen, wird der Arbeitergeber versuchen, eine intakte Zusammenarbeit mit dem Betriebsrat nicht ohne Weiteres aufs Spiel zu setzen.[468] Aus Sicht des Arbeitgebers sind die Interessen des einzelnen

---

auch das BAG 16.3.2010, NZA 2010, 1028, 1030 zurück: „Eine dahingehende Selbstbindung wäre deshalb rechtlich denkbar. Hier besteht sie jedoch nicht."

462 Ebenso *Baumann*, Rechtsstellung des Arbeitnehmers, 75 ff.; *Gottwald*, BB 1997, 2427, 2429 f.

463 Ausführlich zu den Fürsorgepflichten des Arbeitgebers MüKo/*Müller-Glöge*, § 611 BGB Rn. 981.

464 BAG 15.11.2005, NZA 2006, 502, 504; MüKo/*Müller-Glöge*, § 611 BGB Rn. 985; Palandt/*Weidenkaff*, § 611 BGB Rn. 96.

465 *v. Hoyningen-Huene/Boemke*, Die Versetzung, 109; *Weber*, Betriebsverfassungswidrige Einzelmaßnahmen, 149; *Gottwald*, BB 1997, 2427, 2429.

466 *Stege/Weinspach/Schiefer*, §§ 99–101 BetrVG Rn. 102; *Meisel*, Mitwirkung und Mitbestimmung, Rn. 263.

467 Zu diesen „Koppelungsgeschäften" siehe *Rieble/Klumpp/Gistel*, Rechtsmißbrauch in der Betriebsverfassung, 7 ff.

468 Dieses Problem sehen auch Befürworter eines solchen Anspruchs, vgl. Richardi/*Thüsing*, § 99 BetrVG Rn. 280; *Biedenkopf*, BB 1972, 1513, 1516. Das BAG hat jedenfalls bei der Frage des „leidensgerechten Arbeitsplatzes" einen Anspruch auf Durchführung des Zustimmungsersetzungsverfahrens dann abgelehnt, wenn hier zuvor ein anderer Arbeitsplatz frei gemacht werden muss und der Betriebsrat die Versetzung des bisherigen Arbeitsplatzinhabers verweigert. Das mit dem Beschlussverfahren verbundene, erhebliche Prozessrisiko und das Risiko weiterer, aus einer solchen

Arbeitnehmers dann zweitrangig. Die insoweit zutreffende Kritik geht aber fehl, wenn aus ihr die generelle Ablehnung eines solchen Anspruchs folgen soll. Vielmehr müssen diese kollidierenden Interessen zu einem angemessenen Ausgleich gebracht werden. Inwiefern betriebsverfassungsrechtliche Aspekte und individualrechtliche Interessen gemeinsam hinreichend Berücksichtigung finden können, wurde bisher nicht erörtert.

(1) Angemessener Interessenausgleich durch zivilrechtliche Betrachtungsweise, § 275 Abs. 3 BGB

Nimmt man einen im Grundsatz bestehenden Anspruch auf Einleitung des Verfahrens nach § 99 Abs. 4 BetrVG an, bedarf es somit zwingend einer hinreichenden Interessenberücksichtigung beider Seiten. Ein solcher Ausgleich lässt sich möglicherweise erreichen, wenn man den arbeitsvertraglichen Anspruch in die zivilrechtliche Systematik integriert. Eine bestehende Leistungspflicht kann bei vorhandenen Hindernissen dazu führen, dass die Leistung nicht oder nicht wie geschuldet erbracht werden muss. Die unter dem Begriff der Leistungsstörung[469] zusammengefassten Modalitäten führen dabei regelmäßig zu einer inhaltlichen Änderung des Schuldverhältnisses.[470] Einen Anknüpfungspunkt für die Verweigerung der Leistung durch den Arbeitgeber könnte die Unmöglichkeit gemäß § 275 BGB bilden. Sie ist letztlich ebenfalls eine Ursache für die Nicht- beziehungsweise Schlechtleistung.[471] Konkret muss sich die Unmöglichkeit auf die Nebenleistungspflicht beziehen, alles Erforderliche zur vertragsgemäßen Durchführung des Arbeitsverhältnisses zu veranlassen. Das impliziert auch ein Vorgehen gegen das betriebsverfassungsrechtliche Beschäftigungsverbot. Theoretische Hindernisse des Arbeitnehmers, das Verfahren nach § 99 Abs. 4 BetrVG anzustrengen, sind nicht ersichtlich, sodass keine Unmöglichkeit im Sinne des § 275 Abs. 1 BGB vorliegt. Eine Leistungsverweigerung ist jedoch auch dann denkbar, wenn die Leistung zwar theoretisch noch erbringbar ist, aber der damit verbundene Aufwand in keinem Verhältnis zum Gläubigerinteresse steht (Absatz 2),[472] oder sie ihm bei einer persönlich zu erbringenden Leistung aufgrund einer

---

Auseinandersetzung resultierender, betrieblicher Konflikte brauche der Arbeitgeber in der Regel nicht auf sich zu nehmen (BAG 29.1.1997, NZA 1997, 709, 711). Vgl. auch BAG 19.5.2010, NZA 2010, 1119, 1122.

469 Dazu ausführlich HKK/*Schermaier*, vor § 275 BGB Rn. 69 ff.; *Huber*, Leistungsstörungsrecht Bd. 1, § 1 I; *Schwarze*, Recht der Leistungsstörungen, § 1 Rn. 1 ff.

470 BeckOK-BGB/*Unberath*, § 275 BGB Rn. 1.

471 Zu Letzterem BeckOK-BGB/*Unberath*, § 275 BGB Rn. 2; Palandt/*Grüneberg*, Vorb. v. § 275 BGB Rn. 1 ff., 14.

472 Hierzu Jauernig/*Stadler*, § 275 BGB Rn. 24 ff.

Interessenabwägung unzumutbar ist (Absatz 3).[473] Hier erscheint es sachgerecht, die widerstreitenden Interessen des Arbeitgebers im Rahmen von § 275 Abs. 3 BGB zu berücksichtigen.[474] Dies ergibt sich bereits aus dem Unterschied zu Absatz 2, der im Wesentlichen eine Beschränkung auf den reinen Kosten-Nutzen-Vergleich enthält.[475] § 275 Abs. 3 BGB hingegen bezieht die Betroffenheit des Schuldners mit in die Abwägung ein und erkennt bestimmte Konfliktsituationen als Leistungsstörung an.[476] Die Einleitung eines Zustimmungsersetzungsverfahrens ist dabei eine persönliche Leistung beziehungsweise Leistungspflicht des Arbeitgebers, die nur er im Rahmen des Beschlussverfahrens geltend machen kann.[477] Zugleich können (höherwertige) Interessen des Arbeitgebers im Einzelfall dazu führen, dass die Verpflichtung zur Verfahrensdurchführung gemäß § 99 Abs. 4 BetrVG für ihn persönlich unzumutbar und daher unmöglich im Sinne des § 275 Abs. 3 BGB wird. Gleiches wird man annehmen müssen, wenn bereits feststeht, dass die Zustimmungsverweigerung auf zutreffende und objektiv vorliegende Gründe gestützt wurde.[478] In beiden Fällen hat der Arbeitgeber somit das Recht, die Verpflichtung zur Verfahrensdurchführung gemäß § 99 Abs. 4 BetrVG zu verweigern.[479] Es obliegt nunmehr aber dem Arbeitgeber, mit einem gut substantiierten Vortrag die Unmöglichkeit darzulegen, da er anderenfalls zur Durchführung verpflichtet bleibt.[480] Im Ergebnis kann das zur Verschiebung des bisherigen Regel-Ausnahme-Verhältnisses führen. Allerdings handelt es sich dabei lediglich um die konsequente Anwendung und Auslegung

473 Zum persönlichen Leistungshindernis siehe ausführlich Staudinger/*Caspers*, § 275 Rn. 108 ff.

474 Letztlich offen gelassen hat diese Frage *Hartmann*, ZfA 2008, 383, 396.

475 § 275 Abs. 2 BGB setzt also die Möglichkeit voraus, den Einsatz der benötigten Leistungsmittel in Geld zu veranschlagen, zu „objektivieren“ und damit von der Person des Schuldners zu abstrahieren (zutreffend MüKo/*Ernst*, § 275 BGB Rn. 108).

476 Staudinger/*Caspers*, § 275 BGB Rn. 108; MüKo/*Ernst*, § 275 BGB Rn. 107.

477 Vgl. GK/*Raab*, § 99 BetrVG Rn. 216.

478 *Weber*, Betriebsverfassungswidrige Einzelmaßnahmen, 149; im Rahmen der Versetzung eines schwerbehinderten Arbeitnehmers auch ausdrücklich BAG 3.12.2002, NZA 2003, 1215, 1218.

479 Ganz überwiegend wird in den Fällen des Abs. 2 und 3 lediglich ein Leistungsverweigerungsrecht anerkannt BGH 19.12.2012, NJW 2013, 1074, 1077; Erman/*Westermann*, § 275 BGB Rn. 34; MüKo/*Ernst*, § 275 BGB Rn. 97; Staudinger/*Caspers*, § 275 BGB Rn. 108; a.A. *Teichmann*, BB 2001, 1485, 1487.

480 Der in Betracht kommende Schadensersatzanspruch bei fehlender Durchführung wegen der Unmöglichkeit gem. §§ 280 Abs. 1, Abs. 3, 283 BGB dürfte aufgrund von § 615 S. 1 BGB weitgehend leerlaufen.

der Rechtsbeziehung zwischen Arbeitnehmer und Arbeitgeber. Will man hier zugunsten des Arbeitgebers eingreifen, lässt sich über den für § 275 Abs. 3 BGB erforderlichen Begründungsaufwand ein entsprechender Spielraum eröffnen.

(2) Kein Anspruch bei Ausübung des Direktionsrechts

Die soeben aufgestellten Grundsätze greifen allerdings nur, soweit sich die Durchführung der in Rede stehenden personellen Einzelmaßnahme auch aus dem vertraglichen Pflichtenverhältnis ergibt.[481] Während dies bei einem bereits geschlossenen Arbeitsverhältnis für die Einstellung immer gilt, ist bei der Versetzung zu differenzieren. Erfolgt sie durch Änderungskündigung oder einvernehmliche Vertragsänderung, ergibt sich aus den nunmehr geänderten vertraglichen Anforderungen an den Arbeitsplatz erneut die Pflicht des Arbeitgebers, alles zur Herbeiführung des vertraglichen Erfolgs Erforderliche zu unternehmen.[482] Wird allerdings die individualrechtliche Ebene der Versetzung allein durch Ausübung des Direktionsrechts ausgefüllt, mangelt es insofern an einer Änderung des Vertrags und auch an einer Konkretisierung der Nebenleistungspflichten. Ein Anspruch auf das Verfahren nach § 99 Abs. 4 BetrVG besteht hier nicht. Gegenstand der Untersuchung ist dann lediglich die Frage, ob der Arbeitgeber von seinem zuvor ausgeübten Weisungsrecht Abstand nehmen und den Arbeitnehmer im Rahmen einer erneuten Weisung auf den alten Arbeitsplatz versetzen durfte.[483] Dies wird bei der verweigerten Zustimmung des Betriebsrats regelmäßig zu bejahen sein.[484]

bb) Konkretisierung bei schwerbehinderten Arbeitnehmern

Soweit schwerbehinderte Menschen von der personellen Einzelmaßnahme betroffen sind, hat der 9. Senat des Bundesarbeitsgerichts über § 81 Abs. 4 S. 1 Nr. 1 SGB IX grundsätzlich einen Anspruch des Arbeitnehmers auf ein Zustimmungsersetzungsverfahren bejaht.[485] Konkret ging es dabei um eine Versetzung.

---

481 Zur Notwendigkeit eines bestehenden Anspruchs auf die personelle Einzelmaßnahme siehe ausführlich unten im 4. Kapitel, C. I. 2. e).

482 Explizit zur Versetzung *v. Hoyningen-Huene/Boemke*, Die Versetzung, 109 mwN.

483 Ohne weitergehende Begründung aber im Ergebnis übereinstimmend BAG 16.3.2010, NZA 2010, 1028.

484 So im Ergebnis auch BAG 16.3.2010, NZA 2010, 1028, 1030; *Czerny*, Rechtskraft und Bindungswirkungen im Rahmen personeller Einzelmaßnahmen, 96; *Weber*, Betriebsverfassungswidrige Einzelmaßnahmen, 152, 171; *v. Hoyningen-Huene*, NZA 1993, 145, 150; zu den Grenzen des Weisungsrechts ErfK/*Preis*, § 106 GewO Rn. 4 ff.

485 BAG 3.12.2002, NZA 2003, 1215.; kritisch v. Hoyningen-Huene/Linck/*Krause*, § 1 KSchG Rn. 216.

Eine Ausnahme erkennt der Senat nur dort an, wo die Zustimmungsverweigerung auf objektiv bestehenden und ordnungsgemäß angegebenen Zustimmungsverweigerungsgründen beruht.[486] Im Übrigen sei die Belastung für den Arbeitgeber auch nicht unzumutbar (§ 81 Abs. 4 S. 3 SGB IX), da aus seiner Verantwortung für die Teilhabe schwerbehinderter Menschen folge, dass er die vom Betriebsrat ordnungsgemäß und fristgerecht geltend gemachten Zustimmungsverweigerungsgründe überprüfen müsse.[487] Nach der Rechtsprechung ist der Arbeitgeber außerdem zum Schadensersatz verpflichtet, wenn er die Rechte des Arbeitnehmers im Zustimmungsersetzungsverfahren nicht hinreichend berücksichtigt.[488] Bei Lichte betrachtet stellt sich diese Rechtsprechung als Konkretisierung des soeben herausgearbeiteten Anspruchsmodells dar. Eines Rückgriffs auf § 275 BGB bedarf es hier freilich nicht, da § 81 SGB IX insoweit bereits eine Unzumutbarkeitsschwelle kennt. Im Ergebnis dürften aber aufgrund des besonderen Schutzes von schwerbehinderten Menschen nur ausnahmsweise die Interessen des Arbeitgebers überwiegen.[489] Nur scheinbar weicht die Rechtsprechung des 2. Senats hiervon ab.[490] Danach soll die Durchführung des Zustimmungsersetzungsverfahrens bei einer zur Vermeidung einer Beendigungskündigung ausgesprochenen Versetzung im Normalfall unzumutbar sein.[491] Lediglich beim Vorliegen besonderer Umstände wie einem offensichtlich unbegründeten Widerspruch oder dem kollusiven Zusammenwirken zwischen Arbeitgeber und Betriebsrat sei der Arbeitgeber zur Durchführung verpflichtet.[492] Der entscheidende Unterschied wird erst auf den zweiten Blick deutlich. Richtigerweise verortet der 2. Senat ihn in der Tatsache, dass die Rechte des schwerbehinderten Arbeitnehmers bei einer Kündigung durch ein geordnetes Verfahren vor dem Integrationsamt mit der Möglichkeit der Nachprüfung der Entscheidung in

486 BAG 3.12.2002, NZA 2003, 1215, 1218.
487 BAG 3.12.2002, NZA 2003, 1215, 1218.
488 BAG 3.12.2002, NZA 2003, 1215.
489 Selbstbestimmung und gleichberechtigte Teilhabe am Leben in der Gesellschaft (und damit auch am Arbeitsleben) sind als besondere Ziele der Kodifikation herausgestellt, vgl. § 1 SGB IX. Dazu Kossens/v. der Heide/Maaß/*Grauthoff*, § 1 SGB IX Rn. 1 ff. Zur Frage der Zumutbarkeit: *Mückl/Hiebert*, NZA 2010, 1259.
490 BAG 22.9.2005, NZA 2006, 486; insoweit unzutreffend als Richtigstellung verstanden hat dies bspw. v. Hoyningen-Huene/Linck/*Krause*, § 1 KSchG Rn. 216; unklar aber auch bei GK/*Raab*, § 99 BetrVG Rn. 231 und Richardi/*Thüsing*, § 99 BetrVG Rn. 279.
491 BAG 22.9.2005, NZA 2006, 486.
492 BAG 22.9.2005, NZA 2006, 486.

mehreren Instanzen grundsätzlich hinreichend geschützt seien.[493] Dem Arbeitgeber könne es kaum zugemutet werden, in zwei oder sogar drei verschiedenen Gerichtsverfahren nachzuprüfen, ob insoweit eine zumutbare Weiterbeschäftigungsmöglichkeit bestehe.[494] Dies überzeugt auch in der von der Rechtsprechung vorgenommenen Differenzierung. Der Arbeitgeber kann bei einem bestehenden Arbeitsverhältnis seiner gesetzlich ausdrücklich geregelten Verpflichtung (§ 81 Abs. 4 S. 1 Nr. 1 SGB IX) nicht dadurch entgehen, dass er die Zustimmungsverweigerung des Betriebsrats hinnimmt.[495] In diesem Fall kann angesichts des übergeordneten Schutzzwecks auch *per se* keine Unzumutbarkeit attestiert werden.[496] Anders ist es aber dann, wenn das Integrationsamt als zweite Instanz zum Schutz des schwerbehinderten Arbeitnehmers tätig geworden ist[497] und mit der Auffassung des Betriebsrats übereinstimmt. In diesen Fällen kann der Arbeitgeber jedenfalls zur Durchführung des Zustimmungsersetzungsverfahrens verpflichtet werden, wenn weitere Anhaltspunkte hinzutreten.

cc) Ansprüche aus culpa in contrahendo, *§§ 280 Abs. 1, 311 Abs. 2, 241 Abs. 2 BGB*

Neben einem vertraglichen Anspruch wird von Teilen der Literatur auch immer wieder eine Haftung aus vorvertraglicher Pflichtverletzung als Lösungsmodell vorgetragen.[498] Dies findet in der älteren Literatur ihre Ursache maßgeblich aus der überholten Überlegung heraus, dass die Zustimmungsverweigerung zur Unwirksamkeit des Arbeitsverhältnisses führe.[499] Durch die nunmehr strikte Trennung von individual- und kollektivrechtlicher Ebene dürfte der eigenständige Anwendungsbereich der *culpa in contrahendo* aber weitgehend obsolet sein. Denkbar sind hier allein Fallkonstellationen, in welchen der Arbeitgeber in Vorverhandlungen bereits ernsthaftes Interesse an einer Anstellung des Bewerbers signalisiert hat, ohne auf die bisher fehlende Unterrichtung des Betriebsrats hinzuweisen. Nachdem der Betriebsrat informiert wurde und eine Einstellung

---

493 BAG 22.9.2005, NZA 2006, 486, 489; zum Prüfungsumfang des Integrationsamts ausführlich *Kuhlmann*, br 2010, 7 ff.; vgl. APS/*Preis*, 1. Teil G. IV. 3. b) bb) Rn. 32 ff.

494 BAG 22.9.2005, NZA 2006, 486, 489.

495 So wohl auch APS/*Vossen*, § 85 SGB IX Rn. 19a.

496 Anders sieht dies ErfK/*Kania*, § 99 BetrVG Rn. 41, allerdings ohne weitere Begründung.

497 Zum Verfahren ausführlich *Fuhlrott*, ArbRAktuell 2011, 317.

498 GK/*Raab*, § 99 BetrVG Rn. 231; HWGNRH/*Huke*, § 99 BetrVG Rn. 192 ohne dies allerdings genauer zu präzisieren.

499 Aus der älteren Literatur bspw. *Meyer*, BB 1982, 1614, 1616; vgl. auch *Richardi*, ZfA-Sonderheft 1972, 1, 16.

ablehnt, kommt es nicht zum Vertragsschluss. Die Pflichtverletzung kann dann allenfalls in dem fehlenden Hinweis des Arbeitgebers auf die noch zu erfolgende Beteiligung des Betriebsrats gesehen werden und nicht etwa in der unterbliebenen Durchführung eines Zustimmungsersetzungsverfahrens, da diese Verpflichtung ohne bestehendes Schuldverhältnis nicht existiert. Der Arbeitgeber wird regelmäßig Schwierigkeiten haben, sich zu exkulpieren (§ 280 Abs. 1 S. 2 BGB). Im Rahmen der Rechtsfolge könnte der Bewerber neben einem Schaden aufgrund ausgebliebener Vergütung möglicherweise geltend machen,[500] dass der Arbeitgeber nach dem Grundsatz der Naturalrestitution (§ 249 BGB) zum Abschluss des Vertrages und somit mittelbar zur Durchführung des Zustimmungsersetzungsverfahrens gemäß § 99 Abs. 4 BetrVG zu verpflichten ist. Unabhängig davon, ob sich eine solche Rechtsfolge überhaupt mit der *culpa in contrahendo* in Einklang bringen lässt, muss der Anspruch ausscheiden.[501] Für die Erstreckung auf das Erfüllungsinteresse fehlt es jedenfalls an der haftungsausfüllenden Kausalität. Hätte der Arbeitgeber den Arbeitnehmer rechtzeitig über die notwendige Beteiligung des Betriebsrats informiert, hätte der Arbeitnehmer maximal anderweitige Dispositionen getroffen, beispielsweise die Annahme eines anderen Vertragsangebots, oder nutzlose Dispositionen vermieden. Ohne die Pflichtverletzung wäre es aber nicht zum gewünschten Vertragsabschluss gekommen, da das objektive Vertragshindernis, die Verweigerung der Zustimmung durch den Betriebsrat, weiterhin bestand. Zu ersetzen wäre hier also nur das negative Interesse.[502] Bei Nichtbestehen des Arbeitsverhältnisses muss der Anspruch auf das Zustimmungsersetzungsverfahren ausscheiden, da der Arbeitnehmer sein eigentliches Ziel, die Einstellung, nicht erreichen kann.[503]

---

500 Auch hier wird es aufgrund von § 615 S. 1 BGB schwierig sein, einen weitergehenden Schaden zu beziffern. Kritisch zu dem Anspruch aus c.i.c. bereits *Richardi*, ZfA-Sonderheft 1972, 1, 16.

501 Unklar bei GK/*Raab*, § 99 BetrVG Rn. 231; kritisch *Gottwald*, BB 1997, 2427, 2430 f.

502 Etwas anderes kann nach der Rechtsprechung dann gelten, wenn bei erfolgter Aufklärung ein für den Geschädigten günstigerer Vertrag zustande gekommen wäre (BGH 19.5.2006, NJW 2006, 3139, 3141; 6.4.2001, NJW 2001, 2875; 4.7.1989, NJW 1989, 3095). Selbst dort, wo die Vertragsverhandlungen scheitern, wird dann über eine Erfüllungshaftung nachgedacht, wenn der Vertragspartner die Verhandlungen bis zur Abschlussreife führt, ohne je die Absicht der Kontrahierung gehabt zu haben (sog. *dolus praeteritus*). Hierfür siehe etwa *Küpper*, Das Scheitern von Vertragsverhandlungen als Fallgruppe der c.i.c., 267 f.

503 In diese Richtung scheint auch DKKW/*Bachner*, § 99 BetrVG Rn. 250 zu tendieren.

In diesem Falle ist es offensichtlich unbillig, den Arbeitgeber zu einem vorgelagerten Verfahren zu verpflichten, sodass für die Geltendmachung ein Rechtsschutzbedürfnis fehlt.[504]

dd) Die Nachteile des arbeitsvertraglichen Lösungsmodells

Der Arbeitnehmer beziehungsweise Bewerber wird also überhaupt nur dann eine Möglichkeit der Überprüfung durch den Arbeitgeber erzwingen können, wenn insoweit ein individualvertraglicher Anspruch auf die personelle Maßnahme besteht. Dies führt im nächsten Schritt zu der bereits zitierten Rollenverteilung, in welcher der Arbeitgeber als Anwalt des Arbeitnehmers auftritt. Soweit der Arbeitgeber nicht bereits aus eigenem Antrieb das Verfahren nach § 99 Abs. 4 BetrVG durchführen wollte, wird zu befürchten sein, dass er das Verfahren kaum mit vollem Einsatz bestreiten wird oder sogar völlig untätig bleibt.[505] Hieran dürfte es auch wenig ändern, dass ihm ein möglicher Schadensersatzanspruch bei unzureichender Prozessführung droht. Unter praktischen Gesichtspunkten ist die überwiegend vertretene Lösung kaum zu halten.[506] Es sind Fallkonstellationen denkbar, in denen der Arbeitnehmer im Rahmen der Versetzung drei Prozesse führt und selbst bei Obsiegen in jedem einzelnen Fall seinen Anspruch im Ergebnis nicht verwirklichen kann.[507] Unterlässt es der Arbeitgeber die erforderliche Zustimmung beim Betriebsrat einzuholen, muss der Arbeitnehmer zunächst die Zustimmungseinholung klageweise durchsetzen. Verweigert der Betriebsrat sodann die Zustimmung und der Arbeitgeber verzichtet auf § 99 Abs. 4 BetrVG, muss der oben skizzierte Anspruch des Arbeitnehmers geltend gemacht werden. Dies schützt ihn aber noch immer nicht vor einer fehlerhaften Berücksichtigung seiner Interessen durch den Arbeitgeber, sodass sich an einen abgewiesenen Zustimmungsersetzungsantrag noch ein Prozess unter schadensersatzrechtlichen Gesichtspunkten anschließen kann. Sein eigentliches Ziel, die Versetzung beziehungsweise die Einstellung im Betrieb,

---

504 Denkbar wäre auch, in einem solchen Verhalten von einer unzulässigen Rechtsausübung auszugehen, da es insoweit an einem schutzwürdigen Eigeninteresse fehlt. Vgl. dazu Jauernig/*Mansel*, § 242 BGB Rn. 38; ferner Palandt/*Grüneberg*, § 242 BGB Rn. 38. Ausführlich diskutiert wird die Frage im Rahmen der Umsetzung im 4. Kapitel, C. I. 2. e).

505 Richardi/*Thüsing*, § 99 BetrVG Rn. 280; *Baumann*, Rechtsstellung des Arbeitnehmers, 111 ff.; *Biedenkopf*, BB 1972, 1513, 1516; *Hartmann*, ZfA 2008, 383, 390.

506 Wie hier *Fitting*, § 99 BetrVG Rn. 289; GK/*Raab*, § 99 BetrVG Rn. 231; HWGNRH/*Huke*, § 99 BetrVG Rn. 196; *Hartmann*, ZfA 2008, 383, 389 ff.

507 Zutreffend herausgestellt bei *Hartmann*, ZfA 2008, 383, 390.

hat er aber dennoch nicht erreicht. Zudem dürfte sich der Arbeitnehmer, der bereits einen Arbeitsvertrag unterzeichnet hat, aber aufgrund des betriebsverfassungsrechtlichen Beschäftigungsverbots der Tätigkeit nicht nachgehen kann, stets noch einer Kündigung erwehren müssen. Der Arbeitgeber wird aufgrund dieser höchst unpraktischen und langwierigen Vorgehensweise versuchen, den Arbeitnehmer so schnell wie möglich aus dem Arbeitsverhältnis zu entfernen. Insgesamt tritt daher offen zutage, dass die bisherige Handhabung des Problems keiner Seite wirklich gerecht wird.[508]

ee) Zwischenergebnis

Die Individualinteressen des Arbeitnehmers im Rahmen von § 99 BetrVG werden nur theoretisch hinreichend berücksichtigt. Lehnt der Betriebsrat die personelle Einzelmaßnahme ab und bleibt der Arbeitgeber hieraufhin untätig, besteht nach aktueller Rechtsprechung und überwiegender Ansicht in der Literatur kein brauchbares Instrument, diese Schutzlücke zu schließen.[509] Die erheblichen Eingriffe in die Individualrechtsposition des Arbeitnehmers lassen sich auch nicht allein mit dem Argument rechtfertigen, dass die Rechte des Einzelnen am effektivsten dadurch gestärkt werden, dass man ihm ein kollektives Vertretungsorgan an die Seite stellt, welches unabhängig und selbständig dem Arbeitgeber gegenübertreten kann.[510] Unter diesem Gesichtspunkt bedenklich sind auch die Überlegungen und Ansätze zur Erweiterung der Beteiligungsrechte durch Tarifvertrag oder Betriebsvereinbarung.[511] Die qualitative Aufwertung von Mitbestimmungsrechten muss nämlich nicht zwangsläufig mit einem erhöhten Schutz des einzelnen Arbeitnehmers einhergehen. Die Erweiterung der Beteiligung des Betriebsrats begrenzt nicht nur die Rechtsposition des Arbeitgebers, sondern auch die Rechtsposition des betroffenen Arbeitnehmers.[512]

---

508 *Hartmann*, ZfA 2008, 383, 391.

509 Zu weiteren Lösungsansätzen in der Literatur, insb. für ein eigenes Antragsrecht, siehe unten in diesem Kapitel unter B. VI.

510 So z.B. die grundsätzlichen Überlegungen gegen einen weitergehenden Individualschutz von *Farthmann* zum Entwurf des BetrVG 1972, Stenographische Berichte des Deutschen Bundestages, 6. Wahlperiode, S. 8599 (D). Zu Recht kritisch bereits *Richardi*, ZfA-Sonderheft 1972, 1, 21.

511 Eine Erweiterung befürwortend u.a. BAG 18.8.2009, NZA 2010, 112; 10.2.1988, AP BetrVG 1972 § 99 Nr. 53 mit Anm. *Lund*; DKKW/*Bachner*, § 99 BetrVG Rn. 31 ff.; *Fitting*, § 99 BetrVG Rn. 1; kritisch GK/*Raab*, § 99 BetrVG Rn. 4; Richardi/*Thüsing*, § 99 BetrVG Rn. 7ff.

512 So zutreffend Richardi/*Thüsing*, § 99 BetrVG Rn. 8.

2. Der (pflichtwidrig) unterlassene Widerspruch im Rahmen von § 102 BetrVG

Erhebliches Benachteiligungspotential für den Einzelnen kann auch dann drohen, wenn der Betriebsrat sich entscheidet, dem gekündigten Arbeitnehmer nicht wie vorgesehen zur Seite zu stehen. Beabsichtigt der Arbeitgeber einem einzelnen Arbeitnehmer zu kündigen, dient § 102 BetrVG insoweit als präventiver kollektivrechtlicher Kündigungsschutz.[513] Unmittelbare Auswirkungen auf die Kündigung hat die fehlende Anhörung des Betriebsrats, § 102 Abs. 1 S. 3 BetrVG. Die Geltendmachung von Bedenken (Absatz 2) und ein eventuell erfolgender Widerspruch gegen eine ordentliche Kündigung (Absatz 3) berühren die Wirksamkeit einer solchen grundsätzlich nicht.[514] Dennoch kann sich der unterbliebene Widerspruch gravierend auf die Erfolgsaussichten des Kündigungsschutzprozesses auswirken, was das folgende Fallbeispiel verdeutlichen soll.

a) Fehlende Weiterbeschäftigungsmöglichkeit (Fallbeispiel)

Um Kosten zu senken, will der Arbeitgeber (A) in der ohnehin für ihn kaum ertragreichen Entwicklungsabteilung einige lohnintensive Stellen streichen. In einer neu zusammengeführten Abteilung für praktische Anwendung und Entwicklung in einem zweiten Betrieb des Unternehmens sollen ein paar der alten Mitarbeiter übernommen und die restlichen neu entstehenden Stellen mit kostengünstigem Nachwuchs aus dem europäischen Ausland besetzt werden. Der A sieht sich nach rechtlicher Beratung allerdings kündigungsrechtlichen Schwierigkeiten ausgesetzt. Er geht daher auf den entscheidenden Betriebsrat (B) zu und bittet unter absoluter Geheimhaltung zunächst um ein informelles Gespräch. Ihm ist nämlich bewusst, dass einige in der Entwicklungsabteilung arbeitenden Ingenieure in ständigem Diskurs mit dem Betriebsrat stehen. Seinen Ursprung fanden die Spannungen in dem aus Sicht des Betriebsrats absolut unkollegialen Verhalten der dort tätigen Ingenieure, nämlich dem Austritt aus der im Betrieb vorherrschenden Gewerkschaft (G). Nunmehr sind sie einer Spartengewerkschaft (S) beigetreten, die deutlich bessere Konditionen für einzelne Berufsgruppen erstreiten will und mithilfe dieser Arbeitnehmer versucht, im Betrieb Fuß zu fassen. Auch auf Druck von G versucht der Betriebsrat, der bisher noch alleinig aus Mitgliedern der G besteht, diesem Verhalten schon seit längerem einen Riegel vorzuschieben. Es könne schlichtweg nicht sein, dass

513 WPK/*Preis*, § 102 BetrVG Rn. 1.

514 *Fitting*, § 102 BetrVG Rn. 1; WPK/*Preis*, § 102 BetrVG Rn. 1.

einzelne Arbeitnehmer nur aus Profitinteresse den gesamten Betriebsfrieden störten und zudem sämtliche Kollegialität vermissen ließen. A trifft somit bei dem Betriebsrat auf einen wunden Punkt. Denn die überwiegend kostenintensiven Stellen sind mit Mitgliedern der S besetzt. Um sich den Rückhalt des Betriebsrats zu sichern, nimmt A dabei auch in Kauf, dass er zwei für ihn eher ungünstige Personalien mit in die neue Abteilung übernimmt. Selbstverständlich solle der Betriebsrat den Kündigungen nicht widersprechen (§ 102 Abs. 3 BetrVG). Wichtig sei aber auch, dass die zu kündigenden Arbeitnehmer nichts von einer möglichen weiteren Beschäftigung in der neuen Abteilung erfahren. Daraufhin wird unter anderem Arbeitnehmer W betriebsbedingt gekündigt. Der Betriebsrat widerspricht der Kündigung trotz bestehenden Weiterbeschäftigungsmöglichkeiten nicht. Aufgrund der Größe des Unternehmens und in den Teilen schwer zu durchschauenden Betriebsstrukturen kann W eine solche auch nicht nachweisen, § 1 Abs. 2 S. 2 Nr. 1 b) KSchG. Von der neugegründeten Abteilung hat er nichts erfahren. Er verliert somit den Kündigungsschutzprozess.

b) Individualrechtliche Auswirkungen eines unterbliebenen Widerspruchs

Der Widerspruch bedingt zwei Rechtsfolgen, die sich unmittelbar auf die materielle Rechtsstellung des Arbeitnehmers auswirken und seine Rechtsstellung im Kündigungsschutzprozess verbessern.[515] Sind die nach § 102 Abs. 3 Nr. 2 bis 5 BetrVG vorgetragenen Gründe für einen Widerspruch berechtigt, so ist die ordentliche Kündigung nicht sozial gerechtfertigt, § 1 Abs. 2 S. 2, 3 KSchG.[516] Dem Arbeitsgericht obliegt nur die Aufgabe nachzuprüfen, ob der Widerspruchsgrund tatsächlich vorliegt.[517] Die ansonsten notwendige Interessenabwägung entfällt.[518] Der sogenannte absolute Grund für die Sozialwidrigkeit der Kündigung erweitert also den materiellen Kündigungsschutz.[519] Das bedeutet zwar nicht, dass die Kündigung ohne Widerspruch nicht auf diese Merkmale hin überprüft werden kann, allerdings obliegt es dann dem gekündigten

515 Richardi/*Thüsing*, § 102 BetrVG Rn. 141; WPK/*Preis*, § 102 BetrVG Rn. 85, 87 ff.

516 BAG 13.9.1973, AP KSchG 1969 § 1 Nr. 2 mit Anm. *Hueck*; Richardi/*Thüsing*, § 102 BetrVG Rn. 142.

517 v. Hoyningen-Huene/Linck/*Krause*, § 1 KSchG Rn. 1082.

518 BAG 13.9.1973, AP KSchG 1969 § 1 Nr. 2; DKKW/*Bachner*, § 102 BetrVG Rn. 260; ErfK/*Kania*, § 102 BetrVG Rn. 16; zweifelnd GK/*Raab*, § 102 BetrVG Rn. 171.

519 Richardi/*Thüsing*, § 102 BetrVG Rn. 194; v. Hoyningen-Huene/Linck/*Krause*, § 1 KSchG Rn. 1071.

Arbeitnehmer, sämtliche Umstände vorzutragen.[520] Dies stellt ihn nicht nur vor die so gerade dargestellten Schwierigkeit zu erkennen, ob überhaupt Weiterbeschäftigungsmöglichkeiten bestehen,[521] sondern regelmäßig dürfte durch die besondere Bedeutung einer gemeinsamen Rechtsansicht von Arbeitgeber und Betriebsrat das Gericht nur in seltenen Fällen zu einem abweichenden Ergebnis kommen. Nur als ein Beispiel kann hier der in § 1 Abs. 2 S. 2 Nr. 1a KSchG genannte Verstoß gegen Auswahlrichtlinien dienen.[522] Im Übrigen besitzt der Betriebsrat gerade in großen Betrieben einen deutlichen Wissensvorsprung und verfügt – auch abgesichert durch etliche Beteiligungsrechte, beispielsweise § 92 Abs. 1 BetrVG – ebenso über Kenntnisse der weiteren wirtschaftlichen Entwicklung.[523]

Als weitere Verbesserung der Individualstellung ist der Arbeitnehmer auf Verlangen – nach Erhebung der Kündigungsschutzklage und Ablauf der Kündigungsfrist – bis zum rechtskräftigen Abschluss des Kündigungsschutzprozesses bei unveränderten Arbeitsbedingungen weiter zu beschäftigen, § 102 Abs. 5 BetrVG. Unterlässt der Betriebsrat den Widerspruch, obgleich aus seiner Sicht durchaus Weiterbeschäftigungsmöglichkeiten in Betracht kommen, gehen damit für den betroffenen Arbeitnehmer erhebliche Nachteile einher. Offenkundig ist dabei zunächst an die ausbleibende Lohnzahlungspflicht und an den im Falle des Obsiegens schwer einkalkulierbaren Annahmeverzugslohn zu denken.[524]

---

520 BAG 13.9.1973, AP KSchG 1969 § 1 Nr. 2 mit Anm. *Hueck*; DKKW/*Bachner*, § 102 BetrVG Rn. 260; *Fitting*, § 102 BetrVG Rn. 75 f.; GK/*Raab*, § 102 BetrVG Rn. 172; KR/*Griebeling/Rachor*, § 1 KSchG Rn. 197; Löwisch/*Kaiser*, § 102 BetrVG Rn. 71; Richardi/*Thüsing*, § 102 BetrVG Rn. 199; *Pouyadou*, Abhängigkeit des Arbeitnehmers vom Betriebsrat, 86 ff. Die früher zum Teil vertretene Ansicht führt anders als vom Gesetzgeber gewünscht nicht zur Erweiterung, sondern nur Einschränkung des individuellen Kündigungsschutzes (siehe bspw. *Meisel*, DB 1972, 1675, 1679; kritisch schon *Otto*, DB 1972, 731).

521 MüKo/*Hergenröder*, § 1 KSchG Rn. 303; zur Darlegungspflicht hinsichtlich der Weiterbeschäftigungsmöglichkeit vgl. WPK/*Preis*, § 102 BetrVG Rn. 59; Heussen/Hamm/*Michels*, Becksches RA-Hdb., § 8 Rn. 108.

522 So auch GK/*Raab*, § 102 BetrVG Rn. 172.

523 Vgl. *Fitting*, § 102 BetrVG Rn. 73.

524 Restriktiv zuletzt BAG 27.5.2015, NZA 2015, 1035. Da der Arbeitnehmer sich aber das anderweitig Verdiente anrechnen lassen muss, kann sich der Annahmeverzugslohn auf bis Null reduzieren. Vgl. nur BeckOK-ArbR/*Pleßner*, § 12 KSchG Rn. 17. Ausführlich dazu auch *Schier*, BB 2006, 2578.

Von entscheidender Bedeutung ist die Weiterbeschäftigungsmöglichkeit aber auch für die Effektivität des Kündigungsschutzprozesses.[525] Der gekündigte Arbeitnehmer hat sich nach Ablauf der Kündigungsfrist im Hinblick auf § 615 Abs. 2 BGB um die Verwertung seiner Arbeitskraft zu bemühen,[526] sodass regelmäßig ein einmal aus dem Betrieb ausgeschiedener Arbeitnehmer ohne die Weiterbeschäftigungsmöglichkeit kaum noch die tatsächliche Rückkehr anstreben kann.[527] § 102 Abs. 5 BetrVG verhindert damit die schwierige Reintegration des Arbeitnehmers nach Obsiegen im Kündigungsschutzprozess.[528] Der Arbeitnehmer wird zum „Hüter seines Arbeitsplatzes"[529] und verhindert im Regelfall eine Organisationsentscheidung des Arbeitgebers bis zum rechtskräftigen Abschluss des Kündigungsrechtsstreits.[530] Ohne die Weiterbeschäftigungsmöglichkeit dürfte der Prozess regelmäßig nur (noch) um die Abfindung geführt werden.[531] Für wie wichtig die unmittelbare Weiterbeschäftigung generell gehalten wird, zeigen auch die Bestrebungen zur vereinfachten Geltendmachung des Weiterbeschäftigungsanspruchs im Wege der einstweiligen Verfügung. Gerade im Hinblick auf die besondere Gefahr der temporären Arbeitsniederlegung wird

---

525 DKKW/*Bachner*, § 102 BetrVG Rn. 270; *Löwisch*, DB 1975, 349, 352; vgl. auch *Fuchs*, AuR 1973, 174, 175.

526 Dazu MüKo/*Henssler*, § 615 BGB Rn. 62 ff. Dies kann auch die Pflicht des Arbeitnehmers, eigene Angebote abzugeben, mit einschließen (so jüngst BAG v. 22.3.2017, NZA 2017, 988).

527 KDZ/*Deinert*, 9. Auflage 2014, § 102 BetrVG Rn. 262; kritisch auch *Rühle*, DB 1991, 1378 ff. der in der Konsequenz aber gleich eine weitgehende Abschaffung des Kündigungsschutzes befürwortet. Vgl. ferner die Replik hierauf: *Falkenberg*, DB 1991, 1378.

528 ErfK/*Kania*, § 102 BetrVG Rn. 36; GK/*Raab*, § 102 BetrVG Rn. 181. Nach der klaren Intention des Gesetzgebers geht es also auch um die Stärkung des Bestandsschutzes (vgl. BT-Drs. 6/2729, 7).

529 So *Schrader/Straube*, RdA 2006, 98, 102. Siehe auch *Krause*, NZA Bl. 1/2005, 51, 56.

530 Zur zwischenzeitlichen Neubesetzung der Stelle vgl. ErfK/*Kiel*, § 9 KSchG Rn. 18; siehe auch Schaub/*Linck*, ArbR-HdB, § 125 Rn. 6.

531 DKKW/*Bachner*, § 102 BetrVG Rn. 270; *Falkenberg*, DB 1991, 2486 ff. Vgl. auch *Notter*, DB 1976, 772. Auch ansonsten endet die überwiegende Mehrzahl der Kündigungsrechtsstreitigkeiten nicht mit einem die Sozialwidrigkeit einer Kündigung feststellenden Urteil, sondern mit einem zum Verlust des Arbeitsplatzes führenden Abfindungsvergleich (KR/*Spilger*, § 9 KSchG Rn. 8 mit Hinweis auf den Forschungsbericht des Max-Planck-Instituts in Hamburg „Kündigungspraxis und Kündigungsschutz in der Bundesrepublik Deutschland"). Dies hat zur viel diskutierten Frage geführt, ob das Kündigungsrecht nicht generell näher an die Abfindungspraxis zu führen ist, vgl. nur *Willemsen*, NJW 2000, 2779.

überwiegend auf die Darlegung eines besonderen Verfügungsgrundes verzichtet.[532]

Droht der kollektivrechtliche Kündigungsschutz aber von Seiten des Betriebsrats torpediert zu werden, sucht man vergebens nach Ausführungen in der Literatur. Die Rechtsprechung hatte bisher nur zur Frage der Anhörung des Arbeitnehmers im Vorfeld eines Widerspruchs durch den Betriebsrat Stellung zu nehmen.[533] Obwohl eine solche Pflicht zur Anhörung regelmäßig bestehen soll,[534] führe die Nichtberücksichtigung dieser Verpflichtung nicht zur Unwirksamkeit der Kündigung.[535] Den vereinzelt gebliebenen Stimmen, die vor einem „selbstherrlichen Handeln“ des Betriebsrats warnen und die Interessen des Einzelnen an einer ordnungsgemäßen Behandlung seiner Kündigungsangelegenheit besser schützen wollen,[536] wird mit einem Hinweis auf § 23 Abs. 1 BetrVG widersprochen.[537] Das überzeugt schon deshalb nicht, weil die Norm zum Schutz von Individualinteressen ungeeignet ist.[538] Aus Sicht des Arbeitnehmers aber noch deutlich gravierender ist der fehlende Anspruch auf das Tätigwerden des Betriebsrats. § 102 BetrVG enthält diesbezüglich keinerlei Anknüpfungspunkte. Wird der Betriebsrat aus willkürlichen Motiven überhaupt nicht tätig oder erklärt er nach Prüfung und trotz evidentem Vorliegen von Gründen nach § 102 Abs. 3 BetrVG nicht den Widerspruch, geht damit eine deutliche

532 LAG Berlin 16.9.2004, BeckRS 2005, 40206; LAG Hamburg 21.5.2008, BeckRS 2011, 66752; 14.9.1992, NZA 1993, 140; APS/*Koch*, § 102 BetrVG Rn. 213; BeckOK-ArbR/*Mauer*, § 102 BetrVG Rn. 27; ErfK/*Kania*, § 102 BetrVG Rn. 36; wohl auch WPK/*Preis*, § 102 BetrVG Rn. 104; a.A. LAG Baden-Württemberg 30.8.1993, NZA 1995, 683; LAG Nürnberg 18.9.2007, BeckRS 2008, 50037; *Lingemann*, Kündigungsschutz, 284.

533 BAG 2.4.1976, AP BetrVG 1972, § 102 Nr. 9.

534 ErfK/*Kania*, § 102 BetrVG Rn. 23: insbesondere bei den Widerspruchsgründen nach § 102 Abs. 3 Nr. 4 und 5 BetrVG.

535 BAG 2.4.1976, AP BetrVG 1972, § 102 Nr. 9.

536 So etwa *Buchner*, DB 1976, 532, 534. Mit Inkrafttreten des Betriebsverfassungsrechts von 1972 gab es allerdings eine Reihe von Stimmen, die das freie Ermessen des Betriebsrats in diesen Fällen kritisch sahen. Siehe *Auffahrt*, in: Das Arbeitsrecht der Gegenwart, Bd. 10, 71, 77; *Göttling/Hoentges/Zepp*, RdA 1972, 282, 285; *Philipp*, BB 1972, 219; *Schlochauer*, RdA 1973, 157, 162. Ferner *Wagener*, BB 1972, 1373, 1375 der sich gegen ein freies Ermessen und für eine Haftung aus § 102 Abs. 3 BetrVG iVm § 823 Abs. 2 BGB ausgesprochen hat.

537 BAG 2.4.1976, AP BetrVG 1972, § 102 Nr. 9.

538 Diese wurde in der Rechtsprechung an anderer Stelle bereits früh erkannt vgl. BAG 13.9.1973, AP KSchG 1969 § 1 Nr. 2. Ausf. hierzu unten in diesem Kapitel unter B. IV. 1.

Schwächung der individuellen Rechtsstellung des Arbeitnehmers einher, gegen die er nach dem bisherigen Verständnis keine Handhabe hat.[539] Die Degradierung des Arbeitnehmers zu einem bloßen Objekt der Betriebsverfassung kann in diesen Fällen Realität werden. Die individualrechtliche Durchsetzung der Ansprüche muss schon von Beginn an ausscheiden. Der Arbeitgeber, der durch die Kündigung deutlich gemacht hat, nicht an einer weiteren Weiterbeschäftigung interessiert zu sein, kann nicht zugleich verpflichtet sein, diametral unterschiedliche Interessen in einem parallel gelagerten Verfahren durchzusetzen. Es bleibt dabei, dass der pflichtwidrig unterlassene Widerspruch des Betriebsrats *de facto* zumeist den endgültigen Verlust des Arbeitsplatzes zur Folge hat und zwar auch dann, wenn der Arbeitnehmer im Kündigungsschutzprozess trotz der dargelegten Schwierigkeiten obsiegt. Der von der Rechtsprechung entwickelte, allgemeine Weiterbeschäftigungsanspruch, welcher entweder nach dem erstinstanzlichen Obsiegen des Arbeitnehmers im Kündigungsschutzprozess oder bei offensichtlicher unwirksamer Kündigung entsteht,[540] stellt diesbezüglich keinen angemessenen Ausgleich dar. Nur in den seltensten Fällen wird eine offensichtlich unwirksame Kündigung vorliegen. Nach der Rechtsprechung des Bundesarbeitsgerichts liegt eine solche nämlich nur dann vor, wenn sich schon aus dem eigenen Vortrag des Arbeitgebers ohne Beweiserhebung und ohne daß ein Beurteilungsspielraum gegeben wäre, jedem Kundigen die Unwirksamkeit der Kündigung geradezu aufdrängen muss.[541] Gleiches gilt letztlich auch für die Weiterbeschäftigung nach einem erstinstanzlichen Obsiegen. Zwar zielen die dortigen Überlegungen durchaus auf eine angemessenere Berücksichtigung der schützenswerten Interessen des Arbeitnehmers an der Beschäftigung ab,[542] dennoch entsteht allein durch die erhebliche Dauer des erstinstanzlichen Verfahrens eine zeitliche Zäsur,[543] welche die tatsächliche Weiterbeschäftigung erheblich

539 Vgl. zu den vereinzelt gebliebenen Ansätzen, dem Arbeitnehmer ein eigenes Antragsrecht im Beschlussverfahren zuzubilligen beziehungsweise aus § 102 BetrVG unmittelbar subjektive Rechte abzuleiten, unten in diesem Kapitel unter B. VI.

540 Grundlegend BAG (GS) 27.2.1985, NZA 1985, 702; kritisch GK/*Raab*, § 102 BetrVG Rn. 102 mwN. Zu den (sehr hohen) Anforderungen an eine offensichtlich unwirksame Kündigung siehe etwa BAG 19.12.1985, NZA 1986, 566; APS/*Koch*, § 102 BetrVG Rn. 237.

541 BAG 19.12.1985, NZA 1986, 566, 567.

542 Vgl. BAG (GS) 27.2.1985, NZA 1985, 702.

543 Die Verfahrensdauer im Urteilsverfahren variiert deutlich nach dem konkreten Bundesland. Durch streitiges Urteil erledigte Urteilsverfahren dauern bei den Arbeitsgerichten aber im Durchschnitt bereits mehr als 6 Monate (Siehe Statistisches Bundesamt, Fachserie 10 Reihe 2.8, Rechtspflege – Arbeitsgerichte, S. 45; zum

erschweren wird. Es erscheint zweifelhaft, ob der Arbeitgeber auch in diesen Fällen gezwungen ist, weitreichende Restrukturierungen vorzunehmen, um einen möglicherweise weggefallenen Arbeitsplatz wiederherzustellen.[544]

Festzuhalten ist, dass sich die verbesserte Rechtsstellung des Arbeitnehmers im Kündigungsschutzprozess, die er durch die Unterstützung des Betriebsrats regelmäßig erfährt, geradewegs ins Gegenteil verkehren kann, wenn der Betriebsrat seine Rechte und Pflichten verletzt. Dieser Fall ist im Bewusstsein der heutigen wissenschaftlichen Diskussion kaum präsent angekommen und das Betriebsverfassungsrecht enthält somit folgerichtig auch keine Antwort auf diese Frage. Dies überrascht umso mehr, als dass das verfassungsrechtlich geschützte Bestandsinteresse des Arbeitnehmers in existenzieller Weise betroffen ist.[545]

3. *Namentliche Bezeichnung der zu kündigenden Arbeitnehmer im Interessenausgleich, § 1 Abs. 5 KSchG*

Im Zusammenhang mit einem Interessenausgleich über eine geplante Betriebsänderung gemäß §§ 111, 112 BetrVG kommt dem Betriebsrat ebenfalls eine erhebliche Bedeutung für den Bestandsschutz des Einzelnen zu. Der Betriebsrat kann mit dem Arbeitgeber im Interessenausgleich festlegen, welche Arbeitnehmer zu kündigen sind (sogenannte Namensliste).[546] Mit der Regelung in § 1 Abs. 5 KSchG wird dem Arbeitgeber die Möglichkeit eröffnet, durch eine entsprechende Vereinbarung unter erleichterten Bedingungen betriebsbedingt zu kündigen.[547] Die Regelung wurde mit dem Gesetz zu den Reformen am Arbeitsmarkt mit Wirkung zum 1.1.2004 wieder aufgenommen,[548] nachdem zwischenzeitlich individuelle Rechtsschutzbedenken und die fehlende

---

Ländervergleich siehe S. 13; online abrufbar unter https://www.destatis.de/DE/Publikationen/Thematisch/Rechtspflege/GerichtePersonal/Arbeitsgerichte2100280157004.pdf?__blob=publicationFile letztmalig abgerufen am 14.2.2017).

544 So scheinbar aber DKKW/*Bachner*, § 102 BetrVG Rn. 293a mit Hinweis auf LAG Hessen, 3.7.2012, BeckRS 2012, 72687, welches sich hierbei allerdings ausdrücklich auf die Weiterbeschäftigung nach § 102 Abs. 5 BetrVG bezog.

545 Zum verfassungsrechtlichen Rahmen und den widerstreitenden Interessen des Arbeitgebers vgl. nur APS/*Preis*, 1. Teil A II. 1. Rn. 22 ff.; ErfK/*Schmidt*, Art. 12 GG Rn. 36 ff. Sowie die Entscheidung des BVerfG v. 24.4.1991, NJW 1991, 1667.

546 Zu den Anforderungen GK/*Oetker*, §§ 112, 112a BetrVG Rn. 26 ff.; ferner *Hohenstatt*, NZA 1998, 846, 851 f.

547 MüKo/*Hergenröder*, § 1 KSchG Rn. 386.

548 BGBl Teil 1 2003 Nr. 67, 3002.

Einzelfallgerechtigkeit zur Streichung geführt hatten.[549] Die weitgehende Entsprechung mit § 125 InsO gleicht den Kündigungsschutz in und außerhalb der Insolvenz umfassend an.[550] Ziel der Wiederaufnahme soll es sein, bei betriebsbedingten Kündigungen einer größeren Zahl von Arbeitnehmern, zum Beispiel im Falle der Stilllegung eines Betriebsteils, die Sozialauswahl für alle Beteiligten rechtssicherer zu gestalten.[551] Bei Lichte betrachtet verbessert die Regelung aber nur die Möglichkeit des Arbeitgebers, Massenentlassungen rechtssicher durchzuführen und schränkt den Kündigungsschutz des Arbeitnehmers in bedenklicher Art und Weise ein.[552]

a) *Kündigung unbeliebter Gewerkschaftsmitglieder (Fallbeispiel)*

Der Betriebsratsvorsitzende R ist zugleich führendes Gewerkschaftsmitglied der im Betrieb vorherrschenden Gewerkschaft G. Seit geraumer Zeit zieht die Spartengewerkschaft S allerdings mehr und mehr Mitglieder im Betrieb an und versucht sich auch für die nächste Betriebsratswahl in Stellung zu bringen. Auch Arbeitgeber A hält wenig von S, da er fürchtet, dass die Konkurrenzsitutation möglicherweise nachteilige Folgen bei den Tarifverhandlungen mit sich bringen kann. Mit R zeichnet A daher grob einen Interessenausgleich vor, dessen primäres Ziel es ist, in Ungnade gefallene Arbeitnehmer auf die Namensliste zu setzen und dann betriebsbedingt zu kündigen. R, der neben der Geschäftsführung als einziger über umfassende Kenntnisse der Betriebsorganisation verfügt, willigt ein, die zweifelhafte Betriebsänderung als solche nach innen und gegebenenfalls auch nach außen hin zu „verkaufen". Im Gegenzug soll die bisherige betriebliche Praxis, wonach Ausflüge ausgewählter Betriebsratsmitglieder auf Betriebskosten möglich waren, deutlich ausgeweitet und die Gewerkschaftsmitglieder der G weitestgehend von den Kündigungen ausgespart werden.[553] Auf der zunächst

549 Streichung durch das Gesetz zu Korrekturen in der Sozialversicherung und zur Sicherung der Arbeitnehmerrechte vom 19.12.1998 (BGBl Teil 1 1998 Nr. 85, 3843). Zur geschichtlichen Entwicklung siehe APS/*Kiel*, § 1 KSchG Rn. 459 f.; ferner *Fitting*, §§ 112, 112a BetrVG Rn. 49 mit Abdruck der alten Vorschrift.

550 Vgl. ErfK/*Oetker*, § 1 KSchG Rn. 360; *Löwisch*, NZA 2003, 689, 692.

551 BT-Drs. 15/1204, 11.

552 Kritisch daher bspw. Bauer/*Preis*/Schunder, NZA 2003, 704, 705.

553 Die Bedenken zu willkürlichen Koppelungsgeschäften bzw. die Möglichkeit eines Missbrauchs wurden auch in der Literatur geäußert, vgl. nur *Löwisch*, BB 2004, 154, 157 und *Thüsing/Wege*, BB 2005, 213, 214. Zu den tatsächlichen Vorkommnissen etwa bei VW siehe http://www.faz.net/aktuell/wirtschaft/unternehmen/volkswagen-bordell-affaere-die-generalabrechnung-beginnt-1490740.html (letztmalig abgerufen am 14.2.2017).

informell festgehaltenen Namensliste finden sich sodann einige Gewerkschaftsmitglieder der S wieder, aber auch ein paar Arbeitnehmer, die nicht organisiert sind. Über ein ausgeklügeltes Kriteriensystem und die Herausnahme einiger Gewerkschaftsmitglieder der G durch die Charakterisierung als Leistungsträger, hält A die Umsetzung für machbar. Gegebenenfalls müsse der Betriebsrat unterstützend eingreifen und darlegen, dass eine Betriebsänderung vorliege. Gegenwehr von Seiten der betroffenen Arbeitnehmer sei kaum zu erwarten, da diese die wesentlichen Punkte selber darlegen und zu beweisen hätten. Nachdem der Interessenausgleich mit Namensliste schriftlich zwischen den Betriebsparteien zustande gekommen ist, kündigt A entsprechend betriebsbedingt den dort enthaltenen Arbeitnehmern. Zugleich lässt R im Betrieb unter der Hand deutlich machen, dass die Beständigkeit des Arbeitsverhältnisses natürlich auch sehr an einer Gewerkschaftsmitgliedschaft bei G hänge.

b) Vermutungswirkung des § 1 Abs. 5 S. 1 KSchG

Zunächst wird gemäß § 1 Abs. 5 S. 1 KSchG die Betriebsbedingtheit der Kündigung vermutet. Die Norm enthält eine Tatsachenvermutung im Sinne des § 292 ZPO.[554] Sie bezieht sich nach dem ausdrücklichen Willen des Gesetzgebers sowohl auf den Wegfall der bisherigen Beschäftigung als auch auf das Fehlen anderer Beschäftigungsmöglichkeiten in Betrieb und Unternehmen.[555] Die Bezugnahme soll im Übrigen auch die Fälle der Beschäftigungsmöglichkeit nach zumutbarer Umschulung und Fortbildung im Sinne des § 1 Abs. 2 S. 3 KSchG erfassen.[556] Überwiegend wird zudem die Vermutungswirkung auch auf die Fälle der Änderungskündigung erstreckt, obgleich der Wortlaut, insbesondere im Vergleich zu § 125 Abs. 1 S. 1 Nr. 1 InsO, dies nicht unbedingt nahelegt.[557]

---

554 BAG 27.9.2012, NZA 2013, 559, 561; *Fitting*, §§ 112, 112a BetrVG Rn. 60; GK/*Oetker*, § 112a BetrVG Rn. 100; MüKo/*Hergenröder*, § 1 KSchG Rn. 391; *Bader*, NZA 2004, 65, 75.

555 BT-Drs. 15/1204, 11. Durch die Berücksichtigung der Weiterbeschäftigungsmöglichkeiten auch in einem anderen Betrieb des Unternehmens hat der Gesetzgeber Stellung genommen zum geführten Diskurs zu § 1 Abs. 5 a.F. Siehe dazu APS/*Kiel*, § 1 KSchG Rn. 799; kritisch bspw. *Fischermeier*, NZA 1997, 1089, 1096.

556 APS/*Kiel*, § 1 KSchG Rn. 799; KR/*Griebeling/Rachor*, § 1 KSchG Rn. 703l; *Thüsing/Stelljes*, BB 2003, 1673, 1677; wohl auch *Willemsen/Annuß*, NJW 2014, 177, 180; a.A. *Buschmann*, AuR 2004, 1, 2.

557 Befürwortend BAG 19.6.2007, NZA 2008, 103; APS/*Kiel*, § 1 KSchG Rn. 800; KR/*Griebeling/Rachor*, § 1 KSchG Rn. 703b; MüKo/*Hergenröder*, § 1 KSchG Rn. 388; Richardi/*Annuß*, § 112 BetrVG Rn. 22b; *Löwisch*, NZA 2003, 689, 692; vgl. auch *Preis*, NZA 1997, 1073, 1087, der darin eine „krasse redaktionelle Fehlleistung“ sieht.

Voraussetzung hierfür ist aber, dass die jeweils vorgesehene Art der Kündigung im Interessenausgleich aufgeführt ist.[558] Liegen die Voraussetzungen vor, obliegt es dem Arbeitnehmer, darzulegen und gegebenenfalls zu beweisen, dass seine Beschäftigungsmöglichkeit nicht entfallen ist.[559] Der Vorteil der Regelung besteht für den Arbeitgeber darin, dass es nicht ausreicht, die gesetzliche Vermutung zu erschüttern.[560] Vielmehr muss der volle Beweis des Gegenteils der gesetzlichen Vermutung geführt werden.[561] Der Arbeitnehmer muss also substantiiert darlegen, weshalb der Arbeitsplatz trotz der Betriebsänderung noch vorhanden ist oder wo sonst im Betrieb oder Unternehmen er weiterbeschäftigt werden kann.[562] Dabei können ihm Erleichterungen durch die von der Rechtsprechung anerkannte abgestufte Verteilung der Darlegungs- und Beweislast im Hinblick auf § 138 ZPO zugutekommen.[563] Die Vermutung der Betriebsbedingtheit der Kündigung ist gleichwohl erst widerlegt, wenn der Arbeitnehmer dartut und gegebenenfalls beweist, dass das Beschäftigungsbedürfnis in Wirklichkeit nicht weggefallen ist.[564] Selbst ein Verstoß gegen das Allgemeine Gleichbehandlungsgesetz oder eine Verletzung des § 75 BetrVG soll weder zwingend zur Unwirksamkeit von Interessenausgleich und Namensliste noch zum Wegfall der Vermutungswirkung des Abs. 5 führen.[565] Denn selbst wenn die in dem Interessenausgleich benannten Arbeitnehmer nach anderen Kriterien auszuwählen

---

Ablehnend SPV/*Preis*, § 2 Rn. 1154a; *Däubler*, NZA 2004, 177, 184; *Gaul*, BB 2004, 2686, 2688 f.

558 MüKo/*Hergenröder*, § 1 KSchG Rn. 388; *Oetker/Friese*, DZWiR 2001, 177, 180; *Willemsen/Annuß*, NJW 2004, 177, 180.

559 BAG 19.7.2012, NZA 2013, 333, 336; 15.12.2011, NZA 2012, 1044, 1045; 5.11.2009, NZA 2010, 457, 458; 12.3.2009, NZA 2009, 1023, 1024; ErfK/*Oetker*, § 1 KSchG Rn. 365.

560 SPV/*Preis*, § 2 Rn. 1168.

561 BAG 27.9.2012, NZA 2013, 559, 561.

562 BAG 27.9.2012, NZA 2013, 559, 561; 5.11.2009, NZA 2010, 457, 458; 12.3.2009, NZA 2009, 1023, 1024; 7.5.1998, NZA 1998, 933.

563 BAG 27.9.2012, NZA 2013, 559, 562; 12.3.2009, NZA 2009, 1023, 1024 f.; vgl. auch *Bader*, NZA 2004, 65, 75, der dies frühzeitig forderte um die Norm – auch im Hinblick auf verfassungsrechtliche Bedenken – nicht zu stark zu Lasten des Arbeitnehmers auszudehnen.

564 BAG 5.11.2009, NZA 2010, 457, 458; 12.3.2009, NZA 2009, 1023, 1025.

565 BAG 5.11.2009, NZA 2010, 457, 458; 6.11.2008, NZA 2009, 361, 363; MüKo/*Hergenröder*, § 1 KSchG Rn. 390; *Lingemann/Beck*, NZA 2009, 577, 581; *Schiefer*, DB 2009, 733, 734 f.; *Wendeling-Schröder*, NZA 2010, 14, 15.; restriktiver SPV/*Preis*, § 2 KSchG Rn 1170 ff.

seien, ändere dies nichts daran, dass die Betriebsparteien ein gesunkenes Arbeitsvolumen erkannt und für die in dem Interessenausgleich vorgesehene Anzahl von Entlassungen einen betriebsbedingten Grund angenommen hätten.[566] Damit schränkt das Bundesarbeitsgericht die ansonsten für Betriebsvereinbarungen geltende, weitgehende Rechts- und Inhaltskontrolle, deutlich ein. Nach Ansicht der Rechtsprechung kann ein solcher Verstoß allenfalls zur Fehlerhaftigkeit der Sozialauswahl führen.[567]

c) Sozialauswahl und grobe Fehlerhaftigkeit, § 1 Abs. 5 S. 2 KSchG

Dies wird für den betroffenen Arbeitnehmer aber nicht ohne Weiteres zu erreichen sein. Die zweite Begünstigung der arbeitgeberseitigen betriebsbedingten Kündigung liegt nämlich darin, dass für die Sozialauswahl nur eine eingeschränkte Prüfungsdichte gilt. Sie ist allein auf grobe Fehler hin zu überprüfen, § 1 Abs. 5 S. 2 KSchG.[568] Dies soll auch bei der Verkennung des Betriebsbegriffs gelten, der im Rahmen der Insolvenz den Betriebsparteien typischerweise entzogen ist.[569] Der eingeschränkte gerichtliche Prüfungsrahmen soll sich zudem auf die Herausnahme von einzelnen Arbeitnehmern, insbesondere sogenannten Leistungsträgern, beziehen.[570] Grob fehlerhaft ist die Sozialauswahl erst dann, wenn ein evidenter, ins Auge springender Fehler vorliegt und der Interessenausgleich jede Ausgewogenheit vermissen lässt.[571] Eine solcher Fehler liegt etwa vor, wenn Mitglieder einer Gewerkschaft von vornherein aus der Sozialauswahl herausgenommen werden.[572] Noch nicht endgültig geklärt ist, ob eine grobe Fehlerhaftigkeit auch dann vorliegt, wenn sich die Sozialauswahl von vornherein nur auf bestimmte Betriebsabteilungen beschränkt.[573] Da die Sozialauswahl im Normalfall auch auf den gesamten Betrieb zu beziehen ist,[574] darf hier aber nichts anderes gelten.[575] Im Übrigen bleibt es aber dabei, dass Gesetz und Rechtsprechung

566 BAG 5.11.2009, NZA 2010, 457, 458.

567 BAG 5.11.2009, NZA 2010, 457, 458.

568 Hierzu ausführlich *Jaeger*, in: FS AG Arbeitsrecht DAV, 889, 899 ff.

569 GK/*Oetker*, § 112a BetrVG Rn. 105; kritisch deswegen *Janzen*, AuR 2013, 203, 207.

570 LAG Köln 10.5.2005, BeckRS 2005, 42303; GK/*Oetker*, § 112a BetrVG Rn. 105; a.A. SPV/*Preis*, § 2 Rn. 1171.

571 BAG 17.11.2005, NZA 2006, 661, 664.

572 LAG Köln 29.7.2004, BeckRS 2004, 30463314; APS/*Kiel*, § 1 KSchG Rn. 802.

573 Vgl. zu § 125 InsO BAG 17.11.2005, NZA 2006, 661; ferner APS/*Kiel*, § 1 KSchG Rn. 802.

574 BAG 28.10.2004, NZA 2005, 285.

575 Wie hier LAG Rheinland-Pfalz 19.1.2006, BeckRS 2006, 40758; *Janzen*, AuR 2013, 203, 207; zu § 125 InsO auch LAG Niedersachsen, 17.1.2008, BeckRS 2011, 66893.

den Betriebsparteien einen weiten Beurteilungsspielraum zubilligen.[576] Die Feststellung, dass das Auswahlverfahren nicht beanstandungsfrei ablief, genügt als solches nicht.[577] Denn auch ein mangelhaftes Auswahlverfahren soll zu einem richtigen – nicht grob fehlerhaften – Auswahlergebnis führen können.[578] Hinsichtlich der Darlegungs- und Beweislast ändert die Norm jedoch richtigerweise nicht die allgemeinen Grundsätze nach § 1 Abs. 3 KSchG.[579] Der Arbeitnehmer kann somit auch Auskunft über die Gründe verlangen, die zu der getroffenen Sozialauswahl geführt haben, § 1 Abs. 3 S. 1 Hs. 2 KSchG.[580] Unterlässt der Arbeitgeber die Auskunft, ist die Kündigung ohne Weiteres unwirksam.[581] Die Kritik[582] hieran überzeugt weder in der Sache noch ist sie im Ergebnis haltbar. Die Rechtsprechung geht von einer hohen Richtigkeitsgewähr der Namensliste aus und hat die weiteren Anforderungen an eine Kündigung entsprechend reduziert.[583] Dass der Arbeitnehmer überhaupt Anhaltspunkte zur Sozialauswahl erhält, relativiert die Begünstigung wenn überhaupt nur marginal.[584] Die Mitteilungspflicht des Arbeitgebers ist grundsätzlich auf die subjektiven, von ihm tatsächlich angestellten Auswahlüberlegungen beschränkt.[585] Der Arbeitnehmer hat ansonsten keinen Anspruch auf die vollständige Auflistung der Sozialdaten aller objektiv vergleichbaren Arbeitnehmer.[586] Zudem – und dieser Punkt ist deutlich hervorzuheben – würde der Arbeitnehmer ansonsten einer praktisch nicht mehr widerlegbaren Präjudizierung des Kündigungsschutzverfahrens begegnen.[587]

576 BAG 17.1.2008, NZA-RR 2008, 571, 572.

577 BAG 10.6.2010, NZA 2010, 1352, 1353.

578 BAG 10.6.2010, NZA 2010, 1352, 1353 f.; 17.1.2008, NZA-RR 2008, 571, 572 f.

579 BAG 27.9.2012, NZA 2013, 559, 564; GK/*Oetker*, § 112a BetrVG Rn. 102; SPV/*Preis*, § 2 Rn. 1171; a.A. *Röder/Krieger*, DB 2005, 2578, 2581.

580 BAG 27.9.2012, NZA 2013, 559, 564; *Fitting*, §§ 112, 112a BetrVG Rn. 64; *Gaul*, BB 2004, 2686, 2690.

581 BAG 10.2.1999, NZA 1999, 702.

582 *Röder/Krieger*, DB 2005, 2578, 2581.

583 Vgl. nur BAG 17.1.2008, NZA-RR 2008, 571, 572: „Das Gesetz geht davon aus, dass u.a. durch die Gegensätzlichkeit der von den Betriebspartnern vertretenen Interessen und durch die auf beiden Seiten vorhandene Kenntnis der betrieblichen Verhältnisse gewährleistet ist, dass dieser Spielraum angemessen und vernünftig genutzt wird“.

584 Anders *Röder/Krieger*, DB 2005, 2578: die Vorteile seien „weitgehend relativiert“, wenn der Arbeitnehmer einen Auskunftsanspruch hätte.

585 BAG 27.9.2012, NZA 2013, 559, 564.

586 BAG 27.9.2012, NZA 2013, 559, 564.

587 Zur Frage, ob die Vermutungswirkung gem. § 1 Abs. 5 S. 1 KSchG nicht genau zu einer solchen Rechtsfolge führt: verneinend BAG 6.9.2007, NZA 2008, 633, 636; SPV/*Preis*, § 2 Rn. 1168; mit erheblichen Bedenken *Kohte*, BB 1998, 946, 954.

Denn einen hinreichenden Gegenbeweis wird er dann weder im Hinblick auf die Weiterbeschäftigungsmöglichkeiten noch hinsichtlich der Sozialauswahl führen können, weil es insoweit an ausreichenden Detailkenntnissen über die Unternehmensorganisation und die Betriebsabläufe mangelt.[588] Eine solche Ausgestaltung wäre auch mit verfassungsrechtlichen Grundsätzen nicht zu vereinbaren. Unter Berücksichtigung von Art. 12 GG verbietet es sich, dem Arbeitnehmer Darlegung und Nachweis solcher Umstände in vollem Umfang aufzubürden, die nicht in seiner Sphäre liegen und deren vollständige Kenntnis bei ihm infolgedessen nicht erwartet werden kann, während der Arbeitgeber über sie ohne Weiteres verfügt.[589] Die Rechtsprechung des Bundesarbeitsgerichts hat diesbezüglich auch für die Vermutungswirkung nach § 1 Abs. 5 S. 1 KSchG eine sekundäre Behauptungslast des Arbeitgebers grundsätzlich anerkannt.[590]

d) Rechtsstellung des namentlich genannten Arbeitnehmers

Fraglich ist, ob dadurch die verfassungsrechtlichen Bedenken der Norm aufgelöst wurden.[591] Unter Zugrundelegung der aktuellen Rechtsprechung wird die Rechtsstellung des Arbeitnehmers trotz der Zugeständnisse im Hinblick auf die sekundäre Behauptungslast erheblich verschlechtert.[592] Ein Arbeitnehmer, der sich auf der Namensliste wiederfindet, wird praktisch kaum noch Erfolgschancen gegen die Kündigung besitzen.[593] Selbst unter Berücksichtigung der Erleichterung nach den Regeln der abgestuften Darlegungs- und Beweislast muss der Arbeitnehmer greifbare Anhaltspunkte benennen, aus denen sich die Unrichtigkeit der nach § 1 Abs. 5 S. 1 KSchG vermuteten Tatsache ergeben soll.[594] Da dem Arbeitnehmer regelmäßig aber bereits diese Anhaltspunkte fehlen, da er keinen Einblick in die betrieblichen Abläufe und Notwendigkeiten hat, wird dies praktisch häufig leer laufen. Wie gesehen reicht es aber auch nicht aus, wenn

---

588 Zu den Schwierigkeiten des Nachweises siehe *Janzen*, AuR 2013, 203, 208.

589 BVerfG 6.10.1999, NZA 2000, 110.

590 BAG 27.9.2012, NZA 2013, 559, 562; 12.3.2009, NZA 2009, 1023, 1024 f.

591 So jedenfalls die ganz h.M. BAG 6.9.2007, NZA 2008, 633, 636; KR/*Griebling/Rachor*, § 1 KSchG Rn. 703; SPV/*Preis*, § 2 Rn. 1168; *Thüsing/Stelljes*, BB 2003, 1673, 1676; a.A. DKKW/*Däubler*, §§ 112, 112a BetrVG Rn. 42; *Buschmann*, AuR 2004, 1, 2.

592 APS/*Kiel*, § 1 KSchG Rn. 793; ErfK/*Kania*, § 112a BetrVG Rn. 3.

593 *Fitting*, §§ 112, 112a BetrVG Rn. 66; *Fischermeier*, NZA 1997, 1089, 1096; *Janzen*, AuR 2013, 203, 208: durch § 1 Abs. 5 KSchG „...verschlechtert sich die kündigungsschutzrechtliche Situation des davon betroffenen Arbeitnehmers dramatisch zu seinem Nachteil."

594 BAG 27.9.2012, NZA 2013, 559, 562.

der Arbeitnehmer die Vermutung im Prozess lediglich erschüttert. Die Beurteilung, wann genau die sekundäre Behauptungslast hier greifen soll, behält sich das Bundesarbeitsgericht für den Einzelfall vor.[595] Eine sinnvolle Prozessführung lässt sich hierauf nicht stützen. Ihm bleiben im Kündigungsschutzprozess daher im Wesentlichen zwei Wege, gegen eine solche Kündigung vorzugehen.[596] Zum einen kann er den Auskunftsanspruch geltend machen und hoffen, dass der Arbeitgeber keine oder offensichtlich nicht plausible Gründe für die Sozialauswahl liefert. Zum anderen kann er die Voraussetzungen des § 1 Abs. 5 KSchG genau prüfen, also inwieweit überhaupt eine Betriebsänderung geplant ist, der Interessenausgleich formwirksam ist und auch mit dem zuständigen Betriebsrat vereinbart wurde.[597] Der Arbeitgeber hat die Darlegungs- und Beweislast bezüglich dieser Voraussetzungen.[598] Regelmäßig sind dies dann auch die Schwerpunkte in einem entsprechenden Kündigungsschutzverfahren.[599]

Noch ungeklärt ist, ob der Arbeitnehmer unter Berufung auf eine Diskriminierung wegen eines Merkmals nach § 1 AGG nicht deutlich bessere Chancen haben könnte. Denn die Vermutungswirkung ließe sich in einem solchen Fall wohl schwer mit der Beweislast in § 22 AGG vereinbaren.[600] Unter Berücksichtigung einer unionskonformen Einschränkung müsste dann die Glaubhaftmachung einer Benachteiligung im Sinne von § 1 AGG genügen, um zu erreichen, dass der Arbeitgeber zu beweisen hat, dass keine Diskriminierung vorliegt.[601]

---

595 BAG 27.9.2012, NZA 2013, 559, 562: „Welche Anforderungen an ein erstes, die sekundäre Behauptungslast des Arbeitgebers auslösendes Vorbringen des Arbeitnehmers zu stellen sind, lässt sich nicht für alle Fälle im Voraus abstrakt festlegen. Sie richten sich vielmehr nach der konkreten Kenntnis und Kenntnismöglichkeiten des Arbeitnehmers." Kritisch und für eine weitergehende Darlegungslast des Arbeitgebers *Zwanziger*, DB 1997, 2174 ff.

596 *Janzen*, AuR 2013, 203, 208.

597 Zu den Voraussetzungen siehe KR/*Griebeling/Rachor*, § 1 KSchG Rn. 703g ff.

598 SPV/*Preis*, § 2 Rn. 1164.

599 *Janzen*, AuR 2013, 203, 208.

600 § 2 Abs. 4 AGG rückt dann auch hier in den Fokus. Generell kritisch zur Europarechtskonformität im Hinblick auf die Beweislastregeln im KSchG: MüKo/*Thüsing*, § 2 AGG Rn. 22. Für eine unionskonforme Auslegung im Rahmen von § 1 Abs. 3 S. 3 KSchG: BeckOK-BGB/*Roloff*, § 2 AGG Rn. 26; ohne ausdrückliche Bezugnahme auf § 22 AGG wohl auch BAG 20.11.2014, NZA 2015, 931, 937 unter Hinweis auf BAG 28.4.2011, NJW 2011, 2458. Zu den Voraussetzungen von § 22 AGG siehe ErfK/*Schlachter*, § 22 AGG Rn. 2 ff.

601 So auch bei KR/*Griebeling/Rachor*, § 1 KSchG Rn. 703. Die konkreten Anforderungen sind auch im originären Fall bereits umstritten. Der Wortlaut ist insoweit unglücklich, als dass er suggeriert, der Betroffene müsse das Vorliegen einer Maßnahme und

Schließt der Arbeitgeber mit dem Betriebsrat allerdings einen formwirksamen Interessenausgleich mit einer entsprechenden Namensliste und liefert eine plausible Begründung hierfür ab, gibt es regelmäßig keine Möglichkeiten des Arbeitnehmers, gerichtlich gegen diese vorzugehen. Willkürliche und diskriminierende Motive bleiben dann im Verborgenen. Die Norm eröffnet damit auch Spielräume für unzulässige Koppelungsgeschäfte und willkürliche Entscheidungen, insbesondere im Hinblick auf die fehlenden Sanktionsmöglichkeiten.[602]

Durch die verfehlte Rechtsprechung, den Interessenausgleich auch bei diskriminierenden Handlungen nicht für unwirksam zu erklären, läuft für den Arbeitnehmer letztlich alles auf die Sozialauswahl hinaus. Mangels Detailkenntnissen ist er aber abhängig von dem Vortrag des Arbeitgebers. Überspitzt formuliert hängt die Rechtsstellung des Arbeitnehmers in Fällen willkürlicher Behandlung durch die Betriebsparteien davon ab, wie gut oder schlecht der Arbeitgeber die wahren Motive kaschieren kann. Der Gesetzgeber hat sich zu der bereits zur alten Fassung diskutierten Problematik bei Wiedereinführung leider nicht geäußert.[603] Naheliegend ist, dass durch die Verbesserung der Rechtssicherheit bei betriebsbedingten Kündigungen die Einstellungsbereitschaft der Arbeitgeber erhöht werden sollte.[604] Im Blick hatte man also relativ einseitig die Interessen der Arbeitssuchenden. Die dem Gesetzgeber zukommenden Einschätzungsprärogative mag eine solche Gewichtung verfassungsrechtlich tragen, überzeugend ist sie allerdings nicht. Besonders wenig nachzuvollziehen ist, warum das vom Gesetzgeber gewünschte Ziel durch kollektivvertragliche Dispositionen über den individualvertraglichen Kündigungsschutz durchgesetzt wird.[605] Der Kündigungsschutz ist mit guten Argumenten nicht betriebspartnerdispositiv

---

die Ungleichbehandlung nicht vollständig beweisen. Dies fordert aber die h.M. und erkennt die Beweiserleichterung nur hinsichtlich der Kausalität zwischen Ungleichbehandlung und einem der nach § 1 AGG verpönten Merkmale an, vgl. nur BAG 27.1.2011 NZA 2011, 737, 739; ErfK/*Schlachter*, § 22 AGG Rn. 2; MüKo/*Thüsing*, § 22 AGG Rn. 6; a.A. bspw. *Windel*, RdA 2007, 1, 2 f.

602 Vgl. nur Bauer/*Preis*/Schunder, NZA 2003, 704, 705; *Thüsing/Stelljes*, BB 2003, 1673, 1676.

603 Hierauf wurde bereits früh hingewiesen. Vgl. nur *Kohte*, BB 1998, 946, 953 f.

604 So auch *Thüsing/Stelljes*, BB 2003, 1673, 1676. Inwieweit der hohe Standard im Kündigungsschutzrecht tatsächlich die Neueinstellung verhindert, ist Gegenstand zahlreicher Kontroversen. Naturgemäß liegen die Ansichten auf beiden Seiten hier weit auseinander. Siehe nur *Schiefer*, NZA 2002, 770 ff.

605 *Kohte*, BB 1998, 946, 953, vgl. auch *Zeuner*, RdA 1989, 270, 273.

ausgestaltet.[606] Die Betriebsratstätigkeit soll ausschließlich der Wahrnehmung und Verbesserung des Kündigungsschutzes dienen.[607] Aus diesen Gründen verbietet sich auch jegliche Bestrebung, freiwilligen Interessenausgleichen ohne Betriebsänderung eine Wirkung nach § 1 Abs. 5 KSchG zukommen zu lassen,[608] oder die Betriebsänderung als solche lediglich einer Evidenzkontrolle unterziehen zu wollen.[609]

Anders als zum Beispiel im Rahmen von § 102 Abs. 3 BetrVG wird der Betriebsrat mit dem Arbeitgeber zusammen aktiv zur Verschlechterung des Kündigungsschutzes des Einzelnen tätig. Damit liegt eine *extensive Intervention* des Betriebsrats jedenfalls dann vor, wenn sich die sachwidrigen Motive nicht hinreichend aufklären lassen oder aber die Schwelle zur groben Fehlerhaftigkeit nicht überschritten wird. Der grundsätzlich bestehende Rechtsschutz gegen Kollektivvereinbarungen wird hier durch die gesetzliche Regelung einer Einschränkung unterworfen. Das hat in der Vergangenheit dazu geführt, dass sich Betriebsräte teilweise an der Beteiligung des aus ihrer Sicht „schmutzigen Geschäfts" nicht beteiligen wollten und eine entsprechende Namensliste nicht abgeschlossen haben.[610] Im Übrigen wird man den Betriebsräten aber ganz überwiegend bescheinigen dürfen, dass sie die Interessen der gesamten Belegschaft im Rahmen des Interessenausgleichs im Blick haben und das Minus an Bestandsschutz mit einem Plus durch die Kompensationsregelungen der §§ 111 ff. BetrVG einhergehen wird.[611] Schwer zu erfassen ist die Anzahl von Fällen, in denen der Betriebsrat diesen Zielen nicht nachkommt und möglicherweise aufgrund von unzulässigen Koppelungsgeschäften agiert.[612] Die ergangene Rechtsprechung liefert hier nur ein unzureichendes Bild, da es dem Verfahren gerade immanent ist, dass der betroffene Arbeitnehmer über willkürliche Motive

---

606 Vgl. BAG 13.9.1973, AP KSchG 1969 § 1 Nr. 2 mit Ausführungen zur alten Rechtslage. Der (individuelle) Kündigungsschutz soll möglichst unabhängig vom Willen des Betriebsrats bestehen.

607 *Kohte*, BB 1998, 946, 953.

608 Dafür *Kappenhagen*, NZA 1998, 968, 969; *Schiefer*, Anm. AG Bonn 5.2.1997, DB 1997, 1517, 1519; zu Recht ablehnend die h.M.: ErfK/*Kania*, § 112a BetrVG Rn. 3; Richardi/*Annuß*, § 112 BetrVG Rn. 22a; *Gaul*, BB 2004, 2686, 2687; *Hohenstatt*, NZA 1998, 846, 851; *Zwanziger*, DB 1997, 2174, 2175.

609 Für Letzteres *Thüsing/Wege*, BB 2005, 213, 214.

610 Vgl. *Bauer*/Preis/Schunder, NZA 2003, 704, 705, der deshalb sogar über einen Einlassungszwang des Betriebsrats nachdenkt.

611 Vgl. KR/*Griebeling/Rachor*, § 1 KSchG Rn. 703.

612 Ausf. dazu unten in diesem Kapitel unter B. V.

regelmäßig nichts erfahren soll und wird. Einzelne Entscheidungen, wie etwa die zur Bestrebung des Betriebsrats, die betriebsbedingte Kündigung von der Gewerkschaftszugehörigkeit abhängig zu machen,[613] lassen aber erahnen, dass dies kein Einzelfall sein wird. Wenig überzeugend ist es auch, wenn das Bundesarbeitsgericht dem Arbeitnehmer nahelegt, sein Informationsdefizit über die Nachfrage bei dem die Kündigung gebilligten Betriebsrat auszugleichen.[614] Dass dieser sich nun gegen die gefundene Vereinbarung stellt, dürfte selbst bei legitimen Beweggründen selten der Fall sein. Im Ergebnis ist festzuhalten, dass die Wiedereinführung des § 1 Abs. 5 KSchG unter dem Gesichtspunkt des Individualschutzes nicht zu begrüßen ist. Der Gesetzgeber hätte an anderen Stellschrauben drehen können, wenn er eine einfachere Kündigungsmöglichkeit für zwingend notwendig gehalten hätte. Durch die Einbeziehung der Betriebsräte in den Kündigungsschutz wird letztlich auch die Gefahr sachfremder Absprachen zwischen Betriebsrat und Arbeitgeber erhöht. Angesichts der prominenten Skandalfälle in der Vergangenheit[615] sollte der Spielraum für Vereinbarungen zu Lasten einzelner Arbeitnehmer nicht noch erweitert werden.

4. *Betriebliche Bildungsmaßnahmen, § 98 BetrVG*

Potentielle Benachteiligungen lassen sich theoretisch mit nahezu allen Mitbestimmungs- und Mitwirkungsrechten des Betriebsrats konzipieren. Besonders anschaulich sind aber solche Fälle, in denen ein bereits gefundenes oder in Aussicht genommenes Ergebnis der Arbeitsvertragsparteien aufgrund der Intervention des Betriebsrats wieder revidiert werden muss. Dies gilt insbesondere dann, wenn der betroffene Arbeitnehmer mit der Vereinbarung einverstanden war oder sie sogar forciert hat. Die betrieblichen Bildungsmaßnahmen können hier in zweierlei Hinsicht als Beispiel dienen. Zu untersuchen ist zunächst, inwieweit § 98 Abs. 3 BetrVG dem Betriebsrat die Möglichkeiten bietet, ihm unliebsame Arbeitnehmer vom Teilnehmerkreis auszuschließen und damit das berufliche Fortkommen zu erschweren. Ist der in Ungnade gefallene Arbeitnehmer

---

613 LAG Köln 29.7.2004, BeckRS 2004, 30463314.

614 BAG 27.9.2012, NZA 2013, 559, 562.

615 Siehe dazu nur http://www.faz.net/aktuell/wirtschaft/vw-affaere-zwei-jahre-und-neun-monate-klaus-volkert-muss-ins-gefaengnis-1514430.html (letztmalig abgerufen am 2.1.2017); http://www.sueddeutsche.de/wirtschaft/interne-querelen-bei-siemens-eine-frage-des-geldes-1.1790410 (letztmalig abgerufen am 2.1.2017); http://www.spiegel.de/wirtschaft/unternehmen/zahlungen-an-betriebsrat-opel-wehrt-sich-gegen-schmiergeld-vorwuerfe-a-792103.html (letztmalig abgerufen am 2.1.2017).

Ausbilder im Betrieb, könnte zugleich § 98 Abs. 2 BetrVG zweckmissbräuchlich dazu verwendet werden, seine Abberufung und damit möglicherweise sogar seine Kündigung zu verlangen.

a) Zur Mitbestimmung im Rahmen von § 98 BetrVG

Will der Arbeitgeber betriebliche Berufsbildungsmaßnahmen vornehmen, enthält das Gesetz hierfür differenzierte Beteiligungsrechte des Betriebsrats, die sowohl an die Einführung als auch an die Durchführung anknüpfen.[616] Unter betrieblichen Bildungsmaßnahmen sind dabei sämtliche Maßnahmen zu verstehen, die über eine bloß arbeitsbezogene – mitbestimmungsfreie – Unterrichtung hinaus gezielt Kenntnis und Erfahrung vermitteln, die zur Ausübung einer bestimmten Tätigkeit befähigen oder es ermöglichen, die beruflichen Kenntnisse und Fähigkeiten zu erhalten.[617] Nur beispielhaft ist auf die Mitbestimmung des Betriebsrats bei der Durchführung solcher Maßnahmen einzugehen. Echte Mitbestimmungsrechte bestehen nach § 98 Abs. 1 bis Abs. 3 BetrVG nicht nur für die Durchführung als solche, sondern auch bei der Bestellung oder Abberufung eines Ausbilders sowie für die Auswahl der an der Berufsbildung teilnehmenden Arbeitnehmer.[618] Mitbestimmungsfrei bleibt die Frage, ob der Arbeitgeber überhaupt Berufsbildungsmaßnahmen durchführt.[619] Die Durchführung der betrieblichen Bildungsmaßnahme nach § 98 Abs. 1 BetrVG wird dabei typischerweise in einer Betriebsvereinbarung festgehalten und unterliegt insoweit der vollen gerichtlichen Kontrolle.[620]

---

616 Ausführlich zu sämtlichen in Betracht kommenden Beteiligungsrechten *Hammer*, Berufsbildung und Betriebsverfassung, 130 ff.

617 BAG 5.3.2013, AP BetrVG 1972 § 98 Nr. 15; 23.4.1991, AP BetrVG 1972 § 98 Nr. 7; 10.2.1988, AP BetrVG 1972 § 98 Nr. 5; *Bork/Fischer*, AuA 2015, 640.

618 ErfK/*Kania*, § 98 BetrVG Rn. 1; *Fitting*, § 98 BetrVG Rn. 1; HWGNRH/*Worzalla*, § 98 BetrVG Rn. 1.

619 BAG 8.12.1987, NZA 1988, 401; GK/*Raab*, § 98 BetrVG Rn. 26; Löwisch/*Kaiser*, § 98 BetrVG Rn. 14; MünchArbR/*Matthes*, § 262 Rn. 19.

620 Das Mitbestimmungsrecht des Betriebsrats kann neben der Betriebsvereinbarung zum Teil aber auch durch Regelungsabreden mit dem Arbeitgeber ausgeübt werden. Vgl. *Fitting*, § 98 BetrVG Rn. 12; *GK*/Wiese, § 98 BetrVG Rn. 18; HWGNRH/*Worzalla*, § 98 BetrVG Rn. 24.

b) *Mitbestimmungsrecht bei Festlegung des Teilnehmerkreises, § 98 Abs. 3 BetrVG*

Aus der hier maßgeblichen Perspektive sind insbesondere die Mitbestimmungsrechte nach Absatz 2 und 3 im Hinblick auf den Individualschutz nicht unbedenklich. Das Mitbestimmungsrecht des Betriebsrats bei der Auswahlentscheidung soll die Chancengleichheit der Arbeitnehmer beim beruflichen Fortkommen sicherstellen.[621] Sachwidrigen Bevorzugungen oder Benachteiligungen einzelner Arbeitnehmer wirkt der Betriebsrat im Idealfall entgegen und sichert dadurch die innerbetriebliche Verteilungsgerechtigkeit.[622] Diese Ziele können aber dort ins Gegenteil verkehrt werden, wo der Betriebsrat unliebsame Arbeitnehmer von deren beruflichen Fortkommen ausschließen will. Besonders hohe Hürden gibt es für eine ablehnende Entscheidung nicht. Die Rechtsprechung fordert lediglich, dass der Betriebsrat sich nicht darauf beschränken darf, der Auswahlentscheidung des Arbeitgebers zu widersprechen, ohne selbst konkret infrage kommende Personen zu nennen.[623] Bei Streitigkeiten über die Auswahlentscheidung können beide Seiten die Einigungsstelle anrufen, § 98 Abs. 4 S. 1 BetrVG. Es handelt sich dabei um ein erzwingbares Einigungsstellenverfahren.[624] Ähnlich wie im Rahmen von § 99 Abs. 4 BetrVG stellt sich aber auch hier die Frage, ob der Arbeitgeber im Falle einer nicht nachvollziehbaren Auswahlentscheidung ohne Not das Einigungsstellenverfahren betreiben will. Dies gilt nicht nur im Hinblick auf die von ihm zu tragenden, nicht unerheblichen Kosten,[625] sondern stets auch unter besonderer Berücksichtigung des Verhältnisses zum Betriebsrat. Die Parteiergreifung für einen benachteiligten Arbeitnehmer dürfte daher eher die Ausnahme als die Regel sein.

Der betroffene Arbeitnehmer selbst hat nach der Ausgestaltung des Betriebsverfassungsgesetzes keine Möglichkeit die Einigungsstelle anzurufen. Soweit der Arbeitgeber die Fortbildungsmöglichkeit schon konkret in Aussicht gestellt hat, stellt sich die Frage, ob er individualvertraglich verpflichtet sein kann, einen Einigungsstellenspruch zu erwirken. Dies wird man üblicherweise nicht ohne Weiteres bejahen können. Eine Interessenabwägung unter umfassender

---

621 DKKW/*Buschmann*, § 98 Rn. 26; *Fitting*, § 98 BetrVG Rn. 28; GK/*Raab*, § 98 BetrVG Rn. 25; HWGNRH/*Worzalla*, § 98 BetrVG Rn. 24; MünchArbR/*Matthes*, § 262 Rn. 27.

622 GK/*Raab*, § 98 BetrVG Rn. 25.

623 BAG 20.4.2010, NZA 2010, 902.

624 *Fitting*, § 76 BetrVG Rn. 96.

625 Nach § 76a BetrVG ist der Arbeitgeber umfassend zur Kostentragung verpflichtet. Vgl. nur BeckOK-ArbR/*Werner*, § 76a BetrVG Rn. 2 ff.

Beachtung auch der betrieblichen Belange dürfte normalerweise für den Arbeitgeber streiten.[626] Tritt eine willkürliche oder diskriminierende Behandlung durch den Betriebsrat offen zutage, kann der Arbeitgeber aber – möglicherweise auch im Lichte von § 12 Abs. 3 AGG – zur Handlung verpflichtet sein.[627] Inwieweit der Arbeitnehmer durch ein solches, erzwungenes Verfahren tatsächlich sein angestrebtes Ziel erreicht, ist aber höchst fraglich.[628] In diesen Fällen stellt die Ausübung des Mitbestimmungsrechts durch den Betriebsrat eine *extensive* Beschränkung des Rechtskreises des Arbeitnehmers dar, weil die Mitbestimmung geeignet ist, individualrechtliche Absprachen zu durchbrechen. Nicht selten wird es aber zu einer solchen Konstellation gar nicht erst kommen. Bevor der Arbeitgeber verbindliche Zusagen zu Fortbildungsmaßnahmen gibt, wird er sich mit dem Betriebsrat auf eine Liste einigen. Für unberücksichtigt gebliebene Arbeitnehmer besteht dann keine Rechtsschutzmöglichkeit. Denn ohne individualrechtlichen Anspruch beziehungsweise eine verbindliche Zusage des Arbeitgebers für die konkrete Maßnahme dürfte es schon an einem Rechtsschutzbedürfnis für ein gerichtliches Vorgehen fehlen.[629] Benachteiligungen drohen dem einzelnen Arbeitnehmer im Übrigen auch bei außerbetrieblichen Bildungsmaßnahmen, wenn der Arbeitgeber Arbeitnehmer für solche Maßnahmen freistellt oder die den Teilnehmern dadurch entstehenden Kosten ganz oder teilweise übernimmt.[630] Zwar sind hier die Mitbestimmungsrechte des

---

626 Wenn man eine solche Verpflichtung unter Berücksichtigung allgemeiner Auslegungsregeln im Einzelfall tatsächlich herleiten kann, wäre der angemessene Interessenausgleich konsequent über § 275 Abs. 3 BGB zu suchen. Siehe dazu oben in diesem Kapitel unter B. III. 1. f) aa) (1).

627 Die Norm enthält trotz der systematischen Stellung einen individuellen Anspruch des Arbeitnehmers auf Beseitigung bereits eingetretener Benachteiligungen und die Verhinderung der Fortsetzung (BAG 25.10.2007 NZA 2008, 223; ErfK/*Schlachter*, § 12 AGG Rn. 3; kritisch *Gehlhaar*, NZA 2009, 825 ff.).

628 Die Bedenken hier sind ähnlich zu denen im Rahmen von § 99 Abs. 4 BetrVG. Verpflichtet man den Arbeitgeber gegen seinen Willen zur Interessendurchsetzung für den Arbeitnehmer, wird sich dies nur in den seltensten Fällen in einem effektiven Vortrag zugunsten des Arbeitnehmers widerspiegeln.

629 Ohne eine individualrechtliche Zusage hat der Arbeitnehmer keinen Anspruch auf Teilnahme an einer betrieblichen Bildungsmaßnahme. Etwas anderes soll nach der h.M. dann gelten, wenn die Teilnehmer durch ein Verfahren vor der Einigungsstelle verbindlich festgelegt wurden. Für einen unmittelbaren Anspruch gegen den Arbeitgeber in diesen Fällen bspw. *Fitting*, § 98 BetrVG Rn. 34; Richardi/*Thüsing*, § 98 BetrVG Rn. 68; kritisch HWGNRH/*Worzalla*, § 98 BetrVG Rn. 66 f.

630 Auch dann findet § 98 Abs. 3 BetrVG Anwendung. Vgl. GK/*Raab*, § 98 BetrVG Rn. 25; Löwisch/*Kaiser*, § 98 BetrVG Rn. 13; Richardi/*Thüsing*, § 98 BetrVG Rn. 58.

Betriebsrats grundsätzlich geringer ausgeprägt, an der Auswahlentscheidung partizipiert er dennoch.[631] Im Ergebnis lässt sich festhalten, dass der Betriebsrat häufig in der Lage sein wird, unliebsame Arbeitnehmer auch aufgrund willkürlicher Motive auszuschließen. Zugleich wird auch die Tür für sachwidrige Absprachen weit geöffnet. Will der Betriebsrat den Ausschluss einiger Arbeitnehmer, kann der Arbeitgeber dieses Zugeständnis möglicherweise mit sachfremden Zielen verknüpfen. Soweit der Arbeitgeber die Fortbildung noch nicht zugesagt hat, wird nicht in eine konkret bestehende Rechtsposition des Arbeitnehmers eingegriffen, sondern der Zugewinn eines Rechts, namentlich die Teilnahme an einer Fortbildung, vereitelt. Insoweit lässt sich von einer *reduzierten Intervention* sprechen.

c) *Mitbestimmungsrecht bei Bestellung und Abberufung von Ausbildern, § 98 Abs. 2 BetrVG*

Über eine solche *reduzierte Intervention* hinausgehen kann aber die Geltendmachung des Mitbestimmungsrechts nach Absatz 2. Der Betriebsrat erhält nämlich zwei Möglichkeiten, auf die Auswahl der Personen, die mit der betrieblichen Berufsbildung betraut werden, Einfluss zu nehmen, wenn diese nicht über die erforderliche oder fachliche Eignung verfügen. Zunächst kann er der Bestellung widersprechen und somit eine präventive Kontrolle ermöglichen.[632] In dieser Funktion als Überwachungsorgan tritt das Mitbestimmungsrecht nach § 98 Abs. 2 BetrVG neben die weiterhin bestehenden Rechte aus § 99 BetrVG.[633] Der Betriebsrat kann beide Rechte nebeneinander wahrnehmen.[634] Zwischen ihnen besteht nicht eine rechtliche, sondern nur eine tatsächliche Abhängigkeit.[635] Das Mitbestimmungsrecht nach § 98 Abs. 2 BetrVG erfasst über § 99 BetrVG hinausgehend aber auch Beauftragte, die nicht Arbeitnehmer des Betriebs sind oder nicht dem Geltungsbereich des Betriebsverfassungsgesetzes unterliegen.[636]

---

631 Vgl. *Bork/Fischer*, AuA 2015, 640, 641; ausführlich auch *Raab*, NZA 2008, 270 ff.

632 GK/*Raab*, § 98 BetrVG Rn. 19.

633 Zu den Einzelheiten siehe GK/*Raab*, § 98 BetrVG Rn. 40. Vgl. ferner HWGNRH/*Worzalla*, § 98 BetrVG Rn. 56; Richardi/*Thüsing*, § 98 BetrVG Rn. 27.

634 *Fitting*, § 98 BetrVG Rn. 23; *Ehrich*, RdA 1993, 220, 227; vgl. auch ErfK/*Kania*, § 98 BetrVG Rn. 13; *Eich*, DB 1974, 2154, 2158.

635 *Fitting*, § 98 BetrVG Rn. 23; HWGNRH/*Worzalla*, § 98 BetrVG Rn. 56; *Ehrich*, RdA 1993, 220, 227.

636 BAG 5.3.2013, AP BetrVG 1972 § 98 Nr. 15; DKKW/*Buschmann*, § 98 BetrVG Rn. 16; *Fitting*, § 98 BetrVG Rn. 13.

Unklar ist, ob der Widerspruch des Betriebsrats für sich genommen ausreicht, um zur Unwirksamkeit der Bestellung des Ausbilders zu führen.[637] Im Hinblick auf die Ausgestaltung von § 98 Abs. 5 S. 1 BetrVG ließe sich ebenfalls annehmen, dass der Arbeitgeber erst durch die rechtskräftige Entscheidung im Beschlussverfahren gehindert wird, den Ausbilder zu bestellen.[638] Versteht man das Widerspruchsrecht parallel zu § 99 BetrVG als Zustimmungsverweigerungsrecht, schränkt dies zumindest in praktischer Hinsicht den Individualschutz des Betroffenen ein. Denn es dürfte regelmäßig für die Entscheidungsfindung des Arbeitgebers einen Unterschied machen, ob er bei einer geplanten Bestellung den (sachwidrigen) Widerspruch des Betriebsrats zunächst einfach übergehen kann, oder ob er ein Beschlussverfahren anstreben muss und damit zugleich wieder mit weitergehenden Kosten belastet wird. Dem Betriebsrat steht es in diesen Fällen über § 98 Abs. 5 BetrVG natürlich jederzeit offen, das Beschlussverfahren einzuleiten. Sollte es allerdings an berechtigten Gründen fehlen, dürfte die Hemmschwelle zumindest ein Stück weit höher liegen.

Aus kollektivrechtlicher Perspektive hingegen wäre eine Annäherung an § 99 BetrVG wünschenswert. Stellt man auf den originären Zweck der Norm ab, nämlich die Gewährleistung einer hochwertigen Ausbildung durch qualifizierte Ausbilder, ist es in der Tat unglücklich, wenn der Widerspruch selbst im Falle eines Verfahrens nach Absatz 5 vor Rechtskraft der arbeitsgerichtlichen Entscheidung rechtswirkungslos wäre.[639] Unberücksichtigt bleiben darf aber nicht, dass der Gesetzgeber in § 98 Abs. 5 S. 1 BetrVG ausdrücklich sowohl für die Bestellung als auch für die Abberufung eine klare Entscheidung getroffen hat.[640] Das Initiativrecht liegt hier bei dem Betriebsrat. Die Regelung unterscheidet sich deutlich von den §§ 99 ff. BetrVG.[641] Die Unwirksamkeit der Maßnahme ohne Zustimmung des Betriebsrats wird nicht nur durch § 101 S. 1 BetrVG deutlich, sondern der Arbeitgeber erhält das Initiativrecht zur Zustimmungsersetzung ausdrücklich in § 99 Abs. 4 BetrVG.[642] Im Hinblick auf dieses Regelungskonstrukt ist es

637 So etwa DKKW/*Buschmann*, § 98 BetrVG Rn. 23; ErfK/*Kania*, § 98 BetrVG Rn. 12; *Fitting*, § 98 BetrVG Rn. 21; WPK/*Preis*, § 98 BetrVG Rn. 20; *Heinze*, Personalplanung, Rn. 124; dagegen GK/*Raab*, § 98 BetrVG Rn. 33; HWGNRH/*Worzalla*, § 98 BetrVG Rn. 43; Löwisch/*Kaiser*, § 98 BetrVG Rn. 11.

638 GK/*Raab*, § 98 BetrVG Rn. 33; HWGNRH/*Worzalla*, § 98 BetrVG Rn. 43; Löwisch/*Kaiser*, § 98 BetrVG Rn. 11; MünchArbR/*Matthes*, § 262 Rn. 33 f.; *Ehrich*, RdA 1993, 220, 223 f.; *Eich*, DB 1974, 2154, 2158.

639 So auch DKKW/*Buschmann*, § 98 BetrVG Rn. 23; WPK/*Preis*, § 98 BetrVG Rn. 20.

640 Vgl. GK/*Raab*, § 98 BetrVG Rn. 33.

641 *Eich*, DB 1974, 2154, 2158.

642 Vgl. Löwisch/*Kaiser*, § 98 BetrVG Rn. 11.

schwer vorstellbar, dass der Gesetzgeber von einer Unwirksamkeit der Bestellung durch Widerspruch in § 98 Abs. 2 BetrVG ausgegangen ist, ohne die Möglichkeit der gerichtlichen Ersetzung durch den Arbeitgeber zu normieren. Viel eher hat sich der Gesetzgeber hier für einen Gleichklang von Bestellung und Abberufung entschieden. In beiden Fällen ist bei Meinungsverschiedenheiten zwischen den Betriebsparteien das Beschlussverfahren durch den Betriebsrat anzustreben.

Der Widerspruch allein führt somit nicht zur Unwirksamkeit der Maßnahme. Der Arbeitgeber ist richtigerweise trotzdem berechtigt, eine gerichtliche Klärung im Beschlussverfahren herbeizuführen.[643] Widerspricht der Betriebsrat der Bestellung ohne ein Beschlussverfahren einzuleiten, birgt dies für den Arbeitgeber bei der Durchführung die Gefahr, dass der Betriebsrat zu einem späteren Zeitpunkt möglicherweise gerichtlich gegen die Maßnahme vorgeht und die Abberufung verlangt. Dies führt bei einer erfolgreichen Abberufung zu unnötigen Personalentscheidungen und möglicherweise Rechtsstreitigkeiten. Der Arbeitgeber muss die betroffene Person unter Umständen versetzen oder eine (Änderungs-)Kündigung aussprechen. Hinzutritt die neue Suche nach einem geeigneten Nachfolger. Dem Arbeitgeber ist somit ein schützenswertes Interesse zuzusprechen, im Vorfeld bereits eine abschließende und rechtssichere Klärung herbeizuführen.[644]

Im Ergebnis besteht aber auch bei vorliegender Lesart ein Grundproblem der Mitwirkungs- und Beteiligungsrechte fort. Einer etwaigen Benachteiligung bei kollusivem Zusammenwirken der Betriebsparteien steht der betroffene Arbeitnehmer oftmals schutzlos gegenüber. Kommt es erst gar nicht zum Beschlussverfahren, weil der Arbeitgeber nach energischem Einspruch durch den Betriebsrat von der Bestellung absieht, gibt es keine Möglichkeit für den Betroffenen, das Verhalten des Betriebsrats zu überprüfen. Ein eigenes Antragsrecht steht ihm nach § 98 Abs. 5 BetrVG nicht zu. Ein solches wird anders als im Rahmen von § 99 Abs. 4 BetrVG – soweit ersichtlich – nicht einmal diskutiert. Aus Sicht des Betroffenen noch gravierender kann die Mitbestimmung im Rahmen der Abberufung sein. Einigen sich Betriebsrat und Arbeitgeber hier auf die Entfernung des Ausbilders, kann dies unter Umständen zur Kündigung des

643 LAG Berlin 6.1.2000, NZA-RR 2000, 370; GK/*Raab*, § 98 BetrVG Rn. 34; HWK/*Ricken*, § 98 BetrVG Rn. 12; Richardi/*Thüsing*, § 98 BetrVG Rn. 37. Im Ergebnis gilt dies natürlich auch bei denjenigen, die eine Unwirksamkeit der Maßnahme durch den Widerspruch bejahen. Vgl. nur DKKW/*Buschmann*, § 98 BetrVG Rn. 23; ErfK/*Kania*, § 98 BetrVG Rn. 12; *Fitting*, § 98 BetrVG Rn. 21. Generell verneinend HWGNRH/*Worzalla*, § 98 BetrVG Rn. 43; Löwisch/*Kaiser*, § 98 BetrVG Rn. 11.

644 Vgl. GK/*Raab*, § 98 BetrVG Rn. 34.

Vertragsverhältnisses führen. Die Kündigung wird zwar selbst bei einem rechtskräftigen Beschluss über die Abberufung nicht ersetzt,[645] allerdings bindet die vorangegangene Entscheidung des Betriebsrats diesen durchaus im Rahmen von § 102 Abs. 3 BetrVG.[646] Ein Widerspruchsrecht kommt hier allenfalls noch nach § 102 Abs. 3 Nr. 3 und Nr. 5 BetrVG in Betracht, sodass ein Weiterbeschäftigungsanspruch nach § 102 Abs. 5 BetrVG ausgeschlossen erscheint.[647] Im Übrigen wird ein Betriebsrat, welcher die Abberufung vorangetrieben hat, auch einer Kündigung nicht widersprechen. Soweit dies dennoch gewollt ist, kann der Widerspruch durch das vorhergehende Verhalten zumindest in Teilen präjudiziert sein. Ähnlich wie im Rahmen der Zustimmungsverweigerung nach § 99 Abs. 2 BetrVG, ist es auch nicht auszuschließen, dass durch die gemeinsame Entscheidung der Betriebsparteien der Kündigungsgrund determiniert und für den Betroffenen kaum noch zu widerlegen sein wird.[648] Im Ergebnis kann ein Einfallstor für missbräuchliche Abreden zwischen den Betriebsparteien entstehen, die eine *extensive Intervention* in die Individualrechtsposition mit sich bringen können.

5. Betriebliche Mitbestimmung nach § 87 Abs. 1 BetrVG

Im Kernbereich der betrieblichen Mitbestimmung, namentlich § 87 Abs. 1 BetrVG, sind potentielle Beeinträchtigungen einzelner Arbeitnehmer bereits aufgrund des überwiegend kollektiven Charakters der Mitbestimmungstatbestände möglich.[649] Gleichzeitig bedingt dies aber grundsätzlich auch den Abschluss einer Betriebsvereinbarung. Zwar reicht die formlose Zustimmung zu einer Maßnahme aus, allerdings bewirkt nur die Betriebsvereinbarung die notwendige Rechtssicherheit und ist deshalb auch der absolute Regelfall.[650] Das

645 DKKW/*Buschmann*, § 98 BetrVG Rn. 22; *Fitting*, § 98 BetrVG Rn. 23; GK/*Raab*, § 98 BetrVG Rn. 41; HWGNRH/*Worzalla*, § 98 BetrVG Rn. 58; Löwisch/*Kaiser*, § 98 BetrVG Rn. 12.

646 Dazu im Einzelnen GK/*Raab*, § 98 BetrVG Rn. 41; HWGNRH/*Worzalla*, § 98 BetrVG Rn. 58.

647 ErfK/*Kania*, § 98 BetrVG Rn. 13.

648 Siehe *Eich*, DB 1974, 2154, 2158. So soll bspw. ein Weiterbeschäftigungsanspruch nach § 102 Abs. 5 BetrVG nicht in Betracht kommen. Vgl. auch ErfK/*Kania*, § 98 BetrVG Rn. 13; *Fitting*, § 98 BetrVG Rn. 23; GK/*Raab*, § 98 BetrVG Rn. 41.

649 Zum kollektivrechtlichen Charakter der Vorschrift: BeckOK/*Werner*, § 87 BetrVG Rn. 12; ErfK/*Kania*, § 87 BetrVG Rn. 6; *Raab*, ZfA 2001, 31 ff., *Wank*, in: FS Wiese, 617 ff.

650 *Richardi*, § 87 BetrVG Rn. 78; vgl. *Fitting*, § 87 BetrVG Rn. 2.

Bundesarbeitsgericht formuliert hier wie folgt: „Allein die Betriebsvereinbarung ist daher geeignet, den zwingenden und unabdingbaren Schutz der Arbeitnehmer herbeizuführen, um dessentwillen § 87 Abs. 1 BetrVG Mitbestimmungsrechte des Betriebsrats in den hier genannten Angelegenheiten begründet."[651] In diesen Fällen bestehen aber, wie bereits festgestellt, üblicherweise hinreichende Rechtsschutzmöglichkeiten des Arbeitnehmers. An dieser Stelle wird daher größtenteils darauf verzichtet, einzelne Mitbestimmungstatbestände auf ihre potentiell benachteiligende Wirkung hin zu überprüfen. Insoweit ist auf die obigen Ausführungen zu verweisen. Neben Kollektiventscheidungen gibt es im Rahmen von § 87 BetrVG aber auch rein auf den Einzelfall bezogene Entscheidungen. Zu nennen sind hier das schon angesprochene Mitbestimmungsrecht bei der Urlaubsgewährung (§ 87 Abs. 1 Nr. 5 BetrVG) und ein solches bei der Zuweisung und Kündigung von betrieblichem Wohnraum (§ 87 Abs. 1 Nr. 9 BetrVG).[652] Von größerer Relevanz sind allerdings die bisher nicht beleuchteten Felder, in denen der klassische Rechtschutz des Arbeitnehmers gegen die Betriebsvereinbarung nicht weiterhilft.

a) Sachwidrige Nutzung der Mitbestimmungsrechte

Während geklärt ist, dass der betroffene Arbeitnehmer individualrechtsbeschränkende Betriebsvereinbarungen gerichtlich überprüfen lassen kann und bei entsprechenden Eingriffen auch nicht hinnehmen muss, ist unklar, inwiefern er gegen sonstige sachfremde Erwägungen im Rahmen von § 87 BetrVG vorgehen kann. Denkbar ist etwa, dass der Betriebsrat seine Rechte hinsichtlich bestimmter Gruppierungen nicht ernsthaft ausschöpft, sodass die gefundenen Kompromisse mit dem Arbeitgeber stets als nachteilig für diese Gruppierung zu begreifen sind,[653] oder dass er sein Mitbestimmungsrecht erst gar nicht ausübt. Umgekehrt ist ebenfalls denkbar, dass der Betriebsrat eine gewünschte Vereinbarung verhindert. Soweit der Betriebsrat sein Mitbestimmungsrecht gar nicht ausübt und die Nichtausübung im konkreten Einzelfall auch nicht auf plausible Gründe gestützt werden kann, wird der Betriebsrat hiermit gegen § 23 Abs. 1 BetrVG verstoßen. Denn der Betriebsrat kann sein Mitbestimmungsrecht nicht in der Weise ausüben, dass er dem Arbeitgeber das alleinige Gestaltungsrecht

651 BAG 24.2.1987, NZA 1987, 639, 640.

652 Zu § 87 Abs. 1 Nr. 5 BetrVG siehe oben unter: Zum Inhalt des Mitbestimmungsrechts bei § 87 Abs. 1 Nr. 9 BetrVG vgl. BeckOK-ArbR/*Werner*, § 87 BetrVG Rn. 145 ff.

653 Zur Frage, inwieweit dem Betriebsrat stets ein Ermessen verbleibt, siehe im Rahmen der Umsetzungsüberlegungen unten im 4. Kapitel, C. III. 1.

über den mitbestimmungspflichtigen Tatbestand eröffnet.[654] Aus diesen Gründen ist auch ein Verzicht auf die Mitbestimmung nicht möglich ist.[655] Obgleich in diesen Fällen die individualrechtlichen Auswirkungen unerwähnt bleiben, wird man die Wirksamkeit einer belastenden, ohne die Zustimmung des Betriebsrats erfolgten Maßnahme bezweifeln müssen. Während dies für Fälle, in denen der Betriebsrat nicht beteiligt wird, im Hinblick auf die Theorie der Wirksamkeitsvoraussetzung feststeht,[656] dürfte hier im Ergebnis nichts anderes gelten. Die Sanktionsanordnung sollte jedenfalls dann greifen, wenn der Arbeitnehmer mit der Maßnahme nicht einverstanden ist. Notwendig bleibt also immer eine Einigung, sei es notfalls auch durch die Einigungsstelle.[657] In höherem Maße gefährdet ist die Individualrechtsposition des Arbeitnehmers damit vor allem dann, wenn der Betriebsrat eine Einigung aus sachwidrigen Gründen verhindert. Dies macht das folgende Fallbeispiel deutlich.

aa) Fallbeispiel im Rahmen von § 87 Abs. 1 Nr. 3 BetrVG[658]

Arbeitgeber (A) will aufgrund eines besonders lukrativen Termingeschäfts die vollautomatisierte Produktionsstraße auch außerhalb der regulären Arbeitszeiten laufen lassen. Dies muss allerdings sehr kurzfristig erfolgen. Benötigt werden hierfür die bei A beschäftigten IT- und Elektrotechniker. Diese haben für die außerplanmäßige Betreuung der Anlage hohe Prämienzahlungen mit A vereinbart und sind grundsätzlich mit dieser Maßnahme einverstanden. Seit neustem haben sie sich auch aufgrund ihrer einflussreichen Stellung in dem sich immer weiter technisierenden Betrieb zu einer eigenen Interessenvertretung zusammengeschlossen. Sie fühlen sich durch die im Betrieb vorherrschende Gewerkschaft nicht ausreichend vertreten. Der Betriebsrat, dem ausschließlich Mitglieder der bisherigen Einheitsgewerkschaft angehören, sieht dies kritisch

---

654 BAG 26.4.2005, NZA 2005, 892; 3.6.2003, NZA 2003, 1155, 1158.

655 Einhellige Ansicht: BAG 26.4.2005, NZA 2005, 892; BeckOK-ArbR/*Werner*, § 87 BetrVG Vorbem.; DKKW/*Klebe*, § 87 BetrVG Rn. 49; *Fitting*, § 87 BetrVG Rn. 3; GK/*Wiese*, § 87 BetrVG Rn. 5.

656 Zur Theorie der Wirksamkeitsvoraussetzung siehe etwa BAG (GS), 16.9.1986, NZA 1987 168; ErfK/*Kania*, § 87 BetrVG Rn. 136; GK/*Wiese*, § 87 BetrVG Rn. 95 ff.; *Richardi*, § 87 BetrVG Rn. 101 ff.; kritisch etwa *Lobinger*, RdA 2011, 76, 88 ff. Zu den Rechtsfolgen GK/*Wiese*, § 87 BetrVG Rn. 119 ff.

657 Dies wird dem Arbeitgeber auch regelmäßig zumutbar sein. Zum Bedürfnis für Einschränkungen des Mitbestimmungsrechts in Eilfällen vgl. GK/*Wiese*, § 87 BetrVG Rn. 154 ff.

658 Angelehnt an das Beispiel von *Weiss*, RdA 1974, 269, 275.

und will die Solidarität der Belegschaft mit allen Mitteln wiederherstellen. Um den Abweichlern ihre Grenzen aufzuzeigen, verweigern sie die Zustimmung zu der geplanten Maßnahme gemäß § 87 Abs. 1 Nr. 3 BetrVG. A ruft unmittelbar die Einigungsstelle an. Durch geschicktes Taktieren, unter anderem bei der Auswahl des Vorsitzenden der Einigungsstelle, wird die Entscheidungsfindung hinausgezögert und das Termingeschäft platzt. A hält einen weiteren Konfrontationskurs mit dem Betriebsrat für zu heikel. Die betroffenen Arbeitnehmer hingegen wollen die entgangene Prämienzahlung geltend machen.

bb) Fehlende Ansprüche gegen den Betriebsrat als Grundproblem

Der Betriebsrat hat im Rahmen der Betriebsverfassung durchaus Möglichkeiten, den Einigungsprozess mit dem Arbeitgeber hinauszuzögern. Anknüpfungspunkt kann hier beispielsweise die Besetzung der Einigungsstelle sein, die gegebenenfalls zunächst gerichtlich festgelegt werden muss, § 76 Abs. 2 S. 2, 3 BetrVG.[659] Möglicherweise sieht der Arbeitgeber allerdings auch gänzlich davon ab, den erforderlichen Antrag für ein verbindliches Einigungsverfahren zu stellen.[660] Ein unmittelbar betroffener Arbeitnehmer hat mangels zuerkannter eigener Rechtsposition keinen Anspruch auf Einleitung des Verfahrens.[661] Kaum denkbar erscheint es zudem, den Arbeitgeber hier ernsthaft verpflichten zu wollen, das Verfahren vor der Einigungsstelle entgegen seiner Überzeugung durchzuführen. Anders als im Rahmen von § 99 Abs. 4 BetrVG geht es hier nicht nur um eine einzelne personelle Maßnahme, sondern regelmäßig um eine betriebliche Entscheidung mit kollektivem Bezug. Betroffen ist damit eine unternehmerische Entscheidung, die originär allein in die Befugnis des Arbeitgebers fällt. Unabhängig davon, ob der Betriebsrat die Entscheidung nur hinauszögert oder gänzlich verhindert, kann dies für den Arbeitnehmer erhebliche Konsequenzen haben. In beiden Fällen stellt sich die Frage, ob er die beteiligten Betriebsratsmitglieder in Anspruch nehmen kann. Eine Haftung des Kollektivs scheidet bekanntlich aus.[662] Aber auch etwaige Schadensersatzansprüche gegen die Mitglieder des Betriebsrats sind nach aktueller Ausgestaltung

---

659 Siehe zum Verfahren etwa GK/*Kreutz/Jacobs*, § 76 BetrVG Rn. 59 ff. Zu weiteren Fragen der Verzögerung durch unbegründetes Parteivorbringen siehe ErfK/*Kania*, § 76 BetrVG Rn. 6.

660 Die Einigungsstelle wird nur auf Antrag tätig, § 76 Abs. 5 S. 1 BetrVG. Siehe hierzu *Richardi*, § 87 BetrVG Rn. 966 ff.

661 Vgl. DKKW/*Berg*, § 76 BetrVG Rn. 91; ErfK/*Kania*, § 76 BetrVG Rn. 15; *Fitting*, § 76 BetrVG Rn. 59; GK/*Kreutz/Jacobs*, § 76 BetrVG Rn. 95.

662 Siehe zur gesamten Haftungsfrage unten ausf. im 4. Kapitel, B. II. 1.

der Betriebsverfassung kaum denkbar. Die fehlende Rechtsbeziehung zwischen Betriebsrat und Arbeitnehmer wird hier erneut relevant. Denkbar bleiben allein deliktische Ansprüche.[663] Mangels Rechtsgutsverletzung wird § 823 Abs. 1 BGB aber regelmäßig nicht weiterhelfen.[664] Ein Anspruch aus § 823 Abs. 2 BGB scheitert nach herrschender Ansicht daran, dass auch die fehlerhafte Ausübung der Mitbestimmung regelmäßig keine Pflichtverletzung darstellt.[665] Zwar wird vereinzelt vertreten, dass § 75 Abs. 1 BetrVG ein Schutzgesetz sei, allerdings wird die Vorschrift gleichzeitig gerade nicht als Individualanspruch des Arbeitnehmers gegen den Betriebsrat gedeutet.[666] Der Anspruch aus § 823 Abs. 2 BGB in Verbindung mit § 75 Abs. 1 BetrVG wird daher wohl nur neben den ohnehin bestehenden individualvertraglichen Anspruch des Arbeitnehmers gegen den Arbeitgeber treten.[667] Damit bleibt nur ein Anspruch aus § 826 BGB, dessen Voraussetzungen regelmäßig durch die betroffenen Arbeitnehmer nicht darzulegen sein werden.[668] Im Ergebnis drohen damit *extensive Interventionen* des Betriebsrats, die aufgrund des fehlenden Anspruchs gegen den Betriebsrat, beziehungsweise seiner Mitglieder, nicht kompensiert werden können. Konkret hätte nämlich der einzelne Arbeitnehmer mit dem Arbeitgeber durchaus individualvertraglich die Ableistung von Überstunden vereinbaren können.

b) *Fehlerhafte und unterbliebene Mitbestimmung am Beispiel der versteckten Videoüberwachung*

Die fehlerhafte Ausübung von Mitbestimmungsrechten ist zugleich unter dem Gesichtspunkt der Erkennbarkeit problematisch. Wird der Betriebsrat gar nicht

---

663 Die Haftung richtet sich grundsätzlich nach den allgemeinen Regeln des BGB: BeckOK-ArbR/*Besgen*, § 1 BetrVG Rn. 56; ErfK/*Koch*, § 1 BetrVG Rn. 19; GK/*Franzen*, § 1 BetrVG Rn. 79 ff.; a.A. DKKW/*Wedde*, Einl. BetrVG Rn. 150.

664 GK/*Franzen*, § 1 BetrVG Rn. 81.

665 BeckOK-ArbR/*Besgen*, § 1 BetrVG Rn. 57; Richardi/*Thüsing*, Vorbem. § 26 BetrVG Rn. 15; vgl. auch *Fitting*, § 1 BetrVG Rn. 218.

666 Siehe dazu ausf. die Ausführungen unten im 3. Kapitel, B. II. 4.

667 So etwa explizit DKKW/*Berg*, § 75 Rn. 147. Möglicherweise anders aber *Fitting*, § 75 BetrVG Rn. 218. Im Übrigen sind die arbeitsvertraglichen Schutz- und Fürsorgepflichten des Arbeitgebers durch die Grundsätze des § 75 BetrVG mitgeprägt worden und daher individualrechtlich erzwingbar (ErfK/*Kania*, § 75 BetrVG Rn. 1).

668 Den Geschädigten trifft – wie üblich – die Beweislast für sämtliche Anspruchsvoraussetzungen. Das beinhaltet bei § 826 BGB das sittenwidrige und vorsätzliche Handeln des Täters, also der Betriebsratsmitglieder (vgl. BeckOK-BGB/*Förster*, § 826 BGB Rn. 52). Zum Nachweis vorsätzlichen Handelns siehe etwa BGH 20.12.2011, NJW-RR 2012, 404 f.

oder nur sachwidrig tätig, wird der Arbeitnehmer hiervon nicht stets Kenntnis erlangen. Als besonders eklatantes Beispiel kann die Videoüberwachung im Betrieb dienen.

aa) Fallbeispiel

Arbeitgeber (A) möchte aufgrund eines Inventurverlustes die Lagerbestände in zwei Abteilungen durch versteckte Kameras überwachen lassen. Der beteiligungspflichtige Betriebsrat hält den Diebstahlsverdacht für reine Mutmaßung und weist den A darauf hin, dass er mögliche Alternativen, wie beispielsweise einen hohen Verschleiß oder die Mangelhaftigkeit der Warenbestellung, überhaupt nicht geprüft habe. Nachdem der A allerdings nochmals eindringlich auf den Betriebsrat einwirkt, stimmt dieser unter einer Bedingung zu. Die Videoüberwachung solle sich nur auf eine der beiden Abteilungen beziehen. Grund hierfür sind allein persönliche Differenzen zwischen dem Betriebsratsvorsitzenden und zwei dort beschäftigten Arbeitnehmer. Nach über drei Monaten der Überwachung finden sich allerdings keine Anhaltspunkte für die Verdachtsmomente.

bb) Fehlende Kenntnis als weitere Schwierigkeit der Rechtsdurchsetzung

Schwieriger zu beurteilen sind Fälle, in denen die Betriebsparteien eine Videoüberwachung für einzelne Arbeitnehmer beschließen und ihrer Entscheidung diskriminierende Beweggründe zugrunde legen. Der Betriebsrat wird dabei originär zur Verstärkung des individualrechtlichen Persönlichkeitsschutzes tätig.[669] In der heimlichen Videoüberwachung liegt nämlich stets ein erheblicher Eingriff in das Persönlichkeitsrecht des Arbeitnehmers.[670] Denn ein Arbeitnehmer, der davon ausgehen muss, dass der Arbeitgeber bei bestimmten Gelegenheiten zum Mittel der heimlichen Videoaufzeichnung greift, unterliegt einem permanenten Überwachungsdruck.[671] Das durch Art. 2 Abs. 1 in Verbindung mit Art. 1 Abs. 1 GG gewährleistete Persönlichkeitsrecht wird dabei aber nicht schrankenlos gewährleistet und kann im Rahmen der Güterabwägung im Einzelfall hinter den Interessen des Arbeitgebers zurückstehen.[672] Zulässig kann sie daher nach der Rechtsprechung sein, wenn der konkrete Verdacht einer strafbaren Handlung oder einer anderen schweren Verfehlung zu Lasten des Arbeitgebers besteht,

---

669 *Fitting*, § 87 BetrVG Rn. 215; siehe auch BAG 10.12.2013, NZA 2014, 439, 440 f.
670 *Fitting*, § 77 BetrVG Rn. 59; GK/*Wiese*, § 87 BetrVG Rn. 484.
671 BAG 27.3.2003, NZA 2003, 1193.
672 BAG 21.6.2012, NZA 2012, 1025, 1028; GK/*Wiese*, § 87 BetrVG Rn. 484.

weniger einschneidende Mittel zur Aufklärung des Verdachts ergebnislos ausgeschöpft sind, die verdeckte Videoüberwachung damit praktisch das einzig verbleibende Mittel darstellt und sie insgesamt nicht unverhältnismäßig ist.[673] Wenn diese Voraussetzungen aber nicht vorliegen und der Betriebsrat den Arbeitgeber trotzdem gewähren lässt, liegt ein erheblicher, nicht zu rechtfertigender Eingriff in die Interessen der betroffenen Arbeitnehmer vor.

Aus der Natur der Sache folgt zugleich die fehlende Erkennbarkeit für den Arbeitnehmer. Ohne Mithilfe durch den Betriebsrat wird der betroffene Arbeitnehmer häufig nicht einmal von den weitreichenden Eingriffen erfahren. Die Kontrollinstanz fällt insoweit weg und der Zweck des Mitbestimmungstatbestandes, die Persönlichkeitsrechte der Arbeitnehmer vor den Gefahren technisierter Ermittlung von Verhaltens- und Leistungsdaten zu schützen,[674] wird *ad absurdum* geführt, wenn der Betriebsrat kollusiv mit dem Arbeitgeber zusammenarbeitet. Der Arbeitnehmer wird dann zum Objekt einer anonymen, regelmäßig nicht wahrnehmbaren Kontrolle, welcher er sich nicht entziehen kann.[675] Solange der Arbeitgeber die erlangten Informationen nicht in irgendeiner Weise offenlegt, beispielsweise weil er sie im Rahmen einer Kündigung als Gründe anführt, bestehen *de facto* keine Möglichkeiten, das Handeln der Betriebsparteien vom Arbeitnehmer überprüfen zu lassen.

Erlangt der Arbeitnehmer allerdings Kenntnis, kann er umfangreiche Ansprüche geltend machen. Eine unzulässige Videoüberwachung bedingt nicht nur Schadens- und Schmerzensgeldansprüche wegen der Verletzung des Persönlichkeitsrechts,[676] sondern kann unter bestimmten Voraussetzungen auch straf- und bußgeldbewehrt sein, § 201a StGB, §§ 43, 44 BDSG.[677] Im Rahmen der gerichtlichen Kontrolle räumt die Rechtsprechung den Betriebsparteien richtigerweise keinen Beurteilungsspielraum im Hinblick auf die Rechtfertigung eines Eingriffs in das Persönlichkeitsrecht ein.[678] Bei der Beurteilung der Zulässigkeit

673 BAG 21.6.2012, NZA 2012, 1025, 1028; 27.3.2003, NZA 2003, 1193.

674 GK/*Wiese*, § 87 BetrVG Rn. 484; *Richardi*, § 87 BetrVG Rn. 480 ff.

675 Dieser Gefahr soll der Mitbestimmungstatbestand gerade entgegenwirken. Vgl. BAG 6.12.1983, AP BetrVG 1972 § 87 Überwachung Nr. 7 mit Anm. *Richardi*, GK/*Wiese*, § 87 BetrVG Rn. 484; kritisch zu einem so weitreichenden Schutzzweck von § 87 Abs. 1 Nr. 6 HWGNRH/*Worzalla*, § 87 BetrVG Rn. 341.

676 Das Persönlichkeitsrecht ist als sonstiges Recht iSd § 823 Abs. 1 BGB anerkannt (vgl. nur MüKo/*Wagner*, § 823 BGB Rn. 241 ff. mit zahlreichen Nachweisen) und dürfte damit auch eine unmittelbare Haftung gegen einzelne Betriebsratsmitglieder begründen können. Zur Haftung ausführlich siehe unten im 4. Kapitel, B. II. 1.

677 Siehe dazu *Grimm/Schiefer*, RdA 2009, 329, 343 f.

678 Vgl. BAG 21.6.2012, NZA 2012, 1025, 1028.

kann es nicht darauf ankommen, ob der Betriebsrat der Maßnahme zugestimmt hat oder nicht. Die Betriebsparteien können gerade nicht die Grenzen eines rechtlich zulässigen Eingriffs zulasten des Arbeitnehmers verschieben.[679]

Eine etwaige Benachteiligung wirkt also trotz des erheblichen Eingriffs in Grundrechtspositionen nicht rechtlich, sondern faktisch. Ein Betriebsrat, welcher es unterlässt den individualrechtlichen Persönlichkeitsschutz durch eine angemessene Ausübung des Mitbestimmungsrechts zu verstärken, kann in Einzelfällen die Verbesserung der Rechtsposition des Einzelnen vereiteln. In jedem Fall verhindert er zugleich auch ihre wirksame Durchsetzung. Insoweit kann sowohl von einer *reduzierten* als auch *obstruierenden Intervention* gesprochen werden. Denn obwohl für ein Beweisverwertungsverbot grundsätzlich allein die Intensität des Eingriffs in die verfassungsrechtlich geschützte Grundrechtsposition entscheidend ist,[680] kann die Abweichung von einem durch die Betriebsparteien klar definierten Verwendungszweck zur Nichtberücksichtigung in einem späteren Prozess führen.[681] Konkret entschieden hat das Landesarbeitsgericht Köln einen Fall, wonach in einer Betriebsvereinbarung zur Einführung eines Zeiterfassungssystems ausdrücklich vereinbart wurde, dass die erhobenen Daten nur zur Lohnabrechnung, nicht aber zur Verhaltenskontrolle verwendet werden dürfen.[682] Der Arbeitgeber konnte sich zur Begründung einer fristlosen Kündigung dort nicht auf die erhobenen Daten berufen.[683] Im Ergebnis können die Betriebsparteien aber keine weitergehenden Eingriffe in die Grundrechtsposition des Arbeitnehmers vereinbaren. Die Gefahr liegt bei sachwidriger Ausübung der Mitbestimmung viel eher darin, dass Eingriffe in die höchstpersönlichen Bereiche des Arbeitnehmers nicht mehr durch die originär vom

---

679 BAG 21.6.2012, NZA 2012, 1025, 1028; GK/*Wiese*, § 87 BetrVG Rn. 487 f.; *Richardi*, § 87 BetrVG Rn. 529; *Haußmann/Krets*, NZA 2005, 259, 262.

680 Vgl. BAG 13.12.2007, NZA 2008, 1008, 1010; ausdrücklich auch für eine mitbestimmungswidrige Videoüberwachung LAG Düsseldorf 7.12.2015, BeckRS 2016, 65271; LAG Hamm 24.7.2001, NZA-RR 2002, 464; HWGNRH/*Worzalla*, § 87 BetrVG Rn. 392; *Richardi*, § 87 BetrVG Rn. 533; *Bauer/Schansker*, NJW 2012, 3537, 3540; *Schlewing*, NZA 2004, 1071, 1072 ff.; a.A. LAG Baden-Württemberg 6.5.1999, BB 1999, 1439; *Fischer*, BB 1999, 154 ff.; *Maschmann*, NZA 2002, 13, 21.

681 GK/*Wiese*, § 87 BetrVG Rn. 490 mit Bezug auf die nachfolgende Entscheidung des LAG Kölns.

682 LAG Köln 4.11.2005, NZA-RR 2006, 302.

683 LAG Köln 4.11.2005, NZA-RR 2006, 302, 303.

Gesetzgeber vorgesehene Kontrollinstanz beaufsichtigt werden.[684] Die erhoffte Verstärkung des Individualschutzes führt dann ins Leere.

IV. Gesetzliche Schutzmechanismen zur Berücksichtigung von Individualinteressen

Sehr deutlich gemacht haben die bisherigen Untersuchungen, dass die pflichtwidrige Amtsausübung des Betriebsrats den Arbeitnehmer empfindlich treffen kann. Neben den konkret genannten Handlungen kann dies selbstverständlich auch durch einen generellen Verzicht auf die Beteiligungsrechte geschehen.[685] Zweifelhaft erscheint, ob die Betriebsverfassung dem Arbeitnehmer insoweit bereits adäquate Schutzmechanismen zur Verfügung stellt.

1. Ausschluss von Betriebsratsmitgliedern nach § 23 Abs. 1 BetrVG

Immer wieder wird in einem solchen Kontext auf § 23 Abs. 1 BetrVG verwiesen.[686] Diese Vorschrift erweist sich aber für den Individualschutz als nahezu, wenn nicht sogar, als gänzlich ungeeignet.[687] Die Norm soll nach ihrem Zweck zwar durchaus die Gesetzeskonformität betriebsrätlichen Handelns sicherstellen.[688] Garantiert wird aber nur ein Mindestmaß gesetzesmäßigen Verhaltens.[689] Im Grundsatz kann die Belegschaft sowohl den Ausschluss eines Betriebsratsmitglieds fordern als auch die Auflösung des Betriebsrats.[690] Die Vorschrift zielt

684 Die Vorschrift wurde in das Gesetz eingefügt, weil Kontrolleinrichtungen stark in den persönlichen Bereich der Arbeitnehmer eingreifen und eine Mitbestimmung daher für notwendig erachtet wurde (BT-Drs. 6/1786, 48 f.).

685 Vgl. etwa *Hanau*, RdA 1973, 283, 289.

686 Für den generellen Verzicht auf die Beteiligungsrechte etwa DKKW/*Däubler*, Einl. BetrVG Rn. 99. Im Hinblick auf den noch zu untersuchenden Verstoß gegen das Begünstigungsverbot gem. § 78 S. 2 BetrVG: HWGNRH/*Worzalla*, § 78 BetrVG Rn. 4; Richardi/*Thüsing*, § 78 BetrVG Rn. 38.

687 So bereits BAG 13.9.1973, AP KSchG 1969 § 1 Nr. 2. Im Hinblick auf den Individualschutz für unzureichend hält die Vorschrift auch *Blomeyer*, in: GS Dietz, 147, 169; *Buchner*, in: Innerbetriebliche Arbeitnehmerkonflikte, 35, 39 f.; *v. Hoyningen-Huene*, ZRP 1978, 181, 184. Als ausreichend erachtend wohl aber von *Löwisch*, AuR 1972, 359, 361.

688 *Fitting*, § 23 BetrVG Rn. 51; GK/*Oetker*, § 23 BetrVG Rn. 14; Richardi/*Thüsing*, § 23 BetrVG Rn. 1; WPK/*Kreft*, § 23 BetrVG Rn. 4.

689 Vgl. ErfK/*Koch*, § 23 BetrVG Rn. 1.

690 Zu dem Verfahren im Detail siehe GK/*Oetker*, § 23 BetrVG Rn. 73 ff.; Richardi/*Thüsing*, § 23 BetrVG Rn. 9 ff.

dabei aber gerade nicht auf den Schutz des Einzelnen, sondern setzt ein erhebliches Quorum von einem Viertel der Belegschaft voraus, § 23 Abs. 1 S. 1 BetrVG. Nur in absoluten Extremfällen ist es denkbar, dass sich ein Viertel der Belegschaft mit einer kleinen Anzahl von benachteiligten Personen solidarisiert. Realistischer ist allenfalls die Geltendmachung durch eine konkurrierende Gewerkschaft im Betrieb.[691] Selbst wenn man allerdings eine starke Solidarisierung der Belegschaft unterstellt, führt dies mit dem Ausschluss eines Betriebsratsmitglieds oder der Gesamtauflösung nicht zum originär gewünschten Erfolg.[692] § 23 Abs. 1 BetrVG enthält keine wie auch immer gearteten sonstigen Einwirkungen auf Betriebsratsmitglieder.[693] Insbesondere kann von dem Betriebsrat kein Tun oder Unterlassen gefordert werden.[694] Für einen von einer sachwidrigen Entscheidung betroffenen Arbeitnehmer ist § 23 Abs. 1 BetrVG in vielerlei Hinsicht kein praktikables Mittel.

2. Initiativrecht des Arbeitnehmers gemäß § 86a BetrVG

Das Betriebsverfassungsgesetz enthält allerdings noch weitere Vorschriften, die auf die sachgemäße Amtsausübung abzielen oder Individualrechte unmittelbar verstärken sollen. Einer so verstandenen Verstärkung soll auch § 86a BetrVG dienen. Der Arbeitnehmer soll hierdurch Gelegenheit erhalten, mehr Einfluss auf die Betriebsratspolitik zu nehmen.[695] Mit der Einführung der Vorschrift durch das Gesetz zur Reform des Betriebsverfassungsgesetzes vom 25.9.2001 wurden letztlich die Überlegungen zur Neugestaltung des Gesetzes von 1972 fortgeführt.[696] Das individuelle Vorschlagsrecht soll Anreiz bieten, dass sich die Arbeitnehmer entsprechend ihrem Selbstverständnis in betrieblichen Angelegenheiten verstärkt einschalten und ihre Ideen und Sichtweise gegenüber ihrer Interessenvertretung kundtun.[697] Die wahrgenommene und zum Teil tatsächlich bestehende Objektstellung des Einzelnen im Betriebsverfassungsrecht sollte durch weitergehende Individualrechte und eine persönliche Partizipation

691 So etwa im bereits erwähnten Fall des Landesarbeitsgerichts Köln. Die GdL wollte hier den Ausschluss eines Betriebsratsmitglieds einer anderen Gewerkschaft erreichen (LAG Köln 15.12.2000, NZA-RR 2001, 371).

692 Richtig gesehen bereits bei *Blomeyer*, in: GS Dietz, 147, 169.

693 Vgl. GK/*Oetker*, § 23 BetrVG Rn. 14.

694 Vgl. *Blomeyer*, in: GS Dietz, 147, 169.

695 Zum Normzweck siehe BT-Drs. 14/5741, 47.

696 Zur geschichtlichen Entwicklung und den Grundideen der Reformen siehe oben in diesem Kapitel unter A. I.

697 So ausdrücklich BT-Drs. 14/5741, 47.

ausgeglichen werden.[698] Nach § 86a S. 1 BetrVG hat jeder Arbeitnehmer das Recht, dem Betriebsrat Themen zur Beratung vorzuschlagen. Unterstützen mindestens 5 Prozent der Arbeitnehmer des Betriebs einen konkreten Themenvorschlag, so ordnet § 86a S. 2 BetrVG an, dass der Betriebsrat sich zwingend mit diesem befassen muss.

Die mit diesen Rechten korrespondierenden Pflichten des Betriebsrats sind hingegen auf ein Minimum beschränkt. Auch aus der Angst vor einer weitgehenden Beeinträchtigung der betriebsverfassungsrechtlichen Stellung des Betriebsrats als einheitliche Interessenvertretung aller Arbeitnehmer,[699] hat man die Pflichten letztlich auf die Entgegennahme des Themenvorschlags und unter Umständen auf eine relativ zeitnahe Aufnahme in die Tagesordnung einer Betriebsratssitzung beschränkt.[700] Trotz dieser weitgehend wirkungslosen Partizipationsmöglichkeit gibt es einige Stimmen in der Literatur, die auf die Gefahr der Agitation durch eine Minderheit aufmerksam machen wollen.[701] Insbesondere das Vorschlagsrecht könne dazu führen, dass nicht repräsentative Minderheiten insbesondere in kleineren Betrieben eine das Arbeitsklima des Betriebsrats und seine Leistungsfähigkeit beeinträchtigende Obstruktionspolitik schaffen würden.[702] Diese Bedenken sind weder in der Sache nachvollziehbar noch haben sie sich praktisch bestätigt.[703] Dies liegt in der konkreten Ausgestaltung von § 86a BetrVG begründet. Der Arbeitnehmer erhält über § 86a S. 1 BetrVG nach allgemeiner Meinung keinen Anspruch auf materielle Behandlung seines Anliegens.[704] Er soll nicht einmal Auskunft über einen etwaigen Beratungs- oder Verhandlungsstand innerhalb des Betriebsrats erlangen können.[705]

698 Zum Zweck der Vorschrift ausführlich GK/*Franzen*, § 86a BetrVG Rn. 4 ff.

699 Siehe zur Begründung BT-Drs. 14/5741, 29 f.

700 WPK/*Preis*, § 86a BetrVG Rn. 1.

701 GK/*Franzen*, § 86a BetrVG Rn. 5; *Annuß*, NZA 2001, 367; *Richardi/Annuß*, DB 2001, 41, 46; ferner auch *Hanau*, RdA 2001, 65, 71, der allerdings zutreffend darauf hinweist, dass eine Repräsentation im Betriebsrat den Minderheitenschutz deutlich besser verwirklichen würde.

702 GK/*Franzen*, § 86a BetrVG Rn. 5; *Franzen*, ZfA 2001, 423, 440 f.; *Picker*, RdA 2001, 259 269; *Richardi/Annuß*, DB 2001, 41, 46.

703 Vgl. WPK/*Preis*, § 86a BetrVG Rn. 1; *Wiese*, BB 2001, 2267, 2269. Gerichtliche Entscheidungen sind soweit ersichtlich zu dieser Frage nicht ergangen (siehe Richardi/*Thüsing*, § 86a BetrVG Rn. 1).

704 *Fitting*, § 86a BetrVG Rn. 7; Richardi/*Thüsing*, § 86a BetrVG Rn. 3.

705 HWK/*Schrader*, § 86a BetrVG Rn. 7, Richardi/*Thüsing*, § 86a BetrVG Rn. 3; WPK/*Preis*, § 86a BetrVG Rn. 3; *Neef*, NZA 2001, 361; a.A. *Fitting*, § 86a BetrVG Rn. 7; GK/*Franzen*, § 86a BetrVG Rn. 18.

Dies entspricht letztlich auch der Vorstellung des Gesetzgebers, der die Berücksichtigung des Themenvorschlags in das freie Ermessen des Betriebsrats stellen will.[706] Der Arbeitnehmer bleibt daher abhängig von einem funktionierenden innerbetrieblichen Dialog.[707] Agiert der Betriebsrat willentlich gegen die Interessen Einzelner, enthält § 86a BetrVG keinen positiven Effekt für den Individualschutz. *Picker* formuliert insoweit pointiert, es handele sich um eine „Art Placebo-Demokratie", die „insgesamt als eigens positivierte Befugnis kaum eine sinnvolle Regelung" darstelle.[708] Gleiches gilt letztlich auch für Themenvorschläge, die durch ein Quorum von 5 Prozent der Belegschaft gestützt werden. Die Aufnahme als Tagesordnungspunkt ist auch hier rein formaler Natur.[709] Die Fassung eines Beschlusses kann nicht verlangt werden.[710]

Angesichts dieses Befundes bleibt der Zugewinn für den Einzelnen in einem kaum messbaren Bereich.[711] Denn auch ohne die Normierung in Satz 1 wäre es dem Arbeitnehmer möglich gewesen, Bedenken und Wünsche gegenüber dem Betriebsrat zu äußern.[712] Hierfür genügt bereits die Sprechstunde nach § 39 BetrVG. Zudem bestehen mit den §§ 80 Abs. 1 Nr. 3, 85 BetrVG bereits ähnliche Regelungen.[713] § 80 Abs. 1 Nr. 3 BetrVG enthält zudem über § 86a BetrVG hinausgehend die Verpflichtung, den Arbeitnehmer über den Stand und das Ergebnis der Beratung zu unterrichten.[714] Trotz der weitgehenden Wirkungslosigkeit handelt es sich aber um eine subjektive Rechtsposition des einzelnen Arbeitnehmers, die dieser bei Streitigkeiten konsequenterweise im Beschlussverfahren überprüfen können muss.[715] Der Pflichtenkreis des Betriebsrats wird hierdurch

---

706 BT-Drs. 14/5741, 47 f.

707 So zutreffend WPK/*Preis*, § 86a BetrVG Rn. 1.

708 *Picker*, RdA 2001, 259, 269.

709 WPK/*Preis*, § 86a BetrVG Rn. 8.

710 WPK/*Preis*, § 86a BetrVG Rn. 8; *Wiese*, BB 2001, 2267, 2269.

711 Ähnlich auch *Picker*, RdA 2001, 259, 269.

712 § 86a S. 1 BetrVG sei daher rein „deklaratorischer Art" (Richardi/*Thüsing*, § 86a BetrVG Rn. 1). Für weitgehend überflüssig erachtend auch: GK/*Franzen*, § 86a BetrVG Rn. 7; *Franzen*, ZfA 2001, 423, 440; *Annuß*, NZA 2001, 367.

713 Der Anwendungsbereich kann bei § 86a BetrVG allerdings weitergehender sein (WPK/*Preis*, § 86a BetrVG Rn. 2). Anders GK/*Franzen*, § 86a BetrVG Rn. 7, der einen inhaltlichen Unterschied nicht zu erkennen vermag. § 86a BetrVG sei daher *lex specialis* zu § 80 Abs. 1 Nr. 3 BetrVG. Vgl. auch *Wiese*, BB 2001, 2267, 2268.

714 Vgl. BeckOK-ArbR/*Werner*, § 80 BetrVG Rn. 30.

715 Wie hier GK/*Franzen*, § 86a BetrVG Rn. 20; HWK/*Sittard*, § 86a BetrVG Rn. 3; Löwisch/*Kaiser*, § 86a BetrVG Rn. 3; Richardi/*Thüsing*, § 86a BetrVG Rn. 12; auch WPK/*Preis*, § 86a BetrVG Rn. 9, der allerdings auch das geringe Rechtsschutzbedürfnis

selbstredend nicht erweitert.[716] Die Nichtbehandlung der Themen soll zugleich auch eine Pflichtverletzung des Betriebsrats darstellen und ein Amtsenthebungsverfahren nach § 23 Abs. 1 BetrVG rechtfertigen.[717] Dass dieses für den Individualschutz untauglich ist, wurde bereits festgestellt. Im Ergebnis enthält auch § 86a BetrVG für die problembehafteten Fallgruppen keine adäquate Lösung.

V. Risiko von Koppelungsgeschäfte unter besonderer Berücksichtigung von § 78 S. 2 BetrVG

Fehlende gesetzliche Schutz- und Präventionsmechanismen ebenso wie die Eröffnung von individualrechtlich-belastenden Maßnahmen und Vereinbarungen durch die Betriebsverfassung ermöglichen zudem weitreichende Koppelungsgeschäfte zwischen Arbeitgeber und Betriebsrat. Hierunter zu verstehen sind Abreden zwischen Betriebsrat und Arbeitgeber, die auf sachfremden, also nicht von der Betriebsverfassung vorgegebenen, Motiven beruhen.[718] Eine einhellig anerkannte Definition gibt es freilich nicht. Zu kurz greift es aber, wenn man bereits begrifflich unterstellt, dass solche Geschäfte nur von Seiten des Betriebsrats ausgehen können.[719] Die Initiative kann gleichsam auch beim Arbeitgeber liegen. Uneinigkeit herrscht ebenfalls über die Frage, ob und gegebenenfalls inwieweit solche Abreden wirksam sind.[720] Teilweise hält man sämtliche sachfremde Erwägungen für arbeitnehmerfeindlich und damit immer auch für unwirksam, weil ihnen die Gefahr des Rechtsmissbrauchs immanent sei.[721] Weitergehend hält beispielsweise *von Hoyningen-Huene* auch sachwidrige Koppelungsgeschäfte bis zur Grenze der Sittenwidrigkeit für möglich.[722] Überwiegend hält er sie sogar für förderlich, um Rechtsstreitigkeiten zu vermeiden und rasche Lösungen herbeizuführen.[723] Damit liegt er auf einer Linie mit der gewerkschaftlichen und gewerkschaftsnahen Literatur. Hier hält man, wenig verwunderlich,

---

des Arbeitnehmers betont. Ablehnend ErfK/*Kania*, § 86a BetrVG Rn. 2; *Fitting*, § 86a BetrVG Rn. 11; wohl auch DKKW/*Buschmann*, § 86a BetrVG Rn. 18.

716 Vgl. auch GK/*Franzen*, § 86a BetrVG Rn. 20.

717 DKKW/*Buschmann*, § 86a BetrVG Rn. 18; *Fitting*, § 86a BetrVG Rn. 11; WPK/*Preis*, § 86a BetrVG Rn. 9; *Wiese*, BB 2001, 2267, 2269.

718 *Rückert*, Koppelungsgeschäfte des Betriebsrats, 51 ff.; 71 ff.; vgl. auch HWGNRH/*Worzalla*, § 87 BetrVG Rn. 95.

719 So bspw. *Eich*, ZfA 1988, 93; zu Recht kritisch *Brandl*, Koppelungsgeschäfte, 4.

720 Vgl. hierzu die Übersicht bei *Rückert*, Koppelungsgeschäfte des Betriebsrats, 43 ff.

721 Ausf. hierzu *Rieble/Klumpp/Gistel*, Rechtsmißbrauch in der Betriebsverfassung, 37 ff.

722 *v. Hoyningen-Huene*, NZA 1991, 7, 10 f.

723 *v. Hoyningen-Huene*, NZA 1991, 7, 11.

die Koppelungsgeschäfte für ein legitimes Machtinstrument und sieht die hieraus resultierenden Missbrauchsgefahren als nahezu nicht existent an.[724]

Abgestellt wird in der Diskussion ganz überwiegend ohnehin lediglich auf potentielle Nachteile für den Arbeitgeber.[725] Diese liegen auf der Hand. Der Betriebsrat kann allein mit Hinweis auf die ihm möglichen Verfahrensweisen im Rahmen der Mitbestimmung, zu denken ist hier beispielsweise an § 99 BetrVG oder die Anrufung der Einigungsstelle, eine „Drohkulisse" formulieren,[726] die dem Arbeitgeber stets ein weitergehendes Zugeständnis abnötigt. Umgekehrt ermöglichen solche Geschäfte aber auch, die Kooperation zwischen den Betriebsparteien und damit die Akzeptanz von unternehmerischen Entscheidungen in der Belegschaft zu fördern.[727] Partikularinteressen der Belegschaft müssen dabei nicht zwangsläufig auf der Strecke bleiben. Fordert der Betriebsrat beispielsweise für die Zustimmung zu Überstunden sachwidrig die Zahlung von Lärmzulagen, ist ein solches Koppelungsgeschäft zumindest für den einzelnen Arbeitnehmer nicht unmittelbar nachteilig, sondern belastet allein den Arbeitgeber.[728]

Anders wird man dies erst dann beurteilen können, wenn der Betriebsrat häufiger überhöhte und nicht dem Wohl des Betriebs zuträgliche Forderungen stellt. Bei einer überzogenen Sozialplanforderung kann es dadurch möglicherweise zu deutlich mehr als den zunächst geplanten Entlassungen kommen.[729] Problematisch in individualrechtlicher Hinsicht ist zudem der Handel mit Partikularinteressen der Arbeitnehmer. Dieses Problem verschärft sich angesichts einer immer größeren Heterogenität der Belegschaft weiter.[730] Das kann im Hinblick auf die Behandlung von als unerwünscht wahrgenommenen Leiharbeitnehmer geschehen,[731] aber auch in der Forderung der Kündigung einer

---

724 Vgl. *Schardt*, in: Mischarbeit und Mitbestimmung, 68, 76.

725 So berichtet *Eich*, ZfA 1988, 93, 94 in denen von ihm aufgenommenen Fällen ausschließlich von sachwidrigen Forderungen des Betriebsrats zugunsten der Belegschaft. Auch die sich mit diesem Thema befassenden Monographien von *Rückert* und *Brandl* legen ihren Fokus (allein) auf diese Problematik. Siehe *Rückert*, Koppelungsgeschäfte des Betriebsrats, 85 ff., die nur mögliche Abwehrmöglichkeiten des Arbeitgebers erläutert. Gleiches gilt letztlich auch für *Brandl*, Koppelungsgeschäfte, 173 ff.

726 So *Reichold*, NZA-Beilage Heft 4/2012, 146, 151.

727 Vgl. zu Vor- und Nachteilen der Koppelungsgeschäfte: *Brandl*, Koppelungsgeschäfte, 7 f.

728 Das LAG Nürnberg hat hierin auch kein rechtsmissbräuchliches Koppelungsgeschäft erkannt, Beschluss v. 6.11.1990, BB 1991, 1863 = NZA 1991, 281 (Ls.).

729 *Weiss*, RdA 1974, 269, 276; in Bezug auf diesen auch *Rieble/Klebeck*, NZA 2006, 758, 759.

730 Vgl. zu den Grundüberlegungen *Reichold*, NZA-Beilage Heft 4/2012, 146 ff.

731 Vgl. dazu *Sieweke*, NZA 2012, 426.

ungeliebten Führungsperson münden.[732] Die Beispiele machen deutlich, dass eine abstrakte Beurteilung im Hinblick auf die Individualinteressen der Arbeitnehmer nicht ohne Weiteres möglich ist.

Die von *Rieble* geforderte weitgehende Restriktion überzeugt zumindest im Hinblick auf die Arbeitnehmerinteressen nicht immer. Übersehen werden bei einem solchen Ansatz die positiven Einflussmöglichkeiten der Betriebsparteien auf aktuelle betriebliche Entwicklungen und Notwendigkeiten. Dort wo das Betriebsverfassungsrecht keine adäquaten Antworten enthält, können auch „sachfremde" Erwägungen geeignet sein, um letztlich einen allen Parteien gerecht werdenden Ausgleich zu finden. Mit einer solchen Annahme einher geht dann aber die Frage nach den Grenzen. Zumindest im Bereich der Betriebsvereinbarung ist dies allerdings kein Novum. Auch hier reagiert die Rechtsprechung auf einen weiten Gestaltungsspielraum mit einer hohen Kontrolldichte im Einzelfall. Besonders bedenklich sind Koppelungsgeschäfte im Hinblick auf die Belegschaft aber dann, wenn die Beteiligung der Betriebsräte an persönliche Vorteile geknüpft wurde. Dies gilt insbesondere für individualisierbare geldwerte Vorteile wie beispielsweise die Finanzierung von Freizeitveranstaltungen, privaten Hotelaufenthalten oder Geschenke an Familienangehörige.[733] Die Schwierigkeiten liegen aber nicht nur in der rechtlichen Würdigung solcher Geschäfte. Aus praktischer Sicht stellen sich erhebliche Probleme bei der Nachweisbarkeit solcher Abreden sowie bei konkreten Sanktionsmöglichkeiten. Dargestellt werden soll dies an folgendem Fallbeispiel, welches sich an drei bereits ergangenen Entscheidungen orientiert.

1. Fallbeispiel: Betriebsstilllegung und Sozialplan

Unternehmer (U) plant an einigen seiner Standorte Betriebsänderungen und Betriebsschließungen. Insgesamt will er sein Unternehmen neu aufstellen und deutlich effizienter und lukrativer strukturieren. Der Einfluss der Betriebsräte mit ihren weitreichenden Informationsrechten könnte zu einigen Nachfragen und Streitigkeiten führen, die letztlich die Gewinnmarge deutlich drücken könnten. U verhandelt daher an den Standorten X und Y zunächst im informellen Rahmen mit dem Betriebsrat. Am Standort X erscheint es durchaus fraglich, ob es sich wirklich um eine Betriebsstilllegung handelt, will U doch in geänderter

---

732 So ein Beispielsfall nach *Konzen*, in: FS Zöllner, 799, 802.

733 Beispiele für Begünstigungen von Betriebsratsmitgliedern finden sich bspw. bei *Fitting*, § 78 BetrVG Rn. 22 oder WPK/*Preis*, § 78 BetrVG Rn. 17 jeweils mit weiteren Fallkonstellationen.

Form bestimmte Abteilungen mit deutlich reduziertem Personal fortführen. Der dortige Betriebsrat hat bereits einige unangenehme Fragen gestellt. U bietet den Betriebsräten für eine kooperative Zusammenarbeit beim Sozialplan eine Sonderregelung an. Neben den dürftigen Leistungen aus dem von U angestrebten Sozialplan für die gesamte Belegschaft sollen alle Betriebsräte zusätzlich neben weiteren Sonderleistungen zwölf Bruttomonatsgehälter erhalten. Über das ganze Paket müsse natürlich Stillschweigen vereinbart werden. Der Betriebsrat willigt ein und setzt sich nicht weiter mit der möglicherweise strittigen Betriebsstilllegung auseinander. Ohne Widerworte akzeptiert er den Sozialplan.[734] U geht auch an dem Standort Y ähnlich vor. Hier geht es ihm primär darum, die Forderungen aus dem Interessenausgleich weiter zu drücken und zu einem ihm vorteilhaften Sozialplan zu kommen. Das Ganze vereinbart er diesmal direkt mit dem dortigen Betriebsratsvorsitzenden (R), der über eine erhebliche Machtposition im Betrieb verfügt. U überzeugt R, indem er ihm anbietet, dass er nach Abschluss des Sozialplans mit ihm einen Aufhebungsvertrag abschließen wird.[735] Die dort festgehaltenen Konditionen sind deutlich günstiger bemessen als die Regelungen aus dem Sozialplan. Auch hier kommt es zu dem von U gewünschten Sozialplan.

2. *Beweisproblematik*

Unabhängig davon, wie man die Wirksamkeit von Koppelungsgeschäften beurteilt, stellt sich praktisch häufig bereits das Problem, dass Außenstehende und damit auch die Belegschaft über entsprechende Absprachen nicht informiert werden. Dies gilt insbesondere, wenn der Betriebsrat Vereinbarungen zulasten der Belegschaft oder bestimmten Arbeitnehmergruppen trifft. Die Fallkonstellation macht dies deutlich. Über eine Sonderabmachung zwischen Betriebsrat und Arbeitgeber, die den Betriebsräten im Rahmen der Verhandlung über einen Sozialplan Zusatzleistungen zusicherte, wurde ausdrücklich Stillschweigen vereinbart.[736] Dies dürfte bei zweifelhaften Abmachungen der Regelfall sein. Weder Arbeitgeber noch Betriebsrat werden dann typischerweise an einer Aufklärung interessiert sein. Dies gilt für den Arbeitgeber umso mehr, als dass bei solchen Vereinbarungen stets auch eine etwaige Strafbarkeit nach § 119 Abs. 1 Nr. 3 BetrVG droht. Man wird wohl davon ausgehen dürfen, dass je offensichtlicher

---

734 Vgl. die Fallgestaltung bei ArbG Nürnberg 27.01.1997, JurionRS 1997, 10400.

735 Nachgebildet von LAG Düsseldorf 13.9.2001, BB 2002, 306. Ähnlich auch die Fallgestaltung bei LAG Sachsen 27.08.2008 – 2 Sa 752/07 – juris, wobei die Begünstigung dort in der Zusicherung einer bestimmten Tätigkeitsbezeichnung bestand.

736 ArbG Nürnberg 27.1.1997, JurionRS 1997, 10400.

sachwidrige Gründe in die Entscheidung der Betriebsparteien miteingeflossen sind, desto eher werden die Parteien hierüber Stillschweigen vereinbaren wollen. Oftmals wird der betroffene Arbeitnehmer daher über keinerlei Kenntnis über entsprechende Absprachen verfügen, da es solchen Vereinbarungen immanent ist, dass sie typischerweise nicht öffentlich gemacht werden.

3. *Rechtsschutzmöglichkeiten*

Selbst wenn der Arbeitnehmer Kenntnis von einem offensichtlich sachwidrigen Koppelungsgeschäft erhält und entsprechende Absprachen belegen kann, stellt sich die Frage, inwiefern er überhaupt in der Lage ist, gegen eine solche gerichtlich vorzugehen. Soweit die Absprache auch den Abschluss einer Betriebsvereinbarung bedingt hat, besteht hier grundsätzlich die Möglichkeit der Überprüfung. Auch im Rahmen einer etwaigen Kündigungsschutzklage kann die Wirksamkeit beispielsweise des Interessenausgleichs überprüft werden.[737] Zielte eine möglicherweise rechtswidrige Absprache aber etwa auf die Ausübung von Mitwirkungsrechten, ist die Geltendmachung mit gleichen Problemen wie bisher versehen.[738] Auch ein Verstoß gegen § 78 S. 2 BetrVG soll dem betroffenen Arbeitnehmer kein Antragsrecht zubilligen.[739]

4. *Fehlende Sanktionsmöglichkeiten*

Wenn sich ein Verstoß aber zweifelsfrei feststellen lässt und der betroffene Arbeitnehmer damit bereits erhebliche praktische Hürden überwunden hat, stellt sich die Frage nach Sanktionsmöglichkeiten gegenüber Interessenvertretung und Arbeitgeber. Haben die Betriebsparteien Vereinbarungen getroffen, die evident gegen die Interessen einzelner Arbeitnehmer verstoßen, wird der Arbeitnehmer nicht nur jegliches Vertrauen in den Betriebsrat verloren haben, sondern auch nach Kompensationsmöglichkeiten für erlittene Schäden streben. Das Betriebsverfassungsgesetz enthält auch hierauf wenig Antworten. Nur für rechtsgeschäftliche Handlungen, die gegen das Begünstigungsverbot gemäß § 78 S. 2 BetrVG verstoßen, ist die Nichtigkeit gemäß § 134 BGB als Rechtsfolge

---

737 Vgl. LAG Sachsen 27.08.2008 – 2 Sa 752/07 – juris.

738 In Betracht käme wohl nur ein Vorgehen gegen den Arbeitgeber, soweit dieser auf die Mitwirkung Einfluss nehmen kann.

739 Siehe hierzu die sogleich folgenden Ausführungen.

geklärt.[740] Unklar ist aber bereits, ob dies auch für Maßnahmen gilt, die auf einem solchen rechtswidrigen Koppelungsgeschäft beruhen. Zu klären ist auch, inwieweit es Sanktionsmöglichkeiten gegen den Betriebsrat gibt.

a) Sanktionsmöglichkeiten bei einem Verstoß gegen § 78 S. 2 BetrVG

Jedenfalls in Fällen, in denen die fehlerhafte Amtsausübung mutmaßlich auf rechtswidrigen Zahlungen beruhte und damit diametral entgegengesetzt sämtlicher Grundüberlegungen der Betriebsverfassung verläuft, handeln die Betriebsparteien gegen das in § 78 S. 2 BetrVG normierte Verbotsgesetz. Dieses Verbot mit einer Sanktionsandrohung zu verbinden, erscheint hier naheliegend. § 78 S. 2 BetrVG soll nämlich die innere und äußere Unabhängigkeit der Betriebsratsmitglieder sichern und ihre unparteiische Amtsführung gewährleisten.[741] Dem liegt die zutreffende Überlegung zugrunde, dass die Aufgaben des Betriebsrats nur dann funktionsgemäß und wirkungsvoll erfüllt werden können, wenn sowohl ein Mindestmaß an rechtlicher als auch an faktischer Unabhängigkeit garantiert wird.[742] Nach Ansicht der Rechtsprechung ergänzt § 78 S. 2 BetrVG zudem das Ehrenamtsprinzip gemäß § 37 Abs. 1 BetrVG.[743] Durch die Vorschrift werde maßgeblich das Vertrauen der vom Betriebsrat vertretenen Arbeitnehmer daraufhin verstärkt, dass die Wahrnehmung der Mitbestimmungsrechte durch den Betriebsrat nicht durch die Gewährung oder den Entzug materieller Vorteile für die Betriebsratsmitglieder beeinflussbar seien.[744] Nur als konsequent erscheint es dann auch, den Schutz auf die von einem korrumpierten Betriebsrat Betroffenen zu erstrecken. Denn die Norm berücksichtigt nicht nur das Interesse der Funktionsträger, sondern auch das öffentliche Interesse an der Funktionsfähigkeit der Betriebsräte.[745]

---

740 Vgl. BAG 20.1.2010, NZA 2010, 777; DKKW/*Buschmann*, § 78 BetrVG Rn. 36; *Fitting*, § 78 BetrVG Rn. 23; Richardi/*Thüsing*, § 78 BetrVG Rn. 37. Zur inhaltsgleichen Bestimmung in § 8 BPersVG BAG 16.2.2005, NZA-RR 2005, 556.

741 BAG 18.2.2014, BeckRS 2014, 68286; 25.2.2009, BeckRS 2010, 71852; 12.2.1975, AP BetrVG 1972 § 78 Nr. 1; *Fitting*, § 78 BetrVG Rn. 14; HWGNRH/*Worzalla*, § 78 BetrVG Rn. 1.

742 GK/*Kreutz*, § 78 BetrVG Rn. 1.

743 BAG 18.2.2014, BeckRS 2014, 68286; 5.5.2010, NZA 2010, 1025, 1027 f.

744 BAG 18.2.2014, BeckRS 2014, 68286.

745 Aus diesem Grunde sind beide Verbotssätze auch zwingendes Recht (so zutreffend DKKW/*Buschmann*, § 78 BetrVG Rn. 1; GK/*Kreutz*, § 78 BetrVG Rn. 20; siehe ferner *Fitting*, § 78 BetrVG Rn. 4; HWGNRH/*Worzalla*, § 78 BetrVG Rn. 3; *Hennecke*, BB 1986, 936, 941).

aa) Schutzgesetzcharakter im Hinblick auf die Belegschaft

Die bestehenden Ausführungen in der Kommentarliteratur zeichnen allerdings ein ganz anderes Bild. Die Frage, ob der Arbeitnehmer möglicherweise ein eigenes Antragsrecht haben sollte, um gravierende Verstöße gerichtlich feststellen zu lassen, wird, soweit ersichtlich, nicht einmal diskutiert.[746] Eine Antragsberechtigung des Einzelnen ist nicht vorgesehen, welches auch darin seine Ursache findet, dass man einhellig den Schutzgesetzcharakter des Begünstigungsverbots zugunsten betroffener Arbeitnehmer verneint.[747] Im Übrigen gebe es auch keine Gleichbehandlung im Unrecht.[748] Das verengt das Sichtfeld aber viel zu sehr auf die ergangene Entscheidung des Landesarbeitsgerichts Düsseldorf vom 13.9.2001, in welcher ein Arbeitnehmer versuchte die Gleichbehandlung mit den korrumpierten Betriebsräten zu erlangen.[749] Dies kann es freilich nicht geben. Im Übrigen gehen diesbezügliche Überlegungen aber an der Sache vorbei. Der Schaden liegt nämlich nicht in der fehlenden Auszahlung des Schmiergelds, sondern in einer hierauf beruhenden fehlerhaften Amtsausübung. Sollte sich dies zweifelsfrei nachweisen lassen, ist nicht ersichtlich, weshalb § 78 S. 2 BetrVG insoweit nicht auch dem Schutz der Betroffenen dient. Im Hinblick auf die vorgestellte Fallkonstellation ist es nicht einzusehen, dass Arbeitnehmer ihre Arbeitsplätze aufgrund von fehlgeleiteten Interessen des Betriebsrats verlieren und nicht einmal Schadensersatzansprüche geltend machen können. Dies gilt ebenso im Hinblick auf den die verbotene Begünstigung gewährenden Arbeitgeber.

bb) Strafandrohung für Betriebsratsmitglieder?

Erstaunliches ist aber auch im Hinblick auf eine etwaige Strafbarkeit festzustellen. Während der Begünstigende, regelmäßig der Arbeitgeber, nach § 119 Abs. 1 Nr. 3 BetrVG der Strafbarkeit unterliegt, trifft den Begünstigten keine Strafandrohung.[750] Ein Betriebsratsmitglied macht sich also nur dann strafbar, wenn es

---

746 Vgl. nur BeckOK-ArbR/*Werner*, § 78 BetrVG Rn. 14 f.; GK/*Kreutz*, § 78 BetrVG Rn. 72 ff.; Richardi/*Thüsing*, § 78 BetrVG Rn. 41.

747 LAG Sachsen 27.08.2008 – 2 Sa 752/07 – juris Rn. 71; GK/*Kreutz*, § 78 BetrVG Rn. 24; HWGNRH/*Worzalla*, § 78 BetrVG Rn. 5; Richardi/*Thüsing*, § 78 BetrVG Rn. 36.

748 So etwa Richardi/*Thüsing*, § 78 BetrVG Rn. 36.

749 LAG Düsseldorf 13.9.2001, BB 2002, 306 mit Anm. *Henssler*.

750 Zur hier nicht weiter relevanten Frage, ob ein vorsätzlicher Verstoß gegen § 78 S. 2 BetrVG genügt oder, ob es darüber hinaus auch einer besonderen Benachteiligungsabsicht bedarf, siehe etwa bei Richardi/*Annuß*, § 119 BetrVG Rn. 26; *Dannecker*, in: FS Gitter, 167, 183 (ablehnend) sowie bei GK/*Oetker*, § 119 BetrVG Rn. 53 (bejahend).

andere Mitglieder benachteiligt oder begünstigt, nicht aber, wenn es sich selbst begünstigen lässt.[751] Das ist bereits im Hinblick auf das Regelungsmodell von Vorteilsgewährung und Vorteilsannahme sowie Bestechung und Bestechlichkeit nach §§ 331 ff. StGB nicht ohne Weiteres nachvollziehbar.[752] Eine vollständige Strafbarkeitslücke will man in den Fällen des § 78 S. 2 BetrVG aber dadurch vermeiden, dass zumindest die Anstiftung oder Beihilfe verfolgt wird.[753] Hierfür muss das Betriebsratsmitglied aber die Grenzen der notwendigen Teilnahme nachweisbar überschreiten.[754] Ausreichend wäre insoweit beispielsweise eine ausdrückliche Forderung der Begünstigung.[755] In vielerlei Hinsicht kann § 78 S. 2 BetrVG daher als Paradebeispiel einer überholten Sichtweise dienen. Nach der Vorstellung der Gesetzessystematik handelt der Betriebsrat *per se* zugunsten der Belegschaft.[756] Die Betriebsverfassung fördert damit sachwidrige Absprachen zwischen den Betriebsparteien, welches durch die eingeschränkte Antragsberechtigung in § 119 Abs. 2 BetrVG „komplettiert" wird. Nur der Arbeitgeber oder eine kollektive Interessenvertretung sind dort antragsberechtigt.[757] Die Antragsberechtigung erschwert auch einen effektiven Schutz der Betriebsratswahlen gemäß § 119 Abs. 1 Nr. 1 BetrVG. Stört eine Mehrheitsgewerkschaft durch den Betriebsrat die Wahl von Splittergruppen, liegt auch hier die praktische Hürde bei dem Antragsdelikt. Hält sich der Arbeitgeber zurück, wird ein notwendiger, ordnungsgemäß gefasster Beschluss des Betriebsrates regelmäßig nicht zustande kommen.[758] Die Strafbarkeit gemäß § 119 BetrVG bleibt damit insgesamt ein „stumpfes Schwert".[759] Diese erheblichen Lücken sind bedauerlicherweise nicht

751 LG Braunschweig 22.2.2008, BeckRS 2009, 29834; *Fitting*, § 119 BetrVG Rn. 9; GK/Oetker, § 119 BetrVG Rn. 44; Richardi/*Annuß*, § 119 BetrVG Rn. 27; kritisch aber *Schlösser*, NStZ 2007, 562, 563 f. Notwendig ist aber stets der Erfolg, die bloße Ankündigung genügt nicht (*Fitting*, § 119 BetrVG Rn. 9; GK/*Oetker*, § 119 BetrVG Rn. 46; WPK/*Preis*, § 119 BetrVG Rn. 30).

752 Zum Normzweck der Vorschriften und deren Rechtsgut vgl. Lackner/Kühl/*Heger*, § 331 StGB 1; MüKo-StGB/*Korte*, § 331 StGB Rn. 2 ff.

753 LG Braunschweig 22.2.2008, BeckRS 2009, 29834; *Fitting*, § 119 BetrVG Rn. 9; Richardi/Annuß, § 119 BetrVG Rn. 27; *Dzida/Mehrens*, NZA 2013, 753, 757; *Fischer*, BB 2007, 997, 1000.

754 GK/*Oetker*, § 119 BetrVG Rn. 45; *Rieble/Klebeck*, NZA 2006, 758, 767; *Schlösser*, NStZ 2007, 562, 566.

755 *Fitting*, § 119 BetrVG Rn. 9; GK/*Oetker*, § 119 BetrVG Rn. 45.

756 Vgl. auch *Rüthers*, RdA 1976, 61, 64.

757 Zu den Antragsberechtigten im Einzelnen: Richardi/*Annuß*, § 119 BetrVG Rn. 29 ff.

758 Vgl. *Rieble/Klebeck*, NZA 2006, 758, 767.

759 So ausdrücklich *Schweibert/Buse*, NZA 2007, 1080, 1085.

nur Gegenstand theoretischer Überlegungen geblieben.[760] Ganz prominente Beispiele finden sich beispielsweise bei der Siemens AG, die der Arbeitnehmervertretung unter Leitung von *Wilhelm Schelsky* über 30 Millionen Euro zahlten, welche in erheblichem Maße für private Zwecke genutzt wurden.[761] Deutlich bedenklicher sind allerdings Zahlungen, die weitgehend an der Öffentlichkeit vorbeilaufen.[762] Nicht nachzuvollziehen ist anhand solcher Entwicklungen jedenfalls, dass man sich weiterhin gegen die Haftung von Betriebsratsmitgliedern gegenüber betroffenen Arbeitnehmern sperrt.

Mangels effektiver Sanktionsmöglichkeiten innerhalb der Betriebsverfassung ist der Blick aber auch vermehrt auf „klassische" Strafrechtsnormen gelegt worden. So hat sich beispielsweise *Lobinger* für eine Strafbarkeit nach § 266 StGB ausgesprochen und eine Vermögensbetreuungspflicht des Betriebsrats gegenüber dem Arbeitnehmer zumindest in Teilen anerkannt.[763] Thematisiert wird auch eine Nötigung im Sinne des § 240 StGB, wenn der Betriebsrat die weiteren Handlungen an einen Gewerkschaftsbeitritt knüpfen will.[764] Zumindest soweit es um eine Strafbarkeit nach § 266 StGB geht, hat der Bundesgerichtshof erhebliche Zweifel angemeldet.[765] Bedenken äußerte der 1. Senat insbesondere im Hinblick auf die Vermögensbetreuungspflicht, die sich im konkreten Fall aber auf das Verhältnis zwischen Betriebsratsmitglied und Unternehmen bezog.[766] Damit bleibt aber einmal mehr offen, wie willkürliche Handlungen des Betriebsrats zu sanktionieren sind. Die einzige durchgreifende Möglichkeit bleibt § 23 Abs. 1 BetrVG,[767] die aber aus den genannten Gründen für den Individualschutz untauglich ist. Es bleibt dabei: Wenn Arbeitgeber und eine Mehrheit

760 Ausführlich mit der Frage der Grenzen der Begünstigung von Betriebsratsmitgliedern setzen sich auseinander die Autoren *Schweibert/Buse*, NZA 2007, 1080 ff.

761 Zur Strafbarkeit siehe BGH 13.9.2010, NJW 2011, 88. *Schelsky* selber musste 3,2 Millionen Euro zurückzahlen (LG Nürnberg-Furth 1.9.2010, BeckRS 2011, 12521). Aus der Presse etwa http://www.sueddeutsche.de/wirtschaft/auftakt-im-aub-prozess-geld-mit-geschmaeckle-1.687857 (letztmalig abgerufen am 19.1.2017).

762 Vgl. etwa die Lohnzuschläge bei Opel http://www.faz.net/aktuell/wirtschaft/automobilindustrie/rechtswidrige-lohnzuschlaege-opel-schmiert-seine-betriebsraete-11494339.html (letztmalig abgerufen am 19.1.2017).

763 *Lobinger*, in: Arbeitsstrafrecht im Umbruch, 99 ff., 113 ff. Intensiv damit befasst hat sich auch *Cosack*, Untreue von Betriebsräten, 59 ff.

764 *Rieble/Klebeck*, NZA 2006, 758, 766.

765 BGH 13.9.2010, NJW 2011, 88.

766 BGH 13.9.2010, NJW 2011, 88, 91 ff.

767 Auch im Rahmen von § 78 S. 2 BetrVG hierauf verweisend etwa HWGNRH/*Worzalla*, § 78 BetrVG Rn. 4; Richardi/*Thüsing*, § 78 BetrVG Rn. 38.

der Betriebsratsmitglieder gemeinsam Verstöße gegen die Pflichten aus dem Betriebsverfassungsgesetz begehen, enthält das Gesetz hierauf keine Antwort.[768]

b) Auswirkungen auf betriebliche Maßnahmen

Keine ausdrückliche Antwort enthält das Gesetz folglich auch auf die Frage, inwieweit auf der verbotenen Begünstigung beruhende Maßnahmen oder Absprachen unwirksam sind. Während dies zunächst in der Rechtsprechung nicht entscheidungserheblich war,[769] hat das Landesarbeitsgericht Sachsen sich hierzu eindeutig positioniert.[770] Der Kläger, ein gekündigter Arbeitnehmer, griff im Rahmen des Kündigungsschutzprozesses einen Interessenausgleich an, dessen Zustimmung durch den Betriebsrat der Arbeitgeber auch dadurch erreichte, dass er einzelnen Mitgliedern höherwertige Berufsbezeichnungen attestierte.[771] Die zuvor noch zweifelnden Betriebsratsmitglieder wurden explizit angeschrieben und ohne große Umschweife wurden ihnen mitgeteilt, dass die gewünschte Verbesserung möglich sei, wenn „…Sie Ihren Widerstand gegen den Interessenausgleich, den Sozialplan und die Betriebsvereinbarung aufgeben."[772] Noch am selben Tag verfasste der Betriebsrat den Beschluss, dem Interessenausgleich zuzustimmen. Der offensichtliche Verstoß gegen § 78 S. 2 BetrVG führe aber nur zur Unwirksamkeit dieser Absprache und nicht etwa zur Nichtigkeit des Interessenausgleichs. Das Landesarbeitsgericht führt hierzu wörtlich aus: „Nicht erstreckt sich die Nichtigkeitsfolge auf die Beschlussfassung des Betriebsrats oder gar auf den in der Folge der Beschlussfassung dann vereinbarten Interessenausgleich. Die weitergehenden Sanktionen wegen Verletzung gesetzlicher Pflichten nach dem BetrVG ergeben sich aus dem sog. Bestrafungsverfahren nach § 23 BetrVG bzw. nach der Strafvorschrift in § 119 Abs. 1 Nr. 3 BetrVG, wobei sich letztere auch nur gegen den Begünstigenden richtet."[773] Das ist im Lichte der obigen Ausführungen nahezu grotesk. In jedem Fall bescheinigt es dem Betriebsrat einen Freibrief *par excellence* und ist für den Individualschutz in der Betriebsverfassung fatal. Dabei kann sich das Landesarbeitsgericht durchaus nicht ganz unzutreffend auf die Systematik der Betriebsverfassung berufen, die

768 So auch *Rüthers*, RdA 1976, 61, 64. *Henssler*, BB 2002, 307, 308 spricht insoweit von einem Freibrief für den Betriebsrat.

769 Vgl. LAG Düsseldorf, 13.9.2001, BB 2002, 306; ArbG Nürnberg 27.01.1997, JurionRS 1997, 10400.

770 LAG Sachsen 27.08.2008 – 2 Sa 752/07 – juris.

771 Vgl. LAG Sachsen 27.08.2008 – 2 Sa 752/07 – juris Rn. 5 ff.

772 Vgl. LAG Sachsen 27.08.2008 – 2 Sa 752/07 – juris Rn. 6.

773 LAG Sachsen 27.08.2008 – 2 Sa 752/07 – juris Rn. 70.

grundsätzlich fehlerhaftes Handeln nur als solches sanktioniert und die Wirksamkeit von Rechtshandlungen unberührt lässt.[774] Gleichsam muss der Entscheidung, gegen welche die Revision nicht zugelassen wurde, die Gefolgschaft verweigert werden. Stehen die Begünstigung und die Amtsausübung in einem unmittelbaren engen zeitlichen und inhaltlichen Zusammenhang, werden sie gar wie hier am selben Tag verfasst, ist die Unabhängigkeit der Betriebsratsmitglieder obsolet. Die nachträgliche Feststellung der Begünstigung hat damit praktisch keine Auswirkung. Strafbarkeit, Haftung der Betriebsratsmitglieder, die Nichtigkeit der getroffenen Vereinbarung, gar die Rückzahlung einer geleisteten Geldzahlung[775] – all das kann der Arbeitnehmer allein nicht durchsetzen, selbst wenn sich zweifelsfrei feststellen lässt, dass eine belastende Maßnahme nur aufgrund von Begünstigungen ergangen ist. Das lässt sich weder mit dem Sinn und Zweck von § 78 BetrVG noch mit dem der Betriebsverfassung innewohnenden Schutzgedanken vereinbaren.

VI. Existierende Ansätze zur Verbesserung des *status quo*

Die vorstehenden Untersuchungen haben gezeigt, dass das Rechtsschutzsystem gegen belastende Handlungen des Betriebsrats kaum ausdifferenziert ist und in den meisten Fällen schlicht nicht existiert. Vergleicht man die aktuelle Rechtslage und das bestehende Rechtsverständnis, hat sich seit Einführung des Betriebsverfassungsgesetzes keine signifikante Änderung der Rechtsposition des Arbeitnehmers ergeben. Die Entwicklung stagnierte und ist in manchen Feldern sogar rückläufig gewesen.[776] Auf der anderen Seite sind Mitwirkungs- und Mitbestimmungsrechte des Betriebsrats kontinuierlich ausgebaut worden.[777] Die bestehenden Schutzlücken wurden zumindest partiell von der Literatur adressiert.[778] Während es regelmäßig an einer globalen Betrachtungsweise fehlt,[779] werden doch einzelne Problemfelder durchaus intensiver diskutiert. Dies gilt insbesondere für potentielle Benachteiligungen im Rahmen von § 99 BetrVG.

774 LAG Sachsen 27.08.2008 – 2 Sa 752/07 – juris Rn. 70.

775 Zu der strittigen Frage, ob die gewährte Leistung im Hinblick auf § 817 S. 2 BGB zurückgefordert werden kann: *Fitting*, § 78 BetrVG Rn. 23.

776 Dies gilt etwa für die Rechtsstellung des betroffenen Arbeitnehmers im Rahmen von personellen Einzelmaßnahmen. Siehe dazu sogleich im nächsten Abschnitt.

777 Zu diesem Zusammenhang der Entwicklung auch *Belling*, Haftung des Betriebsrats, 366.

778 Vgl. etwa *Henssler*, BB 2002, 307, 308; *v. Hoyningen-Huene*, ZRP 1978, 181, 184; *Rüthers*, RdA 1976, 61, 64; *Richardi*, NZA 1999, 617, 620.

779 In einem größeren Zusammenhang wird die Problematik aber gesehen bei *v. Hoyningen-Huene*, ZRP 1978, 181 ff.

Die offensichtliche Gefahr der Beeinträchtigung von Individualinteressen hat hier zur Forderung nach einem eigenen Antragsrecht im Beschlussverfahren geführt. Durchgesetzt hat sich dieser Ansatz bisher nicht. Im Folgenden ist daher auch von Interesse, ob sich die Kritik an den Ansätzen auf einen gemeinsamen Nenner zurückführen lässt. Denn das Bestehen von individualrechtlichen Schutzlücken als solche wird auch von den Gegenstimmen nicht bestritten.[780]

1. Eigenes Antragsrecht im Beschlussverfahren

Die Forderung nach einem eigenen Antragsrechts im Beschlussverfahren wurde dabei insbesondere kurz nach Einführung des Betriebsverfassungsgesetzes von 1972 diskutiert.[781] Denn gerade im Rahmen von § 99 BetrVG ging mit der Einführung des Zustimmungsverweigerungsrechts eine Verschlechterung des Individualschutzes einher. Zuvor bestand nämlich nur ein Einspruchsrecht, welches vom Betriebsrat bei Meinungsverschiedenheit mit dem Arbeitgeber gerichtlich durchgesetzt werden musste, § 61 BetrVG 1952.[782] Der Arbeitsplatzbewerber blieb trotz Einspruchs rechtswirksam eingestellt und war Beteiligter im Beschlussverfahren.[783]

Die damals entstandene Diskussion ist aber aufgrund der erheblichen individualrechtlichen Auswirkungen auch heute noch aktuell. Und so finden sich auch in jünger datierten Beiträgen Vorschläge rund um ein eigenes Antragsrecht und die eigene Beteiligtenstellung des Arbeitnehmers, welche nicht nur auf § 99 Abs. 4 BetrVG beschränkt geblieben sind.[784] Auch etwaige Rechtsschutzlücken im Rahmen des fehlenden Widerspruchs zur Kündigung sollen hierüber kompensiert werden.[785] Den Forderungen nach einem eigenen Antragsrecht ist

---

780 Vgl. z.B. im Rahmen von § 99 BetrVG: GK/*Kreutz*, § 99 BetrVG Rn. 231; HWGNRH/*Huke*, § 99 BetrVG Rn. 196.

781 *Hanau*, RdA 1973, 281, 288; *Richardi*, ZfA-Sonderheft 1972, 1, 17; auch *Biedenkopf*, BB 1972, 1513, 1516 hält dies für einen gangbaren Weg; zust. *Hahn*, Rechtsfolgen mangelnder Beteiligung, 65 f. Lediglich für eine Beteiligtenstellung etwa *Matthes*, DB 1974, 2007, 2010.

782 Zur alten Rechslage siehe etwa die Kommentierung von *Dietz*, § 61 BetrVG 1952 Rn. 1.

783 Zum Gesamten *Richardi*, NZA 1999, 617, 620.

784 Siehe Richardi/*Thüsing*, § 99 BetrVG Rn. 315; *Baumann*, Rechtsstellung des Arbeitnehmers, 103 ff.; *Dütz*, AuR 1993, 33, 38 f.; *Hartmann*, ZfA 2008, 383, 393 ff. Für ein generelles Antragsrecht wohl *Blomeyer*, in: GS Dietz, 147, 173; *v. Hoyningen-Huene*, ZRP 1978, 181, 184. Weitergehend ebenfalls *Koloczek*, Leistungsansprüche gegen den Betriebsrat, 144 ff.

785 Diesen Fall etwa hatte auch *Blomeyer*, in: GS Dietz, 147, 168 vor Augen.

aber weitgehend gemeinsam, dass sie bis auf die dringende Notwendigkeit einer verbesserten Rechtsstellung keine fundierten Aussagen über die Herleitung der Rechtsposition enthält. Dabei ist der Betriebsverfassung die Geltendmachung von eigenen, betriebsverfassungsrechtlichen Rechten des Arbeitnehmers nicht gänzlich fremd. Verstöße gegen Wahlvorschriften kann etwa jeder Arbeitnehmer im Rahmen des einstweiligen Rechtsschutzes geltend machen.[786] Das Antragsrecht setzt aber stets voraus, dass der Antragssteller unmittelbar in seiner eigenen, betriebsverfassungsrechtlichen Rechtsposition verletzt ist.[787] Diese Hürde gilt es zwingend zu nehmen. Hierüber hinweg kommt man jedenfalls nicht, wenn die individuelle mit der betriebsverfassungsrechtlichen Rechtsbeeinträchtigung gleichstellt werden soll,[788] oder wenn man wenig dezidiert verfassungsrechtliche Aspekte bemühen will.[789]

a) Antragsrecht als stellvertretendes commodum, *§ 285 BGB*

Hartmann hat hingegen ein eigenes Antragsrecht des Arbeitnehmers im Beschlussverfahren deutlich fundierter zu belegen versucht.[790] Seine Ausführungen beziehen sich dabei auf ein mögliches Antragsrecht im Rahmen von § 99 Abs. 4 BetrVG. Anstatt den Arbeitgeber individualvertraglich zur wenig ergiebigen Durchführung des Verfahrens zu zwingen, könne der Arbeitnehmer in die Verfahrensstellung des Arbeitgebers einrücken.[791] Die Parallele hierzu sieht *Hartmann* in der Ersatzherausgabe des § 285 BGB.[792] Danach muss der Schuldner einen Ersatz herausgeben, beziehungsweise einen Ersatzanspruch abtreten, den er infolge des Umstands erlangt hat, aufgrund dessen er gemäß § 275 BGB die Leistung nicht zu erbringen braucht.[793] Dieser Rückgriff erscheint im Lichte der obigen Ausführungen besonders interessant. Denn, ob und inwieweit der Arbeitgeber zur Durchführung verpflichtet ist, muss sich richtigerweise nach

786 Vgl. dazu Schwab/Weth/*Walker*, § 85 ArbGG Rn. 80 ff, insb. Rn. 82.

787 St. Rspr. BAG 14.2.2007, NZA 2007, 999; 28.3.2006, NZA 2006, 1367; 11.11.1998, NZA 1999, 1056; 28.9.1988, NZA 1990, 314 und einhellige Ansicht in der Literatur: GMP/*Spinner*, § 83 ArbGG Rn. 13; Grunsky/*Greiner*, § 83 ArbGG Rn. 17; Schwab/Weth/*Schwab*, § 83 ArbGG Rn. 49; *Dunkl*, Begriff und Arten der Beteiligten im arbeitsgerichtlichen Beschlußverfahren, 108

788 So etwa *Blomeyer*, in: GS Dietz, 147, 173.

789 Für Letzteres etwa Richardi/*Thüsing*, § 99 BetrVG Rn. 313.

790 *Hartmann*, ZfA 2008, 383, 393 ff.

791 *Hartmann*, ZfA 2008, 383, 395.

792 *Hartmann*, ZfA 2008, 383, 394 ff.

793 Vgl. nur Palandt/*Grüneberg*, § 285 BGB Rn. 1 f.

den Grundsätzen der Unmöglichkeit richten.[794] *Hartmann* ordnet zudem die Rechtsposition eindeutig dem Arbeitnehmer zu und schafft damit ein eigenes betriebsverfassungsrechtliches Recht, welches zur Antragsstellung berechtigt.[795] Dieser Ansatz kann in erheblichen Teilen zur Lösung des Problems führen, weil *Hartmann*, wenn auch nicht ausdrücklich erwähnt, die Anerkennung einer eigenen Rechtsposition in sein Modell inkorporiert. Zweifelhaft bleibt allerdings die Beteiligtenstellung des Arbeitnehmers. Besteht der Arbeitgeber auf Durchführung des Zustimmungsersetzungsverfahrens, welches je nach Interessenlage deutliche Nachteile für den Arbeitnehmer mit sich bringen kann, bleibt der Arbeitnehmer in einem gerichtlichen Verfahren außen vor. Er ist entgegen der anderslautenden Ansicht von *Hartmann* nicht Beteiligter des Verfahrens.[796] Dabei beruft er sich, in der Sache zutreffend, auf den Gleichlauf der Voraussetzungen für Antrags- und Beteiligungsbefugnis.[797] Dies führt aber gerade zum gegenteiligen Ergebnis. Denn die betriebsverfassungsrechtliche Rechtsposition entsteht nach der Vorstellung *Hartmanns* dann, wenn der Arbeitgeber das Verfahren nicht durchführt. Nur dann erhält der Arbeitnehmer den Anspruch auf das stellvertretende *commodum*. Ohne einen solchen Anspruch ist er aber weder antragsberechtigt noch rückt er in die Beteiligtenstellung ein.

b) Subjektive Rechtsposition des Arbeitnehmers

Klammert man den Ansatz *Hartmanns* zunächst einmal aus, fehlt es der Forderung nach einem eigenen Antragsrecht stets an dem Nachweis einer notwendigen, unmittelbaren Betroffenheit des Arbeitnehmers in einer betriebsverfassungsrechtlichen Rechtsposition.[798] Die Beteiligungsrechte des Betriebsrats sind gerade keine eigenen Rechtspositionen der Arbeitnehmer, obgleich sie durchaus zur Verstärkung von Individualrechten bestehen können.[799] Bis auf

---

794 Siehe dazu erneut die obigen Ausführungen in diesem Kapitel unter B. III. 1. f) aa) (1).

795 *Hartmann*, ZfA 2008, 383, 408.

796 *Hartmann*, ZfA 2008, 383, 409.

797 *Hartmann*, ZfA 2008, 383, 409. Hierauf hat bereits sich bereits *Hanau*, RdA 1973, 281, 288 gestützt, um umgekehrt von einer Beteiligtenstellung auf ein Antragsrecht zu schließen. Zu den Voraussetzungen im Einzelnen vergleiche weiter unten im 4. Kapitel, C. I. 2. b).

798 Zutreffend in der Kritik an den bestehenden Ansätzen *Boemke*, ZfA 1992, 473, 483.

799 GK/*Wiese*, Einl. BetrVG Rn. 120; *Gamillscheg*, Arbeitsrecht II, 105 ff.; *Lobinger*, ZfA 2004, 101, 150 ff.; a.A. *Belling*, Haftung des Betriebsrats, 109 ff. Im Rahmen von § 102 Abs. 1 BetrVG geht es daher richtigerweise um die „kollektive Verstärkung des individualrechtlichen Kündigungsschutzes“ (GK/*Raab*, § 102 BetrVG Rn. 3; *Hartmann*, ZfA 2008, 383, 405; *Lobinger*, ZfA 2004, 101, 154).

einzelne, dem Arbeitnehmer ausdrücklich zugewiesenen Rechte, wie beispielsweise § 86a BetrVG, sind die Beteiligungsrechte gerade keine genuin betriebsverfassungsrechtlichen Rechte der Arbeitnehmer.[800] Der Schutzgedanke der Betriebsverfassung steht dem nicht grundsätzlich entgegen.[801] Vielmehr haben die Ausführungen in diesem Kapitel gezeigt, dass das systematische und historische Verständnis die Beteiligungsrechte dem Kollektiv, das heißt der Belegschaft als solcher zuordnet.[802] Der Betriebsrat kann nach der aktuellen Ausgestaltung zudem frei über die Geltendmachung dieser Rechte entscheiden. Genauso gut kann er auch untätig bleiben, etwa im Rahmen von § 102 BetrVG. Die damit einhergehende, mögliche Einschränkung der individualrechtlichen Stellung des Arbeitnehmers bleibt aber in jedem Fall kritikwürdig. Spiegelbildlich zur Einschränkung erwächst aber kein Rechtsschutz, weil es hierfür an der erforderlichen, betriebsverfassungsrechtlichen Rechtsposition mangelt.

2. *Eigene Ansprüche gegen den Betriebsrat*

Ganz vereinzelt wird darüberhinausgehend vertreten, dass der Arbeitnehmer unmittelbar gegen den Betriebsrat vorgehen können soll.[803] Die hierfür erforderlichen subjektiven Rechtspositionen werden dann auch ausdrücklich in den einzelnen Vorschriften des Betriebsverfassungsgesetzes erblickt. Zum Teil will man hierfür die Mitentscheidungsbefugnisse des Betriebsrats heranziehen, insbesondere die §§ 99, 102 BetrVG.[804] Abstrakt soll also dort Subjektschutz anerkannt werden, wo die Beeinträchtigung von Individualrechtspositionen besonders relevant wird. So verlockend die Bezugnahme auf diese Schutzlücken auch sein mag, so wenig vermag sie allein Ansprüche des Arbeitnehmers zu begründen. Das subjektive Recht bedarf eines Anknüpfungspunktes in der Rechtsordnung, welcher dem Einzelnen die Verfolgung seiner schutzwürdigen Interessen

---

800 So GK/*Wiese*, Einl. BetrVG Rn. 120, welcher allerdings in der 8. Auflage 2005 noch Gegenteiliges vertreten hat (dort Rn. 119).

801 Zum Schutzgedanken als zentrales Anliegen der Betriebsverfassung siehe die Ausführungen unten im 3. Kapitel, C. IV. 2. d) (1).

802 Siehe zudem *Gamillscheg*, Arbeitsrecht II, 105 ff.

803 *Niederalt*, Individualrechte, 275 ff.; *Pouyadou*, Abhängigkeit des Arbeitnehmers vom Betriebsrats, 188 ff.; auch *Belling*, Haftung des Betriebsrats, 144 ff. und *Haneberg*, § 75 BetrVG, 78 ff. allerdings mit Bezug auf § 75 BetrVG. Vgl. hierzu auch *Buchner*, in: Innerbetriebliche Arbeitnehmerkonflikte, 35, 56 f.

804 Ausdrücklich für subjektive Rechte in diesen Vorschriften: *Niederalt*, Individualrechte, 275 ff.; *Pouyadou*, Abhängigkeit des Arbeitnehmers vom Betriebsrats, 188 ff.

ermöglicht.[805] Diese liegen aber gerade nicht in den Beteiligungsrechten des Betriebsrats. Entscheidend bleibt damit die Rechtsgrundlage für eine generelle, subjektive Rechtsposition des Arbeitnehmers.

3. Zu klärende Fragen

Die Berechtigung der Überlegungen lässt sich *in toto* nicht bestreiten. Notwendigerweise muss für eine Korrektur der im Betriebsverfassungsrecht bestehenden Schieflagen aber eine einheitliche Lösung gefunden werden, die den generellen Interessenkonflikt zwischen Individuum und Kollektiv in den Mittelpunkt der Rechtsfindung stellt. In diesem Kontext ist die Habilitationsschrift von *Belling* hervorzuheben, der dieses Problem grundsätzlich adressiert hat und die Amtspflichten des Betriebsrats gemäß § 75 BetrVG auch als subjektive Rechtsposition des Arbeitnehmers verstehen will.[806] Während die Herleitung über eine unmittelbare Grundrechtsbindung zu Recht kritisiert wird,[807] decken sich die grundsätzlichen Überlegungen mit denen der hier in der Arbeit verfolgten. Zu klären wird sein, ob sich die zwingend notwendigen Veränderungen bereits *de lege lata* begründen lassen können. Hierfür wird mehr erforderlich sein als der Rekurs auf die Verfassung. Ein weiteres Defizit bisheriger Ansätze liegt aber vor allem darin, dass die tatsächliche Umsetzung solcher Rechtspositionen weitgehend nebulös bleibt.[808] Die Grenzen des Individualschutzes, die gerichtliche Durchsetzung und weitere Belastungen für den Arbeitgeber sind nur einige, der hier relevant werdenden Punkte.

VII. Zusammenfassung

Die Ausführungen im 2. Kapitel haben deutlich gemacht, dass der Betriebsrat auf vielen Feldern zum Teil erheblichen Einfluss auf die Individualstellung des Arbeitnehmers nehmen kann. Solange der Betriebsrat die Amtsausübung sachgerecht betreibt, wird man diese Beschränkungen auch hinnehmen müssen.

---

805 Zum subjektiven Recht siehe die Ausführungen unten im 3. Kapitel, C. IV. 1.

806 Zu den Amtspflichten siehe *Belling*, Haftung des Betriebsrats, 196 ff.

807 Vgl. *Belling*, Haftung des Betriebsrats, 204 ff. Insb. 205: „Sie [die Betriebsparteien] werden also zu Adressaten an sich staatlicher Pflichten gemacht..." Auch *Haneberg*, § 75 BetrVG, 39 ff., 98 versucht dergestalt subjektive Rechte zu erklären. Zur Kritik siehe nur GK/*Kreutz*, § 75 BetrVG Rn. 23.

808 So finden sich etwa in den Ausführungen von *Haneberg* überhaupt keine Anmerkungen dazu, wie überhaupt die anerkannte subjektive Rechtsposition ausgeübt werden sollen (vgl. *Haneberg*, § 75 BetrVG, 78 ff.)

Denn der Gesetzgeber hat sich, auch historisch bedingt, zu diesem Schritt entschieden und den Schutz des Arbeitnehmers, auch mit entsprechend negativen Konsequenzen, in die Hände des Kollektivs gelegt. Nicht hinreichend berücksichtigt hat man allerdings, dass der Betriebsrat sich aus unterschiedlichsten Gründen auch von einzelnen Arbeitnehmern abwenden kann. Lebensnah können das die Gewerkschaftszugehörigkeit, eine persönliche Abneigung oder eine entsprechende Absprache mit dem Arbeitgeber sein. Gerade im Hinblick auf die gewerkschaftlichen Konflikte drohen erhebliche Spannungen auch im Betrieb. Dass das Amt des Betriebsrats keineswegs stets sachlich, fehlerfrei und frei von Missbräuchen geführt wird, ist insbesondere im Hinblick auf die bekannt gewordenen Skandalfälle schwerlich zu bestreiten.[809] Dann allerdings verkehren sich die weitgehenden Rechte des Betriebsrats zum Schutz des Arbeitnehmers ins Gegenteil. Sie ermöglichen dem Betriebsrat in besonderen Fällen sogar den Eingriff in die Individualrechtsposition des einzelnen Arbeitnehmers und können so tatsächlich zur Verschlechterung seiner Rechtsstellung führen. Besonders deutlich geworden ist dies im Rahmen der Mitwirkungsrechte bei personellen Einzelmaßnahmen, § 99 BetrVG. Der Betriebsrat kann hier im Ergebnis seine Macht dahingehend ausüben, dass sogar der Verlust des Arbeitsplatzes droht. Ähnliches gilt für die Hinzufügung auf die Namensliste im Sinne des § 1 Abs. 5 KSchG. In diesen Fällen besteht ein besonderes Abhängigkeitsverhältnis zum Betriebsrat. Dies besteht aber auch dann, wenn lediglich eine *reduzierte Intervention* droht. Anschaulich geworden ist dies im Rahmen des Widerspruchs gegen eine arbeitgeberseitige Kündigung gemäß § 102 Abs. 3 BetrVG. Hält sich der Betriebsrat hier aus sachwidrigen Motiven zurück, verliert der Arbeitnehmer nicht nur sein Weiterbeschäftigungsanspruch, sondern regelmäßig auch erhebliche Verteidigungsmöglichkeiten. Der Betriebsrat kann damit auch ohne einen konkreten Eingriff in die Rechtsposition für erhebliche Nachteile auf Seiten des Arbeitnehmers sorgen.

1. *Fehlender Rechtsschutz gegen Maßnahmen des Betriebsrats*

Das wahre Ausmaß der Fremdbestimmung ergibt sich allerdings erst dann, wenn man die fehlenden Rechtsschutzmöglichkeiten des Arbeitnehmers miteinbezieht. Nach der bisherigen Ausgestaltung der Betriebsverfassung gibt es keinen Anspruch des einzelnen Arbeitnehmers gegen den Betriebsrat. Dies gilt unabhängig von der Intensität des Eingriffs. Verhindert der Betriebsrat zweckwidrig die Versetzung und führt dies letztlich zur Kündigung, hat der

809 So schon zuvor auch *Belling*, Haftung des Betriebsrats, 363.

Arbeitnehmer ebenso wenig Ansprüche gegen den Betriebsrat, wie wenn der Betriebsrat den Abschluss einer günstigen Betriebsvereinbarung vereitelt. Die gesetzlich existierenden Vorschriften, die entweder den Individualschutz verbessern oder die sachgemäße Amtsausübung sicherstellen sollen, sind aus Sicht des betroffenen Arbeitnehmers allesamt nicht zielführend. Das Vorschlagsrecht nach § 86a BetrVG ist wörtlich zu verstehen und gibt dem Arbeitnehmer keine durchsetzbare Rechtsposition an die Hand. Selbst bei evidenten Pflichtverletzungen kann der Arbeitnehmer nichts gegen den Betriebsrat unternehmen. § 23 Abs. 1 BetrVG läuft für den Individualschutz gänzlich leer. Kommt es zu rechtswidrigen Zahlungen zwischen Betriebsrat und Arbeitgeber nach § 78 S. 2 BetrVG, kann er grundsätzlich ebenfalls nichts unternehmen. Einen Strafantrag, der im Übrigen nur den Arbeitgeber treffen würde, darf er nicht stellen, § 119 Abs. 2 BetrVG. Gelingt es ihm nachzuweisen, dass die Zahlungen tatsächlich geflossen sind, um eine konkrete Zustimmung des Betriebsrats zu erkaufen, hilft auch das ihm nicht. Unwirksam sein soll nur die konkrete Absprache, aber nicht eine hierauf ergangene Vereinbarung der Betriebsparteien.[810] Auch eine Inanspruchnahme der Betriebsratsmitglieder auf Schadensersatz wegen der fehlerhaften Amtsausübung wird regelmäßig keinen Erfolg haben.[811] Der Arbeitnehmer kann sich dieser Zwangsrepräsentation nicht entziehen. Was bleibt ist daher ein Anspruch gegen den Arbeitgeber. Fühlt sich der Arbeitnehmer durch seine Interessenvertretung schlecht repräsentiert, muss er sich beim Arbeitgeber um Abhilfe bemühen. Dies ist im Hinblick auf die arbeitsvertraglichen Schutz- und Fürsorgepflichten durchaus zu begründen.[812] Relativ reibungslos läuft dies bei *obstruierenden Interventionen* des Betriebsrats, allen voran bei der Betriebsvereinbarung. Der Arbeitnehmer hat hier, bis auf wenige Ausnahmen, die Möglichkeit der umfassenden Rechtskontrolle. Die Rechtsprechung hat sich bisher durchaus als Wächter der Individualinteressen verstanden, auch wenn sie den Betriebsparteien im Grundsatz eine umfassende Regelungsbefugnis zugesteht.[813]

2. *Praktische Hemmnisse*

Der Arbeitgeber als „Anwalt des Arbeitnehmers“ ist aber dort grotesk, wo es übereinstimmende, wenn auch sachwidrige, Positionen der Betriebsparteien im Hinblick auf die Beendigung eines Arbeitsverhältnisses gibt. Man wird den

810 Siehe oben in diesem Kapitel unter B. V. 4. b).
811 Vgl. die Ausführungen unter B. V. 4. a) aa) in diesem Kapitel.
812 Dazu oben unter B. III. 1. f) aa).
813 Vgl. die Ergebnisse unter B. II. 7.

Arbeitgeber nicht anhalten können, eine von ihm ausgesprochene Kündigung zu torpedieren, indem er den Betriebsrat auffordert doch bitte der Kündigung zu widersprechen. Selbst wenn kein evidenter Interessenskonflikt vorliegt und der Arbeitnehmer den Arbeitgeber etwa bittet, die Ersetzung der Zustimmung über § 99 Abs. 4 BetrVG zu betreiben, kann es aus Sicht des Arbeitgebers eine Vielzahl von Gründen geben dies nicht zu tun. Ist der Arbeitgeber nicht gewillt ein gerichtliches Verfahren durchzuführen, weil er die gute Zusammenarbeit mit dem Betriebsrat nicht gefährden will, hilft selbst ein erzwingbarer Individualanspruch des Arbeitnehmers wenig. Dies wurde im Rahmen von § 99 Abs. 4 BetrVG ausführlich dargelegt.[814] Aus Sicht des Arbeitnehmers ist es besonders unglücklich, dass die tatsächliche Macht des Betriebsrats mit einer geringen Bereitschaft des Arbeitgebers zum gerichtlichen Verfahren korrelieren dürfte. Selbst wenn man unterstellen wollte, dass der Arbeitgeber nach der gerichtlichen Aufforderung bestmöglich die Interessen des Arbeitnehmers wahrnimmt, ist die praktische Hürde für den Arbeitnehmer doch enorm. Denn für den Arbeitnehmer bedeutet es eine natürliche Hemmschwelle, seinen Arbeitgeber, nachdem dieser die Hilfe abgelehnt hat, auf ein bestimmtes Tätigwerden gegen den Betriebsrat zu verklagen. Praktisch dürfte dies kaum vorkommen, da der Arbeitnehmer damit zugleich sein Arbeitsverhältnis auf das Spiel setzt. Anders wird es wohl nur dann sein, wenn dieses bereits ohnehin durch die Handlungen des Betriebsrats akut gefährdet ist.

3. *Schutzlücken als Konsequenz des aktuellen Verständnisses*

Im Ergebnis bestehen damit erhebliche Schutzlücken im Bereich des Individualschutzes, welche sich auch mit der Grundintention des Gesetzes nicht vereinbaren lassen. Der Gesetzgeber hat es bis heute versäumt, das Verhältnis des Betriebsrats zum einzelnen Arbeitnehmer zu bestimmen und damit zugleich verhindert, dass Ansprüche des Einzelnen konkretisierbar wurden.[815] Womöglich aus falsch verstandener Sympathie für den Betriebsrat und die Gewerkschaften[816] hat man

---

814 Vgl. dazu in diesem Kapitel unter B. III. 1. f) dd).

815 Vgl. *Richardi*, Einl. BetrVG Rn. 105: „nicht gelöstes Ordnungsproblem der Betriebsverfassung". Für eine individualisierte und konkretisierte Sonderbeziehung bspw. *Belling*, Haftung des Betriebsrats, 41 ff. Verneinend: MünchArbR/ *v. Hoyningen-Huene*, § 212 Rn. 19, 28. Offen gelassen bei *Richardi*, Einl. BetrVG Rn. 86. Zusammenfassend *Buchner*, in: Innerbetriebliche Arbeitnehmerkonflikte, 35, 47 ff.

816 In ähnliche Richtungen gehen auch die Bedenken bei *Rüthers*, in: Zwei arbeitsrechtliche Vorträge, 8, 40.

den längst überfälligen Schritt zur Verbesserung der Rechtsstellung des Arbeitnehmers nicht vollzogen. Dabei scheint man einem gravierenden Fehldenken zu unterliegen. Denn man schwächt betriebliche Mitbestimmung nicht, sondern man stärkt sie, wenn man es nicht länger zulässt, dass der Arbeitnehmer einer Kollektivmacht ohne Rechtsschutz gegenübertreten muss. Teile der Literatur haben diesen Schritt schon lange gefordert, ohne aber darlegen zu können, wie er sich *de lege lata* vollziehen soll.

3. Kapitel – Das Konzept: eigene Rechtsposition des Arbeitnehmers aus § 75 Abs. 1 BetrVG

A. Einführung

Das zweite Kapitel der Arbeit hat deutlich gemacht, dass das Handeln des Betriebsrats zum Schutz des Arbeitnehmers einer umfassenderen rechtlichen Kontrolle bedarf. Die Betriebsverfassung stellt den Arbeitnehmer in ein Abhängigkeitsverhältnis zum Betriebsrat, welchem er sich nicht entziehen kann. Die Zwangsrepräsentation ohne Rechtsschutz widerstrebt nicht nur bestehenden Rechtsprinzipien, sondern wirft auch ernsthafte Fragen im Hinblick auf die verfassungsrechtlich garantierte Selbstbestimmungsfreiheit des Einzelnen auf.[817] Die Betriebsverfassung hat diesen Interessenkonflikt nicht hinreichend geregelt und dem Betriebsrat auch in Bereichen, die sich erheblich auf den Einzelnen auswirken, Mitspracherechte eingeräumt. Einschränkungen und gerichtliche Kontrolle muss der Betriebsrat nur von Seiten des Arbeitgebers fürchten. Dies hat aus zunächst rein theoretischen Defiziten zu teilweise erheblichen Nachteilen für den einzelnen Arbeitnehmer in der Praxis geführt. Die Rechtsprechung hat in diese Entwicklung kaum eingreifen können. Die umfassende Stärkung des Individuums kann aber nur gelingen, wenn der Arbeitnehmer eine eigene Rechtsposition in der Betriebsverfassung erhält. Unabhängig davon, wie diese im Einzelnen ausgestaltet ist, und welche Einschränkungen für einen reibungslosen Betriebsablauf vonnöten sind, kann in bestimmten Fällen nur das unmittelbare Vorgehen gegen den Betriebsrat einen effektiven Rechtsschutz gewährleisten.

Für eine so verstandene Rechtsposition ist ein normativer Anknüpfungspunkt obligatorisch. Dies formuliert zugleich eine der zentralen Fragen dieser Arbeit: Enthält die Betriebsverfassung trotz aller individualrechtlicher Defizite eine gesetzliche Grundlage für eine eigene Rechtsposition des Arbeitnehmers? Lässt sich eine solche nicht ermitteln, ist die Verbesserung des Individualschutzes nur *de lege ferenda* zu erreichen. Wie schon in der Einführung angedeutet, kann ein normativer Anknüpfungspunkt in § 75 BetrVG zu sehen sein. Bereits nach bisherigem Verständnis schützt die Norm verfassungsrechtlich gewährleistete Rechtspositionen des Arbeitnehmers.[818] Denn die Vorschrift stellt eine der

---

817 Siehe dazu die noch folgenden Ausführungen in diesem Kapitel unter C. IV. 2. e), f).

818 BAG GS 7.11.1989, NZA 1990, 816, 819; GK/*Wiese*, Einl. BetrVG Rn. 63.

wenigen Einfallstore für die Berücksichtigung individualrechtlicher Interessen des Arbeitnehmers dar, obgleich die ihr zugemessene Bedeutung nach der aktuellen Ausgestaltung häufig nur theoretischer Natur bleibt. Schwerpunktmäßig muss die Betrachtung im Hinblick auf § 75 Abs. 1 BetrVG erfolgen, da dieser die Handlungen der Betriebsparteien unter den Vorbehalt der Grundsätze von Recht und Billigkeit stellt. Kollektivrechtliche Handlungen müssen sich damit nicht nur am Maßstab des Rechts orientieren, sondern stets auch die Gerechtigkeit im Einzelfall berücksichtigen.[819] Die Subjektivierung des Geschützten erscheint hier als logische Folge, obwohl ein Anspruch betroffener Arbeitnehmer auf eine diesbezügliche Behandlung gerade nicht anerkannt wird.[820] Das aktuelle Verständnis der Norm ist deshalb von besonderer Bedeutung. Die im ersten Abschnitt erfolgenden Ausführungen des bestehenden Begriffsverständnisses sollen nicht nur darstellenden Charakter haben, sondern auch belastbare Anhaltspunkte für ein verändertes Verständnis bieten. Die Anerkennung einer subjektiven Rechtsposition wird nur dann möglich sein, wenn zumindest im Bereich der Grundlagen ein weitgehender Konsens erzielt werden kann.

Im zweiten Abschnitt des Kapitels sollen die Herleitung einer subjektiven Rechtsposition unter umfassender Würdigung bestehender Rechtsprinzipien, verfassungsrechtlicher Grundsätze und betriebsverfassungsrechtlicher Anknüpfungspunkte diskutiert werden. Gleichzeitig zu beantworten ist die Frage, wie ein eigener betriebsverfassungsrechtlicher Anspruch des Arbeitnehmers überhaupt in die Systematik zu integrieren ist. Zweifelsfrei wird es hier systemimmanente Beschränkungen geben. Rechtsmethodisch ist aber auch an eine Generalklauseleigenschaft von § 75 Abs. 1 BetrVG zu denken, da nur sie das unvollständige Programm der gesetzlichen Norm eigenverantwortlich zu ergänzen vermag.[821] Insbesondere im Hinblick auf Absatz 1 gilt es zu untersuchen, inwieweit die generalklauselartige Fassung der Vorschrift eine Reaktion auf außerrechtliche Veränderungen – gegebenenfalls sogar systemdurchbrechend – ermöglicht. Die Konkretisierung von § 75 Abs. 1 BetrVG mit dem hier verfolgten Ziel lässt sich nur dann realisieren, wenn neben die umfassende Gesamtabwägung auch rechtsmethodische Klarheit tritt.

---

819 Dazu sogleich in diesem Kapitel unter B. II. 1. b).

820 Siehe hierzu unten in diesem Kapitel unter B. II. 1. d).

821 Vgl. *Ohly*, AcP 201 (2001), 1, 7. Ausf. zu den Funktionen der Generalklausel siehe in diesem Kapitel unter C. III.

B. Aktuelles Verständnis und Bedeutungsgehalt

Nach § 75 Abs. 1 BetrVG haben Arbeitgeber und Betriebsrat darüber zu wachen, dass alle im Betrieb tätigen Personen nach den Grundsätzen von Recht und Billigkeit behandelt werden. Die Vorschrift enthält nicht nur ein Überwachungsgebot, sondern verbietet zugleich Vereinbarungen, durch die Arbeitnehmer aufgrund der dort aufgeführten Merkmale benachteiligt werden.[822] Dadurch statuiert die Norm eine Drittdimension, weil sie Pflichten im Verhältnis zu den im Betrieb tätigen Personen festlegt.[823] Während insbesondere § 2 Abs. 1 BetrVG die Zusammenarbeit der Betriebsparteien auf horizontaler Ebene regelt, entfaltet § 75 BetrVG zugleich für die vertikale Ebene Bedeutung.[824] *Richardi* und *Maschmann* erheben die Norm gar zur *Magna Charta* der Betriebsverfassung.[825] Jedenfalls enthält § 75 BetrVG nach einhelliger Ansicht elementare Grundsätze für die Behandlung der Betriebsangehörigen durch die Betriebsparteien, die nicht nur als unverbindliche Programmsätze zu begreifen sind, sondern denen darüber hinaus auch materiell-rechtliche Bedeutung zukommen soll.[826] Konkretisiert werden durch § 75 BetrVG zugleich die grundrechtlichen Wertentscheidungen der Art. 2 Abs. 1, 3 und Art. 9 Abs. 3 GG.[827] Insbesondere soweit es um die freie Entfaltung der Persönlichkeit geht, wird dies in § 75 Abs. 2 BetrVG nochmals ausdrücklich hervorgehoben. Gleichzeitig erweist sich § 75 BetrVG als immanente Schranke der betriebsverfassungsrechtlichen Regelungskompetenz.[828] Trotz der herausragenden Bedeutung und der anerkannten Drittdimension sollen mit der Verpflichtung der Betriebsparteien aber keine subjektiven Rechte der im Betrieb Tätigen korrespondieren.

---

822 BAG 29.4.2015, NZA 2015, 1397, 1402, 9.12.2014, NZA 2015, 365.

823 *Richardi/Maschmann*, § 75 BetrVG Rn. 1; zust. ErfK/*Kania*, § 75 BetrVG Rn. 1; GK/*Kreutz*, § 75 BetrVG Rn. 2.

824 GK/*Kreutz*, § 75 BetrVG Rn. 2.

825 *Richardi/Maschmann*, § 75 BetrVG Rn. 1.

826 Vgl. nur BeckOK-ArbR/*Werner*, § 75 BetrVG Einl.; DKKW/*Berg*, § 75 BetrVG Rn. 1; ErfK/*Kania*, § 75 BetrVG Rn. 1; *Fitting*, § 75 BetrVG Rn. 4; GK/*Kreutz*, § 75 BetrVG Rn. 3; zur Vorgängervorschrift bereits *Canaris*, AuR 1966, 129, 138.

827 DKKW/*Berg*, § 75 BetrVG Rn. 1; ErfK/*Kania*, § 75 BetrVG Rn. 1; *Fitting*, § 75 BetrVG Rn. 1.

828 DKKW/*Berg*, § 75 BetrVG Rn. 1; *Richardi/Maschmann*, § 75 BetrVG Rn 1; *Preis/Ulber*, RdA 2013, 211, 212.

I. Geschichtlicher Hintergrund und europäische Einflüsse

Der Kerngehalt der Vorschrift existiert bereits seit Einführung des Betriebsverfassungsgesetzes. Eine dem § 75 BetrVG sehr ähnliche Norm stellte schon die Vorschrift des § 51 BetrVG 1952 dar.[829] Die ehemalige Vorschrift enthielt in Satz 2 ein absolutes Verbot jeder parteipolitischen Betätigung der Betriebsparteien, die sich nunmehr abgeschwächt in § 74 Abs. 2 S. 3 wiederfindet.[830] Aussagekräftige Überlegungen des Gesetzgebers finden sich allerdings weder in den Materialien zu § 51 BetrVG 1952 noch zur aktuellen Vorschrift des § 75 Abs. 1 BetrVG.[831] Die Vorschrift ist daher vielmehr im Kontext der Gesamtentwicklung des Betriebsverfassungsgesetzes zu sehen.[832] Mit der Inkorporation des § 51 BetrVG 1952 in den neuen § 75 Abs. 1 BetrVG ging zugleich die Schaffung eines neuen Absatzes 2 einher. Hiermit wollte der Gesetzgeber der allgemeinen Forderung nach „einer verstärkten Berücksichtigung der Persönlichkeitsrechte auch im Arbeitsleben" Rechnung tragen, indem „Arbeitgeber und Betriebsrats auf den Schutz der Persönlichkeit des einzelnen Arbeitnehmers und der freien Entfaltung seiner Persönlichkeit verpflichtet werden."[833] Eine erste Änderung hat die Norm durch das Gesetz zur Reform des Betriebsverfassungsgesetzes 2001 (BetrVG-Reformgesetz) erfahren.[834] Zurückgehend auf ein sich änderndes Gesellschaftsverständnis wurde nunmehr auch ausdrücklich die Ungleichbehandlung einer Person wegen ihrer sexuellen Identität verboten. Zugleich wurde der Absatz 2 um einen weiteren Satz ergänzt: „Sie haben die Selbstständigkeit und Eigeninitiative der Arbeitnehmer und Arbeitsgruppen zu fördern."[835] Eine weitergehende Änderung erfuhr der Absatz 1 erst durch Art. 3 Abs. 3 des Gesetzes zur Umsetzung europäischer Richtlinien zur Verwirklichung des Grundsatzes der Gleichbehandlung vom 14.08.2006.[836] Im Fahrwasser des prominenten

829 Siehe BGBl 1952 Teil 1 Nr. 43, 681 ff.

830 GK/*Kreutz*, § 75 BetrVG Rn. 1; *Richardi/Maschmann*, § 75 BetrVG Rn. 2.

831 Vgl. nur den Regierungsentwurf zum BetrVG 1952 (BT-Drs. Nr. 1546). Die dort noch als § 56 vorgesehene Vorschrift wurde allein damit begründet, dass Arbeitgeber und Betriebsrat dazu verpflichtet seien, Menschenrechte im Betrieb zu gewährleisten (siehe BT-Drs. Nr. 1546, 52). Im Rahmen des Regierungsentwurfs zum BetrVG 1972 wird nur auf die Vorgängervorschrift verwiesen (BT-Drs. 6/1786, 46). Lediglich zur Einführung des Absatzes 2 findet sich eine kurze Erklärung.

832 Zur geschichtlichen Entwicklung siehe oben im 2. Kapitel, A. I. Ausführlich zur Einordnung im geschichtlichen Kontext auch *Haneberg*, § 75 BetrVG, 33 ff.

833 So die Begründung zum Regierungsentwurf, BT-Drs. 6/1786, 46.

834 BetrVG-Reformgesetz in BGBl 2001 Teil 1 Nr. 39, 1852.

835 Siehe Art. 1 Nr. 51 lit. B BetrVG-Reformgesetz.

836 BGBl 2006 Teil 1 Nr. 39, 1897.

Allgemeinen Gleichbehandlungsgesetzes, welches im Rahmen der Umsetzung der Richtlinien 2000/43/EG, 2000/78/EG und 2002/73/EG erlassen wurde, sollte auch § 75 Abs. 1 BetrVG an die dortige Terminologie (§ 1 AGG) angepasst werden.[837] Durch die Hinzunahme des Diskriminierungsmerkmals „Alter“ wurde zugleich der bisherige Satz 2 überflüssig, der zuvor folgenden Wortlaut hatte: „Sie [die Betriebsparteien] haben darauf zu achten, dass Arbeitnehmer nicht wegen Überschreitung bestimmter Altersstufen benachteiligt werden.“[838] Über die in § 1 AGG genannten Merkmale hinaus blieb es allerdings bei einem Benachteiligungsverbot auch aufgrund politischer oder gewerkschaftlicher Betätigung oder Einstellung.[839] Die terminologische Anpassung brachte daneben auch die Öffnung des betriebsverfassungsrechtlichen Diskriminierungsschutzes für europarechtliche Wertungsvorgaben mit sich[840], was auch der Gesetzgeber klar erkannt hat. In der Begründung hierzu heißt es wörtlich: „Der Begriff der Benachteiligung und die Zulässigkeit einer unterschiedlichen Behandlung richten sich nach den Bestimmungen des Allgemeinen Gleichbehandlungsgesetzes.“[841] Im Ergebnis wird man festhalten können, dass der hohe Schutzstandard des Allgemeinen Gleichbehandlungsgesetzes damit auch im Betriebsverfassungsrecht Einzug gefunden hat.[842]

II. Inhaltsbestimmung

Sowohl der Arbeitgeber als auch der Betriebsrat haben unter anderem die Grundsätze von Recht und Billigkeit bei ihren gesamten betrieblichen Tätigkeiten, insbesondere bei der Wahrnehmung der Beteiligungsrechte zu beachten.[843] Angesichts der der Norm zuerkannten Bedeutung ist genau zu prüfen,

---

837 So die Gesetzesbegründung in BT-Drs. 16/1780, 56.

838 BT-Drs. 16/1780, 56; siehe auch *Richardi/Maschmann*, § 75 BetrVG Rn. 2.

839 Zu den Details siehe ErfK/*Kania*, § 75 BetrVG Rn. 6 ff.; *Richardi/Maschmann*, § 75 BetrVG Rn. 22 ff.

840 GK/*Kreutz*, § 75 BetrVG Rn. 1; HWK/*Reichold*, § 75 BetrVG Rn. 3; vgl. auch ErfK/*Kania*, § 75 BetrVG Rn. 6

841 BT-Drs. 16/1780, 56.

842 GK/*Kreutz*, § 75 BetrVG Rn. 1 spricht an dieser Stelle von einer Entwicklung des Differenzierungsverbots zum Diskriminierungsverbot. Für die Vermutungsregelung des § 22 AGG soll dies aber nicht gelten (ErfK/*Kania*, § 75 BetrVG Rn. 6; *Besgen*, BB 2007, 213, 215 f.). Ausf. mit den Auswirkungen beschäftigt sich *Amthauer*, Auswirkungen AGG, *passim*.

843 Vgl. BeckOK-ArbR/*Werner*, § 75 BetrVG Einl.

wie weitreichend § 75 BetrVG tatsächlich die Arbeit der Betriebsparteien beeinflusst, und wie sehr der Schutz der Betriebsangehörigen auch praktisch verwirklicht wird.

1. § 75 Abs. 1 BetrVG als Überwachungspflicht

Der Wortlaut der Norm statuiert zunächst eindeutig eine Überwachungspflicht. Diese Überwachungspflicht, teils auch als Überwachungsgebot[844] bezeichnet, richtet sich zunächst unmittelbar an die Betriebsparteien selbst.[845] Es handelt sich bei der bestehenden Überwachungspflicht in erster Linie um eine gegenseitige Kontrollpflicht der Betriebsparteien.[846] Bereits das tatenlose Hinnehmen einer Verletzung selbst stellt eine Verletzung der Überwachungspflicht dar.[847] Die Betriebsparteien haben aber auch ihre eigenen Maßnahmen und Entscheidungen unter Berücksichtigung dieser Prinzipien zu treffen.[848] Inwieweit diese Verpflichtungen auch zu korrespondierenden Rechten der betroffenen Arbeitnehmer führen können, gilt es noch zu untersuchen.[849] Dem Grundsatz nach gelten die Verpflichtungen für den Betriebsrat dort, wo er in der Ausübung seiner Mitbestimmung konkret Individualinteressen zu berücksichtigen hat, beispielsweise wenn er bei einer Einstellung die Zustimmung verweigern will.[850] Außerdem hat er Beschwerden, Hinweise und Anregungen der Arbeitnehmer entgegenzunehmen und entsprechend darauf zu reagieren.[851] Angesichts der Bedeutung der Norm dürfte dies über die schon bestehenden Rechte in den §§ 82, 84, 85 BetrVG hinausgehen. Gleichzeitig hat sich aber auch der Arbeitgeber nach diesen Grundsätzen zu richten. Überträgt er die Wahrnehmung bestimmter betriebsverfassungsrechtlicher Aufgaben oder Funktionen auf spezielle Mitarbeiter, beispielsweise auf den Personalchef, haben diese im Rahmen der getätigten Delegation die Erfüllung der Überwachungspflicht

---

844 Vgl. nur *Richardi/Maschmann*, § 75 BetrVG Rn. 4.

845 ErfK/*Kania*, § 75 BetrVG Rn. 2, 4; GK/*Kreutz*, § 75 BetrVG Rn. 8; HWK/*Reichold*, § 75 BetrVG Rn. 5.

846 DKKW/*Berg*, § 75 BetrVG Rn. 8; HWK/*Reichold*, § 75 BetrVG Rn. 1; *Fitting*, § 75 BetrVG Rn. 18; GK/*Kreutz*, § 75 BetrVG Rn. 20; Löwisch/*Kaiser*, § 75 BetrVG Rn. 13; *Wiese*, NZA 2006, 1, 4.

847 BeckOK-ArbR/*Werner*, § 75 BetrVG Rn. 13; GK/*Kreutz*, § 75 BetrVG Rn. 21.

848 *Fitting*, § 75 BetrVG Rn. 3; GK/*Kreutz*, § 75 BetrVG Rn. 9; *Richardi/Maschmann*, § 75 BetrVG Rn. 4.

849 Umfassend dazu die Untersuchungen in diesem Kapitel unter C.

850 Vgl. *Richardi/Maschmann*, § 75 BetrVG Rn. 4.

851 Vgl. GK/Kreutz, § 75 BetrVG Rn. 19.

sicherzustellen.[852] Dies gilt nicht nur bei der Ausübung des Direktionsrechts, sondern allgemein für die gesamte betriebliche Organisation.[853] Konkretisiert wird die Überwachungspflicht („insbesondere") auf die im Gesetz genannten Diskriminierungsgesichtspunkte.[854] Das Verbot der Diskriminierung wird damit zugleich als besonders wichtiger Unterfall der Grundsätze des Rechts hervorgehoben.[855] Nicht unmittelbar verpflichtet werden allerdings einzelne Arbeitnehmer, solange sie nicht Funktionsträger sind.[856] Die Vorschrift begründet für sie keine selbstständige Verpflichtung. Dennoch kann der einzelne Arbeitnehmer nicht ohne Rücksicht auf § 75 Abs. 1 BetrVG im Betrieb agieren. Die Beachtung der genannten Grundsätze gehört zu den sich aus dem Arbeitsvertrag ergebenden allgemeinen Pflichten des Arbeitnehmers.[857] Eine mittelbare Bindung besteht insoweit, als dass die Betriebsparteien über § 75 Abs. 1 BetrVG die Sorge dafür zu tragen haben, dass sich alle Betriebsangehörigen nach den hier aufgestellten Grundsätzen verhalten.[858] Unterstrichen wird dies durch die personellen Konsequenzen, die die §§ 99 Abs. 2 Nr. 6, 104 BetrVG vorsehen.[859] Bei diskriminierendem Verhalten im Einzugskreis des § 1 AGG treten die Vorschriften der §§ 12, 17 AGG hinzu.[860] Mit der bestehenden Verpflichtung geht konsequenterweise gleichzeitig auch ein umfassendes Überwachungsrecht einher.[861] Hierfür können sich die Betriebsparteien den arbeitsvertraglichen, betriebsverfassungsrechtlichen und faktischen Möglichkeiten bedienen, die ihnen allgemein zur Verfügung stehen.[862] Richtigerweise deckt sich das Überwachungsrecht gänzlich

852 *Fitting*, § 75 BetrVG Rn. 9.

853 *Richardi/Maschmann*, § 75 BetrVG Rn. 4.

854 HWGNRH/*Worzalla*, § 75 BetrVG Rn. 7.

855 GK/*Kreutz*, § 75 BetrVG Rn. 8.

856 Ganz h.M. *Fitting*, § 75 BetrVG Rn. 11; GK/*Kreutz*, § 75 BetrVG Rn. 12; HWGNRH/*Worzalla*, § 75 BetrVG Rn. 2; HWK/*Reichold*, § 75 BetrVG Rn. 5; *Richardi/Maschmann*, § 75 BetrVG Rn. 11; a.A. DKKW/*Berg*, § 75 BetrVG Rn. 8.

857 Dies gilt insbesondere im Hinblick auf den Arbeitgeber für die im Vertrag verankerte Treuepflicht (dazu etwa MüKo/*Müller-Glöge*, § 611 BGB Rn. 1074 ff.). Im Verhältnis zur Belegschaft ist insoweit an deliktsrechtliche Verletzungstatbestände zu denken. Vgl. GK/*Kreutz*, § 75 BetrVG Rn. 12; Fitting, § 75 BetrVG Rn. 11.

858 BeckOK-ArbR/*Werner*, § 75 BetrVG Rn. 12; HWGNRH/*Worzalla*, § 75 BetrVG Rn. 7; *Richardi/Maschmann*, § 75 BetrVG Rn. 5.

859 HWK/*Reichold*, § 75 BetrVG Rn. 5; vgl. auch *Richardi/Maschmann*, § 75 BetrVG Rn. 6.

860 GK/*Kreutz*, § 75 BetrVG Rn. 12; *Richardi/Maschmann*, § 75 BetrVG Rn. 12.

861 Vgl. nur BeckOK-ArbR/*Werner*, § 75 BetrVG Rn. 11; ErfK/*Kania*, § 75 BetrVG Rn. 4; GK/*Kreutz*, § 75 BetrVG Rn. 26 f.; *Wiese*, NZA 2006, 1, 4.

862 Vgl. BAG 12.6.1975, AP BetrVG 1972 § 87 Altersversorgung Nr. 1; BeckOK-ArbR/*Werner*, § 75 BetrVG Rn. 13; GK/*Kreutz*, § 75 BetrVG Rn. 21; HWGNRH/*Worzalla*,

mit der Überwachungspflicht.[863] Dies schließt auch Präventivmaßnahmen nicht aus. Um überhaupt Kenntnis zu erlangen, ist für den Betriebsrat der Auskunftsanspruch nach § 80 Abs. 1 Nr. 1, Abs. 2 BetrVG ein wesentliches Hilfsinstrument.[864] Zugleich ist der Betriebsrat aber verpflichtet, im Rahmen seiner Einflussmöglichkeiten auf die Betriebsangehörigen einzuwirken, diese grundlegend zu informieren und mit den Arbeitnehmern den betrieblichen Dialog und Meinungsaustausch über die Einhaltung der Grundsätze von Recht und Billigkeit zu organisieren.[865] Mit dieser Verpflichtung korrespondiert das Recht des Betriebsrats vom Arbeitgeber, die Bereitstellung von adäquaten Kommunikationsmitteln zu verlangen.[866]

a) Geschützter Personenkreis

Nach § 75 Abs. 1 Hs. 1 BetrVG bezieht sich die genannte Verpflichtung der Betriebsparteien auf „alle im Betrieb tätigen Personen". Über die genaue Reichweite herrscht allerdings Uneinigkeit. *Kreutz* spricht sich hier für die weitreichendsten Restriktionen aus.[867] Im Wesentlichen gestützt auf die geänderte Überschrift des § 75 BetrVG („Behandlung von Betriebsangehörigen") und den Verweis auf § 75 Abs. 2 BetrVG lehnt er im Grundsatz jegliche Erstreckung auf Personen ab, die nicht bereits in einem Arbeitsverhältnis mit dem Arbeitgeber stehen.[868] Einem derart eingeschränkten Verständnis folgt die überwiegende Lehre zu Recht nicht.[869] Entscheidend für eine weite Auslegung streitet zunächst der Wortlaut der Norm. In klarer Abgrenzung zu § 5 Abs. 1 BetrVG bezieht § 75 Abs. 1 BetrVG alle im Betrieb tätigen Personen mit in den Schutz ein. Auch der

---

§ 75 BetrVG Rn. 5. Inwieweit beiden Betriebsparteien auch das Recht zusteht, bei konkreten Verstößen durch den anderen Betriebspartner deren Unterlassung beziehungsweise die Beseitigung zu verlangen, ist strittig (vgl. die Ausführungen unten im 4. Kapitel, B. III.).

863 Zutreffend BeckOK-ArbR/*Werner*, § 75 BetrVG Rn. 15; GK/*Kreutz*, § 75 BetrVG Rn. 26; insoweit a.A., als dass das Überwachungsrecht nur für den Betriebsrat gilt: DKKW/Berg, § 75 BetrVG Rn. 15; Haneberg, § 75 BetrVG Rechte und Pflichten, 122.

864 HWK/*Reichold*, § 75 BetrVG Rn. 4; im Hinblick auf den Auskunftsanspruch generell vgl. BAG 26.1.1988, NZA 1988, 620.

865 Zu dieser Verpflichtung siehe BeckOK-ArbR/*Werner*, § 75 BetrVG Rn. 14.

866 Vgl. BAG 9.6.1999, AP BetrVG 1972 § 40 Nr. 66.

867 GK/*Kreutz*, § 75 BetrVG Rn. 13 ff.

868 GK/*Kreutz*, § 75 BetrVG Rn. 13; *Richardi/Maschmann*, § 75 BetrVG Rn. 12.

869 BeckOK-ArbR/*Werner*, § 75 BetrVG Rn. 6 ff.; DKKW/*Berg*, § 75 BetrVG Rn. 10f.; HWK/*Reichold*, § 75 BetrVG Rn. 6; WPK/*Preis*, § 75 BetrVG Rn. 6.

Vergleich zu § 75 Abs. 2 BetrVG, welcher später eingeführt wurde und insoweit eine restriktivere Regelung („im Betrieb beschäftigten Arbeitnehmern") enthält, widerspricht dieser Auslegung nicht. Die Verpflichtung der Betriebsparteien, auf eine Entwicklung der Persönlichkeit hinzuwirken (§ 75 Abs. 2 S. 2 BetrVG), macht regelmäßig nur dann Sinn, wenn eine entsprechende Ausgestaltungsmöglichkeit und Regelungsbefugnis der Betriebsparteien besteht. Das umfangreiche Überwachungsgebot des § 75 Abs. 1 BetrVG hingegen erfordert gerade dort auch die Interventionsmöglichkeit des Betriebsrats, wo Personengruppen nicht einem ähnlichen Schutzniveau wie dem im Betrieb beschäftigten Arbeitnehmer unterliegen. Insbesondere was Leiharbeitnehmer betrifft wird daher ganz überwiegend – wenn auch ohne weitere Begründung – für deren Einbeziehung in § 75 Abs. 1 BetrVG plädiert.[870] Soweit die Betriebsparteien berechtigt und zugleich verpflichtet werden, die Grundsätze von Recht und Billigkeit im Betrieb durchzusetzen, kann dies ersichtlich nicht dort enden, wo keine unmittelbaren vertraglichen Beziehungen zwischen Arbeitgeber und einer im Betrieb beschäftigten Person bestehen. Genau diese Konsequenz ergibt sich aber aus der einschränkenden Ansicht von *Kreutz*.[871] Es vermag auch nicht zu überzeugen, wenn man dies damit begründet, dass der Betriebsrat nur Arbeitnehmer im Sinne des Gesetzes (§ 5 Abs. 1 BetrVG) umfassend repräsentieren kann.[872] Gerade die eingeschränkten Rechte des Betriebsrats (im Entleiherbetrieb) bezüglich Leiharbeitnehmern und Fremdfirmenmitarbeitern machen es viel eher erforderlich,[873] dass zumindest der grundlegende Schutz aus § 75 Abs. 1 BetrVG auch dann eingehalten wird, wenn diese tatsächlich ihre Arbeit erbringen.

In der weiten Formulierung ist aufgrund der hohen Bedeutung der Grundsätze von Recht und Billigkeit vielmehr ein innerer Grund zu erkennen.[874] Für die korrekte Bestimmung der Reichweite ist somit zu fragen, ob die im Betrieb

---

870 BeckOK-ArbR/*Werner*, § 75 BetrVG Rn. 6; DKKW/*Berg*, § 75 BetrVG Rn. 10; ErfK/*Kania*, § 75 BetrVG Rn. 3; *Fitting*, § 75 BetrVG Rn. 12; *Richard/Maschmann*, § 75 BetrVG Rn. 7; wohl auch *Linsenmaier/Kiel*, RdA 2014, 135, 150.

871 GK/*Kreutz*, § 75 BetrVG Rn. 16. Eine Ausnahme solle nur dort möglich sein, wo eine unerlaubt gewerbsmäßige Arbeitnehmerüberlassung vorliege. Bei einer erlaubten gewerbsmäßigen Überlassung sei § 75 BetrVG im Entleiherbetrieb jedenfalls nicht anwendbar. Die Leiharbeitnehmer kämen allein im Verleiherbetrieb in den Geltungsbereich des § 75 BetrVG.

872 GK/*Kreutz*, § 75 BetrVG Rn. 13.

873 Zur Rechtsstellung der Leiharbeitnehmer in der Betriebsverfassung vgl. BeckOK-ArbR/*Motz*, § 14 AÜG Rn. 3 ff.

874 So zutreffend *Fitting*, § 75 BetrVG Rn. 13.

Beschäftigten, unabhängig von der Ausgestaltung ihrer Anstellungsverhältnisse, dem konkreten Einfluss der Betriebsparteien unterliegen und keine anderweitigen adäquaten Schutzmöglichkeiten besitzen. Mit diesem Ansatz lassen sich sowohl Leiharbeitnehmer als auch Fremdfirmenmitarbeiter dem Schutzbereich des § 75 Abs. 1 BetrVG zuordnen.[875] Leitende Angestellte genießen über § 27 SprAuG einen vergleichbaren Schutz und sind deshalb nicht miteinzubeziehen.[876]

Obgleich der Gesetzestext nur die im Betrieb tätigen Personen erfasst, wird weiter überlegt, ob zumindest das dem § 75 Abs. 1 BetrVG innewohnende Diskriminierungsverbot auch auf Bewerber erstreckt werden kann.[877] Dies wird unter anderem mit einem Vergleich zum Allgemeinen Gleichbehandlungsgesetz begründet, welches den Schutz der Bewerber in § 6 Abs. 1 S. 2 AGG ausdrücklich anordnet.[878] Neben gleichen europarechtlichen Vorgaben ist es auch die Konkretisierung von verfassungsrechtlichen Werteentscheidungen in § 75 Abs. 1 BetrVG,[879] die für einen möglichst weitreichenden Antidiskriminierungsschutz spricht. Es besteht daher kein Grund, von der Geltung der Diskriminierungsverbote den Bewerber um einen Arbeitsplatz nur deshalb herauszunehmen, weil er dort noch nicht im Betrieb tätig ist.[880] § 75 BetrVG Abs. 1 BetrVG kann daher beispielsweise auch im Rahmen einer Einstellung relevant werden.[881]

---

875 Ohne weitere Begründung gegen die Einbeziehung von Fremdfirmenmitarbeitern: BeckOK-ArbR/*Werner*, § 75 BetrVG Rn. 6; ErfK/*Kania*, § 75 BetrVG Rn. 3. Im Hinblick auf Leiharbeitnehmer argumentiert auch das BAG ähnlich bei der Frage, wer die Überwachungspflicht gem. § 80 Abs. 1 Nr. 1 BetrVG auszuüben hat. Da der verleihende Vertragsarbeitgeber keinen unmittelbaren Einfluss auf die Gestaltung der Arbeitsplätze im Entleiherbetrieb habe, sondern dieser maßgeblich vom Entleiher abhinge, stünde das Überwachungsrecht folgerichtig dem Entleiherbetriebsrat zu (BAG 15.10.2014, NZA 2015, 560, 563); anders, d.h. für ein Überwachungs- und Zutrittsrechts auch des Verleiherbetriebsrats bspw. Ulber/*zu Dohna-Jaeger*, § 14 AÜG Rn. 31; sehr kritisch in Bezug auf *zu Dohna-Jaeger* („Leseschwäche") und dem BAG zustimmend *Boemke*, Anm. BAG 15.10.2014, AP BetrVG 1972 § 80 Nr. 79.

876 BeckOK-ArbR/*Werner*, § 75 BetrVG Rn. 8; ErfK/*Kania*, § 75 BetrVG Rn. 3; *Fitting*, § 75 BetrVG Rn. 15; GK/*Kreutz*, § 75 BetrVG Rn. 14.

877 Dafür DKKW/*Däubler*, § 75 BetrVG Rn. 12; *Fitting*, § 75 BetrVG Rn. 16; HaKo-BetrVG/*Lorenz*, § 75 BetrVG Rn. 2; Richardi/*Maschmann*, § 75 BetrVG, Rn. 8.

878 So *Richardi/Maschmann*, § 75 BetrVG Rn. 8.

879 Insb. von Art. 2 Abs. 1 und Art. 3 GG. Vgl. nur BeckOK-ArbR/*Werner*, § 75 BetrVG Einl.

880 *Otto*, Personale Freiheit, 29 f.

881 Wie hier *Fitting*, § 75 BetrVG Rn. 16; *Richardi/Maschmann*, § 75 BetrVG Rn. 8; vgl. auch GK/*Kreutz*, § 75 BetrVG Rn. 44.

Offen bleibt dann nur noch, in welchem Bezug Selbstständige zu § 75 Abs. 1 BetrVG stehen. Schon die originäre Zuständigkeit des Betriebsrats wirft hier Fragen auf. Im Normalfall ist eine Erweiterung des Schutzes nicht denkbar und wird zu Recht ganz überwiegend abgelehnt.[882] Zuzugeben ist aber, dass der Betriebsrat im Rahmen missbrauchsgefährdeter (Schein-)Selbstständigkeiten[883] durchaus berechtigt und verpflichtet sein kann, solchen Missständen entgegenzuwirken. Denn über § 80 Abs. 2 BetrVG stehen dem Betriebsrat bei begründetem Verdacht auf Missbrauch Informationsrechte zu.[884] Kristallisiert sich heraus, dass tatsächlich keine Selbstständigkeit vorliegt, greift das Überwachungsgebot des § 75 Abs. 1 BetrVG auch für diese Fälle. Einer generellen Erstreckung auf Selbstständige braucht es daher nicht.

b) Maßstab des Überwachungsgebots: die Grundsätze von Recht und Billigkeit

Der geschützte Personenkreis der Norm unterliegt der Überwachungspflicht der Betriebsparteien, die sich nach § 75 Abs. 1 BetrVG an den Grundsätzen von Recht und Billigkeit orientieren. Konkretisiert wird dies durch die Benachteiligungsverbote in § 75 Abs. 1 Hs. 2 BetrVG. Eine Eingrenzung der Grundsätze von Recht und Billigkeit lediglich auf diese Benachteiligungsverbote ist freilich nicht angezeigt.[885]

aa) Grundsätze des Rechts

Die Grundsätze des Rechts umfassen das geschriebene nationale und europäische Recht, die Wertentscheidung des Grundgesetzes sowie insbesondere die grundrechtlich gewährleisteten Freiheitsrechte.[886] Die Inbezugnahme der grundrechtlichen Werteentscheidung ermöglicht zwar keine unmittelbare Einbeziehung in

---

882 ErfK/*Kania*, § 75 BetrVG Rn. 3; *Fitting*, § 75 BetrVG Rn. 15; a.A. DKKW/*Berg*, § 75 BetrVG Rn. 11.

883 Vgl. zu dieser Problematik nur *Deinert*, RdA 2014, 65, 72 ff.; *Schindele*, ArbRAktuell 2015, 363.

884 BAG 15.12.1998 – 1 ABR 9/98 – AP BetrVG 1972 § 80 Nr. 56; Richardi/*Thüsing*, § 80 BetrVG Rn. 51b.

885 Vgl. GK/*Kreutz*, § 75 BetrVG Rn. 28.

886 ErfK/*Kania*, § 75 BetrVG Rn. 5; *Fitting*, § 75 BetrVG Rn. 25; GK/*Kreutz*, § 75 BetrVG Rn. 29; HWGNRH/*Worzalla*, § 75 BetrVG Rn. 6; HWK/*Reichold*, § 75 BetrVG Rn. 7; zur Wahrung der grundrechtlich geschützten Freiheitsrechte siehe auch BAG 12.4.2011, NZA 2011, 989, 990.

die innerbetriebliche Rechtsbeziehung,[887] jedoch sind die Betriebsparteien an die objektive Werteordnung, die sich gerade auch in den Grundrechten niedergeschlagen hat, gebunden.[888] Aus dieser mittelbaren Grundrechtsbindung folgt für die Rechtsprechung zugleich die Bindung an den Grundsatz der Verhältnismäßigkeit.[889] Überdies greift die Rechtsprechung deshalb auf das Rückwirkungsverbot und den Vertrauensschutz zurück.[890] Demgegenüber geht die Literatur noch weiter und zählt zu den Grundsätzen des Rechts auch das Richterrecht.[891] Zu beachten sind außerdem die anwendbaren Tarifverträge und Betriebsvereinbarungen.[892]

bb) Grundsätze der Billigkeit

Ebenfalls zu berücksichtigen haben die Betriebsparteien die Grundsätze der Billigkeit. Schwierigkeiten ergeben sich naturgemäß bei der Inhaltsbestimmung. Überraschend ist das freilich nicht, da die Grundsätze der Billigkeit nach einhelliger Ansicht der Verwirklichung der Einzelfallgerechtigkeit dienen.[893] Weitgehend abstrakte Einschränkungen würden dieses Ziel torpedieren. Folglich lesen sich viele Ausführungen auch eher als Appell an die Betriebsparteien, auf die individuellen Bedürfnisse des einzelnen Arbeitnehmers einzugehen.[894] Es seien berechtigte, menschliche, soziale und wirtschaftliche Belange des Arbeitnehmers

---

887 Dies ist seit dem *Lüth*-Urteil des BVerfG (v. 15.1.1958, NJW 1958, 257 = BverfGE 7, 198) nicht mehr haltbar. Die Grundrechte sind in erster Linie Abwehrrechte des Bürgers gegen den Staat und entfalten den Rechtsgehalt auf horizontaler Ebene nur mittelbar durch privatrechtliche Vorschriften.

888 Ausf. dazu *Kreutz*, in: FS Schmidt-Jortzig, 753, 756 ff.

889 BAG 18.7.2006, NZA 2007, 462, 465; zur Videoüberwachung im Betrieb im Hinblick auf § 75 Abs. 2 BetrVG siehe BAG 26.8.2008, NZA 2008, 1187. Ferner auch ErfK/*Kania*, § 75 BetrVG Rn. 5; GK/*Kreutz*, § 75 BetrVG Rn. 30.

890 Zur Beurteilung einer ablösenden Betriebsvereinbarung unter dem Gesichtspunkt des Rückwirkungsverbots: BAG 23.1.2008, NZA 2008, 709; *Linsenmaier*, in: FS Kreutz, 285 ff. Zum Vertrauensschutz vgl. BAG 13.11.2007, NZA-RR 2008, 520. Ferner LAG Hessen 18.5.2001, NZA-RR 2002, 363; HWGNRH/*Worzalla*, § 75 BetrVG Rn. 6.

891 *Fitting*, § 75 BetrVG Rn. 25a; GK/*Kreutz*, § 75 BetrVG Rn. 29; kritisch HWGNRH/*Worzalla*, § 75 BetrVG Rn. 6.

892 Fitting, § 75 BetrVG Rn. 25a; HWGNRH/*Worzalla*, § 75 BetrVG Rn. 6.

893 Vgl. BAG 17.8.1999, NZA 2000, 498; BeckOK-ArbR/*Werner*, § 75 BetrVG Rn. 17; ErfK/*Kania*, § 75 BetrVG Rn. 5; HWK/*Reichold*, § 75 BetrVG Rn. 7; MünchArbR/*v. Hoyningen-Huene*, § 214 Rn. 34.

894 Siehe beispielhaft nur die Ausführungen bei BeckOK-ArbR/*Werner*, § 75 BetrVG Rn. 17; DKKW/Berg, § 75 BetrVG Rn. 7; HWK/*Reichold*, § 75 BetrVG Rn. 7.

zu berücksichtigen, soweit dies im Rahmen der geltenden Rechtsordnung möglich sei.[895] *Von Hoyningen-Huene* kommt dabei das Verdienst einer systematischen Eingrenzung zu.[896] Solle die Bestimmung des § 75 Abs. 1 BetrVG nicht als Möglichkeit für eine allgemeine Billigkeitskontrolle wahrgenommen werden, könne Billigkeit nur dort zum Maßstab ihrer Behandlung gemacht werden, wo eine gesetzliche Vorschrift oder methodengerechte Rechtsfortbildung die Heranziehung von Billigkeit gestatte oder gebiete.[897] Billigkeit stelle nicht vom Recht frei, sondern ziele vielmehr auf eine gerechte Behandlung des Einzelnen in seinen individuellen Rechtsbeziehungen.[898] Maßgebliche Ansatzpunkte sind dann sowohl § 315 BGB als auch § 106 GewO.[899] Selbst wenn man sich in dieser Deutlichkeit dem Ansatz nicht anschließen möchte, so besteht doch weitgehend Einigkeit, dass § 75 Abs. 1 BetrVG keine Rechtsgrundlage für eine Billigkeitskontrolle einzelvertraglicher Abreden enthält.[900] Gleiches gilt für die Billigkeitskontrolle von Betriebsvereinbarungen.[901] Die Rechtsprechung hat sich indes bei der Kontrolle konkreter Klauseln nicht von methodischen Erklärungsnöten ihrer sich selbst zuerkannten Prüfungskompetenz beirren lassen.[902] Gleichzeitig gilt es aber zu konstatieren, dass derlei Einlassungen absolute Ausnahmefälle geblieben sind.[903]

---

895 So ausdrücklich *Fitting*, § 75 BetrVG Rn. 26.

896 Siehe *v. Hoyningen-Huene,* Billigkeit im Arbeitsrecht, *passim*. Ausf. auch GK/*Kreutz*, § 75 BetrVG Rn. 32.

897 *v. Hoyningen-Huene,* Billigkeit im Arbeitsrecht, 33 ff., 49, 113.

898 *v. Hoyningen-Huene,* Billigkeit im Arbeitsrecht, 35 mwN; *Kornblum*, AcP 168 (1968), 450, 460.

899 Fitting, § 75 BetrVG Rn. 27; HWGNRH/*Worzalla*, § 75 BetrVG Rn. 6; HWK/*Reichold*, § 75 BetrVG Rn. 7; GK/*Kreutz*, § 75 BetrVG Rn. 34; MünchArbR/*v. Hoyningen-Huene*, § 214 Rn. 34.

900 GK/*Kreutz*, § 75 BetrVG Rn. 35; MünchArbR/*v. Hoyningen-Huene*, § 214 Rn. 35; *Richardi/Maschmann*, § 75 BetrVG Rn. 10; *v. Hoyningen-Huene,* Billigkeit im Arbeitsrecht, 133.

901 Zur mittlerweile aufgegebenen Billigkeitskontrolle von Betriebsvereinbarungen und der Kritik in der Literatur siehe oben im 2. Kapitel, B. II. 5.

902 Zur Überprüfung von Betriebsvereinbarungen siehe oben im 2. Kapitel, B. II. 5. Die Billigkeitskontrolle von Einzelarbeitsverträgen wurde allerdings nicht unter Hinweis auf § 75 BetrVG vorgenommen. Vgl. BAG 4.7.1972, AP HGB § 65 Nr. 6 mit krit. Anm. *Herschel*. Zum Gesamten auch GK/*Kreutz*, § 75 BetrVG Rn. 35.

903 Zwar scheint die Rechtsprechung die Billigkeitskontrolle von Arbeitsverträgen aufgegeben zu haben, allerdings behält sich der 5. Senat eine Inhaltskontrolle im Rahmen von § 242 BGB ausdrücklich vor (BAG 16.3.1994, AP BGB § 611 Ausbildungsbeihilfe Nr. 18 mit Anm. *Wiedemann* = NZA 1994, 937). Diese Rechtsprechung wird

c) Konkretisierung durch § 75 Abs. 1 Hs. 2 BetrVG

Durch die Aufzählung der nunmehr (je nach Zählweise) dreizehn Benachteiligungsverbote in § 75 Abs. 1 Hs. 2 BetrVG werden die Grundsätze des Rechts in Teilen konkretisiert und der Bedeutungsgehalt der Diskriminierungsverbote hervorgehoben.[904] Bei der nicht abschließenden Aufzählung („insbesondere") handelt es sich um ausdrücklich benannte und absolute Differenzierungsverbote.[905] Sie verbieten eine Benachteiligung selbst dann, wenn der Arbeitnehmer ihr zustimmt.[906] Sowohl der Begriff der Benachteiligung als auch eine etwaige Zulässigkeit richten sich konsequenterweise nach dem Allgemeinen Gleichbehandlungsgesetz.[907] Hierdurch finden auch europarechtliche Einflüsse und Definitionsansätze, beispielsweise zur mittelbaren Diskriminierung, Einzug in § 75 Abs. 1 BetrVG.[908] Im Grundsatz bedeutet die Benachteiligung die tatsächliche Ungleichbehandlung einer Person oder Personengruppe im Vergleich zu einer entsprechenden, tatsächlichen oder hypothetischen Vergleichsperson (oder Personengruppe) wegen eines der genannten Differenzierungsmerkmale, die nicht durch einen Erlaubnistatbestand gedeckt ist.[909] Im Hinblick auf eine schwieriger zu bestimmende, mittelbare Benachteiligung im Sinne des § 3 Abs. 2 AGG sowie

---

im Hinblick auf die Schuldrechtsreform aber nur noch in geringem Maße aufrechtzuerhalten sein. Denn die arbeitsvertragliche Klauselkontrolle beruht mittlerweile maßgeblich auf den §§ 307 – 309 BGB, die eine abschließende Konkretisierung des Gebots von Treu und Glauben darstellen, vgl. *Stoffels*, AGB-Recht, Rn. 389. Dabei wird § 242 BGB wohl nur noch im Rahmen von Individualabreden zum Zuge kommen können. Zu den verbleibenden Anwendungsfeldern und entsprechenden Ausnahmen siehe auch MüKo-BGB/*Schubert*, § 242 BGB Rn. 504 ff.

904 BeckOK-ArbR/*Werner*, § 75 BetrVG Rn. 18; GK/*Kreutz*, § 75 BetrVG Rn. 36; HWGNRH/*Worzalla*, § 75 BetrVG Rn. 7.

905 Vgl. BeckOK-ArbR/*Werner*, § 75 BetrVG Rn. 18; HWK/*Reichold*, § 75 BetrVG Rn. 9; WPK/*Preis*, § 75 BetrVG Rn. 17.

906 HWGNRH/*Worzalla*, § 75 BetrVG Rn. 7.

907 Dies war wie bereits oben beschrieben die Grundintention des Gesetzgebers und wird soweit ersichtlich nicht ernsthaft bestritten. Siehe nur BAG 23.3.2010, NZA 2010, 774, 775; 11.11.2008, NZA 2009, 210, 213 f.; ErfK/Kania, § 75 BetrVG Rn. 6; *Fitting*, § 75 BetrVG Rn. 60. WPK/*Preis*, § 75 BetrVG Rn. 17 nennt es gar eine Form „wiederholender Gesetzgebung". Im Übrigen soll dies selbst dort gelten, wo der Kriterienkatalog sich nicht mit den Diskriminierungsmerkmalen des AGG deckt. Vgl. GK/*Kreutz*, § 75 BetrVG Rn. 46; a.A. *Fitting*, § 75 BetrVG Rn. 60.

908 Siehe dazu etwa nur HWK/*Reichold*, § 75 BetrVG Rn. 9 ff.

909 Die Definition richtet sich mithin nach § 3 Abs. 1 AGG. Vgl. BAG 23.3.2010, NZA 2010, 774, 775; HWGNRH/*Worzalla*, § 75 BetrVG Rn. 7.

zu weiteren Detailfragen muss auf die umfangreiche Literatur in diesem Zusammenhang verwiesen werden.[910]

aa) Diskriminierungsverbote des § 75 Abs. 1 Hs. 2 BetrVG

§ 75 Abs. 1 Hs. 2 BetrVG geht über den gemeinsamen Kriterienkatalog mit § 1 AGG hinaus. Neben den in § 1 AGG nicht erfassten Merkmalen „Abstammung und sonstige Herkunft" sowie „Nationalität" ist dies auch die „politische und gewerkschaftliche Betätigung oder Einstellung". Hohe Relevanz in der Praxis weisen aber andere Merkmale auf. Dies gilt in aller erster Linie für Diskriminierungen hinsichtlich des Alters und des Geschlechts. Da im Arbeitsleben traditionell in vielfältiger Weise an das Alter angeknüpft wird, beispielsweise als spezifische Ausbildungsanforderung im Rahmen der Einstellung,[911] bei betrieblichen Altersversorgungssystemen oder bei kollektivrechtlichen Altersgrenzen,[912] kommt der Rechtfertigung altersbezogener Differenzierung erhebliche Bedeutung zu.[913] Der Gesetzgeber hat dieser Besonderheit Rechnung getragen und unter Berücksichtigung von Art. 6 der Gleichbehandlungs-Rahmen-Richtlinie (2000/78/EG) in § 10 AGG neben gesetzlichen Fallgruppen auch eine Generalklausel zur Rechtfertigung einer Differenzierung normiert.[914] Es zeigt sich zugleich erneut, wie sehr europarechtliche Einflüsse und die vom Europäischen Gerichtshof vorgegebene Auslegung diese Fragen ganz maßgeblich beeinflussen.[915] Ähnliches gilt auch für die (mittelbare) Diskriminierung wegen des Geschlechts. Eine betriebliche Altersversorgung, die Teilzeitbeschäftigte ausschließt, wird regelmäßig wegen der mittelbaren Diskriminierung von Frauen

---

910 Zur mittelbaren Diskriminierung und zu anerkannten Einzelfällen vgl. nur MüKo/*Thüsing*, § 3 AGG Rn. 27 ff., 42 ff. Weitere Beispiele bei *Bauer/Krieger*, § 3 AGG Rn. 38.

911 HWGNRH/*Worzalla*, § 75 BetrVG Rn. 23; siehe auch ErfK/*Schlachter*, § 10 AGG Rn 5.

912 Zur viel diskutierten Frage nach der Zulässigkeit von Altersgrenzen siehe BAG 5.3.2013, NZA 2013, 916; DKKW/*Berg*, § 75 BetrVG Rn. 75 ff.; *Fitting*, § 75 BetrVG Rn. 93 f. Zu einer betrieblichen Altersvorsorgung etwa LAG Baden-Württemberg, 26.5.2011, NZA-RR 2011, 660.

913 Ausf. zum Gesamten und mit zahlreichen Beispielen GK/*Kreutz*, § 75 BetrVG Rn. 69 ff.

914 Siehe hierzu auch mit umfangreichen Nachweisen der europarechtlichen Rechtsprechung ErfK/*Schlachter*, § 10 AGG Rn. 1 ff.

915 Zu erwähnen sei an dieser Stelle nur die Verwerfung der Altersgrenze für Piloten. Obgleich diese tarifvertraglich vereinbart wurde, hat der EuGH sie für europarechtswidrig gehalten. Die Flugsicherheit sei kein legitimes Ziel im Sinne des § 10 AGG bzw. des Art. 6 der Richtlinie (EuGH 13.9.2011, NZA 2011, 1039).

unwirksam sein, da diese wesentlich häufiger in Teilzeit arbeiten als Männer.[916] Auch die Durchsetzung des nach wie vor nur ungenügend realisierten Grundsatzes der Lohngleichheit spielt unter diesem Aspekt eine erhebliche Rolle.[917] Bei der Verbesserung der Situation kann der Betriebsrat gerade auch im Hinblick auf seine Rechte nach § 80 Abs. 1 Nr. 2a, Abs. 2 S. 2 BetrVG eine zentrale Rolle einnehmen.[918] Erstaunlich viel Beachtung hat in jüngster Zeit die Frage nach der Zulässigkeit von Dienstkleiderordnungen, insbesondere das verpflichtende Tragen von Cockpit-Mützen ausschließlich für Männer, unter dem Gesichtspunkt der Geschlechterdiskriminierung erfahren.[919] Der 1. Senat hat sich für einen Verstoß gegen den arbeitsrechtlichen Gleichbehandlungsgrundsatz ausgesprochen und konnte damit die Frage bezüglich des § 7 AGG offen lassen.[920]

Soweit es um potentiell diskriminierende Maßnahmen des Betriebsrats gegenüber einzelnen Arbeitnehmern geht, spielt das Kriterium der gewerkschaftlichen Betätigung ebenfalls keine zu verachtende Rolle. Anknüpfungspunkt ist dabei häufig die negative Koalitionsfreiheit,[921] also das Verbot der Benachteiligung, weil der Arbeitnehmer eine konkrete Gewerkschaft oder Gewerkschaften im Allgemeinen ablehnt. Äußert sich ein Arbeitnehmer fundiert-kritisch gegenüber der im Betrieb vorherrschenden Gewerkschaft oder verweigert er den Beitritt in diese, dürfen ihm hieraus keine negativen Konsequenzen erwachsen.[922] Die Betriebsparteien trifft richtigerweise die Verpflichtung zur

---

916 Grundlegend schon EuGH 13.5.1986, NZA 1986, 599.

917 Siehe nur DKKW/*Berg*, § 75 BetrVG Rn. 99; *Fitting*, § 75 BetrVG Rn. 113 ff.; ausf. auch *Rieble*, RdA 2011, 36 ff.

918 *Fitting*, § 75 BetrVG Rn. 106.

919 Zum konkreten Fall vgl. etwa *Fischer*, NJW 2015, 744; grundlegend zu dieser Frage *Brose/Greiner/Preis*, NZA 2011, 369.

920 BAG 30.9.2014, NZA 2015, 121. Noch gegen einen Verstoß hatte sich die Vorinstanz ausgesprochen: LAG Köln 29.10.2012, BeckRS 2012, 75198.

921 Die negative Koalitionsfreiheit sichert bereits über Art. 9 Abs. 3 GG die Freiheit des Einzelnen sich keiner Koalition anzuschließen bzw. aus einer solchen auszutreten. Vgl. nur BVerfG 14.6.1983, NJW 1984, 1225; 1.3.1979, NJW 1979, 699; BAG (GS) 29.11.1967, BeckRS 1967, 31153920 = AP GG Art. 9 Nr. 13 (Ls.); ErfK/*Linsenmaier*, Art. 9 Rn. 32; *Jarass*/Pieroth, Art. 9 GG Rn. 36; Maunz/Dürig/*Scholz*, Art. 9 GG (35. Lfg. Februar 1999) Rn. 226; kritisch DKKW/*Berg*, § 75 BetrVG Rn. 95; *Gamillscheg*, Arbeitsrecht I, 381 ff. Die Streitigkeit hat hier aber keine überragende Bedeutung, da der Wortlaut von § 75 Abs. 1 BetrVG die Gewerkschaftsneutralität bereits erfasst (so auch GK/*Kreutz*, § 75 BetrVG Rn. 81; WPK/*Preis*, § 75 BetrVG Rn. 23).

922 Ausf. dazu GK/*Kreutz*, § 75 BetrVG Rn. 81 ff.

gewerkschaftsneutralen Amtsführung.[923] Damit wird schon die grundsätzliche Einstellung zur Gewerkschaft geschützt, was sich auch im Wortlaut der Formulierung niederschlägt.[924] Unzulässig ist es daher, (inadäquaten) Druck auf neu eingestellte Arbeitnehmer auszuüben, um den Beitritt in eine Gewerkschaft oder einen Gewerkschaftswechsel zu erwirken.[925] Auch Maßnahmen gegen Arbeitnehmer die für eine zweite, konkurrierende Gewerkschaft werben oder eine separate Liste für die Betriebsratswahlen aufstellen, sind unzulässig.[926] Konkret können Forderungen mit der Drohung verknüpft werden, dass die Art und Weise der zukünftigen Wahrnehmung der Belange des betroffenen Arbeitnehmers entscheidend von seinem weiteren Verhalten abhänge.[927] Ebenfalls unzulässig ist es, Mitglieder der Gewerkschaft von Kündigungen auszunehmen,[928] Weihnachtsgratifikationen und sonstige Sonderzahlungen nur für organisierte Arbeitnehmer zu fordern[929] oder sich im Rahmen der Kündigung von Nichtorganisierten gänzlich zurückzuhalten.[930]

Während die Neutralitätspflicht für den Arbeitgeber unstrittig besteht, insbesondere darf er nicht die Einstellung eines Arbeitnehmers vom Austritt aus einer Gewerkschaft abhängig machen,[931] wird dies zumindest für die Gewerkschaften nicht überall mit der gleichen Strenge vertreten.[932] Eine strikt gewerkschaftspolitische Neutralität ergebe sich aus der Formulierung im § 75 Abs. 1 BetrVG nicht.[933] Vielmehr mache § 74 Abs. 3 BetrVG deutlich, dass die

---

923 ErfK/*Kania*, § 74 BetrVG Rn. 34; *Fitting*, § 75 BetrVG Rn. 103; GK/*Kreutz*, § 75 BetrVG Rn. 84; HWGNRH/*Worzalla*, § 75 BetrVG Rn. 26; WPK/*Preis*, § 75 BetrVG Rn. 25; differenzierend DKKW/*Berg*, § 75 BetrVG Rn. 94.

924 HWGNRH/*Worzalla*, § 75 BetrVG Rn. 26.

925 GK/*Kreutz*, § 75 BetrVG Rn. 85.

926 Vgl. WPK/*Preis*, § 75 BetrVG Rn. 23. Unzulässig sind daher auch die in der Einleitung genannten Beispiele bei VW. Es fehlt aber an Sanktions- und Durchsetzungsmöglichkeiten. Dazu sogleich im übernächsten Abschnitt.

927 Vgl. DKKW/*Berg*, § 75 BetrVG Rn. 93; siehe auch LAG Köln 15.12.2000, NZA-RR 2001, 371.

928 LAG Köln 29.7.2004, BeckRS 2004, 30463314; WPK/*Preis*, § 75 BetrVG Rn. 23.

929 HWK/*Reichold*, § 75 BetrVG Rn. 13.

930 Vgl. GK/Kreutz, § 75 BetrVG Rn. 85. Zum willkürlich unterlassenen Widerspruch bei einer Kündigung siehe oben ausf. im 2. Kapitel, B. III. 2.

931 BAG 28.3.2000, NZA 2000, 1294 = RdA 2002, 46 mit Anm. *Thüsing*; HWGNRH/*Worzalla*, § 75 BetrVG Rn. 26; HWK/*Reichold*, § 75 BetrVG Rn. 13.

932 Siehe z.B. bei DKKW/*Berg*, § 75 BetrVG Rn. 94; HaKo-BetrVG/*Lorenz*, § 75 BetrVG Rn. 27; *Däubler*, Gewerkschaftsrechte im Betrieb, Rn. 458 ff., 461 ff.

933 DKKW/*Berg*, § 75 BetrVG Rn. 94; HaKo-BetrVG/*Lorenz*, § 75 BetrVG Rn. 27

Gewerkschaftsmitglieder in ihrer Betätigung nicht beschränkt seien.[934] Ohne Weiteres zulässig sei daher die Werbung für und die Empfehlung von Gewerkschaften.[935] Für diese Meinung streitet jedenfalls die betriebliche Wirklichkeit. Der ganz überwiegende Teil der Betriebsräte ist zugleich Gewerkschaftsmitglied und als solches auch aktiv. Die Unterscheidung, welche Äußerungen im Rahmen der Wahrnehmung des Betriebsratsamtes getroffen worden und welche hiervon unabhängig erfolgt sind, wird typischerweise kaum zu erfassen sein. Es ist in der betrieblichen Praxis auch nicht völlig unüblich, dass die Arbeitnehmervertretung sich über bestimmte Anordnungen hinwegsetzt. Erwähnt sei hier nur die Verschwiegenheitspflicht von Arbeitnehmervertretern im Aufsichtsrat, die in größeren Unternehmen häufig auch Mitglieder des Betriebsrats sind, und entscheidende Informationen entgegen gesetzlicher Bestimmungen der Belegschaft nicht vorenthalten.[936] Diese Ansicht findet aber weder eine Stütze im Gesetz, noch ist sie aus individualrechtlicher Perspektive gutzuheißen. Beide Betriebsparteien sind nach dem Gesetz gleichermaßen dem Neutralitätsgebot verpflichtet. Auch der Hinweis auf § 74 Abs. 3 BetrVG vermag kein anderes Ergebnis zu rechtfertigen. Zwar garantiert die Norm dem betriebsverfassungsrechtlichen Funktionsträger, dass er gewerkschaftliche Tätigkeiten in gleichem Umfang wie die übrigen Arbeitnehmer wahrnehmen darf, allerdings bleiben die Grundsätze von § 75 Abs. 1 BetrVG hiervon unberührt.[937] § 74 Abs. 3 BetrVG entbindet ein Gewerkschaftsmitglied gerade nicht von seiner Neutralitätspflicht.[938] Dies

---

934 DKKW/*Berg*, § 75 BetrVG Rn. 94.

935 DKKW/*Berg*, § 75 BetrVG Rn. 94; *Däubler*, Gewerkschaftsrechte im Betrieb, Rn. 458 ff.

936 Vgl. hierzu etwa ErfK/*Oetker*, § 116 AktG Rn. 5. Ausnahmen für Arbeitnehmervertreter werden nach der h.M. nicht anerkannt BAG 23.10.2008, NZA 2009, 855; MüKo-AktG/*Habersack*, § 116 AktG Rn. 55; a.A. *Kittner*, ZHR 136 (1972), 208, 214 ff. Der BGH hat gleichwohl ausgeführt, dass es im Interesse des Unternehmens notwendig werden kann, eine im Aufsichtsrat besprochene Angelegenheit anderweitig in einem geschlossenen Kreis oder auch öffentlich zu erörtern, um Missverständnisse auszuräumen, Gerüchten entgegenzutreten, Unruhen zu vermeiden oder sonst die Beziehungen und das Bild der Gesellschaft nach innen und außen günstig zu beeinflussen (v. 5.6.1975, NJW 1975, 1412, 1413).

937 Siehe nur BeckOK-BGB/*Werner*, § 74 BetrVG Rn. 39; ErfK/*Kania*, § 74 BetrVG Rn. 34; *Fitting*, § 74 BetrVG Rn. 66; HWGNRH/*Worzalla*, § 74 BetrVG Rn. 57; kritisch zu der in der Tat etwas unglücklichen gesetzlichen Regelung *Rieble*, BB 2009, 1016, 1017. Vgl. zum weitgehend deckungsgleichen § 67 Abs. 1 S. 1 BPersVG auch BVerfG 27.3.1979, NJW 1979, 1875.

938 ErfK/*Kania*, § 74 BetrVG Rn. 34; vgl. auch *Richardi/Maschmann*, § 75 BetrVG Rn. 80, die in diesem Spannungsfeld danach differenzieren wollen, ob das Betriebsratsmitglied

ist auch aus Sicht des betroffenen Arbeitnehmers überzeugend. Denn die bloße „Empfehlung“ einer Gewerkschaft gegenüber dem Einzelnen, kann auch ohne Androhung konkreter Konsequenzen schnell als Druckausübung empfunden werden.[939] Im Ergebnis ist daher der Betriebsrat in der Ausübung seines Amtes ebenfalls an die Neutralitätspflicht gebunden. Dass dies auch rechtspolitisch geboten ist, zeigen die zahlreichen, bereits angeführten Beispiele aus der Praxis. Sämtliche Behinderungen durch den Betriebsrat aufgrund gewerkschaftlicher Einstellung, wie sie beispielsweise bei Volkswagen stattgefunden haben, sind daher ein klarer Verstoß gegen das Diskriminierungsverbot und damit unwirksam.

bb) Arbeitsrechtlicher Gleichbehandlungsgrundsatz

Neben den speziellen Differenzierungsverboten umfasst die Pflicht zur Beachtung von Recht und Billigkeit auch den allgemeinen arbeitsrechtlichen Gleichbehandlungsgrundsatz.[940] Dieser verbietet über die genannten Fälle hinaus die willkürlich unterschiedliche Behandlung gleicher, beziehungsweise die Gleichbehandlung ungleicher Tatbestände.[941] Es handelt sich um einen gewohnheitsrechtlich anerkannten Grundsatz,[942] der lediglich in Herleitung und methodischer Anwendung – insbesondere in der Rechtsprechung – keine klare Stringenz erfährt.[943] Denn auch eine sachfremde Gruppenbildung ist nach der

---

dem einzelnen Arbeitnehmer bei der Ausübung seiner Beteiligungsrechte gegenübertritt oder nicht (kritisch hierzu *Schönhöft/Weyhing*, BB 2014, 762, 764).

939 Wie hier GK/*Kreutz*, § 75 BetrVG Rn. 85; Anders *Däubler*, Gewerkschaftsrechte im Betrieb, Rn. 471 f. der die Grenze des zulässigen erst dann erreicht sieht, wenn konkrete Handlungen des Betriebsrats angedroht werden.

940 BAG 20.4.2010, NZA 2010, 1018; 31.5.2005, NZA 2005, 997, 998; *Fitting*, § 75 BetrVG Rn. 30; GK/*Kreutz*, § 75 BetrVG Rn. 38; HWGNRH/*Worzalla*, § 75 BetrVG Rn. 31; HWK/*Reichold*, § 75 BetrVG Rn. 8.

941 GK/*Kreutz*, § 75 BetrVG Rn. 36; HWGNRH/*Worzalla*, § 75 BetrVG Rn. 31.

942 Vgl. nur BAG 20.4.2010, NZA 2010, 1018; 3.12.2008, NZA 2009, 367 = AP BGB § 242 Gleichbehandlung Nr. 206; *Fitting*, § 75 BetrVG Rn. 31a; HWGNRH/*Worzalla*, § 75 BetrVG Rn. 31; ferner GK/*Kreutz*, § 75 BetrVG Rn. 38 mwN. Zur Nichtanwendbarkeit des Gleichbehandlungsgrundsatzes im Rahmen von Tarifverträgen zuletzt ausf. BAG 21.5.2014, NZA 2015, 115, 117 ff. Einen guten Überblick zu der umfangreich ergangenen Rechtsprechung bietet auch DKKW/*Berg*, § 75 BetrVG Rn. 107.

943 In der Rechtsprechung wird insbesondere nicht klar, ob der allgemeine Gleichbehandlungsgrundsatz unmittelbar über § 75 Abs. 1 BetrVG hergeleitet werden soll (so bspw. BAG 18.5.2010, NZA 2010, 1304), dieser gar mit dem Benachteiligungsverbot des Absatzes 1 gleichgesetzt wird (BAG 7.6.2011, NZA-RR 2011, 1370, 1372) oder (richtigerweise) als einer der Grundsätze des höherrangigen Rechts zu prüfen ist (vgl.

Rechtsprechung des Bundesarbeitsgerichts unzulässig.[944] Willkürlich ist eine Differenzierung dann, wenn sie nicht aus vernünftigen und einleuchtenden Gründen erfolgt, die auch die anerkannten Wertungen des Arbeitsrechts bei der kollektiven Behandlung der Arbeitnehmer beachten.[945] Damit wird zugleich der kollektive Bezug herausgestellt, ohne den der Gleichbehandlungsgrundsatz keine Anwendung findet.[946] Die Vertragsfreiheit hat insoweit Vorrang vor dem Gleichbehandlungsgrundsatz.[947] Davon abgesehen gilt der arbeitsrechtliche Gleichbehandlungsgrundsatz jedoch für sämtliche Arbeitsbedingungen einschließlich des Arbeitsentgelts, soweit diesen ein erkennbares und generalisierendes Prinzip zugrunde liegt.[948] Gleichzeitig handelt es sich hier aber auch um ein relatives Differenzierungsverbot, weil die Ungleichbehandlung aus sachlichen Gründen erlaubt sein kann.[949] Die Gewährung von freiwilligen Sonderzahlungen nur an bestimmte Arbeitnehmergruppen kann ihren sachlichen Grund darin haben, dass der Arbeitgeber diese Gruppe an den Betrieb binden oder besondere Belastungen ausgleichen will.[950] Differenziert er allerdings danach, wer zuvor einer Entgeltkürzung und Arbeitszeitverlängerung nicht zugestimmt hat, liegt hierin eine unsachliche Differenzierung.[951] Sowohl Betriebsrat als auch Arbeitgeber haben auf die Einhaltung der Grundsätze hinzuwirken und sich gegebenenfalls um Abhilfe zu bemühen. Allerdings können auch die im Konsens gefundenen Vereinbarungen der Betriebsparteien eine sachwidrige Differenzierung enthalten. Zu denken ist hier nur an die betrieblich vereinbarte Abfindung bei Verzicht

---

BAG 20.1.2009, NZA 2009, 495, 496). Für eine Herleitung über Art. 3 Abs. 1 GG bspw. BAG 14.5.2013, AP BetrVG 1972 § 75 Nr. 58. Zum Gesamten auch GK/*Kreutz*, § 75 BetrVG Rn. 36.

944 BAG 17.12.2009, NZA 2010, 273, 276; 13.8.2008, NZA 2009, 27, 28; HWGNRH/*Worzalla*, § 75 BetrVG Rn. 31.

945 Vgl. BAG 13.8.2008, NZA 2009, 27; 28.7.1992, NZA 1993, 215; *Fitting*, § 75 BetrVG Rn. 31a; GK/*Kreutz*, § 75 BetrVG Rn. 38; HKW/*Reichold*, § 75 BetrVG Rn. 8.

946 St. Rspr. vgl. nur BAG 17.12.2009, NZA 2010, 273, 276; 13.8.2008, NZA 2009, 27, 28; 19.8.1992, NZA 1993, 171.

947 BAG 17.12.2009, NZA 2010, 273, 276; 13.8.2008, NZA 2009, 27, 28.

948 BAG 3.9.2014, NZA 2015, 222; 21.5.2015, NZA 2015, 115; 13.8.2008, NZA 2009, 27, 28; *Fitting*, § 75 BetrVG Rn. 31.

949 HWGNRH/*Worzalla*, § 75 BetrVG Rn. 31; HWK/*Reichold*, § 75 BetrVG Rn. 8; vgl. auch *Richardi/Maschmann*, § 75 BetrVG Rn. 35 f.

950 Vgl. BAG 19.3.2003, NZA 2003, 724; siehe auch BAG 21.5.2003, NZA 2003, 1274.

951 BAG 30.7.2008, NZA 2008, 1412.

auf die Kündigungsschutzklage, die der 1. Senat des Bundesarbeitsgerichts als Verstoß gegen den Gleichbehandlungsgrundsatz gewertet hat.[952]

d) Kein korrespondierender Überwachungsanspruch

Mit der Überwachungs- und Kontrollpflicht der Betriebsparteien geht nach der ganz überwiegenden Meinung kein eigener Überwachungsanspruch des betroffenen Arbeitnehmers einher.[953] Die Verpflichtung in § 75 Abs. 1 BetrVG statuiere lediglich Amtspflichten, die aufgrund des kollektivrechtlichen Charakters der Norm nicht mit subjektiven Rechten des einzelnen Arbeitnehmers korrespondieren.[954] Das Gesetz nenne die geschützten Arbeitnehmer nicht als Berechtigte und § 75 Abs. 1 BetrVG sei keine individualrechtliche Norm.[955] Diese Auslegung deckt sich mit dem sonstigen Verständnis in der Betriebsverfassung, wonach den Arbeitnehmern keine eigene subjektive Rechtsposition zuerkannt wird und hat kaum Kritik erfahren.[956] Dennoch ist es in hohem Maße erstaunlich, dass die gesetzliche Verpflichtung nicht einer Berechtigung des Begünstigten entsprechen soll.[957] In der Konsequenz bedeutet dies vor allem ein mit den

---

952 BAG 31.5.2005, NZA 2005, 997.

953 BAG 3.12.1985, AP BAT § 74 Nr. 2; ErfK/*Kania*, § 75 BetrVG Rn. 1; *Fitting*, § 75 BetrVG Rn. 24; HWGNRH/*Worzalla*, § 75 BetrVG Rn. 5; HWK/*Reichold*, § 75 BetrVG Rn. 2; *Richardi/Maschmann*, § 75 BetrVG Rn. 9, 52 f.; WPK/*Preis*, § 75 BetrVG Rn. 2; *Koloczek*, Leistungsansprüche gegen den Betriebsrat, 46; *Pouyadou*, Abhängigkeit des Arbeitnehmers vom Betriebsrat, 188; *Wiese*, NZA 2006, 1, 4; ferner GK/*Kreutz*, § 75 BetrVG Rn. 23 f. mwN; offen gelassen bei BAG 14.1.1986, AP BetrAVG § 1 Gleichbehandlung Nr. 5; a.A. DKKW/*Berg*, § 75 BetrVG Rn. 19; zu einer subjektiven Rechtsposition tendierend noch BAG 5.4.1984, NZA 1985, 329, 331; differenzierend *Niederalt*, Individualrechte, 129 ff. Deutlich verkannt wird die Struktur von subjektiven Rechten bei BeckOK-ArbR/*Werner*, § 75 BetrVG Rn. 68, der den Arbeitnehmern ein subjektives Recht einräumen will, aus dem aber keine subjektiven Ansprüche entstehen sollen. Zur Bedeutung und Definition von subjektiven Rechten siehe unten in diesem Kapitel unter C. IV. 1.

954 ErfK/*Kania*, § 75 BetrVG Rn. 1; GK/*Kreutz*, § 75 BetrVG Rn. 23 f. mwN; WPK/*Preis*, § 75 BetrVG Rn. 2.

955 GK/*Kreutz*, § 75 BetrVG Rn. 23; *Richardi/Maschmann*, § 75 BetrVG Rn. 9, 52 f.

956 Für subjektive Rechte des Arbeitnehmers in der Betriebsverfassung und konkret im Rahmen von § 75 BetrVG haben sich ausgesprochen DKKW/*Berg*, § 75 BetrVG Rn. 19 (allerdings ohne Begründung); *Belling*, Haftung des Betriebsrats, 264 ff. und *Haneberg*, § 75 BetrVG, 8 ff., 77, 98 f. Siehe auch *Heydrich*, Ansprüche der Arbeitnehmer wegen Pflichtverletzung, 129 ff. sowie *Blomeyer*, in: GS Dietz, 147 ff.

957 Zu dieser allgemein anerkannten Reflexwirkung im Recht *Bachof*, in: GS Jellinek, 287, 289.

eigentlichen Zielen der Stärkung des Individualschutzes neugefassten Betriebsverfassung kaum zu vereinbarendes Ergebnis. Der Arbeitnehmer erhält keine eigene Anspruchsgrundlage, gegen willkürliche Behandlung durch den Arbeitgeber oder den Betriebsrat vorzugehen.[958] Er kann damit einhergehend keine bestimmte Behandlung nach den Grundsätzen von Recht und Billigkeit verlangen oder deren Beseitigung sowie Unterlassung verlangen.[959] Soweit der Arbeitnehmer nicht ausnahmsweise die Überprüfung anderweitig verlangen kann, beispielsweise im Rahmen der Betriebsvereinbarung, besteht keine betriebsverfassungsrechtliche Möglichkeit, die Einhaltung der Amtspflichten gerichtlich sicherzustellen.[960] Sofern auf diese Konsequenzen überhaupt eingegangen wird, begnügt man sich mit einem Hinweis auf die arbeitsvertraglichen Schutz- und Fürsorgepflichten des Arbeitgebers.[961] Verweigere der Betriebsrat willkürlich die Zustimmung zu einer Versetzung, müsse der Arbeitnehmer den Arbeitgeber individualrechtlich zur Handlung bewegen und diese gegebenenfalls gerichtlich forcieren.[962] Wie wenig praktikabel diese und weitere solcher individualrechtlichen Lösungsansätze sind, wurde bereits ausführlich dargelegt.[963] Der Rechtsschutz des betroffenen Arbeitnehmers bleibt damit lückenhaft.[964] Dies gilt auch im Hinblick auf eine mögliche Haftung der Betriebsratsmitglieder, sodass das Auslegungsergebnis der herrschenden Meinung im Fortgang der Arbeit einer intensiven und kritischen Kontrolle zu unterziehen ist.

2. *Schutz und Förderung des Persönlichkeitsrechts, § 75 Abs. 2 BetrVG*

In § 75 Abs. 2 BetrVG werden die Betriebsparteien verpflichtet, die Persönlichkeit der einzelnen Arbeitnehmer sowie deren freie Entfaltung im Rahmen der betrieblichen Möglichkeiten zu schützen und zu fördern.[965] Anders als

---

958 Ausdrücklich GK/*Kreutz*, § 75 BetrVG Rn. 24; vgl. auch BAG 3.12.1985, AP BAT § 74 Nr. 2; *Fitting*, § 75 BetrVG Rn. 24.

959 Vgl. nur *Fitting*, § 75 BetrVG Rn. 24.

960 GK/*Kreutz*, § 75 BetrVG Rn. 24.

961 So GK/*Kreutz*, § 75 BetrVG Rn. 25; *Koloczek*, Leistungsansprüche gegen den Betriebsrat, 46; Grds. darauf verweisend auch ErfK/*Kania*, § 75 BetrVG Rn. 1; WPK/*Preis*, § 75 BetrVG Rn. 2.

962 Siehe nur *Fitting*, § 75 BetrVG Rn. 24; GK/*Kreutz*, § 75 BetrVG Rn. 25.

963 Siehe hierzu die Ausführungen im 2. Kapitel, B. III. 1. f) dd).

964 Gerade im Hinblick auf den Rechtsschutz gegen den Betriebsrat halten dies auch *Richardi/Maschmann*, § 75 BetrVG Rn. 54 für problematisch.

965 *Fitting*, § 75 BetrVG Rn. 136; HWGNRH/*Worzalla*, § 75 BetrVG Rn. 32; *Wiese*, NZA 2006, 1, 4. Zur Bedeutung des § 75 Abs. 2 BetrVG als freiheitssichernde Funktion in

in Absatz 1 erkennt der Wortlaut aber kein damit korrespondierendes Überwachungsrecht der Betriebsparteien an.[966] Die Norm verpflichtet Arbeitgeber und Betriebsrat somit zur Wahrung der grundrechtlich geschützten Freiheitsrechte nach Art. 2 Abs. 1 GG.[967] Praktische Bedeutung hat dies beispielsweise bei betrieblichen Kontrollmaßnahmen wie der Taschen- oder Personenkontrolle,[968] der Videoüberwachung am Arbeitsplatz[969] oder der Telefondatenerfassung von Dienstgesprächen.[970] Aus der Norm ergibt sich allerdings ebenfalls keine unmittelbare Grundrechtsbindung.[971] Vielmehr sind betriebliche Regelungen, welche die Freiheitsrechte des Arbeitnehmers einschränken, am Grundsatz der Verhältnismäßigkeit zu überprüfen.[972] Ob mit der Vorschrift ein tatsächlicher Zugewinn rechtserheblicher Positionen einhergeht, erscheint fraglich.[973] Denn durch die Bindung der Betriebsparteien an die Grundsätze des Rechts waren auch bisher die Persönlichkeitsrechte der im Betrieb beschäftigten Arbeitnehmer

---

der Betriebsverfassung ausf. *Hammer*, Betriebsverfassungsrechtliche Schutzpflicht, 103 ff.

966 Vgl. GK/Kreutz, § 75 BetrVG Rn. 105. Dies soll in der Konsequenz auch gegen einen Unterlassungs- und Beseitigungsanspruch der jeweiligen Seite sprechen (GK/*Kreutz*, § 75 BetrVG Rn. 105; WPK/*Preis*, § 75 BetrVG Rn. 61; i.E. ebenso BAG 28.5.2002, NZA 2003, 166, 169; a.A. *Fitting*, § 75 BetrVG Rn. 178).

967 Vgl. nur DKKW/*Berg*, § 75 BetrVG Rn. 114; ErfK/*Kania*, § 75 BetrVG Rn. 9; WPK/*Preis*, § 75 BetrVG Rn. 43; siehe auch BAG 15.4.2014, NZA 2014, 551, 555.

968 Vgl. BAG 15.4.2014, NZA 2014, 551; DKKW/*Berg*, § 75 BetrVG Rn. 117.

969 Siehe nur BAG 26.8.2008, NZA 2008, 1187; ausf. GK/*Kreutz*, § 75 BetrVG Rn. 110; ferner *Byers*, Die Videoüberwachung am Arbeitsplatz, 36 ff.; *Thüsing*, NZA 2009, 865 ff.

970 Vgl. BAG 27.5.1986, NZA 1986, 643; HWGNRH/*Worzalla*, § 75 BetrVG Rn. 35.

971 Eine solche kann es richtigerweise nach der eindeutigen Rechtsprechung des BVerfG (15.1.1958, NJW 1958, 257) nicht mehr geben. Hierzu etwa Maunz/Dürig/*Grabenwarter*, Art. 5 GG (70. Lfg. 2013) Rn. 106 f. Wie hier ausdrücklich GK/*Kreutz*, § 75 BetrVG Rn. 102; *Kreutz*, in: FS Schmidt-Jortzig, 753, 759 ff.; *Wiese*, NZA 2006, 1, 5; *ders.*, ZfA 2006, 631, 632. Für eine unmittelbare Grundrechtsbindung aber *Haneberg*, § 75 BetrVG, 60; wohl auch *Löwisch*, AuR 1972, 359; unklar bei *Richardi/Maschmann*, § 75 BetrVG Rn. 44.

972 St. Rspr. siehe nur BAG 15.4.2014, NZA 2014, 551, 555; 9.7.2013, NZA 2013, 1433, 1435; 26.8.2008, NZA 2008, 1187, 29.6.2004, NZA 2004, 1278, 1279 ff.; ferner *Fitting*, § 75 BetrVG Rn. 138; *Richardi/Maschmann*, § 75 BetrVG Rn. 47; *Eich*, NZA 2010, 1389, 1392; *Wybitul*, NZA 2014, 225, 228.

973 Ähnlich *Richardi/Maschmann*, § 75 BetrVG Rn. 44; anders *Wiese*, RdA 1973, 1, 3: „Die Bedeutung dieser Bestimmung kann gar nicht hoch genug veranschlagt werden."

zu achten.[974] Es ist zudem nicht ersichtlich, dass durch die Anordnung in § 75 Abs. 2 BetrVG eine Vorfestlegung im Rahmen der Verhältnismäßigkeitsprüfung erfolgt.[975] Die Norm lässt sich daher, auch im Hinblick auf den später eingefügten Satz 2, zutreffend als Zielnorm verstehen.[976] Der Gesetzgeber hat die besondere Bedeutung des Persönlichkeitsrechts (nur) nochmals ausdrücklich hervorgehoben.

Ein qualitativer Unterschied liegt jedoch in der Förderungspflicht, die für Arbeitgeber und Betriebsrat positive Handlungspflichten statuiert.[977] Sie zielt darauf ab, der Handlungs- und Entwicklungsfreiheit des Arbeitnehmers im Betrieb Raum zu geben.[978] § 75 Abs. 2 S. 2 BetrVG erweitert die Förderungspflichten konkret auf die Selbstständigkeit und Eigeninitiative. Der Gesetzgeber will hierin sogar einen Beitrag der Betriebsparteien zu mehr Demokratie im Betrieb erblicken.[979] Diesen Pflichten soll aber wie auch in Absatz 1 keine Berechtigung und damit kein eigener Anspruch gegenüberstehen.[980] Die überwiegende Ansicht lehnt mit dem Argument der Amtspflichten – insoweit konsequent – auch hier subjektive Rechte ab.[981] Das erhebliche Manko dieser

---

974 Dies gilt insb. für die von der Rechtsprechung vertretene mittelbare Grundrechtsbindung und die Anwendung des Verhältnismäßigkeitsgrundsatzes. Siehe oben unter B. II. 1. b) aa).

975 So beurteilt die Rechtsprechung Videoüberwachungen im Betrieb danach, ob sie geeignet, erforderlich und unter Berücksichtigung der gewährleisteten Freiheitsrechte angemessen sind, den erstrebten Zweck zu erreichen (vgl. BAG 26.8.2008, NZA 2008, 1187, 1190). Eine Vorfestlegung der Gesamtabwägung oder eine Verschiebung der Gewichtung findet richtigerweise nicht statt. Vgl. auch ErfK/*Kania*, § 75 BetrVG Rn. 9.

976 So *Richardi/Maschmann*, § 75 BetrVG Rn. 44 f. Im Hinblick auf die Förderungspflicht auch GK/*Kreutz*, § 75 BetrVG Rn. 130: „ein noch zu erreichendes Ziel".

977 GK/*Kreutz*, § 75 BetrVG Rn. 129; Wiese, NZA 2006, 1, 6; *Niederalt*, Individualrechte, 163 f.

978 GK/*Kreutz*, § 75 BetrVG Rn. 131.

979 BT-Drs. 14/5741, 45; kritisch GK/*Kreutz*, § 75 BetrVG Rn. 138.

980 *Fitting*, § 75 BetrVG Rn. 141; HWGNRH/*Worzalla*, § 75 BetrVG Rn. 32; HWK/*Reichold*, § 75 BetrVG Rn. 18; WPK/*Preis*, § 75 BetrVG Rn. 43; ferner GK/*Kreutz*, § 75 BetrVG Rn. 105 mwN.

981 Zur Begründung siehe *Fitting*, § 75 BetrVG Rn. 141; GK/*Kreutz*, § 75 BetrVG Rn. 102; *Kreutz*, in: FS Schmidt-Jortzig, 753, 762. Die Anzahl der Gegenstimmen ist allerdings höher, vgl. *Isele*, in: FS Schwinge, 143, 146; *Haneberg*, § 75 BetrVG, 75; *v. Hoyningen-Huene*, BB 1991, 2215, 2216; *Löwisch*, AuR 1972, 359, 364; differenzierend *Galperin/Löwisch*, § 75 BetrVG Rn. 47 f. Gemeint ist aber auch hier regelmäßig nur ein unmittelbarer Anspruch gegen den Arbeitgeber.

Auslegung tritt erneut deutlich zutage. Das Fehlen eigener Ansprüche auf Sicherung der Förderungspflicht verhindert die effektive Gewährleistung der zum Schutze der Arbeitnehmer statuierten Pflichten.[982] Einzig bei Verstößen gegen das Persönlichkeitsrecht sind Kompensationen auf individualrechtlichem Wege zumindest teilweise noch denkbar.[983] Wer erklärt, die Norm erschöpfe sich nicht nur in der Gewährleistung einer Persönlichkeitsentfaltung, sondern sichere darüber hinaus den einzelnen Arbeitnehmern die aktive Selbstgestaltung aller sie betreffenden Arbeitsbedingungen,[984] kommt bei diesem Auslegungsergebnis in Erklärungsnöte. Ohne die effektive Sicherstellung verkommt die Zielnorm zu einer kollektivrechtlichen Regelung mit weitgehend leerem Normappell.

3. *Auslegungsregel für Mitbestimmungstatbestände*

Neben den Überwachungsgeboten und Förderungspflichten wird § 75 BetrVG zugleich eine wichtige Rolle als Auslegungsregel, insbesondere für die inhaltliche und umfangmäßige Ausgestaltung der Beteiligungsrechte des Betriebsrats, zuteil.[985] Auch die Individualrechte der Arbeitnehmer nach den §§ 81 ff. BetrVG sollen im Lichte des § 75 BetrVG ausgelegt werden.[986] So hat sich die Rechtsprechung zur Auslegung der Informations- und Einsichtnahmerechte nach § 80 Abs. 2 S. 2 Hs. 2 BetrVG auf die Grundsätze des § 75 BetrVG berufen, um ein Einblicksrecht des Betriebsrats in die Brutto- und Nettogehaltslisten zu ermöglichen.[987] Außerhalb der originären Mitbestimmungsrechte kann § 75 BetrVG auch für die Kostentragung relevant werden.[988] So ist die Frage der Kostenübernahme bei Schulungsveranstaltungen gemäß § 37 Abs. 6 BetrVG, die im Zusammenhang mit den Anforderungen an die Betriebsparteien erfolgt, auch im Lichte von § 75 BetrVG zu werten.[989] Eigenständige Mitbestimmungsrechte

---

982 Vgl. aber *Fitting*, § 75 BetrVG Rn. 141, der diese Förderungspflicht wohl als arbeitsvertragliche Fürsorgepflicht begreift.

983 Vgl. HWGNRH/*Worzalla*, § 75 BetrVG Rn. 32; HWK/*Reichold*, § 75 BetrVG Rn. 18. Zu etwaigen Sekundäransprüchen nach § 823 BGB siehe auch im 4. Kapitel, B. II.

984 So ausdrücklich *Hammer*, Betriebsverfassungsrechtliche Schutzpflicht, 27; zustimmend auch *Richardi/Maschmann*, § 75 BetrVG Rn. 45.

985 BeckOK-ArbR/*Werner*, § 75 BetrVG Einl.; ErfK/*Kania*, § 75 BetrVG Rn. 1; *Fitting*, § 75 BetrVG Rn. 4; WPK/*Preis*, § 75 BetrVG Rn. 4; explizit zu § 75 Abs. 2 BetrVG auch *Richardi/Maschmann*, § 75 BetrVG Rn. 46. Vgl. auch GK/*Kreutz*, § 75 BetrVG Rn. 3.

986 *Fitting*, § 75 BetrVG Rn. 4.

987 BAG 13.02.2007, NZA 2007, 1121; 10.10.2006 NZA 2007, 99.

988 Vgl. BAG 9.6.1999, AP BetrVG 1972 § 40 Nr. 66.

989 Konkret ging es um Fortbildungen zum Themengebiet „Mobbing", siehe LAG München 30.10.2012, BeckRS 2015, 67878.

hingegen vermag § 75 BetrVG nicht zu vermitteln.[990] Gleichwohl sollen die gesetzlichen Regelungen stets so auszulegen und anzuwenden sein, dass sie in möglichst hohem Maße den Grundsätzen des § 75 BetrVG gerecht werden.[991] Eine besondere Rolle kommt § 75 Abs. 2 BetrVG beispielsweise im Rahmen von § 87 Abs. 1 Nr. 6 BetrVG zu.[992]

4. Rechtsschutz bei Verletzung der Norm

Aus Sicht eines betroffenen Arbeitnehmers ist die Frage maßgeblich, welche Rechtsschutzmöglichkeiten ihm bei der Verletzung der Grundsätze von § 75 BetrVG zur Verfügung stehen. Erfolgt eine Verletzung der Norm nicht durch eine Betriebsvereinbarung, sind seine Rechtsschutzmöglichkeiten nämlich von vornherein sehr stark eingeschränkt. Mangels eigener subjektiver, betriebsverfassungsrechtlicher Rechtsposition kann der Arbeitnehmer bei Verletzung der Norm kein Beschlussverfahren einleiten, um eine bestimmte Handlung oder die Unterlassung willkürlicher Ungleichbehandlung zu erzwingen.[993] Soweit Arbeitgeber und Betriebsrat zusammenwirken, besteht faktisch kaum eine effiziente Durchsetzungsmöglichkeit der Interessen des einzelnen Arbeitnehmers. Von Einzelfällen einmal abgesehen, zum Beispiel, wenn eine ebenfalls im Betrieb vertretene Gewerkschaft willkürliche Handlungen des Betriebsrats gegen ihre Mitglieder gerichtlich über § 23 Abs. 1 BetrVG sanktionieren will,[994] steht der Arbeitnehmer der Kollektivmacht – wie bereits ausführlich dargelegt – weitgehend hilflos gegenüber.

Die vorherrschende Meinung verweist darauf, dass die Grundsätze des § 75 BetrVG inhaltlich den arbeitsrechtlichen Gleichbehandlungsgrundsatz und die arbeitsvertragliche Schutz- und Fürsorgepflicht mitgeprägt haben, und deren Einhaltung damit für den Arbeitnehmer individualrechtlich durchsetzbar sei.[995] Konkrete Beispiele werden hierfür jedoch nicht genannt. Einen Anspruch auf diskriminierungsfreie Behandlung erhält der Arbeitnehmer nur insoweit, als damit zugleich auch Pflichten aus dem Arbeitsverhältnis verletzt werden.[996] Die

---

990 Zu § 75 Abs. 2 BetrVG ausdrücklich BAG 8.6.1999, NZA 1999, 1288. Ferner *Fitting*, § 75 BetrVG Rn. 4, 137; WPK/*Preis*, § 75 BetrVG Rn. 43.

991 *Fitting*, § 75 BetrVG Rn. 4.

992 Siehe GK/*Wiese*, § 87 BetrVG Rn. 489 ff. mit zahlreichen Nachweisen auch aus der Rechtsprechung.

993 Vgl. nur WPK/*Preis*, § 75 BetrVG Rn. 62.

994 Dazu LAG Köln 15.12.2000, NZA-RR 2001, 371.

995 Vgl. nur ErfK/*Kania*, § 75 BetrVG Rn. 1; GK/*Kreutz*, § 75 BetrVG Rn. 150; *Richardi/Maschmann*, § 75 BetrVG Rn. 53; WPK/*Preis*, § 75 BetrVG Rn. 62.

996 *Richardi/Maschmann*, § 75 BetrVG Rn. 52.

gemeinsame Überwachungspflicht der Betriebsparteien wird im Ergebnis daher allein als individualrechtliche Verpflichtung des Arbeitgebers statuiert, soweit diese überhaupt mit § 75 BetrVG übereinstimmt. Der Arbeitnehmer muss letztendlich in Abhängigkeit vom Arbeitgeber darauf vertrauen, dass dieser seine Rechte effizient durchsetzt. Regelmäßig wird er hieran im Blick auf die gesamtbetriebliche Situation und insbesondere die Beziehung zum Betriebsrat kein besonders großes Interesse haben. Im Rahmen von § 99 Abs. 4 BetrVG wurde zudem aufgezeigt, dass eine solche Vorgehensweise zugleich zu absurden Prozessketten führen kann, an deren Ende der Arbeitnehmer dennoch mit leeren Händen dastehen würde.[997] Die ohnehin niedrige Bereitschaft des Arbeitnehmers gerichtlich gegen den Arbeitgeber vorzugehen dürfte damit noch weiter sinken.

Zugleich besteht weitgehend Unklarheit darüber, inwieweit die individualrechtlichen Ansprüche tatsächlich mit § 75 BetrVG korrespondieren, insbesondere dann, wenn eine Benachteiligung allein vom Betriebsrat ausgeht. Vereinzelnd wird zwar erkannt, dass genau diese Fälle den Arbeitnehmer vor immense Probleme stellen können.[998] Dies wird allerdings mit dem Verweis auf die grundsätzliche Ausgestaltung des Betriebsverfassungsrechts, wonach die Interessenwahrnehmung durch den Betriebsrat nicht einer Rechtsposition durch den einzelnen Arbeitnehmer entspräche, hingenommen.[999]

Der Ansatz erweist sich aber auch an anderer Stelle als höchst brüchig. Soweit der Arbeitgeber – sei es aufgrund eigenen Entschlusses oder auf Drängen des Arbeitnehmers – tätig werden will, ist die Rechtslage insbesondere im Hinblick auf etwaige Unterlassungs- und Beseitigungsansprüche unklar.[1000] Das Bundesarbeitsgericht hat das Bestehen von Unterlassungsansprüchen im Rahmen von § 75 Abs. 2 BetrVG explizit abgelehnt und die Instanzrechtsprechung hat dies auch auf die Fälle des § 75 Abs. 1 BetrVG erweitert.[1001] In der Literatur herrscht hierzu ein diffuses Meinungsbild, weil häufig auf etwaige Unterschiede bezüglich Absatz 1 und Absatz 2 gar nicht eingegangen wird.[1002] Fernliegend ist eine

---

997 Siehe hierzu die Ausführungen im 2. Kapitel unter B. III. 1. f) dd).

998 *Richardi/Maschmann*, § 75 BetrVG Rn. 54.

999 *Richardi/Maschmann*, § 75 BetrVG Rn. 54.

1000 Siehe etwa GK/*Kreutz*, § 75 BetrVG Rn. 26 f.; 149.

1001 Zu § 75 Abs. 2 BetrVG: BAG 28.5.2002, NZA 2003, 166; auch zu § 75 Abs. 1 BetrVG bspw. LAG Sachsen, NZA-RR 2011, 72; LAG Nürnberg 31.08.2005, LAGE § 23 BetrVG 2001 Nr. 4.

1002 Für Unterlassungsansprüche in Abs. 1, nicht aber in Abs. 2 etwa GK/*Kreutz*, § 75 BetrVG Rn. 149; WPK/*Preis*, § 75 BetrVG Rn. 61. Ohne auf die Unterschiede einzugehen, allerdings einschränkend auf den Betriebsrat: BeckOK-ArbR/*Werner*, § 75

restriktive Auslegung jedenfalls angesichts der höchstrichterlichen Rechtsprechung zu Unterlassungsansprüchen im Rahmen von § 74 Abs. 2 S. 3 BetrVG nicht, da diese dazu tendiert, Unterlassungsansprüche des Arbeitgebers gegen den Betriebsrat ohne ausdrücklich gesetzliche Anordnung generell auszuschließen.[1003] Der Arbeitgeber wäre dann auf die Sanktionen des § 23 Abs. 1 BetrVG beschränkt.[1004] Überzeugend ist dies freilich nicht, denn mit der Kontrolle und Feststellung von Verstößen allein wäre die Überwachungspflicht der Betriebsparteien nur unzureichend erfasst.[1005]

Abgemildert werden sollen diese Defizite durch die Annahme von Sekundäransprüchen. Vermehrt wird vertreten, dass § 75 BetrVG insgesamt ein Schutzgesetz zugunsten der Arbeitnehmer sei und eine schuldhafte Verletzung der Vorschriften deliktische Schadensersatzansprüche auslöse.[1006] Der 2. Senat des Bundesarbeitsgerichts hat sich diesem Verständnis ohne weitere Begründung angeschlossen.[1007] Auch die befürwortende Literatur enthält hierzu keinen Begründungsansatz.[1008] Ausgehend von dem Dogma der vorherrschenden Meinung, wonach § 75 BetrVG allein kollektivrechtliche Amtspflichten und gerade keinen Individualschutz gewährt, ist dies nicht ohne Weiteres verständlich. Denn ein Schutzgesetz im Sinne des § 823 Abs. 2 BGB liegt nur dann vor, wenn die Norm zumindest auch dazu dienen soll, den Einzelnen oder einzelne Personenkreise gegen die Verletzung eines bestimmten Rechtsguts zu schützen.[1009] Die Rechtsprechung des Bundesgerichtshofs fordert weiter, dass die Schaffung

---

BetrVG Rn. 69; ErfK/*Kania*, § 75 BetrVG Rn. 13; *Fitting*, § 75 BetrVG Rn. 178. Generell ablehnend HWK/*Reichold*, § 75 BetrVG Rn. 23; HWGNRH/*Worzalla*, § 75 BetrVG Rn. 44.

1003 BAG 17.3.2010, NZA 2010, 1133 = AP BetrVG 1972 § 74 Nr. 12 mit krit. Anm. *Husemann*, sehr kritisch GK/*Kreutz*, § 74 BetrVG Rn. 127 f.; ferner ErfK/*Kania*, § 75 BetrVG Rn. 37; Bauer/Willemsen, NZA 2010, 1089, 1091 f.; zustimmend bspw. *Fitting*, § 74 BetrVG Rn. 74a; *Lobinger*, RdA 2011, 76, 80 Fn. 26. Für ein generell restriktiveres Verständnis: *Lobinger*, ZfA 2004, 101 ff.

1004 Selbst in diesen Fällen hält HWGNRH/*Worzalla*, § 75 BetrVG Rn. 44 einen Anspruch auf Tätigwerden für verfehlt.

1005 Insoweit zutreffend GK/*Kreutz*, § 75 BetrVG Rn. 21.

1006 BeckOK-ArbR/*Werner*, § 75 BetrVG Rn. 68; DKKW/*Berg*, § 75 BetrVG Rn. 147; ErfK/*Kania*, § 75 BetrVG Rn. 12.

1007 BAG 5.4.1984, NZA 1985, 329, 331.

1008 Vgl. BeckOK-ArbR/*Werner*, § 75 BetrVG Rn. 68; ErfK/*Kania*, § 75 BetrVG Rn. 12.

1009 Vgl. nur BGH 27.11.1963, NJW 1964, 396; BeckOK-BGB/*Förster*, § 823 BGB Rn. 273; Palandt/*Sprau*, § 823 BGB Rn. 58; PWW/*Schaub*, § 823 BGB Rn. 226; ausf. MüKo/*Wagner*, § 823 BGB Rn. 405 ff. mwN.

eines individuellen Schadensersatzanspruchs erkennbar vom Gesetz angestrebt sein muss oder zumindest im Rahmen des haftungsrechtlichen Gesamtsystems sinnvoll und tragbar erscheint.[1010] Spricht man sich gegen jedweden Individualschutz im Rahmen von § 75 BetrVG aus, ist die Schutzgesetzeigenschaft kaum zu begründen.

Insoweit konsequent lehnen Kritiker mit dem Verweis auf den Bedeutungsgehalt des § 75 BetrVG die Schutzgesetzeigenschaft vollständig ab.[1011] Zweifel werden auch hinsichtlich der für ein Schutzgesetz notwendigen Bestimmtheit angemeldet.[1012] Insbesondere bei Verbotsgesetzen muss das geschützte Interesse, die Art seiner Verletzung und der Kreis der geschützten Personen hinreichend bestimmt sein.[1013] Diese Bestimmtheit fehle durch die weitreichende Formulierung in § 75 Abs. 1 BetrVG.[1014] Eine derart vereinfachte Anwendung dieser Grundsätze wird der Komplexität der Schutzgesetzbestimmung aber nicht gerecht und findet auch in der Rechtsprechung keine Stütze.[1015] Primäres Kriterium bleibt der zu eruierende Individualschutz.[1016] Soweit dieser in der Norm zumindest angelegt ist, kann es nach Ansicht des Bundesgerichtshofs sogar unschädlich sein, wenn konkrete Verbote im Einzelfall etwa noch mittels eines Verwaltungsakts konkretisiert werden müssen.[1017] Die fehlende Bestimmtheit in Teilen des § 75 Abs. 1 BetrVG korrespondiert also mit dem anerkannt fehlenden Individualschutz der Norm, ergibt für sich allein aber noch kein stimmiges Ergebnis. Nicht bestritten wird allerdings, dass Verletzungen des auch in § 75 Abs. 2 BetrVG geschützten Persönlichkeitsrechts über § 823 Abs. 1 BGB

1010 Siehe nur BGH 19.2.2008, NJW 2008, 1734, 1735 f.; 14.6.2005, NJW 2005, 2923, 2924; jeweils mit zahlreichen Nennungen aus der Rechtsprechung. Vgl. auch BeckOK-BGB/*Förster*, § 823 BGB Rn. 275; MüKo/*Wagner*, § 823 BGB Rn. 409 ff.

1011 GK/*Kreutz*, § 75 BetrVG Rn. 151; HWK/*Reichold*, § 75 BetrVG Rn. 23; Löwisch/Kaiser, § 75 BetrVG Rn. 45; *Richardi/Maschmann*, § 75 BetrVG Rn. 53; im Grundsatz auch HWGNRH/*Worzalla*, § 75 BetrVG Rn. 44.

1012 GK/*Kreutz*, § 75 BetrVG Rn. 151.

1013 BGH 27.11.1963, NJW 1964, 396; BeckOK-BGB/*Förster*, § 823 BGB Rn. 274; Palandt/*Sprau*, § 823 Rn. 58.

1014 Allein hiernach differenzierend: HWGNRH/*Worzalla*, § 75 BetrVG Rn. 44.

1015 Vgl. BGH 18.11.2003, NJW 2004, 356, 357; *MüKo/Wagner, § 823 Rn. 398 f.;* Generell ablehnend gegenüber diesem Kriterium bspw. *Spickhoff*, Gesetzesverstoß und Haftung, 119 ff.

1016 Vgl. BeckOK-BGB/*Förster*, § 823 BGB Rn. 274.

1017 BGH 26.2.1993, NJW 1993, 1580 f.

als „sonstiges Recht" sanktioniert werden können.[1018] Darüber hinaus wird man aber, das bestehende Verständnis unterstellt, keine deliktsrechtliche Haftung bei Verletzung des § 75 BetrVG anerkennen können. Der Schutz des Arbeitnehmers wird auf das vertragliche Pflichtenverhältnis zum Arbeitgeber reduziert.

III. Praktische Bedeutung der Norm im Hinblick auf den Individualschutz

Angesichts dieses Befundes scheint § 75 BetrVG zumindest im Hinblick auf den Individualschutz nahezu als Leerformel. Deutlich konträr hierzu ist jedoch der ihr zugestandene Bedeutungsgehalt. § 75 BetrVG habe unbestritten nicht bloß programmatische Bedeutung, sondern beinhalte viel mehr als nur unverbindliche Richtlinien, führt *Kreutz* zu Beginn der Kommentierung der Norm aus.[1019] Bereits *Canaris* hat zur Vorgängervorschrift betont, dass es sich nicht nur um einen unverbindlichen Programmsatz handele.[1020] Die Autoren *Richardi* und *Maschmann* sehen insbesondere in § 75 Abs. 2 BetrVG den Schutz vor der Bevormundung der Arbeitnehmer und die Ermöglichung eines höchstmöglichen Maßes an persönlicher Selbstbestimmung.[1021] Die fehlende Berechtigung des geschützten Personenkreises, ihre Rechte auch tatsächlich durchzusetzen, unterläuft das Anliegen der Norm aber in erheblichen Maße.

Die größte Bedeutung kommt § 75 BetrVG deshalb unzweifelhaft bei der Überprüfung von Betriebsvereinbarungen zu. Dies gilt aber viel mehr im Hinblick auf den Maßstab der Rechtskontrolle als auf den Zugewinn von Individualrechtspositionen. Denn der Arbeitnehmer kann auch ohne Bezug zu § 75 BetrVG im Urteilsverfahren die Wirksamkeit überprüfen lassen. Obgleich die Rechtsprechung ihre auf § 75 Abs. 1 BetrVG gestützte Billigkeitskontrolle mittlerweile aufgegeben hat, spielt die Vorschrift für die Überprüfbarkeit von Betriebsvereinbarungen weiterhin eine zentrale Rolle.[1022] Die Norm vermittelt eine mittelbare Grundrechtsbindung der Betriebsparteien und ermöglicht der

---

1018 Aus den Reihen der Kritiker bspw. GK/*Kreutz*, § 75 BetrVG Rn. 151; HWK/*Reichold*, § 75 BetrVG Rn. 23; HWGNRH/*Worzalla*, § 75 BetrVG Rn. 44; *Richardi/Maschmann*, § 75 BetrVG Rn. 53. Zum Persönlichkeitsrecht als „sonstiges Recht" iSd § 823 Abs. 2 BGB ausf. MüKo/*Wagner*, § 823 BGB Rn. 241 ff.

1019 GK/*Kreutz*, § 75 BetrVG Rn. 3.

1020 Zu § 51 BetrVG a.F. *Canaris*, AuR 1966, 129, 138.

1021 *Richardi/Maschmann*, § 75 BetrVG Rn. 1, 3.

1022 Ausf. dazu oben im 2. Kapitel, B. II. 5. Zuletzt etwa die Überprüfung einer BV, die eine vorgeschriebene Raucherpause enthielt LAG Düsseldorf 1.10.2015, BeckRS 2016, 69578.

Rechtsprechung damit Betriebsvereinbarungen am Grundsatz der Verhältnismäßigkeit zu überprüfen.[1023] Den Grad der Kontrolldichte kann die Rechtsprechung damit eigenständig bestimmen. Der betroffene Arbeitnehmer erhält gleichzeitig die Möglichkeit, die Einhaltung der Grundsätze von Recht und Billigkeit zumindest im Rahmen der Betriebsvereinbarung sicherzustellen. Die Bedeutung der Norm für die Rechtskontrolle der Betriebsvereinbarung hat sich aber erkennbar gewandelt. Soweit es um spezielle Diskriminierungsmerkmale geht, ist die Rechtsprechung dazu übergegangen, konkrete Verstöße viel eher auf das Allgemeine Gleichbehandlungsgesetz zu stützen.[1024] Soweit eine unterschiedliche Behandlung der Betriebsangehörigen aus einem in § 1 AGG genannten Grund unter den im Allgemeinen Gleichbehandlungsgesetz normierten Voraussetzungen zulässig ist, sei auch der betriebsverfassungsrechtliche Gleichbehandlungsgrundsatz im Sinne des § 75 Abs. 1 BetrVG gewahrt.[1025] Zugleich rührt das Recht zur Überprüfung durch den einzelnen Arbeitnehmer nicht aus § 75 Abs. 1 BetrVG, sondern ist mittelbare Folge seiner individualrechtlichen Ansprüche aus dem Arbeitsverhältnis.[1026] Soweit die Betriebsvereinbarung insoweit von Belang ist, wird sie im Rahmen des Urteilsverfahrens gemäß § 2 Abs. 1 Nr. 3 a ArbGG inzident überprüft.[1027] Herauszustellen bleibt damit die primäre Bedeutung als Anknüpfungspunkt für eine mittelbare Grundrechtsbindung der Betriebsparteien. Ohne § 75 Abs. 1 BetrVG hinge die Überprüfung am Verhältnismäßigkeitsgrundsatz weitestgehend „frei schwebend" in der Luft.[1028]

Soweit es über die Rechtskontrolle von Betriebsvereinbarungen hinausgeht, versagt der in § 75 BetrVG angelegte Schutz zum Wohle der Belegschaft aber weitestgehend. Der einzelne Arbeitnehmer kann sich gegen belastende Maßnahmen nicht zur Wehr setzen. Was bleibt ist allein der Weg über den Arbeitgeber, welcher oftmals nicht von Erfolg gekrönt sein wird. Dies gilt insbesondere dann, wenn die Betriebsparteien kollusiv zusammenwirken. Trotz der eingangs

---

1023 Ausf. dazu GK/*Kreutz*, § 77 BetrVG Rn. 312 ff.

1024 Vgl. nur BAG 17.9.2013, NZA 2014, 33; BAG 26.3.2013, NZA 2013, 921.

1025 BAG 17.9.2013, NZA 2014, 33, 36.

1026 Zur Verschlechterung einzelvertraglicher Abreden durch eine BV siehe nur BAG 12.8.1982, NJW 1983, 68.

1027 GMP/*Schlewing*, § 2 ArbGG Rn. 56.

1028 GK/*Kreutz*, § 77 BetrVG Rn. 330. Dennoch sei hier angemerkt, dass eine mittelbare Grundrechtsbindung der Kollektivpartner auch ohne gesetzliche Regelungen angenommen werden kann. Das zeigt das Tarifrecht. Vgl. nur *Preis/Ulber*, RdA 2013, 211, 213. Ausf. zur Grundrechtsbindung in der Rechtsprechung des BAG: *Gornik*, NZA 2012, 1399 ff.

genannten Programmatik fehlt es an einer konsequenten Umsetzung des Individualschutzes. Damit bestätigt sich letztlich auch das im 2. Kapitel gefundene Ergebnis, wonach der in der Betriebsverfassung angelegte Grundkonflikt nicht hinreichend erkannt und gewürdigt wird. Nach aktuellem Verständnis bleibt § 75 Abs. 1 BetrVG im Hinblick auf den Individualschutz damit eine Kollektivnorm mit einem weitgehend inhaltsleeren Normappell.

C. Anerkennung einer eigenen Rechtsposition des Arbeitnehmers

Das bisherige Verständnis von § 75 Abs. 1 BetrVG bedarf allerdings an dieser entscheidenden Stelle einer Neujustierung. Die Norm soll auch nach bisherigem Verständnis schon dem Individualschutz dienen und verfassungsrechtlich gewährleistete Rechtspositionen des Arbeitnehmers schützen.[1029] Notwendig ist aber ein weiterer Schritt, um diesen Schutz effektiv zu gewährleisten. Denn für den Arbeitnehmer stellt sich der Betriebsrat immer mehr als Zwangsrepräsentation dar, dem er sich – anders als im Tarifrecht – auch nicht entziehen kann.[1030] Diese Zwangsrepräsentation erfolgt dabei zum einen ohne staatliche Kontrolle und ist zum anderen zugleich der Rechtskontrolle durch die Betroffenen entzogen.[1031] Wie gesehen erfolgt eine effektive Begrenzung der Macht des Betriebsrats nur durch den Arbeitgeber. Will man nun § 75 Abs. 1 BetrVG zur Lösung dieses Problems heranziehen, gilt es bereits im Vorfeld zu klären, welche Anforderungen an eine Vorschrift im Normgefüge zu stellen sind, die solche tiefgreifenden Funktionen zu erfüllen hat. Generalklauseln sind dabei grundsätzlich geeignet, eine so verstandene Flexibilität zu gewährleisten. Ob und inwieweit § 75 Abs. 1 BetrVG im Gesamtgefüge des Betriebsverfassungsrechts eine Generalklausel darstellt, lässt sich nur dann mit hinreichender Sicherheit beantworten, wenn zuvor geklärt ist welche Kriterien hierfür anzulegen sind. Aber selbst mit der Einordnung als Generalklausel geht für die mit in diesem Abschnitt zentral verfolgten Frage keine Vorfestlegung einher. Um eine eigene Rechtsposition in der Betriebsverfassung anzuerkennen, ist es notwendig eine umfassende Auslegung vorzunehmen, die nicht nur die betriebsverfassungsrechtlichen Defizite im Blick hat, sondern im Rahmen einer Gesamtabwägung sämtliche Interessen würdigt und sich auch im übergeordneten rechtlichen Zusammenhang an

1029 BAG GS 7.11.1989, NZA 1990, 816, 819; GK/*Wiese*, Einl. BetrVG Rn. 63.

1030 Dazu *Belling*, Haftung des Betriebsrats, 54 ff.; *Rüthers*, in: Zwei arbeitsrechtliche Vorträge, 8, 27; *Däubler*, NZA 1988, 857, 860.

1031 *Belling*, Haftung des Betriebsrats, 56.

vergleichbaren Regelungen orientiert. Ein derart weitreichendes Verständnis bedingt es, dogmatische und methodische Schritte exakt offen zu legen. Denn die entscheidenden Fragen sind nur dann hinreichend klar abzuarbeiten, wenn zuvor ein methodischer Rahmen festgelegt wurde, innerhalb dessen sich die Untersuchung bewegen kann. Das setzt wiederum voraus, die Methodik der Generalklausel im Allgemeinen zu beleuchten. Erst nachdem diese grundlegenden Annahmen geklärt sind, kann eine entsprechende Konkretisierungsmöglichkeit auch unter Berücksichtigung verfassungsrechtlicher Rechtspositionen gefunden werden. Zugleich ist nach Parallelen in der Rechtsordnung zu suchen, die dieses Ergebnis stützen können.

I. Vorüberlegung: Generalklauseln als Kombination von kognitivem und normativem Erwarten

Die methodologische Besonderheit von Generalklauseln besteht nach der zutreffenden Analyse *Teubners* darin, dass sie über die normative Erwartung[1032] einer Norm hinaus auch in gewissem Ausmaß von der außerrechtlichen Wirklichkeit zu lernen bereit ist, und damit ebenfalls kognitive Erwartungen bedienen kann.[1033] Die Generalklausel verhält sich gegenüber Umweltinformationen anpassungs- und lernbereit.[1034] Diese Lernfähigkeit führt aber in ein kaum zu entzerrendes Spannungsverhältnis zwischen Flexibilität und Rechtssicherheit.[1035] Das vielfach zitierte Werk von *Hedemann* mit dem einprägsamen Titel „Die Flucht in die Generalklauseln"[1036] kann nur beispielhaft stehen für einen Diskurs, der in der Rechtswissenschaft seinesgleichen sucht. Die stetig fortdauernde Diskussion um Notwendigkeit, Sinn, Bedeutung und Inhalt einer Generalklausel wurde bereits weit vor *Hedemanns* Zeit geführt.[1037] Das im Naturrecht verwurzelte Allgemeine Landrecht für die preußischen Staaten (ALR)[1038] ist den

1032 Die normative Erwartung meint die zu erwartende Reaktion auf eine von der Norm abweichende Verhaltensweise durch rechtliche Sanktionen (zum Begriff *Luhmann*, Rechtssoziologie, 40 ff.).

1033 *Teubner*, in: Generalklauseln als Gegenstand der Sozialwissenschaften, 13, 21. Siehe auch *Ohly*, AcP 201 (2001), 1, 8.

1034 *Teubner*, in: Generalklauseln als Gegenstand der Sozialwissenschaften, 13, 21.

1035 Zu den Funktionen der Generalklausel siehe sogleich unter III.

1036 *Hedemann*, Die Flucht in die Generalklauseln – eine Gefahr für Recht und Staat, Tübingen 1933.

1037 Vgl. zur Übersicht nur Staudinger/*Olzen/Looschelders*, § 242 BGB Rn. 1 ff. mit Nachweisen und Zitaten von Kritikern und Befürwortern der Generalklauseln.

1038 In Kraft getreten am 1.6.1794.

Gefahren solcher Vorschriften entgegengetreten, indem es sich für eine kasuistische Gesetzgebung mit mehr als 19000 Paragraphen entschieden hat.[1039] *Svarez*, einer der preußischen Justizreformer,[1040] führte hierzu aus: „Undeutlichkeit und Ungewißheit des Gesetzes sind für den Bürger von Übel. Denn alsbald wird der Richter Gesetzgeber und nichts kann der bürgerlichen Freiheit gefährlicher sein, zumal wenn der Richter ein besoldeter Diener des Staates und das Richteramt lebenswierig ist."[1041] Die Bedenken gegen Generalklauseln konnten über die Jahrhunderte nicht ausgeräumt werden. Auch in den Motiven zum Bürgerlichen Gesetzbuch finden sich nachdenkliche Anmerkungen,[1042] die spätestens in der Zeit des Nationalsozialismus zur traurigen Gewissheit wurden.[1043] Warnt man vor einer freischwebenden, sich im Kern nur noch an unbestimmten Rechtsbegriffen und Generalklauseln orientierenden Rechtsprechung,[1044] ist dies gerade auch im Hinblick auf den geschichtlichen Hintergrund nicht vorschnell zu verwerfen. Sowohl der Rechtsprechung als auch der Literatur obliegt die Aufgabe,

---

1039 HKK/*Haferkamp*, § 242 BGB Rn. 21; Staudinger/*Olzen/Looschelder*, § 242 BGB Rn. 2; *Weber*, JuS 1992, 631.

1040 Zur Person siehe *Schroeder*, Vom Sachsenspiegel zum Grundgesetz, 77 ff.

1041 Zitiert nach *Weber*, JuS 1992, 631.

1042 Siehe etwa in den Motiven zu § 157 BGB; Mot I 155 = Mugdan I 437: „Vorschriften dieser Art sind im Wesentlichen Denkregeln ohne positiv rechtlichen Gehalt: der Richter erhält Belehrungen über praktische Logik. Dabei liegt die Gefahr nahe, daß die Vorschriften für wirkliche Rechtssätze genommen werden..."

1043 In diesem Zeitraum wurde deutlich, wie sehr die wertungsausfüllungsbedürftigen Begriffe der Generalklauseln der Politisierung zugänglich sind. Zuvorderst zu nennen ist hier das Werk von *Rüthers*, Die unbegrenzte Auslegung – Zum Wandel der Privatrechtsordnung im Nationalsozialismus. Ausf. damit beschäftigt sich aber auch die Schrift von *Börner*, Die Bedeutung der Generalklauseln für die Umgestaltung der Rechtsordnung in der nationalsozialistischen Zeit. Die arbeitsgerichtliche Rechtsprechung ermöglichte bspw. über § 242 BGB die jederzeitige Auflösung eines Lehrvertrags mit einem Juden (RAG 5.7.1939, DR 1939, 2014). Die Methodenlehre übernahm die neue Doktrin ohne Weiteres und so wurde der Führerbefehl nicht nur oberste Rechtsquelle, sondern zugleich auch Kriterium für die außerrechtliche Wertung (bspw. Sauer, Methodenlehre, 420 Fn. 1, 422). Zum Gesamten auch Staudinger/*Olzen/Looschelders*, § 242 BGB Rn. 77 ff.

1044 Vgl. die Nachweise bei Staudinger/*Olzen/Looschelders*, § 242 BGB Rn. 1 ff. Speziell im arbeitsrechtlichen Bereich erfährt der Verhältnismäßigkeitsgrundsatz eine immer stärker werdende Bedeutung. Arbeitskampfmaßnahmen, wie bspw. der Flashmob, sollen maßgeblich an diesem Grunsatz zu messen sein (vgl. BAG 22.9.2009, NZA 2009, 1347). Stellvertretend für die Kritik hieran etwa *Rüthers/Höpfner*, JZ 2010, 261, 262.

die richtige Balance zwischen Stabilität und Dynamik zu finden.[1045] Die Rechtssicherheit muss dabei als verfassungsrechtliches Schutzgut eine zentrale Rolle spielen, auch wenn aus ihr heraus allein noch kein befriedigendes Ergebnis zu finden ist.[1046] Das Argument der Rechtssicherheit wird auch nicht dadurch abgeschwächt, dass man in ihr eine angeblich „bis zum Stumpfsinn stereotyp wiederholte“[1047] Aussage erkennen will. Denn sie bleibt zutreffend. Gleichwohl muss auch der beträchtliche Vorteil eines weiten Beurteilungsspielraums anerkannt werden. Wenn *Zippelius* in diesem Zusammenhang von der „Schmiegsamkeit des Rechts“ spricht, meint er damit die Anpassungsfähigkeit an die Vielgestaltigkeit der geregelten Lebensumstände und Rechtsprobleme.[1048] Generalklauseln bleiben im Ergebnis unerlässlich, weil sie die Anpassung des Rechts an den Wandel der Lebenssachverhalte und an die gesellschaftliche Auffassung ermöglichen.[1049] *Kramer* bezeichnet die Generalklauseln daher anschaulich als Fensteröffner für einen gesellschaftlichen Wertungshorizont, welcher die Gesetzgebung mit den für jede Rechtskultur konstitutiven gesellschaftlichen Basiswertungen verbinde.[1050] Notwendig wird damit zugleich aber die stetig fortwährende Aufgabe der Rechtswissenschaft, Generalklauseln ein Stück weit greifbar zu machen, beispielsweise indem Fallgruppen gebildet oder subsumtionsfähige Rechtssätze einer Generalklausel zugeordnet werden.[1051] Unter dem Topos der

---

1045 Vgl. MüKo/*Schubert*, § 242 BGB Rn. 39; *Ohly*, AcP 201 (2001), 1, 8

1046 Ausf. dazu MüKo/*Schubert*, § 242 BGB Rn. 39 ff.; vgl. auch *Beater*, AcP 194 (1994), 82, 88 f.; *Ohly*, AcP 201 (2001), 1, 8. Zur Rechtssicherheit als Ausprägung des Rechtsstaatsprinzips gem. Art. 20 Abs. 3 GG: BeckOK-GG/*Huster/Rux*, Art. 20 GG Rn. 181 ff.

1047 So *Weber*, AcP 192 (1992), 516, 552, der aber ebenfalls für einen Ausgleich zwischen beiden den Rechtsprinzipien der Einzelfallgerechtigkeit und der Rechtssicherheit eintritt.

1048 *Zippelius*, Juristische Methodenlehre, 39.

1049 Staudinger/*Olzen/Looschelders*, § 242 BGB Rn. 110; *Kramer*, Methodenlehre, 76 f.; *Looschelders/Roth*, Methodik, 198; vgl. auch *Wieacker*, Präzisierung des § 242 BGB, 13 ff. Zum Funktionswandel am Beispiel der "guten Sitten" siehe *Teubner*, Standards und Direktiven in Generalklauseln, 116.

1050 *Kramer*, Methodenlehre, 76.

1051 Zu den Konkretisierungsansätzen nur auszugsweise: *Bydlinski*, in: Rechtsdogmatik und praktische Vernunft, 189 ff.; *Haubelt*, Konkretisierung von Generalklauseln, *passim*; *Röthel*, in: Europäische Methodenlehre, 225 ff.; *Schmidt*, Konkretisierung von Generalklauseln im Europäischen Privatrecht, *passim*; *Kamanabrou*, AcP 202 (2002), 662, 672 ff.; *Ohly*, AcP 201 (2001), 1, 9 ff. Konkret für § 242 BGB etwa MüKo/Schubert, § 242 BGB Rn. 202 ff.; *Wieacker*, Präzisierung von § 242 BGB, 20 ff. Zur

Konkretisierung hat die Interpretation von Generalklauseln daher ihren Platz gefunden.[1052]

1. *Begriffsbestimmung einer Generalklausel*

Um beurteilen zu können, ob eine Vorschrift dergestalt von außerrechtlichen Umständen zu lernen bereit ist, bedarf es trotz aller semantischen Spielräume einer begrifflichen Eingrenzung. Nähert man sich der Generalklausel aus einer terminologischen Perspektive, wird schnell deutlich, dass die Generalklausel in der Literatur selten einer klaren Definition zugeführt wird.[1053] Sie firmiert sprachlich als unbestimmte Norm.[1054] Im nicht einheitlich genutzten Sprachgebrauch, wird sie auch als unbestimmter, normativer oder ausfüllungsbedürftiger Begriff charakterisiert.[1055] Die Generalklausel sei mit gängigen Auslegungsmitteln regelmäßig nicht zu interpretieren und enthalte nur in seltenen Fällen konkrete Vorstellungen und Zielsetzungen des Gesetzgebers.[1056] Ferner gibt es einige sprachliche Ansätze, die bereits eine inhaltliche Vorprägung des Autors enthalten und diese in den Begriff der Generalklausel mit einfließen lassen. Wenn von „Notventilen"[1057], „Superrevisionsnormen"[1058] oder auch dem Begriff des „Subsumtionsautomaten"[1059] für den Richter gesprochen wird, mag damit auch ein gewisses Unbehagen mitschwingen, welches allerdings noch offener zutage tritt,

---

Bedeutung im Wettbewerbsrecht siehe nur Gloy/Loschelder/Erdmann/*Lubberger*, Wettbewerbsrecht, § 43 Rn. 8 ff.

1052 Zu Begriff und Verfahren vgl. nur *Engisch*, Einführung in das juristische Denken, 213 ff.; *Larenz*, Methodenlehre, 288 ff.; *Wank*, Auslegung von Gesetzen, 51; *Kamanabrou*, AcP 202 (2002), 662, 672 ff.

1053 Ein kurzer Überblick zu den verschiedenen Begriffs- und Funktionsansätzen findet sich bei *Jung*, in: Die Generalklausel im Europäischen Privatrecht, 37, 38 ff.

1054 *Kamanabrou*, AcP 202 (2002), 662, 663.

1055 Kramer, Methodenlehre, 72 f.: „normatives Tatbestandselement mit besonders qualifizierter Vagheit"; Vgl. *Kamanabrou*, AcP 202 (2002), 662, 663 mit zahlreichen Nennungen.

1056 *Bydlinski*, Methodenlehre, 583; *Preis*, Prinzipien des Kündigungsrechts, 100; *Raisch*, Juristische Methoden, 165; *Schmalz*, Methodenlehre, Rn. 341; *Kamanabrou*, AcP 202 (2002), 662, 667, 670; *Ohly*, AcP 201 (2001), 1, 5.

1057 MüKo/Schubert, § 242 BGB Rn. 2.

1058 *Weber*, JuS 1992, 631, 633.

1059 So etwa *Ogorek* in seiner gleichnamigen Dissertationsschrift von 1986: „Richterkönig oder Subsumtionsautomat?".

wenn Generalklauseln lediglich als „Leerformeln“[1060] abgetan oder als „lettre mort“[1061] bezeichnet werden.[1062] Diese grobe sprachliche Zuordnung taugt allerdings kaum zur Klassifizierung einer Norm als Generalklausel.

2. *Abgrenzung zum unbestimmten Rechtsbegriff*

Häufig wird daher in der Literatur die Generalklausel einer sprachlichen Konkretisierung zugeführt, indem man sie von dem unbestimmten Rechtsbegriff abzugrenzen versucht.[1063] Dahinter steht aber nicht nur die Intention einer sprachlichen Präzisierung, sondern auch das Bestreben, den Kreis der Generalklauseln aufgrund der bereits angesprochenen Bedenken so klein wie möglich zu halten. Verwendet man die Begriffe des unbestimmten Rechtsbegriffs sowie der Generalklausel synonym,[1064] dient der Begriff der Generalklausel schnell nur noch als Schlagwort zur Umschreibung all jener Normen, die einen hohen Abstraktionsgrad aufweisen und denen daher ein hohes Maß an Wertungsausfüllungsbedürftigkeit innewohnt.[1065] Die Literatur hat über Jahrzehnte hinweg unterschiedliche Abgrenzungsmerkmale herausgearbeitet.[1066] Ein greifbarer Unterschied soll darin zu erblicken sein, dass der unbestimmte Rechtsbegriff lediglich Tatbestandsmerkmal sei, während die Generalklausel einen vollständigen Rechtssatz darstelle.[1067] Dies meint allerdings nicht, dass der gesamte Rechtssatz aus unbestimmten Rechtsbegriffen bestehen muss.[1068] Anderenfalls wären selbst allgemein anerkannte Normen wie §§ 138, 242, 826

1060 *Rüthers/Fischer/Birk*, Rechtstheorie, Rn. 836.; auch *Teubner*, Standards und Direktiven in Generalklauseln, 115.

1061 Vgl. Staudinger/*Honsell*, Einl. BGB Rn. 71.

1062 Zum Gesamten auch Staudinger/*Olzen/Looschelders*, § 242 BGB Rn. 1 ff.

1063 *Werner*, Generalklauseln und Richterrecht, 6 f.; *Kamanabrou*, AcP 202 (2002), 662, 664 f.; siehe auch *Preis*, Prinzipien des Kündigungsrechts, 98 ff.

1064 Dies gilt z.B. für *v. Hoyningen-Huene*, Billigkeit im Arbeitsrecht, 30, der mit dem Terminus des unbestimmten Rechtsbegriffs im Wesentlichen kennzeichnen will, dass es bei der Anwendung einer Generalklausel nicht um eine Ermessensentscheidung, sondern um eine Rechtsentscheidung geht, bei der es dem Sinne nach nur eine Richtung geben kann.

1065 Zutreffend *Weber*, AcP 192 (1992), 516, 523.

1066 Vgl. etwa die Übersicht bei *Kamanabrou*, AcP 202 (2002), 662, 664 ff.

1067 *Kamanabrou*, AcP 202 (2002), 662, 664 f. mwN; vgl. auch *Preis*, Prinzipien des Kündigungsrechts, 98 ff.

1068 *Wank*, Grenzen richterlicher Rechtsfortbildung, 134; *Kamanabrou*, AcP 202 (2002), 662, 667; *Kramer*, Methodenlehre, 73 spricht insoweit nicht eindeutig von dem „zentralen Gehalt einer gesetzlichen Regelung“.

BGB keine Generalklauseln.[1069] Auf eine ähnliche Abgrenzung zielt *Engisch*, wenn er die Generalklausel als Gegenbegriff einer kasuistischen Tatbestandsbildung ins Auge fassen will.[1070] Eine größere Unschärfe enthalten Modelle, die darauf abstellen wollen, dass Generalklauseln eine höhere Spannweite gegenüber dem unbestimmten Rechtsbegriff besitzen[1071] oder danach differenzieren, dass die „Generalklausel eine betontere Hinwendung zu einer öffentlichen Rechtsmoral“[1072] erblicken lasse. Die Verschiedenheit der Begriffe bleibt aber bei allen Ansätzen eine relative.[1073] Soweit man dem unbestimmten Rechtsbegriff in der Abgrenzung zur Generalklausel immerhin einen begrifflichen Fixpunkt zuschreiben will,[1074] kann dieser dennoch eine derartige Vagheit aufweisen, dass der Unterschied zur Generalklausel zu verwischen droht.[1075] Anschaulich wird das etwa beim Merkmal der „sozial ungerechtfertigten“ Kündigung in § 1 Abs. 1 KSchG. Trotz der Einbettung in eine Norm mit konkreten Begrifflichkeiten (§ 1 Abs. 2 KSchG), versteht die Rechtsprechung den „technischen Begriff“[1076] als allgemeine Interessenabwägung im Rahmen einer Kündigung[1077] und hat mit Formulierungen wie die Kündigung müsse „billigenswert und angemessen“[1078] oder auch „gerecht“[1079] erscheinen, die Vorschrift zumindest generalklauselartig ausgestaltet.[1080] Die Grenzen zur Generalklausel bleiben dadurch fließend.

1069 Auch diese Normen enthalten Tatbestandsmerkmale: § 138 BGB „Rechtsgeschäft“; § 242 BGB „Leistung“; § 826 BGB „vorsätzlich“ sowie „Schaden“. Vgl. dazu auch *Kamanabrou*, AcP 202 (2002), 662, 667.

1070 *Engisch*, Einführung in das juristische Denken, 213; siehe auch *Preis*, Prinzipien des Kündigungsrechts, 98 ff.

1071 *Hedemann*, Flucht in die Generalklauseln, 53 f.

1072 So ausdrücklich *Werner*, Generalklauseln und Richterrecht, 7.

1073 Dies scheint auch überall konstatiert zu werden. Vgl. nur *Engisch*, Einführung in das juristische Denken, 213 ff.; *Preis*, Prinzipien des Kündigungsrechts, 98; siehe auch *Rüthers*, Unbegrenzte Auslegung, 211 f.

1074 *Preis*, Prinzipien des Kündigungsrechts, 98.

1075 Vgl. *Weber*, AcP 192 (1992), 516, 523. Die Grenzen bei dieser Abgrenzungsfrage bleiben allerdings naturgemäß fließend. Siehe nur *Kramer*, Methodenlehre, 73 Fn. 124; *Werner*, Generalklauseln und Richterrecht, 6 f.

1076 So die Formulierung in BAG 20.1.1961, NJW 1961, 940, 941.

1077 Vgl. nur BAG 19.4.2012, NZA 2013, 27; 12.1.2006, NZA 2006, 980.

1078 BAG 3.5.1978, AP KSchG 1969 § 1 Betriebsbedingte Kündigung Nr. 5, 18.9.1975, AP BGB § 626 Druckkündigung Nr. 10.

1079 BAG 20.11.1954, NJW 1954, 1949, 1950.

1080 Im Hinblick auf die durchzuführende Interessenabwägung entspricht dies auch der h.L. Vgl. nur ErfK/*Oetker*, § 1 KSchG Rn. 82 ff.; KR/*Griebeling/Rachor*, § 1 KSchG Rn. 213; MüKo/*Hergenröder*, § 1 KSchG Rn. 119 ff. Ausdrücklich als Generalklausel

Eine klarere Abgrenzung lässt sich dadurch erreichen, dass der geforderte „begriffliche Fixpunkt“ weiter an Begriffsschärfe gewinnt. Bereits die Existenz eines Begriffskerns beziehungsweise eines Bereichs, welcher der positiven und negativen Gewissheit genügt, verhindert die Einstufung als Generalklausel.[1081] Vertritt man ein derart restriktives Verständnis, geht mit der Annahme eines unbestimmten Rechtsbegriffs regelmäßig nicht die Annahme einer Generalklausel einher. Zwar enthält eine Generalklausel regelmäßig auch unbestimmte Rechtsbegriffe.[1082] Notwendig ist aber eine weitere Qualifizierung, um eine Gruppe von Sachverhalten einer zuvor nicht feststehenden Rechtsfolge zu unterwerfen.[1083] Der Unterschied zur Generalklausel findet sich mithin weniger in einer methodologischen Differenzierung als vielmehr auf dem Gebiet der Gesetzgebungstechnik.[1084] Von einer Generalklausel lässt sich im Unterschied zum unbestimmten Rechtsbegriff erst dann sprechen, wenn die Norm keinen festen Begriffskern mehr enthält und der unbestimmte Rechtsbegriff der Auslegung gänzlich entzogen ist.[1085]

3. *Gefahren der zu weitgehenden Begriffsdefinition*

Eine solche restriktive Abgrenzung ist insbesondere im Hinblick auf die der Generalklausel zuerkannten Funktionen auch notwendig. Ein zu weitgehendes Begriffsverständnis verdeckt nämlich den spezifischen Charakter der echten Generalklausel und deren besonderen gesetzgeberischen Sinn im Rahmen des Gesetzesrechts.[1086] Als Instrument der Gesetzgebungstechnik dient die Generalklausel dazu, auch weitgehend neuartige Gruppen von Sachverhalten lückenlos

---

bezeichnet bspw. bei APS/*Vossen*, § 1 KSchG Rn. 61; sehr kritisch zu einem so weitgehenden Verständnis *Preis*, Prinzipien des Kündigungsrechts, 100 ff.

1081 Siehe *Preis*, Prinzipien des Kündigungsrechts, 99.

1082 Vgl. nur *Kamanabrou*, AcP 202 (2002), 662, 666. Dies muss aber nicht zwingend der Fall sein: siehe *Engisch*, Einführung in das juristische Denken, 217 f.

1083 Zu dieser Funktion der Generalklausel *Garstka*, in: Juristische Methodenlehre und analytische Philosophie, 96, 115; vgl. auch *Engisch*, Einführung in das juristische Denken, 213 ff.

1084 So auch *Engisch*, Einführung in das juristische Denken, 218.

1085 Vgl. *Preis*, Prinzipien des Kündigungsrechts, 99 sowie unten zum hier verfolgten Definitionsansatz (sogleich unter 4.).

1086 *Weber*, AcP 192 (1992), 516, 524. Zu der Frage inwieweit Generalklauseln neben ihren originären Funktionen auch eigenständiger normativer Gehalt zukommt siehe ausf. Staudinger/*Olzen*/*Looschelders*, § 242 BGB Rn. 113 ff.

und anpassungsfähig einer Rechtsfolge zuzuführen.[1087] Gekennzeichnet ist die Generalklausel in einer inhaltlichen Abgrenzung zum unbestimmten Rechtsbegriff durch eine globale, anfänglich gesetzte, gesetzgeberische Wertentscheidung, durch die die Rechtsfindung auf wertungsausfüllungsbedürftige Begriffe oder gar auf außerrechtliche, ethische Verhaltensnormen gestützt wird.[1088] Generalklauseln sind folglich Regulative, „die als solche *per definitionem* weiterverweisen auf einen erst zu findenden Sinn“[1089]. Vereinfacht gesagt vergrößert sich der Spielraum des Rechtsanwenders bei der Rechtsfindung mit Zunahme der Wertungsbedürftigkeit in der Norm.[1090] Soweit diese Unterschiede nicht auch begrifflich gekennzeichnet werden, besteht zumindest die Gefahr der Überdehnung des Anwendungsbereiches.[1091] Präzisierungschancen werden allzu schnell vertan, wenn Auslegungsmethoden weitgehenden ignoriert werden und die Rechtsprechung sich allein auf eine wie auch immer geartete Interessenabwägung zurückzieht.[1092] Dies macht es zugleich unabdingbar, dass die Bezeichnung als Generalklausel auf diejenigen Normen begrenzt bleibt, denen diese Funktionen tatsächlich zukommen, auch wenn eine eindeutige Trennlinie nicht überall befriedigend gezogen werden kann. Im Ergebnis ist daher gerade nicht jeder unbestimmte Rechtsbegriff, der einen wertungsausfüllungsbedürftigen Teil enthält, zugleich als Generalklausel anzusehen.[1093]

1087 *Preis*, Prinzipien des Kündigungsrechts, 99; vgl. *Garstka*, in: Juristische Methodenlehre und analytische Philosophie, 96, 115.

1088 Vgl. *Preis*, Prinzipien des Kündigungsrechts, 99; *Bydlinski*, Methodenlehre, 583; *Wieacker*, Präzisierung des § 242 BGB, 11; *Henkel*, in: FS Mezger, 249, 303; *Esser*, Grundsatz und Norm, 150; zum Definitionsansatz auch *Rüthers*, Unbegrenzte Auslegung, 213 f.

1089 So wörtlich *Wieacker*, Präzisierung des § 242 BGB, 16. Vgl. auch *Preis*, Prinzipien des Kündigungsrechts, 100; *Bydlinski*, Methodenlehre, 584.; *Henkel*, in: FS Mezger, 249, 303.

1090 Vgl. *Wank*, Grenzen richterlicher Rechtsfortbildung, 74.

1091 Grds. mahnend etwa *Larenz*, in: FS Henkel, 31, 42 ff.

1092 Im Rahmen des Kündigungsrechts bspw. *Preis*, Prinzipien des Kündigungsrechts, 97 ff. Auch anderswo ist die Problematik präsent. Für das Verwaltungsrecht siehe *Koch*, Unbestimmte Rechtsbegriffe, 89 ff.

1093 So allerdings *Kamanabrou*, AcP 202 (2002), 662, 666; 669, die aber zugesteht, dass dieser Ansatz zu einem sehr weiten Begriff der Generalklausel führt, der zum Teil sogar den üblichen Sprachgebrauch überschreitet. Vor einer solchen Ausdehnung kann aber nicht entschieden genug gewarnt werden. Zur Wertungsausfüllungsbedürftigkeit als Abgrenzungskriterium siehe auch *Haubelt*, Konkretisierung von Generalklauseln, 8.

4. *Ein Definitionsansatz*

Versucht man das Gesagte in eine allgemein gültige Definition zu überführen, kommt der von *Weber* formulierte Ansatz einer solchen am nächsten.[1094] Eine Generalklausel ist demnach eine Vorschrift, in der sich die vom Gesetzgeber zur tatbestandlichen Fixierung verwandten Rechtsbegriffe durch einen so hohen Grad an Abstraktion und inhaltlicher Unbestimmtheit auszeichnen, dass ihnen neben den unvermeidlichen Randunschärfen im Begriffshof auch ein inhaltlich eindeutig belegbarer Begriffskern nicht mehr zugerechnet werden kann.[1095] Dies liegt insbesondere dann vor, wenn auf außerrechtliche und moral-ethische Begriffe verwiesen wird.[1096] In diesen Fällen sind Subsumtion und Auslegung unmöglich. Herausarbeiten lässt sich dann allenfalls ein normativer Richtliniengehalt.[1097] Letztlich scheitern sämtliche Auslegungsmethoden und es wird (nur) gewertet und wertend Recht gefunden.[1098]

II. § 75 Abs. 1 BetrVG als betriebsverfassungsrechtliche Generalklausel

Zur sprachlichen Einstufung des § 75 Abs. 1 BetrVG als Generalklausel ist die Vorschrift zunächst einmal auf wertungsausfüllungsbedürftige Begriffe zu untersuchen. Erst in einem zweiten Schritt kann es an Relevanz gewinnen, inwieweit die konkrete Unschärfe im Hinblick auf die gesamte Norm reicht. Nimmt man nur den ersten Halbsatz ins Auge, statuiert das Betriebsverfassungsrecht dort die Pflicht der Betriebsparteien, eine an den Grundsätzen von „Recht und Billigkeit" orientierte Behandlung der im Betrieb tätigen Personen sicherzustellen. Unter dieser doch sehr weiten Formulierung versteht man zuvorderst eine gegenseitige

---

1094 Vgl. *Weber*, AcP 192 (1992), 516, 524 f.

1095 *Weber*, AcP 192 (1992), 516, 524. Ähnlich APS/*Preis*, H. Prinzipien zur Ausfüllung der Kündigungsgründe Rn. 6 ff.; *Preis*, Prinzipien des Kündigungsrechts, 99; *Ohly*, AcP 201 (2001), 1, 5 „keinen eindeutig faßbaren Begriffskern". Vgl. auch *Kamanabrou*, AcP 202 (2002), 662, 667.

1096 *Weber*, AcP 192 (1992), 516, 524.

1097 Dieser soll dort fehlen, wo eine sog. reine Regulativklausel (auch regulierende Generalklausel vorliegt), vgl. *Garstka*, in: Juristische Methodenlehre und analytische Philosophie, 96, 120; *Henkel*, Rechtsphilosophie, 477; *ders.*, in: FS Mezger, 249, 303; *Preis*, Prinzipien des Kündigungsrechts, 100. In diesen Fällen habe der Gesetzgeber einen klaren Verzicht auf die Normgebung konkretisiert. Konkrete Beispiele hierzu werden allerdings nicht genannt.

1098 *Weber*, AcP 192 (1992), 516, 552; vgl. auch *Rüthers/Fischer/Birk*, Rechtstheorie, Rn. 836a; *Ohly*, AcP 201 (2001), 1, 5.

Kontrollpflicht der Betriebsparteien.[1099] Sie haben aber auch ihr eigenes Handeln an den Grundsätzen auszurichten und dabei stets die Individualrechtspositionen der Arbeitnehmer im Blick zu behalten.[1100] Während der Pflichtenkreis abstrakt noch relativ klar umrissen werden kann, ist dies in Bezug auf die in Rede stehende Behandlung nach den Grundsätzen von Recht und Billigkeit deutlich schwieriger. Wie bereits dargestellt lassen sich allein für die Grundsätze des Rechts verständliche Parameter finden. Die Ausführungen zur Billigkeit in der Kommentarliteratur bleiben hingegen (richtigerweise) unspezifisch.[1101] Denn die Billigkeit zielt auf die Verwirklichung einer Einzelfallgerechtigkeit und muss daher notwendigerweise in einer größtmöglichen Abstraktheit verweilen.[1102] Sie ist nahezu ein Paradebeispiel für einen wertungsausfüllungsbedürftigen Begriff, da erst die individuelle Eigenart des Einzelfalls erkennen lässt, welche Rechtsanwendung im konkreten Fall der Billigkeit entspricht. Im Rahmen von § 75 Abs. 1 BetrVG bedeutet dies, dass die Frage, ob eine Handlung durch den Betriebsrat oder den Arbeitgeber in einem bestimmten Fall „recht und billig" gewesen ist, sich regelmäßig nicht anhand abstrakter Merkmale beschreiben lässt, sondern sich (auch) an der betrieblichen Wirklichkeit orientiert und damit stark vom Einzelfall abhängig ist. Die arbeitsgerichtliche Literatur enthält auf diese Fragen einer möglichen Zuordnung zur Generalklausel nahezu keine Antworten.[1103] In der Kommentarliteratur findet sich, soweit ersichtlich lediglich bei *Kania* der Hinweis, dass zumindest § 75 Abs. 2 S. 2 BetrVG im Hinblick auf die dort genannten Arbeitsgruppen eine Generalklausel sei.[1104] Dieser Befund überrascht. Angesichts der gewählten Formulierung in § 75 Abs. 1 BetrVG erscheint es doch als geradezu zwingend, sich mit der Reichweite der Norm zu

---

1099 Vgl. DKKW/*Berg*, § 75 BetrVG Rn. 8; HWK/*Reichold*, § 75 BetrVG Rn. 1; *Fitting*, § 75 BetrVG Rn. 18; GK/*Kreutz*, § 75 BetrVG Rn. 20; Löwisch/*Kaiser*, § 75 BetrVG Rn. 13; *Wiese*, NZA 2006, 1, 4.

1100 Vgl. *Fitting*, § 75 BetrVG Rn. 4; GK/*Kreutz*, § 75 BetrVG Rn. 9; *Richardi/Maschmann*, § 75 BetrVG Rn. 4.

1101 Siehe hierzu die Ausführungen oben in diesem Kapitel unter B. II. 1. b) bb).

1102 *Henkel*, Rechtsphilosophie, 423; *v. Hoyningen-Huene*, Billigkeit im Arbeitsrecht, 17 ff.; *Knöpfel*, AcP 155 (1956), 135, 136.

1103 Für die Generalklauseleigenschaft des § 75 Abs. 1 BetrVG sprechen sich, weitgehend ohne Begründung, aus: *Belling*, Haftung des Betriebsrats, 204; *Meyer*, Nachträgliche Abänderung von Sozialplänen, 159; *Otto*, Arbeitsrecht, 72; *Strecker*, Turboprämie und Sozialplan, 50 f.; *Eich*, NZA 2010, 1389, 1392; differenzierend *v. Hoyningen-Huene*, Billigkeit im Arbeitsrecht, 45 f., 50.

1104 ErfK/*Kania*, § 75 BetrVG Rn. 11. Diese Einschätzung ist umso erstaunlicher, als dass er zu § 75 Abs. 1 BetrVG keinerlei Ausführungen diesbezüglich tätigt.

beschäftigen. Die bereits angesprochene Inkohärenz zwischen formal zugemessener und materiell tatsächlich zugebilligter Bedeutung der Norm scheint sich hier fortzusetzen. Denn mit einer Zuordnung zur Generalklausel wird jedenfalls das Bewusstsein dafür geschärft, dass Zukunftsentwicklungen durch die Rechtsfortbildung des Richters grundsätzlich möglich sind.[1105] Als mühseliger Akt erweist es sich hingegen darüber zu philosophieren, welche Gedankengänge hinter diesem verweigerten Diskurs stehen. Klar ist aber jedenfalls, dass eine Norm, die als Generalklausel fungiert und der eine wesentliche Stellung innerhalb des Gesetzes zugesprochen wird, die Möglichkeit eröffnet, ein gesetzlich unvollständig gebliebenes Konstrukt zu ergänzen.[1106]

1. „Billigkeit" als Werkzeug der Einzelfallgerechtigkeit

Für weitere Zuordnungsfragen kann aber damit weniger auf arbeitsrechtliche Spezialliteratur zurückgegriffen werden, als auf allgemeine Ausführungen der Methodenlehre. Die Formulierung der „Billigkeit" hat bereits weit über das Betriebsverfassungsrecht hinausgehende Bedeutung und wird in unterschiedlichen Schattierungen nahezu in allen Rechtsordnungen verwendet.[1107] Auch das Bürgerliche Gesetzbuch greift die Formulierung in unterschiedlicher Ausgestaltung mehrfach auf. In § 315 BGB ist die Leistungsbestimmung nach „billigem Ermessen" zu treffen. Im Rahmen des Aufwendungsersatzes gemäß § 284 BGB wird der Schuldner vor unübersehbaren Haftungsfolgen dergestalt geschützt, als dass sich die Ersatzfähigkeit auf die billigen Aufwendungen beschränkt.[1108] Das Gegenstück der „groben Unbilligkeit" hingegen führt beispielsweise im Rahmen von § 1579 BGB zu einer Einschränkung oder zum Wegfall des Unterhaltsanspruchs. Im Grundsatz verwendet der Gesetzgeber solche Formulierungen also dort, wo er es für erforderlich erachtet hat, einen den Parteien gerecht werdenden Ausgleich zu finden.[1109] Billigkeit und Recht werden damit in einen grundsätzlichen Einklang gebracht. Wenn *v. Hoyningen-Huene* ausführt, dass Billigkeit nicht vom Recht freistelle, sondern vielmehr auf eine gerechte Behandlung des

1105 Zu dieser Bedeutung einer Generalklausel am Beispiel von § 242 BGB siehe Staudinger/*Olzen/Looschelders*, § 242 BGB Rn. 121; vgl. auch *Zöllner*, JuS 1984, 985, 987.

1106 Zu dieser sog. Delegationsfunktion siehe sogleich unter III. 1. c). Vgl. auch *Teubner*, Standards und Direktiven in Generalklauseln, 118; *Ohly*, AcP 201 (2001), 1, 7.

1107 Zu Letzterem *Sauer*, Methodenlehre, 274.

1108 Dazu bspw. MüKo/*Ernst*, § 284 BGB Rn. 24 f.

1109 Vgl. *Larenz*, Methodenlehre, 223: „wertorientiertes Denken". Siehe auch *v. Hoyningen-Huene*, Billigkeit im Arbeitsrecht, 36 ff. mit zahlreichen weiteren Beispielen.

Einzelnen in seinen individuellen Rechtsbeziehungen ziele, ist damit genau diese Überschneidung gemeint.[1110] Erst die Billigkeit ermöglicht es, abstrakte Rechtsnormen auf die individuelle Eigenart des Einzelfalls zuzuschneiden und in ihrer Anwendung den Lebensverhältnissen größtmöglich gerecht zu werden.[1111] Gleichsam ist sie nicht Freiheit vom Recht, sondern die sinnvolle Ergänzung des Rechts.[1112] Schon die innere Bedeutung einer sich auf die Billigkeit beziehende Formulierung macht deutlich, dass diesem wertungsausfüllungsbedürftigen Begriff kein fester Begriffskern zugewiesen werden kann. Die Billigkeit als unbestimmter Rechtsbegriff ist damit regelmäßig Gegenstand einer Generalklausel, weil mit der Formulierung zugleich auch auf außerrechtliche Maßstäbe Bezug genommen wird.[1113] Vorliegend sind bei zunächst isolierter Betrachtung des ersten Halbsatzes keine Gründe ersichtlich, weshalb dies bei § 75 Abs. 1 BetrVG nicht ebenso der Fall sein dürfte.

2. *Verhältnis zu den Diskriminierungsverboten in Halbsatz 2*

Notwendigerweise sind diese Überlegungen aber auch im Lichte des Halbsatzes 2 zu sehen und einer Prüfung diesbezüglich zu unterziehen. Durch die Formulierung „insbesondere“ werden die oben genannten Maßstäbe einer weiteren Konkretisierung zugeführt.[1114] Wie bereits angesprochen handelt es sich hierbei um ausdrücklich benannte und absolute Differenzierungsverbote.[1115] Unstrittig ist jedoch, dass es sich angesichts der gewählten Formulierung „insbesondere“ nicht um eine abschließende Aufzählung und Konkretisierung der Maßstäbe von Recht und Billigkeit handelt.[1116] Aufgrund der im arbeitsrechtlichen Schrifttum kaum geführten Diskussion über den Generalklauselcharakter der Vorschrift ist jedenfalls ungeklärt, welche Auswirkungen die Diskriminierungsverbote auf den Normgehalt des § 75 Abs. 1 BetrVG haben. Dem Grundsatz nach ist eine solche Technik von regelnormierenden Generalklauseln und

---

1110 *v. Hoyningen-Huene*, Billigkeit im Arbeitsrecht, 35.

1111 *Sauer*, Methodenlehre, 274; siehe auch *Engisch*, Einführung in das juristische Denken, 227 f.

1112 *Esser*, in: summum ius summa iniuria, 22, 26; auch *v. Hoyningen-Huene*, Billigkeit im Arbeitsrecht, 35; *Kornblum*, AcP 168 (1968), 450, 460.

1113 Vgl. *v. Hoyningen-Huene*, Billigkeit im Arbeitsrecht, 30; *Kramer*, Methodenlehre, 288.

1114 BeckOK-ArbR/*Werner*, § 75 BetrVG Rn. 18; GK/*Kreutz*, § 75 BetrVG Rn. 36; HWGNRH/*Worzalla*, § 75 BetrVG Rn. 7.

1115 Vgl. BeckOK-ArbR/*Werner*, § 75 BetrVG Rn. 18; HWK/*Reichold*, § 75 BetrVG Rn. 9; WPK/*Preis*, § 75 BetrVG Rn. 17. Siehe auch die Ausführungen oben unter B. II. 1. c).

1116 Siehe nur *Richardi/Maschmann*, § 75 BetrVG Rn. 32.

nachgeordneten Regelbeispielen nicht untypisch und dem Rechtsanwender in nahezu allen Rechtsgebieten vertraut.[1117] Ganz prominent findet sie sich beispielsweise in § 138 BGB[1118] oder im Verhältnis von § 307 BGB zu den §§ 308, 309 BGB. Die Regelbeispiele werden dabei regelmäßig mit der Formulierung „insbesondere" eingeleitet.[1119] Eine solche Verknüpfung zwischen demonstrativer Kasuistik und Generalklausel wird für besonders empfehlenswert gehalten, um am ehesten sowohl den Bedürfnissen nach rechtsstaatlicher Sicherheit als auch nach zukunftsgerichteter Rechtssetzung gerecht zu werden.[1120] Sie kann dazu dienen, dem Normadressaten eine gewisse Orientierungssicherheit zu vermitteln.[1121] Ihr Wert darf aber auch nicht überschätzt werden, da das genaue systematische und axiologische Verhältnis von Generalklausel und Regelbeispiel nicht geklärt ist.[1122] Unabhängig von der noch zu erörternden Frage, ob und inwieweit Regelbeispiele normativ bindende Interpretationsvorgaben für eine Generalklausel enthalten, steht ihre bloße Existenz der Einordnung als Generalklausel gerade nicht entgegen.[1123] § 75 Abs. 1 BetrVG stellt daher eine Generalklausel klassischer Prägung dar.

III. Funktionen und Konkretisierungsmöglichkeiten

Mit der Feststellung eines fehlenden Begriffskerns der Norm wird zugleich die Frage virulent, wie eine Inhaltsbestimmung möglich gemacht werden kann. Wenn der Begriffskern einer Norm nicht mehr zu bestimmen ist, scheitern regelmäßig auch die klassischen Auslegungsmethoden.[1124] Gleichsam muss der Gefahr einer zu weiten Interpretation entgegengewirkt werden. Es bedarf also

1117 Vgl. nur *Kramer*, Methodenlehre, 79 ff.; *Schünemann*, JZ 2005, 271.

1118 Aufs. dazu *Berjasevic*, Wucherähnliche Rechtsgeschäfte, 167 ff. mwN. Zu weiteren ausgewählten Generalklauseln mit Regelbeispielen siehe sogleich unter IV. 2. a) bb) (2).

1119 *Schünemann*, JZ 2005, 271.

1120 *Kramer*, Methodenlehre, 79 f.; *Hill*, JZ 1988, 377, 379.

1121 Vgl. *Kramer*, Methodenlehre, 80. *Zippelius*, Juristische Methodenlehre, 61 spricht in diesem Zusammenhang ähnlich von „exemplifizierender Kasuistik".

1122 Vgl. *Schünemann*, JZ 2005, 271, 272.

1123 Vgl. nur *Engisch*, Einführung in das juristische Denken, 216; *Kramer*, Methodenlehre, 292 ff.

1124 Vgl. nur *Bydlinski*, Methodenlehre, 583; *Kamanabrou*, AcP 202 (2002), 662, 666 f.; *Ohly*, AcP 201 (2001), 1, 16 f.; anders wohl *Haubelt*, Konkretisierung von Generalklauseln, 158 ff. der davon ausgeht, dass die Konkretisierung einer Generalklausel auch durch die Auslegung zu erreichen ist.

eines besonderen methodischen Vorgehens.[1125] Die Literatur hat im Rahmen von besonders wichtigen Generalklauseln wie beispielsweise § 242 BGB, aber auch im Allgemeinen, versucht eine Systematisierung dadurch zu erreichen, dass einer Generalklausel bestimmte Funktionskreise zugeordnet werden.[1126] Dies ist nicht frei von Kritik geblieben.[1127] Ohne dezidiert in diese Diskussion einsteigen zu wollen, ist der Kritik jedenfalls insoweit Recht zu geben, dass eine Systematisierung im ersten Schritt lediglich eine empirische Analyse des derzeitigen Anwendungsbereichs darstellt. Daraus folgt richtigerweise noch keine Antwort für die Begründung möglicher neuer Rechte. Gleichsam können Funktionskreise als erste Wertentscheidung und Orientierungshilfe dienen.[1128] Im Weiteren soll aber nur in der gebotenen Kürze auf die überwiegend anerkannten Funktionen eingegangen werden. Inwieweit im Rahmen von § 75 Abs. 1 BetrVG tatsächlich eine Antwort auf die dieser Arbeit zugrundliegende Fragestellung gefunden werden kann, beurteilt sich nach der konkreten Interpretation der Norm. Diese Interpretation wird aufgrund der Unergiebigkeit der klassischen Auslegungsmittel als Konkretisierung bezeichnet.[1129] Maßgeblich von Bedeutung sind daher die noch zu erläuternden Kriterien, die im Rahmen der Konkretisierung Berücksichtigung finden müssen.

1. Funktionen der Generalklausel

Die Literatur hat verschiedene Modelle zur systematischen Erfassung herausgearbeitet, die sich zum Teil unmittelbar an einer bestimmten Generalklausel orientieren oder aber abstrakt diejenigen Funktionen beschreiben,[1130] die einer

---

1125 *Kamanabrou*, AcP 202 (2002), 662, 667.

1126 Vgl. zu § 242 BGB nur auszugsweise die von *Heinrichs* begründeten vier Funktionskreise (siehe nunmehr Palandt/*Grüneberg*, § 242 BGB Rn. 15 f.). Siehe auch *Wieacker*, Präzisierung des § 242 BGB, 20 ff. Zusammenfassend Staudinger/*Olzen*/*Looschelders*, § 242 BGB Rn. 171 ff. Allgemeiner bspw. *Teubner*, Standards und Direktiven, 50 ff.; *Ohly*, AcP 201 (2001), 1, 7.

1127 Bspw. Staudinger/*Schmidt*, § 242 BGB (Altauflage 1995), Rn. 124 ff.

1128 Ausf. auch zu den unterschiedlichen Ansätzen im Rahmen von § 242 BGB Staudinger/*Olzen*/*Looschelders*, § 242 BGB Rn. 171 ff.

1129 *Bydlinski*, Methodenlehre, 583; *Larenz*, Methodenlehre, 292 f.; *Kramer*, Methodenlehre, 288 ff.; *Kamanabrou*, AcP 202 (2002), 662, 670.

1130 Dies gilt insb. im Rahmen von § 242 BGB. Vgl. nur Palandt/*Grüneberg*, § 242 BGB Rn. 15 f.; *Wieacker*, Präzisierung des § 242 BGB, 30 ff. Abstrakt bestimmt werden die Funktionen bspw. bei *Teubner*, Standards und Direktiven in Generalklauseln, 61 ff.; *Ohly*, AcP 201 (2001), 1, 7.

Generalklausel typischerweise immanent sind.[1131] Die Konkretisierungswirkung der Funktionsansätze darf für die konkrete Generalklausel – wie bereits erwähnt – nicht überschätzt werden.[1132] Allerdings haben sie, zum Beispiel im Rahmen von § 242 BGB, einen hilfreichen Beitrag zur Präzisierung der Norm geleistet.[1133] Drei Funktionen lassen sich dabei herausstellen, die auch auf einer abstrakten Ebene typischerweise zur Geltung kommen können. Diese Funktionskreise können sich bei der Interpretation durchaus überschneiden oder in ein und demselben Entscheidungsprozess zum Tragen kommen.[1134]

a) Verweisungsfunktion

Zunächst öffnen Generalklauseln regelmäßig durch die in ihnen gewählte Formulierung das Recht für außerrechtliche Wertungen und allgemeine Prinzipien der Rechtsordnung.[1135] Wenn von „Treu und Glauben", „Billigkeit" oder den „guten Sitten" gesprochen wird, verweisen sie damit (auch) auf ein außerrechtliches soziales Werteverständnis und Ordnungsgefüge.[1136] Unter (bloßer) Heranziehung dieses Wertesystems kann die Generalklausel dann eine Antwort auf eine konkrete Auslegungsfrage enthalten. Übertragen auf § 242 BGB geht *Wieacker* beispielsweise davon aus, dass die Norm eine Anforderung an die Parteien enthalte, sich bei der Geltendmachung und der Abwehr von Rechten „gerecht" und „rechtsgenössisch" zu verhalten.[1137]

1131 Ausf. zur Theorie der Funktionskreise im Rahmen von § 242 BGB auch Staudinger/*Olzen/Looschelders*, § 242 BGB Rn. 171 ff.

1132 *Ohly*, AcP 201 (2001), 1, 7; sehr kritisch bezüglich einer Fallgruppenbildung und Konkretisierungsansätzen *Weber*, AcP 192 (1992), 516, 559. Generell kritisch bereits gegenüber den allgemeinen Funktionsbeschreibungen *Röthel*, Normkonkretisierung, 31. Ihre Kritik verfängt aber insoweit nicht, als dass sie die Flexibilisierungs- und Delegationsfunktion bereits deshalb ablehnt, weil sie auch außerhalb von Generalklauseln zu finden sei. Die Funktionsbeschreibungen dienen aber nicht (nur) einer begrifflichen Abgrenzung gegenüber unbestimmten Rechtsbegriffen, sondern der Inhaltsfindung und -konkretisierung des unklaren Normgehalts. Ähnlich wie *Röthel* auch *Schillig*, Konkretisierungskompetenz und Konkretisierungsmethode, 121 ff.

1133 Vgl. Palandt/*Grüneberg*, § 242 BGB Rn. 2.

1134 Vgl. *Ohly*, AcP 201 (2001), 1, 7.

1135 Zum Begriff der Verweisungsfunktion siehe *Ohly*, AcP 201 (2001), 1, 7. Zur Frage der außerrechtlichen Verweisung vgl. etwa *Larenz*, Methodenlehre, 288 ff.

1136 Nach *Teubner* (Standards und Direktiven in Generalklauseln, 61 ff.) bildet dies leicht modifiziert die sog. Rezeptionsfunktion. Ebenso *Kramer*, Methodenlehre, 77.

1137 Wieacker, Präzisierung des § 242 BGB, 20 ff. Er nennt diese Funktion / Fallgruppe „*praeter legem*". Dem kommt die dem § 242 BGB häufig zuerkannte Konkretisierungsfunktion wohl am nächsten (vgl. dazu Palandt/*Grüneberg*, § 242 BGB Rn. 15).

b) Flexibilitätsfunktion

Die Flexibilitätsfunktion der Generalklausel soll sicherstellen, dass die Besonderheiten des Einzelfalls umfassend gewürdigt werden, und dass das Recht auch an neue Entwicklungen anpassbar bleibt.[1138] Diese Funktion ist dabei nicht unabhängig von der Verweisungsfunktion zu sehen. *Teubner* spricht insoweit etwas abweichend von einer Transformationsfunktion.[1139] Diese ermögliche es aufgrund der Verweisung auf die außerrechtliche Wertung zugleich auch neue rechtliche Verhaltensnormen zu bilden.[1140]

c) Delegationsfunktion

Die Bildung neuer rechtlicher Verhaltensnormen ohne einen Anklang des gesetzgeberischen Willens wird regelmäßig auch als Delegationsfunktion verstanden.[1141] *Hedemann* hat diese Funktion der Generalklausel bereits als „ein Stück offengelassene Gesetzgebung“[1142] beschrieben. Die Generalklausel schafft also den Rahmen für die richterliche Rechtsentwicklung.[1143] Die Gerichte sind hier in besonderem Maße aufgerufen, das unvollständige Programm der gesetzlichen Norm eigenverantwortlich zu ergänzen.[1144] Die Rechtsentwicklung kann sich dabei auch vom Willen des Gesetzgebers entfernen und die Generalklausel insoweit nur als „Eselsbrücke der Rechtschöpfung“ dienen.[1145] Richtigerweise heißt das aber nicht, dass Generalklauseln *per se* und unabhängig von ihrem (vagen) Wortlaut stets als Ermächtigungsgrundlage für die Rechtsfortbildung angesehen werden können.[1146] Die Delegationsfunktion der Generalklausel hat

---

1138 *Ohly*, AcP 201 (2001), 1, 7.

1139 *Teubner*, Standards und Direktiven in Generalklauseln, 117 f.

1140 *Teubner*, Standards und Direktiven in Generalklauseln, 118.

1141 *Kramer*, Methodenlehre, 76 f.; *Teubner*, Standards und Direktiven in Generalklauseln, 107 ff.; *Merz*, JZ 1962, 588 der insoweit auch von einer Ermächtigungsnorm spricht. In ähnliche Richtung auch *Esser*, Grundsatz und Norm, 150; *Ott*, in: FS Raiser, 403, 417; *Beater*, AcP 194 (1994), 82., 85 f. Vgl. auch *Schillig*, Konkretisierungskompetenz und Konkretisierungsmethode, 121 ff.

1142 *Hedemann*, Flucht in die Generalklauseln, 58.

1143 An anderer Stelle bspw. bezeichnet als Ermächtigungsfunktion oder auch Korrekturfunktion (MüKo/*Schubert*, § 242 BGB Rn. 24; Palandt/*Grüneberg*, § 242 BGB Rn. 16).

1144 *Ohly*, AcP 201 (2001), 1, 7.

1145 *Wieacker*, Präzisierung des § 242 BGB, 43.

1146 *Müller/Christensen*, Juristische Methodik I, Rn. 314 ff. Kritisch bereits zur Frage, ob die Rechtsfortbildung überhaupt noch vom Funktionsbereich der Generalklausel gedeckt sei *Bydlinski*, in: Rechtsdogmatik und praktische Vernunft, 189, 229; *Kamanabrou*, AcP 202 (2002), 662, 687.

in der Rechtswissenschaft zentrale Bedeutung eingenommen,[1147] was allgemein konstatiert wird. Dennoch ist die Funktion auch mit kontroversen Stellungnahmen versehen.[1148] Kritik und Befürchtungen entzünden sich gerade an dieser Funktion der Generalklausel. Zu weit geht die in Teilen berechtigte Kritik jedenfalls dann,[1149] wenn das Richterrecht in seiner Gesamtheit als irrational und willkürlich begriffen wird.[1150] Garantien der Rationalität sind im Argumentationszwang des öffentlichen Prozesses, im richterlichen Begründungszwang, im zu beschreitenden Instanzenzug und letztlich auch in der öffentlichen juristischen Diskussion zu sehen.[1151] Geschichtlich kann der Vorteil einer solchen Funktion besonders plastisch an der sogenannten Aufwertungsrechtsprechung verdeutlicht werden. Die zunehmende Geldentwertung nach dem 1. Weltkrieg stellte die Rechtsprechung vor das Problem, gegenseitige Schuldverträge sich ständig veränderten Umständen anzupassen.[1152] Die Rechtsprechung griff zur Lösung immer stärker auf § 242 BGB zurück und stellte das Gebot von Treu und Glauben als einen überrechtlichen Maßstab heraus. Dies ermöglichte eine Korrektur der bereits geschlossenen Verträge im Sinne einer entsprechenden Aufwertung und Anpassung an die Hyperinflation.[1153] Die Rechtsprechung konnte in diesen Fällen nicht auf eine gesetzgeberische Entscheidung warten. Diese hätte ohnehin mit der rasanten Entwicklung nicht Schritt halten können. Im Ergebnis kam hier sowohl die Delegations- als auch die Flexibilitätsfunktion der Generalklausel zum Tragen.

1147 Zum Bedeutungswandel *Schillig*, Konkretisierungskompetenz und Konkretisierungsmethode, 124.

1148 Nur auszugsweise *Teubner*, Standards und Direktiven in Generalklauseln, 107 ff.; *Ohly*, AcP 201 (2001), 1, 7; ebenfalls anerkennend aber bereits als *contra legem* bezeichnend *Wieacker*, Präzisierung des § 242 BGB, 36 ff.; *Bydlinski*, in: Rechtsdogmatik und praktische Vernunft, 189, 228.

1149 Zu den Bedenken siehe erneut *Kramer*, Methodenlehre, 74 ff.

1150 Bspw. *Hedemann*, Flucht in die Generalklauseln, 66 f.: „Denkverweichlichung" „blanke Willkür".

1151 Zutreffend *Teubner*, Standards und Direktiven in Generalklauseln, 107. Dort ebenfalls auch mit Ausführungen zur mittelbaren demokratischen Legitimation. Zur Bedeutung der wissenschaftlichen Untersuchung für die Rechtsgewinnung vgl. *Baumgarten*, Juristische Methodenlehre, 33 ff.

1152 Staudinger/*Olzen/Looschelders*, § 242 BGB Rn. 56 ff.

1153 Anschaulich bspw. die Aufwertung einer Darlehenshypothek wegen der starken Entwertung (RGZ 107, 78).

2. Inhaltsfindung durch Konkretisierung

Unter der Konkretisierung soll vorliegend die Interpretation der Generalklausel in einem sehr weitgehenden Sinne verstanden werden.[1154] Eine Konkretisierung scheidet nur ausnahmsweise aus, wenn eine substantielle Regelung der gleichen Rechtsfrage vorhanden ist, weil die Generalklausel wegen ihrer Ergänzungs- oder Auffangfunktion solchen Regelungen gegenüber subsidiär ist, oder wenn für einen bestimmten Sachbereich eine wertungsmäßig bestimmte Regelung der einschlägigen Rechtsfrage existiert.[1155] Die Ergebnisfindung im Rahmen der Generalklausel ist trotz des erheblichen Spielraums nicht von sämtlichen Bindungen befreit und die heranzuziehenden Kriterien nicht schlechthin inhaltlos.[1156] Es kommen vielmehr, von den gesetzlichen und übergesetzlichen Schranken der persönlichen Entscheidung abgesehen, teleologische und axiologische Regeln zum Zuge,[1157] die die Entscheidung zwar nicht materiell genau determinieren können, ihr aber einen logischen Rückhalt geben.[1158] *Larenz* nennt diesen Prozess „wertorientiertes" Denken.[1159] Auch Begriffe wie „Treu und Glauben", „Billigkeit" und „wichtiger Grund" enthielten einen spezifischen Rechtsgedanken, der sich zwar jeder begrifflichen Definition entziehe, aber durch allgemein akzeptierte Beispiele verdeutlicht werden könne.[1160] Die persönliche Färbung der materiellen Wertung und Willensentscheidung bleibt zwar ein maßgebliches Element der Interpretation,[1161] notwendig ist aber zugleich, dass diese Kriterien offengelegt und hierdurch nachvollziehbar werden.[1162]

1154 Vgl. zum Begriff *Bydlinski*, Grundzüge Methodenlehre, 113 f.; *Kamanabrou*, AcP 202 (2002), 662, 670; *Ohly*, AcP 201 (2001), 1, 9.

1155 Zum Gesamten ausf. *Haubelt*, Konkretisierung von Generalklauseln, 37 ff. mwN.

1156 Vgl. *Larenz*, Methodenlehre, 223.

1157 Zu dem hermeneutischen Ansatz von *Schünemann* siehe sogleich unten unter IV. 2. a) aa).

1158 So zutreffend *Engisch*, Einführung in das juristische Denken, 228. Vgl. auch *Bydlinski*, Grundzüge Methodenlehre, 113 ff.

1159 *Larenz*, Methodenlehre, 223.

1160 *Larenz*, Methodenlehre, 223.

1161 *Engisch*, Einführung in das juristische Denken, 228.

1162 Zur Offenlegung der Wertungskriterien vgl. *Wank*, Grenzen richterrechtlicher Rechtsfortbildung, 146; *Kamanabrou*, AcP 202 (2002), 662, 675.

a) Der Grundfall der Konkretisierung: die Bezugnahme auf anerkannte Fallgruppen

Die klassische Konkretisierung meint die Ergebnisfindung durch einen Vergleich des fraglichen Falles mit eindeutig unter die Klausel fallenden Fällen.[1163] Hierfür bedarf es also unzweifelhafter oder bereits entschiedener Fälle als Vergleichsbasis.[1164] Im Ergebnis trägt jede gelungene Konkretisierung zur weiteren Klärung des Maßstabs und damit zur weiteren Bestimmung des in jedem wertungsausfüllungsbedürftigen Begriff enthaltenen Rechtsgedankens bei.[1165] Dieser Prozess findet freilich kein Ende, aber er sorgt für eine immer weitergehende Systematisierung der Norm und damit letztlich für einen Anstieg der Rechtssicherheit.[1166] Diese zuordnend-vergleichende Methode ist dabei eine empirische „Idee eines offenen und immerfort zu berichtigenden Begriffs"[1167]. Denn mit der Zahl der von den Gerichten entschiedenen Fällen wachsen die Vergleichsmöglichkeiten und mit ihr proportional die Sicherheit, mit der Entscheidungen getroffen werden können.[1168] Gleichsam hat die klassische Methode ihre Grenze dort, wo die im Vergleichsfall getroffene Entscheidung der Nachprüfung nicht (mehr) standhält, beispielsweise infolge eines Wandels des allgemeinen Wertbewusstseins,[1169] oder wo der zu entscheidende Fall deutlich aus den bisher zu entscheidenden Fällen ausbricht.

b) Der Sonderfall: Fallentscheidungen außerhalb anerkannter Fallgruppen

Soll eine vollständig neue Fallgruppe implementiert werden, muss der Interpret zunächst offenlegen, welche Wertungskriterien herangezogen werden sollen.[1170] Zur Festlegung dieser Kriterien bedient man sich, entgegen aller terminologischer Abgrenzungsversuche,[1171] aber wieder den klassischen

---

1163 *Engisch*, Einführung in das juristische Denken, 223 f.; *Zippelius*, Juristische Methodenlehre, 60. Siehe aber *Rüthers/Fischer/Birk*, Rechtstheorie, 511, die auch im Rahmen der Generalklauseln von Auslegung sprechen.

1164 *Kamanabrou*, AcP 202 (2002), 662, 672.

1165 *Engisch*, Einführung in das juristische Denken, 224; *Larenz*, Methodenlehre, 224.

1166 *Larenz*, Methodenlehre, 293.

1167 So *Husserl*, Erfahrung und Urteil, 401; vgl. auch *Zippelius*, Juristische Methodenlehre, 60.

1168 *Larenz*, Methodenlehre, 293.

1169 Zu diesem Aspekt *Larenz*, Methodenlehre, 293.

1170 *Kamanabrou*, AcP 202 (2002), 662, 675; vgl. zur Rechtsfindung in solchen Fällen auch *Wank*, Grenzen richterlicher Rechtsfortbildung, 145 ff.

1171 Siehe hierzu erneut in diesem Kapitel unter C. III.

Auslegungsmethoden.[1172] Zwar ergibt die Auslegung bei Generalklauseln keinen konkreten Norminhalt, sie kann aber Aufschluss darüber geben, welche Wertungen bei der Entscheidung berücksichtigt werden sollen.[1173] Die für die Konkretisierung zu ermittelnden Faktoren gehen dabei über den Inhalt hinaus, der sich unmittelbar aus der Generalklausel selbst erforschen lässt.[1174]

Wertungskriterien können sich etwa auch im Wege der systematischen Auslegung aus anderen Normen ergeben.[1175] Im Übrigen müssen bei der Konkretisierung einer Generalklausel alle juristischen Methoden kombiniert werden, soweit sie überhaupt ergiebig sind.[1176] Genannt werden hier etwa allgemeine Rechtsgrundsätze, alle systematisch aufschlussreichen, weil problemnahen Regeln (samt ihren Zwecken) des geltenden Rechts einschließlich jener der Verfassung und auch letztlich auch die Verkehrsauffassung der beteiligten Kreise.[1177] Soweit sich ein gesetzgeberischer Wille erkennen lässt, spielt dieser nicht nur für die Frage der Konkretisierung eine Rolle, sondern soll gleichzeitig dogmatisch darüber Aufschluss geben, ob das gefundene Ergebnis noch Konkretisierung (ohne abweichenden Willen des Gesetzgebers) oder Rechtsfortbildung (gegen den Willen des Gesetzgebers) ist.[1178] *Bydlinski* hat den Versuch unternommen, einen Konkretisierungskatalog zu erarbeiten, der auch bei der hier vorzunehmenden Interpretation des § 75 Abs. 1 BetrVG als grober Orientierungsansatz dienen soll.[1179] Die von ihm unterteilten fünf Konkretisierungsmittel beziehen sich auf 1.) die gesetzliche Grundwertung einschließlich Verfassung, 2.) die anerkannten rechtsethischen Prinzipien samt ihren längst judiziell gefestigten Untermaximen, 3.) die Regeln der Verkehrssitte, 4.) die sozialethischen Anschauungen und Bewertungen der Sozietät beziehungsweise der beteiligten Verkehrskreise und 5.) die sich letztlich hieraus ergebende (richterliche) Eigenwertung.

1172 Vgl. *Kamanabrou*, AcP 202 (2002), 662, 675. Vgl. auch *Bydlinski*, Grundzüge Methodenlehre, 114 f.

1173 *Kamanabrou*, AcP 202 (2002), 662, 675.

1174 Vgl. *Wank*, Grenzen richterlicher Rechtsfortbildung, 148.

1175 *Kamanabrou*, AcP 202 (2002), 662, 675. Orientierungshilfen lassen sich dabei auch aus dem Grundgesetz entnehmen. Zur verfassungsrechtlichen Auslegung, insbesondere zur insoweit maßgeblichen verfassungsorientierten Auslegung, siehe unten in diesem Kapitel unter C. IV. 2. f) bb).

1176 *Bydlinski*, Grundzüge Methodenlehre, 114.

1177 *Bydlinski*, Grundzüge Methodenlehre, 114 f.

1178 So die Unterteilung bei *Kamanabrou*, AcP 202 (2002), 662, 680 mwN.

1179 *Bydlinski*, in: Rechtsdogmatik und praktische Vernunft, 189, 203 f.

IV. Konkretisierung des § 75 Abs. 1 BetrVG

Am Anfang der Konkretisierung steht daher die Bezugnahme auf Entscheidungen und Fallgruppen, die bereits zu § 75 Abs. 1 BetrVG gebildet wurden. Deren Beitrag ist aber für die Frage des Individualschutzes von sehr geringer Bedeutung. Die primären Fragen der Arbeit, beispielsweise die Möglichkeit einer eigenen subjektiven Rechtsposition des Arbeitnehmers, welche auch die Stellung von Arbeitnehmer zum Betriebsrat definiert, oder einen möglichen Rechtsschutz gegen die Zwangsrepräsentation konstruiert, finden dort keine Erwähnung. Nur wenige Ausführungen beschäftigen sich mit der von § 75 BetrVG ausgehenden Individualwirkung. So hatte der 2. Senat des Bundesarbeitsgerichts zu entscheiden, inwieweit ein Auszubildender einen Anspruch auf Abschluss eines Arbeitsvertrages haben kann, wenn und soweit ein Verstoß gegen § 75 Abs. 1 BetrVG im Raum steht.[1180] Der Senat hat die Vorschrift dahingehend verstanden, dass sie auch dem einzelnen Arbeitnehmer das individuelle Recht einräume, nach diesen Grundsätzen behandelt zu werden.[1181] Allerdings flankiert er diese Ausführungen mit den Annahmen, dass sich dies zum einen aus dem (damals unstrittigen) Schutzgesetzcharakter der Norm ergebe und zum anderen die Verpflichtungen aus § 75 Abs. 1 BetrVG bereits unmittelbar auch auf die Fürsorge- und Treuepflichten aus dem Arbeitsverhältnis zu stützen seien.[1182] § 75 Abs. 1 BetrVG dient dann lediglich zur Ausgestaltung der arbeitsrechtlichen Verpflichtungen. Offen bleibt, ob und inwieweit der Arbeitnehmer auch hiervon unabhängig (betriebsverfassungsrechtliche) Individualrechtspositionen erlangen kann.

Zugleich ist diese Rechtsprechung im Lichte der Entscheidungen der anderen Senate zu sehen. Der 4. Senat hat in engem zeitlichen Abstand zu dieser Entscheidung darauf hingewiesen, dass § 75 BetrVG lediglich betriebsverfassungsrechtliche Pflichten zwischen den Betriebsparteien statuiere, aber keine individuellen Rechtsansprüche des Arbeitnehmers enthalte.[1183] Auch der 3. Senat hat sich der Auslegung des 2. Senates nicht anschließen wollen, obgleich er die Frage im Ergebnis offenlassen konnte.[1184] Soweit ersichtlich sind diese Fragen danach nicht mehr virulent geworden. Dies mag im Wesentlichen damit zu begründen sein, dass weder Rechtsprechung noch Literatur den § 75 BetrVG überhaupt als

1180 BAG 5.4.1984, NZA 1985, 329.

1181 BAG 5.4.1984, NZA 1985, 329, 331.

1182 BAG 5.4.1984, NZA 1985, 329, 331.

1183 BAG 3.12.1985, AP BAT § 74 Nr. 2.

1184 BAG 14.1.1986, AP BetrAVG § 1 Gleichbehandlung Nr. 5 mit Anm. *v. Hoyningen-Huene*, der sich explizit gegen individualrechtliche Rechtspositionen ausspricht.

Lösungsmöglichkeit der im Betriebsverfassungsrecht angelegten Grundproblematik angesehen haben.

Rechtsmethodisch befinden sich die nachfolgenden Überlegungen also außerhalb der klassischen Konkretisierung. Ein deduktiver Ansatz zur Inhaltsfindung wird dadurch weiter erschwert.[1185] Die Konkretisierung muss sich vielmehr an sämtlichen Wertvorstellungen und Wertungskriterien orientieren. Dies bedingt auch die Einbeziehung praktischer Auswirkungen eines veränderten Verständnisses auf den Betriebsablauf. Der oben dargestellte Kriterienkatalog soll dabei als Systematisierungsansatz dienen, um ein möglichst breites Spektrum an Kriterien mit in die Abwägung aufnehmen zu können. Die Überlegungen zielen dabei maßgeblich auf die Frage ab, inwieweit die (nicht vorhandenen) Rechtsschutzmöglichkeiten des Arbeitnehmers gegen seine Zwangsrepräsentation verbessert werden können. Primär wird dies mit der Frage verknüpft sein, ob die Betriebsverfassung nicht möglicherweise doch eine eigene subjektive Rechtsposition des Arbeitnehmers anerkennt. Neben den Ausführungen zur Herleitung bedarf es aber einer ebenso intensiven Diskussion darüber, wo die Grenzen einer möglichen Berechtigung verlaufen könnten. Klar ist hier zunächst nur, dass einzelne Mitbestimmungsrechte nicht durch den Arbeitnehmer ausgeübt werden sollen. Hierzu wäre er zwar durchaus in der Lage. Mit einer solchen Entscheidung kämen allerdings sämtliche betrieblichen Entscheidungen zum Erliegen.[1186] Ähnliches wird man annehmen müssen, wenn Einzelne die Betriebsratsarbeit kontinuierlich blockieren, indem sie ständig neue Verfahren gegen Betriebsratsmitglieder oder den Betriebsrat anstreben. Ausschlaggebend wird hier sein, wie konkret die mögliche individualrechtliche Rechtsposition ausgestaltet ist und in welchen Fällen der Arbeitnehmer tatsächlich Ansprüche gegen den Betriebsrat durchsetzen kann.

1. Subjektives Recht als eine von der Rechtsordnung verliehene Macht

Die in Betracht kommende individuelle Rechtsposition soll hier als eigenes subjektives Recht des Arbeitnehmers verstanden werden. Obgleich die Fragen nach dem abstrakten Inhalt von subjektiven Rechten, ihrer Bedeutung für die Rechtsordnung und den diversen Herleitungsmodellen hier nicht aufgegriffen

---

1185 Zur generellen Problematik *Ohly*, AcP 201 (2001), 9 f.

1186 Siehe nur *Lobinger*, ZfA 2004, 101, 150. Soweit dies bestritten wird, versucht man mit Hilfskonstruktionen diese Problematik zu übergehen. Für *Belling* haben die Mitbestimmungsrechte des einzelnen Arbeitnehmers „kollektiven Charakter" und können daher nur gemeinschaftlich ausgeübt werden (*Belling*, Haftung des Betriebsrats, 119).

werden können,[1187] soll doch zumindest das hier zugrunde gelegte Verständnis kurz skizziert werden. Seinem Inhalt nach ist ein subjektives Recht eine von der Rechtsordnung verliehene Macht, die jedoch einem bestimmten Zweck dient, nämlich der Verwirklichung schutzwürdiger Interessen.[1188] Das subjektive Recht umfasst damit die Befugnisse und Zuständigkeiten innerhalb eines Rechtsverhältnisses, die dem Einzelnen wiederum die Verfolgung seiner schutzwürdigen Interessen ermöglichen.[1189] Zu fragen ist also, ob § 75 Abs. 1 BetrVG den im Betrieb Beschäftigten eine Rechtsmacht verleiht, die der Verwirklichung ihrer eigenen schutzwürdigen Interessen, nämlich der Beachtung der Grundsätze von Recht und Billigkeit, dient.

2. Gesetzliche Grundwertung einschließlich der Verfassung

Diese Konkretisierung erfordert es zunächst, die betriebsverfassungsrechtlichen Grundwertungen miteinfließen zu lassen und – soweit von Belang – rechtsgebietsübergreifend Parallelwertungen zu inkludieren. Der klassische Auslegungskanon ist bei der Interpretation einer Generalklausel regelmäßig unergiebig.[1190] Gleichwohl können die klassischen Auslegungsmethoden im Lichte einer Gesamtwertung herangezogen werden.[1191] Ruft man sich noch einmal die formale Bedeutung von § 75 BetrVG in Erinnerung,[1192] überzeugt es kaum, die Geltendmachung von eigenen subjektiven Rechten gänzlich abzulehnen. Insbesondere die Versagung jeglichen Rechtsschutzes gegen belastende Handlungen des Betriebsrats scheint im Hinblick auf den allgemeinen Justizgewährungsanspruch

1187 Vgl. zur Entwicklung und Ausgestaltung des Begriffs nur *Larenz*, in: FS Sontis, 129 ff.; *Medicus/Petersen*, BGB AT, § 10 Rn. 70 ff.; *Wolf/Neuner*, BGB AT, § 20 Rn. 1 ff. mwN.

1188 *Enneccerus/Nipperdey*, BGB AT, § 72, 428 f.; *Leipold*, BGB AT, § 7 Rn. 34; vgl. auch Staudinger/*Repgen*, § 226 BGB Rn. 10; *Medicus/Petersen*, BGB AT, § 10 Rn. 70 ff.; weitergehend etwa *Wolf/Neuner*, BGB AT, § 20 Rn. 6.

1189 Vgl. BeckOK-VwGO/*Schmidt-Kötters*, § 42 VwGO Rn. 143; *Wolf/Neuner*, BGB AT, § 20 Rn. 6.

1190 *Weber*, AcP 192 (1992), 516, 552. Zum Auslegungskanon als solchen sowie zum historisch-zufälligen Charakter der herrschenden Auslegungslehre eindrücklich *Fikentscher*, Methoden des Rechts IV, 356 ff.

1191 Siehe bereits oben unter C. III. 2. b). Ferner *Bydlinski*, Grundzüge Methodenlehre, 114. Vgl. auch *Engisch*, Einführung in das juristische Denken, 219 f.; *Kramer*, Methodenlehre, 291 f.

1192 Bspw. *Fitting*, § 75 BetrVG Rn. 1: § 75 Abs. 1 BetrVG enthalte nicht weniger als die Festschreibung grundrechtlicher Wertentscheidungen als verbindliche Leitlinie für die Tätigkeit von Arbeitgeber und Betriebsrat.

bedenklich. Die Frage kann aber zu Anfang (noch) nicht lauten, ob eine Norm Rechtsschutz gewährt. Denn dies ist sowohl im öffentlichen Recht als auch im Privatrecht nicht Inhalt des subjektiven Rechts, sondern das rechtstechnische Mittel zu seiner Durchsetzung.[1193] Viel eher ist in einer umfassenden Gesamtbetrachtung zu ermitteln, inwieweit § 75 Abs. 1 BetrVG eigene subjektive Rechte an die Belegschaft vermittelt. § 75 Abs. 2 BetrVG kann hier aufgrund der deutlich untergeordneten Rolle und Reichweite nur ergänzend in die Auslegung miteinbezogen werden. Erst wenn die Anerkennung solcher Rechtspositionen möglich scheint, sind Gedanken zur effektiven und praktisch möglichen Durchsetzung anzustellen. Die gefundenen Wertungskriterien sind ebenso wie die sich hieraus ergebenden Ergebnisse an verfassungsrechtlichen Maßstäben zu messen.

a) Wortlaut des § 75 Abs. 1 BetrVG

Zuallererst ist der Wortlaut der Vorschrift zu untersuchen, welcher zugleich die Grenze jeder Auslegung bildet.[1194] Gemäß § 75 Abs. 1 1. Hs. BetrVG haben Arbeitgeber und Betriebsrat darüber zu wachen, dass alle im Betrieb tätigen Personen nach den Grundsätzen von Recht und Billigkeit behandelt werden. Die Betriebsparteien werden damit unter Bindung an den Verhältnismäßigkeitsgrundsatz verpflichtet, die Interessen der Arbeitnehmer hinreichend zu berücksichtigen und auch im Einzelfall auf eine angemessene, „billige" Behandlung hinzuwirken.[1195] Damit legt die Norm Pflichten im Verhältnis zu den im Betrieb tätigen Personen fest und erweitert das Gebot der vertrauensvollen Zusammenarbeit aus § 2 Abs. 1 BetrVG um eine weitere Ebene, wodurch letztlich eine Drittdimension zwischen allen drei Akteuren der Betriebsverfassung statuiert wird.[1196] Unklar bleibt angesichts des Wortlauts, wieso diese Pflichten der Betriebsparteien, die ersichtlich und unbestritten den Schutz der Belegschaft sichern sollen,[1197] bei den Arbeitnehmern keine hiermit korrespondierenden Rechte begründen sollen. Das widerspricht auch allgemeinen Auslegungsgrundsätzen.

1193 Schoch/Schneider/Bier/*Wahl*, Vorb. § 42 Abs. 2 VwGO (31. Lfg 2016) Rn. 45; *Scherzberg*, DVBl 1988, 129, 132.

1194 Vgl. *Rüthers/Fischer/Birk*, Rechtstheorie, 444 ff.; *Honsell*, in: Staudinger BGB Eckpfeiler, B. Rn. 62. Ausf. zur Auslegung nach dem Wortsinn auch *Larenz*, Methodenlehre, 320 ff.

1195 Was hierunter im Einzelnen zu verstehen ist, wurde bereits im obigen Abschnitt ausgeführt. Siehe dazu unter B. II.

1196 ErfK/*Kania*, § 75 BetrVG Rn. 1; GK/*Kreutz*, § 75 BetrVG Rn. 2; *Richardi/Maschmann*, § 75 BetrVG Rn. 1.

1197 Siehe nur *Fitting*, § 75 BetrVG Rn. 18.

Regelmäßig ist davon auszugehen, dass die Rechtsordnung mit ihrer Normanforderung meistens, wenn auch nicht notwendig und immer, entweder einen Erfüllungsanspruch des Berechtigten oder die Androhung einer Sanktion, etwa einer Schadensersatzpflicht, verbindet.[1198] Eine bloße Befehlsnorm, die von niemandem erzwungen werden kann, ist selten, weil sie kaum mehr als ein moralisches Postulat bildet.[1199] Zugegebenermaßen kann eine gesetzliche Verpflichtung einer Berechtigung des Begünstigten entsprechen, muss es aber nicht. Nicht schutzwürdig sind rein tatsächliche Rechtsreflexe ohne normativ gewollte Wirkung.[1200] Der Gesetzgeber ist aber nicht verpflichtet, das Bestehen einer subjektiven Rechtsposition unmissverständlich im Wortlaut zu verankern.[1201] Häufig werden lediglich der Verpflichtete und die Verhaltenspflicht genannt.[1202] Daher spricht der Wortlaut bereits dafür, dass § 75 Abs. 1 BetrVG (auch) dem Schutz des Arbeitnehmers als Individuum dient. Die gegen eine solche Auslegung vorgebrachten Argumente sind viel eher systematischer Natur und beziehen sich, wie noch zu sehen sein wird, insbesondere auf die kollektivrechtliche Natur der Mitbestimmungsvorschriften. Der Wortlaut des Halbsatzes 1 lässt damit grundsätzlich eine Auslegung dahingehend zu, dass die Verpflichtung der Betriebsparteien auch im Verhältnis zum einzelnen Arbeitnehmer und damit in der Drittdimension besteht. Dies beträfe dann auch das Verhältnis von Arbeitnehmer und Betriebsrat mit der Folge, dass ein von einer willkürlichen Maßnahme betroffener Arbeitnehmer unmittelbar gegen den Betriebsrat vorgehen könnte. Ein solch weitreichendes Verständnis könnte allerdings mit den in Halbsatz 2 genannten Diskriminierungsverboten kollidieren, wenn diese insoweit als Einschränkung der Grundsätze von Recht und Billigkeit zu verstehen wären.

aa) Generalklausel und Regelbeispiel als strukturelle Einheit – das hermeneutische Verständnis von Schünemann

Dabei geht es um die Frage, ob die häufig in Generalklauseln zu findenden Regelbeispiele den Inhalt maßgeblich determinieren können und damit die Konkretisierung von vornherein einengen. *Schünemann* hat versucht sich der Problematik verstärkt im Lichte der Hermeneutik zu nähern und ein abstraktes

1198 BAG 8.8.1989, NZA 1990, 150, 153; *Belling*, Haftung des Betriebsrats, 267.

1199 *Belling*, Haftung des Betriebsrats, 267.

1200 BVerfG 10.6.2009, NVwZ 2009, 1426, 1427; BeckOK-VwGO/*Schmidt-Kötters*, § 42 VwGO Rn. 148; *Bachof*, in: GS Jellinek, 287, 289.

1201 *Bachof*, in: GS Jellinek, 287, 289; *Hallenberger*, § 75 Abs. 2 BetrVG, 130; *Pouyadou*, Abhängigkeit des Arbeitnehmers vom Betriebsrat, 178.

1202 *Hallenberger*, § 75 Abs. 2 BetrVG, 130.

Verständnis zu formulieren.[1203] Neben der unstrittig bestehenden Eigenschaft der Regelbeispiele als Konkretisierung der Generalklausel versteht *Schünemann* die Generalklausel als Inbegriff der ihr zugeordneten Regelbeispiele.[1204] Die Generalklausel liefere dann eine Art gedankliche und axiologische Klammer, die den Wesensgehalt der Regelbeispiele dialektisch in sich aufhebe.[1205] Aufgrund der normativen Dialektik werde die Generalklausel in ihrem dogmatischen Gehalt von den Regelbeispielen ebenso mitgeprägt, wie die Generalklausel ihrerseits auf die Auslegung der Regelbeispiele Einfluss zu nehmen vermag.[1206] Generalklausel und Regelbeispiel bilden nach dieser Ansicht jedenfalls dann eine strukturelle Einheit, wenn sie interpretativ durch eine gemeinsame, dem Regelungszweck des Gesetzes folgende Teleologie geprägt seien.[1207] Dahinter steht ein erkennbar restriktives Verständnis. Die Ausführungen sind allerdings auch im Gesamtkontext von *Schünemanns* Anliegen zu sehen. Er hat sie maßgeblich im Bezug auf das Gesetz gegen den unlauteren Wettbewerb (UWG) aufgestellt und dabei ersichtlich das Ziel verfolgt, den Anwendungsbereich der dortigen Generalklauseln zu reduzieren. Die Diskussion ist dabei nicht neu. Das Wettbewerbsrecht kämpft aufgrund der hohen Anforderungen an die Flexibilität des Gesetzes seit jeher mit der richtigen Einordnung von Bedeutunug und Reichweite generalklauselartig formulierter, zentraler Vorschriften.[1208] *Schünemann* hat sich hier klar restriktiv positioniert, sodass es nicht verwundert, dass in seinen Ausführungen stets auch das Unbehagen vor zu weitgehenden Generalklauseln deutlich wird.[1209]

1203 *Schünemann*, JZ 2005, 271. Siehe auch *ders.*, in: FS Georgiades, 1088 ff.; anknüpfend an diese Überlegungen bspw. *Matthies*, Exemplifikationen und Regelbeispiele, 109 ff.

1204 *Schünemann*, JZ 2005, 271, 274 f.

1205 *Schünemann*, JZ 2005, 271, 274.

1206 *Schünemann*, in: FS Georgiades, 1088, 1102. Zusammenfassend auch *Matthies*, Exemplifikationen und Regelbeispiele, 110.

1207 *Schünemann*, in: FS Georgiades, 1088, 1102; *ders.*, JZ 2005, 271, 274 f. Verkannt wird hierbei, dass die klassischen Generalklauseln typischerweise gerade keine teleologischen Vorbestimmungen durch den Gesetzgeber erhalten haben (siehe nur *Bydlinski*, Methodenlehre, 583; *Preis*, Prinzipien des Kündigungsrechts, 100; *Raisch*, Juristische Methoden, 165; *Schmalz*, Methodenlehre, Rn. 341). Dies würde ihrem Zweck, der Bildung neuer rechtlicher Verhaltensnormen (auch) ohne Bezugnahme auf einen gesetzgeberischen Willen, zuwiderlaufen.

1208 Zur Generalklausel in § 3 UWG und der dortigen Entwicklung siehe nur Ohly/*Sosnitza*, § 3 UWG Rn. 1 ff. Für eine umfassende lückenfüllende Funktion des § 3 UWG etwa *Sack*, WRP 2005, 531 ff.

1209 Vgl. *Schünemann*, JZ 2005, 271, 274: „massive Zulässigkeitsbedenken" mwN.

bb) Zur methodischen Machbarkeit abstrakter Grenzziehungen in Generalklauseln

Ohne das Verdienst *Schünemanns* grundsätzlich schmälern zu wollen, muss daher kritisch hinterfragt werden, inwieweit die von ihm abstrakt aufgestellten Grundsätze übertragungsfähig sind. Zuzustimmen ist zunächst der Aussage, dass von einer Generalklausel als Auffangtatbestand umso zurückhaltender Gebrauch zu machen ist, je mehr Aufwand der Gesetzgeber bei der präzisen Ausformulierung von Regelbeispielen getrieben hat.[1210] Generalklauseln in Kombination mit gesetzlichen Regelungsbeispielen verhindern dem Grunde nach ihren exzessiven Einsatz. Gleichsam ist völlig unstrittig, dass die Generalklausel als Auffangtatbestand jenseits der Regelbeispiele agieren kann.[1211] Schwieriger zu beurteilen ist allerdings das konkrete Rangverhältnis zwischen Generalklausel und Regelbeispielen. Bereits für das Reichsgericht stand im Rahmen des § 1 UWG a.F. fest, dass einer solch zentralen Generalklausel eine „beherrschende" Rolle im Gesamtgefüge zustehen müsse.[1212] Indem *Schünemann* die Regelbeispiele nicht zu „axiologischem Beiwerk der Generalklausel degradieren"[1213] will, sondern sie gleichberechtigt mit der Generalklausel als „strukturelle Einheit" begreift,[1214] verschiebt er allerdings das bisherige Reichweitenverständnis vieler Generalklauseln. Auch wenn es nicht derart klar formuliert wird, so führen nach diesem Ansatz doch Regelbeispiele zu einer belastbaren und restriktiv zu verstehenden Begrenzung von Generalklauseln. Die Generalklausel wird damit von vornherein erheblich in ihrer Funktionsfähigkeit eingeschränkt. Im Ergebnis erscheint es fraglich, ob eine Generalklausel einer strengen hermeneutischen Methode überhaupt zugänglich ist oder dies nicht bereits ihrem grundlegenden Charakter widerspricht. *Schünemann* selbst gesteht ein, dass weder der Schluss für eine restriktive noch für eine extensive Argumentation methodisch zwingend sei.[1215] Hintergrund der Überlegungen ist zumindest auch die (allgemeine) Kritik an den Generalklauseln und ihrer Rechtsfindung.[1216] Die Bewertung

---

1210 Siehe *Schünemann*, JZ 2005, 271, 277.

1211 Vgl. nur OVG Sachsen 25.8.2000, BeckRS 2000, 12773; siehe ferner BVerwG 19.1.1995, NJW 1995, 1506; Gloy/Loschelder/Erdmann/*Lubberger*, Wettbewerbsrecht, § 43 Rn. 27 f.; *Schünemann*, JZ 2005, 271, 276.

1212 RGZ 79, 321, 327; siehe auch BGH 3.12.1976, GRUR 1977, 257, 259; 14.7.1961, GRUR 1962, 45, 48.

1213 So wörtlich Schünemann, JZ 2005, 271, 275.

1214 *Schünemann*, JZ 2005, 271, 275.

1215 *Schünemann*, JZ 2005, 271, 275.

1216 Vgl. *Schünemann*, JZ 2005, 271, 273 f.

eines Sachverhalts nach einer Vielzahl von Aspekten wie Anlass, Mittel, Zweck, Begleitumstände und Auswirkungen eines fraglichen Verhaltens, deren Gewichtung ebenfalls elastisch und variabel ist, wird nicht zu Unrecht kritisiert.[1217] Versucht man allerdings die Funktionsfähigkeit diesbezüglich zu reduzieren, verliert man zugleich ihren wichtigsten Vorteil. Die dynamisierende Funktion für die Rechtsordnung, die es erlaubt, tatsächliche und rechtliche Veränderungen aufzunehmen,[1218] darf nicht durch ein zu striktes, hermeneutisches Verständnis zunichtegemacht werden. Bei Lichte betrachtet reiht sich *Schünemann* damit in die Reihe der Kritiker ein, die bereits generelle Bedenken gegen eine die Rechtsfortbildung ermöglichende Generalklausel haben.[1219] Ein solches Verständnis kollidiert aber nicht nur mit der ganz überwiegend anerkannten und für richtig befundenen Funktionsfähigkeit der Generalklausel als Delegationsnorm, sondern sie spiegelt auch die Rechtswirklichkeit unzutreffend wider.

(1) Ausgewählte Generalklauseln mit Regelbeispielen

Wie fernliegend eine strikte Verknüpfung von Generalklausel und Regelbeispiel ist, macht schon § 138 BGB deutlich. Niemand wird hier ernsthaft vertreten wollen, dass bei einer so zentralen Norm des Bürgerlichen Gesetzbuches der Anwendungsbereich des § 138 Abs. 1 BGB stets auch in Abgleich mit dem Wuchertatbestand des § 138 Abs. 2 BGB zu erfolgen hat. Ein Blick in die Kommentarliteratur genügt, um festzustellen, wie weitreichend § 138 Abs. 1 BGB in nahezu allen Lebensbereichen Einzug gefunden hat.[1220] Gleiches lässt sich auch feststellen, wenn man sich das Verhältnis von § 307 BGB zu den §§ 308, 309 BGB anschaut.[1221] Auch eine stichprobenartige Überprüfung außerhalb des Kreises besonders prominenter Generalklauseln macht deutlich, dass diese zunächst methodisch plausible Konkretisierung den Funktionen der Generalklausel

---

1217 *Schünemann*, JZ 2005, 271, 274.

1218 So z.B. MüKo/*Schubert*, § 242 BGB Rn. 24.

1219 Zu den grundsätzlichen Bedenken dieser Kritiker vgl. die Ausführungen zum Eingang dieses Abschnitts unter C. I.

1220 Rein exemplarisch sei nur verwiesen auf die Bereiche der Übersicherung, der Nutzung einer Monopolstellung, Standeswidrigkeiten oder dem sich über die Jahre veränderten Verständnis zur Sittenwidrigkeit von Rechtsgeschäften über sexuelle Handlungen. Zum Gesamten siehe nur MüKo/*Armbrüster*, § 138 BGB Rn. 27 ff.

1221 Dies gilt gerade auch für den arbeitsrechtlichen Bereich, wo die Rechtsprechung z.B. im Rahmen der Zulässigkeit sog. Rückzahlungsklauseln bei Fortbildungskosten die gesamte (kaum noch nachzuvollziehende) Kasuistik auf § 307 BGB stützt. Zusammenfassend Preis/*Stoffels*, Der Arbeitsvertrag, Kap. A 120, Ausbildungskosten, Rn. 4 ff.; *Hoffmann*, NZA-RR 2015, 337 ff.

widerspricht, und viel weniger von der gewählten Regelungstechnik des Gesetzgebers, als von dem Normverständnis und der Notwendigkeit der Rechtsfortbildung abhängig ist. Schaut man sich beispielsweise die generalklauselartige Formulierung in § 18 Abs. 1 S. 1 WEG mit den in Absatz 2 genannten Regelbeispielen an,[1222] bestätigt dies das bereits gefundene Ergebnis. Während Absatz 2 ausschließlich auf Pflichtverletzungen aus § 14 WEG und § 16 Abs. 2 WEG abstellt, kann eine schwere Verletzung im Sinne des Absatzes 1 nach Rechtsprechung und Literatur im Grundsatz in jedem Fehlverhalten und zwar auch in einem außerhalb des Wohnungseigentumsgesetzes liegenden Fehlverhalten gesehen werden.[1223] Die Liste ließe sich hier nahezu beliebig fortsetzen. Damit ist nicht gesagt, dass es auch Generalklauseln gibt, die in Verbindung mit ihren Regelbeispielen insgesamt restriktiv verstanden und angewendet werden. Eine abstrakte Erfassung erweist sich aber als nicht möglich. Wirft man einen Blick in das öffentliche Recht, finden sich hierfür ebenso klare Belege. § 3 LBO BW stellt bauliche Anlagen unter den Vorbehalt der öffentlichen Sicherheit und Ordnung, und verweist damit auf die Generalklauseln im Polizei- und Ordnungsrecht schlechthin.[1224] Auch in diesem Fall ist es offenkundig, dass die in Satz 1 genannten Regelbeispiele wie Leben und Gesundheit sowie die natürliche Lebensgrundlage nur einen minimalen Ausschnitt hiervon darstellen können und keinesfalls dazu geeignet sind, die Generalklausel auf diese Anwendungsfelder zu determinieren oder gar hierauf einzuschränken.[1225]

1222 Fraglich kann nach der hier vertretenen restriktiven Definition allenfalls sein, ob § 18 Abs. 1 S. 1 WEG überhaupt als Generalklausel zu verstehen ist. Die hiesige Argumentation behindert das freilich nicht. Viel eher zeigt das Beispiel, dass selbst bei einem bestimmenbaren Begriffskern den Regelungsbeispielen keine zu weitgehende Einschränkungsmöglichkeit zukommt.

1223 Durch die Rechtsprechung anerkannt als schwere Fehlverletzungen sind bspw. die Duldung eines vom Mieter betriebenen Bordells oder auch eine Vielzahl von Beleidigungen (vgl. nur LG Stuttgart 4.12.1996, NJW-RR 1997, 589 – ein Überblick findet sich bei BeckOK-WEG/*Hogenschurz*, § 18 WEG Rn. 9). Vgl. ferner MüKo/*Engelhardt*, § 18 WEG Rn. 5; *Sauren*, § 18 WEG Rn. 3 ff.

1224 BeckOK-BauordnungsR BW/*Spannowsky*, § 3 LBO BW Rn. 22 ff. Zur Bedeutung der Generalklauseln ist insoweit auf Literatur zum allgemeinen Polizeirecht zu verweisen. Siehe etwa *Götz/Geis*, Allgemeines Polizeirecht, § 6. Siehe ferner BeckOK-Nds. SOG/*Ullrich*, § 2 Nds. SOG Rn. 9 ff.; Maunz/Dürig/*Depenheuer*, Art. 8 GG (48. Lfg. 2006) Rn. 154. Zu weitgehend ähnlichen Formulierung in § 3 Abs. 1 S. 1 NBauO, die allerdings allein auf die öffentliche Sicherheit abstellt, vgl. Große-Suchsdorf/*Mann*, § 3 NBauO Rn. 10 ff.

1225 Vgl. nur BeckOK-BauordnungsR BW/*Spannowsky*, § 3 LBO BW Rn. 34.1: Eine Gefahr die zum Einschreiten der Behörde ermächtigt liegt schon dann vor, wenn

(2) Keine materielle Subsidiarität der Generalklausel

Der Versuch die Sinngebung der Generalklausel durch Regelbeispiele vorzuzeichnen[1226] kann zumindest in der von *Schünemann* verfolgten Absolutheit nicht überzeugen. Auf dem Gebiet der Generalklauseln verbieten sich derart schematische Lösungen, die im Übrigen mit der Rechtswirklichkeit nicht in Einklang zu bringen sind. Soweit *Schünemann* versucht, die strukturelle Einheit mit einem gemeinsamen Regelungszweck des Gesetzes zu begründen, muss dem entgegengehalten werden, dass einerseits bei einer Generalklausel typischerweise kein gesetzgeberischer Wille zu eruieren ist. Andererseits kann die Generalklausel in ihrer Funktion durchaus darauf angelegt sein, aus der bisher bestehenden Systematik auszubrechen.[1227] Dort wo sich allerdings ausnahmsweise ein gesetzgeberischer Wille ergründen und belegen lässt, wird er von *Schünemann* übergangen, weil er nicht mit dem gewünschten Ergebnis übereinstimmt.[1228] Entscheidend ist und muss bleiben, ob die Rechtsfortbildung unter Berücksichtigung aller Umstände des Einzelfalls geboten ist. Eine solche Einzelfallbetrachtung muss trotz aller Kritik gewahrt werden,[1229] anderenfalls verliert die Generalklausel ihre wesentliche Funktion als Delegationsnorm. Wie bereits angesprochen offenbart sich bei *Schünemann* ein generell kritisches Verständnis zu diesem Funktionsgehalt. Wörtlich führt er aus: „Generalklauseln als Delegationsnorm zur Rechtssetzung durch die Justiz begreifen zu wollen und dabei die Regelbeispiele letztlich zu Anleitungen für richtige (richterliche) Ermessensausübung zu denaturieren, wird den normativen Verhältnissen nicht gerecht.“[1230] Wer mit der überwiegenden Methodenlehre allerdings die Funktionen der Generalklausel anerkennt, und auch die bestehende Rechtsprechung und Literatur zu den einzelnen Generalklauseln heranzieht, bewegt sich nur dann im

---

bauliche Anlagen oder sonstige Anlagen und Einrichtungen im Widerspruch zu öffentlich-rechtlichen Vorschriften errichtet, geändert oder abgerissen werden oder wenn Baumaßnahmen baurechtswidrig durchgeführt werden. Zur Bedeutung des gleichlautenden Regelbeispiels in § 3 Abs. 1 S. 2 NBauO siehe ferner Große-Suchsdorf/*Mann*, § 3 NBauO Rn. 19 ff.

1226 So die Grundidee von *Schünemann*, JZ 2005, 271, 274.

1227 Zu diesen Funktionen siehe oben in diesem Kapitel unter C. III.

1228 Im Rahmen von § 14 Abs. 1 S. 2 TzBfG statuierte der Gesetzgeber die dort genannten Gründe nur als Orientierung für den sachlichen Grund in § 14 Abs. 1 S. 1 TzBfG (vgl. BT-Drs. 14/3474, 13), siehe *Schünemann*, JZ 2005, 271, 272.

1229 Aus dem UWG ebenso Gloy/Loschelder/Erdmann/*Lubberger*, Wettbewerbsrecht, § 43 Rn. 28.

1230 *Schünemann*, JZ 2005, 271, 279.

Bereich des Normativen, wenn er die Einzelfallgerechtigkeit nicht zu stark ausblendet. Bedeutung für § 75 Abs. 1 BetrVG hat dies insoweit, als dass sich eine Konkretisierung der Norm zwar zunächst an den Regelbeispielen orientieren muss, eine etwaige Rechtsfortbildung aber unter Berücksichtigung aller maßgeblichen Umstände durchaus möglich bleibt. Die als reine Diskriminierungsverbote zu verstehenden Regelbeispiele geben damit im Ergebnis weder eine exakte Richtung vor noch haben sie bereits klar eingrenzenden Charakter.

b) Geschichtliche Entwicklung des Individualschutzes

Entscheidend für die Anerkennung einer subjektiven Rechtsposition sind aber weitere Wertungskriterien. Der geschichtliche Hintergrund der Norm ist, gerade was § 75 Abs. 1 BetrVG betrifft, letztlich nur wenig ergiebig. Wie bereits dargestellt, finden sich sowohl zu § 75 Abs. 1 BetrVG als auch zu der Vorgängernorm § 51 BetrVG 1952 keine belastbaren Informationen bezüglich des Verhältnisses der drei Akteure im Betriebsverfassungsrecht. Auch die späteren Änderungen bezogen sich nahezu ausschließlich auf die Ausgestaltung der Diskriminierungsverbote in Halbsatz 2.[1231] Der Gesetzgeber hat, insoweit typisch für eine Generalklausel, auf weitergehende Ausführungen zu § 75 Abs. 1 BetrVG verzichtet.

Ergiebiger wird die Berücksichtigung geschichtlicher Entwicklungen nur dann, wenn man die Betriebsverfassung als Ganzes ins Auge fasst. Die Entwicklungsschritte waren dabei stets geprägt von dem Schutz des Einzelnen durch das Kollektiv vor der umfassenden Machtfülle des Arbeitgebers.[1232] Zunächst legte man dabei die Prämisse zugrunde, dass mit der stetigen Stärkung des Kollektivs gleichsam die Stärkung des einzelnen Arbeitnehmers erreicht werde. Obgleich man bereits mit den Änderungen des Betriebsverfassungsgesetzes von 1972 erstmals den Individualschutz ausdrücklich auf die Agenda stellte, hat ein grundlegendes Umdenken nur unzureichend stattgefunden. Dabei gab es durchaus auch legislative Bestrebungen, die Subjektivierung des Individuums in der Betriebsverfassung voranzutreiben. Ein Vorstoß zur Kodifizierung von subjektiven Rechten der Arbeitnehmer ging beispielsweise den Diskussionen zum Entwurf des Betriebsverfassungsgesetzes von 1972 voraus. Der von der CDU/CSU eingebrachte Gesetzesentwurf zum Betriebsverfassungsgesetz sah die Vorwegstellung einiger, auch dem § 75 BetrVG vergleichbarer Grundsätze zum Schutz des Arbeitnehmers vor, die im Entwurf ausdrücklich als „Grundrechte"

1231 Die geschichtliche Entwicklung der Norm wurde dargestellt unter B. I.

1232 Zur geschichtlichen Entwicklung der Betriebsverfassung vgl. erneut die Ausführungen oben im 2. Kapitel, A. I.

des Arbeitnehmers bezeichnet wurden.[1233] Trotz systematischer statt vielmehr inhaltlicher Bedenken setzte man sich mit dieser Idee nicht gegen die Regierungskoalition durch.[1234] Dass die Stellung des Arbeitnehmers im Rahmen der Betriebsverfassung gestärkt werden müsse, war zu diesem Zeitpunkt nämlich Konsens.[1235] Diese Idee beruhte ausweislich der amtlichen Begründung des Regierungsentwurfs auf der Erfahrung in der Praxis, dass sich beim einzelnen Arbeitnehmer insbesondere in größeren Betrieben vielfach das Gefühl einer bloßen Objektstellung eingestellt hatte.[1236] Man gab sich aber der Illusion hin, die einzelnen Rechtspositionen des Arbeitnehmers zukünftig in einem einheitlichen Arbeitsgesetzbuch festhalten zu können.[1237] Dies ist bekanntermaßen nicht geschehen.[1238]

Dennoch blieb die Idee ab diesem Zeitpunkt erhalten, die Stellung des Arbeitnehmers im Gefüge der Betriebsverfassung zu subjektivieren.[1239] So hat *Blomeyer* schon nach der Neufassung 1972 dafür plädiert, diesen Schritt konsequent zu Ende zu gehen, und die Subjektivierung des Individuums in der Betriebsverfassung nicht nur auf das Verhältnis zum Arbeitgeber zu beschränken.[1240] In der Deutlichkeit hat der Gesetzgeber dies aber nie verstanden. Die Änderungen zum Betriebsverfassungsgesetz von 1972 waren zwar klar dem Ziel geschuldet,

---

1233 BT-Drs. 6/1806 S. 38.

1234 Die inhaltlichen Unterschiede wurden als marginal bis nicht existent bezeichnet (Abg. Fahrtmann, Plenarprotokoll Nr. 06/150 10.11.1971 – 8604; sowie auch der Bericht des Ausschusses für Arbeit und Sozialordnung, zu BT-Drucks. 6/2729 S. 9).

1235 Siehe *Wiese*, RdA 1973, 1, 3 mit Nachweisen aus dem Gesetzgebungsverfahren.

1236 BT-Drs. 6/1786, 47.

1237 Sowohl im Ausschuss für Arbeit und Sozialordnung (zu BT-Drucks. 6/2729 S. 9) als auch in den späteren Beratungen im Parlament (bspw. Abg. Schmidt, Plenarprotokoll Nr. 06/150 10.11.1971 – 8590) wurde darauf hingewiesen, dass eine detaillierte Aufzählung dem kommenden Arbeitsgesetzbuch vorenthalten bleiben sollte.

1238 Bis heute hat man sich trotz zahlreicher Anstrengungen aus Wissenschaft und Praxis nicht auf ein einheitliches Gesetzbuch einigen können. Der letzte größere Versuch stammt von den Autoren *Henssler* und *Preis* mit ihrem Diskussionsentwurf eines Arbeitsvertragsgesetzes (ArbVG) in der 2. Fassung von 2006 (abgedruckt in NZA-Beilage Heft 2/2007, 6 ff.). Besprochen bspw. von *Lampe/Sittard*, RdA 2008, 249 ff.; *Wroblewski*, NZA 2008, 622 ff.

1239 BT-Drs. 6/1786 S. 31, 47; 14/5741 S. 26 (Ziff. 7); vgl. auch *Niederalt*, Individualrechte, 220.

1240 *Blomeyer*, in: GS Dietz 1973, 147, 167 ff.; in diese Richtung gehen auch die Ausführungen von *Rüthers*, in: Zwei arbeitsrechtliche Vorträge, 8, 40.

die Stellung des Arbeitnehmers im Gefüge der Betriebsverfassung zu subjektivieren.[1241] Die zunächst eingefügten Individualrechte des Arbeitnehmers in den §§ 81 – 84 BetrVG gingen aber nicht über die ohnehin bestehenden Rechte aus der Fürsorgepflicht des Arbeitgebers hinaus.[1242] Nach der Begründung des Regierungsentwurfs sollte dem Arbeitnehmer insbesondere rund um seinen Arbeitsplatz ein unmittelbares Mitsprache- und Mitwirkungsrecht eingeräumt werden.[1243] Weder diese Rechte noch das später eingefügte Vorschlagsrecht gemäß § 86 a BetrVG vermögen allerdings etwas an der grundsätzlichen Objektstellung des Arbeitnehmers im Gefüge zwischen Betriebsrat und Arbeitgeber ändern.

Man muss konstatieren, dass der Gesetzgeber – soweit ersichtlich – in keinem der Entwürfe oder Gesetzesänderungen ausdrücklich zum hier gegenständlichen Verhältnis von Arbeitnehmer und Betriebsrat Stellung bezogen hat. Das potentiell entstehende Machtvakuum und die Abhängigkeit des Einzelnen vom Betriebsrat wurden schlichtweg ausgeblendet. Aufgrund dessen fällt es auch schwer, die Bedeutung der Verankerung im Gesetz richtig zu verorten. Unstrittig wurden erstmals legislatorisch Individualrechte des Arbeitnehmers in der Betriebsverfassung anerkannt.[1244] Inwieweit diese Grundentscheidung aber tatsächlich für die weitere Auslegung fruchtbar gemacht werden kann, ist fraglich.

Thüsing und *Richardi* sehen in der Anerkennung von Individualrechten im Rahmen der Betriebsverfassung eine Bestätigung des das Gesetz beherrschenden Grundgedankens, dass Zweck der Mitbestimmung nicht die Etablierung einer Kollektivherrschaft ist, die sich für den einzelnen Arbeitnehmer als Fremdbestimmung auswirken kann, sondern dass durch die Mitbestimmung zugleich ein Höchstmaß an persönlicher Selbstbestimmung gesichert werden soll.[1245] Damit hätte man in der Tat erstmals einen gesetzlichen Anknüpfungspunkt für weitergehende individualrechtliche Überlegungen. Dennoch darf man nicht vergessen, dass die Individualrechte nur im Hinblick auf die Beziehung zum Arbeitgeber bestehen. Sie räumen dem Arbeitnehmer keine Gestaltungsbefugnis hinsichtlich der Betriebsverfassung ein und können daher auch nicht ohne

1241 BT-Drs. 6/1786, 31, 47; vgl. auch BT-Drs. 14/5741, 26 (Ziff. 7). Ferner *Niederalt*, Individualrechte, 220.

1242 GK/*Franzen*, Einf. vor § 81 BetrVG Rn. 11 ff.; Richardi/*Thüsing*, Vorbem. §§ 81 – 86 a BetrVG Rn. 1.

1243 BT-Drs. 6/1786, 47

1244 Ausf. dazu *Wiese*, RdA 1973, 1, 4 ff.

1245 So Richardi/*Thüsing*, Vorbem. §§ 81 – 86 a BetrVG Rn. 7; vgl. auch *Richardi*, Betriebsverfassung und Privatautonomie, 24 ff.

Weiteres auf das unbestimmte Verhältnis zum Betriebsrat übertragen werden. Gleichwohl zeigt sich eine Grundintention des Gesetzgebers, die durchaus mit der Regelung des § 75 Abs. 1 BetrVG korrespondiert und den Stellenwert des Arbeitnehmers im Rahmen der Betriebsverfassung erhöht.[1246] Das neue Verständnis als „mündiger Bürger“[1247] weist damit bestehende Individualrechte erstmals der Betriebsverfassung zu,[1248] sodass ein weitergehender Schritt, der dem Arbeitnehmer auch eigenständig Gestaltungsfunktionen innerhalb der Betriebsverfassung zuweist, durchaus im Bereich des Möglichen erscheint.[1249] Diese angestoßene Entwicklung hat der Gesetzgeber aber nicht weitergeführt. Die geschichtliche Entwicklung des Individualschutzes kann damit letztlich nur grobe Anhaltspunkte liefern.

c) Systematische Überlegungen

Als Folge der fehlenden Positionierung des Gesetzgebers sind auch aus der Systematik des Betriebsverfassungsgesetzes kaum Rückschlüsse auf den Individualschutz zu ziehen. Im Abschnitt B. der Arbeit wurden zahlreiche Beispiele genannt, die deutlich machen, dass die Betriebsverfassung die Kontrolle des Betriebsrats nahezu ausschließlich in die Hände eines Akteurs legt. Die Regelungsmacht des Betriebsrats wird allein durch den Arbeitgeber begrenzt. Selbst vom Betriebsrat ausgehende Eingriffe in die Rechtsposition des einzelnen Arbeitnehmers sind durch diesen nicht unmittelbar überprüfbar. Er bleibt auf den Arbeitgeber angewiesen. Dabei ist es egal, ob es um die Zustimmungsersetzung einer willkürlichen Verweigerung der Versetzung geht (§ 99 Abs. 4 BetrVG), der Ausschluss aus dem Kreise einer betrieblichen Fortbildungsmaßnahme in Rede steht (§ 98 Abs. 3 BetrVG) oder die sachwidrige Unterstützung einer Kündigung durch den Verzicht auf den Widerspruch (§ 102 Abs. 3 BetrVG) vorliegt. Nirgends enthält das Gesetz dort eigene Rechtsschutzmöglichkeiten des Arbeitnehmers. Nur als theoretische Option ist § 23 Abs. 1 BetrVG zu nennen. Im Falle der Kündigung ist die mittelbare Geltendmachung über den Arbeitgeber bereits denklogisch ausgeschlossen. Das ohnehin brüchige Kontrollsystem versagt vollständig, wenn Arbeitgeber und Betriebsrat kollusiv zusammenwirken. Als besonders anschauliches Beispiel kann hier § 78 S. 2 BetrVG dienen,

---

1246 Vgl. auch *Wiese*, RdA 1973, 1, 9.

1247 Vgl. nur *Arendt*, BT, Stenographische Berichte, 6. Wahlperiode, Band 75, 5810 C.

1248 Kritisch zu dieser Verflechtung von Individual- und Kollektivrecht etwa *Galperin*, BB 1971, 137, 138; *Hanau*, BB 1971, 485, 488 f.

1249 In diese Richtung auch *Wiese*, RdA 1973, 1, 9.

wonach das Begünstigungsverbot für Betriebsratsmitglieder nicht vom einzelnen Arbeitnehmer durchgesetzt werden kann. Sehr deutlich tritt damit zutage, dass das mittlerweile überholte Verständnis, wonach der Betriebsrat *per se* die Interessen der Belegschaft und der im Einzelnen betroffenen Arbeitnehmer vertritt, unverändert in der Systematik der Betriebsverfassung fortbesteht. Dieses Systemverständnis ist nicht nur in der Betriebsverfassung verankert, sondern hat auch die Abfassung des Arbeitsgerichtsgesetzes beeinflusst.[1250] Versucht man mithilfe von § 75 Abs. 1 BetrVG die dringende Öffnung des Systems zugunsten von Individualinteressen zu erreichen, stößt man unweigerlich auf systematische Bedenken. Der Anerkennung von Individualrechten in § 75 Abs. 1 BetrVG hält man regelmäßig den kollektivrechtlichen Charakter der Norm entgegen. Bei den Pflichten handele es sich lediglich um Amtspflichten der Betriebsparteien, mit denen keine Rechte der Arbeitnehmer korrespondieren könnten.[1251] Dieses Verständnis deckt sich jedenfalls insoweit mit der Systematik der Betriebsverfassung, als dass diese keine derartigen Individualansprüche des Arbeitnehmers kennt. Die §§ 81 ff. BetrVG bilden hier ebenfalls keine Ausnahme. Sowohl die Argumentation als auch das Ergebnis sind freilich nicht überraschend, obgleich man eine vertiefte Auseinandersetzung vergeblich sucht.[1252] Nur vereinzelt wird die hieraus resultierende Problematik des fehlenden Rechtsschutzes gegen den Betriebsrat überhaupt erkannt.[1253]

aa) Systemkonforme Erweiterung durch ein eigenes Recht des Arbeitnehmers?

Um bestimmen zu können, inwieweit die Anerkennung von subjektiven Rechten in die bestehende Systematik implementiert werden kann, muss der hier verfolgte Ansatz bereits an dieser Stelle grob skizziert werden. Denn die vorliegende Überlegung zielt nicht auf die Aufwertung einzelner Mitwirkungs- oder Mitbestimmungsrechte im Sinne eigener Rechtspositionen des Arbeitnehmers. Dies wäre in vielfacher Hinsicht verfehlt. Obwohl die §§ 87, 99, 102 BetrVG unzweifelhaft

---

1250 Soweit man dem einzelnen Arbeitnehmer eine eigene Rechtsposition im Verhältnis zum Betriebsrat zusprechen will, wird die Frage virulent, inwiefern diese gerichtlich durchsetzbar sind. Hier stößt die bisherige Ausformung des Arbeitsgerichtsgesetzes an seine Grenzen. Siehe hierzu im Rahmen der Umsetzung insb. im 4. Kapitel unter C. I. 2.

1251 GK/*Kreutz*, § 75 BetrVG Rn. 4, 23; *Richardi/Maschmann*, § 75 BetrVG Rn. 53.

1252 Etwas ausführlicher zumindest GK/*Kreutz*, § 75 BetrVG Rn. 23, der aber auch deshalb kein gravierendes Problem sieht, weil er die Handlungen über den Arbeitgeber als (fälschlicherweise) erzwingbar hält (Rn. 25).

1253 *Richardi/Maschmann*, § 75 BetrVG Rn. 54.

individualrechtliche Auswirkungen haben, kann die Lösung zugunsten des Individuums nicht in der Anerkennung einer umfassenden Rechtsträgerschaft gesehen werden.[1254] Der klare und insoweit auch verfassungsrechtlich nicht zu beanstandende Wille des Gesetzgebers hat die Verwirklichung der Arbeitnehmerrechte im Betrieb einseitig dem Betriebsrat zugesprochen.[1255] Die betriebsverfassungsrechtlichen Mitentscheidungsbefugnisse sind ihrer Struktur nach niemals vom Arbeitnehmer, sondern stets nur von Betriebsrat auszuüben.[1256] Dies ist bereits unter praktischen Gesichtspunkten unausweichlich, weil die eigene (isolierte) Durchsetzung der Rechte durch die Arbeitnehmer zweifelsohne den Stillstand des Betriebs zur Folge hätte.[1257] Die drohende Funktionsunfähigkeit des Betriebs muss darüber hinaus auch für die weiteren Überlegungen stets präsent bleiben. Selbst wenn man von vornherein eine Einschränkung der Rechtsträgerschaft anstrebt, bleibt offen, wie die Wahrnehmungsbefugnis nunmehr auf den Betriebsrat übergehen soll.[1258] Insbesondere eine Legitimation durch den Rechteinhaber scheidet aus.[1259] Letztlich muss dies hier aber nicht weiter vertieft werden, da die vorliegende Überlegung schon gar nicht auf so verstandene subjektive Rechte abzielt. Für einen effektiven und praktisch durchsetzbaren Schutz des einzelnen Arbeitnehmers ist es nicht notwendig, dass dieser in die Rolle des Betriebsrats schlüpft. Änderungs- und sanktionsbedürftig sind nur Handlungen, in denen sich der Betriebsrat außerhalb des ihm gesetzlich zugestandenen Rahmens bewegt. Die fehlende Rechtsposition des Arbeitnehmers in diesen Fällen gilt es zu überdenken. Konkret zielt das subjektive Recht daher nicht auf die eigene (subsidiäre) Verwirklichung bestehender, kollektiver Rechte,[1260] sondern auf die Kontrolle der privatautonom nicht legitimierten Interessenvertretung in Ausübung eben dieser. Der Arbeitnehmer muss das Recht erhalten, im weitesten

---

1254 Für eine eigene Rechtsträgerschaft aber *Belling*, Haftung des Betriebsrats, 115, 131; GK/*Wiese*, 8. Auflage 2005, Einl. BetrVG Rn. 118; nunmehr aufgegeben: GK/*Wiese*, Einl. BetrVG Rn. 120.

1255 Zu den verfassungsrechtlichen Fragen vgl. die Ausführungen in diesem Kapitel unter C. IV. 2. f).

1256 So *Richardi*, in: FS Wlotzke, 424; vgl. auch *Lobinger*, ZfA 2004, 101, 151.

1257 Zutreffend *Lobinger*, ZfA 2004, 101, 150: „Unregierbarkeit" des Betriebs. Ausf. dazu auch *Stöckl*, Das rechtliche Verhältnis zwischen Betriebsrat und Arbeitnehmer, 216 ff.

1258 Dazu *Lobinger*, ZfA 2004, 101, 151.

1259 Insoweit kann auf die Ausführungen zur Legitimation betriebsrätlichen Handelns im Rahmen der Betriebsvereinbarung verwiesen werden, vgl. oben im 2. Kapitel, B. II. 3. a), b).

1260 Diese subsidiäre Durchsetzung originär kollektiver Rechte klingt bspw. bei *Wiese*, RdA 1973, 1, 9 an.

Sinne willkür- und diskriminierungsfrei behandelt zu werden. Das heißt, dass ihm ein subjektives Recht dahingehend entsteht, die Grundsätze von Recht und Billigkeit in Ausübung der betrieblichen Mitbestimmung durch Betriebsrat und Arbeitgeber in eigener Person geltend zu machen und gegebenenfalls durchzusetzen. Das so verstandene Recht muss betriebsverfassungsrechtlicher Natur sein, um die Dimension zwischen Betriebsrat und Arbeitnehmer sachgerecht zu erfassen. Unbeantwortet bleiben können an dieser Stelle noch Fragen zur tatsächlichen Durchsetzbarkeit und entgegenstehenden, zu berücksichtigenden Interessen anderer.

bb) Notwendige Systemdurchbrechung

Zwar verhindert dieses Verständnis eine Rechtsträgerkollision zwischen Betriebsrat und Arbeitnehmer, dennoch ist die Kontrollmöglichkeit durch den einzelnen Arbeitnehmer nicht ohne Weiteres systemgerecht zu implementieren. Die austarierten Regelungsmechanismen beispielsweise im Rahmen von §§ 99 ff. BetrVG beschäftigten sich allein mit dem Machtausgleich zwischen Betriebsrat und Arbeitgeber, sodass hier zwangsläufig Probleme auftreten werden.[1261] Behält man die Gesamtsystematik im Blick, ist die Annahme subjektiver Rechte nicht unbedingt naheliegend. Dabei ist § 75 Abs. 1 BetrVG mit der Überschrift „Grundsätze für die Behandlung der Betriebsangehörigen" versehen und bezweckt anders als die weitere, wichtige Generalklausel (§ 2 Abs. 1 BetrVG) den Schutz individueller Interessen.[1262] Dennoch wird in eine Neujustierung in Gestalt eigener Ansprüche zur effektiven Wahrung dieser Interessen notwendig. Insoweit muss von einer Systemdurchbrechung ausgegangen werden, die letztlich aber auch als Systemwahrung zu verstehen ist. Grundsätzlich sind Generalklauseln diesen Beitrag durchaus zu leisten imstande.[1263]

d) Teleologische Auslegungsaspekte

Nach einhelliger Ansicht enthält § 75 BetrVG elementare Grundsätze für die Behandlung der Betriebsangehörigen durch die Betriebsparteien, die nicht nur als unverbindliche Programmsätze zu begreifen sind, sondern denen darüber

---

1261 Zu den Schwierigkeiten der Umsetzung siehe unten im 4. Kapitel, C. I. 1.

1262 Vgl. zu der ähnlich gelagerten Frage, ob § 75 Abs. 2 BetrVG subjektive Rechte enthält: *Hallenberger*, § 75 Abs. 2 BetrVG, 130 f.

1263 Vgl. hierzu erneut die Ausführungen unter C. III.

hinaus auch materiell-rechtliche Bedeutung zukommen soll.[1264] Die Norm zielt damit unmittelbar auf den Schutz der Arbeitnehmer, indem sie den verfassungsrechtlich gewährleisteten Rechtspositionen Ausdruck verleiht.[1265] Dadurch erhalten die Grundrechtspositionen des Arbeitnehmers (mittelbar) Einzug in die Betriebsverfassung.[1266] Wie weitreichend der Schutz des Individuums tatsächlich reicht, ist auch eine Frage des eigentlichen Ziels der Betriebsverfassung. Während die Notwendigkeit eines verbesserten Individualschutzes zugunsten des Arbeitnehmers bereits hinreichend deutlich gemacht wurde, ist noch unklar, inwiefern diese erheblichen Einschränkungen auch mit Sinn und Zweck der Betriebsverfassung in Einklang zu bringen sind.

(1) Der Schutzzweck der Betriebsverfassung

Der Schutz des Arbeitnehmers gilt, wenn auch nicht zwingend als alleiniger, aber doch als ganz maßgeblicher Zweck der Betriebsverfassung.[1267] Konkret sollen dabei der Arbeitnehmer als Persönlichkeit sowie seine Würde und Persönlichkeitsentfaltung im Arbeitsverhältnis geachtet werden.[1268] Es gehe bei der Struktur der Betriebsverfassung also um nicht weniger als die „Grundsätze der Selbstbestimmung, der Achtung vor der Würde des Menschen und den Ausgleich oder den Abbau einseitiger Machtstellungen durch Kooperation der Beteiligten und die Mitwirkung an Entscheidungen durch die von der Entscheidung Betroffenen".[1269] Hinsichtlich der positiven Wirkung auf die Selbstbestimmung

---

1264 BeckOK-ArbR/*Werner*, § 75 BetrVG Einl.; DKKW/*Berg*, § 75 BetrVG Rn. 1; ErfK/*Kania*, § 75 BetrVG Rn. 1; *Fitting*, § 75 BetrVG Rn. 4; GK/*Kreutz*, § 75 BetrVG Rn. 3; zur Vorgängervorschrift bereits *Canaris*, AuR 1966, 129, 138.

1265 Vgl. *Fitting*, § 1 BetrVG Rn. 6.

1266 Vgl. nur BAG 12.12.2006, NZA 2007, 453; 29.6.2004, NZA 2004, 1278; *Fitting*, § 1 BetrVG Rn. 6.

1267 Siehe nur BAG 13.3.1973, AP BetrVG 1972 § 87 Werkmietwohnungen Nr. 1 mit Anm. *Richardi*; 20.11.1990, NZA 1991, 426; DKKW/*Däubler*, Einl. BetrVG Rn. 75; *Fitting*, § 1 BetrVG Rn. 1; WPK/*Preis*, § 1 BetrVG Rn. 5; *Rieble*, Arbeitsmarkt und Wettbewerb, 424 Rn. 1412; *Belling*, Haftung des Betriebsrats, 118; *Hammer*, Betriebsverfassungsrechtliche Schutzpflicht, 122 ff.; *Kreutz*, Grenzen der Betriebsautonomie, 153 ff.; 201 ff.; *Canaris*, AuR 1966, 129 f. Vgl. auch *Jahnke*, Tarifautonomie und Mitbestimmung, 123 ff.

1268 Vgl. GK/*Wiese*, Einl. BetrVG Rn. 77 ff. mwN. Im Einzelnen geht Wiese allerdings viel eher von einer Verwirklichung des Schutzes durch das Kollektiv aus und stellt den Teilhabegedanken deutlich ins Zentrum des Gesetzeszwecks.

1269 So die Formulierung im Bericht der Mitbestimmungskommission BT-Drs. 6/334, 65.

des Einzelnen sind Zweifel angebracht. Die Fremdbestimmung dient nicht der Privatautonomie, sondern beschränkt diese.[1270] Da der Betriebsrat die Interessen der Arbeitnehmer typischerweise aber besser wahrnehmen kann als der Einzelne, hat der Gesetzgeber sich für ein Modell entschieden, dass von einer primären Zuständigkeit der kollektiven Interessenvertretung ausgeht.[1271] Diese grundsätzliche Wertung soll hier auch nicht der Revision unterliegen. Viel eher geht es um Impulse, die es ermöglichen, dem Schutzzweck weitestgehend gerecht zu werden. Denn die aktuelle Ausgestaltung der Betriebsverfassung enthält keine Lösungsmöglichkeiten für einen sich von der Belegschaft entfernenden Betriebsrat. Selbst der evidenteste Verstoß gegen § 75 Abs. 1 BetrVG findet ohne Mithilfe des Arbeitgebers kaum eine Sanktion. In dieser Ausgestaltung hat sich die Betriebsverfassung deutlich vom Schutz des Individuums entfernt und mit dem hehren Ziel einseitige Machtstellungen abzubauen, neue geschaffen.

Wenig hilfreich ist es in diesem Zusammenhang, wenn man die publik gewordenen Fälle als absolute Einzelfälle abtut.[1272] Dabei muss man diese Aussage nicht einmal grundsätzlich anzweifeln. Sie verdeckt jedoch die Sicht auf das eigentliche Problem. Die sachwidrige Machtausübung ist institutionell bedingt, weil es weder für den einzelnen Arbeitnehmer noch eine kleinere Gruppe von Arbeitnehmern effektive Rechtsschutzmöglichkeiten gibt.

Obwohl der Gesetzgeber dieses Problem namentlich nicht adressiert hat, ist ihm die fehlende Subjektivierung der Betriebsverfassung nicht verborgen geblieben. Rechnung getragen hat er dem allerdings nur im Hinblick auf die §§ 81–86a BetrVG. Ein weitergehendes Verständnis ist durch die fehlende Aktivität des Gesetzgebers auf diesem Gebiet aber nicht ausgeschlossen. Die Methodenlehre erkennt durchaus an, dass die Auslegung nach dem Telos ausnahmsweise auch dort fruchtbar gemacht werden kann, wo keine oder gegenläufige Interessen des Gesetzgebers bekannt sind. Je älter die Norm und je dynamischer die Entwicklung der Verhältnisse ist, desto mehr kann die Steuerungskraft der gesetzgeberischen Zwecksetzung für die Auslegung abnehmen.[1273] Eine subjektiv-teleologische Auslegung bedeutet deshalb nicht, dass man beim Willen des historischen Gesetzgebers verharrt, sondern die tatsächliche und rechtliche Entwicklung kann und muss unter Umständen zur Ablösung hiervon führen.[1274]

1270 Das wurde bereits eingangs im 2. Kapitel unter A. deutlich.

1271 Vgl. *Fitting*, § 1 BetrVG Rn. 1; GK/*Wiese*, Einl. BetrVG Rn. 76.

1272 So DKKW/*Däubler*, Einl. BetrVG Rn. 266.

1273 Zum Vorstehenden: Krüper/*Sauer*, Grundlagen des Rechts, 188.

1274 Krüper/*Sauer*, Grundlagen des Rechts, 188; hierzu auch *Rüthers/Höpfner*, JZ 2005, 21ff.

Die Anerkennung einer subjektiven Rechtsposition des einzelnen Arbeitnehmers ist nicht nur in Anbetracht des Schutzzwecks dringend geboten. Sie sichert zugleich die weitere Funktionsfähigkeit und Akzeptanz der bewährten betrieblichen Mitbestimmung. Indem der betroffene Arbeitnehmer erstmals tatsächlich durchsetzbare Ansprüche erhält, ändert sich gleichzeitig grundlegend seine Stellung in der Betriebsverfassung. Der Arbeitnehmer ist damit vollwertiges Subjekt in der bis dato nur unzureichend erfassten Beziehung der drei betriebsverfassungsrechtlichen Akteure. Der Gewinn wäre jedenfalls unabhängig von den konkreten Einzelfällen, dass der Arbeitnehmer bei fehlerhafter oder willkürlicher Interessendurchsetzung erstmals als Inhaber eigener subjektiver, betriebsverfassungsrechtlicher Rechte und damit in einer deutlich gestärkten Verhandlungsposition gegenüber dem Betriebsrat auftreten könnte.[1275]

(2) Keine Einschränkungen durch den Teilhabezweck

Hierfür ist auch keine Neubestimmung des Verhältnisses von Kollektiv- und Individualinteressen notwendig. Dem Betriebsrat obliegt es weiterhin, die widerstreitenden Interessen in einen Ausgleich zu bringen, auch auf die Gefahr hin, dass Individualinteressen zurückstehen müssen. Im Rahmen der personellen Einzelmaßnahmen etwa ist dies ausweislich der Gründe in § 99 Abs. 2 BetrVG sogar ganz überwiegend der Fall.[1276] Es geht folglich nicht um eine Neubewertung, sondern (lediglich) um einen Anspruch darauf, dass die durch die Interessenvertretung getätigte Entscheidung auf sachgerechten und nachvollziehbaren Gründen beruht. Ein solches Verständnis kollidiert auch nicht mit dem Teilhabezweck.[1277] Unabhängig von der Frage, ob man einen dem Schutzzweck vorrangigen Teilhabezweck überhaupt anerkennen will,[1278] lässt sich bei dem soeben dargelegten Verständnis ein genereller Konflikt nicht erkennen. Konkret bedeutet der Vorrang zwar, dass abweichende Individualinteressen des Arbeitnehmers den von der Betriebsvertretung definierten gemeinsamen Interessen nachrangig sind und sich deshalb unterzuordnen haben.[1279] Dies kann aber ersichtlich nur soweit gehen, wie die Kollektivmacht sich im Rahmen des

1275 Vgl. *Niederalt*, Individualrechte, 127; *Pouyadou*, Abhängigkeit des Arbeitnehmers vom Betriebsrat, 200.

1276 Dazu im 2. Kapitel, B. III. 1.

1277 Zum Teilhabezweck, der insbesondere auf *Wiese* zurückgeht: GK/*Wiese*, Einl. BetrVG Rn. 79 ff.; *ders.*, ZfA 2000, 117 ff.

1278 Kritisch diesbezüglich bspw. *Hammer*, Betriebsverfassungsrechtliche Schutzpflicht, 123; *Raab*, ZfA 2001, 31, 38.

1279 GK/*Wiese*, Einl. BetrVG Rn. 86.

gesetzlichen Spielraums bewegt.[1280] Solange das der Fall ist, spricht grundsätzlich wenig gegen den Ausgleich divergierender Interessen gleichgeordneter Rechtssubjekte, selbst dann, wenn dies die Unterordnung entgegenstehender Interessen Einzelner bedeutet.[1281] Auch ein an dem Teilhabezweck orientiertes Verständnis würde der vorliegenden Konkretisierung nicht im Wege stehen, solange man mit ihr nicht eine ungeprüfte Vorfestlegung zugunsten der Kollektivinteressen assoziiert. Im Ergebnis sprechen daher die teleologischen Gründe, insbesondere die Notwendigkeit eines effektiven Individualschutzes, für die Anerkennung einer noch genau zu bestimmenden subjektiven Rechtsposition.

e) Rechtsgebietsübergreifende Konkretisierung

Das Ergebnis wird zusätzlich verstärkt, wenn man vergleichbare gesetzliche Regelungsmodelle mit in die Konkretisierung einbezieht. Das erfordert zunächst eine abstrakte Formulierung der Grundproblematik. Der Arbeitnehmer hat in einem ersten Schritt seinen Vertragspartner (den Arbeitgeber) frei gewählt und im Grundsatz auch die Vertragsbedingungen mit diesem festgelegt. Alle weiteren Fragen des laufenden Arbeitsvertrags, beispielsweise die konkrete Einsetzung am Arbeitsort, mögliche Fortbildungsmaßnahmen oder auch eine Versetzung liegen originär in diesem Verhältnis. Der Arbeitgeber hat hierbei erhebliche Entscheidungsbefugnisse.[1282] In dieses Verhältnis stößt nun der Betriebsrat zum Schutze des Arbeitnehmers vor. Der Arbeitnehmer muss ungefragt diese Repräsentation seiner vermeintlichen Interessen hinnehmen. Distanzieren kann er sich hiervon nicht mehr. Wahlenthaltungen, Protestaktionen, Appelle an den Arbeitgeber oder selbst der Zusammenschluss mit anderen Arbeitnehmern helfen ihm regelmäßig nicht.[1283] Ein Austritt ist nur mit Aufgabe des Arbeitsplatzes möglich.[1284] Ansprüche gegen den Betriebsrat soll der Arbeitnehmer ohnehin nicht besitzen. Die Betriebsverfassung schafft damit eine Zwangsrepräsentation, die in der Lage ist, sanktionslos die ihr zugestandene Machtfülle sogar gegen Teile der von ihr repräsentierten Gruppe einzusetzen. In Extremfällen ermöglicht sie sogar Einschränkungen, die im originären Verhältnis zwischen Arbeitnehmer und

---

1280 Ebenso GK/*Wiese*, Einl. BetrVG Rn. 87 mit ausdrücklichem Hinweis auf § 75 BetrVG.

1281 Vgl. GK/*Wiese*, Einl. BetrVG Rn. 87.

1282 Zum Weisungsrecht des Arbeitgebers siehe nur ErfK/*Preis*, § 106 GewO Rn. 1 ff.

1283 Zutreffend *Däubler*, NZA 1988, 857, 860.

1284 Siehe *Rieble*, Arbeitsmarkt und Wettbewerb, 424 Rn. 1411.

Arbeitgeber gar nicht möglich gewesen wären.[1285] Der Arbeitnehmer erhält bei dieser, von ihm nicht beeinflussbaren Fremdbestimmung eine Objektstellung, die ihn als bloßen „Dritten" qualifiziert, obwohl er unmittelbar in seinen Individualrechten betroffen ist. Solche Konstellationen sind durchaus auch in anderen Rechtsgebieten anzutreffen. Gerade im öffentlichen Recht beschäftigt man sich immer wieder mit der Drittwirkung, wenn auch durch hoheitliches Handeln.[1286] Bereits mittelbare Auswirkungen können in diesen Fällen subjektive Rechte und damit einen Rechtsschutz gegen belastende Handlungen bedingen. Entscheidend ist, ob der Schutz der konkret in Rede stehenden Norm einen bestimmten und abgrenzbaren Personenkreis bezweckt (Schutznormtheorie).[1287] Unerheblich ist dann, ob die Norm primär anderen Zwecken dient.[1288] In besonders gravierenden Fällen kann der Drittschutz sogar unmittelbar über die Grundrechte hergeleitet werden.[1289] Die dort entwickelten Grundsätze sind selbstredend nicht einfach übertragbar. Die Betriebsverfassung ist trotz öffentlich-rechtlicher Elemente als Privatrechtsordnung zu begreifen.[1290] Gleichzeitig hat sie mit einem auf Freiwilligkeit beruhenden Arbeitsmarktsystem wenig gemeinsam. Privatautonom lässt sie sich nicht erklären und wurde daher von *Rieble* zutreffend als „Staatsveranstaltung" betitelt.[1291] Die Anerkennung von subjektiven Rechten in ähnlich gelagerten Grundproblematiken kann daher durchaus als Indizwirkung angesehen werden.

1285 Dies gilt bspw. etwa für den Bereich der Kurzarbeit. Siehe dazu die Ausführungen oben im 2. Kapitel, B. II. 4. a) bb).

1286 Speziell für die sogleich folgenden Untersuchungen im Baurecht etwa *König*, Drittschutz, 53 ff.; *Taubert*, Drittschutz im Baurecht, passim.

1287 Vgl. BVerwG 22.10.1982, NJW 1983, 1507; 25.2.1977, NJW 1978, 62, 63; Stelkens/Bonk/Sachs/*Sachs*, § 40 VwVfG Rn. 133 mwN; Maunz/Dürig/*Papier*, Art. 14 GG (78. Lfg. 2016) Rn. 80. Zurückzuführen ist diese auch als Schutznormlehre bezeichnete Theorie auf *Bühler*, Die subjektiven öffentliche Rechte, 224.

1288 Vgl. BVerwG 25.2.1977, NJW 1978, 62, 63. In der Parallelwertung aus zivilrechtlicher Sicht etwa BGH 30.4.1976, NJW 1976, 1888, 1989; BeckOK-BGB/*Fritzsche*, § 903 BGB Rn. 55. Ferner *Wahl*, JuS 1984, 577, 579; restriktiver *Degenhart*, JuS 1984, 187, 192.

1289 BVerwG 14.12.1973, NJW 1974, 811; 13.6.1969, NJW 1969, 1787; *König*, Drittschutz, 38 f.

1290 Siehe nur GK/*Wiese*, Einl. BetrVG Rn. 88 ff. mit umfassenden Nachweisen.

1291 *Rieble*, Arbeitsmarkt und Wettbewerb, 424.

aa) Rechtsschutz Drittbetroffener im Baurecht

Besonders anschaulich lässt sich diese Grundproblematik im Baurecht wiederfinden. Bei einem genehmigungspflichtigen Bauvorhaben werden regelmäßig auch zunächst unbeteiligte Dritte den Auswirkungen des Vorhabens ausgesetzt, zum Beispiel durch Störungen der Aussicht, der Wohnruhe oder des freien Wohngefühls. Die Begünstigung des einen (Bauherrn) hat jeweils die Belastung von Dritten zur Folge.[1292] Diese Problemstellung hat letztlich zur Entwicklung der Theorie des subjektiven öffentlichen Rechts geführt, beziehungsweise diese maßgeblich bedingt.[1293] In der Folge hat sich nicht etwa die generelle Anerkennung eines solchen subjektiven Rechts,[1294] sondern die Ausgestaltung im Einzelfall als eines der zentralen Probleme im Baurecht erwiesen.[1295] Wird etwa danach gefragt, ob sich ein Bürger gegen das Bauvorhaben eines anderen erfolgreich wehren kann, ist diese Frage nur zu bejahen, falls sich der Bürger auf eine baurechtliche Norm berufen kann, die auf seine individuellen Interessen Rücksicht nimmt.[1296] Nicht jede Norm des öffentlichen Baurechts ist potentiell drittschützend.[1297] Dienen die Vorschriften lediglich der Durchsetzung von Interessen der Allgemeinheit ist ein Drittschutz regelmäßig ausgeschlossen.[1298] Maßgeblich zur Bestimmung des Vorliegens eines subjektiven Rechts ist die bereits erwähnte Schutznormtheorie.[1299] Unzweifelhaft bestehen subjektive öffentliche Rechte dort, wo (baurechtliche) Vorschriften auch auf den Individualschutz abzielen.[1300]

1292 Zum Gesamten anschaulich *König*, Drittschutz, 23 f.

1293 *Bühler*, Die subjektiven öffentlichen Rechte, 52 ff. und *passim*; *König*, Drittschutz, 24. Grundlegend aus neuerer Zeit etwa *Ramsauer*, JuS 2012, 769 ff.; *Voßkuhle/Kaiser*, JuS 2009, 16 ff.

1294 Öffentlich-rechtliche Nachbarklagen sind heute allgemein anerkannt. Siehe nur BVerwG 18.8.1960, NJW 1961, 793; Simon/Busse/*Dirnberger*, Art. 66 BayBO (91. Lfg. 2008) Rn. 237.

1295 Nur auszugsweise: BVerwG 22.10.1982, NJW 1983, 1507; *Mehde/Hansen*, NVwZ 2010, 14 ff.; *Sarnighausen*, NJW 1993, 1623 ff. Ausf. zur Entwicklung auch *Taubert*, Drittschutz im Baurecht, 39 ff.

1296 *Sodan/Ziekow*, GK Öffentliches Recht, § 71 Rn. 3.

1297 BVerwG 19.9.1986, NVwZ 1987, 409.

1298 Vgl. BVerwG 23.8.1996, NVwZ 1997, 384; 19.9.1986, NVwZ 1987, 409.

1299 Ausf. hierzu mit zahlreichen Nachweisen etwa Schoch/Schneider/Bier/*Wahl*, Vorbem. § 42 Abs. 2 VwGO (31. Lfg. 2016) Rn. 94 ff; Stelkens/Bonk/Sachs/*Sachs*, § 40 VwVfG Rn. 131 ff. Siehe auch Maunz/Dürig/*Schmidt-Aßmann*, Art. 19 GG (72. Lfg. 2014) Rn. 127 ff.

1300 Vgl. nur Simon/Busse/*Dirnberger*, Art. 66 BayBO (91. Lfg. 2008) Rn. 235 ff. mit Beispielen in Rn. 242; allgemein etwa *Ramsauer*, JuS 2012, 769, 770 ff.; *Voßkuhle/Kaiser*, JuS 2009, 16, 17.

Zugleich ist davon auszugehen, dass „alle objektivrechtlich gewollten Begünstigungen des Bürgers im Verhältnis zum Staat grundsätzlich und in der Regel keine bloßen Reflexe, sondern subjektive Rechte sind.“[1301] Der Bürger muss in diesen Fällen nicht zwangsläufig eine Einschränkung seiner Rechtspositionen hinnehmen, sondern ihm steht der Weg der gerichtlichen Überprüfbarkeit offen. Dass die Verwaltung im Rahmen eines Bauvorhabens die Interessen der Nachbarn mit in die Entscheidungsfindung einbezieht, steht dem Rechtsschutz selbstverständlich nicht entgegen.[1302] Der Dritte wird dadurch vor ihn benachteiligenden Entscheidungen geschützt, bei denen er im Vorfeld regelmäßig nicht oder nicht hinreichend partizipieren und auch anderweitig keinen Einfluss nehmen konnte.

bb) Drittschutz im Kartellrecht

Mit ähnlichen Grundkonflikten sah und sieht sich auch das Kartellrecht konfrontiert. Dabei kann das Recht der kartellbehördlichen Wirtschaftsaufsicht ebenfalls als Musterbeispiel öffentlich-rechtlicher Drittschutzprobleme dienen.[1303] Bei Maßnahmen der Missbrauchsaufsicht (§ 19 Abs. 1 GWB) oder der Zusammenschlusskontrolle (§§ 35 ff. GWB) wird evident, dass Entscheidungen der Kartellbehörde (un)mittelbar Auswirkungen auf Dritte haben können. Dabei geht es um Grundfragen, die sich ähnlich auch in der Betriebsverfassung widerspiegeln. Zu nennen ist hier nur das ungeklärte Verhältnis zwischen Institutions- und Individualschutz.[1304] Letztlich wurde auch hier erkannt, dass die Begrenzung von Individualinteressen durch Dritte, insbesondere in Bezug auf Art. 19 Abs. 4 GG, mit grundsätzlichen Rechtsschutzmöglichkeiten der Betroffenen einhergehen muss.[1305] *Scholz*[1306] und *K. Schmidt*[1307] haben ganz maßgeblichen Anteil daran, dass sich der Drittschutz im Wettbewerbsrecht etabliert hat und mittlerweile unstrittig besteht.[1308] Ähnlich wie auch im Baurecht dreht sich

---

1301 Grundlegend *Bachof*, DVBl 1961, 128, 130.

1302 Vgl. die entsprechenden Vorschriften in den Bauordnungen der Länder. Siehe bspw. § 55 LBO, § 66 BayBO, § 68 NBauO.

1303 Ausf. zum Drittschutz im Kartellverwaltungsrecht *K. Schmidt*, Drittschutz, 16 ff.

1304 *K. Schmidt*, Kartellverfahrensrecht, 62 ff.; 319 ff.; ders. Drittschutz, 17; *Möschel*, Recht der Wettbewerbsbeschränkungen, Rn. 111.

1305 *Scholz*, Wirtschaftsaufsicht, 104 ff.

1306 *Scholz*, Wirtschaftsaufsicht, 172 ff.

1307 *K. Schmidt*, Kartellverfahrensrecht, 433 ff., 616 ff.

1308 Siehe nur *Kremer*, Die kartellverwaltungsrechtliche Beschwerde, *passim.*; *Wesselburg*, Drittschutz, 25 ff. mwN; vgl. auch *Dormann*, WuW 2000, 245 ff.

die aktuelle Diskussion nunmehr um Detailfragen und um die Ausgestaltung der einzelnen subjektiven Rechte.[1309] Grundsätzlich anerkannt wurde zudem, dass es nicht nur eines Rechtsschutzes gegen Verfahrensergebnisse bedarf, sondern auch, dass der Rechtsschutz im laufenden Verfahren notwendig werden kann, um die mit einer einmal im Raum stehenden Entscheidung verbundenen, zum Teil gravierenden Nachteile zu verhindern.[1310] Als Ausfluss dieser Überlegung ist die gesetzgeberische Kodifikation einer notwendigen Beiladung Betroffener zu begreifen. Die mittlerweile in § 54 Abs. 2 Nr. 3 GWB festgehaltene Regelung, welche die Beiladung für Personen, deren Interessen durch die Entscheidung erheblich berührt werden, vorsieht, dient primär der Verwirklichung des Drittschutzes und als Mittel zur Richtigkeitsgewähr der Verwaltungsentscheidung.[1311] Die Parallele zum Verfahren nach § 99 Abs. 4 BetrVG drängt sich hier auf. Dort erkennt man allerdings eine Beteiligtenstellung des betroffenen Arbeitnehmers nicht an. Grundsätzlich lässt sich festhalten, dass die Rechtsordnung zumindest bei hoheitlichem Handeln dem Drittbetroffenen häufig eigene subjektive Rechte zubilligt. Weshalb man diesen Schritt aber nicht erst Recht dann gehen will, wenn die Einwirkungsmöglichkeiten von einer letztlich durch staatliche Ausgestaltung statuierten Fremdbestimmung drohen, erscheint zwingend rechtfertigungsbedürftig.

f) Verfassungsorientierte Auslegung

Die bisher gefundenen Ergebnisse sind schließlich im Hinblick auf die grundrechtliche Wertung zu beleuchten. Obgleich keine unmittelbare Bindung an die Grundrechte besteht,[1312] was spätestens seit dem *Lüth*-Urteil[1313] weitgehend unstreitig ist, können die Generalklauseln Einbruchstellen für die Werteordnung der Grundrechte darstellen.[1314] Ein Rekurs auf die Verfassung wirkt dabei

1309 Zusammenfassung und Ausblick bei *K. Schmidt*, Drittschutz, 97 ff.

1310 *K. Schmidt*, Drittschutz, 97.

1311 Immenga/Mestmäcker/*Bach*, Wettbewerbsrecht Bd. 2, § 54 GWB Rn. 32. Ausf. zu dieser Grundidee *K. Schmidt*, Drittschutz, 43 ff.

1312 So aber *Belling*, Haftung des Betriebsrats, 204 ff.

1313 BVerfG 15.1.1958, NJW 1958, 257; hierzu etwa Maunz/Dürig/*Grabenwarter*, Art. 5 GG (70. Lfg. 2013) Rn. 106 f.

1314 Insb. *Canaris*, AcP 184 (1984), 201, 225 ff. In diesem Sinne auch BVerfG 17.7.2013, NJW 2013, 3086, 3087; 27.9.1999, NJW 1999, 3552; 25.2.1998, NZA 1998, 715, 716; 27.1.1998, AP KSchG 1969 § 23 Nr. 17; 19.10.1993, NJW 1994, 36, 38, sowie die hL: MüKo/*Armbrüster*, § 134 BGB Rn. 34; *Hager*, JZ 1994, 373, 378 ff.; *Hermes*, NJW 1990, 1764, 1765; *Ohly*, AcP 201 (2001), 1, 14; krit. *Diedrichsen*, Jura 1997, 57, 60 f. Zum hieraus resultierenden Prüfungsmaßstab und den nahezu gleichen Ergebnissen

stets verlockend, obwohl es im Einzelnen schwierig sein wird, konkrete Ergebnis durch eine solche Auslegung zu erzielen.[1315] Zum einen ist die Verfassung durch Wertkonkurrenzen und Wertgegensätze geprägt, die durch eine Abwägung der widerstreitenden Verfassungsgüter im Einzelfall aufgelöst werden müssen.[1316] Zum anderen ergeben sich methodische Schwierigkeiten. Was als ein verfassungsnäherer Zustand erscheint, ist meist nur hinsichtlich einer einzelnen Verfassungsdirektive zutreffend.[1317] Andere Direktiven werden hiermit demgegenüber geschmälert oder verdrängt.[1318] Die Verfassung kann daher im Ergebnis häufig lediglich grobe Maßstäbe liefern. Diese können aber jedenfalls dann wichtig werden, wenn die klassischen Auslegungsregeln versagen und sich auch die Regelungsabsicht des Gesetzverfassers nicht ermitteln lässt.[1319] Zugleich ermöglicht es den ungefilterten Blick auf die hinter den gesetzlichen Regelungen stehenden Wertentscheidungen. Die Untersuchung soll vorliegend in zwei Schritten erfolgen. Zunächst werden die (verfassungsrechtlichen) Rechtspositionen der drei im Betriebsverfassungsrecht Beteiligten untersucht. Es ist zu überlegen, ob die aktuelle Ausprägung des Individualschutzes unter verfassungsrechtlichen Gesichtspunkten nicht bereits zwingend zu überdenken wäre. In einem zweiten Schritt ist der Frage nachzugehen, ob nicht eine verfassungsorientierte Auslegung die Anerkennung einer subjektiven Rechtsposition des Arbeitnehmers nahelegt, weil ein solches Verständnis mit den verfassungsrechtlichen Wertungen möglicherweise am weitestgehenden übereinstimmen würde.

aa) Begriffsverständnis

Dies setzt zunächst ein gesichertes Verständnis darüber voraus, welcher methodische Ansatz sich hinter der verfassungsorientierten Auslegung verbirgt. Die Begriffserklärung erfolgt regelmäßig in Abgrenzung zur verfassungskonformen Auslegung. Unter dem gängigen Begriff der verfassungskonformen Auslegung versteht man vor allem das Vermeiden eines (bestehenden) Widerspruchs

---

einer mittelbaren und unmittelbaren Grundrechtsbindung für das Arbeitsrecht: *H. Hanau*, Individualautonomie, 37 f. mit zahlreichen Nachweisen.

1315 *Ohly*, AcP 201 (2001), 1, 14.

1316 So ausdrücklich *Isensee*, NJW 1977, 545, 549; siehe auch *Sack*, WRP 1985, 1, 5.

1317 *Reimer*, Juristische Methodenlehre, Rn. 400.

1318 Deshalb im Ergebnis ablehnend *Reimer*, Juristische Methodenlehre, Rn. 401; krit. auch *Lembke*, Einheit aus Erkenntnis, 247 ff.

1319 *Müller-Franken*, Rechtsstellung des Einzelnen durch Betriebsvereinbarungen, 235; *Wahl*, NVwZ 1984, 401, 408.

zwischen einer Norm des einfachen Rechts und der Verfassung.[1320] Denn das Gebot verfassungskonformer Gesetzesauslegung verlangt, von mehreren möglichen Normdeutungen, die teils zu einem verfassungswidrigen, teils zu einem verfassungsmäßigen Ergebnis führen, diejenige vorzuziehen, die mit dem Grundgesetz in Einklang steht.[1321] In Abgrenzung hierzu versteht man unter verfassungsorientierter Auslegung, dass unter mehreren denkbaren Bedeutungen diejenige bevorzugt wird, die mit den Prinzipien der Verfassung am weitestgehend übereinstimmt.[1322] Letztendlich wird nach einer Auslegung gesucht, die den Schutzauftrag der Verfassung „besser"[1323] erfüllt oder die „der Verfassung am nächsten"[1324] ist. Dominierend ist der „Gedanke einer verfassungsfreundlichen Interpretation".[1325] Entscheidend ist also nicht, ob eine andere Auslegung zwingend verfassungswidrig wäre. Eine solche Interpretation zieht die Konsequenzen aus der umfassenden Erweiterung der Grundrechtsdimensionen um objektiv-rechtliche Gehalte, also das, was das grundlegende *Lüth*-Urteil als die von den Grundrechten ausgehenden „Richtlinien und Impulse" für die Gesamtrechtsordnung bezeichnet hat.[1326]

Die Methodik der verfassungsorientierten Auslegung hat vereinzelt Kritik erfahren, die sich im Wesentlichen aber auf die fehlenden terminologischen Unterschiede bezieht.[1327] In der Tat ist die begriffliche Trennschärfe zwischen verfassungskonformer und verfassungsorientierter Auslegung marginal. Beide

---

1320 Vgl. nur BVerfG 7.5.1953, NJW 1953, 1057, 1059; *Reimer*, Juristische Methodenlehre, Rn. 630 ff.; *Schlaich/Korioth*, Das Bundesverfassungsgericht, Rn. 440 ff.; *Voßkuhle*, AöR 125 (2000), 177 ff. Aus der arbeitsrechtlichen Lit.: *Müller-Franken*, Rechtsstellung des Einzelnen durch Betriebsvereinbarungen, 234.

1321 St. Rspr. BVerfG 15.6.1983, NJW 1983, 2811, 2812; 8.3.1972, NJW 1972, 1123, 1125; 26.1.1971, NJW 1971, 932, 935.

1322 MüKo-StPO/*Kudlich*, Einleitung Rn. 598 ff.; *Manssen*, Staatsrecht II, Rn. 65; *Müller-Franken*, Rechtsstellung des Einzelnen durch Betriebsvereinbarungen, 234; *Schlaich/Korioth*, Das Bundesverfassungsgericht, Rn. 448; *Kudlich*, JZ 2003, 127 ff.; *Voßkuhle*, AöR 125 (2000), 177, 181; *Wank*, JuS 1980, 545, 547 f.

1323 Vgl. BVerfG 23.10.1958, NJW 1958, 2059, 2061.

1324 *Wendt*, in: FS Würtenberger, 123, 130.

1325 So wörtlich *Lüdemann*, JuS 2004, 27, 28. Zum Gesamten instruktiv *Reimer*, Juristische Methodenlehre, Rn. 398.

1326 So ausdrücklich *Schlaich/Korioth*, Das Bundesverfassungsgericht, Rn. 448.

1327 Vgl. etwa *Canaris*, in: FS Kramer, 141, 154, der den Begriff für entbehrlich hält: Es handele sich lediglich um „eine besondere Erscheinungsform der systematischen und der objektiv-teleologischen Auslegung". *Weyreuther*, DÖV 1982, 173, 178 schlägt vor von „verfassungskonformer Auslegung im weiteren Sinne zu sprechen".

Begriffe ließen sich möglicherweise gar austauschen.[1328] Gleichwohl hat sich unter dem Begriff der verfassungsorientierten Auslegung über die Jahrzehnte ein methodisches Verständnis entwickelt,[1329] welches im Rahmen der hiesigen Konkretisierung zugrunde gelegt werden soll. Ein weiterer terminologischer Vorstoß wäre nicht nur wenig ergiebt, sondern würde die ohnehin komplexe verfassungsrechtliche Interpretation auch unnötig überfrachten.

bb) Verfassungsrechtliche Grundlagen

In einem ersten Schritt sind die verfassungsrechtlichen Grundlagen der Betriebsverfassung zu klären und zugleich zu fragen, inwieweit das aktuelle Verständnis im Hinblick auf den Individualschutz des Einzelnen mit dem Grundgesetz überhaupt vereinbar ist. Soweit es um verfassungsrechtliche Gesichtspunkte der Mitbestimmung durch die Betriebsverfassung geht, finden regelmäßig zwei Aspekte zuvorderst Erwähnung, auf die hier in gebotener Kürze eingegangen werden soll. Erstens, die im Grundgesetz nicht ausdrücklich garantierte Mitbestimmung im Betrieb und im Unternehmen, und zweitens, die verfassungsrechtlich gerechtfertigten Einschränkungen der Rechte des Arbeitgebers aus Art. 12 Abs. 1, Art. 14 Abs. 1 GG. Von größerer Bedeutung sollen allerdings die Fragen sein, wie die Eingriffswirkung auf die Selbstbestimmungsfreiheit des einzelnen Arbeitnehmers zu rechtfertigen ist und inwieweit der fehlende Rechtsschutz mit Art. 19 Abs. 4 GG kollidiert.

(1) Die betriebliche Mitbestimmung als Konkretisierung des Sozialstaatsprinzips

Die verfassungsrechtlichen Grundlagen der betrieblichen Mitbestimmung lassen sich zunächst als Konkretisierung des Sozialstaatsprinzips (Art. 20 Abs. 1 GG) begreifen.[1330] Zugleich soll die Schutzpflicht des Staates für die Grundrechte der Arbeitnehmer (insbesondere aus Art. 1 Abs. 1, Art. 2 Abs. 1, Art. 12 Abs. 1 GG) nicht nur die Legitimation zur Regelung ergeben, sondern auch die Verpflichtung, überhaupt eine Beteiligung der Arbeitnehmer gesetzlich sicherzustellen.[1331] Jedenfalls gerate eine hierarchisch-autoritäre Organisation der Betriebe nach Art reiner Befehlssysteme in Widerspruch zu den aus Art. 1 und 2

1328 So etwa *Schlaich/Korioth*, Das Bundesverfassungsgericht, Rn. 448.

1329 Die Begrifflichkeit hat über die reine Methodenlehre hinaus Anklang gefunden. Nur auszugsweise: MüKo-StPO/*Kudlich*, Einleitung Rn. 598 ff.; *Voßkuhle*, AöR 125 (2000), 177, 181; *Wank*, JuS 1980, 545, 547 f. jeweils mwN.

1330 Siehe nur *Richardi*, Einl. BetrVG Rn. 42 ff.

1331 Vgl. etwa *Fitting*, § 1 BetrVG Rn. 4; GK/*Wiese*, Einl. BetrVG Rn. 49.

GG abzuleitenden Werteentscheidungen.[1332] Der einzig konkrete Anhaltspunkt findet sich in § 74 Abs. 1 Nr. 12 GG, wo die Betriebsverfassung als Rechtsmaterie der konkurrierenden Gesetzgebung zugewiesen ist.[1333] Zusätzlich angeführt werden zum Teil der Demokratiegedanke sowie gesellschaftliche Grundprinzipien, nach denen Herrschafts- und Leitungsbefugnisse nicht ausschließlich von einer Führungsperson ausgeübt werden sollen, sondern die Entscheidungsfindung (auch) unter der Mitwirkung der Betroffenen erfolgen soll.[1334] Aus diesem Herleitungsmodell ist allerdings nicht zu erkennen, wie ein Mitbestimmungsmodell konkret auszusehen hat. Das Bundesverfassungsgericht hat folgerichtig klargestellt, dass es dem Gesetzgeber nicht vorgeschrieben ist, wie er die Mitbestimmung verwirklicht.[1335] Er genießt somit einen weiten Gestaltungsspielraum, weil das Grundgesetz dem Gesetzgeber keine Marschroute vorgibt.[1336] Deshalb ist auch die gegenwärtige Ausformung des Betriebsverfassungsgesetzes nicht verfassungsfest.[1337]

(2) Eingriffswirkung in die Rechte des Arbeitgebers

Ebenfalls als geklärt anzusehen ist, dass das Betriebsverfassungsgesetz in Bezug auf die Beschränkung der Grundrechtspositionen des Arbeitgebers mit dem Grundgesetz in Einklang steht.[1338] Zwar gibt dieses dem Betriebsrat in Teilen paritätische Mitbestimmungsrechte, deren Beachtung die wirtschaftlich-unternehmerische Entscheidung des Arbeitgebers und damit seine unternehmerische

---

1332 So ausdrücklich *Zöllner/Loritz/Hergenröder*, Arbeitsrecht, § 9 Rn. 42, die sich allerdings klar gegen ein „Grundrecht auf Mitbestimmung“ aussprechen (Rn. 43).

1333 *Fitting*, § 1 BetrVG Rn. 4; *Richardi*, Einl. BetrVG Rn. 43; zu Art. 74 Abs. 1 Nr. 12 GG siehe BeckOK-GG/*Seiler*, Art. 74 GG Rn. 47 ff.

1334 Vgl. BAG 10.12.2002, NZA 2004, 223, 227; *Fitting*, § 1 BetrVG Rn. 4; MünchArbR/*v. Hoyningen-Huene*, § 210 Rn. 2.

1335 BVerfG 1.3.1979, NJW 1979, 699, 701.

1336 *Fitting*, § 1 BetrVG Rn. 4; GK/*Wiese*, Einl. BetrVG Rn. 50; *Richardi*, Einl. BetrVG Rn. 44;

1337 Vgl. GK/*Wiese*, Einl. BetrVG Rn. 50; *Zöllner/Loritz/Hergenröder*, Arbeitsrecht, § 9 Rn. 43; zur Frage welches Niveau der betrieblichen Mitbestimmung durch die Verfassung garantiert wird siehe etwa DKKW/*Trümner*, § 1 BetrVG Rn. 7 ff.

1338 Vgl. nur *Fitting*, § 1 BetrVG Rn. 5; GK/*Wiese*, Einl. BetrVG Rn. 53 ff.; *Richardi*, Einl. BetrVG Rn. 50 ff.; Zur Verfassungsgemäßheit einzelner Mitbestimmungsregelungen vgl. BAG 16.12.1986, NZA 1987, 568; 31.8.1982, NJW 1983, 953; 13.3.1973, AP BetrVG 1972 § 87 Werkmietwohnung Nr. 1 mit zust. Anm. *Richardi*. Bei Einführung des BetrVG 1972 für eine Verfassungswidrigkeit plädierten beispielsweise *Galperin*, Der Regierungsentwurf eines neuen BetrVG, 7 ff.; *Obermayer*, DB 1971, 1715 ff.

Freiheit aus Art. 12 Abs. 1 GG in erheblichem Umfang (mit-)bestimmt.[1339] Diese Einschränkungen sind aber legitimiert durch das Sozialstaatsprinzip, die Sozialbindung des Eigentums und die Schutzpflicht des Staates für die Grundrechte der Arbeitnehmer.[1340] Soweit die (in Teilen erheblichen) finanziellen Verpflichtungen die Substanz des Unternehmens nicht beeinträchtigen, ist das Betriebsverfassungsgesetz auch mit Art. 14 GG vereinbar.[1341]

(3) Eingriffswirkung in die Rechte des einzelnen Arbeitnehmers

Die Eingriffswirkungen im Hinblick auf den einzelnen Arbeitnehmer sind hingegen eher fragmentarisch diskutiert worden.[1342] Obwohl das Betriebsverfassungsgesetz den Schutz der Arbeitnehmer bezweckt, hat die kollektive Interessenvertretung gleichzeitig auch eine Kehrseite in Form der Beschränkung von Individualinteressen.[1343] Betroffen ist der Arbeitnehmer in diesen Fällen in seinen grundrechtlichen Positionen aus Art. 2 Abs. 1 beziehungsweise Art. 12 Abs. 1 GG.[1344] Die dem Arbeitnehmer durch das Betriebsverfassungsgesetz aufgezwungene Interessenvertretung stellt einen Eingriff in seine Privatautonomie dar. Dem Grundsatz nach wäre es allein Sache des Arbeitnehmers, über die Ausgestaltung seiner Arbeitsbedingungen mit dem Arbeitgeber zu verhandeln. Wie tiefgreifend die Einschnitte in die Privatautonomie sein können, wird deutlich, wenn sich Arbeitnehmer und Arbeitgeber auf den Abschluss eines Arbeitsvertrages geeinigt haben, dieser aber aufgrund einer verweigerten Zustimmung des Betriebsrats tatsächlich nicht vollziehbar ist. Die hierdurch eingeschränkte Selbstbestimmung des Einzelnen ist grundsätzlich als Ausfluss von Art. 2 Abs. 1 GG Strukturelement jeder freiheitlichen Gesellschaftsordnung.[1345] Dabei ist es

---

1339 Vgl. nur *Beuthien*, ZfA 1988, 1 ff.; *Martens*, RdA 1989, 164 ff.; *Loritz*, ZfA 1991, 1, 15 ff.

1340 *Fitting*, § 1 BetrVG Rn. 5; GK/*Wiese*, Einl. BetrVG Rn. 53 ff.; *Richardi*, Einl. BetrVG Rn. 52;

1341 *Richardi*, Einl. BetrVG Rn. 51; zur Frage inwieweit Art. 14 GG überhaupt tangiert wird siehe GK/*Wiese*, Einl. BetrVG Rn. 56.

1342 Angerissen bei *Fitting*, § 1 BetrVG Rn. 6; ausführlicher GK/*Wiese*, Einl. BetrVG Rn. 62 ff. Keine Erwähnung finden diese Überlegungen bspw. bei DKKW/*Trümner*, § 1 BetrVG Rn. 4 ff.; *Richardi*, Einl. BetrVG Rn. 42 ff.

1343 Vgl. *Fitting*, § 1 BetrVG Rn. 6; GK/*Wiese*, Einl. BetrVG Rn. 62 ff.

1344 Vgl. *Hammer*, Betriebsverfassungsrechtliche Schutzpflicht, 107; *H. Hanau*, Individualautonomie, 38 ff. Zum verfassungsrechtlichen Schutz des Selbstbestimmungsrechts des Arbeitnehmers auch ausführlich *Wiese*, in: Einwirkungen der Grundrechte auf das Zivilrecht, Öffentliche Recht und Strafrecht, 3, 15 ff.

1345 St. Rspr. BVerfG 3.4.2001, NJW 2001, 1709; 8.4.1997, NJW 1997, 1975, 1976; ferner ErfK/*Schmidt*, Art. 2 GG Rn. 2. Zu den verfassungsrechtlichen Grundlagen

im Wesentlichen unerheblich, ob die Verortung der Selbstbestimmungsfreiheit konkret im Arbeitsleben aus Gründen der Spezialität nicht eher bei Art. 12 Abs. 1 GG anzusiedeln ist.[1346] Dies gilt insbesondere im Hinblick auf die weitgehende „Ergebnisidentität" beider Prüfungsmaßstäbe.[1347]

Soweit die belastende Wirkung der Betriebsverfassung in dieser Hinsicht überhaupt thematisiert wird, soll sich der Eingriff in die Selbstbestimmungsfreiheit des Einzelnen aus einem übergeordneten Schutzgedanken heraus rechtfertigen. Die Regelungen zur Mitbestimmung würden erst den Rahmen schaffen, innerhalb dessen die Arbeitnehmer ihre Grundrechte angemessen verwirklichen können.[1348] Ähnlich ist das Argumentationsmuster des Bundesverfassungsgerichts, soweit es um gesetzliche Regelungen zum Schutz der Arbeitnehmer geht, die gleichzeitig negative Auswirkungen für den Einzelnen haben können.[1349] Zwingende Regelungen des Arbeitsrechts schüfen erst den Rahmen, in dem die mehrheitlich abhängig Beschäftigten ihre Grundrechte aus Art. 12 GG unter angemessenen Bedingungen verwirklichen könnten.[1350] Die Regelungen rechtfertigten sich daraus, dass der Individualarbeitsvertrag vielfach ein unzureichendes Instrument zur Begründung eines sozial angemessenen Arbeitsverhältnisses darstelle.[1351] Ein unzumutbarer Grundrechtsschutz "gegen sich selbst" liege hierin nicht.[1352] In dieser Pauschalität ist dem auf den ersten

---

der Selbstbestimmungsfreiheit siehe auch Maunz/Dürig/*Di Fabio*, Art. 2 GG (77. Lfg. 2016) Rn. 1 ff. Aus rechtsphilosophischer Sicht: *Holzleithner/Somek*, Gerhard Luf – Freiheit als Rechtsprinzip, passim.

1346 Nur auszugsweise für Art. 12 Abs. 1 GG: GK/*Wiese*, Einl. BetrVG Rn. 65. Es liegt freilich nahe dies zu tun. Gleichzeitig erscheint es mühsam und für die hiesige Betrachtung völlig ungeeignet, Fallkonstellationen zu untersuchen, in denen eines der beiden Grundrechte stärker „verwirklicht" ist. So führt Hammer bspw. an, dass die Festsetzung von Altersgrenzen Art. 12 Abs. 1 GG unterfalle, während das Verbot, bei Mittagspausen das Betriebsgelände zu verlassen, sich an Art. 2 Abs. 1 GG zu orientieren habe (*Hammer*, Betriebsverfassungsrechtliche Schutzpflicht, 108 mwN).

1347 ErfK/*Schmidt*, Art. 2 GG Rn. 7; *Hammer*, Betriebsverfassungsrechtliche Schutzpflicht, 108; *H. Hanau*, Individualautonomie, 40; *Söllner*, in: FS Stahlhacke, 519, 520 f.; *Blomeyer*, NZA 1996, 337, 339; *Söllner*, RdA 1989, 144, 148.

1348 GK/*Wiese*, Einl. BetrVG Rn. 65.

1349 Konkret ging es um das Verbot der Arbeitnehmerüberlassung im Baugewerbe. Vgl. BVerfG 6.10.1987, NJW 1988, 1195.

1350 BVerfG 6.10.1987, NJW 1988, 1195, 1198.

1351 BVerfG 6.10.1987, NJW 1988, 1195, 1198; vgl. auch BVerfG 27.2.1973, NJW 1973, 1320, 1321.

1352 BVerfG 6.10.1987, NJW 1988, 1195, 1198.

Blick kaum zu widersprechen. Richtig hieran ist, dass die Beeinträchtigungen des Arbeitnehmers nicht isoliert von den Vorteilen der kollektiven Interessenvertretung gesehen werden können. Schwerlich nachzuvollziehen ist allerdings, dass der Schutz des Einzelnen durch das Kollektiv zugleich mit der Versagung jeder Rechtsschutzmöglichkeit einhergehen soll. Der Gesetzgeber hat den ihm vom Bundesverfassungsgericht zugebilligten Spielraum bei der Gestaltung der Mitbestimmungsordnung[1353] in dieser Hinsicht nicht genutzt und sich bis heute nicht zum ungeklärten Verhältnis von Betriebsrat und Arbeitnehmer geäußert. Was bleibt, sind unvollendet gebliebene Bestrebungen, den Individualschutz in der Betriebsverfassung zu stärken.[1354]

(4) Einschränkung des Justizgewährungsanspruchs

Eng mit diesen Überlegungen verknüpft ist die bis heute weitgehend übersehene Frage, inwieweit mit der aktuellen Ausgestaltung der Betriebsverfassung zugleich auch eine Einschränkung des Rechtsschutzes einhergeht. Durch die staatliche Intervention wird nicht nur die Selbstbestimmungsfreiheit des Arbeitnehmers begrenzt, sondern ihm wird in Teilen auch sein verfassungsrechtlich garantierter Rechtsschutz versagt. Die betriebliche Mitbestimmung führt dazu, dass bestimmte Materien der Rechtskontrolle durch den Arbeitnehmer entzogen werden, die originär im Verhältnis von Arbeitnehmer und Arbeitgeber liegen. Während der Arbeitnehmer zwar eine belastende Betriebsvereinbarung gerichtlich überprüfen lassen kann,[1355] soll dies bei ihn betreffenden personellen Einzelmaßnahmen nicht der Fall sein, obwohl hierdurch unzweifelhaft in die Privatautonomie von Arbeitnehmer und Arbeitgeber eingegriffen wird. Der (mittelbare) Eingriff beruht darauf, dass der Gesetzgeber angehalten ist, die in den grundrechtlichen Freiheitsrechten errichte Wertordnung zu verwirklichen.[1356] Sind Einschränkungen der Selbstbestimmungsfreiheit des Einzelnen allerdings nicht umfassend gerichtlich überprüfbar, ist dies im Hinblick auf Art. 19 Abs. 4 GG bedenklich. Die Vorschrift statuiert ein echtes (subjektives) Grundrecht, das dem Einzelnen einen Anspruch auf Gewährung

1353 Zur Frage der Mitbestimmungsgesetze siehe BVerfG 1.3.1979, NJW 1979, 699, 701.

1354 Vgl. die Ausführungen im 2. Kapitel unter A. I. sowie in diesem Kapitel unter C. IV. 2. b), d).

1355 Vgl. hierzu die Ausführungen im 2. Kapitel, B. II. 5.

1356 *Busche*, Kontrahierungszwang, 59 f.; ausf. zur Theorie der Privatautonomie ebendort, 13 ff. Zu den Schutzpflichten aus Art. 2 Abs. 1 GG siehe etwa BeckOK-GG/*Lang*, Art. 2 GG Rn. 28; ErfK/*Schmidt*, Art. 2 GG Rn. 11.

möglichst effektiven Rechtsschutzes verleiht.[1357] Art. 19 Abs. 4 GG schlägt damit eine wesentliche Brücke zwischen individueller und staatlich-institutioneller Sphäre.[1358] Gleichzeitig wird unter „öffentlicher Gewalt" im Sinne eines restriktiven Verständnisses überwiegend lediglich die vollziehende Gewalt verstanden.[1359] Der Betriebsrat übt im Kern aber keine öffentliche Gewalt aus.[1360] Bezugspunkt für die öffentliche Gewalt kann daher nur die gesetzgeberische Tätigkeit sein, die Fremdbestimmungsordnung für den Arbeitnehmer statuiert zu haben. Das Bundesverfassungsgericht geht allerdings von einem sehr restriktiven Verständnis aus und sieht in der Gesetzgebungsfunktion des Staates keine öffentliche Gewalt im Sinne des Art. 19 Abs. 4 GG.[1361]

Damit der grundrechtliche Schutz in den darüber hinausgehenden Fällen aber nicht leer läuft, erkennt die Rechtsprechung daneben einen allgemeinen Justizgewährungsanspruch an, den es aus Art. 2 Abs. 1 GG in Verbindung mit dem Rechtsstaatsprinzip ableitet.[1362] Mit der staatlichen Justizgewährungspflicht korrespondiert ein jedermann zustehender Justizgewährungsanspruch, der grundsätzlich in gleicher Weise den Zugang zu den Gerichten erschließen muss.[1363] Der Anspruch greift überall dort, wo Rechtsverletzungen auftreten, die der Staat verursacht oder jedenfalls infolge seiner auf dem Gewaltmonopol fußenden Befriedungsfunktion zu verantworten hat.[1364] Dies gilt insbesondere in bürgerlich-rechtlichen Streitigkeiten.[1365] Die gänzliche Versagung von

---

1357 BeckOK-GG/*Enders*, Art. 19 GG Rn. 51; Dreier/*Schulze-Fielitz*, Art. 19 Abs. 4 GG Rn. 39.

1358 Maunz/Dürig/*Schmidt-Aßmann*, Art. 19 Abs. 4 GG (72. Lfg. 2014) Rn. 1.

1359 BVerfG 30.4.2003, AP GG Art. 103 Nr. 64; BeckOK-GG/*Enders*, Art. 19 GG Rn. 55 mwN; ausf. Maunz/Dürig/*Schmidt-Aßmann*, Art. 19 Abs. 4 GG (72. Lfg. 2014) Rn. 52 ff.

1360 Vgl. nur GK/*Wiese*, Einl. BetrVG Rn. 98. Siehe aber auch *Belling*, Haftung des Betriebsrats, 58: der öffentlichen Gewalt ähnlich.

1361 BVerfG 25.1.2005, NJW 2005, 1999, 2001; 23.4.1969, NJW 1969, 1895; 25.6.1968, NJW 1968, 1467; BeckOK-GG/*Enders*, Art. 19 GG Rn. 59; dies wird in großen Teilen der Lit. aber durchaus anders gesehen vgl. nur Maunz/Dürig/*Schmidt-Aßmann*, Art. 19 Abs. 4 GG (72. Lfg. 2014) Rn. 93 ff. mwN; v. Münch/Kunig/*Krebs*, Art. 19 GG Rn. 62.

1362 BVerfG 30.4.2003, NJW 2003, 1924; 2.3.1993, NJW 1993, 1635; Maunz/Dürig/*Schmidt-Aßmann*, Art. 19 Abs. 4 GG (72. Lfg. 2014) Rn. 16 ff.; *Voßkuhle*, NJW 2003, 2193 ff.

1363 So Maunz/Dürig/*Schmidt-Aßmann*, Art. 19 Abs. 4 GG (72. Lfg. 2014) Rn. 16 mit Bezug auf BVerfGE 107, 395, 408 = NJW 2003, 1924.

1364 BeckOK-GG/*Enders*, Art. 19 GG Rn. 51; *Uhle*, in FS Würtenberger, 935, 939.

1365 BVerfG 3.9.2015, NZA 2015, 1403, 1404; 4.11.2008, NJW 2009, 572.

Rechtsschutz gegen die Interessenvertretung ist unter verfassungsrechtlichen Gesichtspunkten vor allem dort höchst problematisch, wo auch eine subsidiäre Durchsetzung der Einzelinteressen nicht möglich oder wirkungslos erscheint. Es wurde bereits dargelegt, dass eine solche subsidiäre Geltendmachung über den Arbeitgeber kaum geeignet ist.

Allerdings darf man nicht dem Trugschluss unterliegen, dass die fehlende Rechtsschutzmöglichkeit allein als Parameter zur verfassungsrechtlichen Beurteilung taugen kann. Das Grundgesetz garantiert mit dem allgemeinen Justizgewährungsanspruch ebenso wie mit Art. 19 Abs. 4 GG Rechtsschutz nur zum Zweck des Schutzes subjektiver Rechte, die von beiden Gewährleistungen vorausgesetzt und nicht selbst geschaffen werden können.[1366] Der Einzelne kann sich auf die Rechtsschutzgarantie nur berufen, wenn er die Verletzung einer Rechtsposition geltend macht, die ihm die Rechtsordnung gewährt.[1367] Das Bestehen von subjektiven Rechten ist somit denklogisch immer eine Vorfrage des Rechtsschutzes. Soweit es um originär betriebsverfassungsrechtliche Rechtspositionen geht, beispielsweise wenn der Arbeitnehmer gegen den Betriebsrat wegen eines willkürlich unterlassenen Widerspruchs vorgehen will, kann der allgemeine Justizgewährungsanspruch nur dann herangezogen werden, wenn bereits geklärt wurde, inwieweit dem Arbeitnehmer hier eigene Rechte zustehen. Anders ist es freilich dann, wenn – wie oben aufgezeigt – die gesetzliche Ausgestaltung den Betriebsrat ermächtigt, ein privatautonom gefundenes Ergebnis zum Nachteil des Arbeitnehmers abzuändern. In diesen Fällen scheint der Eingriff in die durch Art. 2 Abs. 1 geschützte Privatautonomie ohne Eröffnung von Rechtsschutzmöglichkeiten verfassungsrechtlich bedenklich. Im Ergebnis wird man gleichwohl noch zu einem verfassungskonformen Zustand der betrieblichen Mitbestimmung gelangen müssen. Dies gilt insbesondere unter Berücksichtigung der Rechtsprechung des Bundesverfassungsgerichts, die dem Gesetzgeber einen ganz weitreichenden Regelungsspielraum bei der Ausgestaltung der Betriebsverfassung zugebilligt hat.

cc) Verfassungsorientierte Auslegung

Wenn auch die aktuelle Ausgestaltung der betrieblichen Mitbestimmung im Hinblick auf den Individualschutz nicht zwingend verfassungswidrig ist, es also einer verfassungskonformen Auslegung nicht bedarf, stellt sich doch die Frage,

---

1366 BVerfG 13.6.2006, NJW 2006, 3701, 3702; Maunz/Dürig/*Schmidt-Aßmann*, Art. 19 Abs. 4 GG (72. Lfg. 2014) Rn. 16.

1367 BVerfG 13.6.2006, NJW 2006, 3701, 3702.

ob nicht die Möglichkeit eines schonenderen Ausgleichs unter Berücksichtigung aller Interessen möglich und geboten wäre. Hierfür streitet neben dem Rechtsstaatsprinzip auch der als wesentliches Rechtsprinzip anerkannte Verhältnismäßigkeitsgrundsatz.[1368] Greift man zunächst noch einmal die Argumentation auf, wonach die Beeinträchtigungen letztlich mit dem Arbeitnehmerschutz zu rechtfertigen seien, erweist sich dies nicht durchweg als stringenter Gedankengang. *Wiese* führt zwar durchaus zutreffend aus, dass es verfassungsrechtlich nicht zu beanstanden sei und vernünftigen Erwägungen des Gemeinwohls entspräche, wenn der Gesetzgeber Beteiligungsrechte mit den für den einzelnen Arbeitnehmer einschränkenden Wirkungen für erforderlich hielte, weil bei typisierender Betrachtung die Freiheit der Selbstbestimmung des Arbeitnehmers im Hinblick auf seine Einordnung in einen fremden Arbeitsbereich in der Regel zu verneinen sei.[1369] Diese Aussage rechtfertigt aber lediglich die Grundstruktur der Betriebsverfassung und vermag einzelne, oben aufgezählte Problemfelder nicht abschließend zu erklären. Für eine effektive Durchsetzung der Arbeitnehmerrechte scheint es gerade nicht erforderlich, den Betriebsrat gänzlich von der Rechenschaft seines Handelns gegenüber der Belegschaft zu befreien.

Eine Grenze wird man wohl erst dort ziehen müssen, wo eine effektive Interessenwahrnehmung tatsächlich nicht mehr möglich ist. Auch wenn eine ausnahmslose Versagung von Rechtsschutzmöglichkeiten gegen den Betriebsrat nicht mit dem allgemeinen Justizgewährungsanspruch kollidiert, so lässt sie doch eine gewisse Parallelwertung zu. Denn die fehlende Anerkennung von betriebsverfassungsrechtlichen Rechten des Arbeitnehmers und der hieraus resultierenden Rechtsschutzlücke würde bedeuten, dass die Rechtsstellung des Bürgers innerhalb und gegenüber organisierten Zwangsvereinigungen schwächer ausgeprägt wäre als gegenüber der staatlichen Macht.[1370] *Wiese* selbst hält im Übrigen auch eine Verstärkung des Subjektschutzes für durchaus bedenkenswert.[1371] Letztlich kommt es darauf an, inwieweit die Anerkennung subjektiver Rechtspositionen sich noch in die bestehende Systematik der Betriebsverfassung integrieren kann. Die Schmälerung grundrechtlicher Beeinträchtigungen des Arbeitnehmers unter Herausstellung des Schutzzwecks der Betriebsverfassung

---

1368 Vgl. nur *Schlaich/Korioth*, Das Bundesverfassungsgericht, Rn. 518; *Winter*, ZUR 2013, 387 f. Aus privatrechtlicher Sicht grundlegend etwa *Bieder*, Verhältnismäßigkeitsprinzip als Schranke privater Rechtsausübung, passim. Zum Verhältnismäßigkeitsgrundsatz im Arbeitsrecht siehe etwa Schaub/*Treber*, ArbR-HdB, § 192 Rn. 33 ff.

1369 GK/*Wiese*, Einl. BetrVG Rn. 65.

1370 So auch *Biedenkopf*, in: FS Ballerstedt, 13, 26 f.; *Belling*, Haftung des Betriebsrats, 58.

1371 Wenn auch *de lege ferenda* GK/*Wiese*, Einl. BetrVG Rn. 65

steht dabei auf der einen Seite. Interessen des Betriebsrats stehen dem, mangels grundrechtlicher Rechtspositionen,[1372] nicht unmittelbar entgegen. Die konkrete Ausgestaltung muss allerdings die Rechte des Arbeitgebers hinreichend berücksichtigen.[1373] Was als ein verfassungsnäherer Zustand für den Arbeitnehmer erscheint, ist meist nur hinsichtlich einer einzelnen Verfassungsdirektive zutreffend und kann gleichzeitig mit erheblichen Belastungen für den Arbeitgeber verbunden sein.[1374] Dies wäre jedenfalls dann der Fall, wenn Arbeits- und Betriebsablauf wesentlich gestört würden und letztlich auch die Funktionsfähigkeit des gesamtbetrieblichen Handelns über Maß eingeschränkt würde. Der Mittelweg ist, um nochmals auf das einprägsame Zitat von *Buchner* zu sprechen zu kommen, einen Ausgleich zwischen übertriebenem Individualismus „im Sinne eines Infragestellens der Notwendigkeit kollektiver Interessenverfolgung im Betrieb“ und kollektivistischem „Fatalismus, der das Wohl des einzelnen schon deshalb als gewahrt ausgibt, weil die Belegschaft als solche Mitbestimmungsmöglichkeiten hat“ zu finden.[1375]

Will man diese Machtbalance unter Berücksichtigung von § 75 Abs. 1 BetrVG ein Stück weit mehr in Richtung des Individualinteresses verschieben, kann dies jedenfalls nur sehr behutsam gelingen, um nicht generelle Strukturen der Betriebsverfassung zu verschieben. Wenn man eine korrespondierende, subjektive Rechtsposition in § 75 Abs. 1 BetrVG anerkennt, kann diese nicht schrankenlos gewährleistet werden. Nicht jede unerwünschte Handlung des Betriebsrats kann zu Überprüfungsmöglichkeiten durch den betroffenen Arbeitnehmer führen. Dass der Betriebsrat gerade Individual- gegenüber Kollektivinteressen abwägen muss, ist wesentlicher Teil seines Aufgabenspektrums und muss als solches auch erhalten bleiben. Die Durchsetzung von subjektiven Rechten muss auch unter Berücksichtigung der Funktionsmöglichkeiten einer Generalklausel erfolgen. Hierfür ist die Anknüpfung an die konkrete Benachteiligung und die Form der Intensität von entscheidender Bedeutung. Wenn die Anerkennung eigener Rechte in Einklang gebracht werden kann mit der Funktionsfähigkeit der kollektiven Interessenvertretung und des betrieblichen

1372 Zur begrenzten Grundrechtsfähigkeit des Betriebsrats siehe *Richardi*, Einl. BetrVG Rn. 116 f.; ferner GK/*Wiese*, Einl. BetrVG Rn. 70.

1373 Vgl. etwa *Däubler*, NZA 1988, 857, 861, der die Verhinderung weiterer Individualinteressen auch viel eher den Arbeitgeberverbänden zuschreibt, da diese an einem funktionsfähigen und verlässlichen Gesprächspartner interessiert seien.

1374 Zu dieser Grundproblematik der verfassungsorientierten Auslegung: *Reimer*, Juristische Methodenlehre, Rn. 400.

1375 *Buchner*, in: Innerbetriebliche Arbeitnehmerkonflikte, 35 f.

Ablaufs, ist dies zugleich der schonendste Ausgleich aller Interessen. Soweit diese Aspekte gewahrt bleiben, ist ein verändertes Verständnis mit der Anerkennung von subjektiven (betriebsverfassungsrechtlichen) Rechtspositionen auch unter verfassungsrechtlichen Gesichtspunkten geboten.

3. *Die sozialethischen Anschauungen und Bewertungen der Sozietät beziehungsweise der beteiligten Verkehrskreise*

Die Notwendigkeit einer verbesserten Individualstellung im Betrieb ist mittlerweile aber auch im gesellschaftlichen Diskurs angekommen. Während zunächst korrumpierte Betriebsräte in namhaften deutschen Firmen Schlagzeilen machten, wurde zuletzt vermehrt das generelle Machtgefüge zwischen Betriebsrat und Individuum thematisiert.[1376] Dem Grunde nach sichern die über Jahrzehnte gewachsenen Machtstrukturen einflussreicher Betriebsräte, wie beispielsweise im Unternehmen der VW AG, effektiv die Interessen der Belegschaft.[1377]

a) Gesellschaftliche Akzeptanz im Wandel

Die erhebliche Machtfülle mancher Betriebsratsvorsitzenden hat jedoch nicht erst mit den Korruptionsaffären die Schattenseiten einer weitgehend unkontrollierten Belegschaftsvertretung offenbart. Denn das berufliche Fortkommen hängt dann vielfach von der „richtigen" Einstellung zum Betriebsrat ab. Dieser agiert nicht selten trotz gesetzlich verordneter, gewerkschaftspolitischer Neutralität als verlängerter Arm der Gewerkschaften im Betrieb.[1378] So wird man ohne Mitgliedschaft in der IG Metall bei Volkswagen nur sehr schwer Unterstützung durch den Betriebsrat erfahren.[1379] In anderen großen deutschen Unternehmen sieht dies nicht viel anders aus. Wer zu Zeiten der Sanierung der Adam Opel AG das Auftreten des damaligen Betriebsratsvorsitzenden *Klaus Franz* verfolgt hat,

---

1376 Sehr ausführlich wird die Macht des VW-Betriebsrats in folgendem schon erwähnten Artikel beleuchtet: http://www.zeit.de/2016/16/volkswagen-ig-metall-betriebsrat-unternehmenskultur (letztmalig abgerufen am 6.1.2017).

1377 Dass eine zu große Machtfülle gleichzeitig notwendige Entwicklungsschritte hindern kann, lässt sich sicher nicht völlig abstreiten, ist hier aber nicht von weiterer Bedeutung. Dazu etwa http://www.zeit.de/2016/16/volkswagen-ig-metall-betriebsrat-unternehmenskultur/seite-5 (letztmalig abgerufen am 6.1.2017).

1378 Vgl. DKKW/*Däubler*, Einl. BetrVG Rn. 60; *ders.*, NZA 1988, 857, 860: über 70% der BR-Mitglieder sind gewerkschaftlich organisiert.

1379 Siehe http://www.zeit.de/2016/16/volkswagen-ig-metall-betriebsrat-unternehmenskultur (letztmalig abgerufen am 6.1.2017).

dem war nicht gleich bewusst, wer die eigentliche Führungsmacht innehielt.[1380] Auch hier brachte das Betriebsratsamt mit „richtiger“ gewerkschaftlicher Ausrichtung erstaunliche materielle Vorteile.[1381] Die bekannt gewordenen Beispiele, insbesondere die der korrumpierten Betriebsratsmitglieder, bilden zwar Sonderfälle ab, sie stehen aber für ein sich weiter verfestigendes Bild, wonach sich der Betriebsrat durchaus von dem einzelnen Arbeitnehmer entfernt. Die betriebliche Interessenvertretung und die dahinterstehende Gewerkschaft[1382] werden immer weniger als solche wahr- und angenommen. Wenn originär juristische Fragen vermehrt auch Aufmerksamkeit in allgemeinen Tageszeitungen finden, spricht dies für eine hohe Sensibilisierung bezüglich dieses Themenkreises. Damit einherzugehen scheint ein Trend, der die Individualisierung auch auf gesellschaftlicher Ebene weiter vorantreibt und propagiert.[1383] Umso weniger Verständnis bleibt für die betriebliche Fremdbestimmung. Insbesondere dann, wenn es bereits zu Konflikten mit dem Betriebsrat kam, etwa, weil man den Gewerkschaftsbeitritt verweigerte, erkannte man im Betriebsrat nicht länger den geeigneten Interessenvertreter der gesamten Belegschaft. Dieser Konflikt droht sich dort weiter zu verschärfen, wo zwei in etwa gleich starke Gewerkschaften im Betrieb vertreten sind. Im Hinblick auf § 4a TVG setzt sich am Ende nur der Tarifvertrag der Mehrheitsgewerkschaft durch.[1384] Das Bundesverfassungsgericht hat die gesetzlichen Änderungen für weitgehend mit dem Grundgesetz vereinbar gehalten.[1385] In solchen Fällen kann eine eigene subjektive Rechtsposition

---

1380 Zur Person vgl. http://www.handelsblatt.com/unternehmen/management/klaus-franz-der-maechtigste-opelaner-muss-gehen/5873142.html (letztmalig abgerufen am 6.1.2017).

1381 Siehe etwa den Beitrag in der FAZ: http://www.faz.net/aktuell/wirtschaft/automobilindustrie/rechtswidrige-lohnzuschlaege-opel-schmiert-seine-betriebsraete-11494339.html (letztmalig abgerufen am 6.1.2017).

1382 In der Praxis sind rund 70–80% der Betriebsratsmitglieder gewerkschaftlich organisiert. Vgl. *Däubler*, NZA 1988, 857, 860 mit Bezug auf die Ergebnisse der Betriebsratswahlen von 1972 und 1984. Die Tendenz scheint allerdings rückläufig, wenn man aktuellere Ergebnisse heranzieht: vgl. http://www.faz.net/aktuell/wirtschaft/wirtschaftspolitik/wahl-der-kampf-der-gewerkschaften-um-die-betriebsraete-12912684.html (letztmalig abgerufen am 4.1.2017).

1383 Kritisch und instruktiv zu dieser Entwicklung etwa der Beitrag von *Mühl* in: http://www.faz.net/aktuell/feuilleton/debatten/narzissmus-ist-das-krankheitsbild-unserer-zeit-13443497.html (letztmalig abgerufen am 6.2.2017).

1384 Siehe hierzu etwa nur ErfK/*Franzen*, § 4a TVG Rn. 1; *Fischer*, NZA 2015, 662 ff. Ausf. dazu auch bereits im 2. Kapitel, A. II.

1385 BVerfG 11.7.2017, NZA 2017, 915.

den Arbeitnehmer nicht nur vor willkürlichen Maßnahmen schützen, sondern zugleich das Vertrauen in den Betriebsrat wieder erhöhen. Allein die potentielle Überprüfbarkeit betriebsrätlichen Handelns und, wie noch im Einzelnen auszuführen sein wird, etwaige Sanktionsmöglichkeiten bei einem Verstoß gegen § 75 BetrVG, dürften auch auf Seiten des Betriebsrats wieder zu einem sorgsameren Umgang mit den ihm zugeteilten Rechten führen. Denn Machterteilung bedarf, auch aus einer staatsrechtlichen Perspektive heraus, stets eines Gegenpols durch strikte und effektive Kontrolle („check and balances")[1386].

b) Informationsasymmetrie und Prinzipal-Agenten-Theorie

Die fehlende Kontrolle bedingt aber auch eine Informationsasymmetrie. Der Betriebsrat wird im Verhältnis zum Arbeitnehmer regelmäßig einen Wissensvorsprung aufweisen. Zu den hieraus erwachsenen Gefahren finden sich Vergleichbarkeiten in den Wirtschaftswissenschaften. Die Neue Institutionenökonomik kennt ähnliche Konstellationen in der Prinzipal-Agenten-Theorie.[1387] Da es nicht sinnvoll oder sogar unmöglich ist, die Aktivitäten des Agenten zu kontrollieren, erwachsen diesem Handlungsspielräume, die es ihm erlauben auch eigene Interessen zu verfolgen.[1388] Diese müssen nicht unbedingt im Einklang mit denen des Prinzipals stehen.[1389] Die drohende Ineffizienz und die Verfolgung eigener Ziel des Agenten wird in der Wirtschaftswissenschaft durch Anreizfunktionen, regelmäßig leistungsabhängige Zahlungen, ausgeglichen.[1390] Den Erfolg der Betriebsratsarbeit wird man praktisch kaum von bestimmten Faktoren abhängig machen können, sodass ein derartiges Anreizsystem ausscheidet. Geldzahlungen an den Betriebsrat haben in der Vergangenheit im Übrigen ganz andere Probleme zutage gefördert. In der Betriebsverfassung wird man dem Konflikt nur dann gerecht, wenn man die Kernproblematik erst gar nicht entstehen lässt und einen notwendigen Anreiz setzt, indem man die sachgemäße Amtsausübung mit der durchsetzbaren Androhung von Sanktionen verknüpft. Im Ergebnis widersprechen daher die fehlenden Kontrollmöglichkeiten und der

---

1386 Dazu etwa *Hübner/Münch*, Das politische System der USA, 116.

1387 Siehe hierzu nur *Erlei/Leschke/Sauerland*, Neue Institutionenökonomik, 95 ff. *Rieble/Klumpp/Gistel*, Rechtsmißbrauch in der Betriebsverfassung, 17 (Rn. 24) haben darauf hingewiesen, dass dieses Problem auch in der Betriebsverfassung existieren kann.

1388 *Meyer*, Prinzipale, Agenten und ökonomische Methode, 62.

1389 *Meyer*, Prinzipale, Agenten und ökonomische Methode, 62.

1390 Zu den Lösungen bei asymmetrischen Informationen: *Meyer*, Prinzipale, Agenten und ökonomische Methode, 81 ff. Vgl. auch *Dilger*, ZfP 2001, 132, 135 f.

in der Betriebsfassung kaum existierende Minderheitenschutz[1391] nicht nur allgemein anerkannten Rechtsprinzipien und vergleichbaren Regelungssystemen, sondern sie lassen sich auch mit der sozialethisch vorherrschenden Anschauung und den beteiligten Verkehrskreisen kaum in Einklang bringen.

4. Rechtsvergleichend: The Duty of Fair Representation

Dieses Ergebnis wird weiter bestärkt, wenn man einen kurzen rechtsvergleichenden Blick wagt. Es ist das Verdienst *Bellings*, den Grundsatz der *duty of fair representation* erstmals mit der betriebsverfassungsrechtlichen Interessenlage verknüpft zu haben.[1392] Im amerikanischen Arbeitsrecht droht dem Arbeitnehmer eine erhebliche Abhängigkeit von der Mehrheitsgewerkschaft. Denn die stärkste Gewerkschaft erhält als *bargaining unit* die Alleinvertretung für alle Arbeitnehmer in der entsprechenden Verhandlungseinheit und das ganz unabhängig davon, ob sie der Mehrheitsgewerkschaft angehören.[1393] Die Mitgliedschaft in einer anderen Gewerkschaft entbindet sie ebenso nicht von der Zwangsrepräsentation, wie die bewusste Entscheidung sich nicht zu organisieren.[1394] Für den Arbeitnehmer kann das noch gravierendere Auswirkungen als im deutschen Recht haben, da auch Rechtsverstöße des Arbeitgebers regelmäßig nicht gerichtlich überprüfbar sind, sondern in einem von den Gewerkschaften kontrollierten Schlichtungsverfahren geltend gemacht werden müssen.[1395] Der Supreme Court hat schon Mitte des 20. Jahrhunderts erkannt, dass diese Abhängigkeiten Rechtsmissbrauch fördern können.[1396] Die Lösung fand man in einem besonderen Pflichtenverhältnis zwischen Gewerkschaft und einzelnem Arbeitnehmer. Die *duty of fair representation* enthält aber nicht nur eine gegenseitige

---

1391 Vgl. BAG 29.4.2015, NZA 2015, 1397, 1403; 21.7.2004, NZA 2005, 170; 11.6.1997, NZA 1997, 1301. Kritisch und für eine weitergehende Regelung durch den Gesetzgeber bereits früh *Galperin*, RdA 1968, 445 ff.

1392 Ausf. dazu *Belling*, Haftung des Betriebsrats, 58 ff. Zu diesem Grundsatz umfassend etwa *Clark*, 51 Tex. L. Rev. 1119 (1972–1973).

1393 Grundlegend etwa *Aaron*, 22 Ohio St. L. J. 39 (1961). Aus der deutschsprachigen Literatur etwa *Gamillscheg*, ZfA 1975, 357, 386 ff. Vgl. auch *Frandsen v. Brotherhood of Railway, Airline and Steamship Clerks*, 782 F.2d 674 (1986).

1394 Vgl. *Gamillscheg*, ZfA 1975, 357, 387.

1395 *Belling*, Haftung des Betriebsrats, 60.

1396 Siehe bereits *Steele v. Louisville & Nashville Railroad Company*, 323 U.S. 192 (1944). Sehr deutlich in *Frandsen v. Brotherhood of Railway, Airline and Steamship Clerks*, 782 F.2d 674 (1986).

Rücksichtnahmepflicht,[1397] sondern eröffnet dem Arbeitnehmer auch die Möglichkeit des gerichtlichen Rechtsschutzes.[1398] Die Ausgestaltung durch den Supreme Court hat dabei gezeigt, dass es durchaus möglich ist, den Rechten des Einzelnen einen hohen Stellenwert einzuräumen und gleichzeitig an der kollektiven Interessenvertretung festzuhalten.[1399] Wörtlich heißt es hierzu im Fall *Frandsen v. Brotherhood of Railway, Airline and Steamship Clerks*: „In such a system, if individual employees are not to be deprived of all effective means of protecting their own interests, it must be the duty of the representative organization to serve the interests of all members without hostility or discrimination toward any, to exercise its discretion with complete good faith and honesty, and to avoid arbitrary conduct."[1400] Indem also diese Verpflichtung nicht nur inhaltsleere Programmatik blieb, sondern für den Einzelnen tatsächlich gerichtlich erzwingbar wurde, hat man im amerikanischen Recht diese Schutzlücke zu schließen vermocht.

5. *Zusammenfassung*

Die vorweggegangenen Ausführungen haben gezeigt, dass § 75 Abs. 1 BetrVG als betriebsverfassungsrechtliche Generalklausel einer weitgehenden Konkretisierung zugänglich ist. Im Rahmen dieser ist die Anerkennung einer subjektiven Rechtsposition des einzelnen Arbeitnehmers möglich. Nur so kann einer institutionell bedingten, sachwidrigen Machtausübung des Betriebsrats entgegengewirkt werden. Eine eigene Rechtsposition des einzelnen Arbeitnehmers ist dabei nicht nur in Anbetracht des Schutzzwecks der Betriebsverfassung dringend geboten. Auch wenn sie nicht ohne Reibungen in die betriebsverfassungsrechtliche Systematik zu integrieren sein wird, so sprechen die weiteren Auslegungsaspekte eine klare Sprache. Die zwangsweise Unterwerfung unter eine Fremdbestimmungsordnung, die sich der eigenen gerichtlichen Kontrolle entzieht, lässt sich auch in einer Parallelwertung zu den Regelungen im Bausowie Kartellrecht kaum aufrechterhalten. Sie ist auch nicht ohne Weiteres mit verfassungsrechtlichen Grundsätzen in Einklang zu bringen. Dies gilt in erster Linie für die Selbstbestimmungsfreiheit des Einzelnen gemäß Art. 2 Abs. 1 GG, aber auch hinsichtlich der Einschränkung des Justizgewährungsanspruchs nach

1397 Ausdrücklich etwa in *Bowen v. United States Postal Service*, 103 S. Ct. 588, 596f. (1983): „a corresponding duty to discharge that responsibility faithfully".

1398 Siehe etwa *Clark*, 51 Tex. L. Rev. 1119, 1444 f. (1972–1973).

1399 Vgl. *Belling*, Haftung des Betriebsrats, 61.

1400 782 F.2d 674 (1986).

Art. 19 Abs. 4 GG. Letztlich scheint sich auch eine gesellschaftliche Veränderung vollzogen zu haben, welche mit immer deutlicherer Skepsis gegenüber den Interessenvertretern einhergeht. Die umfangreiche Macht des Betriebsrats darf nicht mehr allein in der Kontrolle des Arbeitgebers liegen. Auch das haben die Bestechungsskandale in großen deutschen Betriebsräten eindrucksvoll gezeigt. Gegen eigene Rechte der Arbeitnehmer und damit einhergehende Kontrollmöglichkeiten spricht im Ganzen betrachtet einzig und allein die Gefahr des drohenden Systemkollapses. Ständige Anträge und gerichtliche Verfahren durch Querulanten könnten das System der betrieblichen Mitbestimmung zum Erliegen bringen. Diese Bedenken sind berechtigt und sehr ernst zu nehmen. Sie sind zugleich aber eine Frage der konkreten Umsetzung und dürfen nicht dazu führen, dass die Verbesserung des Individualschutzes ein dauerhaftes Tabu bleibt. Dies hat auch ein rechtsvergleichender Blick gelehrt. Denn die Anerkennung einer subjektiven Rechtsposition sichert zugleich die weitere Funktionsfähigkeit und Akzeptanz der bewährten betrieblichen Mitbestimmung. Indem der betroffene Arbeitnehmer erstmals tatsächlich durchsetzbare Ansprüche erhält, ändert sich gleichzeitig grundlegend seine Stellung in der Betriebsverfassung. Der Arbeitnehmer ist damit vollwertiges Subjekt in der bis dato nur unzureichend erfassten Beziehung der drei betriebsverfassungsrechtlichen Akteure.

4. Kapitel – Umsetzung

A. Erste Umsetzungsgedanken und Durchsetzungsmöglichkeiten

Die bisherigen Ausführungen blieben gänzlich unvollständig, würde man die Umsetzung subjektiver Rechtspositionen des Arbeitnehmers nicht zumindest in groben Schattierungen vorzeichnen. Gemeint sind damit aber keine umfassenden und fertigen Lösungsansätze. Gleichwohl soll das Verständnis nicht nur auf abstrakt-theoretischer Ebene verweilen, sondern der hier entwickelte Ansatze anhand einiger relevanter Beispiele konkret untersucht werden. Primär liegt der Fokus dabei auch der Frage, inwieweit dem herausgearbeiteten theoretischen Verständnis von § 75 Abs. 1 BetrVG auch tatsächlich zur Geltung verholfen werden kann. Der äußere Rahmen bleibt durch die grundsätzliche Entscheidung des Gesetzgebers, die Interessen der Arbeitnehmer im Sinne einer Zwangsrepräsentation im Betrieb zu verwirklichen, bestimmt. Das subjektive Recht muss auf die Behandlung nach den Grundsätzen von Recht und Billigkeit beschränkt bleiben und kann nur in Verbindung mit der jeweiligen Vorschrift Ausstrahlwirkungen auf betriebsverfassungsrechtliche Fragestellungen haben.

Das betriebsverfassungsrechtliche Regelungskonstrukt setzt einem solchen Verständnis bereits weitgehende Grenzen. Der Systematik des Gesetzes ist die Durchsetzung eigener Arbeitnehmerrechte weitgehend fremd. Die Mitentscheidungsbefugnisse des Betriebsrats sollen auch nicht zu subjektiven Rechten des Arbeitnehmers umdeklariert werden.[1401] Soweit der Betroffene nunmehr aber in der Lage ist, auch gesetzlich bestehende Regelungssysteme eigenständig zu nutzen, kollidiert dies mit der ursprünglichen Regelungsabsicht. Die Geltendmachung eigener Rechte gegen den Betriebsrat ist bisher lediglich auf den Arbeitgeber zugeschnitten, was zwangsläufig Folgefragen im Rahmen der gerichtlichen Durchsetzung aufwerfen wird.[1402] Steht der Betriebsrat vermehrt als Anspruchsgegner vor Gericht, gewinnt die Diskussion um die Haftung des Betriebsrats und einer entsprechenden Vollstreckungsmöglichkeit gerichtlicher Beschlüsse gegenüber ihm neu an Brisanz.[1403] Als adäquates Verfahren wird

---

1401 Es bleibt insoweit bei dem Verständnis der h.M.: vgl. etwa *Fitting*, § 1 BetrVG Rn. 195 ff.; GK/*Franzen*, § 1 BetrVG Rn. 63; *Richardi*, Einl. BetrVG Rn. 99.

1402 Vgl. *Hartmann*, ZfA 2008, 383, 400 ff.

1403 Zur partiellen Vermögensrechtsfähigkeit des Betriebsrats vgl. nur BAG 24.4.1986, AP BetrVG 1972 § 87 Sozialeinrichtung Nr. 7 mit Anm. *Mühl*; DKKW/*Wedde*, Einl.

in allen diesen Fällen wohl nur das arbeitsgerichtliche Beschlussverfahren in Betracht kommen können.[1404]

Das Hauptproblem wird, wie sich bereits im Rahmen der Konkretisierung herauskristallisiert hat, ganz eindeutig in der Bestimmung der Grenzen des Individualschutzes zu sehen sein. Da der Betriebsrat durchaus gute Gründe für sein Handeln haben kann, muss ein weiter Entscheidungsspielraum verbleiben. Zwar kann sich der Betriebsrat, anders als etwa der Arbeitgeber, hierbei nicht auf verfassungsrechtliche Rechtspositionen berufen. Um aber eine effektive Interessenvertretung zu gewährleisten, bedarf es auch hier eines autonomen Handelns. Wann und wie der Betriebsrat seine Mitentscheidungsbefugnisse nutzt, soll im Kern ihm überlassen sein. Dabei soll selbst mitbestimmungswidriges Verhalten des Arbeitgebers nicht stets zum Eingreifen verpflichten.[1405] Insoweit billigt man ihm ein pflichtgemäßes Ermessen zu.[1406] Der Unterschied zum bisherigen Verständnis liegt indes darin, dass dieser Gestaltungsspielraum nicht mehr kontrollfrei bleibt. Grenzen sind jedenfalls dort zu ziehen, wo offensichtlich willkürliche oder diskriminierende Motive zugrunde liegen. Damit ist allerdings noch kein Wort über die konkrete Geltendmachung verloren. Einzelne Arbeitnehmer könnten, jedenfalls ohne weitere Einschränkungen, durch ständige Beschlussverfahren die Betriebsratsarbeit erheblich erschweren oder gar zum Erliegen bringen und zudem immense Kosten für den Arbeitgeber produzieren.[1407]

Diese und viele weitere Fragen bedürfen der Klärung, wenn nunmehr der Arbeitnehmer als dritter Akteur in das System eintritt. Das Ziel ist es aufzuzeigen, dass die Subjektivierung von Arbeitnehmerinteressen in der Betriebsverfassung tatsächlich möglich ist. Unabhängig davon, ob man dem hier verfolgten Herleitungsansatz folgen will oder eine Verbesserung nur *de lege ferenda* für möglich hält, wird man sich diesen Umsetzungsfragen stellen müssen.

BetrVG Rn. 142; *Fitting*, § 1 BetrVG Rn. 194 ff.; GK/*Franzen*, § 1 BetrVG Rn. 72 ff.; *Hager*, in: FS Köhler, 229 ff.

1404 So auch *Blomeyer*, in: GS Dietz, 147, 173; ferner *Koloczek*, Leistungsansprüche gegen den Betriebsrat, 145 f.; *Niederalt*, Individualrechte, 261 ff.; *Pouyadou*, Abhängigkeit des Arbeitnehmers vom Betriebsrat, 219 ff. Grundsätzlich auch GK/*Franzen*, Einl. § 81 BetrVG Rn. 32. Anders wohl *Cosack*, Untreue von Betriebsräten, 56 Rn. 192, die für eine Durchsetzung im Urteilsverfahren zumindest im Hinblick auf Schadensersatzansprüche plädiert.

1405 BAG 19.1.2010, NZA 2010, 592, 593.

1406 BAG 19.1.2010, NZA 2010, 592, 593; GK/*Oetker*, § 23 BetrVG Rn. 23.

1407 Vgl. etwa die Bedenken bei *Stöckl*, Das rechtliche Verhältnis zwischen Betriebsrat und Arbeitnehmer, 216 f.

B. Grundfragen zum Anspruch aus § 75 Abs. 1 BetrVG

Nach dem hier vertretenen Verständnis bestehen eigene betriebsverfassungsrechtliche Rechtspositionen des Arbeitnehmers aus § 75 Abs. 1 BetrVG. Die Anerkennung einer solchen subjektiven Rechtsposition im Sinne eines eigenen (betriebsverfassungsrechtlichen) Anspruchs auf die in § 75 Abs. 1 BetrVG niedergelegte Behandlung richtet sich zunächst einmal gegen beide Betriebsparteien. Während entsprechende Ansprüche im Verhältnis zum Arbeitgeber bereits individualvertraglich bestehen, sind Ansprüche gegenüber dem Betriebsrat bisher nicht anerkannt und damit völlig ungeklärt. Ein eigenes subjektives Recht führt zunächst dazu, dass der Arbeitnehmer überhaupt erstmals die Möglichkeit erhält, seine Rechte gegenüber dem Betriebsrat gerichtlich geltend zu machen. Die Reichweite dieses Rechts sowie die Bestimmung seiner Grenzen wurden bereits als zentrale Probleme herausgestellt. Im Sinne eines möglichst schonenden Ausgleichs aller entgegenstreitenden Interessen kann die Geltendmachung eigener betriebsverfassungsrechtlicher Positionen nur reichen, soweit sie durch die Intenstität des Eingriffs zwingend geboten ist. Hier gelangen die bereits gefundenden Interventionsformen zu einer besonderen Bedeutung. Der Grad der Intervention kann den Grad der Rechtsdurchsetzung bedingen und damit den Kreis schließen zwischen dem Subjektschutz des Einzelnen und der effektiven Interessenwahrung aller durch das Kollektiv. Eine solche Überlegung schließt letztlich auch das originäre Verständnis von § 75 Abs. 1 BetrVG mit ein, wonach die Norm lediglich Schranken ziehen und sicherstellen soll, dass der Zweck des Gesetzes, nämlich dem Einzelnen zu dienen, maßgebende Richtschnur der Ausübung betriebsverfassungsrechtlicher Rechte bleibt.[1408]

I. Abstrakter Inhalt des Anspruchs (Das Konzept)

Knüpft man die Rechtsdurchsetzung also an die Intensität der Beeinträchtigung, ergeben sich unter Zugrundelegung der hier gebildeten Interventionsformen folgende abstrakte Anspruchsinhalte.

Bei *extensiven Interventionen* des Betriebsrats soll das subjektive Recht des Arbeitnehmers ohne weitere Einschränkung bestehen. Das heißt, ihm stehen unmittelbar Ansprüche gegen den Betriebsrat aufgrund von § 75 Abs. 1 BetrVG zu. Spricht sich der Betriebsrat etwa gegen die Teilnahme eines bestimmten Arbeitnehmers an einer betrieblichen Fortbildungsmaßnahme aus und unternimmt der Arbeitgeber trotz zuvor erteilter Zusage zur Fortbildung nichts, kann

1408 Vgl. GK/*Wiese*, Einl. BetrVG Rn. 87.

der Arbeitnehmer unmittelbar gegen den Betriebsrat vorgehen. Stellt sich der Betriebsrat quer oder legt keine plausiblen Gründe für die Verweigerung vor, kann der Arbeitnehmer auch die gerichtliche Überprüfung forcieren. Allein diese Drohkulisse dürfte die Hemmschwelle für sachwidrige Handlungen erheblich anheben. Damit einhergehen soll eine sogleich noch im Einzelnen zu erörternde Haftung für Amtspflichtverletzungen. Besteht bereits ein gesetzliches Regelungssystem ist in Betracht zu ziehen, ob der Arbeitnehmer dieses nicht primär beschreiten muss, um seine Rechte durchzusetzen. Dabei ist in erster Linie an ein eigenes Antragsrecht entsprechend § 99 Abs. 4 BetrVG zu denken, um die Zustimmungsverweigerung des Betriebsrats zu einer personellen Maßnahme zu überprüfen und gegebenenfalls ersetzen zu lassen.

Verhindert der Betriebsrat aber etwa durch die sachwidrige Ausübung seines Mitbestimmungsrechts ein, auch für einzelne Arbeitnehmer günstiges, Termingeschäft,[1409] stellt sich die Frage des unmittelbaren Vorgehens gegen den Betriebsrat. Im Rahmen von § 87 BetrVG drängt sich die Frage auf, ob der Arbeitnehmer nunmehr auch in der Lage sein soll, selbstständig die Einigungsstelle anzurufen. Hält man dies für nicht möglich, bleibt ein mögliches Vorgehen unmittelbar gegen den Betriebsrat im Beschlussverfahren. Ein solches kann grundsätzlich auch im vorläufigen Rechtsschutz erfolgen.[1410] Die Ausgestaltung des Anspruchs müsste aber stets das Ermessen des Betriebsrats im Auge behalten, und wird sich daher regelmäßig nicht auf die Zweckmäßigkeit, sondern nur auf die Rechtmäßigkeit der Maßnahme beziehen können.[1411] Die tatsächlich gewünschte Handlung, in diesem Fall die Zustimmung zur Maßnahme des Arbeitgebers, wird der Arbeitnehmer nur dann durchsetzen können, wenn nur sie als einzige sachgemäße Option bestehen bleibt. Angelehnt an das öffentliche Recht wäre eine solche, gebundene Entscheidung nur bei einer „Ermessensreduzierung auf Null" anzunehmen.[1412] Offensichtlich sachwidrige Motive wird man jedenfalls dann vermuten können, wenn die Entscheidung unmittelbar an eine Begünstigung der entsprechenden Betriebsratsmitglieder geknüpft war.[1413]

Stellt sich die infrage stehende Beeinträchtigung als *reduzierte Intervention* im Hinblick auf die Individualinteressen dar, wird man regelmäßig keinen

1409 Konkret geht es hier um § 87 Abs. 1 Nr. 3 BetrVG. Zum Beispielsfalls siehe oben im 2. Kapitel, B. III. 5. a) aa).

1410 Zum einstweiligen Rechtsschutz siehe ausf. unter C. I. 1. a) cc) (4).

1411 So auch *v. Hoyningen-Huene*, ZRP 1978, 181, 185.

1412 Aus dem Polizeirecht etwa BeckOK-PolG.BW/*Trurnit*, § 3 PolG Rn. 15 ff.

1413 So etwa in der bereits oben diskutieren Fallgestaltung des LAG Sachsen 27.08.2008 – 2 Sa 752/07 – juris.

unmittelbaren Anspruch anerkennen können. Die Ermessensentscheidung, beispielsweise in einer bestimmten Sache tätig zu werden, liegt grundsätzlich beim Betriebsrat. Zu klären ist hier aber, ob die Geltendmachung besonderer Gründe, die für einen evidenten Ermessensfehler sprechen, möglicherweise zur gerichtlichen Überprüfung und gegebenenfalls zur Neubeurteilung führen kann. Auch die Intensität der Auswirkungen im Einzelfall könnte eine andere Beurteilung rechtfertigen. Intensiv soll die Frage einer *reduzierten Intervention* im Rahmen von § 102 BetrVG untersucht werden. Jedenfalls erscheinen in diesen Fällen zur effektiven Sicherung der Arbeitnehmerinteressen zumindest Sekundäransprüche nicht ausgeschlossen.

Bei einer nur *obstruierenden Intervention* soll das unmittelbare Vorgehen gegen den Betriebsrat von vornherein versperrt bleiben. Hier besteht grundsätzlich die Möglichkeit der anderweitigen Rechtsdurchsetzung,[1414] die der Arbeitnehmer wählen muss, auch wenn er im Einzelfall mit erheblichen Schwierigkeiten bei der Rechtsdurchsetzung zu kämpfen hat. Eine solche im Sinne des Subsidiaritätsgrundsatzes verstandene Auslegung verhindert innerbetriebliche Konflikte dort, wo sie nicht zwingend notwendig sind. Zugleich beschränkt sie die bisher nicht vorgesehene Möglichkeit unmittelbar gegen den Betriebsrat vorzugehen auf das absolut Erforderliche. Für den einzelnen Arbeitnehmer kann das im Ergebnis durchaus bedeuten, dass er sich auch gegen stetige Amtspflichtsverletzungen nicht unmittelbar gegen den Betriebsrat zur Wehr setzen kann. Dieses Defizit ist jedoch hinzunehmen. Die Verwirklichung des Individualschutzes kann zwar zur Einschränkung der Funktionsfähigkeit der betrieblichen Interessenvertretung führen, sie darf sie aber in keinem Fall über Gebühr belasten.

Geht es also nur um *obstruierende Interventionen*, wird man in der Gesamtabwägung die Geltendmachung eigener Rechte ablehnen müssen. Solche Beeinträchtigungen treten etwa dann auf, wenn der Betriebsrat diskriminierende und im Ergebnis bewusst unwirksame Betriebsvereinbarungen mit dem Arbeitgeber abschließt. Allerdings besteht hier, wenn auch nur unter Berücksichtigung der vertraglichen Beziehungen zwischen Arbeitnehmer und Arbeitgeber, hinreichender Rechtsschutz. Die Anerkennung von eigenen Rechten kann aber nicht weitergehen, als sie zwingend geboten ist.

1414 Zur Durchsetzbarkeit der Grundsätze nach § 75 Abs. 1 BetrVG auch im Rahmen bestehender Fürsorge- und Schutzpflichten siehe ErfK/*Kania*, § 75 BetrVG Rn. 1.

II. Haftung bei Verstößen gegen § 75 Abs. 1 BetrVG

Vielfach wird der Arbeitnehmer aber auch mit einer bereits ergangenen Entscheidung konfrontiert werden, sodass die Frage eines etwaigen Schadensersatzes relevant wird. Geht es um wiederkehrende Handlungen, kann auch ein Unterlassungsanspruch in Betracht kommen. Unterschätzt werden darf dabei nicht der Präventiveffekt etwaiger Sanktionsmöglichkeiten. Zu untersuchen sind vor allem Ansprüche gegen den Betriebsrat und seine Mitglieder. Soweit der Arbeitgeber gegen § 75 Abs. 1 BetrVG verstößt, wird damit regelmäßig auch ein Verstoß gegen arbeitsvertragliche Schutz- und Fürsorgepflichten einhergehen,[1415] sodass bereits eine vertragliche Haftung in Betracht kommt. Solche vertraglichen Beziehungen fehlen aber zwischen Betriebsrat und Belegschaft. Sie werden auch durch den vorliegenden Ansatz nicht konstruiert. Es besteht lediglich die Möglichkeit eines gesetzlichen Schuldverhältnisses und einer Inkorporation in das deliktsrechtliche Haftungssystem. Erkennt man mit der Überwachungspflicht der Betriebsparteien auch einen korrespondierenden Überwachungsanspruch des Einzelnen an, richtet sich dieser gleichwohl auch gegen den Arbeitgeber.

1. *Grundlagen der Haftung von Betriebsrat und Betriebsratsmitgliedern*

Um eine solche Haftung umzusetzen, sind zunächst die haftungsrechtlichen Grundlagen herauszustellen. Bereits diskutiert wird eine kollektive Haftung für rechtsgeschäftliche Verbindlichkeiten des Betriebsrats.[1416] Die hier in Betracht kommende Haftung aus unerlaubter Handlung scheidet aber regelmäßig aus. Im Grundsatz ist es zwar nicht ausgeschlossen, dass der Betriebsrat als Kollegialorgan durch ein Fehlverhalten den Tatbestand von § 823 BGB erfüllt.[1417] Dem Betriebsrat fehlt im Hinblick auf das deliktische Rechtsverhältnis aber die Rechts- und Vermögensfähigkeit.[1418] Sie bezieht sich nur auf die ihm durch das Betriebsverfassungsrecht eingeräumten Rechtspositionen.[1419] Hieran dürfte auch

---

1415 Vgl. ErfK/*Kania*, § 75 BetrVG Rn. 1. Siehe auch die Ausführungen oben im 3. Kapitel, B. II. 1. d).

1416 Relevant ist dies spätestens wieder seit dem Urteil vom BGH 25.10.2012, NZA 2012, 1382. Zur Diskussion siehe ErfK/*Koch*, § 1 BetrVG Rn. 20; *Fitting*, § 1 BetrVG Rn. 209; GK/*Franzen*, § 1 BetrVG Rn. 77, 72 ff.

1417 Vgl. *Fitting*, § 1 BetrVG Rn. 210; Richardi/*Thüsing*, Vorbem. § 26 BetrVG Rn. 12.

1418 GK/*Franzen*, § 1 BetrVG Rn. 77; Richardi/*Thüsing*, Vorbem. § 26 BetrVG Rn. 12; MünchArbR/*v. Hoyningen-Huene*, § 212 Rn. 16; *Jahnke*, RdA 1975, 343, 345 ff; gegen eine Haftung auch BeckOK-ArbR/*Besgen*, § 1 BetrVG Rn. 55; a.A. *Weber*, DB 1992, 2135 ff.

1419 *Fitting*, § 1 BetrVG Rn. 210.

die Anerkennung von subjektiven Rechten des Einzelnen nichts ändern, denn auch diese berühren allein den betriebsverfassungsrechtlichen Pflichtenkreis. Darüber hinaus wird eine Haftung für Schadensersatzansprüche aufgrund der weitgehenden Vermögenlosigkeit des Betriebsrats auch praktisch nicht durchsetzbar sein.[1420] Dem ließe sich nur mit einem finanziellen Durchgriff auf den Arbeitgeber entgegenwirken. Ein solcher ist aber nicht ersichtlich, insbesondere haftet der Arbeitgeber nicht nach § 278 BGB.[1421] Der Betriebsrat ist unabhängiger Repräsentant der Belegschaft und kein Erfüllungsgehilfe des Arbeitgebers,[1422] auch wenn die Erfüllung vertraglicher oder vertragsähnlicher Ansprüche des Arbeitgebers durchaus an die Mitwirkung des Betriebsrats gekoppelt sein kann.[1423] Die Mitentscheidungsbefugnisse des Betriebsrats bestehen aber per Gesetz und nicht aufgrund einer freien Entscheidung des Arbeitgebers. Die fehlerhafte Amtsausübung in einer Haftung des Arbeitgebers münden zu lassen, widerspricht damit auch Sinn und Zweck der Vorschrift, welche Fehlverhalten nur bei willentlicher Nutzung von Hilfspersonen dem Geschäfts- und Gefahrenkreis des Schuldners zuordnet.[1424] Eine Haftung des Kollektivs scheidet damit auch über die Inanspruchnahme des Arbeitgebers aus.

Die Haftung des einzelnen Betriebsratsmitglieds hingegen richtet sich nach den allgemeinen Regeln des Bürgerlichen Rechts.[1425] Insbesondere im vertraglichen Bereich, aber auch im Deliktsrecht halten Teile der Literatur allerdings Modifikationen für erforderlich.[1426] Gerade die Beschränkung der Haftung auf

---

1420 *Fitting*, § 1 BetrVG Rn. 210; HWGNRH/*Rose*, Einl. BetrVG Rn. 102; *Belling*, Haftung des Betriebsrats, 287 f.; vgl. auch Richardi/*Thüsing*, Vorbem. § 26 BetrVG Rn. 12.

1421 Vgl. LAG Berlin 16.5.1978, BB 1978, 1671, 1672; GK/*Franzen*, § 1 BetrVG Rn. 86; *Konzen*, ZfA 1985, 469, 483; abweichend Richardi/*Thüsing*, Vorbem. § 26 BetrVG Rn. 18; *Hanau*, RdA 1979, 324, 329.

1422 So aber für einige Konstellationen *Hanau*, RdA 1979, 324, 329. Für die Erfüllungsgehilfeneigenschaft wäre bereits der Wille des Arbeitgebers zum Tätigkeitwerden erforderlich (vgl. nur BGH 21.4.1954, NJW 1954, 1193; BeckOK-BGB/*Unberath*, § 278 BGB Rn. 11).

1423 Zu nennen ist hier bspw. das Mitbestimmungsrecht nach § 87 Abs. 1 Nr. 10 BetrVG bei der Einführung von Sonderzuwendungen. Dazu etwa *Richardi*, NZA-Beilage Heft 4/2014, 155 ff.

1424 Zum Normzweck BGH 23.11.1995, NJW 1996, 464, 465; 27.6.1985, NJW 1985, 2475, 2476; 8.2.1974, NJW 1974, 692, 693.

1425 BeckOK-ArbR/*Besgen*, § 1 BetrVG Rn. 56; ErfK/*Koch*, § 1 BetrVG Rn. 19; GK/*Franzen*, § 1 BetrVG Rn. 79 ff.; a.A. DKKW/*Wedde*, Einl. BetrVG Rn. 150.

1426 Überblickartig, wenn auch gegen jede Haftungserleichterung: GK/*Franzen*, § 1 BetrVG Rn. 79 ff. Krit. auch HWGNRH/*Rose*, Einl. BetrVG Rn. 106.

Vorsatz und grobe Fahrlässigkeit hat dabei einige Anhänger gefunden.[1427] Der grundsätzlich rein theoretisch geführte Diskurs könnte mit der Anerkennung subjektiver Rechte des Arbeitnehmers durchaus praktische Relevanz entfalten.[1428] Dahinter steht der begrüßenswerte Ansatz, dass das Haftungsrisiko nicht zu einer ungemessenen Beschränkung der Betriebsratstätigkeit führen darf. Die Betriebsratsmitglieder sollen bei der Ausübung des Ehrenamts nicht durch die Sorge vor finanziellen Haftungsrisiken beeinträchtigt werden.[1429] Die vorgetragene Haftungseinschränkung findet im Gesetz aber keine Stütze.[1430] Zugleich zeigt die fehlende Beschäftigung der Rechtsprechung mit dieser Thematik, dass eine befürchtete Haftungswelle ausgeblieben ist. Grundsätzlich richten sich die Überlegungen auch viel eher auf eine Inanspruchnahme der Betriebsratsmitglieder durch den Arbeitgeber.[1431] Soweit nunmehr Ansprüche auch von einzelnen Arbeitnehmern geltend gemacht werden können, handelt es sich dabei um rechtswidrige Eingriffe in ihre Individualrechtsposition. Es ist nicht ersichtlich, weshalb hier ausnahmsweise – und ohne gesetzliche Anordnung – eine Haftungseinschränkung vorzunehmen ist. Bei den hier in Rede stehenden Verstößen gegen § 75 Abs. 1 BetrVG, die gezielt auf die Besserstellung von Gruppen abzielen oder die Rechtsstellung eines Einzelnen bewusst schmälern, wird man regelmäßig von Vorsatz oder doch grober Fahrlässigkeit ausgehen dürfen. Sollte sich tatsächlich die Notwendigkeit für gewisse Modifikationen ergeben, könnten diese ohnehin viel eher durch einen abgesenkten Sorgfaltsmaßstab im Rahmen der Pflichtverletzung umgesetzt werden.[1432]

1427 Eine vertragliche Haftungsbeschränkung befürwortend, aber im Deliktsrecht ablehnend etwa Richardi/*Thüsing*, Vorbem. § 26 BetrVG Rn. 14 f. Für die Beschränkung auch im Deliktsrecht etwa *Fitting*, § 1 BetrVG Rn. 216; wohl auch *Müller/Jahner*, BB 2013, 440, 443. Gänzlich gegen eine Haftung bis auf den Fall des § 826 BGB: DKKW/*Wedde*, Einl. BetrVG Rn. 150 ff.; strikter auch *Weiss*, RdA 1974, 269, 277.

1428 Vgl. *Fitting*, § 1 BetrVG Rn. 214: Das Problem hat bislang keine praktische Relevanz erlangt, sondern nur das Schrifttum beschäftigt.

1429 *Fitting*, § 1 BetrVG Rn. 214; Richardi/*Thüsing*, Vorbem. § 26 BetrVG Rn. 14; ähnlich auch DKKW/*Wedde*, Einl. BetrVG Rn. 150.

1430 BeckOK-ArbR/*Besgen*, § 1 BetrVG Rn. 57; GK/*Franzen*, § 1 BetrVG Rn. 81; HWGNRH/*Rose*, Einl. BetrVG Rn. 106.

1431 Vgl. DKKW/*Wedde*, Einl. BetrVG Rn. 151; *Konzen*, ZfA 1985, 469, 494.

1432 In diese Richtung scheint auch BeckOK-ArbR/*Besgen*, § 1 BetrVG Rn. 57 zu zielen.

2. *Haftung aus § 823 Abs. 2 BGB in Verbindung mit § 75 Abs. 1 BetrVG*

Der Anspruch eines einzelnen Arbeitnehmers gegen ein Betriebsratsmitglied ist auch bereits bisher grundsätzlich denkbar.[1433] Häufig wird es aber an einer Verletzung eines absoluten Rechts im Sinne des § 823 Abs. 1 BGB fehlen.[1434] Zugleich sind nach bisherigem Verständnis die Gesetzesverletzungen im Rahmen der Mitbestimmungsordnung regelmäßig wegen fehlender Schutzgesetzeigenschaft im Hinblick auf § 823 Abs. 2 BGB unbeachtlich.[1435] Handeln mehrere Betriebsratsmitglieder gemeinsam, kann eine Haftung über §§ 830, 840 BGB in Betracht kommen.[1436] Dabei haftet beispielsweise im Rahmen eines rechtswidrigen Betriebsratsbeschlusses nur, wer den Beschluss unterstützt hat, nicht dagegen, wer gegen ihn gestimmt oder sich an der Beschlussfassung überhaupt nicht beteiligt hat.[1437] Lässt sich nicht ermitteln, wer tatsächlich für den Beschluss gestimmt hat, scheidet eine Haftung aus.[1438] § 830 Abs. 1 S. 2 BGB findet insoweit keine Anwendung.[1439]

a) § 75 Abs. 1 als Schutzgesetz

Strebt man eine deliktische Haftung der Betriebsratsmitglieder für Amtspflichtsverletzungen an, muss die verletzte Norm als Schutzgesetz zu qualifizieren sein. Denn die Einordnung als Schutzgesetz ist die primäre Voraussetzung einer Haftung nach § 823 Abs. 2 BGB.[1440] Die Prüfung erfolgt dabei mit den gleichen Maßstäben wie im öffentlichen Recht.[1441] Die bereits angesprochene Schutznormlehre

---

1433 Vgl. BeckOK-ArbR/*Besgen*, § 1 BetrVG Rn. 57; GK/*Franzen*, § 1 BetrVG Rn. 81; Richardi/*Thüsing*, Vorbem. § 26 BetrVG Rn. 15.

1434 GK/*Franzen*, § 1 BetrVG Rn. 81.

1435 GK/*Franzen*, § 1 BetrVG Rn. 82 f.; Richardi/*Thüsing*, Vorbem. § 26 BetrVG Rn. 15; vgl. auch *Fitting*, § 1 BetrVG Rn. 218.

1436 BeckOK-ArbR/*Besgen*, § 1 BetrVG Rn. 57; *Fitting*, § 1 BetrVG Rn. 217; GK/*Franzen*, § 1 BetrVG Rn. 85.

1437 GK/*Franzen*, § 1 BetrVG Rn. 85; Richardi/*Thüsing*, Vorbem. § 26 BetrVG Rn. 16; *Buchner*, in: FS Müller, 93, 113.

1438 Zu den praktischen Schwierigkeiten der Ermittlung: *Cosack*, Untreue von Betriebsräten, 55 f. Rn. 190.

1439 *Fitting*, § 1 BetrVG Rn. 217; GK/*Franzen*, § 1 BetrVG Rn. 85; Richardi/*Thüsing*, Vorbem. § 26 BetrVG Rn. 16.

1440 Vgl. MüKo/*Wagner*, § 823 BGB Rn. 405: „Herzstück der Anspruchsvoraussetzungen". Zu den Anforderungen etwa Jauernig/*Teichmann*, § 823 BGB Rn. 43 ff.; insbesondere zur Anforderung des gezielten Individualschutzes: BeckOK-BGB/*Förster*, § 823 BGB Rn. 273 ff.

1441 MüKo/*Wagner*, § 823 BGB Rn. 408.

kann auch hier heranzogen werden.[1442] Dass § 75 Abs. 1 BetrVG jedenfalls auch dem Schutz von Individualinteressen zu dienen bestimmt ist, wurde ausführlich dargelegt.[1443] Der Individualschutz ist auch nicht als bloßer Reflex der verletzten Verhaltensnorm zu verstehen, sondern tritt bestimmungsgemäß, also im Aufgabenbereich der Norm, ein.[1444] Der Zuordnung von § 75 Abs. 1 BetrVG als Schutzgesetz stehen daher keine Bedenken im Weg.

Einzig der Generalklauselcharakter der Norm scheint sich auf den ersten Blick nicht mit der klaren Zielrichtung eines Individualschutzes zu vertragen.[1445] Generelle Ausführungen zu der Frage, ob eine Generalklausel auch Schutzgesetz sein kann, sucht man vergeblich. Fehlt ein fester Begriffskern und ist die Norm auch sonst der Auslegung nicht zugänglich, scheint der Nachweis eines konkret bezweckten Schutzes argumentativ schwierig. Gleichsam konnte im Rahmen der Konkretisierung des § 75 Abs. 1 BetrVG der Individualschutz deutlich herausgearbeitet werden. Eine vergleichbare methodische Vorgehensweise findet sich übrigens in einem Urteil des Bundesgerichtshofs von 26.2.1993.[1446] Hier wurde im Rahmen der Konkretisierung des § 1 Abs. 1 NdsBauO der drittschützende Charakter herausgearbeitet, um die Schutzgesetzeigenschaft zu bejahen.[1447] Auch im Wettbewerbsrecht wird die deliktische Haftung aufgrund eines in der Generalklausel des § 3 UWG mitverwirklichten Individualschutzes diskutiert.[1448] Im Ergebnis kann die Verletzung von § 75 Abs. 1 BetrVG damit ohne Weiteres zu einer Haftung nach § 823 Abs. 2 BGB führen.

b) Folgefragen der deliktischen Haftung gegen Betriebsratsmitglieder

Der Schadensersatzanspruch gegen die Betriebsratsmitglieder wirft aber Folgefragen auf. Zu nennen ist hier beispielsweise die konkrete Schadensbezifferung. Stellt sich der Betriebsrat erfolgreich gegen eine geplante Beförderung (Versetzung) kann ein konkreter Schaden in der ausgebliebenen, erhöhten

1442 Vgl. etwa BGH 30.4.1976, NJW 1976, 1888.

1443 Vgl. oben im 3. Kapitel die gesamten Ausführungen unter C.

1444 Zu dieser bereits als Rechtsreflex diskutieren Wirkung mancher Normen im Zivilrecht: BGH 6.5.2008, NJW 2008, 2245, 2249; 14.6.2005, NJW 2005, 2923, 2924; 11.1.2005, BGH NJW-RR 2005, 673; 9.11.2004, NJW-RR 2005, 68.

1445 Aufgrund der weitgehenden Formulierung lehnt etwa HWGNRH/*Worzalla*, § 75 BetrVG Rn. 44 die Schutzgesetzeigenschaft ab.

1446 BGH 26.2.1993, NJW 1993, 1580.

1447 BGH 26.2.1993, NJW 1993, 1580 f.

1448 Hierfür etwa *Keßler*, WRP 2005, 264, 272 ff.; *Sack*, WRP 2009, 1330 ff.; a.A. MüKo-UWG/*Fritzsche*, § 9 UWG Rn. 48 f. mwN.

Entgeltzahlung zu sehen sein. Nimmt der Betriebsrat aber seine Aufgaben im Sinne des § 80 Abs. 1 Nr. 1 BetrVG bezüglich dieses Arbeitnehmers gar nicht wahr, ist die Bezifferung eines Vermögensschadens diffizil. Problematisch zu bestimmen sein dürfte häufig auch die haftungsausfüllende Kausalität, da die Amtspflichtverletzung allein nicht zwingend zum Schaden geführt haben muss. Besonders deutlich wird das im Rahmen von § 102 BetrVG. Der Verlust einer Kündigungsschutzklage kann diverse Gründe haben, die zumindest auch, aber nicht zwingend allein, auf eine etwaige, willkürliche Unterlassung des Widerspruchs zurückzuführen sind.

Ein Verstoß gegen § 75 Abs. 1 BetrVG seitens des Betriebsrats wird ganz regelmäßig auch einen Verstoß des Arbeitgebers bedingen, weil dieser seiner Überwachungspflicht nicht nachgekommen ist. Ihn kann hier sowohl über § 75 Abs. 1 BetrVG als auch über den arbeitsvertraglichen Pflichtenkreis eine grundsätzliche Einstandspflicht für den Arbeitnehmer treffen.[1449] Um einen Gleichklang der Haftungsmodelle zu erzielen, müsste aber auch im Rahmen einer etwaigen Pflichtverletzung überlegt werden, inwieweit der Arbeitgeber konkret zur Durchsetzung verpflichtet war. Die betriebsverfassungsrechtliche Haftung kann hier nicht weitergehen als die individualrechtliche. Kann der Arbeitgeber sachgemäße Gründe vortragen, die es ihm im Einzelfall unmöglich gemacht haben, die Individualinteressen des Arbeitnehmers zu verwirklichen, muss eine Haftung ausscheiden. Zur konkreten Ausgestaltung, insbesondere zur Frage inwieweit sich ein Arbeitgeber in diesen Fällen auf die Unmöglichkeit nach § 275 BGB berufen kann, kann auf die obigen Ausführungen verwiesen werden.[1450] Sind sowohl der Arbeitgeber als auch die Betriebsratsmitglieder nach § 823 Abs. 2 BGB in Verbindung mit § 75 Abs. 1 BetrVG schadensersatzpflichtig, ist grundsätzlich eine gesamtschuldnerische Haftung nach § 840 BGB anzunehmen.

Zu überlegen ist allerdings, ob in bestimmten Fällen nicht eine subsidiäre Haftung des Betriebsrats anzuerkennen ist. Hätte der Arbeitnehmer auch bei lediglich *obstruierenden Interventionen* des Betriebsrats, also zum Beispiel im Rahmen der Betriebsvereinbarung, die Möglichkeit Schadensersatzansprüche gegen die Betriebsratsmitglieder geltend zu machen, widerspräche dies in vielfacher Hinsicht den Grundüberlegungen dieser Arbeit. Die Betriebsratsarbeit soll nicht unter dem Deckmantel des Individualschutzes durch ständige Anträge einzelner Arbeitnehmer kollabieren. Insbesondere dort, wo eine anderweitige

---

1449 Zur individualvertraglichen Verpflichtung das Zustimmungsersetzungsverfahren durchzuführen siehe oben im 2. Kapitel, B. III. 1. f) aa).

1450 Siehe im 2. Kapitel, B. III. 1. f) aa) (1).

Geltendmachung möglich ist, darf daher kein unmittelbarer Anspruch gegen den Betriebsrat und seine Mitglieder möglich sein. Gleichzeitig bestünde die Gefahr, dass über die Grundsätze der Naturalrestitution nach § 249 Abs. 1 BGB letztlich doch wieder konkrete Handlungen des Betriebsrats Gegenstand des Anspruchs würden.[1451] Aus Sicht des Arbeitgebers stellt dies auch keine weitergehende Belastung dar. Er haftet wie bisher auch für eigenes Fehlverhalten. Für den Fall, dass der Betriebsrat aber die vom Gesetz vorgesehene Verbesserungen des Individualschutzes vereitelt oder sogar tatsächlich in die Rechtspositionen des Arbeitnehmers eingreift, ohne dass der Arbeitnehmer adäquate Mittel der Rechtsverfolgung erhält, sind unmittelbare Schadensersatzansprüche denkbar. Bei *extensiven* und *reduzierten Interventionen* haften die hierfür ursächlichen Betriebsratsmitglieder nach § 823 Abs. 2 BGB in Verbindung mit § 75 Abs. 1 BetrVG. Auch dies kann im Ergebnis zu einer insgesamt deutlich besseren Rechtsstellung des Arbeitnehmers führen. Bereits die potentielle Gefahr der tatsächlichen Haftung dürfte die Hemmschwelle für sachwidrige Vereinbarungen oder Handlungen bei einzelnen Betriebsratsmitgliedern erheblich erhöhen.

Die Grundsätze des innerbetrieblichen Schadensausgleichs wird man im Rahmen der deliktischen Haftung für ein Fehlverhalten der Betriebsratsmitglieder nicht anwenden können. Es erscheint als zu weitgehend, rechtswidriges Betriebsratshandeln dahingehend zu privilegieren.[1452] Zwar kann die Haftungsmilderung nicht nur bei gefahrgeneigter Arbeit, sondern im Grundsatz bei jeder Art von betrieblicher Tätigkeit eingreifen.[1453] Der Arbeitgeber hat hier aber naturgemäß keine vertragliche Handhabe, die Ausübung des Betriebsratsamts zu beeinflussen. Folglich ist die Ausübung des Betriebsratsamtes nicht mehr von Sinn und Zweck der Haftungsmilderung erfasst, wonach es gerade der Arbeitgeber ist, der das Risikopotential und die Risikofaktoren im Betrieb beeinflussen kann.[1454] Handeln Betriebsratsmitglieder zulasten der Belegschaft oder einzelner Teile hiervon, ist dies allein in ihrem Verantwortungsbereich anzusiedeln,

---

1451 Zur Naturalrestitution siehe nur MüKo/*Oetker*, § 249 BGB Rn. 320 ff. mit zahlreichen Nachweisen.

1452 Zur Arbeitnehmerhaftung grundsätzlich: Küttner/*Griese*, Personalhandbuch 2017, A Arbeitnehmerhaftung Rn. 1 ff.

1453 BAG GS 27.9.1994, AP BGB § 611 Haftung des Arbeitnehmers Nr. 103; *Deinert*, RdA 2013, 146, 147; *Otto*, AuR 1995, 72 ff.

1454 Zu den Gründen für die Haftungsmilderung etwa Küttner/*Griese*, Personalhandbuch 2017, A Arbeitnehmerhaftung Rn. 10; ausf. *Otto/Schwarze/Krause*, Die Haftung des Arbeitnehmers, 1 ff.; *Sandmann*, Die Haftung von Arbeitnehmern, 61 ff.; *Langenbucher*, ZfA1997, 523 ff.

sodass auch kein innerer Grund für die Haftungsmilderung anzuerkennen ist. Im Übrigen würde dies durch die Hintertür erneut zu einer weiteren Haftung des Arbeitgebers für das Fehlverhalten des Betriebsrats führen. Die Haftungsbeschränkung für den Arbeitnehmer bleibt selbstverständlich erhalten, soweit die Schädigung nicht im Rahmen der Amtsausübung erfolgt.[1455] Im Ergebnis ist damit eine deliktische Haftung bei Amtspflichtverletzuingen des Betriebsratsmitglieds durchaus denkbar.

III. Unterlassungsanspruch bei Zuwiderhandlung

Droht trotz der deliktischen Haftungsmöglichkeit die Widerholung rechtswidrigen Handelns, stellt sich die Frage nach einem Unterlassungsanspruch gegen den Betriebsrat. Praktisch denkbar erscheint das insbesondere dann, wenn der Betriebsrat im Rahmen von § 87 BetrVG wiederholt die Entscheidungsfindung sachwidrig in die Länge zieht. Inwieweit sich ein solcher Unterlassungsanspruch aus § 75 Abs. 1 BetrVG ableiten lässt, ist bislang nicht geklärt. Diskutiert wird hier allenfalls ein Unterlassungsanspruch der Betriebsparteien untereinander.[1456] Bei einem Unterlassungsanspruch des Arbeitnehmers gegen den Betriebsrat handelt es sich insoweit um ein Novum. Die Betriebsverfassung enthält hierauf keine Antwort und auch der zuweilen erbittert geführte Streit um einen allgemeinen Unterlassungsanspruch hilft aufgrund der dortigen Zielrichtung kaum weiter.[1457] Entscheidend für die Herleitung eines Unterlassungsanspruchs sind damit seine Grundlagen. *Lobinger* stellt in diesem Zusammenhang zutreffend heraus, dass die Koinzidenz von Rechtszuweisung und negatorischem Schutz der zugewiesenen Rechtsposition als grundlegendes Rechtsprinzip selbstredend auch in der Betriebsverfassung Geltung beansprucht.[1458] Unstreitig sind alle

---

1455 Vgl. *Müller/Jahner*, BB 2013, 440, 443.

1456 Ob der Betriebsrat aus § 75 Abs. 1 BetrVG einen Unterlassungsanspruch hat, wurde zuletzt vom BAG offengelassen (BAG 18.2.2003, NZA 2003, 336, 340). Abgelehnt wurde ein solcher allerdings für § 75 Abs. 2 BetrVG (BAG 28.5.2002, NZA 2003, 166). Insgesamt kritisch auch Richardi/*Thüsing*, § 23 BetrVG Rn. 93.

1457 Zur h.M. die einen allgemeinen Unterlassungsanspruch über § 23 BetrVG hinaus anerkennt siehe nur BAG 3.5.1994, NZA 1995, 40; *Fitting*, § 23 BetrVG Rn. 98 ff.; GK/*Oetker*, § 23 Rn. 160 ff. jeweils mit zahlreichen weiteren Nennungen. Kritisch gegenüber einem allgemeinen Unterlassungsanspruch HWGNRH/*Worzalla*, § 23 BetrVG Rn. 87 ff.; *Doberahn*, NJW 1995, 1333 ff.; *Konzen*, NZA 1995, 865, 873; *Lobinger*, ZfA 2004, 101, 116 ff.

1458 *Lobinger*, ZfA 2004, 101, 122 ff. Vgl. auch *Denck*, RdA 1982, 279, 284; *Prütting*, RdA 1995, 257, 260 f.; *Richardi*, NZA 1995, 8, 10 f.

absoluten Rechtspositionen durch § 1004 BGB, notfalls in analoger Anwendung, geschützt.[1459] Das hier anzuerkennende Recht des Arbeitnehmers wirkt hingegen nur im Verhältnis zu Arbeitgeber und Betriebsrat und ist daher lediglich ein relatives Recht.[1460] Aber auch relative Rechte können einem sogenannten quasinegatorischen Schutz unterliegen und einen Unterlassungsanspruch begründen.[1461] Dies ist jedenfalls dann der Fall, wenn der Unterlassungsanspruch objektiv rechtswidrige Eingriffe in ein Schutzgesetz im Sinne des § 823 Abs. 2 zu verhindern versucht.[1462] Ist nach dem Inhalt des Gesetzes ein Verstoß gegen dieses auch ohne Verschulden möglich, so tritt die Unterlassungspflicht auch ohne ein Verschulden des Verletzers ein.[1463] Die Schutzgesetzeigenschaft von § 75 Abs. 1 BetrVG wurde bereits dargelegt, sodass nicht erst das Vorliegen eines Schadens, sondern bereits der drohende Eingriff einen Unterlassungsanspruch auslösen kann.[1464] An einer für die Analogie notwendigen, planwidrigen Regelungslücke besteht kein Zweifel.[1465] Ein Unterlassungsanspruch ist damit bei Vorliegen der weiteren Voraussetzungen (insbesondere der Wiederholungsgefahr) im Grundsatz anzuerkennen.[1466]

1459 Siehe nur BGH 22.5.1984, NJW 1984, 1886, 1887; BeckOK-BGB/*Fritzsche*, § 1004 BGB Rn. 4; Jauernig/*Berger*, § 1004 BGB Rn. 2.

1460 Auch die Rechte des Betriebsrats sind nur relativ. Vgl. *Lobinger*, ZfA 2004, 101, 124.

1461 Grundlegend RGZ 60, 6. Vgl. ferner BGH 26.2.1993, NJW 1993, 1580; 18.1.1952, NJW 1952, 417, 418; BeckOK-BGB/Förster, § 823 BGB Rn. 50 ff.; BeckOK-BGB/*Fritzsche*, § 1004 BGB Rn. 4; Jauernig/*Berger*, § 1004 BGB Rn. 2; *Lobinger*, ZfA 2004, 101, 124 f.; Zur Terminologie etwa MüKo/*Baldus*, § 1004 BGB Rn. 11. Zu weit aber wohl BAG 23.7.1996, NZA 1997, 274, 277: „Nicht die Bejahung eines Unterlassungsanspruchs, sondern dessen Verneinung bedarf einer besonderen Begründung, weil dem Gesetzgeber im Zweifel nicht unterstellt werden kann, daß er rechtswidriges Verhalten sanktionslos hinnehmen will." Vgl. hierzu auch *Pfrogner*, RdA 2016, 161, 162.

1462 BGH 17.7.2008, NJW 2008, 3565, 3566; 18.1.1952, NJW 1952, 417, 418; Jauernig/*Berger*, § 1004 BGB Rn. 2; Palandt/*Bassenge*, § 1004 BGB Rn. 4.

1463 BGH 17.7.2008, NJW 2008, 3565, 3566; 18.1.1952, NJW 1952, 417, 418.

1464 Zur Entstehung des Unterlassungsanspruchs siehe nur BGH 19.6.1951, NJW 1951, 843; BeckOK-BGB/*Förster*, § 823 BGB Rn. 50.

1465 Zu dieser Voraussetzung konkret für einen betriebsverfassungsrechtlichen Unterlassungsanspruch etwa HGWNRH/ *Worzalla*, § 23 BetrVG Rn. 89.

1466 Zur Wiederholungsgefahr siehe nur BGH 19.10.2004, NJW 2005, 594, 595 mwN. Zu den allgemeinen Voraussetzungen siehe auch BeckOK-BGB/*Förster*, § 823 BGB Rn. 50 ff.

1. Praktische Schwierigkeiten

Die Schwierigkeiten liegen weniger in der Herleitung als in der Umsetzung des Unterlassungsanspruchs. Der Antrag muss hinreichend bestimmt sein. Das heißt, die benachteiligende Handlung durch den Betriebsrat muss exakt bezeichnet werden, welches auch im Hinblick auf ein weiterhin bestehendes Ermessen praktisch nicht einfach sein dürfte. Allerdings ist dies kein rein betriebsverfassungsrechtliches Problem, sondern gerade im Wettbewerbsrecht eine stetige Herausforderung.[1467] Der Betriebsrat kann die eigene Rechtsposition des Arbeitnehmers aber auch dadurch schmälern, dass er gar nichts unternimmt. Denkbar ist etwa, dass sich der Betriebsrat kontinuierlich weigert, seine Rechte aus § 80 Abs. 1 BetrVG zugunsten bestimmter Arbeitnehmer einzusetzen. Da der Anspruchsinhalt aber in der Regel nur auf die Unterlassung einer konkret zu nennenden Beeinträchtigung zielt, können sich Schwierigkeiten ergeben.[1468] Vorliegend geht es gerade um die Unterlassung des pflichtwidrigen Untätigbleibens, im Ergebnis also um eine aktive Handlung. Zwar kann durchaus auch zu einem Unterlassen verurteilt werden, wenn hierin die künftige Beeinträchtigung zu sehen ist.[1469] Sehr fragwürdig ist jedoch die Verurteilung zu einem bestimmten Handeln, weil hierin wohl eine von § 890 ZPO abweichende Rechtsfolge und damit ein Wechsel der Vollstreckungsart zu sehen ist.[1470]

2. Betriebsrat als Vollstreckungsschuldner

Daneben ist auch der Vollstreckungserfolg zweifelhaft. Denn die über § 85 Abs. 1 ArbGG grundsätzlich vollstreckbaren Beschlüsse werden unmittelbar gegen den Betriebsrat nicht durchsetzbar sein. Mangels Vermögensfähigkeit wird ein entsprechendes Ordnungsgeld leer laufen und die Ordnungshaft ist gegen das Kollektiv ohnehin nicht vollstreckbar.[1471] Entsprechende Hindernisse

---

1467 Siehe hierzu mit zahlreichen Nachweisen aus der Rechtsprechung NK/*Keukenschrijver*, § 1004 BGB Rn. 101.

1468 Jauernig/*Berger*, § 1004 BGB Rn. 12.

1469 Vgl. BGH 14.11.2003, NJW 2004, 1037; *Jauernig*, NJW 1973, 1671, 1672 f.

1470 So ausdrücklich Jauernig/*Berger*, § 1004 BGB Rn. 12, der auch die konkreten Konsequenzen darlegt. Ähnlich BeckOK-BGB/*Fritzsche*, § 1004 BGB Rn. 95. Anders aber BGH 4.2.1993, NJW 1993, 2873, 2875 mit Anerkennung eines entsprechenden Beseitigungsanspruchs.

1471 Vgl. LAG Baden-Württemberg 10.11.1977, DB 1978, 798; LAG Berlin 26.3.1984, NZA 1984, 333 (Ls.); GK-ArbGG/Vossen, § 85 ArbGG (97. Lfg. 2015) Rn. 24; GMP/*Spinner*, § 85 ArbGG Rn. 17; Grunsky/*Greiner*, § 85 ArbGG Rn. 6 (a.A. noch in der

haben allerdings für die grundsätzliche Beurteilung keine Auswirkung.[1472] Denn das Zwangsvollstreckungsrecht muss dem materiellen Recht folgen und nicht umgekehrt.[1473] Darüber hinaus werden durchaus Lösungsansätze in Literatur und Rechtsprechung diskutiert, die bisher allerdings an die Frage eines arbeitgeberseitigen Unterlassungsanspruchs gegen den Betriebsrat anknüpfen. Überlegt wird etwa die Vollstreckung über den Titel hinaus gegen die Betriebsratsmitglieder zuzulassen, die dem Titel schuldhaft zuwiderhandeln.[1474] Möglich dürfte es wohl sein, den Unterlassungsantrag unmittelbar gegen einzelne Betriebsratsmitglieder, insbesondere gegen den Betriebsratsvorsitzenden, zu richten und damit einen entsprechenden Titel zu erwirken.[1475] Dies setzt freilich voraus, dass sich eine bestimmte Personengruppe klar identifizieren lässt. Aber auch dann, wenn sich die Vollstreckung im Einzelfall nicht realisieren lassen sollte, wird die gerichtliche Feststellung nicht wirkungslos bleiben.[1476] *Reichold* spricht in diesem Zusammenhang von einem „moralischen Appell“[1477], der aber erhebliches Potential besitzen dürfte. Die gerichtliche Feststellung, dass der Betriebsrat gegen die Interessen seiner Belegschaft handelt, dürfte im Betrieb zu einem deutlichen Sympathieverlust führen. Nicht ausgeschlossen ist es, dass dann das notwendig Quorum nach § 23 Abs. 1 BetrVG erfüllt wird. Auch der Arbeitgeber könnte sich verstärkt zu einem entsprechenden Antrag genötigt sehen. Denn ein Verstoß gegen ein rechtskräftiges Urteil dürfte in jedem Fall eine grobe Pflichtverletzung im Sinne der Vorschrift des § 23 Abs. 1 BetrVG sein.[1478] Aus den genannten Gründen wird man einen entsprechenden Anspruch aber ebenfalls auf die (drohenden) Interventionen in *extensiver* und *reduzierter* Art einschränken müssen.

Vorauflage); Schwab/Weth/*Walker*, § 85 ArbGG Rn. 31; *Pfrogner*, RdA 2016, 161, 163; anders wohl GK/*Kreutz*, § 74 BetrVG Rn. 90.

1472 Vgl. etwa BGH 25.10.2012, NZA 2012, 1382 zur Frage der Haftung des Betriebsrats: „Der voraussichtliche Vollstreckungserfolg ist für die Beurteilung des Rechtsschutzbedürfnisses einer Klage im Erkenntnisverfahren ohne Belang.“ (NZA 2012, 1382, 1388).

1473 *Pfrogner*, RdA 2016, 161, 164. Siehe ferner *Bauer/Willemsen*, NZA 2010, 1089, 1091; *Belling*, JZ 2014, 905, 908.

1474 LAG Baden-Württemberg v. 26.3.1996, DB 1996, 2084, 2085; *Rewolle*, BB 1974, 888, 889; GMP/*Spinner*, § 85 ArbGG Rn. 20; Schwab/Weth/*Walker*, § 85 ArbGG Rn. 36.

1475 Hierzu etwa *Pfrogner*, RdA 2016, 161, 163 f. Vgl. auch GK/*Kreutz*, § 74 BetrVG Rn. 90.

1476 Vgl. *Burger/Rein*, NJW 2010, 3613, 3615 f.; *Pfrogner*, RdA 2016, 161, 164.

1477 *Reichold*, RdA 2011, 58, 62.

1478 Wie hier auch *Pfrogner*, RdA 2016, 161, 164 mit Hinweis auf BAG 17.3.2010, NZA 2010, 1133, 1136.

Gerade bei Letzterer ist aber zweifelhaft, ob der Unterlassungsanspruch zum Ziel führen kann, da die Vorwerfbarkeit regelmäßig dahingehend zielt, dass sich der Betriebsrat nicht oder nicht hinreichend für die Rechte des Einzelnen eingesetzt hat.

C. Umsetzungsbeispiele unter besonderer Berücksichtigung vorhandener Regelungssysteme

Die bisher gefundenden Ergebnisse sollen sogleich im Rahmen konkreter Umsetzungsbeispiele auf ihre praktische Tauglichkeit hin untersucht werden. Dabei soll die tatsächliche Durchsetzung durch den Arbeitnehmer möglichst exakt nachvollzogen werden, um bereits erste Antworten auf die neu entstehenden Probleme zu finden. Zuvorderst muss dabei versucht werden, betriebsverfassungsimmanent – also innerhalb der bestehenden Systematik – zu agieren. Die für den Arbeitgeber bestehenden Überprüfungsmöglichkeiten dienen dabei als erster Orientierungspunkt, auch wenn gerade in der Ausgestaltung des arbeitsgerichtlichen Verfahrens Änderungen notwendig werden können. Von besonderer Relevanz ist zweifelsohne der Fall der Zustimmungsersetzung nach § 99 Abs. 4 BetrVG. Hier stellt sich die Frage inwieweit der Arbeitnehmer selbstständig das Verfahren einleiten kann. Wenn Betriebsrat und Arbeitgeber sich hingegen etwa nicht auf eine Teilnehmerliste im Hinblick auf die betriebliche Fortbildungsmaßnahme einigen können, sieht das Gesetz nach § 98 Abs. 4 BetrVG zur Klärung die Einigungsstelle vor. Zu überlegen ist daher auch, ob der Arbeitnehmer tatsächlich die Möglichkeit der Anrufung einer Einigungsstelle erhalten soll. Letztlich wird dann auf die Frage einzugehen sein, inwieweit über das bestehende Regelungssystem hinaus Ansprüche des Arbeitnehmers gegen den Betriebsrat durchzusetzen sind. Dies soll am Beispiel eines möglichen Anspruchs auf den Widersspruch zur Kündigung nach § 102 Abs. 3 BetrVG diskutiert werden.

I. Eigenes Antragsrecht entsprechend § 99 Abs. 4 BetrVG

Bei *extensiven Interventionen* in die Individualrechtsposition des Arbeitnehmers soll nach vorliegender Aufassung ein Anspruch auf das unmittelbare Vorgehen gegen den Betriebsrat nach § 75 Abs. 1 BetrVG möglich sein. In Betracht kommt dies insbesondere dann, wenn der Betriebsrat aus sachwidrigen Motiven eine Versetzung verhindert oder sich gegen eine Einstellung stemmt. Der Arbeitnehmer wäre aber vorrangig auf den Regelungsmechanismus nach § 99 Abs. 4 BetrVG zu verweisen, wenn dieses Verfahren seinen Interessen hinreichend gerecht werden kann. Die Literatur hat immer wieder gefordert, gerade in diesen Fällen ein eigenes Antragsrecht anzuerkennen. Dogmatisch würde dies dahingehend untermauert, dass der Arbeitnehmer nunmehr eine tatsächliche Betroffenheit in eigenen betriebsverfassungsrechtlichen Rechten geltend machen kann.[1479] Soweit eine eigene Rechtsposition vorliegt, bestehen auch an einer entsprechenden Anwendung der Vorschrift keine Zweifel. Eine planwidrige Regelungslücke liegt ebenso vor wie eine insoweit vergleichbare Interessenlage.

1. Schwierigkeiten der Integration in die betriebsverfassungsrechtliche Systematik

Damit ist freilich noch nicht gesagt, inwieweit sich ein solches Antragsrecht in die Regelungssystematik einfügen lässt. § 99 BetrVG enthält im Zusammenspiel mit den §§ 100, 101 BetrVG eine fein austarierte Abwägung der Interessen von Betriebsrat und Arbeitgeber. Diese lässt sich nicht ohne weiteres auf das Verhältnis von Arbeitnehmer zum Betriebsrat übertragen, wenn man die Interessen des Arbeitgebers ebenfalls hinreichend berücksichtigen will. Deutlich wird das dann, wenn man sich die klassischen Fallkonstellationen vor Augen führt. Besonders betroffen ist der Arbeitnehmer immer dann, wenn er aufgrund der Zustimmungsverweigerung unmittelbar individualrechtliche Konsequenzen in Form der Kündigung des Arbeitsverhältnisses erleidet. Denkbar ist dies zuvorderst im Rahmen der Einstellung, aber auch dann, wenn der Arbeitnehmer zur Verhinderung einer betriebsbedingten Kündigung auf einen anderen Arbeitsplatz versetzt werden soll. In beiden Fällen stellt sich die Frage, ob es tatsächlich ausreicht, wenn der Arbeitnehmer Kündigungsschutzklage einlegt, oder ob er nicht vielmehr zugleich im Rahmen des Beschlussverfahrens gegen die Zustimmungsverweigerung vorgehen muss. Dann aber wird die Frage nach dem Verhältnis beider Verfahren zueinander virulent. Praktische Probleme treten aber auch dann auf, wenn es nicht um den Bestand des Arbeitsverhältnisses geht. Verweigert der Betriebsrat die Zustimmung zur Beförderung (Versetzung) aus unsachlichen Gründen und besetzt der Arbeitgeber daher die Stelle mit einem anderen Arbeitnehmer, stellt sich die Frage nach effektiven Rechtsschutzmöglichkeiten des betroffenen Arbeitnehmers.

1479 Zu der bestehenden Diskussion siehe oben im 2. Kapitel, B. VI.

a) Problematik zweier parallellaufender Verfahren

Zunächst ist sich der Frage zu widmen, wie ein möglicher Gleichlauf von Urteils- und Beschlussverfahren zu bewerkstelligen ist. In erster Linie geht es dabei – wie bereits angesprochen – um eine (betriebsbedingte) Kündigung wegen Zustimmungsverweigerung zur personellen Einzelmaßnahme durch den Betriebsrat. Ähnlich gelagert ist der Fall, in dem eine individualvertragliche Änderung des Arbeitsverhältnisses der noch zu erfolgenden tatsächlichen Versetzung im betriebsverfassungsrechtlichen Sinne vorweg ging.[1480] Dort wird der Arbeitgeber unter Umständen auf die Änderungskündigung zurückgreifen müssen.[1481] Primärer Antrieb bei der Kündigung ist auf Seiten des Arbeitgebers die Lohnzahlungspflicht, die er trotz fehlender Beschäftigungsmöglichkeit zu leisten hat, § 615 S. 1 BGB.[1482] Gleichzeitig hat er regelmäßig ein Interesse daran, die Stelle zeitnah und rechtssicher neu zu besetzen. Der Arbeitnehmer hingegen wird sich zuvorderst gegen die Kündigung verteidigen wollen, insbesondere dann, wenn die zur Kündigung führende Zustimmungsverweigerung auf sachwidrigen Gründen beruht.

aa) Keine Inzidentprüfung im Urteilsverfahren

Im Rahmen der gerichtlichen Geltendmachung stellt sich zunächst die Frage, ob der Arbeitnehmer überhaupt gezwungen ist ein Beschlussverfahren durchzuführen, um sich einer ausgesprochenen Kündigung zu erwehren. Sollte er die Zustimmungsverweigerung für offensichtlich verfehlt halten, könnte er dies auch im Rahmen seiner Verteidigung gegen die Kündigung vortragen. Soweit in der Literatur auf diese Frage überhaupt eingegangen wird, hält man ein solches Vorbringen im Kündigungsschutzprozess für nicht möglich.[1483] Dies scheint auf den ersten Blick überraschend. Gleichwohl ist eine inzidente Prüfung hinsichtlich

---

1480 Zu den strikt voneinander zu trennenden Ebenen im Rahmen der Versetzung siehe die Ausführungen oben im 2. Kapitel, B. III. 1. e).

1481 Anders etwa *Gaul/Kühnreich*, BB 2003, 254, die auf die Notwendigkeit einer Änderungskündigung vor Ausspruch der betriebsbedingten Kündigung verzichten wollen, wenn der Betriebsrat seine Zustimmung mit der damit verbundenen personellen Einzelmaßnahme verweigert hat. Die von ihnen zitierte Rechtsprechung (BAG 22.1.1991, AP BetrVG 1972 § 99 Nr. 86) gibt dies allerdings nicht wieder.

1482 Zur Lohnzahlungspflicht: BAG 2.7.1980, AP BetrVG 1972 § 101 Nr. 5; Richardi/*Thüsing*, § 99 BetrVG Rn. 294; WPK/*Preis*, § 99 Rn. 81. Zur Einordnung des Annahmeverzugslohns siehe ErfK/*Preis*, § 615 BGB Rn. 7.

1483 Vgl. KR/*Griebeling/Rachor*, § 1 KSchG Rn. 223; WPK/*Preis*, § 99 BetrVG Rn. 78; einschränkend Bader/*Bram*, § 1 KSchG (Stand: 71. Erg.-Lfg. 2009) Rn. 302

der unterschiedlichen Ausgestaltung der arbeitsgerichtlichen Verfahren problematisch. Urteils- und Beschlussverfahren schließen sich nämlich gegenseitig aus.[1484] Zwar kann im Urteilsverfahren durchaus über eine betriebsverfassungsrechtliche Vorfrage entschieden werden,[1485] allerdings handelt es sich hier um ein eigenständig kodifiziertes Verfahren der Zustimmungsersetzung. In dem vom Arbeitnehmer angestrebten Beschlussverfahren ist der Betriebsrat primärer Antragsgegner, während er im Urteilsverfahren gerade keine Partei ist.[1486] Man wird also generell von zwei separaten Verfahren ausgehen müssen,[1487] sodass der Arbeitnehmer im Rahmen einer auf der Zustimmungsverweigerung beruhenden Kündigung beide Verfahren anzustreben hat.

bb) Verhältnis von Zustimmungsersetzungsverfahren und Kündigungsschutzprozess

Im Rahmen eines solchen Parallelverfahrens ist unklar, inwieweit der Kündigungsschutzprozess unabhängig vom Beschlussverfahren durchgeführt werden sollte. Obgleich eine inzidente Überprüfung nicht in Frage kommt und die Verfahren insoweit eigenständig verlaufen, ist eine vollständig isolierte Betrachtungsweise nicht zielführend und auch im Interesse der Prozessökonomie nicht wünschenswert. Offenkundig besteht vorliegend die Gefahr, dass der Rechtsschutz des Arbeitnehmers untergraben wird, wenn der Arbeitgeber mit einer Kündigung dem Zustimmungsersetzungsverfahren bereits die Grundlage entziehen könnte. Mit der Beendigung des Arbeitsverhältnisses und dem Obsiegen des Arbeitgebers dürfte gewöhnlich das Beschlussverfahren als unzulässig abgewiesen werden, weil insoweit das Rechtsschutzinteresse des Arbeitnehmers entfällt.[1488] In diesem Fall hätten sich gleichwohl zwei Kammern der Arbeitsgerichte

---

1484 BAG 3.4.1957, AP ArbGG 1953 § 2 Nr. 46; GMP/*Matthes/Schlewing*, § 2a ArbGG Rn. 98.

1485 Siehe etwa BeckOK-ArbR/*Poeche*, § 2a ArbGG Rn. 2; GMP/*Matthes/Schlewing*, § 2a ArbGG Rn. 98.

1486 Zur Ausgestaltung des Verfahrens siehe unten unter C. I. 2. sowie C. III. 2.

1487 Für den Fall der Zustimmungsersetzung nach § 103 BetrVG und einer parallellaufenden Kündigungsschutzklage geht etwa BeckOK-ArbR/*Poeche*, § 2a ArbGG Rn. 5 auch von zwei getrennten Verfahren aus.

1488 Vgl. ErfK/*Koch*, § 81 ArbGG Rn. 8; GK/*Raab*, § 99 BetrVG Rn. 217. Siehe dazu auch ausführlich die noch folgenden Ausführungen zu der Frage, ob stets eine individualvertragliche Verpflichtung für die personelle Einzelmaßnahme bestehen muss (unten unter C. I. 2. e)). Dem Arbeitnehmer bleibt es in diesen Fällen unbenommen, das Verfahren nach § 83a ArbGG für erledigt zu erklären, um möglicherweise Kosten zu sparen (zur einseitigen Erledigungserklärung im Beschlussverfahren BAG 26.4.1990,

bereits intensiv mit der Sache beschäftigt. Selbst wenn die Verfahren weitestgehend zeitgleich abgeschlossen werden, hätte der Arbeitnehmer hiervon im Ergebnis wenig, wenn er die Zustimmungsersetzung erfolgreich durchgesetzt hat, aber sein Arbeitsplatz nicht mehr existiert. In Betracht käme dann allein die Inanspruchnahme der Betriebsratsmitglieder. Um das Verhältnis beider Verfahren auch praktisch hinreichend genau zu bestimmen, ist grundsätzlich nach dem Zustimmungsverweigerungsgrund zu differenzieren.

(1) Besonderheiten bei der Einstellung

Im Rahmen der Einstellung wird die hier aufgeworfene Frage maßgeblich daran hängen, ob der gekündigte Arbeitnehmer die Wartezeit von sechs Monaten im Sinne des § 1 Abs. 1 KSchG bereits erfüllt hat. Außerhalb der Anwendbarkeit des Kündigungsschutzgesetzes wird man dem Arbeitgeber nämlich nicht zumuten können, auf den Ausgang des Beschlussverfahrens zu warten. Wenn sich der Arbeitgeber in diesem Zeitraum auch ohne weitere Begründung vom Arbeitnehmer trennen und das Arbeitsverhältnis kündigen kann, muss dies umso mehr gelten, wenn tatsächlich ein legitimer Grund im Sinne des Beschäftigungsverbots vorliegt. Die Grenzen bilden hier lediglich §§ 134, 138, 242 BGB.[1489]

Sollte der Betriebsrat die Zustimmung zur Einstellung verweigern und der Arbeitnehmer bereits über einen Arbeitsvertrag verfügen, wird der Arbeitgeber schnell reagieren und ihm ganz regelmäßig innerhalb der sechs Monate kündigen. Für die Berechnung der Wartezeit ist insoweit der rechtliche Bestand des Arbeitsverhältnisses ausschlaggebend und nicht die Dauer der tatsächlichen Beschäftigung.[1490] Unter Umständen sind aber Fälle denkbar, indem die tatsächliche Beschäftigung deutlich später beginnen soll und die Zustimmungsverweigerung des Betriebsrats entsprechend erst später erfolgt. Auch wenn der

---

NZA 1990, 822; siehe auch Schwab/Weth/*Weth*, § 83 a ArbGG Rn. 20 ff.). Allerdings kann er bei weiterem Interesse an der Fortführung ebenfalls Umstände darlegen, aus denen sich für ihn ausnahmsweise ein Rechtsschutz-/ Feststellungsinteresse an einer gerichtlichen Entscheidung ergibt (vgl. BAG 10.2.1999, NZA 1999, 1225, 1226). Ob dies bereits möglich ist, wenn sich herauskristallisiert, dass der Betriebsrat missbräuchlich gehandelt hat, und ein späterer Anspruch gegen die Mitglieder aus § 823 Abs. 2 BGB iVm § 75 Abs. 1 BGB zumindest naheliegend erscheint, ist ungeklärt. Aus Sicht des Arbeitnehmers wäre dies, insbesondere im Hinblick auf den Amtsermittlungsgrundsatz (§ 83 ArbGG), wünschenswert.

1489 Umfassend zum Kündigungsschutz außerhalb des KSchG APS/*Preis*, 1. Teil Grundlagen zur Beendigung von Arbeitsverhältnissen, J. Kündigungsschutz außerhalb des Kündigungsschutzgesetzes Rn. 16 ff.

1490 BAG 24.10.2013, NZA 2014, 725; ErfK/*Oetker*, § 1 KSchG Rn. 32.

Arbeitnehmer mit dem Arbeitgeber eine Verkürzung oder Aufhebung der Wartezeit des Kündigungsschutzgesetzes vereinbart hat, kann die Problematik der beiden parallellaufenden Gerichtsverfahren relevant werden. Eine Verkürzung oder ein Ausschluss der Wartezeit ist dabei durchaus zulässig.[1491] Insbesondere für eine konkludente Abrede müssen aber konkrete Anhaltspunkte bestehen.[1492] Ausreichen soll etwa der ausdrückliche Verzicht auf die Probezeit, wenn ein Kunde gerade die Einstellung des konkreten Arbeitnehmers gewünscht hat.[1493] Gleichwohl wird man für den Regelfall der Einstellung davon ausgehen können, dass mangels Anwendbarkeit des Kündigungsschutzgesetzes die hier diskutierte Problematik nicht relevant wird.

(2) Besonderheiten bei der Versetzung

Anders stellt sich dies bei (Änderungs-)Kündigungen dar, die auf der Zustimmungsverweigerung des Betriebsrats zur Versetzung beruhen. Gemeint ist damit zum einen der Fall einer betriebsbedingten Kündigung, die nur deshalb ausgesprochen wurde, weil die Versetzung auf einen anderen Arbeitsplatz gegen den Willen des Betriebsrats nicht möglich war. Zum anderen geht es um die Änderungskündigung wegen einer individualvertraglich bereits vereinbarte Zuweisung eines anderen Arbeitsbereiches, zu welcher der Betriebsrat ebenfalls seine Zustimmung verweigert.[1494] Das Kündigungsschutzgesetz wird hier ganz regelmäßig Anwendung finden. Gleichwohl dürften isoliert betrachtet die Kündigungen des Arbeitgebers rechtmäßig sein, weil es ihm nicht zugemutet werden kann einen Arbeitnehmer zu beschäftigen, den er tatsächlich nicht (mehr) einsetzen kann.[1495] Diese Einordnung steht und fällt allerdings mit der Rechtmäßigkeit der Zustimmungsverweigerung. Ist eine solche allein aus sachwidrigen Gründen erfolgt und lässt der Arbeitnehmer diese im Rahmen des Beschlussverfahrens ersetzen, kann der Erfolg im Urteilsverfahren ersichtlich nicht davon abhängig sein, ob der Arbeitnehmer im Beschlussverfahren bereits vor Abschluss des Urteilsverfahrens erfolgreich war. Es verbietet sich, auch unter Berücksichtigung des *ultima ratio* Grundsatzes der Kündigung, dass die im Beschlussverfahren diskutierte Frage der Wirksamkeit der Zustimmungsverweigerung in einem

---

1491 BAG 20.2.2014, NZA 2014, 1083, 1088; 24.11.2005, NZA 2006, 366, 369.

1492 BAG 20.2.2014, NZA 2014, 1083, 1088.

1493 LAG Köln 15.12.2006, NZA-RR 2007, 293.

1494 Siehe dazu bereits oben im 2. Kapitel unter B. III. 1. e) cc) (2).

1495 Vgl. zur Kündigung wegen eines betriebsverfassungsrechtlichen Beschäftigungsverbots LAG Baden-Württemberg, 31.7.2009, BeckRS 2009, 72962; siehe ferner WPK/*Preis*, § 99 Rn. 81.

damit zusammenhängenden, kündigungsschutzrechtlichen Prozess völlig unberücksichtigt bleibt, obwohl diese Frage doch letztlich den (einzigen) Kündigungsgrund bildet.

cc) Aussetzung des Verfahrens nach § 148 ZPO als Lösungsansatz

Will man an dem Credo der strikten Trennung von Urteils- und Beschlussverfahren festhalten, könnte ein interessengerechter Lösungsansatz in der Aussetzung des Urteilsverfahrens zu sehen sein. Die Verfahrensaussetzung nach § 148 ZPO dient dabei der Wahrung der Einheitlichkeit der Rechtsprechung.[1496] Originär schützt die Norm den Adressaten also vor divergierenden Entscheidungen und trägt zugleich auch zur Prozessökonomie bei, indem sie die doppelte Befassung mit derselben Rechtsfrage in verschiedenen Verfahren vermeidet.[1497] Eine Aussetzung wegen Vorgreiflichkeit ist grundsätzlich in jedem Verfahren und in jeder Lage des Prozesses möglich.[1498] Gänzlich fremd ist die Verfahrensaussetzung auch dem Betriebsverfassungsrecht nicht. Will der Arbeitnehmer Lohnansprüche nach § 611 BGB in Verbindung mit § 37 Abs. 2 BetrVG im Urteilsverfahren geltend machen, obwohl gleichzeitig über den Auslagenersatz nach §§ 37 Abs. 6, 40 BetrVG ein Beschlussverfahren anhängig ist, stellt sich dort eine sehr ähnliche Frage.[1499] Auch in solchen Fällen liegt es nahe, den Weg über eine Verfahrensaussetzung gemäß § 46 Abs. 2 ArbGG in Verbindung mit § 148 ZPO zu suchen und das Urteilsverfahren auszusetzen.[1500] Folgende Voraussetzungen müssen hierfür erfüllt sein.

(1) Präjudizialität

Eine Aussetzung kommt aber nur in Betracht, wenn in dem Verfahren, um dessen Willen die Aussetzung erfolgt, mit einer Entscheidung über die streitige Frage zu rechnen ist.[1501] Dies kann das aussetzende Gericht selbst

---

1496 MüKo-ZPO/*Wagner*, § 148 ZPO Rn. 1; Saenger/*Wöstmann*, § 148 ZPO Rn. 1.

1497 OLG Dresden 2.6.1993, NJW 1994, 139; BeckOK-ZPO/*Wendtland*, § 148 ZPO Rn. 1; Stein/Jonas/*Roth*, § 148 ZPO Rn. 1; vgl. auch BGH 30.3.2005, NJW 2005, 1947.

1498 BGH 7.5.1992, NJW-RR 1992, 1149; Musielak/Voit/*Stadler*, § 148 ZPO Rn. 2; restriktiver aber BGH 8.10.1957, LM § 1480 ZPO Nr. 5.

1499 Vgl. BAG 21.7.1978, AP BetrVG 1972 § 38 Nr. 4.

1500 So ausdrücklich für den hier genannten Fall *Dütz*, Anm. BAG 17.9.1974, AP BetrVG 1972 § 37 Nr. 17; *Lepke*, BB 1982, 2191, 2192; ablehnend wohl BAG 21.7.1978, AP BetrVG 1972 § 38 Nr. 4 mangels Identität der Ansprüche und fehlender Rechtskraft. Zur insoweit notwendigen materiellen Rechtskraft des Beschlussverfahrens *Müller*, in: Das Arbeitsrecht der Gegenwart, Bd. 9, 23, 51 f.

1501 Musielak/Voit/*Stadler*, § 148 ZPO Rn. 1; ausführlich Stein/Jonas/*Roth*, § 148 ZPO Rn. 23 ff.

überprüfen.[1502] Entscheidendes Merkmal bildet deshalb die Präjudizialität. Relevant ist also, ob die andere Entscheidung eine (Vor-)Frage für die Entscheidung des laufenden Prozesses beantwortet.[1503] Konkret muss im Rahmen eines vom Arbeitnehmer angestrebten Beschlussverfahrens die Frage beantwortet werden, ob der Betriebsrat die Zustimmung zur personellen Einzelmaßnahme verweigern durfte. Diese Frage ist – wie schon gesehen – auch innerhalb eines etwaigen Kündigungsschutzprozesses des Arbeitnehmers von entscheidender beziehungsweise sogar alleiniger Bedeutung, wenn kein anderer Kündigungsgrund ersichtlich ist. Das Bundesarbeitsgericht hat an anderer Stelle die präjudizielle Wirkung einer Entscheidung im Beschlussverfahren für das gegenständliche Urteilsverfahren ausdrücklich festgestellt.[1504] Wurde die Zustimmungsverweigerung des Betriebsrats zu einer vom Arbeitgeber festgelegten Eingruppierung nicht nach § 99 Abs. 4 BetrVG ersetzt, ist der Arbeitgeber hieran auch in einem Kündigungsrechtsstreit gebunden.[1505]

(2) Pflichtgemäßes Ermessen

Eine Aussetzung steht dann im pflichtgemäßen Ermessen des Gerichts. Zu prüfen ist daher, ob die Aussetzung das Verfahren über Gebühr verzögert.[1506] Gegenüber dem vorrangigen Zweck der Aussetzung, nämlich der Verhinderung sich widersprechender Entscheidungen in parallel geführten Prozessen, sind der Nachteil einer langen Verfahrensdauer und die daraus für die Parteien entstehenden, nachteiligen Folgen abzuwägen.[1507] Wegen des Beschleunigungsgebotes im Arbeitsgerichtsverfahren, welches der Gesetzgeber *expressis verbis* unter anderem in § 9 ArbGG und den §§ 4, 5 KSchG zum Ausdruck gebracht hat, fällt der Nachteil einer langen Verfahrensdauer bei einer Entscheidung über die Aussetzung eines arbeitsgerichtlichen Verfahrens ganz besonders ins Gewicht.[1508] Im Rahmen eines Kündigungsschutzprozesses eines schwerbehinderten Klägers ist deshalb nach Ansicht der mittlerweile ständigen Rechtsprechung des

---

1502 OLG Karlsruhe, NJW 1995, 1296, 1297; Saenger/*Wöstmann*, § 148 ZPO Rn. 1.

1503 Musielak/Voit/*Stadler*, § 148 ZPO Rn. 5; MüKo-ZPO/*Wagner*, § 148 ZPO Rn. 6 ff.; Stein/Jonas/*Roth*, § 148 ZPO Rn. 23 ff.

1504 BAG 28.8.2008, NZA 2009, 505.

1505 BAG 28.8.2008, NZA 2009, 505, 508.

1506 BAG 26.9.1991, AP KSchG 1969 § 1 Krankheit Nr. 28; 16.10.1967, NJW 1968, 565; Stein/Jonas/*Roth*, § 148 ZPO Rn. 31.

1507 *Baumbach/Lauterbach/Albers/Hartmann*, Einf §§ 148 – 155 ZPO, Rn. 2; LAG Mainz 16.6.1978, NJW 1978, 2263.

1508 LAG Mainz 16.6.1978, NJW 1978, 2263; zum Grundsatz der beschleunigten Durchführung ausführlich *Grunsky*, RdA 1974, 201 ff.

Bundesarbeitsgerichts das Verfahren nicht zwingend bis zur rechtskräftigen Entscheidung in einem separaten Verfahren über die Wirksamkeit einer Anfechtungsklage gegen den Zustimmungsbescheid des Integrationsamts (früher: Hauptfürsorgestelle) vor dem Verwaltungsgericht auszusetzen.[1509] Aus verfassungsrechtlicher Sicht ist eine überlange Verfahrensdauer jedenfalls dann problematisch, wenn ein arbeitsgerichtliches Verfahren durch drei ermessensfehlerhafte Aussetzungen um zwölf Jahre verzögert wird.[1510]

Häufig wird ein Beschlussverfahren vor den Arbeitsgerichten allerdings innerhalb von 4 Monaten entschieden, sodass allein in dieser Zeitspanne nicht *per se* eine unzumutbare Verfahrensverzögerung zu sehen ist.[1511] Das aussetzende Gericht hat daneben in der Abwägungsentscheidung auch die Erfolgsaussichten des betreffenden Verfahrens zu beurteilen.[1512] Gemeint sein kann damit allerdings keine umfängliche Inzidentprüfung, sondern viel eher eine summarische Prüfung,[1513] die sich auf evidente Unzulänglichkeiten oder konkret auf das offensichtliche Vorliegen bestimmter Zustimmungsverweigerungsgründe im Sinne des § 99 Abs. 2 BetrVG beschränkt.

(3) Gefahr der einseitigen Belastung des Arbeitgebers

Eine mögliche Aussetzung der Urteilsverfahren bis zum Abschluss des Beschlussverfahrens kann gleichwohl eine erhebliche Verzögerung darstellen und damit sehr einseitig den Arbeitgeber belasten. Denn obgleich der primäre „Antragsgegner“[1514] der Betriebsrat ist, wirkt sich die Anerkennung und Umsetzung eines

---

1509 BAG 20.1.2000, NJW 2001, 912, 913; 13.9.1995, NJW 1996, 540, 541; 26.9.1991, AP KSchG 1969 § 1 Krankheit Nr. 28; noch für eine feste Verpflichtung zur Aussetzung BAG 25.11.1980, AP SchwbG § 12 Nr. 7.

1510 BVerfG 5.8.2013, NJW 2013, 3432.

1511 Zur Länge der Beschlussverfahren in der Arbeitsgerichtsbarkeit in NRW: https://www.justiz.nrw.de/Gerichte_Behoerden/zahlen_fakten/statistiken/justizgeschaeftsstatistik/arbeitsgerichte/verfahrensdauer/Beschluss.pdf (letztmalig abgerufen am 1.12.2015).

1512 Vgl. OLG Karlsruhe, NJW 1995, 1296, 1297; OLG Frankfurt a.M. 31.1.2002, IPRax 2002, 523; siehe auch MüKo-ZPO/*Wagner*, § 148 ZPO Rn. 14; Stein/Jonas/*Roth*, § 148 ZPO Rn. 31.

1513 Hierzu etwa OLG Oldenburg 17.7.1997, MDR 1998, 181; Stein/Jonas/*Roth*, § 148 ZPO Rn. 31.

1514 Umstritten ist, ob das Beschlussverfahren den Begriff des vielfach zitierten Antragsgegners überhaupt kennt, oder nicht viel eher aus Beteiligten mit der gleichen Rechtsstellung besteht, von denen lediglich der Antragssteller hinsichtlich der Dispostionsbefugnis über den von ihm gestellten Antrag eine besonders ausgestaltete Rechtsstellung einnimmt (so GMP/*Spinner*, § 83 ArbGG Rn. 14 ff.; ablehnend

eigenen Antragsrechts des Arbeitnehmers ganz überwiegend negativ für den Arbeitgeber aus. Zunächst wird hierdurch die verfassungsrechtlich garantierte unternehmerische Freiheit dahingehend beschnitten, dass der Arbeitgeber nicht weitgehend autonom entscheiden kann,[1515] ob er ein Beschlussverfahren gegen den Betriebsrat durchführt oder im Hinblick auf das gesamtwirtschaftliche Wohl des Unternehmens verzichtet. Die Abwägung zwischen Individual- und Kollektivinteressen wird ihm genommen und nunmehr durch den betroffenen Arbeitnehmer einseitig zugunsten seiner konkreten Interessen ausgeübt.

Dadurch kann der Arbeitgeber auch die weitere Handlungsoption, die Stelle kurzfristig mit einem anderen Arbeitnehmer zu besetzen, verlieren. Denn die Wirksamkeit der Kündigung und die damit einhergehende Sicherheit darüber, dass der Arbeitnehmer nicht doch noch eingestellt werden muss, unterliegen dann erheblichen Zweifeln. Kann der Arbeitgeber den konkret betroffenen Arbeitnehmer nicht auf einer gleichwertigen Stelle unterbringen, dürfte er gut beraten sein, die Stelle nicht frühzeitig neu zu besetzen.[1516] Regelmäßig wird er das laufende Beschlussverfahren abwarten müssen, es sei denn, er versucht die personelle Maßnahme unter den Voraussetzungen des § 100 BetrVG vorläufig durchzuführen.[1517] Dies ist gemäß § 100 Abs. 1 S. 1 BetrVG grundsätzlich nur

auch BAG 20.4.1999, NZA 1999, 1235, 1237; krit. Schwab/Weth/*Weth*, § 83 ArbGG Rn. 41 ff.). Jedenfalls bietet sich der Rückgriff auf die Begrifflichkeit dort an, wo deutlich gemacht werden soll, dass sich das Beschlussverfahren konkret gegen ein Tun oder Unterlassen eines Beteiligten richtet.

1515 Beschränkt wäre er dann lediglich im Rahmen seiner vertraglichen Fürsorgepflichten gegenüber dem Arbeitnehmer, siehe dazu oben im 2. Kapitel, B. III. 1. f) aa). Zum verfassungsrechtlichen Schutz siehe Maunz/Dürig/*Scholz*, Art. 12 GG (74. Lfg. 2015) Rn. 89 ff. Die unternehmerische Entscheidung ist in ständiger Rechtsprechung des BAG auch nicht auf ihre sachliche Berechtigung oder ihre Zweckmäßigkeit zu prüfen, vgl. nur BAG 22.11.2012, NZA 2013, 730.

1516 Die Besetzung und damit Vereitelung des individualvertraglich zugesicherten Arbeitsplatzes kann zunächst einmal Schadensersatzansprüche auslösen. Besteht keine Weiterbeschäftigungsmöglichkeit auf dem vorgesehenen Arbeitsplatz, rechtfertigt dies im Übrigen nicht die Auflösung nach § 9 KSchG (ErfK/*Kiel*, § 9 KSchG Rn. 18). Eine erneute betriebsbedingte Kündigung könnte dann notwendig werden (vgl. KR/*Spilger*, § 9 KSchG Rn. 64). Letztlich stellt sich die Frage, ob der betroffene Arbeitnehmer nicht einen Anspruch auf die sog. Freikündigung des Arbeitsplatzes geltend machen kann (vgl. BAG 23.2.2000, NZA 2000, 894; bejahend wohl *Horcher*, NZA-RR 2006, 393, 402).

1517 Zu den Voraussetzungen siehe Richardi/*Thüsing*, § 100 BetrVG Rn. 3 ff. Zu den Handlungsoptionen des Arbeitgebers siehe sogleich unter C. I. 3.

möglich, wenn die vorläufige Durchführung aus sachlichen Gründen dringend erforderlich ist, die personelle Maßnahme also zur Sicherung eines ordnungsgemäßen, betrieblichen Ablaufs notwendig ist.[1518]

Des Weiteren wird die finanzielle Haftung des Arbeitgebers erweitert. Er ist nicht nur Anspruchsgegner eines etwaigen Annahmeverzugslohnes des Arbeitnehmers, sondern trägt zugleich auch die außergerichtlichen Kosten des Beschlussverfahrens gemäß § 40 Abs. 1 BetrVG.[1519] Zumindest fragwürdig erscheint es, eine solche Einschränkung *per se* mit dem Persönlichkeitsschutz und der Berufsfreiheit des Arbeitnehmers gemäß Art. 2 Abs. 1 in Verbindung mit Art. 1 Abs. 1 sowie Art. 12 GG rechtfertigen zu wollen.[1520] Denn die bei widerstreitenden Grundrechtspositionen unabdingbare Interessenabwägung im Sinne einer praktischen Konkordanz findet sich bei einer derart einseitigen Betrachtung nicht wieder.[1521] Zwar ist der entscheidende Verfahrensbeteiligte aus Sicht des Arbeitnehmers der Betriebsrat. Weil eine finanzielle Haftung des Organs aber nicht in Betracht kommt und die deliktische Haftung der Mitglieder mit Beweisschwierigkeiten verknüpft ist, treffen die Rechtsfolgen fast ausschließlich den Arbeitgeber.

(4) Mögliche Modifikation: Beschlussverfahren im einstweiligen Rechtsschutz

Um die Interessen des Arbeitgebers auch bei einer Verfahrensaussetzung hinreichend zu berücksichtigen, scheint insoweit eine Anpassung notwendig. Im Sinne eines angemessenen Interessenausgleichs erscheint es möglich und richtig, den

---

1518 BAG 7.11.1977, AP BetrVG 1972 § 100 Nr. 1; LAG Hamm 31.7.2009, BeckRS 2009, 73752; DKKW/*Bachner*, § 100 BetrVG Rn. 3; GK/*Raab*, § 100 BetrVG Rn. 12; Richardi/*Thüsing*, § 100 BetrVG Rn. 7; *Koller*, Anm. zu BAG v. 7.11.1977, SAE 1978, 232, 235.

1519 Gerichtskosten werden im Beschlussverfahren nicht erhoben, § 2 Abs. 2 GKG. Zur konkreten Ausgestaltung siehe unter C. I. 2. c).

1520 Ohne ausdrückliche Bezugnahme auf die grundrechtliche Wertung spricht sich *Niederalt* für den Vorrang der Individualpositionen des Arbeitnehmers aus (*Niederalt*, Individualrechte, 285 f.). Siehe auch *Thüsing*, der das Fehlen einer Antragsbefugnis des Arbeitnehmers für unvereinbar mit der Berufsfreiheit aus Art. 12 GG hält (Richardi/*Thüsing*, § 99 BetrVG Rn. 280). Aus dem Persönlichkeitsrecht leitet bspw. das BAG den im BGB nicht geregelten Beschäftigungsanspruch her: BAG 10.11.1955, AP BGB § 611 Beschäftigungspflicht Nr. 2; dazu auch ErfK/*Schmidt*, Art. 2 GG Rn. 78; zum Schutzanspruch aus Art. 12 GG BeckOK-GG/*Ruffert*, Art. 12 GG Rn. 19 ff.

1521 Zur Abwägung der widerstreitenden Interessen des Arbeitnehmers am Erhalt seines Arbeitsplatzes und des Arbeitgebers an der freien Auswahl seiner Mitarbeiter vgl. BVerfG 27.1.1998, NJW 1998, 1475.

Arbeitnehmer grundsätzlich zu verpflichten, das Beschlussverfahren mit einem Antrag auf vorläufigen Rechtsschutz zu verbinden. Sowohl Arbeitnehmer als auch Arbeitgeber erhalten dadurch zeitnah eine relativ hohe Planungssicherheit.[1522] Mit einer solchen Verpflichtung kann gewährleistet werden, dass die Nachteile des Arbeitgebers, insbesondere der drohende Annahmeverzugslohn, soweit wie möglich minimiert werden. Zugleich ermöglicht sie allen Beteiligten eine, wenn auch vorläufige, schnellstmögliche Klärung der Frage der Wirksamkeit des betriebsverfassungsrechtlichen Beschäftigungsverbots. Gewissermaßen handelt es sich dabei um ein entsprechendes Pendant zu dem bereits normierten Regelungssystem des § 100 BetrVG.

Aufgrund des dezidiert ausgestalteten Regelungssystems der §§ 99 ff. BetrVG geht die nahezu einhellige Ansicht davon aus, dass der gerichtliche einstweilige Rechtsschutz in diesem Fall überflüssig und daher ausgeschlossen sei.[1523] Diesem Ansatz ist für die originär in der Norm enthaltenen Antragsberechtigten, also Betriebsrat und Arbeitgeber, zuzustimmen, nicht aber für den nach hier vertretener Ansicht ebenfalls antragsberechtigten Arbeitnehmer. Für ihn fehlt es an einer gesetzlichen Anordnung. Weder im Rahmen der Auslegung noch der Analogie lässt sich die ausdifferenzierte Regelung des § 100 BetrVG auf die vorliegende Konstellation übertragen. Es mangelt somit an einer den (allgemeinen) einstweiligen Rechtschutz verdrängenden Vorschrift. Der Erlass einer einstweiligen Verfügung im arbeitsgerichtlichen Beschlussverfahren bleibt somit gemäß § 85 Abs. 2 S. 1 ArbGG zulässig. Eine solche Verpflichtung ist dem Betriebsverfassungsgesetz im Übrigen auch nicht völlig fremd. So kann der Antrag für die Entbindung des Arbeitgebers von seiner Weiterbeschäftigungspflicht nur als einstweiliges Verfügungsverfahren durchgeführt werden, § 102 Abs. 5 S. 2 BetrVG.[1524]

1522 Häufig wird mit der Entscheidung nämlich auch eine Vorwegnahme der Hauptsache einhergehen, was allerdings zu Lasten des Betriebsrats und somit auch des Kollektivs gehen kann. Vgl. die Ausführungen zum Verfügungsgrund sogleich unter (a).

1523 BAG 23.6.2009, NZA 2009, 1430, 1432 f.; LAG BW 7.11.1989, NZA 1990, 286, 287; BeckOK-ArbR/*Poeche*, § 85 ArbGG Rn. 25; *Fitting*, § 100 BetrVG Rn. 1; GMP/*Spinner*, § 85 ArbGG Rn. 39; Schwab/Weth/*Walker*, § 85 ArbGG Rn. 55; differenzierend *Korinth*, Einstweiliger Rechtsschutz im Betriebsverfassungsrecht, 496 ff.

1524 Zum Verfahren APS/*Koch*, § 102 BetrVG Rn. 225 ff.; vgl. auch *Rieble*, BB 2003, 844, 849 f.

Offen bleiben kann sodann die Frage, inwieweit vorläufig ergangene Urteile im Beschlussverfahren der Zwangsvollstreckung unterliegen.[1525] Denn das Gericht ersetzt bei Vorliegen der weiteren Voraussetzungen die Zustimmung des Betriebsrats (§ 99 Abs. 4 BetrVG), wodurch das betriebsverfassungsrechtliche Beschäftigungsverbot entfällt. Denn die Entscheidung hat rechtsgestaltende Wirkung und die personelle Maßnahme wird ohne weitere Beteiligung des Betriebsrats endgültig wirksam.[1526] § 99 Abs. 4 BetrVG räumt den Antragssteller somit ein Gestaltungsklagerecht beziehungsweise Gestaltungsantragsrecht ein.[1527] Der Arbeitnehmer kann bei einem erfolgreichen Antrag dann (vorläufig) auf dem gewünschten Arbeitsplatz beschäftigt werden. Sollte der Arbeitgeber die tatsächliche Beschäftigung verweigern, erfolgt eine Durchsetzung dann aber allein aufgrund der individualrechtlichen Grundlage im Urteilsverfahren und knüpft nicht unmittelbar an die Zustimmungsersetzung des Arbeitsgerichts an.[1528]

(a) Vorliegen des Verfügungsanspruchs und -grundes

Der für den einstweiligen Rechtsschutz erforderliche Verfügungsanspruch und -grund liegt in dieser Konstellation ebenfalls vor. Ein Verfügungsanspruch kann jeder Anspruch sein, der im Beschlussverfahren anhängig gemacht werden kann.[1529] Er bezieht sich daher auch auf den Anspruch des Arbeitnehmers auf Einleitung des Zustimmungsersetzungsverfahren nach § 99 Abs. 4 BetrVG. Das Gericht hat sodann in einem summarischen Erkenntnisverfahren festzustellen, ob der geltend gemachte Anspruch besteht.[1530] Die rechtliche Prüfung

---

1525 Zur Frage der Zwangsvollstreckung aus Urteilen im Beschlussverfahren siehe *Korinth*, Einstweiliger Rechtsschutz im Arbeitsgerichtsverfahren, 186 ff.; ferner GK-ArbGG/*Vossen*, § 85 ArbGG (97. Lfg. 2015) Rn. 10 ff.

1526 BAG 15.9.1987, NZA 1988, 101, 102; GK/*Raab*, § 99 BetrVG Rn. 219.

1527 BAG 15.9.1987, NZA 1988, 101, 102; Richardi/*Thüsing*, § 99 BetrVG Rn. 309. Wenn hingegen bereits keine wirksame Zustimmungsverweigerung vorliegt, kann das Arbeitsgericht eine solche auch nicht ersetzen. Der Antrag richtet sich dann viel eher auf die Feststellung, dass die Zustimmung des Betriebsrats als erteilt gilt. Dies setzt also voraus, dass der Gestaltungsantrag den Feststellungsantrag einschließt (so ausdrücklich BAG 18.10.1988, NZA 1989, 355; Richardi/*Thüsing*, § 99 BetrVG 321).

1528 Die Zustimmungsersetzung spielt insoweit natürlich eine erhebliche Rolle, als dass sie zum Wegfall des betriebsverfassungsrechtlichen Beschäftigungsverbots führt und dem Beschäftigungsanspruch des Arbeitnehmers zur Durchsetzung verhilft. Zur gerichtlichen Durchsetzung von Beschäftigungsansprüche siehe GMP/*Schleusner*, § 62 ArbGG Rn. 105 ff.

1529 OKS/*Scholz*, Hdb. Verfahrensrecht, 612 Rn. 847; *Prütting*, RdA 1995, 273, 262; vgl. auch *Heinze*, RdA 1986, 273, 285.

1530 Düwell/Lipke/*Reinfelder*, § 85 ArbGG Rn. 34.

ist dabei vollumfänglich durchzuführen.[1531] Für den Erlass einer einstweiligen Verfügung genügt nicht, dass aufgrund des glaubhaft gemachten Sachverhaltes das Bestehen des Verfügungsanspruchs überwiegend wahrscheinlich ist.[1532] Summarisch ist das Verfahren lediglich dahingehend, als dass die gerichtliche Entscheidung sich nicht auf den vollen Beweis stützt, sondern auf die bloße Glaubhaftmachung.[1533] Denn die dem Eilverfahren geschuldete Prüfung knüpft im Erkenntnisverfahren nicht an bewiesenen, sondern nur an glaubhaft gemachten Tatsachenstoff an.[1534] Zu beachten ist der im arbeitsgerichtlichen Beschlussverfahren vorherrschende Untersuchungsgrundsatz (§ 83 Abs. 1 S. 1 ArbGG), nach dem das Gericht auch im einstweiligen Rechtsschutz den Sachverhalt für das einstweilige Rechtsschutzverfahren selbst aufklären muss, insbesondere also alle erforderlichen Tatsachen und Mittel der Glaubhaftmachung heranzuziehen und zu prüfen hat.[1535] Gleichwohl muss dieser Grundsatz mit dem Ziel des effektiven Rechtsschutzes in Einklang gebracht werden. Mithin hat eine Abwägung stattzufinden, die einerseits den Aufwand der Ermittlungen, andererseits die Eilbedürftigkeit der beantragten Maßnahme und schließlich die Schwere der mit Erlass oder Nichterlass der Verfügung zu befürchtenden Nachteile und Aufwendungen der Beteiligten berücksichtigen muss.[1536]

Ein Verfügungsgrund liegt vor, wenn durch die Änderung eines bestehenden Zustands die Verwirklichung eines Rechts des Antragsstellers vereitelt oder wesentlich erschwert werden könnte.[1537] Zu fragen ist also stets aus Sicht des Antragstellers nach der Dringlichkeit, wobei eine umfassende Interessenabwägung jedenfalls dann vorgenommen werden muss, wenn die einstweilige Verfügung zugleich eine Vorwegnahme in der Hauptsache darstellt und damit in

---

1531 Düwell/Lipke/*Reinfelder*, § 85 ArbGG Rn. 34; GMP/*Spinner*, § 85 ArbGG Rn. 44; Schwab/Weth/*Walker*, § 85 ArbGG Rn. 66; *Wenzel*, NZA 1984, 112, 115.

1532 GMP/*Spinner*, § 85 ArbGG Rn. 44.

1533 Düwell/Lipke/*Reinfelder*, § 85 ArbGG Rn. 34.

1534 *Clemenz*, NZA 2005, 129, 130; ausführlich *Korinth*, Einstweiliger Rechtsschutz im Arbeitsgerichtsverfahren, 88 ff.

1535 LAG Nürnberg 1.4.1999, NZA 2000, 335, 336; ErfK/*Koch*, § 85 ArbGG Rn. 6; Grunsky/*Greiner*, § 85 ArbGG Rn. 29; MüKo-ZPO/*Drescher*, § 935 ZPO Rn. 127; Schwab/Weth/*Walker*, § 85 ArbGG Rn. 70 ff.; *Walker*, in: GS Heinze, 1009, 1016 f.

1536 Zutreffend LAG Nürnberg 8.2.2011, BeckRS 2011, 69553; zu der Bedeutung des Untersuchungsgrundsatzes für die Möglichkeit der Glaubhaftmachung ausführlich auch *Walker*, Einstweiliger Rechtsschutz, 586 Rn. 891 ff.

1537 MüKo-ZPO/*Drescher*, § 935 ZPO Rn. 15; Hauck/Helml/Biebl/*Hauck*, § 85 ArbGG Rn. 11; Saenger/*Kemper*, § 925 ZPO Rn. 13.

der Tendenz den Antragsgegner stärker belastet.[1538] Für eine solche Dringlichkeit ist der parallel laufende Kündigungsschutzprozess mit in Bezug zu nehmen. Ist es, wie hier vertreten, Voraussetzung für die Aussetzung, dass das Beschlussverfahren im einstweiligen Rechtsschutz durchgeführt wird, droht dem Arbeitnehmer bei Nichtgewährung die parallele Fortführung des Prozesses mit den oben aufgezeigten Konsequenzen. Liegt ein solcher Fall vor, ist zugleich aber ein notwendiger Verfügungsgrund gegeben und der Arbeitnehmer berechtigt, das einstweilige Verfügungsverfahren durchzuführen.

Gleichzeitig droht mit der einstweiligen Verfügung aber regelmäßig auch die Vorwegnahme der Hauptsache. Ersetzt das Arbeitsgericht die Zustimmung zur personellen Einzelmaßnahme und ermöglicht es damit dem Arbeitnehmer den Einsatz auf der neuen beziehungsweise anderen Stelle entgegen dem Willen des Betriebsrats, hat dies zumindest faktisch erhebliche Bedeutung. Die Vorwegnahme der Hauptsache muss aber nicht stets zur Neubeurteilung führen.[1539] Der Konflikt ist vielmehr aufgrund der Interessen im Einzelfall aufzulösen.[1540] Entscheidend ist, ob die glaubhaft gemachten Gesamtumstände es in Abwägung der beiderseitigen Interessen und Belange zur Abwendung wesentlicher Nachteile erforderlich erscheinen lassen, eine sofortige Regelung zu treffen.[1541]

(b) Notwendige Interessenabwägung

Bezieht man das auszusetzende Kündigungsschutzverfahren mit in den Blickwinkel hinein, lässt sich das vorliegend bejahen. Das Beschlussverfahren ist für den Arbeitnehmer typischerweise dann wertlos, wenn er im parallellaufenden Kündigungsschutzverfahren unterliegt. Im Rahmen einer umfassenden Abwägung ist die Verfahrensaussetzung nach § 148 ZPO, und damit der Schutz vor genau diesem Ergebnis, nur dann geboten, wenn der Arbeitnehmer eine Entscheidung durch einstweilige Verfügung schnellstmöglich herbeiführt. Dieser Nachteil allein dürfte die hier gewählte Lösung rechtfertigen.

1538 Grunsky/*Greiner*, § 85 ArbGG Rn. 25; regelmäßig für eine solche Interessenabwägung Hauck/Helml/Biebl/*Hauck*, § 85 ArbGG Rn. 11; vgl. auch Schwab/Weth/*Walker*, § 85 ArbGG Rn. 65.

1539 *Schoch*, Vorläufiger Rechtsschutz, 1403 ff.; *Walker*, Einstweiliger Rechtsschutz, 60 Rn. 73.

1540 Vgl. GK-ArbGG/*Vossen*, § 85 ArbGG (97. Lfg. 2015) Rn. 55; Grunsky/*Greiner*, § 85 ArbGG Rn. 25; HWK/*Bepler*, § 85 ArbGG Rn. 13; OKS/*Scholz*, Hdb. Verfahrensrecht, 612 Rn. 847.

1541 LAG Düsseldorf 13.3.2013, 9 TaBVGa 5/13 – juris, Rn. 68; LAG Köln 20.5.2009, 8 TaBVGa 3/09 – juris, Rn. 54; GK-ArbGG/*Vossen*, § 85 ArbGG (97. Lfg. 2015) Rn. 55.

Nicht ausgeblendet werden darf allerdings, dass die Rechte des Betriebsrats, und somit häufig auch die Kollektivinteressen der Belegschaft, mit diesem Regelungskonstrukt ein Stück weit beschnitten werden. Durch die regelmäßige Vorwegnahme der Hauptsache besteht für den Betriebsrat also nur ein sehr kurzer Zeitraum im Rahmen der einstweiligen Verfügungen, in denen er die Bedenken gegen die personelle Einzelmaßnahme deutlich machen kann. Hat der Betriebsrat beispielsweise aufgrund von § 99 Abs. 2 Nr. 6 BetrVG der Einstellung widersprochen, und erweist sich die Prognose des Betriebsrats entgegen der Ansicht des Arbeitsgerichts als richtig, wird er in der Hauptsache noch obsiegen können. Dass die Kollegen in der Zwischenzeit mit einer betriebsstörenden Person zusammenarbeiten müssen, ist unerwünschte Konsequenz, die aber auch im Rahmen von § 100 BetrVG angelegt ist. Im Übrigen bleibt es dem Betriebsrat unbenommen, Rechtsmittel gegen die einstweilige Verfügung einzulegen.[1542] Letztlich entscheidend für die Annahme eines einstweiligen Rechtsschutzes spricht, dass der Gesetzgeber in der vergleichbaren Situation des § 100 BetrVG dem Arbeitgeber ebenfalls die vorläufige Weiterbeschäftigung des Arbeitnehmers ermöglicht und dies ungeachtet der Art und Schwere der Bedenken des Betriebsrats tut.[1543]

b) Zustimmungsersetzungsverfahren ohne parallellaufende Kündigungsschutzprozesse

Das Zustimmungsersetzungsverfahren muss aber nicht notwendigerweise mit einem etwaigen Kündigungsschutzprozess verknüpft sein. Im Rahmen einer vom Betriebsrat abgelehnten Versetzung besteht das Arbeitsverhältnis regelmäßig fort. Soweit die Versetzung für den Arbeitnehmer vorteilhaft ist, wird er versuchen wollen, die Zustimmung ersetzen zu lassen. Die individualvertragliche Grundlage der Versetzung kann dabei unterschiedlicher Natur sein. Sowohl eine Änderung des Arbeitsvertrags als auch die Ausübung des Direktionsrechts sind möglich.[1544] Ob und inwieweit der Arbeitgeber die individualrechtliche Grundlage umgehend wieder revidiert, hängt auch vom Verhalten des Arbeitnehmers ab. Arbeitet der Arbeitnehmer zunächst auf der alten Stelle weiter und versucht im Beschlussverfahren die Verbesserung seiner Position voranzutreiben, könnte aus Sicht des Arbeitgebers zunächst keine weitere Veranlassung

1542 Dazu GK-ArbGG/*Vossen*, § 85 ArbGG (97. Lfg. 2015) Rn. 82 ff.

1543 Zu den konkreten Handlungsoptionen vgl. die Ausführungen in diesem Kapitel unter C. I. 3.

1544 Vgl. die Ausführungen zur Versetzung oben im 2. Kapitel, B. III. 1. e).

zum Tätigwerden bestehen. In diesen Fällen scheint es nicht gerechtfertigt, das Beschlussverfahren stets mit einem Antrag auf einstweilige Verfügung zu verknüpfen, da es insoweit am Verfügungsgrund fehlt. Gleiches gilt, wenn der Arbeitgeber nach Rücksprache mit dem Betriebsrat mitteilt, dass er selbst zwar nicht das Zustimmungsersetzungsverfahren durchführen werde, weil er die gute Zusammenarbeit nicht gefährden wolle, bei Obsiegen den Arbeitnehmer aber durchaus auf die gewünschte Position versetzen würde.

Die Interessenlage des Arbeitgebers, die im Falle einer parallel laufenden Kündigung zu einem anderen Ergebnis führte, ist hier differenzierter. Während durch die Aussetzung des Kündigungsschutzprozesses die Entscheidung des Arbeitgebers an der Beendigung des Arbeitsverhältnisses deutlich beeinträchtigt und gegebenenfalls sogar abweichend vom originären Beurteilungszeitpunkt entschieden wird, gibt der Arbeitgeber hier bereits durch sein Verhalten zu erkennen, dass Intensität und Wichtigkeit nicht vergleichbar sind. Verzichtet er auf die vorläufige Durchführung der personellen Einzelmaßnahme und zugleich auf eine Abänderung der individualvertraglichen Grundlage, ist gerade auch im Hinblick auf die Rechte des Betriebsrats von einer einstweiligen Verfügung abzusehen. Dies kann – wenn auch praktisch kaum vorstellbar – ebenfalls im Rahmen der Einstellung geschehen. Eine andere Beurteilung ergibt sich aber dann, wenn der Arbeitgeber die begehrte Stelle mit einem neuen Arbeitnehmer besetzen will und damit unverrückbare Tatsachen schafft. In diesen Fällen kommt eine Aussetzung nicht in Betracht. Die schutzwürdigen Interessen des Arbeitnehmers finden insoweit angemessene Berücksichtigung, als dass er in diesen Fällen das Beschlussverfahren im einstweiligen Rechtsschutz bestreiten können muss. Änderungsbedürftig ist das Ergebnis auch dann, wenn der Arbeitgeber die individualvertragliche Grundlage für die Versetzung ändern möchte. Ist hierfür eine Änderungskündigung notwendig, entstehen erneut zwei parallellaufende Verfahren und es gilt das oben Gesagte. Kann der Arbeitgeber die Abänderung bereits durch erneute Ausübung seines Direktionsrechts erreichen, entfällt grundsätzlich das Rechtsschutzbedürfnis des Arbeitnehmers im Beschlussverfahren, weil er die personelle Einzelmaßnahme praktisch nicht mehr erzielen kann.[1545] Möglicherweise ist bei einem fortgeschrittenen Verfahren und erkennbaren Pflichtverletzungen des Betriebsrats aber zu überlegen, ob der Antrag auf die deliktische Haftung umzustellen ist.[1546]

1545 Dazu sogleich unter 2. e).

1546 Siehe zu diesen Überlegungen bereits die Ausführungen in der Fn. 1488.

2. *Prozessuale Umsetzung und Verfahrensbeteiligung der Parteien*

Mit neuartigen Fragestellungen wird man auch im Rahmen der prozessualen Umsetzung konfrontiert. Das Bestehen eines eigenen Anspruchs auf Durchführung des Beschlussverfahrens des Arbeitnehmers geht einher mit der Inkorporation des Arbeitnehmers in die prozessrechtliche Beteiligtenstellung. Zu diskutieren ist hier nicht nur die direkte Implementierung, sondern sind auch Folgefragen, wie etwa die Kostentragung für außergerichtliche Gebühren oder auch die genaue Bestimmung des Verhältnisses zu dem für den Arbeitgeber vorgesehenen Sonderweg nach § 100 BetrVG. Die grundsätzliche Ausgestaltung des Beschlussverfahrens im Rahmen von § 99 Abs. 4 BetrVG bleibt aber erhalten. Der Betriebsrat hat im Verfahren nur die frist- und formgerechte Verweigerung der Zustimmung darzulegen.[1547] Im Übrigen wird den Arbeitnehmer die Darlegungslast treffen, insbesondere für das Nichtvorliegen der vom Betriebsrat vorgetragenen Verweigerungsgründe.[1548]

a) *Beteiligte des Beschlussverfahrens*

Die Frage nach der Beteiligtenstellung im Beschlussverfahren ist mit vielen Streitfragen verbunden, da es an einer klaren gesetzlichen Regelung fehlt.[1549] Dabei werden bereits die Grundlagen des Beteiligtenbegriffs unterschiedlich aufgefasst.[1550] Nähert man sich der Thematik jedoch mit der Frage, welche

---

1547 ErfK/*Kania*, § 99 BetrVG Rn. 42; HWGNRH/*Schlochauer*, § 99 BetrVG Rn. 197.

1548 So bisher für den Arbeitgeber etwa ErfK/*Kania*, § 99 BetrVG Rn. 42; *Fitting*, § 99 BetrVG Rn. 290; HWGNRH/*Schlochauer*, § 99 BetrVG Rn. 197; zur Auswirkung des Amtsermittlungsgrundsatzes vgl. BAG 17.11.2010, NZA-RR 2011, 415; Richardi/*Thüsing*, § 99 BetrVG Rn. 324.

1549 Vgl. nur *Dunkl*, Begriff und Arten der Beteiligten im arbeitsgerichtlichen Beschlußverfahren, passim. Unterschiedlich beurteilt wird bspw. schon die Funktion von § 83 Abs. 3 ArbGG. Während Teile hierin bloß die Anhörung im Sinne einer formalen Beteiligung sehen (so Grunsky/*Greiner*, § 83 ArbGG Rn. 15 mwN), gehen andere bereits von einer (materiellen) Beteiligung aus (insbesondere für den Arbeitgeber Hauck/Helml/Biebl/*Hauck*, § 83 ArbGG Rn 12).

1550 Es geht dabei um die Frage, ob das Beschlussverfahren lediglich einen einheitlichen Beteiligtenbegriff kennt (so GMP/*Spinner*, § 83 ArbGG Rn. 6 ff. mwN) oder von einem dualistischen Beteiligtenbegriff geprägt ist, und damit letztlich näher an ein kontradiktorisches Verfahren anzulehnen ist (Schwab/Weth/*Weth*, § 83 ArbGG Rn. 38 ff.; ausführlich auch *Weth*, Das arbeitsgerichtliche Beschlussverfahren, 100 ff.). Ohne auf die Streitfrage einzugehen, hat das BAG im Rahmen des Beschlussverfahrens die Sonderstellung als nicht kontradiktorisches Verfahren nochmals hervorgehoben, v. 2.10.2007, NZA 2008, 372.

betriebsverfassungsrechtlichen Akteure im konkreten Beschlussverfahren zu beteiligen sind, stellen sich die Unterschiede als marginal dar. Einhellig anerkannt ist dabei, dass der Antragssteller stets auch Beteiligter des Verfahrens ist.[1551] Dies gilt selbstredend auch dann, wenn er Arbeitnehmer ist.[1552] Der Arbeitnehmer würde also allein mit seinem Antrag nach § 99 Abs. 4 BetrVG in die Beteiligtenstellung einrücken. Dies folgt bereits aus seinem Recht, das Beschlussverfahren in Gang zu setzen. Im Übrigen sind die Personen und Stellen zu beteiligen, die in ihrer betriebsverfassungsrechtlichen, personalvertretungsrechtlichen oder mitbestimmungsrechtlichen Rechtsstellung unmittelbar betroffen sind.[1553] Arbeitgeber und Betriebsrat sind somit in diesem Verfahren ebenfalls zwingend von Amts wegen zu beteiligen, da beide unmittelbar in ihrer betriebsverfassungsrechtlichen Rechtsstellung gemäß § 99 BetrVG betroffen sind.[1554] Dies führt im Ergebnis dazu, dass nunmehr sowohl Arbeitnehmer als auch Arbeitgeber das Verfahren nach § 99 Abs. 4 BetrVG einleiten können.

Im Regelfall wird der Arbeitnehmer bei Verweigerung des Arbeitgebers das Verfahren einleiten. Sollte hingegen der Arbeitgeber das Verfahren nach § 99 Abs. 4 BetrVG anstrengen, folgt aus dem oben Gesagten noch nicht unmittelbar die Beteiligtenstellung des Arbeitnehmers. Denn eine eingeräumte Antragsbefugnis begründet nicht zwingend eine Beteiligtenstellung, solange sie nicht ausgeübt wird.[1555] Vielmehr muss diese unter Zugrundelegung der allgemeinen

---

1551 Düwell/Lipke/*Reinfelder*, § 83 ArbGG Rn. 17; Grunsky/*Greiner*, § 83 ArbGG Rn. 16; Hauck/Helml/Biebl/*Hauck*, § 83 ArbGG Rn 8; Schwab/Weth/*Schwab*, § 83 ArbGG Rn. 40; 52.

1552 GMP/*Spinner*, § 83 ArbGG Rn. 45.

1553 St. Rspr. BAG 14.2.2007, NZA 2007, 999; 28.3.2006, NZA 2006, 1367, 11.11.1998, NZA 1999, 1056, 28.9.1988, NZA 1990, 314 und einhellige Ansicht in der Literatur: GMP/*Spinner*, § 83 ArbGG Rn. 13; Grunsky/*Greiner*, § 83 ArbGG Rn. 17; Schwab/Weth/*Schwab*, § 83 ArbGG Rn. 49; *Dunkl*, Begriff und Arten der Beteiligten im arbeitsgerichtlichen Beschlußverfahren, 108.

1554 Der Arbeitgeber ist nach ganz überwiegender Auffassung immer zu beteiligen, weil er durch die betriebsverfassungsrechtliche Ordnung stets betroffen ist (BAG 16.3.2005, NZA 2005, 1069, 1070; Grunsky/*Greiner*, § 83 ArbGG Rn. 22; Hauck/Helml/Biebl/*Hauck*, § 83 ArbGG Rn. 12). Vgl. auch BAG 4.12.1986, NZA 1987, 166. Differenzierend GMP/*Spinner*, § 83 ArbGG Rn. 38: Insbesondere bei Streitigkeiten innerhalb der Betriebsverfassungsorgane treffe dies nicht zu. Bedenkenswert scheint das vor allem im Rahmen von § 102 Abs. 3 BetrVG. Siehe dazu unten unter C. III. 2. a).

1555 BAG 19.9.1985, NZA 1986, 368; GK-ArbGG/*Dörner*, § 83 ArbGG (93. Lfg. 2015) Rn. 41; GMP/*Spinner*, § 83 ArbGG Rn. 13; Grunsky/*Greiner*, § 83 ArbGG Rn. 17.

Grundsätze hergeleitet werden. Von Bedeutung ist, ob die erbetene Entscheidung den Arbeitnehmer unmittelbar in seiner betriebsverfassungsrechtlichen Stellung betrifft.[1556] Die überwiegende Meinung lehnt dies im Rahmen von § 99 BetrVG ab.[1557] Die Rechtsstellung des Arbeitnehmers werde in betriebsverfassungsrechtlicher Hinsicht nicht unmittelbar betroffen. Eine Entscheidung hätte lediglich mittelbar Auswirkung auf die individualvertragliche Ebene. Da dem Arbeitnehmer ein eigenes, betriebsverfassungsrechtliches Individualrecht fehle, sei Gegenstand des Beschlussverfahrens lediglich die ordnungsgemäße Beteiligung des Betriebsrates sowie dessen Zustimmungsverweigerungsrecht.[1558] Damit hat das Bundesarbeitsgericht insoweit eine klare Trennung von kollektivrechtlicher und individualrechtlicher Maßnahme statuiert.[1559] In der Tat spricht – trotz berechtigter Bedenken[1560] – für diese Auslegung die klare Abgrenzung beider Maßnahmen. Wer das im Rahmen von Einstellung und Versetzung fordert, muss es konsequenterweise auch auf Verfahrensebene beachten. Mit Anerkennung eines eigenen Antragsrechts und insbesondere eines eigenen Rechts des Arbeitnehmers in der Betriebsverfassung ist dieses Ergebnis aber auch unter Berücksichtigung der vorherrschenden Meinung änderungsbedürftig. Der Arbeitnehmer ist mithin unabhängig davon, ob er Antragssteller ist, am Beschlussverfahren über die Zustimmungsersetzung gemäß § 99 Abs. 4 BetrVG zu beteiligen.

b) Antragsbefugnis

Die Antragsbefugnis ist immer dann zu bejahen, wenn der Antragssteller ein eigenes, betriebsverfassungsrechtliches Recht geltend macht und dies nicht von vornherein als gänzlich aussichtslos erscheint.[1561] Durch die verweigerte Zustimmung zur personellen Einzelmaßnahme ist der betroffene Arbeitnehmer nach vorliegender Auffassung nicht nur in seiner individualrechtlichen Stellung, sondern zugleich potentiell auch in seinem betriebsverfassungsrechtlichen Recht nach § 75 Abs. 1 BetrVG betroffen. Er ist daher regelmäßig antragsbefugt. Zur

---

1556 GMP/*Spinner*, § 83 ArbGG Rn. 44; Schwab/Weth/*Schwab*, § 83 ArbGG Rn. 63.

1557 Siehe nur *Laux*, Antrags- und Beteiligungsbefugnis, 119 ff. sowie die zahlreichen Nachweise oben in Fn. 353.

1558 Vgl. auch die Ausführungen oben im 2. Kapitel unter B. VI. 1.

1559 BAG 27.5.1982, AP ArbGG 1979 § 80 Nr. 3.

1560 Zu den Kritikern der vorherrschenden Meinungen vgl. die Nachweise oben im 2. Kapitel unter B. VI. 1.

1561 BAG 14.2.2007, NZA 2007, 999, 1001 f.; 19.9.2006, NZA 2007, 518, 520; BeckOK-ArbR/*Poeche*, § 81 ArbGG Rn. 23; ausführlich auch *Laux*, Antrags- und Beteiligungsbefugnis, 36 ff.

besseren Einschätzung seiner Erfolgsaussichten und damit letztlich auch zur Vermeidung unnötiger Beschlussverfahren erscheint es ratsam die schriftliche Begründung der Zustimmungsverweigerung des Betriebsrats dem betroffenen Arbeitnehmer stets zuzuleiten, auch wenn dies, anders als beispielsweise in § 102 Abs. 4 BetrVG, nicht ausdrücklich vorgesehen ist. Ein Nachschieben von Zustimmungsverweigerungsgründen nach Ablauf der in § 99 Abs. 3 S. 1 BetrVG statuierten Wochenfrist ist unzulässig.[1562] Im Übrigen kennt das Verfahren keine Antragsfrist.[1563]

c) *Kostentragung*

Zu klären ist sodann, wie die Beteiligten möglicherweise entstehende Kosten zu tragen haben und inwieweit der Erfolg des Antragsstellers hierbei von Relevanz ist. Im Beschlussverfahren werden keine Gerichtskosten erhoben (§ 2 Abs. 2 GKG), sodass keine Kostenentscheidung nach §§ 91 ff. ZPO ergeht und auch keine Streitwertfestsetzung im Beschluss erfolgt.[1564] Es fallen allerdings unter Umständen außergerichtliche Kosten, etwa für die Heranziehung eines Verfahrensbevollmächtigten oder für anwaltlichen Rat, an. Für das Verhältnis von Betriebsrat und Arbeitgeber ist geklärt, dass eine Pflicht zur Kostenerstattung durch den Arbeitgeber nur bei einem materiell rechtlichen Kostenerstattungsanspruch unmittelbar aus dem Betriebsverfassungsgesetz besteht.[1565] Zieht ein Betriebsrat in einem Beschlussverfahren mit dem Arbeitgeber einen Rechtsanwalt als Verfahrensbevollmächtigten hinzu, hat der Arbeitgeber ohne Rücksicht auf ein Obsiegen oder Unterliegen des Betriebsrats die dadurch entstehenden Kosten gemäß § 40 Abs. 1 BetrVG zu tragen, wenn der Betriebsrat bei pflichtgemäßer und verständiger Würdigung aller Umstände die Hinzuziehung für notwendig erachten konnte.[1566] Dies gilt selbst dann, wenn ein Betriebsratsmitglied

---

1562 BAG 17.11.2010, NZA-RR 2011, 415; HWK/*Ricken*, § 99 BetrVG Rn. 92; Richardi/*Thüsing*, § 99 BetrVG Rn. 295 f.; HWGNRH/*Schlochauer*, § 99 BetrVG Rn. 148; MünchArbR/*Matthes*, § 263 Rn. 74; *Fitting*, § 99 BetrVG Rn. 291; a.A. *Galperin/Löwisch*, § 99 Rn. 110a.

1563 BAG 15.9.1987, NZA 1988, 101, 102; HWGNRH/*Schlochauer*, § 99 BetrVG Rn. 194.

1564 BAG 31.10.1972, AP BetrVG 1972 § 40 Nr. 2; Schwab/Weth/*Schwab*, § 12 ArbGG Rn. 120; Moll/*Ulrich*, Hdb. ArbR, § 79 Rn. 24. Für die Berechnung von Anwaltsgebühren muss daher eine Festsetzung des Gegenstandwerts nach § 33 Abs. 1 RVG beantragt werden, BAG 20.10.1999, NZA 2000, 556.

1565 Schwab/Weth/*Schwab*, § 12 ArbGG Rn. 129; siehe auch BAG 2.10.2007, NZA 2008, 372; 20.4.1999, NZA 1999, 1235.

1566 *Fitting*, § 40 BetrVG Rn. 22; GK/Weber, § 40 BetrVG Rn. 102; Moll/*Ulrich*, Hdb. ArbR, § 79 Rn. 26. Schaltet der Betriebsrat allerdings einen Rechtsanwalt zur

ein Beschlussverfahren gegen den Betriebsrat einleitet.[1567] Nicht zu tragen hat der Arbeitgeber hingegen die Kosten, wenn der Betriebsrat eine vorgerichtliche Einigung noch gar nicht versucht hatte oder wenn sein Begehren oder die Verteidigung gegen ein Begehren des Arbeitgebers oder eines anderen Beteiligten bei verständiger Würdigung des Falles als aussichtslos erscheinen muss.[1568] Selbst dann haftet aber der Betriebsrat allein für das eigene Rechtsanwaltshonorar, niemals auch für etwaige Kosten des Arbeitgebers, da es insoweit an einer materiell rechtlichen Regelung fehlt.[1569] Nichts anderes kann für die Kostentragung des Arbeitnehmers gelten. Allerdings mangelt es hier natürlich an einer vergleichbaren gesetzlichen Norm, die einen Erstattungsanspruch gegenüber Dritten vorsieht. Insoweit denkbar erscheinen einzig Fälle rund um die Betriebsratswahl, in welchen der einzelne Arbeitnehmer gegen Fehler der Betriebsratswahl vorgeht oder Fälle, in denen sein aktives beziehungsweise passives Wahlrecht zu klären ist.[1570] Eine Kostentragung wäre in diesen Fällen über § 20 Abs. 3 S. 1 BetrVG möglich.[1571] In den übrigen Fällen greift der Grundsatz, wonach die Beteiligten die außergerichtlichen Kosten selbst zu tragen haben.[1572] Der Arbeitnehmer wird also auch dann, wenn die Zustimmung des Betriebsrats auf seinen Antrag

---

Begutachtung einer rechtlichen Frage außerhalb des Prozesses ein, und dient die Beratung nicht nur der bloßen Abschätzung der Aussichten eines Rechtsstreits, ist die Kostenerstattungspflicht nur unter den besonderen Voraussetzungen des § 80 Abs. 3 BetrVG möglich (siehe WPK/Kreft, § 40 BetrVG Rn. 11).

1567 BAG 3.4.1979, AP BetrVG 1972 § 13 Nr. 1; *Fitting*, § 40 BetrVG Rn. 21.

1568 BAG 19.4.1989, AP BetrVG 1972 § 40 Nr. 29 mit Anm. *v. Hoyningen-Huene*; BeckOK-ArbR/*Mauer*, § 40 BetrVG Rn. 6; *Fitting*, § 40 BetrVG Rn. 22; WPK/*Kreft*, § 40 BetrVG Rn. 13.

1569 Zur Haftung des Betriebsrats bei Honorarforderungen siehe BGH 25.10.2012, NZA 2012, 1382. Vgl. zudem die Ausführungen zur Haftung oben in diesem Kapitel, B. II.

1570 Zu Ersterem Schwab/Weth/*Walker*, § 85 ArbGG Rn. 80 ff. Bei der Frage des Wahlrechts erkennt auch das BAG die Beteiligtenstellung an: v. 17.2.2010, NZA 2010, 832; dazu auch GMP/*Spinner*, § 83 ArbGG Rn. 45.

1571 So hat das LAG Hamm (6.2.1980, EzA § 20 BetrVG 1972 Nr. 11) Rechtsanwaltskosten, die ein Wahlbewerber für ein einstweiliges Verfügungsverfahren während der Zeit der Betriebsratswahlen aufwenden musste, um die Genehmigung zum Betreten des Betriebes zum Sammeln von Unterschriften für seinen Wahlvorschlag zu erhalten, für erstattungsfähig gehalten. Zustimmend GK/*Kreutz*, § 20 BetrVG Rn. 54. Siehe auch DKKW/*Homburg*, § 20 BetrVG Rn. 27 ff.; Schwab/Weth/*Schwab*, § 12 ArbGG Rn. 119.

1572 Schwab/Weth/*Schwab*, § 12 ArbGG Rn. 119.

hin ersetzt wurde, mögliche außergerichtliche Kosten selbst tragen müssen.[1573] Das Ergebnis wird bestärkt durch die allgemeine Gerichtskostenfreiheit des Beschlussverfahrens und durch einen Blick auf das in dieser Hinsicht deutlich kontradiktorischere Urteilsverfahren, wo zumindest im ersten Rechtszug die Parteien die Kosten ebenfalls selbst tragen müssen, § 12 a ArbGG. Arbeitgeber und Arbeitnehmer haben damit unabhängig vom Ausgang des Beschlussverfahrens ihre außergerichtlichen Kosten zu tragen. Allein im Hinblick auf die Kostentragungspflicht des Arbeitgebers gegenüber dem Betriebsrat kann die Motiv- und Begründungslage der Zustimmungsverweigerung und damit gegebenenfalls eine einhergehende, nicht erforderliche Rechtsberatung relevant werden.

d) Verhältnis zum Verfahren nach § 100 BetrVG

Entschließt sich der Arbeitgeber zu einem späteren Zeitpunkt, üblicherweise veranlasst durch das vom Arbeitnehmer in Gang gesetzte Zustimmungsersetzungsverfahren, die Durchsetzung der personellen Maßnahme ebenfalls zu forcieren, wird er sich der Möglichkeit des § 100 Abs. 1 BetrVG bedienen und die Maßnahme vorläufig durchführen. In diesen Fällen bedarf es der Klärung, inwiefern das oben austarierte System weiter Geltung beanspruchen kann. Denn für die regelmäßig angestrebte, einstweilige Verfügung in dem vom Arbeitnehmer initiierten Beschlussverfahren schafft das Vorgehen des Arbeitgebers Fakten. Die vorläufige Durchführung der personellen Einzelmaßnahme wird damit unmittelbar möglich. Gleichermaßen erscheint es richtig, dass der Arbeitgeber nach Antragsstellung durch den Arbeitnehmer die personelle Maßnahme vorläufig durchführen kann. Liegt eine dringende Erforderlichkeit vor und hat der Betriebsrat die Zustimmung verweigert,[1574] steht ihm dieser Weg nach § 100 BetrVG offen. Gründe hiervon abzuweichen gibt es nicht. Anderenfalls hinge die Rechtsstellung des Arbeitgebers davon ab, ob er den Antrag nach § 99 Abs. 4 BetrVG zeitlich vor dem Arbeitnehmer gestellt hat. Der Arbeitgeber

---

1573 Zu denken wäre allenfalls an einen Anspruch des Arbeitnehmers gegen den Arbeitgeber aus §§ 280 Abs. 1, 241 Abs. 2 BGB. Bei Verletzung der oben näher ausgeübten Fürsorgepflicht durch die Unterlassung des Zustimmungsersetzungsverfahrens wäre ein Schaden zumindest nicht ganz fernliegend. Insbesondere auch aus prozessökonomischen Gründen und der klaren Wertung der Kostentragung im Beschlussverfahren hat sich das BAG in einem ähnlichen Fall aber klar ablehnend positioniert (v. 2.10.2007, NZA 2008, 372, 373 f.).

1574 Inwieweit die dringende Erforderlichkeit für die Praxis tatsächlich eine Voraussetzung darstellt, ist noch zu klären. Vgl. dazu die Ausführungen sogleich unter 3.

muss allerdings innerhalb der Drei-Tage-Frist die Feststellung beantragen, dass die Maßnahme aus sachlichen Gründen dringend erforderlich war.[1575] Insoweit begründet dies eine neue Ausnahme vom Erfordernis der gleichzeitigen Antragsstellung,[1576] da der Arbeitgeber hier bereits nicht mehr zugleich auch einen (erneuten) Antrag auf Zustimmungsersetzung gemäß § 99 Abs. 4 BetrVG stellen kann. Jedenfalls dann, wenn noch keine einstweilige Verfügung im Rahmen des vom Arbeitnehmer angestrengten Beschlussverfahrens erfolgt ist, genießt das Regelungskonstrukt des § 100 Abs. 1 BetrVG Vorrang.

Für den einstweiligen Rechtsschutz besteht dann kein Raum mehr. Rechtstechnisch entfällt der Verfügungsgrund. Insbesondere bestehen die den einstweiligen Rechtsschutz bedingenden Nachteile des Arbeitgebers nicht mehr, wenn er die personelle Maßnahme vorläufig durchführen kann. Dass das Vorgehen des Arbeitgebers auch Einfluss auf ein vom Arbeitnehmer initiiertes Verfahren haben kann, liegt letztlich in der Besonderheit des Beschlussverfahrens mit mehreren Beteiligten und des Ausnahmecharakters von § 100 BetrVG begründet.[1577] Hatte der Arbeitnehmer mit dem Antrag auf einstweilige Verfügung bereits Erfolg oder wurde der Antrag mangels Verfügungsanspruchs abgewiesen, muss der Arbeitgeber dies gegen sich gelten lassen. Der Arbeitgeber kann in solchen Fällen – unabhängig von der Dringlichkeit – keine vorläufige Durchführung der personellen Maßnahme mehr erreichen. Dies folgt bereits aus der Tatsache, dass es sich hier um ein und dasselbe Beschlussverfahren handelt, und durch die Entscheidung über den Antrag im einstweiligen Rechtsschutz von Amts wegen geklärt wird, was für die Rechte und Pflichten der Beteiligten zu gelten hat. Die Einschätzung des Arbeitsgerichts hängt ersichtlich nicht von der Person des Antragsstellers ab und erfährt auch keine Neubeurteilung, wenn der Arbeitgeber versucht, die personelle Maßnahme über § 100 Abs. 1 BetrVG vorläufig durchzuführen. Dass dem Arbeitgeber hierdurch unter Umständen die Möglichkeit der Durchführung nach § 100 Abs. 1 BetrVG genommen wird, ist letztlich auch aus betriebsverfassungsrechtlicher Sicht nicht zu beanstanden. Wird die (vorläufige) Ersetzung der Zustimmung des Betriebsrats vom Arbeitsgericht abgelehnt, bestehen unter Berücksichtigung und Wahrung der Rechte

1575 Vgl. WPK/*Preis*, § 100 BetrVG Rn. 6.

1576 Grundsätzlich ist die isolierte Feststellung des dringenden Erfordernisses nicht möglich, weil es insoweit an einem schutzwürdigen Interesse fehlt, wenn sich der Arbeitgeber nicht gleichzeitig auch um die Klärung der endgültigen Zulässigkeit der Maßnahme bemüht (BAG 15.9.1987, AP BetrVG 1972 § 99 Nr. 46 mit zust. Anm. *Streckel*; *Fitting*, § 100 BetrVG Rn. 11a; GK/*Raab*, § 100 Rn. 35).

1577 Zum Ausnahmecharakter der Norm vgl. *Fitting*, § 100 BetrVG Rn. 1.

des Betriebsrats keine stichhaltigen Argumente mehr dafür, die personelle Maßnahme dennoch durchzuführen.

e) *Zur Notwendigkeit eines individualvertraglichen Anspruchs auf die personelle Einzelmaßnahme*

Die Ausgestaltung des Beteiligungsrechts in § 99 BetrVG unterwirft im Rahmen der Einstellung auch Bewerber dem Wirkungskreis des Betriebsrats. Üblicherweise wird der Arbeitgeber nämlich bereits vor Abschluss des Arbeitsvertrages die Zustimmung beim Betriebsrat einholen. Verweigert der Betriebsrat seine Zustimmung und ist der Arbeitgeber nicht gewillt die Einstellung weiter zu verfolgen, beispielsweise, weil er über mehrere Bewerber verfügt, wird es nicht zum Abschluss des Arbeitsvertrags kommen. Abgesehen von wenigen Fällen der Pflichtverletzung bei Vertragsanbahnung durch den Arbeitgeber,[1578] bleibt der Bewerber damit gänzlich schutzlos. Bezieht man den Bewerber allerdings mit in den Schutz von § 75 Abs. 1 BetrVG ein und gewährt ihm damit ein eigenes betriebsverfassungsrechtliches Individualrecht, ist auch eine eigene Antragsstellung und damit Überprüfung der Zustimmungsverweigerung nach § 99 Abs. 4 BetrVG grundsätzlich möglich. Fraglich ist aber, ob ein solcher Antrag überhaupt zulässig ist, wenn bereits feststeht, dass der Bewerber sein eigentliches Ziel, die Einstellung, nicht erreichen kann. Wenngleich diese Frage primär auf die Bewerberstellung abzielt, wird sie auch an anderer Stelle relevant. Übt der Arbeitgeber im Rahmen der am Betriebsrat gescheiterten Versetzung erneut sein Direktionsrecht aus und versetzt er den Arbeitnehmer auf den alten Arbeitsplatz, kann das Ziel der tatsächlichen Versetzung hier ebenso in den Hintergrund rücken. Die Thematik ist zugleich sehr stark geprägt von rechtspolitischen Überlegungen, da die grenzenlose Antragsmöglichkeit auch die Gefahr für eine missbräuchliche Verwendung eröffnet und die Arbeitsgerichtsbarkeit massiv belasten könnte. Bereits aktuell versucht die Rechtsprechung, die durch die Einführung des Allgemeinen Gleichbehandlungsgesetzes stetig anwachsende Flut von Klagen im Zusammenhang mit abgelehnten Bewerbungen einzudämmen.[1579] Schon aus diesem Grund erscheint die Erstreckung auf alle Bewerber bedenklich. Erschwerend hinzu tritt die kostengünstigere Prozessführung.

1578 Der Arbeitgeber kann sich unter Umständen einer Haftung aus c.i.c. gegenübersehen, wenn er den Arbeitnehmer nicht ausreichend über die bevorstehende Beteiligung des Betriebsrats unterrichtet – siehe dazu oben im 2. Kapitel, B. III. 1. f) cc).

1579 Zur Vorlagefrage an den EuGH und eines möglicherweise restriktiv zu verstehenden Bewerberbegriffs siehe BAG 18.6.2015, NZA 2015, 1063.

aa) Kein Kontrahierungszwang

Etwas anderes müsste wohl dann gelten, wenn Bewerber die Möglichkeit besäßen, den erstrebten Arbeitsvertrag noch zu erzwingen. Die strikte Trennung von individual- und kollektivrechtlicher Ebene verhindert im Ergebnis aber gerade diese Verknüpfung. Aus der Antragsstellung gemäß § 99 Abs. 4 BetrVG resultiert allein eine Entscheidung darüber, ob das Arbeitsgericht die Zustimmung des Betriebsrats ersetzt. Nicht Gegenstand des Verfahrens ist ein möglicher Kontrahierungszwang des Arbeitgebers. Ein solcher kann nur aus der vertraglichen Beziehung zwischen Arbeitgeber und Arbeitnehmer erwachsen und wäre gesondert geltend zu machen. Beispiele aus der arbeitsgerichtlichen Rechtsfortbildung finden sich etwa im Rahmen des sogenannten Wiedereinstellungsanspruchs.[1580] Da das Gesetz bei der Beurteilung der Wirksamkeit einer Kündigung auf die objektiven Gegebenheiten bei Zugang der Kündigungserklärung abstellt, hat eine sich später ändernde Sachlage keinen Einfluss mehr auf die Wirksamkeit.[1581] Ein nach Ausspruch der betriebsbedingten Kündigung erteilter und nicht vorhersehbarer Großauftrag ist daher ebenso ohne Einfluss wie eine Betriebsfortführung nach zuvor ernsthaft feststehenden Entschluss zur Betriebsstilllegung.[1582] Aus diesem Grund gewährt die Rechtsprechung dem Arbeitnehmer bis zum Ablauf der Kündigungsfrist einen Anspruch auf Wiedereinstellung.[1583] Eine sich nach Ablauf der Kündigungsfrist ändernde Prognose lässt den Anspruch aber in der Regel entfallen, da der Rechtssicherheit und vertraglichen Dispositionsfreiheit des Arbeitgebers in diesen Fällen der Vorrang vor dem Beschäftigungsinteresse einzuräumen ist.[1584] Die dogmatische Herleitung ist vielfältig

---

1580 Ganz h.M. BAG 28.6.2000, NZA 2000, 1097; 4.12.1997, NZA 1998, 701; 27.2.1997, NZA 1997, 757; APS/*Kiel*, § 1 KSchG Rn. 826; Backmeister/Trittin/*Mayer*, § 1 KSchG Rn. 330; v. Hoyningen-Huene/Linck/*Krause*, § 1 Rn. 253 ff.; DDZ/*Deinert*, § 1 KSchG Rn. 307 f.; KR/*Griebeling/Rachor*, § 1 KschG Rn. 729; Thüsing/Laux/Lembke/*Reinhard*, § 1 KSchG Rn. 774 f.; *Raab*, RdA 2000, 147; kritisch beispielsweise *Ricken*, NZA 1998, 460, der insbesondere die Rechtsunsicherheit für den Arbeitgeber und die fehlende, klare dogmatische Grundlage kritisiert; siehe auch APS/*Dörner/Vossen*, § 1 KSchG (4. Auflage 2012) Rn. 77 f.

1581 BAG 10.10.1996, AP KSchG 1969 § 1 Betriebsbedingte Kündigung Nr. 81; KR/*Griebeling/Rachor*, § 1 KschG Rn. 729; Thüsing/Laux/Lembke/*Reinhard*, § 1 KSchG Rn. 772; *Raab*, RdA 2000, 147, 148.

1582 BAG 4.12.1997, NZA 1998, 701; 27.2.1997, NZA 1997, 757; APS/*Kiel*, § 1 KSchG Rn. 825.

1583 BAG 28.6.2000, NZA 2000, 1097, 1100.

1584 BAG 28.6.2000, NZA 2000, 1097, 1100; APS/*Kiel*, § 1 KSchG Rn. 832; SPV/*Preis*, § 2 Rn. 1012; *Annuß*, BB 1998, 1582, 1587; inwieweit darüber hinaus ein Anspruch

und wird insbesondere in der Rechtsprechung nicht einheitlich gehandhabt.[1585] Unabhängig von der Vielzahl der umstrittenen Einzelfragen bleibt eine Voraussetzung allerdings stets bestehen: das Arbeitsverhältnis muss zunächst bestanden haben oder noch bestehen.[1586] Gleiches gilt im Übrigen auch für die dem amerikanischen Recht entlehnte Rechtsfigur der sogenannten *undue influence*, die einen Kontrahierungszwang in Fallkonstellationen ermöglichen soll, in denen der Arbeitgeber den Arbeitnehmer durch psychischen Druck oder Ausnutzung einer psychischen Schwäche zur Unterzeichnung eines Aufhebungsvertrags veranlasst hat.[1587] Bereits dargelegt wurde zudem, dass sich auch im Rahmen der allgemeinen zivilrechtlichen Haftung, konkret der *culpa in contrahendo*, grundsätzlich keine Kontrahierungspflicht ergibt.[1588]

bb) Fehlendes Rechtsschutzbedürfnis

Wenn der Bewerber allerdings mit dem Antrag nach § 99 Abs. 4 BetrVG sein primäres Ziel, die Einstellung, mangels Arbeitsverhältnisses und mangels Kontrahierungszwangs, nicht mehr erreichen kann, stellt sich die Frage nach seinem Rechtsschutzbedürfnis. Der Antragsteller muss in jeder Lage des Verfahrens ein rechtlich geschütztes Interesse an der von ihm begehrten gerichtlichen Entscheidung haben.[1589] Es geht dabei um ein anzuerkennendes Interesse, letztlich auch um ein prozessualrechtliches Werturteil über die Zulässigkeit jeder Rechtsschutzhandlung.[1590] Dieses fehlt beispielsweise, wenn nur die Klärung abstrakter Rechtsfragen erstrebt wird, was bei bereits abgeschlossenen Maßnahmen

---

besteht, ist umstritten: weitgehender beispielsweise *Bram/Rühl*, NZA 1990, 753, 756 f.; *Raab*, RdA 2000, 147, 154 f.; offengelassen bei BAG 4.12.1997, 701, 703.

1585 Eine Aufzählung möglicher Begründungsansätze ohne ausdrückliche methodische Rangfolge findet sich beispielsweise in den Ausführungen des 2. Senats v. 27.2.1997, NZA 1997, 757, 758 ff. Der 7. Senat geht hingegen konkret von einer vertraglichen Nebenpflicht aus dem noch bestehenden Arbeitsverhältnis als Ausprägung von § 242 BGB aus (28.6.2000, NZA 2000, 1097, 1099 ff.). Zum Ganzen ausführlich mit umfangreichen Nachweisen APS/*Kiel*, § 1 KSchG Rn. 827; KR/*Griebeling/Rachor*, § 1 KschG Rn. 729; ferner *Krüll*, Wiedereinstellungsanspruch, 65 ff.

1586 Richtigerweise spricht *Preis* an dieser Stelle auch von einem Vertragsfortsetzungsanspruch (SPV/*Preis*, § 2 Rn. 1011).

1587 Dazu *Lorenz*, JZ 1997, 277, 281 f.

1588 Siehe dazu oben im 2. Kapitel, B. III. 1. f) cc).

1589 BAG 17.1.2007, NZA 2007, 703, 704: „Feststellungsinteresse"; ErfK/*Koch*, § 81 ArbGG Rn. 8.

1590 Ausführlich *Stephan*, Das Rechtsschutzbedürfnis, 56 ff.; ferner *Speer*, Rechtschutzbedürfnis im arbeitsgerichtlichen Beschlussverfahren, passim.

regelmäßig der Fall ist.[1591] Dem Antrag auf Zustimmungsersetzung fehlt deshalb das Rechtsschutzbedürfnis, wenn die Zustimmung des Betriebsrats nachträglich erteilt wird oder eine personelle Maßnahme zwischenzeitlich beendet wurde.[1592] Nichts anderes muss hier gelten, wo zwar noch ein auf den Streitgegenstand (die Zustimmungsersetzung) bezogenes Interesse besteht, die dahinterstehende personelle Einzelmaßnahme aber nicht erzielt werden kann.[1593] Gibt der Arbeitgeber nicht ausnahmsweise zu erkennen, dass er bei einer erfolgreichen Zustimmungsersetzung durchaus bereit wäre ein Vertragsangebot vorzulegen, kann der Bewerber trotz Obsiegens im Verfahren nach § 99 Abs. 4 BetrVG nicht eingestellt werden. Im Rahmen der Versetzung kann dies ebenso gelten. Zu fragen ist dann aber, ob gegen die konkrete Rücknahme der Versetzung ein Rechtsmittel möglich ist, und ob im Rahmen der Rechtsverfolgung ebenfalls das Verfahren bis zum Abschluss des Beschlussverfahrens auszusetzen ist. Den Betroffenen steht bei willkürlicher Behandlung durch den Betriebsrat in diesen Fällen nur die Inanspruchnahme nach den deliktischen Haftungsregeln offen, auch wenn sich die Amtspflichtverletzung zum Teil kaum nachweisen lassen wird. Insoweit wäre über eine Antragsänderung nach § 81 Abs. 3 2. Alt. ArbGG nachzudenken.[1594]

3. *Handlungsoptionen auf Seiten des Arbeitgebers*

Während der Arbeitgeber im Vorfeld der geplanten Durchführung einer personellen Einzelmaßnahme bereits durch hinreichende Abstimmung mit dem Betriebsrat weitgehend schadlos anderweitig planen kann, weil es gar nicht erst zur individualvertraglichen Verpflichtung kommt, wird dies mit fortgeschrittener Zeit immer schwieriger. Hat sich der Arbeitgeber bereits individualvertraglich verpflichtet, wird er sich häufig nur durch den Ausspruch einer (Änderungs-) Kündigung wieder lösen können. Überlässt er dem Arbeitnehmer die Durchsetzung des Anspruchs nach § 99 Abs. 4 BetrVG, droht zugleich die Aussetzung der kündigungsrechtlichen Streitigkeit. Der Arbeitgeber wird also unter Umständen

1591 BAG 29.7.1982, AP ArbGG 1979 § 83 Nr. 5; BeckOK-ArbR/*Poeche*, § 81 ArbGG Rn. 34; vgl. auch *Moehren*, Sachverhaltsermittlung im arbeitsgerichtlichen Beschlußverfahren, 137 f.

1592 BAG 26.4.1990, NZA 1990, 822; ferner BAG 9.11.2010, BeckRS 2011, 67803; ErfK/*Koch*, § 81 ArbGG Rn. 8.

1593 Im Ergebnis identisch *Hartmann*, ZfA 2008, 383, 395.

1594 Zu den Voraussetzungen der Antragsänderung siehe etwa BeckOK-ArbR/*Poeche*, § 81 ArbGG Rn. 43 ff.

massiv in seiner Organisationsherrschaft eingeschränkt. Dabei kann er zunächst gute Gründe gehabt haben, die Zustimmungsersetzung nicht voranzutreiben. Mit der Antragsstellung durch den Arbeitnehmer müssten diese aber häufig obsolet sein. Üblicherweise dürfte sich dann für den Arbeitgeber die vorläufige Durchführung der personellen Einzelmaßnahme als Mittel der Wahl erweisen. Der Arbeitnehmer wird dann regelmäßig bis zur endgültigen Klärung auf seinem neuen Arbeitsplatz beschäftigt werden können. Komplexe Fragen, wie die nach dem Annahmeverzugslohn und der vorläufigen anderweitigen Besetzung des Arbeitsplatzes, erledigen sich zudem. Der Arbeitgeber muss nur dann erneut tätig werden, wenn die Zustimmungsverweigerung rechtmäßig war. In diesen Fällen kann er dann aber auf einer weitgehend gesicherten Rechtsgrundlage die individualrechtlich notwendigen Schritte einleiten. Zwar lässt das Gesetz ein solches Vorgehen gemäß § 100 Abs. 1 BetrVG nur dann zu, wenn dies aus sachlichen Gründen dringend erforderlich ist, praktisch besteht allerdings ein deutlich darüberhinausgehender Anwendungsbereich.

Dies liegt in der Ausgestaltung des Verfahrens begründet. Der Arbeitgeber darf die vorläufige Maßnahme nur aufrechterhalten, wenn er innerhalb von drei Tagen beim Arbeitsgericht die Ersetzung der Zustimmung des Betriebsrats sowie die Feststellung beantragt, dass die Maßnahme aus sachlichen Gründen dringend erforderlich war, § 100 Abs. 2 S. 3 BetrVG. Das Gericht muss also über zwei Anträge entscheiden: einerseits über den Antrag mit Ziel der Zustimmungsersetzung gemäß § 99 Abs. 4 BetrVG im Beschlussverfahren und andererseits – wenn der Arbeitgeber die Maßnahme vorläufig durchführt – über den Feststellungsantrag zur dringenden Erforderlichkeit der vorläufigen Durchführung. Trifft das Arbeitsgericht über den Zustimmungsersetzungsantrag eine für den Arbeitnehmer beziehungsweise den Arbeitgeber vorteilhafte Entscheidung, soll sich nach ständiger Rechtsprechung des Bundesarbeitsgerichts damit zugleich der Feststellungsantrag erledigt haben.[1595] Die Ausgestaltung des Verfahrens zeige, dass der positive Feststellungsantrag des Arbeitgebers und ein negativer Feststellungsantrag des Betriebsrats von vornherein nur für die Zeit bis zur rechtskräftigen Entscheidung über den Zustimmungsersetzungsantrag zu stellen seien.[1596] Eine Entscheidung über Feststellungsanträge gemäß § 100 Abs. 2 S. 3 BetrVG kommt danach nicht mehr infrage, wenn rechtskräftig über

1595 Vgl. nur BAG 10.3.2009, NZA 2009, 622; 16.1.2007, NZA 2007, 1456; begründet durch BAG 19.6.1984, AP ZA-Nato-Truppenstatut Art. 72 Nr. 1.

1596 BAG 10.3.2009, NZA 2009, 622.

den Zustimmungsantrag entschieden worden ist.[1597] Das Gesetz regelt aber nicht, in welcher zeitlichen Reihenfolge das Arbeitsgericht über die Anträge zu entscheiden hat.[1598] Auch wenn es in der Tat zweckdienlich wäre, den Feststellungsantrag vor der Entscheidung über die Ersetzung der Zustimmung zu bescheiden,[1599] gibt es diesbezüglich keine Verpflichtung.

Der Arbeitgeber kann somit, ohne rechtliche Sanktionen befürchten zu müssen,[1600] den Antrag gemäß § 99 Abs. 4 BetrVG stets mit der vorläufigen Durchführung der personellen Einzelmaßnahme verbinden. Die hieran vereinzelt geübte Kritik in der Literatur[1601] übersieht den insoweit klaren Wortlaut von § 100 Abs. 2 S. 3 BetrVG. Befolgt der Arbeitgeber das dort geforderte Verfahren, dann ist er für diesen Zeitraum berechtigt, die vorläufige Maßnahme aufrecht zu erhalten, und zwar unabhängig davon, ob ein dringendes Erfordernis vorgelegen hat.[1602] Zugestanden werden muss den Kritikern allerdings, dass das Beteiligungsrecht des Betriebsrats durch dieses Vorgehen erheblich eingeschränkt werden kann. Denn die (wiederholt) vorläufige Durchführung ohne sachlichen Grund bleibt nicht nur sanktionslos, sondern soll auch keinen allgemeinen arbeitsrechtlichen Unterlassungsanspruch des Betriebsrats rechtfertigen können.[1603] Angesichts

---

1597 BAG 10.3.2009, NZA 2009, 622; 16.1.2007, NZA 2007, 1456; 26.10.2004, NZA 2005, 535; zustimmend GK/*Raab*, § 100 Rn. 42; HWGNRH/*Huke*, § 100 BetrVG Rn. 36; Löwisch/*Kaiser*, § 100 BetrVG Rn. 10; WPK/*Preis*, § 100 BetrVG Rn. 8.

1598 Richardi/*Thüsing*, § 100 BetrVG Rn. 37.

1599 So rät auch das BAG dazu, über den Feststellungsantrag „alsbald und vorab" zu entscheiden (BAG 18.10.1988, NZA 183, 184). Siehe auch Richardi/*Thüsing*, § 100 BetrVG Rn. 39; *Streckel*, Anm. BAG 15.9.1987, AP BetrVG 1972 § 99 Nr. 46.

1600 Etwas anderes gilt natürlich für das Verhältnis zum Betriebsrat, welches durch ein solches Vorgehen erheblich belastet werden kann, da die Beteiligungsrechte systematisch beschnitten werden.

1601 DKKW/*Bachner*, § 100 BetrVG Rn. 35; *Fitting*, § 100 BetrVG Rn. 15; *Lahusen*, NZA 1989, 869, 871.

1602 BAG 26.10.2004, NZA 2005, 535, 537; GK/*Raab*, § 100 Rn. 42; HWGNRH/*Huke*, § 100 BetrVG Rn. 36; Löwisch/*Kaiser*, § 100 BetrVG Rn. 10; Richardi/*Thüsing*, § 100 BetrVG Rn. 38.

1603 Der Betriebsrat soll in diesen Fällen auf § 23 Abs. 3 BetrVG beschränkt bleiben, was gerade auch im Hinblick auf die §§ 100, 101 BetrVG begründet wird. Ausführlich dazu BAG 23.6.2009, NZA 2009, 1430; aus der Literatur ebenso ErfK/*Kania*, § 101 BetrVG Rn. 9; Richardi/*Thüsing*, § 23 BetrVG Rn. 88; *Hanau*, NZA 1996, 841, 844; *Raab*, ZfA 1997, 183, 236 Fn. 206 hält diesen jedenfalls für praktisch wertlos. Kritisch etwa DKKW/*Bachner*, § 101 BetrVG Rn. 19 f.; *Derleder*, AuR 1995, 13, 16.

dieser Kumulation ist dies möglicherweise zu überdenken.[1604] Jedenfalls zu weitgehend ist aber das Bestreben, dem Arbeitgeber als Konsequenz die personelle Einzelmaßnahme völlig zu versagen.[1605]

De lege ferenda wünschenswert wäre eine klare Anordnung der zeitlichen Reihenfolge über die Anträge, sodass zunächst isoliert die dringende Erforderlichkeit geprüft werden muss. Ohne die gesetzliche Regelung kann dem Arbeitgeber aber regelmäßig dazu geraten werden, den Antrag gemäß § 99 Abs. 4 BetrVG mit der vorläufigen Durchführung der personellen Einzelmaßnahme zu verknüpfen. Aus der Sonderkonstellation heraus, dass nunmehr auch der Arbeitnehmer das Verfahren nach § 99 Abs. 4 BetrVG einleiten kann und der Arbeitgeber für die vorläufige Durchführung der Maßnahme in diesen Fällen lediglich den Feststellungsantrag erheben muss,[1606] kann durch die klarere, auch zeitliche Trennung der Anträge möglicherweise häufiger eine separate Entscheidung getroffen werden.

4. *Zusammenfassung*

Ein eigenes Antragsrecht des Arbeitnehmers auf Zustimmungsersetzung bei personellen Einzelmaßnahmen lässt sich über eine entsprechende Anwendung von § 99 Abs. 4 BetrVG erreichen. Dies wird aber immer nur dann möglich sein, wenn er einen individualrechtlichen Anspruch auf die konkrete Maßnahme hat. Anderenfalls fehlt es am Rechtsschutzbedürfnis. Praktische Schwierigkeiten bereiten dabei insbesondere die Fälle, bei denen die Verweigerung des Betriebsrats zur Kündigung des Arbeitnehmers geführt hat. Dem Arbeitnehmer droht der Verlust des Kündigungsschutzprozesses, wenn er nicht rechtzeitig die

---

1604 Führt der Arbeitgeber nämlich konsequent alle personellen Einzelmaßnahmen vorläufig durch, obwohl er sich dabei an das in § 100 BetrVG vorgesehene Verfahren hält, wird sich darin nicht ohne Weiteres ein grober Verstoß iSd § 23 Abs. 3 S. 1 BetrVG erblicken lassen (vgl. zu der restriktiven Handhabung *Fitting*, § 99 BetrVG Rn. 298). Eine Schutzlücke wird im Übrigen vermehrt bei kurzfristigen personellen Einzelmaßnahmen gesehen, die sich vor Eintritt der Rechtskraft einer gerichtlichen Entscheidung bereits durch Zeitablauf erledigt haben. Dies erlangt insbesondere durch die Einstellung von Leiharbeitnehmern erheblich an Bedeutung. Vgl. LAG Köln 23.8.2002, NZA-RR 2003, 249; *Fitting*, § 99 BetrVG Rn. 297 f.; *Karthaus/Klebe*, NZA 2012, 417, 421 ff.; *Leisten*, BB 1992, 266 ff.; *Schulze/Schreck*, ArbRAktuell 2013, 9, 12.

1605 *Fitting*, § 100 BetrVG Rn. 15; unklar bei *Lahusen*, NZA 1989, 869, 871; explizit hiergegen BAG 26.10.2004, NZA 2005, 535, 538.

1606 Vgl. die Ausführungen unter C. I. 2. d).

Zustimmungsersetzung erreichen kann. Aus diesen Gründen ist das Urteilsverfahren nach § 148 ZPO auszusetzen, wenn der maßgebliche Kündigungsgrund auf der fehlenden Zustimmung des Betriebsrats beruht. Gleichzeitig ist es dem Arbeitgeber aber nicht zuzumuten, dass er monatelang den Schwebezustand ertragen muss. Der Arbeitnehmer ist deshalb angehalten, das Beschlussverfahren im einstweiligen Rechtsschutz durchzuführen. Die Voraussetzungen hierfür liegen vor. Beide Seiten erhalten hierdurch schnellstmöglich (vorläufige) Klarheit. Noch nicht hinreichend geklärt wurde allerdings, was passiert, wenn die Entscheidung in der Hauptsache abweichen sollte. Praktisch wird dies freilich nicht häufig vorkommen. Besaß der Betriebsrat tatsächlich kein Recht zur Zustimmungsverweigerung und hat der Arbeitnehmer hierdurch seinen Arbeitsplatz verloren, kann der Arbeitnehmer deliktische Schadensersatzansprüche geltend machen. Einen Wiedereinstellungsanspruch wird der Arbeitnehmer regelmäßig nicht durchsetzen können. Stellt sich heraus, dass der Arbeitnehmer unberechtigt weiter im Betrieb beschäftigt wurde, müssten die Gründe schon evident sein, um eine erneute Kündigung zu rechtfertigen. Dies gilt vor allem dann, wenn der Arbeitnehmer bisher reibungslos im betrieblichen Ablauf eingegliedert war. Weniger problematisch sind die Fälle, in denen kein parallellaufendes Verfahren die Beschleunigung des Beschlussverfahrens erfordert. Der Arbeitnehmer kann hier das Zustimmungsersetzungsverfahren ohne Weiteres durchführen. In beiden Fällen sollte dem Arbeitnehmer eine Abschrift der Stellungnahme des Betriebsrats übersandt werden. Hierdurch kann er bereits im Vorfeld seine Erfolgsaussichten im Beschlussverfahren überprüfen. Ist der Arbeitgeber an einer schnellen Lösung interessiert, bietet ihm § 100 BetrVG genügend Handlungsspielraum. Im Übrigen haben die Ausführungen gezeigt, dass sich der Arbeitnehmer als Inhaber eigener Rechte durchaus in das arbeitsgerichtliche System integrieren lässt. Bei einer *extensiven Intervention* ist er unabhängig von einem gesetzlichen Regelungssystem antragsbefugt und zugleich Beteiligter eines ihn betreffenden Verfahrens. Modifiziert werden muss allerdings die Kostentragung. Der Arbeitnehmer hat die außergerichtlichen Kosten unabhängig vom Ausgang des Verfahrens selbst zu tragen. Dies erscheint auch im Lichte des § 12a ArbGG angemessen.

II. Einberufung der Einigungsstelle durch den Arbeitnehmer

Von der Ausgangsproblematik sehr ähnlich zu § 99 BetrVG ist der Fall, in welchem dem Arbeitnehmer die Teilnahme an einer Fortbildungsmaßnahme versagt bleibt, § 98 Abs. 1 BetrVG. Auch in diesem Fall ist eine *extensive Intervention* denkbar. Das Betriebsverfassungsgesetz hat die Klärung allerdings der

Einigungsstelle zugewiesen, § 98 Abs. 4 BetrVG.[1607] Wollte man den Arbeitnehmer insoweit auf das bestehende Regelungssystem zur Durchsetzung seiner Rechte verweisen, könnte er selbstständig die Einigungsstelle anrufen. Besonders virulent wird diese Frage natürlich auch im Rahmen von § 87 BetrVG. Ob sich die Einigungsstelle auch als Konfliktlösungsmodell für Streitigkeiten zwischen Arbeitnehmer und Betriebsrat anbietet, erscheint aber zweifelhaft. Denn sie ist maßgeblich als innerbetriebliche Schlichtungsstelle zwischen Betriebsrat und Arbeitgeber ausgestaltet.[1608] Die Einigungsstelle beschäftigt sich originär mit Regelungsstreitigkeiten und nur in Ausnahmefällen mit Rechtsstreitigkeiten, die sich aus kollidierenden Zielvorstellungen und Interessen der Betriebsparteien ergeben.[1609] Das Verfahren ist jedoch für die Durchsetzung eigener Rechte des Arbeitnehmers, vornehmlich gegen den Betriebsrat, weitgehend ungeeignet.[1610] Bereits die paritätische Besetzung nach § 76 Abs. 2 BetrVG mit Betriebsrats- und Arbeitgebervertretern wird eine Einigung unnötig erschweren.[1611] Zugleich sind die zum Teil erheblichen Kosten vollständig vom Arbeitgeber zu tragen (§ 76a Abs. 1 BetrVG),[1612] der damit über Gebühr hinaus in diesen Konflikt mithineingezogen wird. Angemessen erscheint es auch hier, die Rechtsdurchsetzung des einzelnen Arbeitnehmers auf eine direkte gerichtliche Kontrolle zu stützen. Ein solcher Anspruch lässt sich unter den genannten Voraussetzungen unmittelbar aus § 75 Abs. 1 BetrVG herleiten. Dabei wird der Arbeitnehmer auch hier vielfach eine bestimmte Regelung nicht erzwingen können. Ihm stünde aber die Möglichkeit zu, die Entscheidung der Betriebsparteien auf evidente Fehler hin zu überprüfen. Sollte bereits ein Einigungsstellenverfahren durchgeführt worden sein, wäre im Sinne eines effektiven Rechtsschutzes zumindest an einen eigenen Anspruch auf ermessensfehlerfreie Entscheidung der Einigungsstelle über § 76 Abs. 5 S. 4 BetrVG zu denken.[1613]

1607 Etwas anderes gilt nur für die Bestellung oder Abberufung des Fortbildungsreferenten nach § 98 Abs. 2 BetrVG in Verbindung mit § 98 Abs. 5 BetrVG.

1608 Zur grundsätzlichen Bedeutung siehe GK/*Kreutz*/*Jacobs*, § 76 BetrVG Rn. 1 ff.

1609 Ausf. GK/*Kreutz*/*Jacobs*, § 76 BetrVG Rn. 22 ff. Vgl. auch HWGNRH/*Worzalla*, § 76 BetrVG Rn. 6 f. Küttner/*Kreitner*, Personalhandbuch 2017, E Einigungsstelle Rn. 3.

1610 Vgl. auch *v. Hoyningen-Huene*, ZRP 1978, 181, 184.

1611 Zur Besetzung der Einigungsstelle siehe etwa HWGNRH/*Worzalla*, § 76 BetrVG Rn. 40 ff.; *Richardi*/*Maschmann*, § 76 BetrVG Rn. 44 ff.

1612 Allein für die Vergütung des Vorsitzenden gelten als Richtschnur 200–400€ Stundensatz (vgl. ErfK/*Kania*, § 76a BetrVG Rn. 5).

1613 Nach bisherigem Verständnis ist der Arbeitnehmer hier nicht antragsberechtigt. Vgl. nur *Linsenmaier*, RdA 2008, 1, 6. Die eigene Rechtsdurchsetzung des Arbeitnehmers

III. Anspruch auf ermessensfehlerfreie Ausübung des § 102 Abs. 3 BetrVG

Des Weiteren gilt es zu klären, ob auch der unterbliebene Widerspruch als lediglich *reduzierte Intervention* einen eigenen Anspruch nach § 75 Abs. 1 BetrVG gegen den Betriebsrat zu begründen vermag. Während die Ausgangslage mit § 99 BetrVG vergleichbar ist, weil die Rechtstellung des einzelnen Arbeitnehmers hier in rechtlicher Hinsicht an der Handlungsweise des Betriebsrats hängt, ergeben sich im Rahmen der Umsetzung des Anspruchs auf ermessensfehlerfreie Ausübung des § 102 Abs. 3 BetrVG enorme praktische Hürden. Das Paradoxon liegt zunächst darin, dass gerade der Betriebsrat dem Arbeitnehmer über sein bestehendes Wissensdefizit im Hinblick auf die Organisations- und Betriebsstruktur und damit auf etwaige Weiterbeschäftigungsmöglichkeiten hinweghelfen soll. § 102 BetrVG ist somit eine der wenigen Ausnahmevorschriften, die unmittelbar mit den Individualinteressen des einzelnen Arbeitnehmers korrespondiert. Der Betriebsrat fungiert hier im Wesentlichen als „Medium zur Verwirklichung materieller Individualansprüche"[1614]. Ohne die Mithilfe des Betriebsrats ist aber die Chancen- und Risikobewertung des Arbeitnehmers nicht nur hinsichtlich des Kündigungsschutzprozesses schwer vorzunehmen. Der Betriebsrat wird kaum weitere Informationen zu seinen Ungunsten liefern, wenn er aus sachwidrigen Motiven den Widerspruch unterlassen hat. Auch vom Arbeitgeber ist in einem laufenden Kündigungsschutzprozess keine Hilfe zu erwarten. Der Arbeitnehmer wird also im Vorfeld eines etwaigen Beschlussverfahrens kaum weitergehende Informationen besitzen.

Hier zeigen sich eindrücklich die Unterschiede zu § 99 Abs. 4 BetrVG. Der Betriebsrat muss dort seine Zustimmungsverweigerung rechtfertigen und bietet dem betroffenen Arbeitnehmer damit gegebenenfalls Anhaltspunkte für einen entsprechenden Vortrag im Beschlussverfahren. Durch die Weiterleitung der Stellungnahme kann der Arbeitnehmer bereits im Vorfeld abwägen, ob er das Beschlussverfahren einleitet. Ausgeschlossen ist darüber hinaus nicht, dass auch der Arbeitgeber noch zu seinen Gunsten im Verfahren vorträgt. Im Rahmen von § 102 BetrVG ist dies alles nicht gegeben. Zwar ließe sich über die Möglichkeit nachdenken, den Betriebsrat stets auch zur Begründung des unterbliebenen Widerspruchs zu verpflichten. Einen praktischen Mehrwert für den betroffenen

---

kann mit dem Verfahren der Einigungsstelle aber durchaus auch kollidieren. Siehe hierzu die Ausführungen unten in diesem Kapitel unter D.

1614 Zutreffend *Lobinger*, in: FS Richardi, 657, 664.

Arbeitnehmer wird dies aber nur selten mit sich bringen. Denn der Betriebsrat wird sich nahezu immer negativ zu den in § 102 Abs. 3 BetrVG genannten Gründen äußern, wenn er zuvor untätig geblieben ist. Dies dürfte insbesondere dann gelten, wenn sachfremde Erwägungen zum unterbliebenen Widerspruch geführt haben. Setzt der Betriebsrat seine besondere Position im Betrieb nicht zugunsten des gekündigten Arbeitnehmers ein, droht mit hoher Sicherheit der Verlust des Arbeitsplatzes. Die Auflösung dieses generell in § 102 BetrVG angelegten Widerspruchs scheint praktisch kaum möglich. Nicht in der Anerkennung und Notwendigkeit eines subjektiven Rechts des einzelnen Arbeitnehmers liegt die Problematik, sondern in der praktischen Ausgestaltung. In der soweit ersichtlich einzigen Äußerung des Bundesarbeitsgerichts zu dieser Thematik wurde ebenfalls nicht unbedingt das Bestehen des Anspruchs, sondern dessen praktische Durchsetzung angezweifelt.[1615] Primär stellte die Rechtsprechung – wohl etwas zu vereinfachend – darauf ab, dass der Widerspruch vor der Kündigung erfolgen müsse und dies nach Ausspruch der Kündigung bereits gedanklich nicht mehr möglich sei.[1616] Vor der konkreten Ausgestaltung des Verfahrens stellt sich aber bereits die Frage, welchen Inhalt ein solcher Anspruch überhaupt haben kann.

1. Inhalt des Anspruchs

Der besondere Schutz des einzelnen Arbeitnehmers bei Bestandsschutzstreitigkeiten, der durch § 102 BetrVG auch mit kollektivrechtlichen Regelungen verzahnt wurde, lässt sich nur dann sicherstellen, wenn der Arbeitnehmer das Vorgehen des Betriebsrats der gerichtlichen Kontrolle unterwerfen kann. Fraglich ist allerdings, wie ein solcher Anspruch konkret aussehen könnte. Zunächst lässt sich feststellen, dass der Betriebsrat aus Sicht des Arbeitnehmers nicht aktiv zu seinem Nachteil tätig wird, weil er beispielsweise die Zustimmung zu einer geplanten personellen Versetzung verweigert. Die Vorwerfbarkeit bei § 102 BetrVG liegt vielmehr in einem Unterlassen. Der Wortlaut von § 102 Abs. 3 BetrVG legt nahe, dass dem Betriebsrat bei der Entscheidung über den Widerspruch ein Ermessen zusteht.[1617] Insoweit könnte das Arbeitsgericht die Entscheidung allein auf Ermessensfehler hin überprüfen.

Orientiert man sich an den verwaltungsrechtlichen Begrifflichkeiten und Voraussetzungen, entspricht dies dem Anspruch auf fehlerfreie Ermessensausübung.

1615 BAG 13.9.1973, AP KSchG 1969 § 1 Nr. 2.

1616 BAG 13.9.1973, AP KSchG 1969 § 1 Nr. 2.

1617 Vgl. etwa *Löwisch*, DB 1975, 349, 352; *Wagener*, BB 1972, 1373, 1375, die dies beide im Hinblick auf den Individualschutz für bedenklich halten.

Dieser besteht insofern, als die Rechtsvorschrift, die zur Ermessensausübung ermächtigt, zumindest auch den individuellen Interessen des Klägers zu dienen bestimmt ist.[1618] Der Individualschutz könnte vorliegend in Anknüpfung an die Amtspflichten nach § 75 Abs. 1 BetrVG vermittelt werden. Aus Sicht des Arbeitnehmers wäre aber eine gebundene Entscheidung wünschenswert. Im Vergleich zum Verwaltungsrecht genügt es hierfür aber nicht, dass der Kläger sich auf eine individualschützende Ermächtigungsnorm beruft und es nach seinem Vortrag nicht ausgeschlossen erscheint, dass gerade er von ihrem Schutzzweck erfasst ist.[1619] Er muss vielmehr Tatsachen vortragen, nach denen eine Ermessensreduzierung immerhin möglich ist.[1620] Übertragen auf die vorliegende Fallgestaltung kann der Betriebsrat nur dort zum Widerspruch verpflichtet sein und das Gericht diesen notfalls ersetzen, wo ein Widerspruchsgrund offensichtlich vorliegt. Die Individualinteressen des Arbeitnehmers sind in diesen Fällen vorrangig zu werten. Inwieweit der Arbeitnehmer zur Sachverhaltsaufklärung im Beschlussverfahren aber überhaupt beitragen kann, muss sogleich diskutiert werden. Lassen sich Gründe im Sinne von § 102 Abs. 3 BetrVG nicht eindeutig nachweisen, wird der unterbliebene Widerspruch regelmäßig vom Ermessen des Betriebsrats gedeckt sein.

Ob es in der Parallele zum Verwaltungsrecht auch eine Neubescheidung des Widerspruchs geben kann, erscheint zweifelhaft. Zum einen ist schon aus einer realitätsnahen Betrachtungsweise fraglich, ob der Betriebsrat tatsächlich eine erneute und ergebnisoffene Entscheidung vornimmt. Zum anderen führt dies nicht zur – für sowohl Arbeitnehmer als auch Arbeitgeber dringend benötigten – Klarheit für das weitere Vorgehen. Hält der Arbeitnehmer auch die zweite Bescheidung für rechtswidrig und strebt erneut eine Klärung im Beschlussverfahren an, wird das parallellaufende Kündigungsschutzverfahren schon weit fortgeschritten sein. Eine solche Lösung erweist sich als nicht praxisgerecht. Ergibt der im Beschlussverfahren aufgeklärte Sachverhalt nicht eindeutig, dass Widerspruchsgründe vorlagen, muss es bei der Entscheidung des Betriebsrats bleiben. Der Antrag des Arbeitnehmers im Beschlussverfahren kann daher nur auf Widerspruchserteilung gerichtet sein. Dieser wird sich aber nur für den Fall

---

1618 Vgl. dazu BVerwG 7.1.1972, NJW 1973, 724, 725; Schoch/Schneider/Bier/*Wahl/Schütz*, § 42 VwGO (31. Lfg. 2016) Rn. 85.

1619 Vgl. nur BVerwG 29.10.1996, BeckRS 1996, 31256752; Schoch/Schneider/Bier/*Wahl/Schütz*, § 42 VwGO (31. Lfg. 2016) Rn. 90; *Simon/Busse*, Art. 76 BayBO (98 Lfg. 2009) Rn. 225.

1620 Vgl. allgemein etwa Schoch/Schneider/Bier/*Wahl/Schütz*, § 42 VwGO (31. Lfg. 2016) Rn. 90.

durchsetzen lassen, indem die Widerspruchsgründe offensichtlich vorliegen und eine andere Entscheidung des Betriebsrats, auch im Hinblick auf das ihm eingeräumte Ermessen, nicht möglich erscheint.

2. Ausgestaltung des (Beschluss-)Verfahrens

Aus Sicht des Arbeitnehmers wird das Vorgehen gegen den unterbliebenen Widerspruch des Betriebsrats gleichwohl häufig lohnenswert erscheinen. Die auch nur entfernte Möglichkeit einen Widerspruch doch noch zu erreichen, wird dem Arbeitnehmer aufgrund der immensen Bedeutung regelmäßig genügen, um ein Verfahren gegen den Betriebsrat anzustreben. Auch hier kann dies nur im Rahmen des Beschlussverfahrens erfolgen. Die fehlenden Gerichtskosten könnten – so ist zu befürchten – zusätzlich dazu beitragen, dass die Arbeitsgerichte mit der Geltendmachung dieses Anspruchs häufig konforntiert werden. Eine restriktive Handhabung der Antragsbefugnisse würde hier Abhilfe schaffen, zugleich aber das Kernanliegen ein Stück weit unterlaufen.

a) Informationsasymmetrie und Amtsermittlungsgrundsatz

Der Arbeitnehmer verfügt nämlich üblicherweise über wenige, wenn nicht sogar über keinerlei Informationen zu möglichen Widerspruchsgründen nach § 102 Abs. 3 BetrVG. Diese Tatsache macht zugleich auf ein anderes Problem aufmerksam. Obwohl im Rahmen des Beschlussverfahrens der Untersuchungsgrundsatz gilt, was dem betroffenen Arbeitnehmer zweifelsohne zugutekommt, entbindet ihn das nicht davon, einen für ihn vorteilhaften Sachverhalt darzulegen. Denn auch im Beschlussverfahren trägt ein Beteiligter, insbesondere der Antragsteller, die Gefahr, dass der für eine ihm positive Entscheidung erforderliche Sachverhalt mangels seiner Mitwirkung an der Sachverhaltsaufklärung nicht festgestellt werden kann.[1621] Insoweit trifft ihn eine zumindest faktisch wirkende Beweislast.[1622] Die Erfolgsaussichten im Beschlussverfahren sind für den Arbeitnehmer daher regelmäßig als gering einzustufen. Kann der Arbeitnehmer selbst wenig zur Sachverhaltsklärung beitragen, kommt dem Vortrag des Betriebsrats besonderes Gewicht zu. Trägt dieser detailliert vor, weshalb ein Widerspruch im konkreten Fall nicht in Betracht kam, und drängen sich diesbezüglich an der Richtigkeit keine Zweifel auf, bedarf es in der Regel auch keiner

---

1621 GMP/*Spinner*, § 83 ArbGG Rn. 94.

1622 ErfK/*Koch*, § 83 ArbGG Rn. 4 („Feststellungslast"); GK-ArbGG/*Dörner*, § 83 ArbGG (93. Lfg. 2015) Rn 153; GMP/*Spinner*, § 83 ArbGG Rn. 94; Hauck/Helml/Biebl/*Hauck*, § 83 ArbGG Rn. 6; Schwab/Weth/*Weth*, § 83 ArbGG Rn 24.

weiteren Beweisaufnahme.[1623] Anders kann es aber sein, wenn es dem Arbeitnehmer gelingt, bestimmte Indizien vorzutragen, die ein pflichtwidriges Verhalten implizieren. Hat der Betriebsrat auf Nachfrage des Arbeitnehmers keinerlei Gründe genannt oder äußert sich der Betriebsrat im Beschlussverfahren auch nach Fristsetzung durch das Gericht zum Sachverhalt nicht, kann die Weigerung des Betriebsrats Schlüsse in Bezug auf den Sachverhalt zulassen.[1624] Im Übrigen hat das Gericht unter Heranziehung der in § 83 Abs. 2 ArbGG genannten Beweismittel die Wahrheit der entscheidungserheblichen Tatsachen festzustellen. Als Zeuge soll dabei auch das einzelne Betriebsratsmitglied vernommen werden können.[1625] Ungünstig für den Arbeitnehmer wirkt sich aber nicht nur eine asymmetrische Informationsverteilung aus, sondern auch die klare Rollenzuweisung der weiteren Beteiligten im Beschlussverfahren. Der Arbeitgeber, der nach vorherrschender Auffassung stets zu beteiligen ist,[1626] wird in dieser Konstellation alles daranlegen, die Argumentation des Betriebsrats zu stützen. Dies folgt bereits aus seinem ureigenen Interesse, die Wirksamkeit der ausgesprochenen Kündigung abzusichern. *Spinner* hat im Hinblick auf Streitigkeiten innerhalb der Betriebsverfassungsorgane darauf hingewiesen, dass die Beteiligung des Arbeitgebers nicht immer der Fall sein muss.[1627] Aus der in § 83 Abs. 3 ArbGG genannten Formulierung „zu hören" folge jedenfalls nicht denknotwendig eine Beteiligtenstellung.[1628] Auch hier zeigt sich, dass das Beschlussverfahren für Auseinandersetzungen zwischen Betriebsrat und Arbeitnehmer nicht überall praxisgerecht ausgestaltet ist. Der Arbeitgeber ist nach dem klaren Wortlaut des § 83 Abs. 3 ArbGG stets anzuhören. Während sich die Beteiligtenstellung durchaus anzweifeln lässt, weil der Arbeitgeber in seiner betriebsverfassungsrechtlichen Rechtsposition nicht unmittelbar berührt wird, ist die Anhörungspflicht *de lege lata* kaum zu umgehen. Im Ergebnis wird das Beschlussverfahren regelmäßig nur dann erfolgreich für den Arbeitnehmer zu bestreiten sein, wenn er

1623 Grundlegend zur Frage der Beweisaufnahme BAG 10.12.1992, NZA 1993, 501; vgl. auch ErfK/*Koch*, § 83 ArbGG Rn. 93; GK-ArbGG/*Dörner*, § 83 ArbGG (93. Lfg. 2015) Rn. 152.

1624 Zu letzterem BAG 25.3.1992, AP BetrVG 1972 § 2 Nr. 4; ErfK/*Koch*, § 83 BetrVG Rn. 2; GK-ArbGG/*Dörner*, § 83 ArbGG (93. Lfg. 2015) Rn. 126; GMP/*Spinner*, § 83 ArbGG Rn. 91. Vgl. auch BVerwGE 8, 29.

1625 Hauck/Helml/Biebl/*Hauck*, § 83 ArbGG Rn. 7; GMP/*Spinner*, § 83 ArbGG Rn. 102.

1626 Vgl. nur BAG 16.3.2005, NZA 2005, 1069, 1070; Grunsky/*Greiner*, § 83 ArbGG Rn. 22; Hauck/Helml/Biebl/*Hauck*, § 83 ArbGG Rn. 12.

1627 GMP/*Spinner*, § 83 ArbGG Rn. 38.

1628 GMP/*Spinner*, § 83 ArbGG Rn. 38.

im Vorfeld schon über belastbare Beweise oder Indizien verfügt. Ansonsten wird er kaum gegen die geballte Argumentationskraft von Betriebsrat und Arbeitgeber ankommen können. Dies gilt insbesondere dann, wenn man bedenkt, dass das Gericht am Ende zu der Überzeugung gelangen muss, der Widerspruch des Betriebsrats sei die einzige ermessensfehlerfreie Handlung gewesen.

b) Restriktive Antragsbefugnis

Sind die tatsächlichen Hürden zur Rechtsdurchsetzung allerdings derart hoch, drängt sich die Frage auf, ob es angemessen ist, die Gerichte mit vielen weiteren, oftmals erfolglosen Verfahren zusätzlich zu belasten. Der Arbeitnehmer wird eine gebundene Entscheidung gerichtet auf den Widerspruch regelmäßig nur dann durchsetzen können, wenn er über Anhaltspunkte eines sachwidrigen Vorgehens des Betriebsrats verfügt. Unter Berücksichtigung der Verfahrensökonomie erscheint es dann aber gerechtfertigt, die Antragsbefugnis ausnahmsweise entsprechend restriktiver zu gestalten. Anderenfalls wird nahezu jeder gekündigte Arbeitnehmer, dessen Betriebsrat der Kündigung nicht widersprochen hat, das gerichtskostenfrei zu beschreitende Beschlussverfahren anstreben. Die Antragsbefugnis ist somit entgegen der klassischen Voraussetzungen nicht bereits dann zu bejahen, wenn die Durchsetzung eigener Rechte nicht von vornherein als gänzlich aussichtlos erscheint,[1629] sondern nur dort, wo aufgrund des Vortrags des Antragsstellers eine hinreichende Wahrscheinlichkeit der Rechtsverletzung besteht. Diese hinreichende Wahrscheinlichkeit wird man jedenfalls dann annehmen können, wenn der Arbeitnehmer Indizien oder Beweise vorträgt, die ernsthafte Zweifel an einer ermessensfehlerfreien Entscheidung des Betriebsrats begründen können. Solche Indizien können beispielsweise in einer im Vorfeld ausgesprochene Drohung des Betriebsrats, man werde ab sofort nichts mehr für den betroffenen Arbeitnehmer tun, zu sehen sein.[1630] Aber auch generelle Streitigkeiten sowie Meinungsverschiedenheiten zwischen Betriebsrat und Arbeitnehmer, etwa aufgrund eines Gewerkschaftswechsels oder der Kandidatur auf einer fremden Liste bei den Betriebsratswahlen, sollten Veranlassung geben, in eine weitergehende Prüfung einzusteigen. Fehlt es an einem entsprechenden Vortrag, ist der Arbeitnehmer in derartigen Fällen bereits nicht antragsbefugt.

1629 Vgl. BAG 14.2.2007, NZA 2007, 999, 1001 f.; 19.9.2006, NZA 2007, 518, 520; BeckOK-ArbR/*Poeche*, § 81 ArbGG Rn. 23; ausführlich auch *Laux*, Antrags- und Beteiligungsbefugnis, 36 ff.

1630 Vgl. den bereits oben erwähnten Fall des LAG Köln 15.12.2000, NZA-RR 2001, 371.

Das ist aus der hier maßgeblichen Perspektive des Einzelnen bedenklich, aber mit Bezug auf die praktischen Notwendigkeiten unabdingbar.

c) Keine Aussetzung des Kündigungsschutzprozesses

Soweit der Arbeitnehmer antragsbefugt ist, wird er seinen Antrag regelmäßig im einstweiligen Rechtsschutz durchzuführen haben. Dies verkürzt die tatsächliche Beweisfindung noch weiter. Etwas anderes ist aber kaum denkbar, weil der Arbeitnehmer die den Fortbestand des Arbeitsverhältnisses sichernde Weiterbeschäftigung schnellstmöglich erreichen muss, um Organisationsentscheidungen des Arbeitgebers, die den Bestandsschutz vereiteln können, zu verhindern.[1631] Ferner wird ein bereits parallel laufendes Kündigungsschutzverfahren, anders als im Rahmen von § 99 Abs. 4 BetrVG, nicht auszusetzen sein, sodass auch im Hinblick auf die Begründung der Weiterbeschäftigungsmöglichkeit Eile geboten ist. Dies folgt schon daraus, dass der Widerspruch trotz der erheblichen Bedeutung keine unmittelbare Wirkung auf die Kündigung hat. Zweifellos ist nicht völlig auszuschließen, dass Konstellationen entstehen, in denen die Kündigung für wirksam befunden wird und eine nahezu zeitgleich festgestellte Weiterbeschäftigungsmöglichkeit nicht nur zum Widerspruch des Betriebsrats, sondern auch zur Unwirksamkeit der Kündigung hätte führen müssen. Regelmäßig wird die vorläufige Entscheidung zur Frage des Widerspruchs aber deutlich früher ergehen. Etwaige Nachteile können zudem nicht erneut zu Lasten des Arbeitgebers ausgeglichen werden. Während der Arbeitgeber im Rahmen von § 99 BetrVG regelmäßig einen gewissen Ursachenbeitrag geleistet hat,[1632] gibt es hier keine

---

1631 Dabei kann der Anspruch auf tatsächliche Beschäftigung im Rahmen des Weiterbeschäftigungsanspruchs aber nicht weitergehen, als im ungekündigten Arbeitsverhältnis. Überwiegend anerkannt ist daher, dass der Beschäftigungsanspruch – unter Fortbestehen des Lohnanspruchs – entfallen kann, wenn der Weiterbeschäftigung zwingende betriebliche oder persönliche Gründe entgegenstehen (BAG 15.3.2001, NZA 2001, 1267, 1272; *Fitting*, § 102 BetrVG Rn. 114; GK/*Raab*, § 102 Rn. 193; Richardi/*Thüsing*, § 102 BetrVG Rn. 239; Schaub/*Linck*, ArbR-HdB, § 125 Rn. 6). Zur Frage der vorläufigen Vollstreckbarkeit, wenn der Arbeitgeber über keine Weiterbeschäftigungsmöglichkeit verfügt, beispielsweise weil er schon über die Stelle disponiert hat: *Tillmanns*, in: Kündigungsrecht – alte und neue Fragen, 117, 138 f.

1632 Ein solcher Ursachenbeitrag könnte sich bspw. daraus ergeben, dass er den Betriebsrat nicht frühzeitig über die personelle Einzelmaßnahme informiert hat oder bei Abschluss des Arbeitsvertrages keine entsprechende Bedingung mit aufgenommen hat. Im Übrigen kann er dieser Schwierigkeit auch dann entgehen, wenn er die personelle Maßnahme vorläufig durchführt und die Ersetzung der Zustimmung selbst vorantreibt.

Alternativhandlung. Hört der Arbeitgeber den Betriebsrat rechtzeitig an und widerspricht dieser der Kündigung nicht, gibt es weder eine Pflicht noch eine Obliegenheit, weitere Maßnahmen vor Ausspruch der Kündigung zu ergreifen. Entschließt sich der Arbeitgeber, das Arbeitsverhältnis mit dem Arbeitnehmer zu beenden, ist es undenkbar, dem Arbeitgeber eine wie auch immer geartete Verpflichtung zugunsten des Arbeitnehmers aufzuerlegen. In diesen Fällen erscheint es – auch unter der Berücksichtigung der Interessen beider Parteien – nicht möglich, das Kündigungsschutzverfahren bis zur Klärung im Beschlussverfahren auszusetzen. Trotz allem darf die (Präventiv-)Wirkung eines solchen Anspruchs nicht unterschätzt werden. Der Betriebsrat agiert dann nicht mehr in einem nahezu rechtsfreien Raum, sondern läuft Gefahr, seine Handlungen unter Umständen dezidiert vor dem Arbeitsgericht darlegen und den unterbliebenen Widerspruch zumindest plausibel begründen zu müssen. Im Übrigen ist auch die Verhandlungsposition des einzelnen Arbeitnehmers deutlich gestärkt, wenn er dem Betriebsrat nicht als rechtloser Bittsteller, sondern als Inhaber eigener, gerichtlich durchsetzbarer Rechtspositionen gegenübertritt.[1633]

3. *Antragsfrist*

Ungeklärt ist dann allerdings noch, in welchem zeitlichen Rahmen der betroffene Arbeitnehmer seine Ansprüche geltend machen muss. Will man sich hierbei an § 102 BetrVG orientieren, käme zunächst die Wochenfrist nach Absatz 2 in Betracht. Der Arbeitnehmer erfährt allerdings im Normalfall erst mit Ausspruch der Kündigung, ob der Betriebsrat widersprochen hat. Ersichtlich geht auch § 102 Abs. 4 BetrVG hiervon aus. Außer in den Sonderfällen der Verdachtskündigung ist der Arbeitnehmer nicht vor dem Ausspruch der Kündigung zu hören.[1634] Es zeigt sich also, dass bereits der zeitliche Anknüpfungspunkt von § 102 Abs. 2 BetrVG mit der vorliegenden Fallgestaltung nicht zu vereinbaren ist. Im Zeitraum vor Ausspruch der Kündigung hat der Arbeitnehmer regelmäßig keine Kenntnis. Es fehlt mithin an einer gesetzlichen Frist zur Geltendmachung des Antrags. Das kann auch schon deshalb nur richtig sein, weil die hier diskutierte Interessenkollision in § 102 BetrVG überhaupt keine Berücksichtigung gefunden hat. Eine entsprechende Anwendung der Wochenfrist überzeugt ebenfalls nicht, weil dadurch die Rechtsstellung des Arbeitnehmers deutlich über die 3-Wochenfrist in § 4 KSchG hinaus eingeschränkt würde. Zur

---

1633 So bereits *Niederalt*, Individualrechte, 127; *Pouyadou*, Abhängigkeit des Arbeitnehmers vom Betriebsrat, 200.

1634 Zur Anhörung in diesen Fällen vgl. BeckOK-ArbR/*Rolfs*, § 1 KSchG Rn. 207 ff.

Orientierung ist vielmehr auf die ebenfalls nicht gesetzlich geregelte Frist des Weiterbeschäftigungsverlangens abzustellen. Überzeugend ist in beiden Fällen das Fristende spätestens mit Ablauf der Kündigungsfrist anzunehmen.[1635] Dies lässt sich weniger mit dem Ziel des Weiterbeschäftigungsanspruchs,[1636] als vielmehr mit den Interessen des Arbeitgebers begründen. Inwieweit der Arbeitnehmer die Effizienz seines Weiterbeschäftigungsanspruchs durch frühzeitige und unterbrechungslose Weiterarbeit in Anspruch nimmt, muss ihm überlassen bleiben. Der Arbeitgeber hingegen hat ein berechtigtes Interesse daran zu wissen, ab wann er risikofrei über den Arbeitsplatz disponieren kann.[1637] Die Beschränkung allein auf die Verwirkung erscheint diesbezüglich zu weitgehend.[1638] Praktisch dürfte es aber selten zur Ausschöpfung der Frist kommen, da die frühzeitige Geltendmachung für die Rechte des Arbeitnehmers und den Ausgang des Kündigungsschutzverfahrens von hoher Bedeutung ist.

4. *Ergebnis*

Im Ergebnis besteht für den Arbeitnehmer die Möglichkeit unter den strengeren Anforderungen an die Antragsbefugnis gerichtlich gegen den Betriebsrat vorzugehen. Das unmittelbare Vorgehen ist hier trotz der nur *reduzierten Intervention* ausnahmsweise geboten. Zum einen ist der drohende Verlust des Arbeitsplatzes der gravierendste Einschnitt für den betroffenen Arbeitnehmer. Zum anderen stellt die Hürde im Rahmen der Antragsbefugnis sicher, dass nicht jeder Ermessensfehler des Betriebsrats Gegenstand der gerichtlichen Untersuchung wird. Den gewünschten Widerspruch zur Kündigung wird er aber nur dann erreichen, wenn parallel zum Verwaltungsrecht eine Ermessensreduzierung auf Null vorliegt.

D. Unbearbeitete Felder und weiterer Klärungsbedarf

Die Ausführungen im 4. Kapitel haben erste Wege der Umsetzung einer eigenen Rechtsposition des Arbeitnehmers aufzeigen können. Es erscheint möglich,

---

1635 LAG Hamm 28.4.1976, DB 1976, 1917; APS/*Koch*, § 102 BetrVG Rn. 207; *Fitting*, § 102 BetrVG Rn. 106; HWGNRH/*Huke*, § 102 BetrVG Rn. 172; MünchArbR/*Wank*, § 99 Rn. 21; siehe auch BAG 11.5.2000, NZA 2000, 1055: Das Weiterbeschäftigungsverlangen am ersten Arbeitstag nach Ablauf der Kündigungsfrist genügt noch. Gegen eine zeitliche Grenze etwa Richardi/*Thüsing*, § 102 BetrVG Rn. 230.

1636 So bspw. APS/*Koch*, § 102 BetrVG Rn. 207.

1637 HWGNRH/*Huke*, § 102 BetrVG Rn. 172.

1638 So aber etwa GK/*Raab*, § 102 BetrVG Rn 192; *Schaub*, NJW 1981, 1807, 1811.

unmittelbare Ansprüche gegen den Betriebsrat über § 75 Abs. 1 BetrVG zu konzipieren. Hieraus erwächst auch die Gelegenheit, Betriebsratsmitglieder für ihre fehlerhafte Amtsausübung in Regress zu nehmen. Damit drohen bei sachwidrigen Entscheidungen in der Betriebsverfassung erstmals ernsthafte Konsequenzen für die Betriebsräte, die durch einzelne Arbeitnehmer einzuleiten sind. Ansprüche gegen den Betriebsrat und seine Mitglieder sind im Beschlussverfahren geltend zu machen. Dem Grundsatz nach besteht bei *extensiven Interventionen* stets ein Anspruch des Arbeitnehmers gegen den Betriebsrat auf eine entsprechende Handlung oder ein Unterlassen. Lassen sich gesetzliche Konfliktlösungen allerdings auch auf das Verhältnis von Arbeitnehmer und Betriebsrat übertragen, etwa im Bereich von § 99 BetrVG, sind diese vorrangig zu nutzen. Die Einberufung der Einigungsstelle durch den Arbeitnehmer erscheint hingegen nicht sinnvoll. Strebt der Arbeitnehmer in diesen Fällen ein unmittelbares Vorgehen gegen den Betriebsrat an, kann dies zur Kollision mit einer gleichzeitig laufenden Einigungsstelle führen. Ganz generell bedarf es weiterer Untersuchungen, inwieweit das unabhängige Vorgehen des Einzelnen die gesetzlichen Modelle zur Entscheidungsfindung der Betriebspartner stören kann. Fraglich ist, ob der Arbeitnehmer hier zunächst etwa die Entscheidung der Einigungsstelle abwarten muss. Dies würde aber zugleich seine Rechtsschutzmöglichkeiten beschränken. Wäre das dort gefundene Ergebnis für ihn bindend, könnte er es nur noch auf Ermessensfehler hin überprüfen, § 76 Abs. 5 S. 4 BetrVG. Bedenklich erscheint das insbesondere deshalb, weil er seine Interessen dort gar nicht einbringen kann. Aber auch an anderer Stelle stehen die Überlegungen noch ganz am Anfang. Das Vorgehen gegen den Betriebsrat bei *reduzierten Interventionen* soll nur ausnahmsweise möglich sein. § 102 Abs. 3 BetrVG diente hier als erste Testüberlegung. Zu untersuchen ist ebenso, ob sich aus zusammengetragenen Einzelfällen doch weitere abstrakte Merkmale finden lassen, bei denen auch hier eine Handlung vom Betriebsrat erzwungen werden kann. Dies kann nur einhergehen mit einem stetigen Blick auf die praktische Durchsetzbarkeit und etwaige Schwierigkeiten im prozessualen Verfahren. Die eingeschränkte Antragsbefugnis kann möglicherweise auch generell helfen, unnötige Verfahren weitestgehend zu vermeiden.

Die Betriebsverfassung sollte im Hinblick auf *extensive* und *reduzierte Interventionen* des Betriebsrats weiter untersucht werden, um die Anzahl der Fallbeispiele zu mehren und damit die Umsetzung zusätzlich zu konkretisieren. Klar geworden ist auch, dass der Arbeitnehmer *obstruierende* Maßnahme wird hinnehmen müssen, um einen Systemkollaps zu verhindern. Gleichzeitig bleibt aber die Frage offen, was der Arbeitnehmer tun kann, wenn er konsequent solchen Amtspflichtverletzungen des Betriebsrats ausgesetzt wird. Diese

Überlegungen können nur *de lege ferenda* angestellt werden. Zu überlegen wäre, ob das Quorum im Rahmen von § 23 Abs. 1 BetrVG nicht änderungsbedürftig erscheint. Auch im Lichte der hiesigen Überlegungen erscheint es nicht weiter gerechtfertigt, dass nur ein Viertel aller wahlberechtigten Arbeitnehmer das Verfahren nach § 23 Abs. 1 BetrVG anstreben können soll. Die Norm könnte mit einem niedrigen Quorum vermehrt den Minderheitenschutz ins Auge fassen und gleichzeitig weiterhin missbräuchlichen Klagen entgegenwirken. Besondere Beachtung gefunden haben in der Rechtsprechung bisher Unterschriftquoren bei der Wahl von Arbeitnehmervertretern beziehungsweise des Personalrats. Ein Quorum von einem Zehntel hielt das Bundesverfassungsgericht sowohl in § 19 Abs. 4 BPersVG a.F. als auch in § 12 Abs. 1 S. 2 MitbestG a.F. für unangemessen hoch.[1639] In beiden Fällen liegt das Quorum nunmehr bei einem Zwanzigstel. Ein unmittelbarer Gewinn für die hiesige Betrachtung wird sich daraus aber schwerlich ziehen lassen. Zu unterschiedlich sind die Regelungsanliegen der Vorschriften und die damit einhergehende Beeinträchtigung grundrechtlicher Schutzgüter des Arbeitnehmers. Es zeigt allerdings, dass gesetzliche Quoren fortlaufend im Hinblick auf ihren Regelungszweck hinterfragt und gegebenenfalls neu angepasst werden müssen. Die richtige Balance zwischen einem effektiven Individualrechtsschutz und der Verhinderung der Gefahr von missbräuchlichen Klagen beschäftigt aber auch andere Rechtsgebiete. So erkennt § 148 Abs. 1 AktG die Klagemöglichkeit der Aktionäre an, wenn die Anteile der Aktionäre zusammen mindestens den einhundertsten Teil des Grundkapitals oder einen anteiligen Beitrag von 100.000€ erreichen.[1640] Auch wenn dieses Quorum als zu niedrig erscheint, wäre eine signifikante Reduzierung auf beispielsweise ein Zehntel durchaus möglich, ohne die Betriebsratsarbeit ernsthaft zu gefährden. Letztlich bleibt zu resümieren, dass nur erste Impulse zur Umsetzung der mit dieser Arbeit verfolgten Idee gegeben werden konnten. Weitere Untersuchungen werden sicher auch neue Konflikte offenlegen, die es zu lösen gilt. Trotz der Schwierigkeiten erscheint es jedoch nicht unmöglich, tatsächlich einen verbesserten Individualschutz in der Betriebsverfassung zu implementieren.

1639 Im Hinblick auf § 19 Abs. 4 BPersVG a.F.: BVerfG 16.10.1984, NVwZ 1985, 179. Zum Mitbestimmungsgesetz: BVerfG 12. 10. 2004, NZA 2004, 1395.

1640 Zum Ziel der Vorschrift etwa Henssler/Strohn/*Liebscher*, § 148 AktG Rn. 1 f.; MüKo-AktG/*Schröer*, § 148 AktG Rn. 3 ff.

5. Kapitel – Ergebnisse der Arbeit

A. Die wichtigsten Ergebnisse in Thesen

Die wichtigsten Ergebnisse der Untersuchungen sollen im Folgenden thesenhaft zusammengefasst werden. Sie sind nach den entsprechenden Kapiteln sortiert. Die Quintessenz sei schon vorweggestellt: die Betriebsverfassung ist hinsichtlich des Individualschutzes immer noch fragmentarisch ausgestaltet und bedarf insoweit zwingend einer Korrektur, welche über § 75 Abs. 1 BetrVG nicht nur theoretisch, sondern auch praktisch erreicht werden kann.

I. Die Notwendigkeit eines verbesserten Individualschutzes (Ergebnisse des 2. Kapitels)

1. Die geschichtlich notwendig gewordene Stärkung des Kollektivs zum Schutz des Arbeitnehmers hat dessen Individualinteressen überwiegend unberücksichtigt gelassen. Der Betriebsrat wird als jederzeit integre und fehlerlos agierende Interessenvertretung verstanden. Dieser Zustand besteht mittlerweile seit Jahrzehnten weitgehend unreflektiert fort. Tritt der Betriebsrat allerdings als Antagonist auf, wird der Transfer von Gestaltungsmacht vom Individuum auf das Kollektiv zum echten Problem für den Arbeitnehmer. Die Betriebsverfassung soll Abhängigkeiten des Arbeitnehmers vom Arbeitgeber beseitigen und keine neuen schaffen. Ohne Modifikationen ist sie aber auf dem besten Weg, neue Dependenzen zwischen Belegschaft und Betriebsrat zu kreieren. Die geänderten Rahmenbedingungen, beispielsweise der sich weiter zuspitzende Machtkampf der Gewerkschaften um die Hoheit im Betrieb, haben diesen Konflikt noch verschärft.
2. Der Konflikt zwischen einzelnem Arbeitnehmer und Betriebsrat stellt sich als Systemproblem der Betriebsverfassung dar. Die Ausführungen im 2. Kapitel haben gezeigt, dass der Arbeitnehmer an vielen ihn unmittelbar betreffenden Entscheidungen nicht partizipiert. Ihm fehlt eine eigene betriebsverfassungsrechtliche Rechtsposition, sodass er gegen Maßnahmen des Betriebsrats nicht unmittelbar gerichtlich vorgehen kann. Ihm bleibt, wenn überhaupt, nur der Weg über den Arbeitgeber. Die konkreten Nachteile für den Arbeitnehmer lassen sich dabei abhängig von ihrer Intensität in drei Kategorien einteilen. Bei *extensiven Interventionen* beziehungsweise Beeinträchtigungen kann der Betriebsrat unmittelbar in die Selbstbestimmungsfreiheit des Einzelnen eingreifen. Stellt sich der Betriebsrat gegen eine bereits zwischen den

Arbeitsvertragsparteien ausgehandelte Beförderung, wird der Arbeitnehmer häufig leer ausgehen. Von einer *reduzierten Intervention* lässt sich primär dort sprechen, wo der Betriebsrat durch eine aktive Handlung oder auch durch ein Unterlassen die originär vorgesehene Verstärkung des Individualschutzes durch die Kollektivvertretung einseitig und ohne Rechtsschutzmöglichkeiten durch den Arbeitnehmer vereiteln kann. Der unterlassene Widerspruch nach § 102 Abs. 3 BetrVG kann hier als Beispiel dienen. Im Unterschied hierzu sind lediglich *obstruierende Interventionen* vom Arbeitnehmer überprüfbar, wenn auch regelmäßig nur im Verhältnis zum Arbeitgeber. Die Beeinträchtigung liegt oftmals darin, dass der Betriebsrat nicht zugunsten des Arbeitsnehmers tätig wird und damit die Rechtsdurchsetzung erschwert oder hemmt.

3. Die Betriebsvereinbarung steht exemplarisch für das Verständnis der Betriebsverfassung. Die Betriebsverfassung ist als Fremdbestimmungsordnung zu begreifen, die sich privatautonom nicht erklären lässt. Der Arbeitnehmer unterfällt der Regelungsmacht der Betriebsparteien völlig unabhängig von seinem eigenen Willen. Dies gilt im Rahmen der Betriebsvereinbarung genauso wie bei jedem anderen Tätigwerden des Betriebsrats. Die Zustimmung des Einzelnen zu den Handlungen des Kollektivs lässt sich nicht fingieren. Die Legitimation, soweit sie die Wirkungsweise der Betriebsvereinbarung betrifft, beruht daher richtigerweise auf dem staatlichen Geltungsbefehl, also schlichtweg auf der gesetzlichen Anordnung in § 77 Abs. 4 S. 1 BetrVG, und damit im Ergebnis auf dem Demokratieprinzip. Aus individualrechtlicher Sicht zu begrüßen sind Ansätze, die die Regelungsbefugnis der Betriebsparteien und damit die Eingriffswirkung der Betriebsvereinbarung von vornherein einschränken wollen. Mit der vorherrschenden Meinung ist allerdings die umfassende Regelungsbefugnis beizubehalten, weil anderenfalls sämtliches Flexibilitätspotential verloren ginge. Zudem besteht für den Arbeitnehmer die Möglichkeit, ihn belastende Betriebsvereinbarungen der gerichtlichen Kontrolle zu unterziehen. Regelmäßig handelt es deshalb lediglich um eine *obstruierende Intervention*. Die Rechtsprechung zögert hier auch nicht, die Individualinteressen zulasten der Kollektivvereinbarungen durchzusetzen. Eine Richtigkeitsgewähr für Betriebsvereinbarungen gibt es nicht. Die Kernprobleme sachwidrigen Handelns der Betriebsräte liegen daher nicht im Bereich der Betriebsvereinbarung.
4. Praktisch unmittelbaren Einfluss auf die Rechtsstellung des Einzelnen erhält der Betriebsrat im Rahmen von personellen Einzelmaßnahmen nach § 99 BetrVG. Verweigert er die Zustimmung zu einer Einstellung, führt dies zwar nicht zur Unwirksamkeit eines möglicherweise schon geschlossenen Arbeitsvertrages. Allerdings entsteht hierdurch ein betriebsverfassungsrechtliches

Beschäftigungsverbot. Ein solches ergibt sich auch dann, wenn der Betriebsrat seine Zustimmung zur Versetzung verweigert. Für die individualrechtlichen Auswirkungen hingegen ist zu differenzieren. Entgegen der Rechtsprechung erscheint es als ausreichend, regelmäßig keine individualrechtliche Unwirksamkeit anzunehmen. Auch im Rahmen der Versetzung wird es zum Schutz der Belegschaft genügen, wenn der Arbeitnehmer nicht beschäftigt werden darf. Anders ist dies nur dann zu beurteilen, wenn der konkrete Zustimmungsverweigerungsgrund auf den Individualschutz des Betroffenen zielt, § 99 Abs. 2 Nr. 4 BetrVG. Die der Versetzung zugrundeliegende, individualrechtliche Regelung ist dann unwirksam, es sei denn, der Arbeitnehmer ist mit ihr ausdrücklich einverstanden. Dann entfällt aber bereits schon der Zustimmungsverweigerungsgrund. Von zentraler Bedeutung für den betroffenen Arbeitnehmer ist in beiden Fällen das Zustimmungsersetzungsverfahren nach § 99 Abs. 4 BetrVG. Nach ganz überwiegender Ansicht kann der Arbeitnehmer ein solches nicht selbst einleiten, sondern muss auf die Initiative des Arbeitgebers hoffen. Nimmt er die Entscheidung des Betriebsrats hin, hat dies für den Arbeitnehmer oft ernste Konsequenzen. Bei der verweigerten Zustimmung zur Einstellung droht, soweit überhaupt schon ein Arbeitsvertrag geschlossen wurde, die betriebsbedingte Kündigung. Auch das berufliche Fortkommen wird verhindert, wenn der Betriebsrat sich konsequent gegen Versetzungen des Arbeitnehmers ausspricht. Es handelt sich insoweit um eine *extensive Intervention.* Unter Berücksichtigung der Fürsorgepflicht kann der Arbeitgeber bei einem bestehenden Arbeitsverhältnis dazu angehalten sein, das Zustimmungsersetzungsverfahren durchzuführen. Die berechtigten Interessen des Arbeitgebers, von einem solchen Verfahren Abstand zu nehmen, insbesondere wenn er die Erfolgsaussichten für gering hält oder die gute Zusammenarbeit mit dem Betriebsrat nicht gefährden will, können im Rahmen der Unmöglichkeit nach § 275 Abs. 3 BGB Berücksichtigung finden. Selbst wenn man damit das bisherige Regel-Ausnahme-Verhältnis verkehrt, ist fraglich, ob dem einzelnen Arbeitnehmer damit wirklich geholfen ist. Sollte der Arbeitgeber nicht bereits autonom ein Interesse an der Rechtsdurchsetzung haben, wird er sich auch von äußeren Einflüssen, namentlich den von der Rechtsprechung diskutierten Schadensersatzansprüchen, kaum motivieren lassen. Dem Arbeitnehmer drohen dann vielmehr zahlreiche Prozesse, an deren Ende er sein Ziel – die Ersetzung der Zustimmung – häufig immer noch nicht erreicht haben wird. Ohne ein eigenes Antragsrecht steht der Arbeitnehmer damit sachwidrigen Entscheidungen des Betriebsrats weitgehend schutzlos gegenüber.

5. Die Einflussnahmemöglichkeiten des Betriebsrats im Rahmen einer vom Arbeitgeber beabsichtigten Kündigung können, wenn sie sachwidrig ausgeübt werden, ebenfalls eine erhebliche Eingriffsintensität aufweisen. Das gilt zunächst für die Widerspruchsmöglichkeit des Betriebsrats nach § 102 Abs. 3 BetrVG. Verzichtet er auf diese Unterstützung, obwohl Widerspruchsgründe offensichtlich vorliegen, können sich dadurch beachtliche Auswirkungen auf den Fortgang des Prozesses ergeben. Zunächst entfällt der absolute Grund für die Sozialwidrigkeit der Kündigung. Die vom Gesetz vorgesehene Verstärkung des materiellen Kündigungsschutzes erübrigt sich und der Arbeitnehmer muss sämtliche für ihn günstigen Umstände vortragen. Ihm wird es, anders als dem Betriebsrat, typischerweise an Wissen über bestehende Weiterbeschäftigungsmöglichkeiten fehlen. Darüber hilft dem Betroffenen dann auch keine abgestufte Darlegungs- und Beweislast nach § 138 ZPO hinweg. Zugleich entfällt der Weiterbeschäftigungsanspruch gemäß § 102 Abs. 5 BetrVG, was faktisch oftmals den Verlust des Arbeitsplatzes bedeutet. Der Prozess wird dann nur noch um die Abfindung geführt. Möglichkeiten, auf eine pflichtgemäße Ausübung des § 102 BetrVG hinzuwirken, hat der Arbeitnehmer nicht. Noch gravierender ist allerdings die Widereinführung von § 1 Abs. 5 KSchG. Hiermit hat der Gesetzgeber ohne Not die tatsächliche Verschlechterung des Kündigungsschutzes in die Hände der Betriebsparteien gegeben. Ein Arbeitnehmer, der sich auf der Namensliste wiederfindet, hat im Kündigungsschutzprozess nahezu keine Chancen mehr zu obsiegen. Die Vorschrift lädt zu sachwidrigen Entscheidungen und zweifelhaften Absprachen ein. Sie ist dringend zu überdenken.
6. Potentielle Benachteiligungen sind theoretisch mit nahezu allen Mitbestimmungs- und Mitwirkungsrechten des Betriebsrats denkbar. Dies gilt sowohl im Hinblick auf ein sachwidriges Tätigwerden als auch hinsichtlich eines pflichtwidrigen Unterlassens. Setzt der Betriebsrat seine weitreichenden Machtbefugnisse gezielt gegen einige Arbeitnehmer ein, entfaltet die Fremdbestimmungsordnung erhebliche Eingriffsintensitäten. Nur in den seltensten Fällen wird der Arbeitgeber hier für den Einzelnen Partei ergreifen. Deutlich geworden ist dies etwa auch im Bereich der betrieblichen Fortbildungsmaßnahmen nach § 98 BetrVG. Für den Betriebsrat bestehen dort durchaus relevante Möglichkeiten, den unerwünschten Arbeitnehmer vom Teilnehmerkreis der Fortbildung auszuschließen oder ihn in seiner Stellung als Ausbilder sogar abzuberufen. Dies kann dann individualrechtliche Konsequenzen bis zur Kündigung haben. Auch § 87 Abs. 1 BetrVG enthält über den Abschluss von belastendenden Betriebsvereinbarungen hinaus weiteres Diskriminierungspotential. Zu nennen ist hier etwa nur das vom Betrieb srat

verhinderte Termingeschäft, welches auch für einzelne Arbeitnehmer durchaus vorteilhaft gewesen wäre. Wünschenswert wäre es, wenn man in der Zukunft weitere Konstellationen herausarbeiten würde, um ein noch klareres Gesamtbild zu erreichen. Große Gefahren, die sich im Einzelnen kaum fassen lassen, drohen auch von sogenannten Koppelungsgeschäften. Hierunter zu verstehen sind Abreden zwischen Betriebsrat und Arbeitgeber, die auf sachfremden, also nicht von der Betriebsverfassung vorgegebenen, Motiven beruhen. Der Betriebsrat enthält hierdurch neue Mitentscheidungsbefugnisse, wenn er auf der anderen Seite bestimmte Maßnahmen des Arbeitgebers absegnet. Bewegen sich die Betriebsparteien außerhalb der rechtlichen Vorgaben der Betriebsverfassung, eröffnet dies ganz neue Dimensionen des Machtmissbrauchs. Dies gilt insbesondere dann, wenn der Arbeitgeber versucht, durch Begünstigungen der Betriebsratsmitglieder ihr Wohlwollen sicherzustellen.

7. Nach bisherigem Verständnis enthält die Betriebsverfassung für fast alle der aufgezeigten Probleme keine Lösungen. Der Arbeitnehmer kann ein pflichtgemäßes Handeln nicht erzwingen. Selbst im gravierendsten Fall, der Begünstigung des Betriebsrats, schaut er weitgehend tatenlos zu. Eine entsprechende Vereinbarung ist zwar nach § 78 S. 2 BetrVG unwirksam, Konsequenzen hat das aber kaum. Einen Strafantrag kann unverständlicherweise nur der Arbeitgeber oder die kollektive Interessenvertretung stellen, § 119 Abs. 2 BetrVG – typischerweise also nur die Involvierten, nicht aber die potentiell Benachteiligten. Strafbar ist ohnehin dann auch nur der Arbeitgeber. Viele der aufgezeigten Handlungen dürften aber den Tatbestand des § 23 Abs. 1 BetrVG erfüllen und eine grobe Pflichtverletzung darstellen. Helfen wird das betroffenen Arbeitnehmern aber ebenfalls nicht, da sie praktisch nie das hohe Quorum von 25 Prozent der Belegschaft erreichen werden. Die einzige Hoffnung liegt dort in einer konkurrierenden Gewerkschaft. Letztlich wirkungslos ist auch das Initiativrecht des Arbeitnehmers nach § 86a BetrVG, da er eine Handlung vom Betriebsrat auch hier nicht erzwingen kann.
8. Fehlender Rechtsschutz und kontrollfreie Macht des Betriebsrats führen so immer mehr zu einem Zustand, in dem nicht zuvorderst die Interessen des Einzelnen, sondern die Wünsche des Betriebsrats die Marschroute des Handelns bestimmen. Der Gesetzgeber hat es bis heute versäumt, das Verhältnis des Betriebsrats zum einzelnen Arbeitnehmer zu bestimmen und damit zugleich verhindert, dass Ansprüche des Einzelnen konkretisierbar sind. Womöglich aus falsch verstandener Sympathie für den Betriebsrat und die Gewerkschaften hat man den längst überfälligen Schritt zur Verbesserung der Rechtsstellung des Arbeitnehmers nicht vollzogen. Dabei scheint man einem

gravierenden Fehldenken zu unterliegen. Denn die betriebliche Mitbestimmung wird nicht geschwächt, sondern vielmehr gestärkt, wenn nicht länger zugelassen wird, dass der Arbeitnehmer einer Kollektivmacht ohne Rechtsschutz gegenübertreten muss.

9. Umfassende Lösungsansätze sucht man in der Literatur im Großen und Ganzen vergeblich, obgleich einzelne Probleme immer wieder Gegenstand des wissenschaftlichen Diskurses geworden sind. Regelmäßig zielt die Frage dabei auf ein eigenes Antragsrecht des Arbeitnehmers im Beschlussverfahren. Nur ganz vereinzelt diskutiert man das Verhältnis zwischen Betriebsrat und Arbeitnehmer auf einer grundlegenden Basis. Gemeinsam ist den Ansätzen aber, dass die Herleitung neuer Rechtspositionen überhaupt nicht oder nur rudimentär begründet wird. Eine Ausnahme bildet hier der Beitrag von *Hartmann*[1641], der das Recht des Arbeitgebers auf Zustimmungsersetzung als stellvertretendes *commodum* im Sinne des § 285 BGB begreift und damit zumindest erklären kann, wie der Arbeitnehmer in diesen Fällen an eine notwendige, eigene Rechtsposition gelangt. Vertieft mit grundlegenden Fragen der Gesamtproblematik beschäftigt hat sich auch *Belling*[1642] in seiner Habilitationsschrift. Dabei hat er zutreffend erkannt, dass die Lösung nur in eigenen Rechten des Arbeitnehmers liegen kann. Unzureichend ist allerdings die Herleitung der eigenen subjektiven Rechtsposition geblieben.

II. Die eigene Rechtsposition des Arbeitnehmers aus § 75 Abs. 1 BetrVG (Ergebnisse des 3. Kapitels)

1. Eigene betriebsverfassungsrechtliche Rechte des Arbeitnehmers lassen sich im Ergebnis aus § 75 Abs. 1 BetrVG herleiten. Die Norm statuiert eine Überwachungspflicht und ein damit korrespondierendes Recht der Betriebsparteien, die Einhaltung der Grundsätze von Recht und Billigkeit im Hinblick auf die im Betrieb tätigen Personen sicherzustellen. Die Grundsätze des Rechts umfassen das geschriebene nationale und europäische Recht, die Werteentscheidung des Grundgesetzes sowie insbesondere die grundrechtlich gewährleisteten Freiheitsrechte. Die Grundsätze der Billigkeit hingegen eröffnen als wertungsbedürftiger Begriff die Möglichkeit der Einzelfallkontrolle unter Berücksichtigung berechtigter, menschlicher, sozialer und wirtschaftlicher

1641 ZfA 2008, 383 ff.

1642 Haftung des Betriebsrats und seiner Mitglieder für Pflichtverletzungen, Tübingen 1990.

Belange des Arbeitnehmers. Konkretisiert, aber nicht abschließend ausgefüllt, werden diese Grundsätze durch die Diskriminierungsverbote in § 75 Abs. 1 Hs. 2 BetrVG. Auch nach bisherigem Verständnis soll die Norm den Individualschutz in der Fremdbestimmungsordnung sicherstellen und verfassungsrechtlich gewährleistete Rechtspositionen des Arbeitnehmers schützen. Dennoch erkennt man in die Vorschrift lediglich kollektive Amtspflichten, die nicht zu erzwingbaren Rechten der Arbeitnehmer führen sollen. § 75 Abs. 1 BetrVG sei keine individualrechtliche Norm. Insoweit konsequent ist es dann auch, die Schutzgesetzeigenschaft abzulehnen, obgleich dies nicht überall in dieser Stringenz vertreten wird. Verstöße gegen diese Vorschrift, insbesondere von Seiten des Betriebsrats, können dann kaum sanktioniert werden. Der vorgesehene Individualschutz bleibt somit fragmentarisch und die Vorschrift insgesamt enthält dann nicht viel mehr als einen weitgehenden, inhaltsleeren Normappell. Um die Anerkennung einer eigenen subjektiven Rechtsposition zu ermöglichen, ist dieses Verständnis revisionsbedürftig.

2. § 75 Abs. 1 BetrVG ist dabei zunächst als betriebsverfassungsrechtliche Generalklausel zu verstehen. Dies gilt selbst dann, wenn man ein sehr restriktives Verständnis der Generalklausel zugrunde legt. Von Bedeutung sind danach nur Vorschriften, in der sich die vom Gesetzgeber zur tatbestandlichen Fixierung verwandten Rechtsbegriffe durch einen so hohen Grad an Abstraktion und inhaltlicher Unbestimmtheit auszeichnen, dass ihnen neben den unvermeidlichen Randunschärfen im Begriffshof auch ein inhaltlich eindeutig belegbarer Begriffskern nicht mehr zugerechnet werden kann. Im Hinblick auf die in der Vorschrift angeordneten Billigkeitserwägungen fehlt es an einem solchen, eindeutig belegbaren Begriffskern. Die Billigkeit als unbestimmter Rechtsbegriff ist regelmäßig Gegenstand einer Generalklausel, weil mit der Formulierung zugleich auch auf außerrechtliche Maßstäbe Bezug genommen wird. Die Konkretisierung durch die Diskriminierungsverbote ändert an der Einordnung als Generalklausel nichts. Vielmehr ist eine solche Technik von regelnormierenden Generalklauseln und nachgeordneten Regelbeispielen nicht untypisch und dem Rechtsanwender in nahezu allen Rechtsgebieten vertraut. Im Rahmen der Delegationsfunktion kann die Generalklausel grundsätzlich auch neue rechtliche Verhaltensnormen unabhängig vom Willen des Gesetzgebers statuieren. In dieser Funktion agiert die Generalklausel ein Stück weit als offene Gesetzgebung.

3. Der konkrete Inhalt lässt sich aber nur durch die Auslegung bestimmen, welche aufgrund des unklaren Begriffskerns bei der Generalklausel unter dem Topos der Konkretisierung firmiert. Die Konkretisierung führt vorliegend zur Anerkennung einer eigenen Rechtsposition des Arbeitnehmers

unmittelbar aus § 75 Abs. 1 BetrVG. Diese ist nicht nur in Anbetracht des Schutzzwecks der Betriebsverfassung dringend geboten. Auch wenn eigene betriebsverfassungsrechtliche Rechte nicht ohne Reibungen in die bestehende Systematik zu integrieren sein werden, so sprechen die weiteren Auslegungsaspekte eine klare Sprache Die zwangsweise Unterwerfung unter eine Fremdbestimmungsordnung, die sich der eigenen gerichtlichen Kontrolle entzieht, lässt sich auch in einer Parallelwertung zu den Regelungen im Bau- sowie Kartellrecht kaum aufrechterhalten. Sie ist auch nicht ohne Weiteres mit verfassungsrechtlichen Grundsätzen in Einklang zu bringen. Dies gilt in erster Linie für die Selbstbestimmungsfreiheit des Einzelnen gemäß Art. 2 Abs. 1 GG, aber auch hinsichtlich der Einschränkung des Justizgewährungsanspruchs nach Art. 19 Abs. 4 GG. Letztlich scheint sich auch eine gesellschaftliche Veränderung vollzogen zu haben, welche mit immer deutlicherer Skepsis gegenüber den Interessenvertretern einhergeht. Die umfangreiche Macht des Betriebsrats darf nicht mehr allein in der Kontrolle des Arbeitgebers liegen. Auch das haben die Bestechungsskandale in großen deutschen Betriebsräten eindrucksvoll gezeigt. Letztlich bestätigt wird das Ergebnis ebenfalls durch einen rechtsvergleichenden Blick auf die *duty of fair representation*.

4. Zwingend notwendig werden bei einem solchen Verständnis klar formulierte Grenzen der Durchsetzbarkeit eigener Rechte, um die Funktionsfähigkeit der betrieblichen Mitbestimmung nicht zu unterlaufen. Einen Ausgleich zwischen „übertriebenem Individualismus“ und „kollektivistischem Fatalismus“[1643] findet man dann, wenn man die Rechtsdurchsetzung an die Intensität der drohenden Beeinträchtigung koppelt. Nur bei Maßnahmen, die die Wirkung einer *extensiven Intervention* entfalten, besteht das subjektive Recht des Arbeitnehmers ohne weitere Einschränkungen. Das heißt, ihm stehen unmittelbar Ansprüche gegen den Betriebsrat aufgrund von § 75 Abs. 1 BetrVG zu. Stellt sich die infrage stehende Benachteiligung als *reduzierte Intervention* im Hinblick auf die Individualinteressen dar, wird man regelmäßig keinen unmittelbaren Anspruch anerkennen können. Die Ermessensentscheidung, beispielsweise in einer bestimmten Sache tätig zu werden, liegt grundsätzlich beim Betriebsrat. Nur ausnahmsweise, etwa wenn klare Belege für ein willkürliches Handeln des Betriebsrats vorliegen, wird man hier zu einem unmittelbaren Anspruch gelangen können. Geschützt wird der Arbeitnehmer in diesen Fällen aber regelmäßig durch deliktische Ansprüche gegen die

1643 Die wörtlichen Zitate gehen zurück auf *Buchner*, in: Innerbetriebliche Arbeitnehmerkonflikte, 35 f.

Betriebsratsmitglieder. Bei einer *obstruierenden Intervention* ist das unmittelbare Vorgehen gegen den Betriebsrat von vornherein versperrt. Hier besteht grundsätzlich die Möglichkeit der anderweitigen Rechtsdurchsetzung, die der Arbeitnehmer gehen muss, auch wenn er im Einzelfall mit erheblichen Schwierigkeiten der Rechtsdurchsetzung zu kämpfen hat.

III. Die praktische Umsetzung (Ergebnisse des 4. Kapitels)

1. Der Anspruch aus § 75 Abs. 1 BetrVG kann ein eigenes Vorgehen des Arbeitnehmers unmittelbar gegen den Betriebsrat begründen und damit erstmals die Kontrolle betriebsrätlichen Handelns sicherstellen. Wann und wie der Betriebsrat seine Mitentscheidungsbefugnisse nutzt, soll im Kern ihm überlassen sein. Insoweit billigt man ihm ein pflichtgemäßes Ermessen zu. Hierbei soll es auch bleiben. Der Unterschied zum bisherigen Verständnis liegt indes darin, dass dieser Gestaltungsspielraum nicht mehr weitgehend kontrollfrei bleibt. Grenzen sind jedenfalls dort zu ziehen, wo offensichtlich willkürliche oder diskriminierende Motive zugrunde liegen. Der Arbeitnehmer kann seine Rechte gegen den Betriebsrat im Beschlussverfahren durchsetzen. Bestehende Regelungssysteme zwischen Arbeitgeber und Betriebsrat sollten dabei, sofern sie auch adäquate Antworten für Streitigkeiten zwischen Arbeitnehmer und Betriebsrat enthalten, primär genutzt werden. Dies gilt insbesondere für das Zustimmungsersetzungsverfahren nach § 99 Abs. 4 BetrVG. Insgesamt bleibt das unmittelbare Vorgehen gegen den Betriebsrat aber größtenteils auf Beeinträchtigungen in beschränkt, die eine *extensive Intervention* in die Individualrechtspositionen des Arbeitnehmers darstellen.
2. Die Anerkennung einer eigenen Individualrechtsposition eröffnet zugleich auch deliktische Haftungsmöglichkeiten der einzelnen Betriebsratsmitglieder. § 75 Abs. 1 BetrVG ist hier trotz seiner generalklauselartigen Fassung als Schutzgesetz zugunsten des einzelnen Arbeitnehmers zu verstehen und eröffnet damit die Haftung über § 823 Abs. 2 BGB. Amtspflichtsverletzungen des Betriebsrats können damit erstmals konsequent die deliktische Haftung der hierfür verantwortlichen Betriebsratsmitglieder auslösen. Nicht zu unterschätzen ist dabei vor allem der Präventiveffekt solcher Sanktionsmöglichkeiten. Anspruchsberechtigt ist der Arbeitnehmer in Fortführung der obigen Ausführungen dann, wenn der Betriebsrat die vom Gesetz konkret vorgesehene Verbesserungen des Individualschutzes vereitelt oder sogar tatsächlich in die Rechtsposition des Arbeitnehmers eingreift, ohne dass dem Arbeitnehmer adäquate Mittel zur Rechtsverfolgung zustehen, abstrakt also bei *reduzierten* und *extensiven Interventionen*. Ungeachtet praktischer

Schwierigkeiten kann dem Arbeitnehmer in diesen Fällen auch ein Unterlassungsanspruch gegen den Betriebsrat zustehen.

3. Das Zustimmungsersetzungsverfahren nach § 99 Abs. 4 BetrVG ist mit entsprechenden Modifikationen auch für Streitigkeiten zwischen Arbeitnehmer und Betriebsrat geeignet. Soweit der Arbeitnehmer einen individualrechtlichen Anspruch auf eine konkrete, personelle Einzelmaßnahme hat, kann er das Verfahren auf eigenen Antrag hin in Gang setzen. Sollte gleichzeitig ein hierdurch ausgelöster Kündigungsschutzprozess laufen, ist dieser nach § 148 ZPO auszusetzen. Eine inzidente Überprüfung der Zustimmungsverweigerung im Urteilsverfahren erscheint nicht möglich. Die Interessen des Arbeitgebers werden hinreichend berücksichtigt, indem der Arbeitnehmer in diesen Fällen das Beschlussverfahren im einstweiligen Rechtsschutz durchführen muss.
4. Der Arbeitnehmer lässt sich als Inhaber eigener betriebsverfassungsrechtlicher Rechte auch in die Systematik der arbeitsgerichtlichen Verfahren integrieren. Ansprüche gegen den Betriebsrat sind im Beschlussverfahren geltend zu machen. Dies gilt für Ansprüche, die auf eine konkrete Handlung abzielen, genauso wie für deliktische Ansprüche aus § 823 Abs. 2 iVm § 75 Abs. 1 BetrVG. Das Beschlussverfahren wird hierdurch zweifelsohne kontradiktorischer und bringt dadurch notwendige Änderungen mit sich bringt. Außergerichtliche Kosten hat der Arbeitnehmer unabhängig vom Ausgang des Verfahrens zu tragen. Die fehlenden Gerichtskosten könnten ihn trotzdem motivieren, auch aussichtlose Verfahren anzustreben. Entgegensteuern könnte man dem mit restriktiven Anforderungen an die Antragsbefugnis. Konkret wurde das im Hinblick auf einen vom Arbeitnehmer gewünschten Widerspruch des Betriebsrats nach § 102 BetrVG untersucht.
5. In den Fällen eines pflichtwidrig unterlassenen Widerspruchs nach § 102 Abs. 3 BetrVG hat der Arbeitnehmer nur dann einen Anspruch gegen den Betriebsrat auf Tätigwerden, wenn aufgrund des Vortrags des Antragsstellers eine hinreichende Wahrscheinlichkeit der Rechtsverletzung besteht. Diese hinreichende Wahrscheinlichkeit wird man jedenfalls dann annehmen können, wenn der Arbeitnehmer Indizien oder Beweise vorträgt, die ernsthafte Zweifel an einer ermessensfehlerfreien Entscheidung des Betriebsrats begründen können. Das unmittelbare Vorgehen ist hier trotz der nur *reduzierten Intervention* ausnahmsweise geboten. Zum einen ist der drohende Verlust des Arbeitsplatzes der gravierendste Einschnitt für den betroffenen Arbeitnehmer. Zum anderen stellt die Hürde im Rahmen der Antragsbefugnis sicher, dass nicht jeder Ermessensfehler des Betriebsrats Gegenstand der gerichtlichen Untersuchung wird. Den gewünschten Widerspruch zur

Kündigung wird er aber nur dann erreichen, wenn in der Parallele zum Verwaltungsrecht eine Ermessensreduzierung auf Null vorliegt.

B. Fazit

Um zunächst auf die bereits eingangs von *Rüthers* formulierte Frage zurückzukommen, in welchem Maße der Schutz des Individuums den Kollektivmächten unkontrolliert anvertraut werden dürfe,[1644] wird man nach den obenstehenden Ausführungen nunmehr eine klare Antwort erwarten dürfen. Der Wirkungskreis ist zu weit gezogen, wenn der Arbeitnehmer keine adäquaten Rechtsschutzmöglichkeiten erhält. Dieses Ergebnis sollte in Zukunft Literatur und Rechtsprechung verstärkt dazu anhalten, diejenigen Mitbestimmungsrechte kritisch zu untersuchen, die Eingriffsmöglichkeiten zulasten einzelner Arbeitnehmer enthalten können. Es hat sich gezeigt, dass die wissenschaftliche Diskussion das Augenmerk sehr stark auf mögliche Benachteiligungen durch kollektivrechtliche Vereinbarungen gerichtet hat. Hier besteht allerdings ein umfangreicher und in der Regel effektiver Rechtsschutz des Arbeitnehmers. Dort wo der Arbeitnehmer allerdings gar nicht oder nur sehr umständlich gegen ihn belastende Absprachen zwischen den Betriebsparteien vorgehen kann, ist der Individualschutz nicht hinreichend in den Mittelpunkt der Diskussion gestellt worden.

Ein Anliegen der Arbeit war und ist es, dass dieses in der Systematik angelegte Benachteiligungspotential des Individuums klarer adressiert wird. Der Arbeitnehmer unterliegt in der Betriebsverfassung einer nicht privatautonom legitimierten Fremdbestimmung. Sie geht also weiter als im Tarifvertragsrecht und unterwirft den Arbeitnehmer ohne Entscheidungsspielraum zwangsläufig der Mitbestimmung des Betriebsrats. Dieses Legitimationsdefizit geht zugleich mit einem erheblichen Rechtsschutzdefizit einher. Soweit die Betriebsparteien sogar kumulativ zusammenwirken, läuft der Rechtsschutz des Arbeitnehmers in einigen Fällen gänzlich leer. Wenig ergiebig ist es auch, wenn man sich der Problematik entziehen will, indem man darauf hinweist, dass der Betriebsrat ganz regelmäßig die Interessen des Arbeitnehmers bestmöglich vertritt. Diese Feststellung kann allenfalls die bestehende Systematik erklären, aber ihre Defizite nicht rechtfertigen. Des Weiteren haben auch die vermehrt publik gemachten Fälle aus der Praxis gezeigt, dass manche Betriebsräte durchaus bereit sind, ihre Befugnisse zweckwidrig einzusetzen oder allein durch das Inaussichtstellen einer benachteiligenden Handlung genügend Druckpotential aufbauen können.

1644 Siehe *Rüthers*, in: Zwei arbeitsrechtliche Vorträge, 8, 40.

Hintergründe solcher Vorgehensweisen können immer öfter auch gewerkschaftliche Ziele sein. Angesichts der vom Gesetzgeber mittelbar weiter forcierten Verschärfung des Konflikts der Gewerkschaften untereinander ist auf diesem Gebiet auch nicht mit einer Besserung zu rechnen. Die Betriebsverfassung enthält auf eine derartige Rolle des Betriebsrats keine Antwort. Das Verhältnis des einzelnen Arbeitnehmers zum Betriebsrat ist nach wie vor ungeklärt. Die geschichtliche Entwicklung der betrieblichen Mitbestimmung hat gezeigt, dass die Betriebsverfassung als klassisches Abwehrmittel gegen eine zu weitgehende Regelungsmacht des Arbeitgebers konzipiert wurde. In ihrem Ursprung ist sie trotz einiger Änderungen auf diesem Stand stehen geblieben. Die gewünschte Stärkung des Individualschutzes, unter anderem bereits mit dem Betriebsverfassungsgesetz von 1972, hat *de facto* nicht stattgefunden. Hier wurde viel zu zögerlich und ohne wirklichen Willen zur Veränderung agiert. Die §§ 81 ff. BetrVG haben das eindrücklich gezeigt. Möglicherweise fehlt dem einzelnen Arbeitnehmer auch schlichtweg eine Lobby. Denn auf der anderen Seite hat der Gesetzgeber Vorschriften wieder aufgegriffen, insbesondere § 1 Abs. 5 KSchG, die eine erhebliche Reduzierung des Individual- und Rechtsschutzes durch die Betriebsparteien zulassen. Hier ist eine gesetzliche Neuregelung dringend anzuraten.

Neben der erhofften Appellwirkung, die Individualinteressen des Arbeitnehmers stärker zu berücksichtigen, wird mit der Anerkennung von partiellen subjektiven Rechten des Arbeitnehmers in der Betriebsverfassung ein erster Lösungsansatz unterbreitet. Der Verfasser ist der Ansicht, dass trotz der entgegenstehenden Systematik die Verbesserung des Individualschutzes nicht nur *de lege ferenda* möglich ist. Das Einfallstor für eine so weitgehende Veränderung kann hier § 75 Abs. 1 BetrVG bieten. Die eigenen Individualrechtspositionen und die damit verbundenen Rechtsschutzmöglichkeiten müssen aber stets in ein Verhältnis zur Intensität der Beeinträchtigung gesetzt werden, um zu unterbinden, dass eine effektive Interessenvertretung durch zu starken Individualismus verhindert wird. Auch hier konnte die Arbeit nur erste Denkmuster liefern. Gleichsam sollte an einigen, besonders relevanten Beispielen der hier entwickelte Ansatz bereits weitergedacht werden. Denn unabhängig davon, wie man konkret einen verbesserten Individualschutz verwirklichen will, stellen sich eine Vielzahl von neuen, nicht geklärten Fragen. Offenkundig betrifft dies auch die gerichtliche Durchsetzbarkeit von Individualansprüchen gegen den Betriebsrat. Der Arbeitnehmer kann seine Rechte im Beschlussverfahren durchsetzen, obgleich hierfür einige Modifikationen notwendig werden.

Ein weiteres wichtiges Anliegen der Arbeit war es auch, die Verstärkung des Individualschutzes nicht als Einschränkung betriebsrätlicher Rechte zu begreifen. Die weitgehenden Regelungsbefugnisse der Betriebsparteien und die

Gestaltungsmacht des Betriebsrats sind beizubehalten, wenn dem betroffenen Arbeitnehmer durch die Geltendmachung eigener Rechte tatsächlich Partizipationsmöglichkeiten eröffnet werden. Denn es geht nicht darum, die kollektive Schutzaufgabe des Betriebsrats zu verringern oder die Stellung des Betriebsrats als solche zu schwächen, sondern allein um das Bestreben, dem Arbeitnehmer zusätzlichen, zwingend benötigten Individualschutz zu gewähren. Damit einher geht letztlich auch eine erhöhte Akzeptanz der betrieblichen Mitbestimmung, weil Entscheidungen autark vom Willen der Betroffenen dann nicht mehr ohne Weiteres möglich wären.

Letztlich muss die Arbeit mit dem dringenden Appell abgeschlossen werden, auch die Nachteile der Betriebsverfassung klar zu adressieren und ergebnisoffen zu diskutieren. Denn das System der Mitbestimmung in seinen Einzelheiten und Folgen muss permanent überdacht und neuen Erkenntnissen und Erfahrungen angepasst werden.[1645] Die Vergangenheit hat gezeigt, dass man sich hierbei nicht auf gesetzgeberische Impulse verlassen darf.

1645 So zutreffend *Zöllner/Loritz/Hergenröder*, Arbeitsrecht, § 47 Rn. 12.

Schriftumverzeichnis

Ascheid, Reiner / Preis, Ulrich / Schmidt, Ingrid — Kündigungsrecht – Großkommentar zum gesamten Recht der Beendigung von Arbeitsverhältnissen 5. Auflage, München 2017
Zitiert als: APS/*Bearbeiter*

Aaron, Benjamin — Some aspects of the unions duty of fair representation, 22 Ohio St. L. J. p. 39 – 63 (1961)

Adomeit, Klaus — Rechtsquellenfragen im Arbeitsrecht, München 1969, Zugl.: Köln, Univ., Habil.-Schr., 1969,
Zitiert als: *Adomeit*, Rechtsquellenfragen

Ahrendt, Martina / Bader, Peter / Dörner, Hans-Jürgen u.a. — Gemeinschaftskommentar zum Arbeitsgerichtsgesetz (GK-ArbGG), Loseblattsammlung
Stand: 105. Ergänzungslieferung, Neuwied 2016
Zitiert: GK-ArbGG/*Bearbeiter*

Aksu, Mustafa — Die Regelungsbefugnis der Betriebsparteien durch Betriebsvereinbarungen, Rechtliche Grundlagen und Reichweite, Baden-Baden 2000, Zugl.: Tübingen, Univ., Diss., 2000
Zitiert als: *Aksu*, Regelungsbefugnis

Alberty, Karl — Fehlende Zustimmung des Betriebs- bzw. Personalrats bei personellen Einzelmaßnahmen gegenüber Arbeitnehmern und der Einfluss des Fehlens auf die Wirksamkeit dieser Maßnahmen, Düsseldorf 1977, Zugl.: Münster, Univ., Diss., 1977
Zitiert als: *Alberty*, Fehlende Zustimmung bei personellen Einzelmaßnahmen

Amthauer, Ingo — Zu den Auswirkungen des AGG auf die Betriebsverfassung, Baden-Baden, 2009, Zugl.: Oldenburg, Univ., Diss., 2008
Zitiert als: *Amthauer*, Auswirkungen AGG

Anders, Carsten / Biebeler, Hendrik / Lesch, Hagen — Gewerkschaftsmitglieder – Mitgliederentwicklung und politische Einflussnahme: Die deutschen Gewerkschaften im Aufbruch?, in: Vierteljahresschrift zur empirischen Wirtschaftsforschung, hrsg. v. Institut der deutschen Wirtschaft Köln, Köln 2015, S. 21 – 36
Zitiert als: *Anders/Biebeler/Lesch*, in: Empirische Wirtschaftsforschung 2015

Annuß, Georg — Mitwirkung und Mitbestimmung der Arbeitnehmer im Regierungsentwurf eines Gesetzes zur Reform des BetrVG, NZA 2001, S. 367 – 371

ders. — Der Eingriff in den Arbeitsvertrag durch Betriebsvereinbarung, NZA 2001, S. 756 – 763

ders. — Der Betriebsübergang in der neuesten Rechtsprechung des Bundesarbeitsgerichts, BB 1998, S. 1582 – 1587

Auffahrt, Fritz — Mitbestimmung und Kündigung, in: Das Arbeitsrecht der Gegenwart – Jahrbuch für das gesamte Arbeitsrecht und die Arbeitsgerichtsbarkeit – Nachschlagewerk für Wissenschaft und Praxis, hrsg. von Gerhard Müller, Band 10, Berlin 1973, S. 71 – 81
Zitiert als: *Auffahrt*, in: Das Arbeitsrecht der Gegenwart, Bd. 10

Bachof, Otto — Urteilsanmerkung zu Bundesverwaltungsgericht vom 18.8.1960, DVBl 1961, S. 128 – 132

ders. — Reflexwirkung und subjektive Rechte im öffentlichen Recht, in: Gedächtnisschrift für Walter Jellinek, hrsg. v. Bachof, Otto / Drath, Martin / Gönnenwein, Otto u.a., München 1955, S. 287 – 307
Zitiert als: *Bachof*, in: GS Jellinek

Backmeister, Thomas / Trittin, Wolfgang / Mayer, Udo — Kündigungsschutzgesetz mit Nebengesetzen, 4. Auflage, München 2009
Zitiert als: Backmeister/Trittin/Mayer

Bader, Peter — Das Gesetz zu Reformen am Arbeitsmarkt: Neues im Kündigungsschutzgesetz und im Befristungsrecht, NZA 2004, S. 65 – 76

Bader, Peter / Bram, Reiner / Dörner, Hans-Jürgen — Kündigungs- und Bestandschutz im Arbeitsverhältnis
Kommentar zum KSchG, zu den §§ 102 bis 105 BetrVG und zu den §§ 620 bis 628 BGB (einschließlich TzBfG)
99. Ergänzungslieferung, Köln 2016
Zitiert als: Bader/*Bearbeiter*

Bamberger, Heinz Georg / Roth, Herbert — Beck'scher Online-Kommentar zum BGB, 43. Edition, Stand: 15.06.2017, München 2017
Zitiert als: BeckOK-BGB/*Bearbeiter*

Bauer, Jobst-Hubertus / Günther, Jens — Ungelöste Probleme bei Einführung von Kurzarbeit, DB 2009, S. 662 – 667

Bauer, Jobst-Hubertus / Krieger, Steffen — Allgemeines Gleichbehandlungsgesetz
4. Auflage, München 2015
Zitiert als: *Bauer/Krieger*

Bauer, Jobst-Hubertus / Preis, Ulrich / Schunder, Achim — Der Regierungsentwurf eines Gesetzes zu Reformen am Arbeitsmarkt vom 18.6.2003, NZA 2003, S. 704 – 707

Bauer, Jobst-Hubertus / Schansker, Mareike — (Heimliche) Videoüberwachung durch den Arbeitgeber
Notwendige Maßnahme oder unzulässige Bespitzelung?, NJW 2012, S. 3537 – 3541

Bauer, Jobst-Hubertus / Willemsen, Eva Maria — Der (partei)politische Betriebsrat, NZA 2010, S. 1089 –1095

Baumann, Wolfgang — Die Rechtsstellung des Arbeitnehmers bei betriebsverfassungswidrigen Maßnahmen im Rahmen der §§ 99 – 101 BetrVG
Bayreuth, Univ., Diss., 1987
Zitiert als: *Baumann*, Rechtsstellung des Arbeitnehmers

Baumbach, Adolf / Lauterbach, Wolfgang / Albers, Jan / Hartmann, Peter	Zivilprozessordnung mit FamFG, GVG und anderen Nebengesetzen, 75. Auflage, München 2017 Zitiert als: *Baumbach/Lauterbach/Albers/Hartmann*
Baumgarten, Arthur	Grundzüge der juristischen Methodenlehre, Bern 1939 Zitiert als: *Baumgarten*, Juristische Methodenlehre
Bayreuther, Frank	Tarifautonomie als kollektiv ausgeübte Privatautonomie, Tarifrecht im Spannungsfeld von Arbeits-, Privat- und Wirtschaftsrecht, München 2005, Zugl.: Erlangen-Nürnberg, Univ., Habil.-Schr., 2003/04, Zitiert als: *Bayreuther*, Tarifautonomie
ders.	Funktionsfähigkeit eines Tarifeinheitsgesetzes in der arbeitsrechtlichen Praxis?, NZA 2013, S. 1395 – 1400
ders.	Gesetzlich angeordnete Tarifeinheit: Verfassungsrechtliche Diskussion, DB 2010, S. 2223 – 2227
Beater, Axel	Generalklauseln und Fallgruppen (Erwiderung auf Ralph Weber, AcP 1992, S. 516 ff), AcP 194 (1994), S. 82 – 89
Belling, Detlev	Urteilsanmerkung zu Bundesarbeitsgericht vom 15.10.2013, JZ 2014, S. 905 – 909
ders.	Die Haftung des Betriebsrats und seiner Mitglieder für Pflichtverletzungen, Tübingen 1990, Zugl.: Münster (Westf.), Univ., Habil.-Schr., 1989/90 Zitiert als: *Belling*, Haftung des Betriebsrats
Berjasevic, Nefail	Wucherähnliche Rechtsgeschäfte – Der Versuch einer Dogmatik, Berlin 2012, Zugl.: Siegen, Univ., Diss., 2011 Zitiert als: *Berjasevic*, Wucherähnliche Rechtsgeschäfte

Berkowsky, Wilfried — Aktuelle Probleme der Versetzungs-Änderungskündigung: Der Arbeitgeber im Zangengriff von individuellem und kollektivem Arbeitsrecht, NZA 2010, S. 250 - 254

Bertelsmann Stiftung / Hans-Böckler-Stiftung — Mitbestimmung und neue Unternehmenskulturen – Bilanz und Perspektive, Bericht der Kommission Mitbestimmung, Gütersloh 1998
Zitiert als: *Bertelsmann Stiftung/Hans-Böckler-Stiftung*, Mitbestimmung und neue Unternehmenskulturen

Besgen, Nicolai — Die Auswirkungen des AGG auf das Betriebsverfassungsrecht, BB 2007, S. 213 - 218

Beuthien, Volker — Die Unternehmensautonomie im Zugriff des Arbeitsrechts, ZfA 1988, S. 1 - 30

Biberacher, Hansjörg — Betriebliche Rechtssetzungsmacht, Frankfurt 1983, Zugl.: Augsburg, Univ., Diss., 1983
Zitiert als: *Biberacher*, Rechtssetzungsmacht

Bickel, Dietrich — Die normative Wirkung von Betriebsvereinbarungen, ZfA 1971, S. 181 - 195

Biedenkopf, Kurt — Anmerkungen zum Betriebsverfassungsgesetz 1972, BB 1972, S. 1513 - 1517

ders. — Das Verhältnis von Staat und gesellschaftlichen Gruppen, in: Beiträge zum Zivil- und Wirtschaftsrecht, Festschrift für Kurt Ballerstedt zum 70. Geburtstag, hrsg. v. Flume, Werner / Raisch, Peter / Steindorff, Ernst, Berlin 1975, S. 13 - 30
Zitiert als: *Biedenkopf*, in: FS Ballerstedt

Bieder, Marcus — Das ungeschriebene Verhältnismäßigkeitsprinzip als Schranke privater Rechtsausübung, München 2007, Zugl.: Osnabrück, Univ., Diss., 2006
Zitiert als: *Bieder*, Verhältnismäßigkeitsprinzip als Schranke privater Rechtsausübung

Bischof, Michael — Mitbestimmung bei Einführung und Abbau von Kurzarbeit, NZA 1995, S. 1021 - 1028

Blanke, Thomas / Rose, Edgar — Betriebsverfassung 2001: Flexible Mitbestimmung in modernen Zeiten, RdA 2001, S. 92 – 104

Blomeyer, Wolfgang — Der Interessenkonflikt zwischen Arbeitnehmer und Betriebsrat bei Individualmaßnahmen, in: Gedächtnisschrift für Rolf Dietz, hrsg. v. Hueck, Götz / Richardi, Reinhard, München 1973, S. 147 – 174
Zitiert als: *Blomeyer*, in: GS Dietz

Blomeyer, Wolfgang — Das Günstigkeitsprinzip in der Betriebsverfassung – Die Betriebsvereinbarung zwischen Individual- und Tarifvertrag, NZA 1996, S. 337 – 346

Boecken, Winfried — Arbeitsrecht und Sozialrecht – Insbesondere zu den rechtlichen Grundlagen der Einführung von Kurzarbeit, RdA 2000, S. 7 – 16

Boemke, Burkhard — Das arbeitsgerichtliche Zustimmungsersetzungsverfahren nach § 99 Abs. 4 BetrVG, ZfA 1992, S. 473 – 525

Boemke, Burkhard / Lembke, Mark — Arbeitnehmerüberlassungsgesetz – Kommentar
3. Auflage, Frankfurt am Main 2013
Zitiert als: Boemke/Lembke/*Bearbeiter*

Boewer, Dietrich — Die Auswirkungen der §§ 99, 100 BetrVG auf die individualrechtliche Stellung des Arbeitnehmers, RdA 1974, S. 72 – 80

Bommermann, Ralf — Die Theorie der Wirksamkeitsvoraussetzung, Frankfurt am Main 1992, Zugl.: Passau, Univ., Diss., 1992
Zitiert als: *Bommermann*, Theorie der Wirksamkeitsvoraussetzung

Bork, Alexander / Fischer, Britta — Mitbestimmung des Betriebsrats nach § 98 BetrVG – Betriebliche Bildungsmaßnahmen, AuA 2015, S. 640 – 643

Börner, Fritjof	Die Bedeutung der Generalklauseln für die Umgestaltung der Rechtsordnung in der nationalsozialistischen Zeit, Frankfurt am Main 1989, Zugl.: Göttingen, Univ., Diss., 1989 Zitiert als: *Börner*, Die Bedeutung der Generalklauseln für die Umgestaltung der Rechtsordnung in der nationalsozialistischen Zeit
Bram, Rainer / Rühl, Werner	Praktische Probleme des Wiedereinstellungsanspruchs nach wirksamer Kündigung, NZA 1990, S. 753 – 758
Brandl, Daniela	Kopplungsgeschäfte in der Rechtsordnung unter besonderer Berücksichtigung des Betriebsverfassungsrechts, Lohmar 2000, Zugl.: Mannheim, Univ., Diss., 1999 u.d.T.: Brandl, Daniela: Koppelungsgeschäfte in der betrieblichen Mitbestimmung Zitiert als: *Brandl*, Koppelungsgeschäfte
Brose, Wiebke / Greiner, Stefan / Preis, Ulrich	Kleidung im Arbeitsverhältnis – Persönlichkeitsrechtliche Schranken arbeitsrechtlicher Regelungen, NZA 2011, S. 369 – 380
Buchner, Herbert	„Ordnungsmäßigkeit der Anhörung“ i.S. § 102 BetrVG trotz fehlender Anhörung?, DB 1976, S. 532 – 535
ders.	Rechtswirksamkeit der tarifvertraglichen Regelung über die Flexibilisierung der Arbeitszeit in der Metallindustrie, DB 1985, S. 913 – 923
ders.	Die Beziehungen zwischen dem einzelnen Arbeitnehmer und der Belegschaft (Betriebsrat), in: Innerbetriebliche Arbeitnehmerkonflikte aus rechtlicher Sicht, hrsg. von Tomandl, Theodor, Wien 1977, S. 35 – 57 Zitiert als: *Buchner*, in: Innerbetriebliche Arbeitnehmerkonflikte

ders. Die persönliche Verantwortlichkeit der Betriebsratsmitglieder für rechtswidrige Betriebsratsbeschlüsse, in: Arbeitsleben und Rechtspflege, Festschrift für Gerhard Müller, hrsg. v. Mayer-Maly, Theo / Richardi, Reinhard / Schambeck, Herbert u.a., Berlin 1981, S. 93 – 113
Zitiert als: *Buchner*, in: FS Müller

Bühler, Ottmar Die subjektiven öffentlichen Rechte und ihr Schutz in der deutschen Verwaltungsrechtsprechung, Berlin 1914
Zitiert als: *Bühler*, Die subjektiven öffentlichen Rechte

Bundesministerium für Arbeit und Soziales Mitbestimmung – Eine gute Sache
Alles über die Mitbestimmung und ihrer rechtlichen Grundlagen, Bonn 2017
Zitiert als: *BMAS*, Mitbestimmung – eine gute Sache

Burger, Stefan / Rein, Michael Kein Unterlassungsanspruch des Arbeitgebers gegen betriebsverfassungswidriges Verhalten des Betriebsrats?, NJW 2010, S. 3613 – 3616

Busche, Jan Privatautonomie und Kontrahierungszwang, Tübingen 1999, teilw. zugl.: Berlin, Freie Univ., Habil.-Schr., 1998
Zitiert als: *Busche*, Kontrahierungszwang

Buschmann, Rudolf Vorwärts Kameraden, es geht zurück! Neue alte gesetzliche Regelungen ab 1.1.2004, AuR 2004, S. 1 – 5

Bydlinski, Franz Möglichkeiten und Grenzen der Präzisierung von Generalklauseln, in: Rechtsdogmatik und praktische Vernunft – Symposium zum 80. Geburtstag von Franz Wieacker, hrsg. von Behrends, Okko / Dießelhorst, Malte / Dreier, Ralf, Göttingen 1990, S. 189 – 230
Zitiert als: *Bydlinski*, in: Rechtsdogmatik und praktische Vernunft

ders.	Juristische Methodenlehre und Rechtsbegriff 2. Auflage, Wien 1991 Zitiert als: *Bydlinski*, Methodenlehre
Bydlinski, Franz / Bydlinski, Peter	Grundzüge der juristischen Methodenlehre 2. Auflage, Wien 2012 Zitiert als: *Bydlinski*, Grundzüge Methodenlehre
Byers, Philipp	Die Videoüberwachung am Arbeitsplatz unter besonderer Berücksichtigung des neuen § 32 BDSG, Frankfurt am Main 2011, Zugl.: Jena, Univ., Diss., 2010 Zitiert als: *Byers*, Die Videoüberwachung am Arbeitsplatz
Canaris, Claus-Wilhelm	Funktionelle und inhaltliche Grenzen kollektiver Gestaltungsmacht bei der Betriebsvereinbarung, AuR 1966, S. 129 140
ders.	Grundrechte und Privatrecht, AcP 184 (1984), S. 201 - 246
ders.	Die verfassungskonforme Auslegung und Rechtsfortbildung im System der jurisstischen Methodenlehre, Festschrift für Ernst A. Kramer, hrsg. von Honsell, Heinrich, Basel 2004, S. 141–159 zitiert als: *Canaris*, in: FS Kramer
Clark, Julia Penny	The Duty of Fair Representation: A Theoretical Structure, 51 Tex. L. Rev. p. 1119 - 1978 (1972–1973)
Clemenz, Susanne	Das Einstweilige Verfügungsverfahren im Arbeitsrecht, NZA 2005, S. 129 - 135
Cosack, Katrin	Untreue von Betriebsräten gegenüber Arbeitnehmern, Heidelberg 2015, Zugl.: Trier, Univ., Diss., 2015 Zitiert als: *Cosack*, Untreue von Betriebsräten
Crimmann, Andreas / Lehmann, Christian	Der Preis der Flexibilität – Wann sich Zeitarbeit lohnt und wann eher nicht, Personalführung 7/2012, S. 28 - 35

Czerny, Olivia	Rechtskraft und andere Bindungswirkungen im Rahmen personeller Einzelmaßnahmen – Einfluss der Entscheidung im arbeitsgerichtlichen Beschlussverfahren zwischen Arbeitgeber und Betriebsrat auf die Entscheidung im Individualprozess zwischen Arbeitgeber und Arbeitnehmer, Berlin 2014, Zugl.: Hamburg, Bucerius Law School, Diss., 2012 Zitiert als: *Czerny*, Rechtskraft und Bindungswirkungen im Rahmen personeller Einzelmaßnahmen
Dannecker, Gerhard	Der strafrechtliche Schutz der betriebsverfassungsrechtlichen Organe und ihrer Mitglieder, Festschrift für Wolfgang Gitter zum 65. Geburtstag, hrsg. von Heinze, Meinhard / Schmidt, Jochem, Wiesbaden 1995, S. 167 – 193 Zitiert als: *Dannecker*, in: FS Gitter
Däubler, Wolfgang	Neues zur betriebsbedingten Kündigung, NZA 2004, S. 177 – 184
ders.	Individuum und Kollektiv im Arbeitsrecht, NZA 1988, S. 857 – 866
ders.	Gewerkschaftsrechte im Betrieb, 12. Auflage, Baden-Baden 2017 Zitiert als: *Däubler*, Gewerkschaftsrechte im Betrieb
Däubler, Wolfgang / Bonin, Birger / Deinert, Olaf	AGB-Kontrolle im Arbeitsrecht Kommentar zu den §§ 305 bis 310 BGB 4. Auflage, München 2014 Zitiert als: DBD/*Bearbeiter*
Däubler, Wolfgang / Kittner, Michael / Klebe, Thomas (u.a.)	Betriebsverfassungsgesetz – Kommentar für die Praxis mit Wahlordnung und EBR-Gesetz 15. Auflage, Frankfurt am Main 2016 Zitiert als: DKKW/*Bearbeiter*

Däubler, Wolfgang / Deinert, Olaf / Zwanziger, Bertram	KSchR Kündigungsschutzrecht Kündigungen und andere Formen der Beendigung des Arbeitsverhältnisses 10. Auflage, Frankfurt am Main 2017 Zitiert als: DDZ/*Bearbeiter*
Degenhart, Christoph	Neuere Entwicklung im baurechtlichen Nachbarschutz – OVG Saarlouis, NJW 1982, 2086, und OVG Münster, NVwZ 1983, 414, JuS 1984, S. 187 – 193
Deinert, Olaf	Kernbelegschaften – Randbelegschaften – Fremdbelegschaften Herausforderungen für das Arbeitsrecht durch Reduzierung von Stammbelegschaften, RdA 2014, S. 65 – 77
ders.	Unfallversicherungsregress und innerbetrieblicher Schadensausgleich, RdA 2013, S. 146 – 154
Denck, Johannes	Bildschirmarbeitsplätze und Mitbestimmung des Betriebsrats, RdA 1982, S. 279 – 299
Derleder, Peter	Die Wiederkehr des Unterlassungsanspruchs, AuR 1995, S. 13 – 19
Diederichsen, Uwe	Die Selbstbehauptung des Privatrechts gegenüber dem Grundgesetz, Jura 1997, S. 57 – 64
Dieterich, Thomas	Gesetzliche Tarifeinheit als Verfassungsproblem, AuR 2011, S. 46 – 51
Dietz, Rolf	Die Betriebsvereinbarung im heutigen Arbeitsrecht, RdA 1949, S. 161 – 166
ders.	Betriebsverfassungsgesetz mit Wahlordnung, Kommentar 4. Auflage, München 1967 Zitiert als: *Dietz*, BetrVG 1952
Dilger, Alexander	Was lehrt die Prinzipal-Agenten-Theorie für die Anreizgestaltung in Hochschulen?, ZfP 2001, S. 132 – 148
Dobberahn, Peter	Unterlassungsanspruch des Betriebsrats, NJW 1995, S. 1333 – 1334

Dormann, Ulrike | Die Bedeutung subjektiver Rechte für das Kartellbeschwerdeverfahren, WuW 2000, S. 245 – 257

Dornbusch, Gregor / Fischermeier, Ernst / Löwisch, Manfred | AR – Kommentar zum gesamten Arbeitsrecht
8. Auflage, Köln 2016
Zitiert als AR/*Bearbeiter*

Dreier, Horst | Grundgesetz Kommentar, Band I: Präambel, Artikel 1 – 19 3. Auflage, Tübingen 2013
Zitiert als: Dreier/*Bearbeiter*

Dunkl, Johann Hermann | Der Begriff und die Arten der Beteiligten im arbeitsgerichtlichen Beschlußverfahren, Berlin 1979, Zugl.: Augsburg, Univ., Diss., 1977
Zitiert als: *Dunkl*, Begriff und Arten der Beteiligten im arbeitsgerichtlichen Beschlußverfahren

Dütz, Wilhelm | Mitbestimmungssicherung bei Eingruppierung, AuR 1993, S. 33 – 39

ders. | Urteilsanmerkung zu Bundesarbeitsgericht vom 17.9.1974, AP BetrVG 1972 § 37 Nr. 17

Düwell, Franz Josef | Betriebsverfassungsgesetz – Handkommentar
4. Auflage, Baden-Baden 2014
Zitiert als: HaKo-BetrVG/*Bearbeiter*

Düwell, Franz Josef / Dahl, Holger | Mitbestimmung des Betriebsrats beim Einsatz von Leiharbeitnehmern, NZA-RR 2011, S. 1 – 8

Düwell, Josef Franz / Lipke, Gert-Albert | ArbGG – Arbeitsgerichtsgesetz
Kommentar zum gesamten Arbeitsverfahrensrecht
4. Auflage, Köln 2016
Zitiert als: Düwell/Lipke/*Bearbeiter*

Dzida, Boris / Mehrens, Christian | Straf- und haftungsrechtliche Risiken im Umgang mit dem Betriebsrat, NZA 2013, S. 753 – 758

Edenfeld, Stefan | Betriebsverfassungsrecht, Mitbestimmung in Betrieb, Unternehmen und Behörde
4. Auflage, Heidelberg 2014
Zitiert als: *Edenfeld*, BetrVG

Ehrich, Christian	Das Mitbestimmungsrecht des Betriebsrats bei der Bestellung und Abberufung von betrieblichen Bildungsbeauftragten, § 98 Abs. 2, 5 BetrVG, RdA 1993, S. 220 – 232
Eich, Rolf-Achim	Die Beteiligungsrechte des Betriebsrates im Ausbildungswesen, DB 1974, S. 2154 – 2160
ders.	Rechtsmißbräuchliche Nutzung von Mitbestimmungsrechten durch den Betriebsrat (Koppelungsgeschäfte), ZfA 1988, S. 93 – 98
ders.	Betriebsvereinbarung – das verkannte Medium, NZA 2010, S. 1389 – 1395
Engisch, Karl (Begr.) / Würtenberger, Thomas / Otto, Dirk	Einführung in das juristische Denken, 11. Auflage, Stuttgart 2010 Zitiert als: *Engisch*, Einführung in das juristische Denken
Enneccerus, Ludwig / Nipperdey, Hans Carl	Allgemeiner Teil des Bürgerlichen Rechts – ein Lehrbuch, Erster Halbband 15. Auflage, Tübingen 1959 Zitiert als: *Enneccerus/Nipperdey*, BGB AT
Epping, Volker / Hillgruber, Christian	BeckOK Grundgesetz 34. Edition, Stand 15.08.2017, München 2017 Zitiert als: BeckOK-GG/*Bearbeiter*
Erich, Christian	Die individualrechtlichen Auswirkungen der fehlenden Zustimmung des Betriebsrats i.S. von § 99 BetrVG auf die Versetzung des Arbeitnehmers, NZA 1992, S. 731 – 734
Erlei, Matthias / Leschke, Martin / Sauerland, Dirk	Neue Institutionenökonomik 3. Auflage, Stuttgart 2016 Zitiert als: *Erlei/Leschke/Sauerland*, Neue Institutionenökonomik

Erman, Walter (Begr.) Bürgerliches Gesetzbuch – Handkommentar mit AGG, EGBGB (Auszug), ErbbauRG, LPartG, ProdHaftG, UKlaG, VBVB, VersAusglG und WEG
Band 1 – §§ 1 – 758 BGB, AGG, UKlaG
14. Auflage, Köln 2014
Zitiert als: Erman/*Bearbeiter*

Esser, Josef Wandlungen von Billigkeit und Billigkeitsrechtsprechung im modernen Privatrecht, in: summum ius summa iniuria – Individualgerechtigkeit und der Schutz allgemeiner Werte im Rechtsleben, Tübingen 1963, S. 22 – 40
Zitiert als: *Esser*, in: summum ius summa iniuria

ders. Grundsatz und Norm in der richterlichen Fortbildung des Privatrechts, Tübingen 1956
Zitiert als: *Esser*, Grundsatz und Norm

Etzel, Gerhard / Bader, Peter / Fischermeier, Ernst (u.a.) KR – Gemeinschaftskommentar zum Kündigungsschutzgesetz und zu sonstigen kündigungsschutzrechtlichen Vorschriften
11. Auflage, Köln 2016
Zitiert als: KR/*Bearbeiter*

dies. KR – Gemeinschaftskommentar zum Kündigungsschutzgesetz und zu sonstigen kündigungsschutzrechtlichen Vorschriften
9. Auflage, Köln 2009
Zitiert als: KR/*Bearbeiter*, 9. Auflage 2009

Fabricius, Fritz Arbeitsverhältnis, Tarifautonomie, Betriebsverfassung und Mitbestimmung im Spannungsfeld von Recht und Politik – Gedanken zur Fortentwicklung des Arbeitsverhältnisses, in: Festschrift für Erich Fechner zum 70. Geburtstag, hrsg. von Wannagat, Georg / Gitter, Wolfgang, Tübingen 1973, S. 171 – 206
Zitiert als: *Fabricius*, in: FS Fechner

Falkenberg, Rolf-Dieter „Unsinn" des allgemeinen Kündigungsschutzes in Deutschland? DB 1991, S. 2486 – 2487

Feldmann, Klaus-Dieter Die betriebliche Willensbildung in Deutschland und Frankreich, sozialökonomische Interessenbildungsprozesse bei der betrieblichen Mitbestimmung in Deutschland und Frankreich von 1815 bis zu ihrer derzeitigen Gestaltungsform, Aachen, Techn. Hochsch., Diss., 1982
Zitiert als: *Feldmann*, Die betriebliche Willensbildung

Feudner, Bernd W. Tarifzuständigkeit der Gewerkschaften, BB 2004, S. 2297 – 2303

ders. Zum Arbeitskampfrecht von Berufsgruppengewerkschaften
Zugleich Besprechung zum Urteil des Sächsischen LAG v. 2. 11. 2007 – 7 SaGa 19/07 zum Tarifkonflikt bei der Deutschen Bahn, RdA 2008, S. 104 – 107

Fikentscher, Wolfgang Methoden des Rechts in vergleichender Darstellung, Band 4: Dogmatischer Teil, Tübingen 1977
Zitiert als: *Fikentscher*, Methoden des Rechts IV

Fischer, Ulrich Prozessuales Verwertungsverbot für mitbestimmungswidrig erlangte Beweismittel, BB 1999, S. 154 – 157

ders. Die Pilotenmütze und das BAG, NJW 2015, S. 744 – 747

ders. Die DGB-Gewerkschaften und das Tarifeinheitsgesetz
Wer anderen eine Grube gräbt, fällt (manchmal auch) selbst hinein, NZA 2015, S. 662 – 666

ders. Korruptionsbekämpfung in der Betriebsverfassung, BB 2007, S. 997 – 1001

Fischermeier, Ernst Die betriebsbedingte Kündigung nach den Änderungen durch das Arbeitsrechtliche Beschäftigungsförderungsgesetz, NZA 1997, S. 1089 – 1100

Fitting, Karl (Begr.) Betriebsverfassungsgesetz Handkommentar, 28. Auflage, München 2016
Zitiert als: *Fitting*

ders. Betriebsverfassungsgesetz Handkommentar 27. Auflage, München 2014
Zitiert als: *Fitting*, 27. Auflage 2014

Flatow, Georg Kommentar zum Betriebsrätegesetz, Berlin 1920
Zitiert als: *Flatow*, Kommentar zum BRG

Fliss, Michael Die örtliche Versetzung. Neue Regeln seit dem 11.4.2006?, NZA-RR 2008, S. 225 – 230

Franzen, Martin Die Freiheit der Arbeitnehmer zur Selbstbestimmung nach dem neuen BetrVG, ZfA 2001, S. 423 – 450

ders. Betriebsvereinbarung: Alternative zu Tarifvertrag und Arbeitsvertrag, NZA-Beilage Heft 3/2006, S. 107 – 115

Fuchs, Dieter Zur vorläufigen Weiterbeschäftigung des Arbeitnehmers nach § 102 Abs. 5 BetrVG, AuR 1973, S. 174 – 175

Fuhlrott, Michael Das Zustimmungserteilungsverfahren zur Kündigung Schwerbehinderter, ArbRAktuell 2011, S. 317 - 320

Galperin, Hans Minderheitenschutz in der Betriebsverfassung, RdA 1968, S. 445 – 447

ders. Eine neue Betriebsverfassung? Gedanken zum Entwurf eines Betriebsverfassungsgesetzes, BB 1971, S. 137 – 141

ders. Der Regierungsentwurf eines neuen Betriebsverfassungsgesetzes, Eine kritische Analyse, Düsseldorf 1971
Zitiert als: *Galperin*, Der Regierungsentwurf eines neuen Betriebsverfassungsgesetzes

Galperin, Hans / Löwisch, Manfred — Kommentar zum Betriebsverfassungsgesetz, Band II: Regelung der Mitbestimmung (§§ 74 – 132) 6. Auflage, Heidelberg 1982
Zitiert als: *Galperin/Löwisch*

Gamillscheg, Franz — Kollektives Arbeitsrechts – Ein Lehrbuch, Band I: Grundlagen/Koalitionsfreiheit/Tarifvertrag/ Arbeitskampf und Schlichtung, München 1997
Zitiert als: *Gamillscheg*, Arbeitsrecht I

ders. — Kollektives Arbeitsrecht – Ein Lehrbuch, Band II: Betriebsverfassung, München 2008
Zitiert als: *Gamillscheg*, Arbeitsrecht II

ders. — „Betrieb" und „Bargaining unit" – Versuch des Vergleichs zweier Grundbegriffe, ZfA 1975, S. 357 – 400

Garstka, Hansjürgen — Generalklauseln, in: Juristische Methodenlehre und analytische Philosophie, hrsg. v. Koch, Hans-Joachim, Kronberg/Ts. 1976, S. 96 – 123
Zitiert als: *Garstka*, in: Juristische Methodenlehre und analytische Philosophie

Gaul, Björn — Betriebsbedingte Kündigung mit Namensliste nach § 1 Abs. 5 KSchG, BB 2004, S. 2686 – 2692

Gaul, Björn / Kühnreich, Matthias — Weiterbeschäftigung statt betriebsbedingter Kündigung, BB 2003, S. 254 – 257

Gaul, Dieter — Freiheit und Grenzen einer kollektivrechtlichen Gestaltung durch Betriebsvereinbarung, BB 1984, S. 931 – 933

Gehlhaar, Daniel — § 12 Absatz III AGG und der Anspruch des belästigten Arbeitnehmers auf Ergreifung (bestimmter?) Schutzmaßnahmen, NZA 2009, S. 825 – 829

Germelmann, Claas-Hinrich / Matthes, Hans-Christoph / Prütting, Hanns — Arbeitsgerichtsgesetz – Kommentar 9. Auflage, München 2017
Zitiert als: GMP/*Bearbeiter*

Gloy, Wolfgang / Loschelder, Michael / Erdmann, Willi	Handbuch des Wettbewerbsrechts 4. Auflage, München 2010 Zitiert als: Gloy/Loschelder/Erdmann/*Bearbeiter*, Wettbewerbsrecht
Goette, Wulf / Habersack, Matthias	Münchener Kommentar zum Aktiengesetz, Band 2: §§ 76–117, MitbestG, DrittelbG 4. Auflage, München 2014 Band 3: §§ 118–178 3. Auflage, München 2013 Zitiert als: MüKo-AktG/*Bearbeiter*
Gornik, Andreas	Grundrechtsbindung in der Rechtsprechung des BAG, NZA 2012, S. 1399 - 1405
Göttling, W. / Hoentges, K. / Zepp, H.	Fragen zur Kündigung nach dem BetrVG 1972, RdA 1972, S. 282 - 286
Götz, Volkmar / Geis, Max-Emanuel	Allgemeines Polizei- und Ordnungsrecht, Ein Studienbuch 16. Auflage, München 2017 Zitiert als: *Götz/Geis*, Allgemeines Polizeirecht
Gottwald, Stefan	Anspruch des Arbeitnehmers auf Zustimmungsersetzungsverfahren nach § 99 Abs. 4 BetrVG, BB 1997, S. 2427 - 2431
Greiner, Stefan	Das Tarifeinheitsgesetz Dogmatik und Praxis der gesetzlichen Tarifeinheit, NZA 2015, S. 769 - 778
ders.	Der Regelungsvorschlag von DGB und BDA zur Tarifeinheit, NZA 2010, S. 743 - 745
Grimm, Detlef / Schiefer, Jennifer	Videoüberwachung am Arbeitsplatz, RdA 2009, S. 329 - 344
Große-Suchsdorf, Ulrich	Niedersächsische Bauordnung – Kommentar 9. Auflage, München 2013 Zitiert als: Große-Suchsdorf/*Bearbeiter*
Gruber, Wolfgang / Stumpf, Jutta	Ablösung einer betrieblichen Übung durch Betriebsvereinbarung – überlagernde oder ersetzende Rechtswirkung?, BB 2014, S. 1205 - 1210

Grunsky, Wolfgang — Der Beschleunigungsgrundsatz im arbeitsgerichtlichen Verfahren, RdA 1974, S. 201 - 206

Grunsky, Wolfgang / Waas, Bernd / Benecke, Martina / Greiner, Stefan — Arbeitsgerichtsgesetz Kommentar 8. Auflage, München 2014 Zitiert als: Grunsky/*Bearbeiter*

Grziwotz, Herbert / Keukenschrijver, Alfred / Ring, Gerhard — Nomoskommentar BGB, Sachenrecht, Band 3: §§ 854 - 1296, 4. Auflage, Baden-Baden 2016 Zitiert als: NK/*Bearbeiter*

Hager, Johannes — Teilrechtsfähigkeit und Ultra-vires-Lehre, in: Festschrift für Helmut Köhler zum 70. Geburtstag, hrsg. v. Alexander, Christian / Bornkamm, Joachim / Buchner, Benedikt u.a., München 2014, S. 229 - 234 Zitiert als: *Hager*, in: FS Köhler

ders. — Grundrechte im Privatrecht, JZ 1994, S. 373 - 383

Hahn, Josef — Die Rechtsfolgen mangelnder Beteiligung des Betriebsrats bei Einstellungen, Köln Univ., Diss., 1975 Zitiert als: *Hahn*, Rechtsfolgen mangelnder Beteiligung

Hallenberger, Achim — Die Pflicht des Arbeitgebers zur Förderung der freien Persönlichkeitsentfaltung nach § 75 Abs. 2 Betriebsverfassungsgesetz, Frankfurt am Main 1988, Zugl.: Mannheim, Univ., Diss., 1988 Zitiert als: *Hallenberger*, § 75 Abs. 2 BetrVG

Haller, Peter / Jahn, Elke — Zeitarbeit in Deutschland, Hohe Dynamik und kurze Beschäftigungsdauern, in: IAB-Kurzbericht 13/2014, hrsg. vom Institut für Arbeitsmarkt- und Berufsforschung, S. 1 - 12 Zitiert als: *Haller/Jahn*, in: IAB-Kurzbericht 13/2014

Hamann, Wolfgang — Die Reform des AÜG im Jahr 2011, RdA 2011, S. 321 - 341

ders.	Betriebsverfassungsrechtliche Auswirkungen der Reform der Arbeitnehmerüberlassung, NZA 2003, S. 526 – 534
ders.	Die Richtlinie Leiharbeit und ihre Auswirkungen auf das nationale Recht der Arbeitnehmerüberlassung, EuZA 2009, S. 287 – 331
Hammer, Michael	Die betriebsverfassungsrechtliche Schutzpflicht für die Selbstbestimmungsfreiheit des Arbeitnehmers – Bedeutung für des § 75 Abs. 2 BetrVG für Grund und Grenzen betrieblicher Regelungsgewalt, Heidelberg 1998, Zugl.: Regensburg, Univ., Diss., 1997 Zitiert als: *Hammer*, Betriebsverfassungsrechtliche Schutzpflicht
Hammer, Ulrich	Berufsbildung und Betriebsverfassung – Begriff und Grenzen der Beteiligungsrechte des Betriebsrats bei betrieblichen Berufsbildungsmaßnahmen, Baden-Baden 1990, Zugl.: Hamburg, Univ., Diss., 1995 Zitiert als: *Hammer*, Berufsbildung und Betriebsverfassung
Hanau, Hans	Individualautonomie und Mitbestimmung in sozialen Angelegenheiten, München 1994, Zugl.: Tübingen, Univ., Diss., 1993 Zitiert als: *H. Hanau*, Individualautonomie
Hanau, Peter	Allgemeine Grundsätze der betrieblichen Mitbestimmung, RdA 1973, S. 281 – 294
ders.	Der neue Erste Senat, NZA 1996, S. 841 – 847
ders.	Denkschrift zu dem Regierungsentwurf eines Gesetzes zur Reform des Betriebsverfassungsgesetzes, RdA 2001, S. 65 – 76
ders.	Repräsentation des Arbeitgebers und der leitenden Angestellten durch den Betriebsrat?, RdA 1979, S. 324 – 331

ders.	Unklarheiten in dem Regierungsentwurf des Betriebsverfassungsgesetzes, BB 1971, S. 485 – 491
Haneberg, Eva	§ 75 BetrVG 1972 – Rechte und Pflichten, Köln, Univ., Diss., 1986 Zitiert als: *Haneberg*, § 75 BetrVG
Hänlein, Andreas	Die Legitimation betrieblicher Rechtsetzung, RdA 2003, S. 26 – 32
Hartmann, Felix	Beschäftigungsanspruch und Zustimmungsersetzung – Zur Stellung des individualrechtlich betroffenen Arbeitnehmers im Beschlussverfahren nach § 99 Abs. 4 BetrVG, ZfA 2008, S. 383 – 412
ders.	Negative Tarifvertragsfreiheit im deutschen und europäischen Arbeitsrecht, Tübingen 2014, Zugl.: Heidelberg, Univ., Habil.-Schr., 2012 Zitiert als: *Hartmann*, Negative Tarifvertragsfreiheit
Haßler, Konrad Dieterich (Hrsg.)	Verhandlungen der Deutschen Verfassungsgebenden Reichsversammlung zu Frankfurt am Main, Band 2, Frankfurt am Main 1848/1849 Zitiert als: *Haßler*, Verhandlungen der Deutsche Verfassungsgebenden Rechtsversammlung
Haubelt, Horst Wilhelm	Die Konkretisierung von Generalklauseln, München, Univ., Diss., 1978 Zitiert als: *Haubelt*, Konkretisierung von Generalklauseln
Hauck, Friedrich / Helml, Edwald / Biebl, Josef	Arbeitsgerichtsgesetz Kommentar 4. Auflage, München 2011 Zitiert als: Hauck/Helml/Biebl/*Bearbeiter*
Haußmann, Katrin / Krets, Jérôme	EDV-Betriebsvereinbarungen im Praxistest, NZA 2005, S. 259 – 264
Hedemann, Justus Wilhelm	Die Flucht in die Generalklauseln – eine Gefahr für Recht und Staat, Tübingen 1933 Zitiert als: *Hedemann*, Flucht in die Generalklauseln

Heermann, Peter W. / Schlinghoff, Jochen	Münchener Kommentar zum Lauterkeitsrecht, Band 2, §§ 5 – 20 UWG 2. Auflage, München 2014 Zitiert als: MüKo-UWG/*Bearbeiter*
Heinze, Meinhard	Personalplanung, Einstellung und Kündigung – die Mitbestimmung des Betriebsrates bei personellen Einzelmaßnahmen, Stuttgart 1982 Zitiert als: *Heinze*, Personalplanung
ders.	Einstweiliger Rechtsschutz im arbeitsgerichtlichen Verfahren, RdA 1986, S. 273 – 295
ders.	Die arbeitsrechtliche Zulässigkeit der Einführung von Kurzarbeit, RdA 1998, S. 14 – 23
ders.	Inhalt und Grenzen betriebsverfassungsrechtlicher Rechte, ZfA 1988, S. 53 – 91
Henkel, Heinrich	Zumutbarkeit und Unzumutbarkeit als regulatives Rechtsprinzip, in: Festschrift für Edmund Mezger zum 70. Geburtstag, hrsg. von Engisch, Karl / Maurach, Reinhart, München 1954, S. 249 – 309 Zitiert als: *Henkel*, in: FS Mezger
ders.	Einführung in die Rechtsphilosophie, 2. Auflage, München 1977 Zitiert als: *Henkel*, Rechtsphilosophie
Hennecke, Rudolf	Bemessung von Arbeitsentgelt und allgemeinen Zuwendungen für freigestellte Betriebsräte, BB 1986, S. 936 – 941
Henssler, Martin	Urteilsanmerkung zu Landesarbeitsgericht Düsseldorf vom 13.09.2001, BB 2002, S. 307 – 308
Henssler, Martin / Kalb, Heinz-Jürgen / Willemsen, Heinz Josef	Arbeitsrecht Kommentar 7. Auflage, Köln 2016 Zitiert als: HWK/*Bearbeiter*
Henssler, Martin / Strohn, Lutz	Gesellschaftsrecht 3. Auflage, München 2016 Zitiert als: Henssler/Strohn/*Bearbeiter*

Hermes, Georg	Grundrechtsschutz durch Privatrecht auf neuer Grundlage? Das BVerfG zu Schutzpflicht und mittelbarer Drittwirkung der Berufsfreiheit, NJW 1990, S. 1764 – 1768
Herrmann, Elke	Kollektivautonomie contra Privatautonomie: Arbeitsvertrag, Betriebsvereinbarung und Mitbestimmung, NZA-Beilage Heft 3/2000, S. 14 – 23
Herschel, Wilhelm	Entwicklungstendenzen des Arbeitsrechts, RdA 1956, S. 161 – 168
ders.	Betriebsvereinbarung oder Betriebssatzung?, RdA 1948, S. 47 – 50
ders.	Urteilsanmerkung zu Bundesarbeitsgericht vom 8.12.1981, AP BetrAVG § 1 Ablösung Nr. 1
ders.	Urteilsanmerkung zu Bundesarbeitsgericht vom 4.7.1972, AP HGB § 65 Nr. 6
Hess, Harald / Worzalla, Michael / Glock, Dirk (u.a.)	BetrVG Kommentar 9. Auflage, Köln 2014 Zitiert als: HWGNRH/*Bearbeiter*
Heussen, Benno / Hamm, Christoph	Beck'sches Rechtsanwalts-Handbuch 11. Auflage, München 2016 Zitiert als: Heussen/Hamm/*Bearbeiter*, Becksches RA-Hdb.
Heydrich, Ralf	Ansprüche der Arbeitnehmer wegen Pflichtverletzungen des Betriebsrates, Saarbrücken, Univ., Diss., 1997 Zitiert als: *Heydrich*, Ansprüche der Arbeitnehmer wegen Pflichtverletzungen
Hill, Hermann	Akzeptanz des Rechts – Notwendigkeit eines besseren Politikmanagements, JZ 1988, S. 377 – 381
Hoffmann, Michel	Rückzahlungsklauseln bei Fortbildungskosten – Anforderungen, Rechtsfolgenproblematik und Vertrauensschutz, NZA-RR 2015, S. 337 – 346

Hohenstatt, Klaus-Stefan Der Interessenausgleich in einem veränderten rechtlichen Umfeld, NZA 1998, S. 846 – 854

Holzleithner, Elisabeth / Somek, Alexander Gerhard Luf – Freiheit als Rechtsprinzip – Rechtsphilosophische Ansätze, Wien 2008
Zitiert als: *Holzleithner/Somek*, Gerhard Luf – Freiheit als Rechtsprinzip

Horcher, Michael Wann muss der Arbeitgeber einen Arbeitsplatz freikündigen? Oder gibt es einen Verdrängungswettbewerb außerhalb der Sozialauswahl?, NZA-RR 2006, S. 393 – 402

Hoyningen-Huene, Gerrick von Grundlagen und Auswirkungen einer Versetzung, NZA 1993, S. 145 – 155

ders. Drittbeziehungen in der Betriebsverfassung, RdA 1992, S. 355 – 367

ders. Urteilsanmerkung zu Bundesarbeitsgericht vom 13.5.1981, AP HGB § 59 Nr. 24

ders. Urteilsanmerkung zu Bundesarbeitsgericht vom 26.1.1993, AP BetrVG 1972 § 99 Nr. 102

ders. Urteilsanmerkung zu Bundesarbeitsgericht vom 19.4.1989, AP BetrVG 1972 § 40 Nr. 29

ders. Mit dem Betriebsrat in die 90er Jahre, NZA 1991, S. 7 – 11

ders. Die Billigkeit im Arbeitsrecht – ein Beitrag zur rechtsdogmatischen Präzisierung der Billigkeit im Zivilrecht; dargestellt am Beispiel des Arbeitsrechts, München 1978; Zugl.: München, Univ., Habil.-Schr., 1977
Zitiert als: *v. Hoyningen-Huene*, Billigkeit im Arbeitsrecht

ders. Urteilsanmerkung zu Bundesarbeitsgericht vom 14.1.1986, AP BetrAVG § 1 Gleichbehandlung Nr. 5

ders. Der Schutz des Individualwillens in der Betriebsverfassung, ZRP 1978, S. 181 – 185

ders.	Die unbezahlte Freistellung von Arbeit, NJW 1981, S. 713 – 721
ders.	Belästigungen und Beleidigungen von Arbeitnehmern durch Vorgesetzte, BB 1991, S. 2215 – 2221
Hoyningen-Huene, Gerrick von / Boemke, Burkhard	Die Versetzung, Heidelberg 1991 Zitiert als: *v. Hoyningen-Huene/Boemke*, Die Versetzung
Hoyningen-Huene, Gerrick von / Linck, Rüdiger / Krause, Rüdiger	Kündigungsschutzgesetz – Kommentar 15. Auflage, München 2013 Zitiert als: v. Hoyningen-Huene/Linck/*Bearbeiter*
Hromadka, Wolfgang	Die ablösende Betriebsvereinbarung ist wieder da!, NZA 2013, S. 1061 – 1064
ders.	Arbeitsordnung und Arbeitsverfassung, ZfA 1979, S. 203 – 218
ders.	Entgeltänderung durch Betriebsvereinbarung?, NZA-Beilage Heft 4/2014, S. 136 – 143
Hromadka, Wolfgang / Maschmann, Frank	Arbeitsrecht Band 2 Kollektivarbeitsrecht + Arbeitsstreitigkeiten 7. Auflage, Berlin 2017 Zitiert als: *Hromadka/Maschmann*, ArbR Bd. 2
Hromadka, Wolfgang / Schmitt-Rolfes, Günther	Am Ziel? Senat will Grundsatz der Tarifeinheit bei Tarifpluralität kippen, NZA 2010, S. 687 – 691
Huber, Ulrich	Leistungsstörungen, Band 1 Die allgemeinen Grundlagen – Der Tatbestand des Schuldnerverzugs – Die vom Schuldner zu vertretenden Umstände Tübingen 1999 Zitiert als: *Huber*, Leistungsstörungsrecht Bd. 1
Hübner, Emil / Münch, Ursula	Das politische System der USA – Eine Einführung 7. Auflage, München 2013 Zitiert als: *Hübner/Münch*, Das politische System der USA

Hueck, Alfred / Nipperdey, Hans Carl — Lehrbuch des Arbeitsrechts, Zweiter Band – Kollektives Arbeitsrecht – Zweiter Halbband (II/2)
7. Auflage, Berlin 1970
Zitiert als: *Hueck/Nipperdey*, Kollektives Arbeitsrecht (II/2)

Hueck, Götz — Urteilsanmerkung zu Bundesarbeitsgericht vom 13.09.1973, AP KSchG 1969, § 1 Nr. 2

ders. — Urteilsanmerkung zu Bundesarbeitsgericht vom 13.9.1973, AP KSchG 1969 § 1 Nr. 2

Husemann, Tim — Urteilsanmerkung zu Bundesarbeitsgericht vom 17.3.2010, AP BetrVG 1972 § 74 Nr. 12

Husserl, Edmund — Erfahrung und Urteil – Untersuchungen zur Genealogie der Logik
4. Auflage, Hamburg 1972
Zitiert als: *Husserl*, Erfahrung und Urteil

Immenga, Ulrich / Mestmäcker, Ernst- Joachim — Wettbewerbsrecht
Band 2. GWB/Teil 1, §§ 1–96, 130, 131
Kommentar zum Deutschen Kartellrecht
5. Auflage, München 2014
Zitiert als: Immenga/Mestmäcker/*Bearbeiter*, Wettbewerbsrecht Bd. 2

Isele, Hellmut Georg — Der Einfluß des kollektiven Arbeitsrechts auf das Einzelarbeitsverhältnis, JR 1960, S. 289 – 291

ders. — Der Stellenwert des Persönlichkeitsrechts in der Inhaltsbestimmung des Arbeitsverhältnisses, in: Persönlichkeit in der Demokratie, Festschrift für Erich Schwinge zum 70. Geburtstag, hrsg. von Evers, Hans Ulrich / Friauf, Karl Heinrich / Hanack, Ernst Walter u.a., Köln-Bonn 1973, S. 143 – 152
Zitiert als: *Isele*, in: FS Schwinge

Isensee, Josef — Verfassungsgarantie ethischer Grundwerte und gesellschaftlicher Konsens – Verfassungsrechtliche Überlegungen zu einer sozialethischen Kontroverse, NJW 1977, S. 545 – 551

Jacobi, Erwin	Grundlehren des Arbeitsrechts, Leipzig 1927 Zitiert als: *Jacobi*, Grundlehren Arbeitsrecht
Jaeger, Georg	Möglichkeiten und Grenzen der Anwendung des § 1 Abs. 5 KSchG, in: Festschrift zum 25-jährigen Bestehen der Arbeitsgemeinschaft Arbeitsrecht im Deutschen Anwaltverein, hrsg. v. Jobst-Hubertus Bauer / Paul Werner Beckmann / Stefan Lunk u.a., Bonn 2006, S. 889 – 907 Zitiert als: *Jaeger*, in: FS AG Arbeitsrecht DAV
Jahnke, Volker	Tarifautonomie und Mitbestimmung, München 1984, Teilw. zugl.: Mannheim, Univ., Habil.-Schr., 1981 Zitiert als: *Jahnke*, Tarifautonomie und Mitbestimmung
ders.	Kompetenzen des Betriebsrats mit vermögensrechtlichem Inhalt, RdA 1975, S. 343 – 351
Janzen, Otto	Interessenausgleich mit Namensliste, AuR 2013, S. 203 – 208
Jarass, Hans / Pieroth, Bodo	Grundgesetz für die Bundesrepublik Deutschland, Kommentar 14. Auflage, München 2016 Zitiert als: *Jarass/Pieroth*
Jauernig, Othmar	Einstweilige Verfügung gegen Bezugsverbot?, NJW 1973, S. 1671 – 1674
Jauernig, Othmar (Begr.) / Stürner, Rolf	Bürgerliches Gesetzbuch mit Allgemeinem Gleichbehandlungsgesetz (Auszug) – Kommentar 16. Auflage, München 2015 Zitiert als: Jauernig/*Bearbeiter*
Joecks, Wolfgang / Miebach, Klaus	Münchener Kommentar zum StGB Band 5 – §§ 263–358 2. Auflage, München 2014 Zitiert als: MüKo-StGB/*Bearbeiter*
Joost, Detlev	Urteilsanmerkung zu Bundesarbeitsgericht vom 20.11.1987, AP BGB § 620 Altersgrenze Nr. 2

Jung, Peter — Die Generalklausel im deutschen und französischen Vertragsrecht, in: Die Generalklausel im Europäischen Privatrecht – Zur Leistungsfähigkeit der deutschen Wissenschaft aus romanischer Perspektive, hrsg. von Baldus, Christian / Müller-Graff, Peter-Christian,
München 2006, S. 37 – 61
Zitiert als: *Jung*, in: Die Generalklausel im Europäischen Privatrecht

Kallrath, Simone — Gerichtliche Kontrolle von Betriebsvereinbarungen, Köln 1997, Zugl.: Köln, Univ., Diss., 1997
Zitiert als: *Kallrath*, Gerichtliche Kontrolle von Betriebsvereinbarungen

Kamanabrou, Sudabeh — Die Interpretation zivilrechtrechtlicher Generalklauseln, AcP 202 (2002), S. 662 – 688

Kappenhagen, Markus — Namensliste nach § 1 V KSchG in einem freiwilligen Interessenausgleich, NZA 1998, S. 968 – 970

Karthaus, Boris / Klebe, Thomas — Betriebsratsrechte bei Werkverträgen, NZA 2012, S. 417 – 426

Kaufhold, Karl Heinrich — Die Diskussion um die Neugestaltung des Arbeitsrechts im Deutschen Reich 1890 und die Novelle zur Reichsgewerbeordnung 1891, ZfA 1991, S. 277 – 322

Keßler, Jürgen — UWG und Verbraucherschutz – Wege und Umwege zum Recht der Marktkommunikation, WPR 2005, S. 264 – 274

Kirchhof, Ferdinand — Private Rechtsetzung, Berlin 1987, Zugl.: Speyer, Hochschule für Verwaltungswiss., Habil.-Schr., 1985
Zitiert als: *F. Kirchhof*, Private Rechtsetzung

Kittner, Michael — Unternehmensverfassung und Information – Die Schweigepflicht von Aufsichtsratsmitgliedern, ZHR 136 (1972), S. 208 – 251

Kleinebrink, Wolfgang — In der Krise: Arbeitsrechtliche Möglichkeiten zur Verringerung des Volumens der Arbeitszeit, DB 2009, S. 342 – 346

Knauer, Christoph / Kudlich, Hans / Schneider, Hartmut	Münchener Kommentar zur StPO, 1. Auflage München 2014 Zitiert als: MüKo-StPO/*Bearbeiter*
Knöpfel, Gottfried	Billigkeit und Schmerzensgeld, AcP 155 (1956), S. 135 – 157
Koch, Hans-Joachim	Unbestimmte Rechtsbegriffe und Ermessensermächtigungen im Verwaltungsrecht – Eine logische und semantische Studie zur Gesetzesbindung der Verwaltung, Frankfurt am Main 1979, Zugl.: Frankfurt (Main) Univ., Habil.-Schr., 1978 Zitiert als: *Koch*, Unbestimmte Rechtsbegriffe
Kohte, Wolfhard	Die vertrackte Namensliste – Der qualifizierte Interessenausgleich im neuen Kündigungsrecht, BB 1998, S. 946 – 954
Koller, Ingo	Urteilsanmerkung zu Bundesarbeitsgericht vom 7.11.1977, SAE 1978, S. 232 – 236
Koloczek, Bernhard	Leistungsansprüche des einzelnen Arbeitnehmers gegen den Betriebsrat, Würzburg, Univ., Diss., 1983 Zitiert als: *Koloczek*, Leistungsansprüche gegen den Betriebsrat
König, Sigurd	Drittschutz – der Rechtsschutz Drittbetroffener gegen Bau- und Anlagengenehmigungen im öffentlichen Baurecht, Immissionsschutzrecht und Atomrecht, Berlin 1993, Zugl.: Tübingen, Univ., Diss., 1992 Zitiert als: *König*, Drittschutz
Konzen, Horst	Privatrechtssystem und Betriebsverfassung, in: Recht und Rechtserkenntnis, Festschrift für Ernst Wolf zum 70. Geburtstag, hrsg. von Bickel, Dietrich / Hadding, Walther / Jahnke, Volker u.a., Köln 1985, S. 279 – 308 Zitiert als: *Konzen*, in: FS Wolf

Konzen, Horst	Rezension des Buches von Rosset, Christoph, Rechtsubjektivität des Betriebsrats und Haftung seiner Mitglieder, Heidelberg 1985, ZHR 150 (1986), S. 387 – 391
ders.	Privatrechtssystem und Betriebsverfassung, ZfA 1985, S. 469 – 496
ders.	Die Kodifikation der Tarifeinheit im Betrieb, JZ 2010, S. 1036 – 1046
ders.	Rechtsfragen bei der Sicherung der betrieblichen Mitbestimmung, NZA 1995, S. 865 – 873
Konzen, Horst / Jacobs, Matthias	Betriebsvereinbarung und Ruhestandsverhältnis, in: Festschrift für Thomas Dieterich zum 65. Geburtstag, hrsg. v. Hanau, Peter / Heither, Friedrich / Kühling, Jürgen, München 1999, S. 297 – 324 Zitiert als: *Konzen/Jacobs*, in: FS Dieterich
Korinth, Michael H.	Einstweiliger Rechtsschutz im Arbeitsgerichtsverfahren 3. Auflage, Köln 2015 Zitiert als: *Korinth*, Einstweiliger Rechtsschutz im Arbeitsgerichtsverfahren
Kornblum, Udo	Die Rechtsnatur der Bestimmung der Leistung in den §§ 315 – 319 BGB, AcP 168 (1968), S. 450 – 469
Kossens, Michael / von der Heide, Dirk / Maaß, Michael	SGB IX Rehabilitation und Teilhabe behinderter Menschen mit Behindertengleichstellungsgesetz – Kommentar 4. Auflage, München 2015 Zitiert als: Kossens/v. der Heide/Maaß/*Bearbeiter*
Kramer, Ernst	Juristische Methodenlehre 5. Auflage, München 2016 Zitiert als: *Kramer*, Methodenlehre
Krause, Rüdiger	Nach der Kündigung: Weiterbeschäftigung, Freistellung, Annahmeverzug, NZA Beilage 1/2005, S. 51 – 64

Krejci, Heinz — Individuelle Arbeitnehmerrechte im kollektiven Arbeitsrecht, in: Verantwortung in Staat und Gesellschaft, hrsg. v. Mock, Alois / Schambeck, Herbert, Wien 1977, S. 259 – 275
Zitiert als: *Krejci*, in: Verantwortung in Staat und Gesellschaft

Kremer, Matthias-Gabriel — Die kartellverwaltungsrechtliche Beschwerde – Zugleich ein Beitrag zur Lehre vom subjektiven öffentlichen Recht im GWB, Berlin 1988, Zugl.: Freiburg (Breisgau), Univ., Diss., 1986/87
Zitiert als: *Kremer*, Die kartellverwaltungsrechtliche Beschwerde

Kreutz, Peter — Grenzen der Betriebsautonomie durch mittelbare Grundrechtsbindung, in: Die Freiheit des Menschen in Kommune, Staat und Europa, Festschrift für Edzard Schmidt-Jortzig, hrsg. von Schliesky, Utz / Ernst, Christian / Schultz, Sönke, Heidelberg 2011, S. 753 – 769
Zitiert als: *Kreutz*, in: FS Schmidt-Jortzig

ders. — Grenzen der Betriebsautonomie, München 1979, Zugl.: Mainz, Univ., Habil.-Schr., 1978
Zitiert als: *Kreutz*, Grenzen der Betriebsautonomie

ders. — Betriebsautonomie als Verbandsautonomie?, in: Festschrift für Dieter Reuter zum 70. Geburtstag, hsrg. von Martinek, Michael / Rawert, Peter / Weitemeyer, Birgit, Berlin 2010, S. 643 – 662
Zitiert als: *Kreutz*, in: FS Reuter

ders. — Kritische Gedanken zur gerichtlichen Billigkeitskontrolle von Betriebsvereinbarungen, ZfA 1975, S. 65 – 84

Krüll, Armin — Der Wiedereinstellungsanspruch des Arbeitnehmers, Frankfurt am Main 2003, Zugl.: Jena, Univ., Diss., 2002
Zitiert als: *Krüll*, Wiedereinstellungsanspruch

Krüper, Julian / Augenhofer, Susanne — Grundlagen des Rechts
3. Auflage, Baden-Baden 2017
Zitiert als: Krüper/*Bearbeiter*, Grundlagen des Rechts

Kudlich, Hans — Grundrechtsorientierte Auslegung im Strafrecht, JZ 2003, S. 127 – 133

Kuhlmann, Eva Maria — Prüfungsumfang des Integrationsamtes bei betriebsbedingten Kündigungen, br 2010, S. 7 – 14

Küpper, Wolfgang — Das Scheitern von Vertragsverhandlungen als Fallgruppe der culpa in contrahendo, Berlin 1988, Zugl.: Köln, Univ., Diss., 1987
Zitiert als: *Küpper*, Scheitern von Vertragsverhandlungen als Fallgruppe der c.i.c.

Küttner, Wolfdieter / Röller, Jürgen — Personalbuch 2017 – Arbeitsrecht, Lohnsteuerrecht und Sozialversicherungsrecht
24. Auflage, München 2017
Zitiert als: Küttner/*Bearbeiter*, Personalhandbuch 2017

Lackner, Karl / Kühl, Kristian / Heger, Martin — Strafgesetzbuch Kommentar,
28. Auflage, München 2014
Zitiert als: Lackner/Kühl/*Bearbeiter*

Lahusen, Andreas — Zur Durchsetzung vorläufiger personeller Einzelmaßnahmen, NZA 1989, S. 869 – 871

Langenbucher, Katja — Risikohaftung und Schutzpflichten im innerbetrieblichen Schadensausgleich, ZfA 1997, S. 523 – 556

Lansnicker, Frank — Nomos Prozesshandbuch
Prozesse in Arbeitssachen – Vertretung, Verfahren, Vollstreckung
3. Auflage, Baden-Baden 2013
Zitiert als: Lansnicker/*Bearbeiter*, Prozesse in Arbeitssachen

Larenz, Karl
Zur Struktur subjektiver Rechte, in: Festgabe für Johannes Sontis, hrsg. v. Fritz, Baur, München 1977, S. 129 - 148
Zitiert als: *Larenz*, in: FS Sontis

ders.
Methodenlehre der Rechtswissenschaft, 6. Auflage, Berlin 1991
Zitiert als: *Larenz*, Methodenlehre

ders.
Der Richter als Gesetzgeber?, in: Grundfragen der gesamten Strafrechtswissenschaft, Festschrift für Heinrich Henkel zum 70. Geburtstag, hrsg. v. Roxin, Claus, Berlin 1974, S. 31 – 45
Zitiert als: *Larenz*, in: FS Henkel

Laux, Helga
Die Antrags- und Beteiligungsbefugnis im arbeitsgerichtlichen Beschlußverfahren, Neuwied 1985, Zugl.: Gießen, Univ., Diss. 1984/85
Zitiert als: *Laux*, Antrags- und Beteiligungsbefugnis

Leipold, Dieter
BGB I – Einführung und Allgemeiner Teil, 9. Auflage, Tübingen 2017
Zitiert als: *Leipold*, BGB AT

Leisten, Leonhard
Einstweilige Verfügung zur Sicherung von Mitbestimmungsrechten des Betriebsrats beim Einsatz von Fremdfirmen, BB 1992, S. 266 – 273

Lembke, Mark
Neue Rechte von Leiharbeitnehmern gegenüber Entleihern, NZA 2011, S. 319 – 325

Lembke, Ulrike
Einheit aus Erkenntnis? Zur Unzulässigkeit der verfassungskonformen Gesetzesauslegung als Methode der Normkompatibilisierung durch Interpretation, Berlin 2009, Zugl.: Greifswald, Univ., Diss., 2007
Zitiert als: *Lembke*, Einheit aus Erkenntnis

Lepke, Achim
Zur Aussetzungsbefugnis des Vorsitzenden im arbeitsrechtlichen Verfahren, BB 1982, S. 2191 – 2195

Lingemann, Stefan — Kündigungsschutz – Arbeitnehmer, Geschäftsführer und Vorstandsmitglieder, München 2011
Zitiert als: *Lingemann*, Kündigungsschutz

Lingemann, Stefan / Beck, Charlotte — Auswahlrichtlinie, Namensliste, Altersgruppenbildung und Altersdiskriminierung, NZA 2009, S. 577 – 581

Linsenmaier, Wolfgang — Normsetzung der Betriebsparteien und Individualrechte der Arbeitnehmer, RdA 2008, S. 1 – 13

ders. — Arbeitsvertrag und Betriebsvereinbarung – Kompetenz und Konkurrenz, RdA 2014, S. 336 – 345

ders. — Vertrauen und Enttäuschung- zur Rückwirkung verschlechternder Betriebsvereinbarungen, in: Festschrift für Peter Kreutz zum 70. Geburtstag, hrsg. von Hönn, Günther / Oetker, Hartmut / Raab, Thomas, München 2010, S. 285 – 299
Zitiert als: *Linsenmaier*, in: FS Kreutz

Linsenmaier, Wolfgang / Kiel, Heinrich — Der Leiharbeitnehmer in der Betriebsverfassung – „Zwei-Komponenten-Lehre“ und normzweckorientierte Gesetzesauslegung, RdA 2014, S. 135 – 157

Lipinski, Wolfgang — Die Konsequenz des Zeitarbeit-Beschlusses durch das BAG für die Praxis, NZA 2013, S. 1245 – 1248

Lobinger, Thomas — Zum Unterlassungsanspruch des Betriebsrats bei Betriebsänderungen, in: Festschrift für Reinhard Richardi zum 70. Geburtstag, hrsg. v. Annuß, Georg / Picker, Eduard / Wißmann, Hellmut, München 2007, S. 657 – 687
Zitiert als: *Lobinger*, in: FS Richardi

ders. — Systemdenken im Betriebsverfassungsrecht, RdA 2011, S. 76 – 92

ders. — Zur Dogmatik des allgemeinen betriebsverfassungsrechtlichen Unterlassungsanspruchs – Ein Beitrag zum Zusammenhang von Rechtsschutz und Rechtszuweisung im deutschen und europäischen Arbeitsrecht – ZfA 2004, S. 101 – 181 *ders.* Urteilsanmerkung zu Bundesarbeitsgericht vom 3.6.2003, AP BetrVG 1972 § 77 Tarifvorbehalt Nr. 19

ders. Vermögensbetreuungspflichten von Betriebsräten gegenüber Arbeitnehmern?, in: Arbeitsstrafrecht im Umbruch, hrsg. v. Rieble, Volker / Junker, Abbo, München 2009, S. 99 – 125
Zitiert als: *Lobinger*, in: Arbeitsstrafrecht im Umbruch

Looschelders, Dirk / Roth, Wolfgang Juristische Methodik im Prozess der Rechtsanwendung – zugleich ein Beitrag zu den verfassungsrechtlichen Grundlagen von Gesetzesauslegung und Rechtsfortbildung, Berlin 1996
Zitiert als: *Looschelders/Roth*, Methodik

Lorenz, Stephan Arbeitsrechtlicher Aufhebungsvertrag, Haustürwiderrufsgesetz und *undue influence*, JZ 1997, S. 277 – 283

Loritz, Karl-Georg Sinn und Aufgabe der Mitbestimmung heute, ZfA 1991, S. 1 – 33

Löwisch, Manfred Die kündigungsrechtlichen Vorschläge der „Agenda 2010“, NZA 2003, S. 689 – 695

ders. Die Verknüpfung von Kündigungsschutz und Betriebsverfassung nach dem BetrVG 1972, DB 1975, S. 349 – 355

ders. Schutz und Förderung der freien Entfaltung der Persönlichkeit der im Betrieb beschäftigten Arbeitnehmer (§ 75 Abs. 2 BetrVG 1972), AuR 1972, S. 359 – 365

ders. Neuregelung des Kündigungs- und Befristungsrechts durch das Gesetz zu Reformen am Arbeitsmarkt, BB 2004, S. 154 – 162

ders. Kurzarbeit vor Kündigung zwischen Betriebsverfassungs- und Kündigungsschutzrecht, in: Festschrift für Günther Wiese, hrsg. v. Hanau, Peter/ Lorenz, Egon/ Matthes, Hans-Christoph, Neuwied 1998
Zitiert als: *Löwisch*, in FS Wiese

Löwisch, Manfred / Kaiser, Dagmar — Betriebsverfassungsgesetz – Kommentar
6. Auflage, Frankfurt am Main 2010
Zitiert als: *Löwisch/Kaiser*

Löwisch, Manfred / Rieble, Volker — Tarifvertragsgesetz – Kommentar
4. Auflage, München 2017
Zitiert als: *Löwisch/Rieble*

Lüdemann, Jörn — Die verfassungskonforme Auslegung von Gesetzen, JuS 2004, S. 27 – 30

Luhmann, Niklas — Rechtssoziologie
4. Auflage, Wiesbaden 2008
Zitiert als: *Luhmann*, Rechtssoziologie

Lund, Heinrich — Urteilsanmerkung zu Bundesarbeitsgericht vom 10.2.1988, AP BetrVG 1972 § 99 Nr. 53

Manssen, Gerrit — Staatsrecht II – Grundrechte
14. Auflage, München 2017
Zitiert als: *Manssen*, Staatsrecht II

Martens, Klaus-Peter — Unternehmerische Mitbestimmung mit den Mitteln des Betriebsverfassungsrechts?, RdA 1989, S. 164 – 172

Maschmann, Frank — Zuverlässigkeitstests durch Verführung illoyaler Mitarbeiter?, NZA 2002, S. 13 – 22

Matthes, Hans-Christoph — Die Rechtsstellung des ohne Zustimmung des Betriebsrats eingestellten Arbeitnehmers, DB 1974, S. 2007 – 2011

Matthies, Denis	Exemplifikationen und Regelbeispiele – eine Untersuchung zum 100-jährigen Beitrag von Adolf Wach zur "Legislativen Technik", Berlin 2009, Zugl.: Frankfurt (Oder), Europa-Univ., Diss., 2008 Zitiert als: *Matthies*, Exemplifikationen und Regelbeispiele
Maunz, Theodor / Dürig, Günter	Grundgesetz Kommentar, Loseblattsammlung 80. Lieferung Juni 2017, München 2017 Zitiert als: Maunz/Dürig/*Bearbeiter*
Mayer-Maly, Theo	Das Leiharbeitsverhältnis, ZfA 1972, S. 1 – 34
Medicus, Dieter / Petersen, Jens	Allgemeiner Teil des BGB 11. Auflage, Heidelberg 2016 Zitiert als: *Medicus/Petersen*, BGB AT
Mehde, Veith / Hansen, Stefan	Das subjektive Recht auf Bauordnungsverfügungen im Zeitalter der Baufreistellung – Eine Bilanz, NVwZ 2010, S. 14 – 19
Meinel, Gernod / Kiehn, Manuela	Kollektivvertragsoffene Allgemeine Geschäftsbedingungen – Zur Kritik an dem Urteil des 1. Senats des BAG vom 5.3.2013, NZA 2014, S. 509 – 515
Meisel, Peter	Die Mitwirkung und Mitbestimmung des Betriebsrats in personellen Angelegenheiten – Mit zahlreichen Musterformularen im Anhang 5. Auflage, Heidelberg 1984 Zitiert als: *Meisel*, Mitwirkung und Mitbestimmung
ders.	Die Anhörung des Betriebsrats vor einer ordentlichen Kündigung nach dem neuen Betriebsverfassungsgesetz (2. Teil), DB 1972, S. 1675 – 1680
Merten, Philip W.	Die Regelungsbefugnisse der Betriebspartner erörtert am Beispiel der ablösenden Betriebsvereinbarung, Köln 2000, Zugl.: Köln, Univ., Diss., 2000 Zitiert als: *Merten*, Regelungsbefugnisse

Meyer, Cord	Die nachträgliche Abänderung von Sozialplänen, Opladen 1996 Zitiert als: *Meyer*, nachträgliche Abänderung von Sozialplänen
Meyer, Kurt	Sind Einstellungen, Ein- bzw. Umgruppierungen oder Versetzungen ohne Beteiligung des Betriebsrats gegenüber dem betroffenen Arbeitnehmer wirksam?, BB 1982, S. 1614 – 1618
Meyer, Matthias	Prinzipale, Agenten und ökonomische Methode, von einseitiger Steuerung zu wechselseitiger Abstimmung, Teilw. zugl.: München, Univ., Diss., 2003 u.d.T.: Meyer, Matthias: Die Heuristik des Prinzipal-Agenten-Modells, Tübingen 2004 Zitiert als: *Meyer*, Prinzipale, Agenten und ökonomische Methode
Misera, Karlheinz	Urteilsanmerkung zu Bundesarbeitsgericht vom 18.7.1978 und 21.11.1978, SAE 1980, S. 103 – 108
Moehren, Hans Herbert	Die Sachverhaltsermittlung im arbeitsgerichtlichen Beschlußverfahren, Frankfurt am Main 1991, Zugl.: Bochum, Univ., Diss., 1991 Zitiert als: *Moehren*, Sachverhaltsermittlung im arbeitsgerichtlichen Beschlußverfahren
Moll, Wilhelm	Münchener Anwaltshandbuch Arbeitsrecht, 4. Auflage, München 2017 Zitiert als: Moll/*Bearbeiter*, Hdb. ArbR.
Möschel, Wernhard	Recht der Wettbewerbsbeschränkungen, Köln 1983 Zitiert als: *Mörschel*, Recht der Wettbewerbsbeschränkungen
Möstl, Markus / Trurnit, Christoph	Beck'scher Online-Kommentar zum Polizeirecht Baden-Württemberg 5. Edition, Stand: 01.11.2016, München 2016 Zitiert als: BeckOK-PolG.BW/*Bearbeiter*

Möstl, Markus / Weiner, Bernhard	Beck'scher Online-Kommentar Polizei- und Ordnungsrecht Niedersachsen 3. Edition Stand 01.09.2016, München 2016 Zitiert als: BeckOK-Nds.SOG/*Bearbeiter*
Mückl, Patrick / Hiebert, Tanja	Anspruch auf einen leidensgerechten Arbeitsplatz – Was ist noch „zumutbar"?, NZA 2010, S. 1259 – 1264
Mühl, Otto	Urteilsanmerkung zu Bundesarbeitsgericht vom 24.4.1986, AP BetrVG 1972 § 87 Sozialeinrichtung Nr. 7
Müller, Friedrich / Christensen, Ralph	Juristische Methodik, Band 1 Grundlegung für die Arbeitsmethoden der Rechtspraxis 11. Auflage, Berlin 2013 Zitiert als: *Müller/Christensen*, Juristische Methodik I
Müller, Gerhard	Die Ausformung des arbeitsgerichtlichen Beschlussverfahrens durch die Rechtsprechung des Bundesarbeitsgerichts, in: Das Arbeitsrecht der Gegenwart – Jahrbuch für das gesamte Arbeitsrecht und die Arbeitsgerichtsbarkeit – Nachschlagewerk für Wissenschaft und Praxis, hrsg. von Gerhard Müller, Band 9, Berlin 1972 Zitiert als: *Müller*, in: Das Arbeitsrecht der Gegenwart, Bd. 9
Müller, Stefan / Jahner, Kristina	Die Haftung des Betriebsrats und der Betriebsratsmitglieder, BB 2013, S. 440 – 444
Müller, Welf	Die Grenzen der normativen Gestaltungwirkung der Betriebsvereinbarung, München, Univ., Diss., 1966 Zitiert als: *Müller*, Grenzen der Betriebsvereinbarung

Müller-Franken, Sebastian — Die Befugnis zu Eingriffen in die Rechtsstellung des einzelnen durch Betriebsvereinbarungen, Berlin 1997, Zugl.: Mainz, Univ., Diss., 1996
Zitiert als: *Müller-Franken*, Rechtsstellung des Einzelnen durch Betriebsvereinbarungen

Müller-Glöge, Rudi / Preis, Ulrich / Schmidt, Ingrid — Erfurter Kommentar zum Arbeitsrecht
17. Auflage, München 2017
Zitiert als: ErfK/*Bearbeiter*

Münch, Ingo von / Kunig, Philipp — Grundgesetz Kommentar
Band 1: Präambel bis Art. 69
6. Auflage, München 2012
Zitiert als: v. Münch/Kunig/*Bearbeiter*

Musielak, Hans-Joachim / Voit, Wolfgang — Zivilprozessordnung mit Gerichtsverfassungsgesetz – Kommentar
14. Auflage, München 2017
Zitiert als: Musielak/Voit/*Bearbeiter*

Nebel, Andreas — Die Normen des Betriebsverbandes am Beispiel der ablösenden Betriebsvereinbarung, Heidelberg 1989, Zugl.: Kiel, Univ., Diss., 1988
Zitiert als: *Nebel*, Normen des Betriebsverbandes

Niederalt, Werner — Die Individualrechte des Arbeitnehmers nach dem Betriebsverfassungsgesetz 1972 (§§ 75, 81 ff.)
Zitiert als: *Niederalt*, Individualrechte

Nikisch, Arthur — Betriebsvereinbarungen über das Mitbestimmungsrecht, BB 1948, S. 193 – 195

Nörr, Knut Wolfgang — Arbeitsrecht und Verfassung, ZfA 1992, S. 361 – 377

Notter, Nikolaus — Die Sicherung des Rechts auf den Arbeitsplatz, DB 1976, S. 772 – 774

Obermayer, Klaus — Verfassungsrechtliche Bedenken gegen den Regierungsentwurf eines Betriebsverfassungsgesetzes, DB 1971, S. 1715 – 1724

Oetker, Hartmut / Friese, Birgit — Der Interessenausgleich in der Insolvenz (II), DZWiR 2001, S. 177 – 186

Ohly, Ansgar — Generalklausel und Richterrecht, AcP 201 (2001), S. 1 – 47

Ohly, Ansgar / Sosnitza, Olaf — Gesetz gegen den unlauteren Wettbewerb mit Preisangabenverordnung – Kommentar
7. Auflage, München 2016
Zitiert als: *Ohly/Sosnitza*

Ostrowicz, Alexander / Künzl, Reinhard / Scholz, Christian — Handbuch des arbeitsgerichtlichen Verfahrens – Eine systematische Darstellung des gesamten Verfahrensrechts mit einstweiligem Rechtsschutz und Zwangsvollstreckungsrecht
5. Auflage, Berlin 2014
Zitiert als: OKS/*Bearbeiter*, Hdb. Verfahrensrecht

Ott, Claus — Systemwandel im Wettbewerbsrecht – Die Generalklausel des § 1 UWG und ihre Rückwirkungen auf Rechtsprechung und Dogmatik, in: Funktionswandel der Privatrechtsinstitutionen, Festschrift für Ludwig Raiser zum 70. Geburtstag, hrsg. v. Baur, Fritz / Esser, Josef / Kübler, Friedrich u.a., Tübingen 1974, S. 403 – 434
Zitiert als: *Ott*, in: FS Raiser

Otto, Hansjörg — Nochmals: Kündigungen nach dem neuen BetrVG, DB 1972, S. 731

ders. — Personale Freiheit und soziale Bindung, Zur Kontrolle und Gewährleistung personal motivierten Verhaltens im Privatrecht, München 1978, Zugl.: Hamburg, Univ., Habil.-Schr., 1977
Zitiert als: *Otto*, Personale Freiheit

ders. — Mitbestimmung des Betriebsrats bei der Regelung von Dauer und Lage der Arbeitszeit, NZA 1992, S. 97 – 112

ders. — Arbeitsrecht
4. Auflage, Berlin 2008
Zitiert als: *Otto*, Arbeitsrecht

ders. — Urteilsanmerkung zu Bundesarbeitsgericht vom 27.9.1994, AuR 1995, S. 72 – 76

Otto, Hansjörg / Schwarze, Roland / Krause, Rüdiger — Die Haftung des Arbeitnehmers
4. Auflage, Berlin 2014
Zitiert als: *Otto/Schwarze/Krause*, Die Haftung des Arbeitnehmers

Palandt, Otto (Begr.) — Bürgerliches Gesetzbuch mit Nebengesetzen
76. Auflage, München 2017
Zitiert als: Palandt/*Bearbeiter*

Pfrogner, Julia — Unterlassungsanspruch des Arbeitgebers gegen den Betriebsrat, RdA 2016, S. 161 – 166

Philipp, Gerhard — Ordentliche Kündigung und Auswahlrichtlinien, BB 1972, S. 219

Picker, Christian — Niedriglohn und Mindestlohn, RdA 2014, S. 25 – 36

Picker, Eduard — Betriebsrisikolehre und Arbeitskampf, JZ 1979, S. 285 – 294

ders. — Tarifautonomie – Betriebsautonomie – Privatautonomie, NZA 2002, S. 761 – 770

ders. — Arbeitsrecht als Privatrecht – Zur Leitidee der frühen Arbeitsrechtsdogmatik bei Philipp Lotmar und Erwin Jacobi –, in: Festschrift für Reinhard Richardi, hrsg. v. Annuß, Georg / Picker, Eduard / Wißmann, Hellmut, München 2007, S. 141 – 172
Zitiert als: *Picker*, in: FS Richardi

ders. — Die Lohngefahrtragung im Dienst- und Arbeitsvertrag nach der Schuldrechtsreform – Zugleich ein Beitrag zu Friedrich Mommsens Leistungsstörungsdogmatik, in: Festschrift für Ulrich Huber, hrsg. v. Baums, Theodor / Lutter, Marcus / Schmidt, Karsten u.a., Tübingen 2006, S. 497 – 538
Zitiert als: *Picker*, in: FS Huber

ders. — Betriebsverfassung und Arbeitsverfassung, Postulate der Modernisierung und Programme der Novellierung des Betriebsverfassungsgesetzes, RdA 2001, S. 259 – 292

Poletti, Elisabeth — Auswirkungen fehlender oder fehlerhafter Beteiligung des Betriebsrats bei der Versetzung auf das Einzelarbeitsverhältnis, Pfaffenweiler 1996, Zugl.: Münster, Univ., Diss., 1994
Zitiert als: *Poletti*, Auswirkungen fehlerhafter Beteiligung des Betriebsrats

Posser, Herbert / Wolff, Heinrich Amadeus — Beck'scher Online-Kommentar VwGO
42. Edition, Stand 01.07.2017, München 2017
Zitiert als: BeckOK-VwGO/*Bearbeiter*

Pouyadou, Richard — Die Abhängigkeit des Arbeitnehmers vom Betriebsrat, München 1978
Zitiert als: *Pouyadou*, Abhängigkeit des Arbeitnehmers vom Betriebsrat

Preis, Ulrich — Prinzipien des Kündigungsrechts bei Arbeitsverhältnissen – eine Untersuchung zum Recht des materiellen Kündigungsschutzes, insbesondere zur Theorie der Kündigungsgründe, München 1987, Teilw. zugl.: Köln, Univ., Diss., 1986,
Zitiert als: *Preis*, Prinzipien des Kündigungsrechts

ders. — Der Arbeitsvertrag – Handbuch der Vertragsgestaltung
5. Auflage, Köln 2015
Zitiert als: Preis/*Bearbeiter*, Der Arbeitsvertrag

ders. — Aktuelle Tendenzen im Kündigungsschutzrecht, NZA 1997, S. 1073 - 1089

Preis, Ulrich / Ulber, Daniel — Die Rechtskontrolle von Betriebsvereinbarungen, RdA 2013, S. 211 - 226

dies. — Die Wiederbelebung des Ablösungs- und Ordnungsprinzips? Zwischenruf zur Entscheidung des 1. Senats des BAG vom 5.3.2013 (NZA 2013, 916), NZA 2014, S. 6 – 10

Prütting, Hanns — Prozessuale Koordinierung von kollektivem und Individualarbeitsrecht, RdA 1991, S. 257 - 267 *ders.* Unterlassungsanspruch und einstweilige Verfügung in der Betriebsverfassung, RdA 1995, S. 257 – 264

Prütting, Hanns / Wegen, Gerhard / Weinreich, Gerd BGB Kommentar
12. Auflage, Köln 2017
Zitiert als: PWW/*Bearbeiter*

Raab, Thomas Die individualrechtliche Auswirkung der Mitbestimmung des Betriebsrats gem. §§ 99, 102 BetrVG, ZfA 1995, S. 479 – 536

ders. Der Wiedereinstellungsanspruch des Arbeitnehmers bei Wegfall des Kündigungsgrundes, RdA 2000, S. 147 – 165

ders. Betriebliche und außerbetriebliche Bildungsmaßnahmen, NZA 2008, S. 270 – 275

ders. Der Unterlassungsanspruch des Betriebsrats, Die neue Rechtsprechung des Bundesarbeitsgerichts und ihre Folgen für die einzelnen Mitbestimmungstatbestände,
ZfA 1997, S. 183 – 250

ders. Der kollektive Tatbestand als Voraussetzung der Mitbestimmung des Betriebsrats in sozialen Angelegenheiten, ZfA 2001, S. 31 – 66

Radke, Olaf Zum Recht der Betriebsvereinbarung, RdA 1950, S. 338 – 341

Raisch, Peter Juristische Methoden – Vom antiken Rom bis zur Gegenwart, Heidelberg 1995
Zitiert als: *Raisch*, Juristische Methoden

Ramsauer, Ulrich Die Dogmatik der subjektiven öffentlichen Rechte – Entwicklung und Bedeutung der Schutznormlehre, JuS 2012, S. 769 – 776

Rauscher, Thomas / Krüger, Wolfgang — Münchener Kommentar zur Zivilprozessordnung mit Gerichtsverfassungsgesetz und Nebengesetzen
Band 1: §§ 1–354
Band 2: §§ 355–945b
5. Auflage, München 2016
Zitiert als: MüKo-ZPO/*Bearbeiter*

Reichold, Hermann — Betriebsverfassung als Sozialprivatrecht – Historisch-dogmatische Grundlagen von 1848 bis zur Gegenwart, München 1995, Zugl.: Erlangen-Nürnberg, Univ.,
Habil.-Schr., 1992
Zitiert als: *Reichold*, Betriebsverfassung als Sozialprivatrecht

ders. — Belegschaftsvertretungen im Spannungsfeld divergierender Arbeitnehmerinteressen,
NZA-Beilage Heft 4/2012, S. 146 – 151

ders. — Kein Unterlassungsanspruch des Arbeitgebers bei parteipolitischer Betätigung des Betriebsrats nach § 74 Abs. 2 BetrVG
Besprechung des Beschlusses BAG v. 17. 3. 2010 – 7 ABR 95/08, RdA 2011, S. 58 – 62

Reichold, Hermann / Rein, Stefan — Neues zur Binnenverfassung des Betriebsrats: Von Fraktionen, Hilfspersonen und ziemlich besten Freunden, RdA 2016, S. 369 – 371

Reimer, Franz — Juristische Methodenlehre, Baden-Baden 2016
Zitiert als: *Reimer*, Juristische Methodenlehre

Reuter, Dieter — Gibt es Betriebsautonomie?, in: Festschrift für Peter Kreutz zum 70. Geburtstag, hrsg. von Hönn, Günther / Oetker, Hartmut / Raab, Thomas, München 2010, S. 359 – 377
Zitiert als: *Reuter*, in: FS Kreutz

ders. — Das Verhältnis von Individualautonomie, Betriebsautonomie und Tarifautonomie,
RdA 1991, S. 193 – 204

ders.	Betriebsverfassung und Tarifvertrag, RdA 1994, S. 152 – 168
ders.	Die Lohnbestimmung im Betrieb (ohne Mitbestimmungsproblematik) – Realität, rechtliche Einordnung, rechtspraktische Konsequenzen, ZfA 1993, S. 221 – 254
ders.	Betriebs- und Unternehmensverfassung, in: Recht im sozialen Rechtsstaat, hrsg. v. Rehbinder, Manfred, Opladen 1973, S. 197 – 222 Zitiert als: *Reuter*, in: Recht im sozialen Rechtsstaat
Rewolle, Hans-Dietrich	Die Nebenbeschäftigung im Arbeitsrecht, BB 1959, S. 670 – 673
ders.	Die Zwangsvollstreckung gegen den Betriebsrat, BB 1974, S. 888 – 889
Richardi, Reinhard	Betriebsverfassungsgesetz mit Wahlordnung – Kommentar 15. Auflage, München 2016 Zitiert als: Richardi/*Bearbeiter*
ders.	Kehrtwende des BAG zum betriebsverfassungsrechtlichen Unterlassungsanspruch des Betriebsrats, NZA 1995, S. 8 – 12
ders.	Individualrechtsschutz vor Betriebspartnerherrschaft, NZA 1999, S. 617 – 622
ders.	Die Mitbestimmung des Betriebsrats in personellen Angelegenheiten, ZfA-Sonderheft 1972, S. 1 – 40
ders.	Sind im Interesse einer gerechten Verteilung der Arbeitsplätze Begründung und Beendigung des Arbeitsverhältnisses neu zu regeln?, JZ 1978, S. 485 – 494
ders.	Urteilsanmerkung zu Bundesarbeitsgericht vom 6.12.1983, AP BetrVG 1972 § 87 Überwachung Nr. 7

ders. Betriebsverfassung und Privatautonomie, Vortrag gehalten vor der Berliner Juristischen Gesellschaft am 28. März 1973, Berlin 1973
Zitiert als: *Richardi*, Betriebsverfassung und Privatautonomie

ders. Die Betriebsvereinbarung als Rechtsinstitut gesetzlich gestalteter Betriebsautonomie, in: Festschrift für Peter Kreutz zum 70. Geburtstag, hrsg. von Hönn, Günther / Oetker, Hartmut / Raab, Thomas, München 2010,
S. 379 – 386
Zitiert als: *Richardi*, in: FS Kreutz

ders. Urteilsanmerkung zu Bundesarbeitsgericht vom 30.1.1970,
AP BGB § 242 Ruhegehalt Nr. 142

ders. Kollektivgewalt und Individualwille bei der Gestaltung des Arbeitsverhältnisses, München 1968,
Zugl.: München, Univ., Habil.-Schr., 1966/67
Zitiert als: *Richardi*, Kollektivgewalt und Individualwille

ders. Urteilsanmerkung zu Bundesarbeitsgericht vom 13.3.1973, AP BetrVG 1972 § 87 Werkmietwohnungen Nr. 1

ders. Kollektivvertragliche Arbeitszeitregelung – Fremdbestimmung durch Kollektivnorm oder Regelung der Arbeitsbedingungen für ein rechtsgeschäftliches Dienstleistungsversprechen?, ZfA 1990, S. 211 – 243

ders. Die Betriebsvereinbarung als Rechtsquelle des Arbeitsverhältnisses, ZfA 1992, S. 307 – 330

ders. Mitbestimmung bei der Entgeltgestaltung, NZA-Beilage Heft 4/2014, S. 155 – 158

ders.	Der Beseitigungs- und Unterlassungsanspruch in der Dogmatik des Betriebsverfassungsrechts, in: Festschrift für Otfried Wlotzke zum 70. Geburtstag, hrsg. von Anzinger, Rudolf / Wank, Rolf, München 1996, S. 407 – 424 Zitiert als: *Richardi*, in: FS Wlotzke
ders.	Urteilsanmerkung zu Bundesarbeitsgericht vom 13.3.1973, AP BetrVG § 87 Werkmietwohnungen Nr. 1
Richardi, Reinhard / Annuß, Georg	Neues Betriebsverfassungsgesetz: Revolution oder strukturwahrende Reform?, DB 2001, S. 41 – 46
Richardi, Reinhard / Wißmann, Hellmut / Wlotzke, Otfried (u.a.)	Münchener Handbuch zum Arbeitsrecht, Band 1: Individualarbeitsrecht Band 2: Kollektivarbeitsrecht/Sonderformen 3. Auflage, München 2009 Zitiert als: MünchArbR/*Bearbeiter*
Ricken, Oliver	Grundlagen und Grenzen des Wiedereinstellungsanspruchs, NZA 1998, S. 460 – 465
Rieble, Volker	Entbindung von der Weiterbeschäftigungspflicht nach § 102 Abs. 5 S. 2 Nr. 2 BetrVG, BB 2003, S. 844 – 850
ders.	Arbeitsmarkt und Wettbewerb – Der Schutz von Vertrags- und Wettbewerbsfreiheit im Arbeitsrecht, Berlin 1996, Zugl.: Freiburg (Breisgau), Univ., Habil.-Schr., 1995/96 Zitiert als: *Rieble*, Arbeitsmarkt und Wettbewerb
ders.	Entgeltgleichstellung der Frau, RdA 2011, S. 36 – 46
ders.	Gewerkschaftsnützige Leistungen an Betriebsräte, BB 2009, S. 1016 – 1022
Rieble, Volker / Klebeck, Ulf	Strafrechtliche Risiken der Betriebsratsarbeit, NZA 2006, S. 758 – 769

Rieble, Volker / Klumpp, Steffen / Gistel, Cornelia — Rechtsmißbrauch in der Betriebsverfassung München 2006
Zitiert als: *Rieble/Klumpp/Gistel*, Rechtsmißbrauch in der Betriebsverfassung

Röder, Gerhard / Krieger, Steffen — (Mehr) Rechtssicherheit bei betriebsbedingten Kündigungen? Der praktische Umgang mit Altersgruppen und Namensliste, DB 2005, S. 2578 – 2582

Rolf, Christian / Kreikebohm, Ralf / Giesen, Richard (u.a.) — Beck'scher Online-Kommentar zum Arbeitsrecht 45. Edition, Stand: 01.09.2017, München 2017
Zitiert als: BeckOK-ArbR/*Bearbeiter*

Rolfs, Christian — Die Inhaltskontrolle arbeitsrechtlicher Individual- und Betriebsvereinbarungen, RdA 2006, S. 349 – 356

Röthel, Anne — Die Konkretisierung von Generalklauseln, in: Europäische Methodenlehre – ein Handbuch für Ausbildung und Praxis, hrsg. von Riesenhuber, Karl, 3. Auflage, München 2015, S. 225 – 244
Zitiert als: *Röthel*, in: Europäische Methodenlehre

Röthel, Anne — Normkonkretisierung im Privatrecht Tübingen 2004, Zugl.: Erlangen-Nürnberg, Univ., Habil.-Schr., 2003
Zitiert als: *Röthel*, Normkonkretisierung

Rückert, Marianne — Koppelungsgeschäfte des Betriebsrats – Ein Beitrag zu Zweck und Grenzen der Mitbestimmung, Hamburg 2003, Zugl.: Diss., Univ., Mannheim 2002
Zitiert als: *Rückert*, Koppelungsgeschäfte des Betriebsrats

Rühle, Hans Gottlob — Sinn und Unsinn des allgemeinen Kündigungsschutzes in Deutschland – Plädoyer für eine Neuordnung des Kündigungsschutzrechts, DB 1991, S. 1378 – 1381

Rüthers, Bernd — Betriebsverfassungsrechtliches Mitbestimmungsrecht und Individualbereich, in: Zwei arbeitsrechtliche Vorträge, hrsg. von Rüthers, Bernd / Boldt, Gerhard, München 1970, S. 8 – 40
Zitiert als: *Rüthers*, in: Zwei arbeitsrechtliche Vorträge

ders.	Zum Arbeitsentgelt des Betriebsrats, RdA 1976, S. 61 – 64
ders.	Die Betriebsverfassung im Nationalsozialismus, AuR 1970, S. 97 – 109
ders.	Die unbegrenzte Auslegung – Zum Wandel der Privatrechtsordnung im Nationalsozialismus 7. Auflage, Tübingen 2012 Zitiert als: *Rüthers*, Die unbegrenzte Auslegung
Rüthers, Bernd / Fischer, Christian / Birk, Axel	Rechtstheorie mit Juristischer Methodenlehre 9. Auflage, München 2016 Zitiert als: *Rüthers/Fischer/Birk*, Rechtstheorie
Rüthers, Bernd / Höpfner, Clemens	Analogieverbot und subjektive Auslegungsmethode, JZ 2005, S. 21 - 25
dies.	Anmerkung zu BAG, Urt. v. 22.9.2009 – 1 AZR 972/08 ("Flashmob"), JZ 2010, S. 261 – 264
Sack, Rolf	Individualschutz gegen unlauteren Wettbewerb, WRP 2009, S. 1330 – 1335
ders.	Die lückenfüllende Funktion der Sittenwidrigkeitsklauseln, WRP 1985, S. 1 – 15
ders.	Die lückenfüllende Funktion der Generalklausel des § 3 UWG, WRP 2005, S. 531 – 544
Säcker, Franz Jürgen	Inhaltliche Grenzen der Betriebs- und Dienstvereinbarungsautonomie, in: AR-Blattei D, Betriebsvereinbarung I (1979)
ders.	Die stillschweigende Willenserklärung als Mittel zur Schaffung neuen und zur Wiederentdeckung des alten Rechts – Zum Urteil vom Bundesarbeitsgericht vom 5.3.2013, BB 2013, S. 2677 – 2683
ders.	Gruppenautonomie und Übermachtkontrolle im Arbeitsrecht, Zugl.: Bochum, Univ., Hab.-Schr., Berlin 1972 Zitiert als: *Säcker*, Gruppenautonomie

Säcker, Franz Jürgen / Rixecker, Roland
Münchener Kommentar zum Bürgerlichen Gesetzbuch
Band 1: Allgemeiner Teil §§ 1 – 240; ProstG; AGG
7. Auflage, München 2015
Band 2: Schuldrecht – Allgemeiner Teil, §§ 241 – 432
7. Auflage, München 2016
Band 4: Schuldrecht Besonderer Teil II, §§ 535 – 630h; HeizkostenV, BetrKV, WärmeLV, EFZG, TzBfG, KSchG, MiLoG
7. Auflage, München 2016
Band 6: Schuldrecht – Besonderer Teil IV, §§ 705 – 853, Partnerschaftsgesellschaftsgesetz, Produkthaftungsgesetz
7. Auflage, München 2017
Band 7: Sachenrecht, §§ 854 – 1296, WEG, ErbbauRG
7. Auflage, München 2017
Zitiert als: MüKo/*Bearbeiter*

Saenger, Ingo
Zivilprozessordnung, Familienverfahren, Gerichtsverfassung, Europäisches Verfahrensrecht – Handkommentar
6. Auflage, Baden-Baden 2015
Zitiert als: Saenger/*Bearbeiter*

Sandmann, Bernd
Die Haftung von Arbeitnehmern, Geschäftsführern und leitenden Angestellten, zugleich ein Beitrag zu den Grundprinzipien der Haftung und Haftungsprivilegierung, Tübingen 2001, Zugl.: Augsburg, Univ., Habil.-Schr., 2000
Zitiert als: *Sandmann*, Die Haftung von Arbeitnehmern

Sarnighausen, Hans-Cord
Zum Nachbaranspruch auf baubehördliches Einschreiten, NJW 1993, S. 1623 – 1628

Sauer, Wilhelm
Juristische Methodenlehre – Zugleich eine Einleitung in die Methodik der Geisteswissenschaften, Stuttgart 1940
Zitiert als: *Sauer*, Methodenlehre

Sauren, Marcel	Wohnungseigentumsgesetz – Gesetz über das Wohnungseigentum und das Dauerwohnrecht 6. Auflage, München 2014 Zitiert als: *Sauren*
Schardt, Lothar	Gewerkschaftliche Handlungsmöglichkeiten bei der Umsetzung von Mischarbeit, in: Mischarbeit und Mitbestimmung – Ergebnisse eines Expertengesprächs zwischen Wissenschaftlern und Gewerkschaften, hrsg. v. Deutscher Gewerkschaftsbund, Bundesvorstand, S. 68 – 80 Zitiert als: *Schardt*, in: Mischarbeit und Mitbestimmung
Schaub, Günter	Arbeitsrechts-Handbuch – Systematische Darstellung und Nachschlagewerk für die Praxis 17. Auflage, München 2017 Zitiert als: Schaub/*Bearbeiter*, ArbR-HdB
ders.	Vorläufiger Rechtsschutz bei der Kündigung von Arbeitsverhältnissen, NJW 1981, S. 1807 – 1813
Scherzberg, Arno	Grundlagen und Typologie des subjektiv-öffentlichen Rechts, DVBl. 1988, S. 129 – 134
Schiefer, Bernd	Urteilsanmerkung zu Arbeitsgericht Bonn vom 5.2.1997, DB 1997, S. 1518 – 1520
ders.	Kündigungsschutz und Unternehmerfreiheit – Auswirkungen des Kündigungsschutzes auf die betriebliche Praxis, NZA 2002, S. 770 – 777
ders.	Betriebsbedingte Kündigung: „Antidiskriminierungskündigungsschutz“, Namensliste, Punkteschema und Altersgruppenbildung, DB 2009, S. 733 – 737
Schier, Holger	Kündigungsschutzstreitigkeiten und Annahmeverzugslohn, BB 2006, S. 2578 – 2581

Schindele, Friedrich — Aktuelle Fragestellungen zum Drittpersonaleinsatz (Scheinselbstständigkeit – Werkvertrag – Dienstleister), ArbRAktuell 2015, 363 - 366

Schipp, Johannes — Das betriebsverfassungsrechtliche Beschäftigungsverbot – Voraussetzungen, Reaktionsmöglichkeiten und Handlungspflichten des Arbeitgebers, ArbRB 2015, S. 339 - 343

Schlaich, Klaus / Korioth, Stefan — Das Bundesverfassungsgericht – Stellung, Verfahren, Entscheidung – Ein Studienbuch, 10. Auflage München 2015
Zitiert als: *Schlaich/Korioth*, Das Bundesverfassungsgericht

Schlewing, Anja — Prozessuales Verwertungsverbot für mitbestimmungswidrig erlangte Erkenntnisse aus einer heimlichen Videoüberwachung?, NZA 2004, S. 1071 - 1077

Schlochauer, Ursula — Zum Mitbestimmungsrecht des Betriebsrats bei der ordentlichen Kündigung nach § 102 BetrVG 1972, RdA 1973, S. 157 - 165

Schlösser, Jan — Zur Strafbarkeit des Betriebsrates nach § 119 BetrVG – ein Fall straffreier notwendiger Teilnahme?, NStZ 2007, S. 562 - 566

Schmalz, Dieter — Methodenlehre für das juristische Studium 4. Auflage, Baden-Baden 1998
Zitiert als: *Schmalz*, Methodenlehre

Schmeisser, Fabian — Regelungsabreden der Betriebsparteien als Mittel und Grundlage einer Abweichung von Gesetzesrecht, Hamburg 2015, Zugl.: Heidelberg, Univ., Diss., 2014
Zitiert als: *Schmeisser*, Regelungsabreden

Schmidt, Karsten — Drittschutz, Akteneinsicht und Geheimnisschutz im Kartellverfahren, Köln 1992
Zitiert als: *K. Schmidt*, Drittschutz

ders. Kartellverfahrensrecht – Kartellverwaltungsrecht – Bürgerliches Recht; Kartellrechtspflege nach deutschem Recht gegen Wettbewerbsbeschränkungen, Köln 1977, Zugl.: Bonn, Univ., Habil.-Schr., 1976
Zitiert als: *K. Schmidt*, Kartellverfahrensrecht

Schmidt, Martin Konkretisierung von Generalklauseln im europäischen Privatrecht, Berlin 2009, Zugl.: Berlin, Humboldt-Univ., Diss., 2008/09
Zitiert als: *Schmidt*, Konkretisierung von Generalklausel im europäischen Privatrecht

Schmidt, Otto Kritische Gedanken zu Kollektivwirkung, Individualbereich und personenrechtlichem Gemeinschaftsdenken im Arbeitsrecht, AcP 162 (1963), S. 305 – 353

Schmidt-Rimpler, Walter Grundfragen einer Erneuerung des Vertragsrechts, AcP 147 (1941), S. 130 – 197

Schmoeckel, Mathias / Rückert, Joachim / Zimmermann, Reinhard Historisch-kritischer Kommentar zum BGB
Band 2: Schuldrecht Allgemeiner Teil, §§ 241 – 432 BGB
1. Teilband: vor § 241 – § 304 BGB, Tübingen 2007
Zitiert als: HKK/*Bearbeiter*

Schmoller, Gustav Zur Social- und Gewerbepolitik der Gegenwart, Leipzig 1890
Zitiert als: *Schmoller*, Social- und Gewerbepolitik der Gegenwart

Schoch, Friedrich Vorläufiger Rechtsschutz und Risikoverteilung im Verwaltungsrecht, Heidelberg 1998
Zitiert als: *Schoch*, Vorläufiger Rechtsschutz

Schoch, Friedrich / Schneider, Jens-Peter / Bier, Wolfgang / Verwaltungsgerichtsordnung – Kommentar
Band I
Stand: 31. Ergänzungslieferung, München 2016
Zitiert als: Schoch/Schneider/Bier/*Bearbeiter*

Scholz, Rupert — Wirtschaftsaufsicht und subjektiver Konkurrentenschutz – Insbesondere dargestellt am Beispiel der Kartellaufsicht, Berlin 1971
Zitiert als: *Scholz*, Wirtschaftsaufsicht

Schönhöft, Andreas / Weyhing, Maria — Neutralitätspflicht und Koalitionsfreiheit des Betriebsrats, BB 2014, S. 762 – 766

Schrader, Peter / Straube, Gunnar — Die tatsächliche Beschäftigung während des Kündigungsrechtsstreites, RdA 2006, S. 98 – 104

Schroeder, Klaus-Peter — Vom Sachsenspiegel zum Grundgesetz – Eine deutsche Rechtsgeschichte in Lebensbildern
2. Auflage, München 2011
Zitiert als: *Schroeder*, Vom Sachsenspiegel zum Grundgesetz

Schulze, Marc-Oliver / Schreck, Corinna — Personelle Einzelmaßnahmen nach § 99 BetrVG – Handlungsmöglichkeiten des Betriebsrats, ArbRAktuell 2013, S. 9 – 12

Schünemann, Wolfgang — Generalklausel und Regelbeispiele, JZ 2005, S. 271 – 279

ders. — Dogmatik und Hermeneutik der Regelbeispiele, in: Festschrift für Apostolos Georgiades zum 70. Geburtstag, hrsg. v. Stathopoulos, Michael / Beys, Kostas / Doris, Philippos u.a., Bern 2006, S. 1087 – 1117
Zitiert als: *Schünemann*, in: FS Georgiades

Schüren, Peter / Hamann, Wolfgang — Arbeitnehmerüberlassungsgesetz – Kommentar
4. Auflage, München 2010
Zitiert als: Schüren/Hamann/*Bearbeiter*

Schwab, Norbert / Weth, Stephan — Arbeitsgerichtsgesetz Kommentar mit Verfahren vor dem BVerfG, EuGH sowie der Einigungsstelle
4. Auflage, Köln 2015
Zitiert als: Schwab/Weth/*Bearbeiter*

Schwarze, Roland — Das Recht der Leistungsstörungen, Berlin 2008
Zitiert als: *Schwarze*, Recht der Leistungsstörungen

Schweibert, Ulrike / Buse, Sandra | Rechtliche Grenzen der Begünstigung von Betriebsratsmitgliedern – Schattenbosse zwischen „Macht und Ohnmacht", NZA 2007, S. 1080 – 1086

Siebert, Wolfgang | Kollektivmacht und Individualsphäre beim Arbeitsverhältnis, BB 1953, S. 241 – 243

ders. | Kollektivnorm und Individualrecht im Arbeitsverhältnis, in: Festschrift für Hans Carl Nipperdey zum 70. Geburtstag, hrsg. von Dietz, Rolf / Hübner, Heinz, München 1965,
S. 119 – 145
Zitiert als: *Siebert*, in: FS Nipperdey 1965

Simon, Alfons / Busse, Jürgen | Bayerische Bauordnung – Kommentar
Band I, Stand: 123. Ergänzungslieferung, München 2016
Zitiert als: Simon/Busse/*Bearbeiter*

Sittard, Ulrich / Lampe, Julia | Der Entwurf eines Arbeitsvertragsgesetzes und die Lösung sog. Zukunftsfragen, RdA 2008, S. 249 – 252

Sodan, Helge / Ziekow, Jan | Grundkurs Öffentliches Recht – Staats- und Verwaltungsrecht
7. Auflage, München 2016
Zitiert als: *Sodan/Ziekow*, GK Öffentliches Recht

Söllner, Alfred | Verfassungsrechtliche Aspekte des Arbeitsvertragsrechts, in: Arbeitsgesetzgebung und Arbeitsrechtsprechung, Festschrift zum 70. Geburtstag von Eugen Stahlhacke, hrsg. v. Farthmann, Friedhelm / Hanau, Peter / Isenhardt, Udo u.a., Neuwied 1995,
S. 519 – 527
Zitiert als: *Söllner*, in: FS Stahlhacke

ders. | Der verfassungsrechtliche Rahmen für Privatautonomie im Arbeitsrecht, RdA 1989, S. 144 – 150

Spannowsky, Willy / Uechtritz, Michael | Beck'scher Online-Kommentar Bauordnungsrecht Baden-Württemberg, 2. Edition Stand: 01.04.2017, München 2017
Zitiert als: BeckOK-BauordnungsR BW/*Bearbeiter*

Speer, Niklas | Das Rechtsschutzbedürfnis im arbeitsgerichtlichen Beschlussverfahren, Berlin, Freie Univ., Diss., 1995
Zitiert als: *Speer*, Rechtschutzbedürfnis im arbeitsgerichtlichen Beschlussverfahren

Spickhoff, Andreas | Gesetzesverstoß und Haftung, Köln 1998, Teilw. zugl.: Göttingen, Univ., Habil.-Schr., 1996
Zitiert als: *Spickhoff*, Gesetzesverstoß und Haftung

Stahlhacke, Eugen / Preis, Ulrich / Vossen, Reinhard | Kündigung und Kündigungsschutz im Arbeitsverhältnis
11. Auflage, München 2015
Zitiert als: SPV/*Bearbeiter*

Staudinger, Julius von (Begr.) | Kommentar zum Bürgerlichen Gesetzbuch
Buch 1 – Allgemeiner Teil
§§ 1 – 14; VerschG (Einleitung zum BGB und Allgemeiner Teil 1), Neubearbeitung Berlin 2013
§§ 164 – 240 (Allgemeiner Teil 5), Neubearbeitung Berlin 2014
Buch 2 – Recht der Schuldverhältnisse
§§ 241 – 243 (Treu und Glauben), Neubearbeitung Berlin 2015
§§ 255 – 304 (Leistungsstörungsrecht 1), Neubearbeitung Berlin 2014
§§ 613a – 619a (Dienstvertragsrecht 2), Neubearbeitung Berlin 2011
Zitiert als: Staudinger/*Bearbeiter*

ders. | Kommentar zum Bürgerlichen Gesetzbuch
Buch 2 – Recht der Schuldverhältnisse
Einleitung zu §§ 241 ff, §§ 241 – 243, Altauflage 1995
Zitiert als: Staudinger/*Bearbeiter*, (Altauflage 1995)

ders. | Kommentar zum Bürgerlichen Gesetzbuch, Eckpfeiler des Zivilrechts, Neubearbeitung 2014/2015, Berlin 2014
Zitiert als: *Bearbeiter*, in: Staudinger BGB Eckpfeiler

Stege, Dieter / Weinspach, F. K. / Schiefer, Bernd — Betriebsverfassungsgesetz
Handkommentar für die betriebliche Praxis
9. Auflage, Köln 2002
Zitiert als: *Stege/Weinspach/Schiefer*

Stein, Friedrich / Jonas, Martin — Kommentar zur Zivilprozessordnung
Band 3: §§ 148–270 ZPO
23. Auflage, Tübingen 2016
Zitiert als: Stein/Jonas/*Bearbeiter*

Steinrau-Steinrück, Robert von / Brugger, Helen — Arbeitskampfrecht quo vadis?,
NZA-Beilage Heft 3/2010, S. 127 - 135

Stelkens, Paul / Bonk, Joachim / Sachs, Michael — Verwaltungsverfahrensgesetz – Kommentar
8. Auflage, München 2014
Zitiert als: Stelkens/Bonk/Sachs/*Bearbeiter*

Stephan, Bodo — Das Rechtschutzbedürfnis – Eine Gesamtdarstellung unter besonderer Berücksichtigung des Verfassungsprozesses,
Berlin 1967
Zitiert als: *Stephan*, Das Rechtschutzbedürfnis

Stöckl, Siegfried — Das rechtliche Verhältnis zwischen Betriebsrat und einzelnem Arbeitnehmer – Eine Vergleichende Untersuchung der Rechtslage unter der Geltung des Betriebsrätegesetzes 1920 und der heute Betriebsverfassung, Frankfurt 1988, Zugl.: München, Univ., Diss., 1987
Zitiert als: *Stöckl*, Das rechtliche Verhältnis zwischen Betriebsrat und Arbeitnehmer

Stoffels, Markus — Die Abänderung mehrerer Arbeitsbedingungen durch Änderungskündigung, NZA 2016, S. 581 - 586

ders. — AGB-Recht, 3. Auflage, München 2015
Zitiert als: *Stoffels*, AGB-Recht

Streckel, Siegmar — Urteilsanmerkung zu Bundesarbeitsgericht vom 15.9.1987, AP BetrVG 1972 § 99 Nr. 46

Strecker, Robert	Turboprämie und Sozialplan, Frankfurt am Main 2009, Zugl.: Berlin, Freie Univ., Diss., 2009 Zitiert als: *Strecker*, Turboprämie und Sozialplan
Stückmann, Roland / Kohlepp, Christina	Verhältnismäßigkeitsgrundsatz und „ultima-ratio-Prinzip" im Kündigungsrecht Richterliche Praxis ohne dogmatische Begründung, RdA 2000, S. 331 – 341
Taubert, Mandy	Der Drittschutz im Baurecht im Lichte der Europäisierung des Verwaltungsrechts, Frankfurt am Main 2011, Zugl.: Jena, Univ., Diss., 2010 Zitiert als: *Taubert*, Drittschutz im Baurecht
Teichmann, Arndt	Strukturveränderung im Recht der Leistungsstörungen nach dem Regierungsentwurf eines Schuldrechtsmodernisierungsgesetzes, BB 2001, S. 1485 – 1492
Teubner, Gunther	Standards und Direktiven in Generalklauseln – Möglichkeiten und Grenzen der empirischen Sozialforschung bei der Präzisierung der Gute-Sitten-Klauseln im Privatrecht, Frankfurt 1971, Zugl.: Tübingen, Univ., Diss., 1970 Zitiert als: *Teubner*, Standards und Direktiven in Generalklauseln
ders.	Generalklauseln als sozionormative Modelle, in: Generalklauseln als Gegenstand der Sozialwissenschaften, hrsg. von Hassemer, Winfried u.a., Baden-Baden 1978, S. 13 – 35 Zitiert als: *Teubner*, in: Generalklauseln als Gegenstand der Sozialwissenschaften
Teuteberg, Hans Jürgen	Geschichte der industriellen Mitbestimmung in Deutschland – Ursprung und Entwicklung ihrer Vorläufer im Denken und in der Wirklichkeit des 19. Jahrhunderts, Tübingen 1961 Zitiert als: *Teuteberg*, Geschichte der industriellen Mitbestimmung

Thiele, Wolfgang — Zur gerichtlichen Überprüfung von Tarifverträgen und Betriebsvereinbarungen, in: Festschrift für Karl Larenz, hrsg. v. Paulus, Gotthard / Diederichsen, Uwe / Canaris, Claus-Wilhelm, München 1973
Zitiert als: *Thiele*, in: FS Larenz

Thüsing, Gregor — Equal pay bei Leiharbeit – Zur Reichweite der Gleichbehandlungspflicht nach dem AÜG, DB 2003, S. 446 – 451

ders. — Datenschutz im Arbeitsverhältnis – Kritische Gedanken zum neuen § 32 BDSG, NZA 2009, S. 865 – 870

ders. — Urteilsanmerkung zu Bundesarbeitsgericht vom 28.3.2000, RdA 2002, S. 49 – 51

Thüsing, Gregor / Laux, Helga / Lembke, Mark — Kündigungsschutzgesetz – Praxiskommentar zum KSchG und zu angrenzenden Vorschriften mit Gestaltungshinweisen und Beispielen
3. Auflage, Freiburg 2014
Zitiert als: Thüsing/Laux/Lembke/*Bearbeiter*

Thüsing, Gregor / Stelljes, Volker — Fragen zum Entwurf eines Gesetzes zu Reformen am Arbeitsmarkt, BB 2003, S. 1673 – 1681

Thüsing, Gregor / Wege, Donat — Freiwilliger Interessenausgleich und Sozialauswahl, BB 2005, S. 213 – 216

Tillmanns, Christoph — Fallstricke und Tücken im Kündigungsschutzprozess, in: Kündigungsrecht: alte und neue Fragen, Mannheimer Arbeitsrechtstag 2013, hrsg. von Maschmann, Frank, Baden-Baden 2013, S. 117 – 139
Zitiert als: *Tillmanns*, in: Kündigungsrecht – alte und neue Fragen

Timme, Michael — Beck'scher Online-Kommentar WEG
32. Edition, Stand 01.10.2017, München 2017
Zitiert als: BeckOK-WEG/*Bearbeiter*

Ubber, Thomas — Tarifeinheitsgesetz – Folgen für das Arbeitskampfrecht und das Verfahrensrecht, RdA 2016, S. 361 – 368

Uhle, Arnd — Das Recht auf wirkungsvollen Rechtsschutz, in: Verfassungsstaatlichkeit im Wandel, Festschrift für Thomas Würtenberger zum 70. Geburtstag, hrsg. von Heckmann, Dirk / Schenke, Ralf / Sydow, Gernot, Berlin 2013, S. 935 – 955
Zitiert als: *Uhle*, in: FS Würtenberger

Ulber, Jürgen — Arbeitnehmerüberlassungsgesetz
Kommentar für die Praxis
5. Auflage, Frankfurt am Main 2017
Zitiert als: Ulber/*Bearbeiter*

Veit, Barbara — Die Sicherung des Mitbestimmungsrechts des Betriebsrats bei Eingruppierung, RdA 1990, S. 325 – 343

dies. — Die funktionelle Zuständigkeit des Betriebsrats, München 1998, Zugl.: Trier, Univ., Habil.-Schr., 1995/96
Zitiert als: *Veit*, Zuständigkeit des Betriebsrats

Vorwerk, Volker / Wolf, Christian — Beck'scher Online-Kommentar ZPO
26. Edition, Stand: 15.09.2017, München 2017
Zitiert als: BeckOK-ZPO/*Bearbeiter*

Voßkuhle, Andreas — Theorie und Praxis der verfassungskonformen Auslegung von Gesetzen durch Fachgerichte, AöR 125 (2000), S. 177 – 201

ders. — Bruch mit einem Dogma: Die Verfassung garantiert Rechtsschutz gegen den Richter, NJW 2003, S. 2193 – 2200

Voßkuhle, Andreas / Kaiser, Anna-Bettina — Grundwissen – Öffentliches Recht: Das subjektive-öffentliche Recht, JuS 2009, S. 16 – 18

Wagener, Wolfgang — Schränkt das neue Betriebsverfassungsgesetz den individuellen Kündigungsschutz ein? Widerspruch des Betriebsrates und individueller Kündigungsschutz, BB 1972, S. 1373 – 1375

Wahl, Rainer — Der Nachbarschutz im Baurecht, JuS 1984, S. 577 – 586

ders. — Der Vorrang der Verfassung und die Selbständigkeit des Gesetzesrechts, NVwZ 1984, S. 401 – 409

Walker, Wolf-Dietrich — Der einstweilige Rechtsschutz im Zivilprozeß und im arbeitsgerichtlichen Verfahren, Tübingen 1993, Zugl.: Münster, Univ., Habil.-Schr., 1992
Zitiert als: *Walker*, Einstweiliger Rechtsschutz

ders. — Verfahrensrechtliche Streitfragen im arbeitsgerichtlichen Eilverfahren, in: Gedächtnisschrift für Meinhard Heinze, hrsg. v. Söllner, Alfred / Gitter, Wolfgang / Waltermann, Raimund u.a., München 2005, S. 1009 – 1020
Zitiert als: *Walker*, in: GS Heinze

Waltermann, Raimund — Rechtsetzung durch Betriebsvereinbarung zwischen Privatautonomie und Tarifautonomie, Tübingen 1996, Zugl.: Münster (Westfalen), Univ., Habil.-Schr., 1993/94
Zitiert als: *Waltermann*, Rechtsetzung durch Betriebsvereinbarung

ders. — Anordnung von Kurzarbeit durch Betriebsvereinbarung?, NZA 1993, S. 679 – 684

ders. — „Umfassende Regelungskompetenz" der Betriebsparteien zur Gestaltung durch Betriebsvereinbarung?, RdA 2007, S. 257 – 267

ders. — Gestaltung von Arbeitsbedingungen durch Vereinbarung mit dem Betriebsrat, NZA 1996, S. 357 – 365

ders. — Zuständigkeiten und Regelungsbefugnisse im Spannungsfeld von Tarifautonomie und Betriebsautonomie, RdA 1996, S. 129 – 139

ders. — 75 Jahre Betriebsvereinbarung, NZA 1995, S. 1177 – 1184

ders.	Altersgrenze durch Betriebsvereinbarung und Betriebsvereinbarungsoffenheit von Arbeitsverträgen – Besprechungsaufsatz zum BAG-Urteil vom 5.3.2013 – 1 AZR 417/12, DB0604234 – SAE 2013, S. 94 – 101
Wank, Rolf	Empfiehlt es sich, die Regelungsbefugnisse der Tarifparteien im Verhältnis zu den Betriebsparteien neu zu ordnen?, NJW 1996, S. 2273 – 2282
ders.	Grenzen richterlicher Rechtsfortbildung, Berlin 1978, Zugl.: Köln, Univ., Diss., 1976/77 Zitiert als: *Wank*, Grenzen richterlicher Rechtsfortbildung
ders.	Die Auslegung von Gesetzen 6. Auflage, München 2015 Zitiert als: *Wank*, Auslegung von Gesetzen
ders.	Der kollektive Tatbestand als ungeschriebenes Tatbestandsmerkmal des § 87 Abs. 1 BetrVG, in: Festschrift für Günther Wiese zum 70. Geburtstag, hrsg. von Hanau, Peter / Lorenz, Egon / Matthes, Hans-Christoph, Neuwied 1998, S. 617 – 631 Zitiert als: *Wank*, in: FS Wiese
ders.	Die verfassungsgerichtliche Kontrolle der Gesetzesauslegung und Rechtsfortbildung durch die Fachgerichte, JuS 1980, S. 545 – 553
Wank, Thomas	Der kollektive Tatbestand als Voraussetzung der Mitbestimmung des Betriebsrats in sozialen Angelegenheiten, ZfA 2001, S. 31 – 66
Weber, Christoph	Urteilsanmerkung zu Bundesarbeitsgericht vom 26.1.1988, EzA § 99 BetrVG 1972 Nr. 58
Weber, Claus	Individualrechtliche Auswirkungen betriebsverfassungswidriger Einzelmaßnahmen, Frankfurt am Main 2000, Zugl: Rostock, Univ., Diss., 2000 Zitiert als: *Weber*, betriebsverfassungswidrige Einzelmaßnahmen

Weber, Hansjörg — Die Rechtsfolgen von Amtspflichtverletzungen des Betriebsrats und seiner Mitglieder, DB 1992, S. 2135 – 2143

Weber, Ralph — Einige Gedanken zur Konkretisierung von Generalklauseln durch Fallgruppen, AcP 192 (1992), S. 516 – 567

ders. — Entwicklung und Ausdehnung des § 242 BGB zum „königlichen Paragraphen", JuS 1992, S. 631 – 636

Weiss, Manfred — Zur Haftung des Betriebsrats, RdA 1974, S. 269 – 280

Wendeling-Schröder, Ulrike — KSchG, BetrVG und AGG – unvereinbare Gerechtigkeitskonzepte bei betriebsbedingten Kündigungen?, NZA 2010, S. 14 – 20

Wendt, Rudolf — Verfassungsorientierte Gesetzesauslegung, in: Verfassungsstaatlichkeit im Wandel, Festschrift für Thomas Würtenberger zum 70. Geburtstag, hrsg. von Heckmann, Dirk / Schenke, Ralf / Sydow, Gernot, Berlin 2013, S. 123 – 135
Zitiert als: *Wendt*, in: FS Würtenberger

Wenzel, Leonhard — Risiken des schnellen Rechtsschutzes
Zur einstweiligen Verfügung im Arbeitskampf-, Vertrags- und Betriebsverfasssungsrecht, NZA 1984, S. 112 – 116

ders. — Die einstweilige Verfügung im arbeitsgerichtlichen Beschlußverfahren nach neuem Recht, DB 1972, S. 1290 – 1295

Werner, Fritz — Zum Verhältnis von gesetzlichen Generalklauseln und Richterrecht, Karlsruhe 1966
Zitiert als: *Werner*, Generalklauseln und Richterrecht

Wesselburg, Alexander — Drittschutz bei Verstößen gegen das Kartellverbot unter Berücksichtigung der Wechselwirkungen zwischen privater und öffentlich-rechtlicher Durchsetzung, Baden-Baden 2010, Zugl.: Freiburg, Univ., Diss., 2009
Zitiert als: *Wesselburg*, Drittschutz

Weth, Stephan — Das arbeitsgerichtliche Beschlußverfahren München 1995, Zugl.: Köln, Univ., Habil.-Schr., 1993
Zitiert als: *Weth*, Das arbeitsgerichtliche Beschlußverfahren

Weyreuther, Felix — Abwägung der gemeindlichen Belange und Anhörung der Gemeinden bei der Festsetzung von Lärmschutzbereichen?, DÖV 1982, S. 173 – 181

Wieacker, Franz — Zur Rechtstheoretischen Präzisierung des § 242 BGB, Tübingen 1956
Zitiert als: *Wieacker*, Präzisierung des § 242 BGB

Wiedemann, Herbert — Urteilsanmerkung zu Bundesarbeitsgericht vom 16.3.1994, AP BGB § 611 Ausbildungsbeihilfe Nr. 18

Wiese, Günther — Das neue Vorschlagsrecht der Arbeitnehmer nach § 86a BetrVG, BB 2001, S. 2267 – 2270

ders. — Individuum und Kollektiv im Betriebsverfassungsrecht, NZA 2006, S. 1 – 10

ders. — Zur Zulässigkeit von Beschäftigungsverboten im Arbeitsschutzrecht, in: Einwirkungen der Grundrechte auf das Zivilrecht, Öffentlichen Recht und Strafrecht – Mannheimer Fakultätstagung über 50 Jahre Grundgesetz, hrsg. von Wolter, Jürgen / Riedel, Eibe / Taupitz, Jochen, Heidelberg 1999, S. 3 – 37
Zitiert als: *Wiese*, in: Einwirkungen der Grundrechte auf das Zivilrecht, Öffentliche Recht und Strafrecht

ders. — Individualrechte in der Betriebsverfassung, RdA 1973, S. 1 – 9

ders. Adressaten und Rechtsgrundlagen des innerbetrieblichen Persönlichkeitsschutzes von Arbeitnehmern – Kritische Anmerkungen zur Rechtsprechung des Bundesarbeitsgerichts, ZfA 2006, S. 631 – 657

ders. Schutz und Teilhabe als Zwecke notwendiger Mitbestimmung in sozialen Angelegenheiten und deren Rangverhältnis, ZfA 2000, S. 117 – 148

Wiese, Günther / Kreutz, Peter / Oetker, Hartmut (u.a.) Betriebsverfassungsgesetz – Gemeinschaftskommentar
Band I: §§ 1 – 73 b mit Wahlordnung und EBRG
Band II: §§ 74 – 132
10. Auflage, Köln 2014
Zitiert als: GK/*Bearbeiter*

Willemsen, Heinz Josef Kündigungsschutz – vom Ritual zur Rationalität – Gedanken zu einer grundlegenden Reform, NJW 2000, S. 2779 – 2787

Willemsen, Heinz Josef / Annuß, Georg Kündigungsschutz nach der Reform, NJW 2004, S. 177 – 184

Windel, Peter Der Beweis diskriminierender Benachteiligungen, RdA 2007, S. 1 – 8

Winter, Gerd Ökologische Verhältnismäßigkeit, ZUR 2013, S. 387 – 395

Wlotzke, Otfried / Preis, Ulrich / Kreft, Burghard Betriebsverfassungsgesetz – Kommentar
4. Auflage, München 2009
Zitiert als: WPK/*Bearbeiter*

Wolf, Manfred / Neuner, Jörg Allgemeiner Teil des Bürgerlichen Rechts
11. Auflage, München 2016
Zitiert als: *Wolf/Neuner*, BGB AT

Wroblewski, Andrej Sachstand „Arbeitsvertragsgesetz! – Verwirklichungschancen einer Kodifikation, rechtspolitische Gemengelage und Positionen, NZA 2008, S. 622 – 626

Wybitul, Tim — Neue Spielregeln bei Betriebsvereinbarungen und Datenschutz – BAG schafft Klarheit zu Anforderungen an Umgang mit Arbeitnehmerdaten, NZA 2014, S. 225 – 232

Zeuner, Albrecht — Arbeitsrechtliche Folgen der Insolvenz des Arbeitgebers nach dem Diskussionsentwurf eines Gesetzes zur Reform des Insolvenzrechts, RdA 1989, S. 270 – 279

Zippelius, Reinhold — Juristische Methodenlehre
11. Auflage, München 2012
Zitiert als: *Zippelius*, Juristische Methodenlehre

Zöllner, Wolfgang — Die Rechtsnatur der Tarifnormen nach deutschem Recht, Zugleich ein Beitrag ein Beitrag zur Abgrenzung von Rechtssetzung und Privatautonomie, Wien 1966
Zitiert als: *Zöllner*, Rechtsnatur der Tarifnormen

ders. — Die Stellung des Arbeitnehmers in Betrieb und Unternehmen, in: Festschrift 25 Jahre Bundesarbeitsgericht, hrsg. von Gamillscheg, Franz, München 1979, S. 745 – 772
Zitiert als: *Zöllner*, in: FS 25 Jahre BAG

ders. — Flexibilisierung des Arbeitsrechts, ZfA 1988, S. 265 – 291

ders. — Privatautonomie und Arbeitsverhältnis, Bemerkung zur Parität und Richtigkeitsgewähr beim Arbeitsvertrag,
AcP 176 (1976), S. 221 – 246

ders. — Das Bürgerliche Recht im Spiegel seiner großen Kommentare (3. Teil), JuS 1984, S. 985 – 990

Zöllner, Wolfgang / Loritz, Karl-Georg / Hergenröder, Curt Wolfgang — Arbeitsrecht
7. Auflage, München 2015
Zitiert als: *Zöllner/Loritz/Hergenröder*, Arbeitsrecht

Zwanziger, Bertram Zur Auslegung von § 1 Abs. 5 Kündigungsschutzgesetz, DB 1997, S. 2174 – 2178

Zwarts, Margriet The Duty of Fair Representation: Individual Rights in the Collective Bargaining Process, or Squaring the Circle, 28 McGill Law Journal 1982–1983, S. 59 – 101

Osnabrücker Schriften zum Unternehmens- und Wirtschaftsrecht

Herausgegeben von Marcus Bieder, Andreas Fuchs,
Lars Leuschner, Markus Stoffels und Dirk A. Verse

Band 1 Malte Richter: Die Verwendung von Ratings zur Regulierung des Kapitalmarkts. Eine vergleichende Untersuchung nach US-amerikanischem und deutschem Recht. 2008.

Band 2 Dietmar Haffa: Lock-up Vereinbarungen – Veräußerungsbeschränkungen für Altaktionäre beim Börsengang. 2008.

Band 3 Martin Eimer: Zeichnungsverträge und Zeichnungsvorverträge. Zu den Rechten und Pflichten aus dem Vertrag über die Vorerhöhungsgesellschaft. 2009.

Band 4 Tobias Mischitz: Die Bedeutung von Nachfragemacht für die Beurteilung von Einkaufskooperationen im EG-Kartellrecht. 2008.

Band 5 Matthias Decker: Öffentlich-rechtlicher Rechtsschutz der Zielgesellschaft und ihrer Aktionäre in Übernahmesituationen. Eine materiell- und prozessrechtliche Analyse. 2009.

Band 6 Tim Gero Joppich: Die Kodifikation des Transparenzgebots in § 307 BGB. Die Prinzipien der Transparenzkontrolle unter besonderer Berücksichtigung der Arbeitsvertragskontrolle. 2009.

Band 7 Rachid René Wiersch: Der gutgläubige Erwerb von GmbH-Anteilen. 2009.

Band 8 Oliver Kirchwehm: Reformen der Corporate Governance in Japan und Deutschland. Eine gesellschaftsrechtliche Betrachtung. 2010.

Band 9 Christian Spruß: Die Einbeziehung Allgemeiner Geschäftsbedingungen im deutschen Recht unter besonderer Berücksichtigung des europäischen Rechts und des UN-Kaufrechts. 2010.

Band 10 Jost Onstein: Der Beirat einer mittelständischen GmbH als Instrument guter Unternehmensführung. Ein Beitrag zur Corporate Governance-Diskussion in kleinen und mittleren Familienunternehmen. 2010.

Band 11 Verena Förster: Die Vereinbarung variabler Zinssätze in AGB. 2010.

Band 12 Christian Karbaum: Kartellrechtliche Compliance - Rechtsgrundlagen und Umsetzung. 2010.

Band 13 Dirk Schnelle: Die Berufsbildung der Volontäre und Praktikanten. 2010.

Band 14 Hanno Teuber: Die Beeinflussung von Börsenkursen. Kurspflege und Marktmanipulation. 2011.

Band 15 Michael Berkemeyer: Die Leihgabe von Berufssportlern. 2011.

Band 16 Adrian Jaglarz: Die fusionskontrollrechtliche Behandlung von Immaterialgüterrechtsakquisitionen im US-amerikanischen, europäischen und deutschen Recht. 2012.

Band 17 Philipp Loosen: Reformbedarf im Spruchverfahren. Empirische Analyse, Rechtsvergleich mit US-amerikanischem Recht und Reformvorschläge. 2013.

Band 18 Zacharias-Alexis Schneider: Kapitalschutz nach dem Bilanzrechtsmodernisierungsgesetz. 2014.

Band 19 Miriam Sprink: Vertragliche Gestaltung von Urlaub. Möglichkeiten und Grenzen. 2015.

Ab Band 20 läuft die Reihe unter einem neuen Reihentitel

Schriften zum Unternehmens- und Wirtschaftsrecht

Herausgegeben von
Marcus Bieder, Andreas Fuchs, Lars Leuschner, Markus Stoffels und Dirk A. Verse

Band 20 Lars Jeschke: Der Rechtsrahmen für Vorstandsvergütungen in Deutschland und Australien. Ein Rechtsvergleich. 2015.

Band 21 Anne Praß: Die betriebsbedingte Kündigung von Leiharbeitnehmern. 2016.

Band 22 Larissa Pewny: Das Übergangsmandat des Betriebsrats. Gestaltungsmöglichkeiten unter besonderer Berücksichtigung gewillkürter Betriebsratsstrukturen gemäß § 3 BetrVG. 2017.

Band 23 Andreas G. Mahret: Pflichtenkollisionen von Geschäftsleitern. 2017.

Band 24 Jochen Seier: Das fingierte Arbeitsverhältnis nach § 10 Abs. 1 AÜG. 2017.

Band 25 Nora Brosent: Strategische Insolvenzen – Grenzen der Instrumentalisierung des Insolvenzplanverfahrens zur Lösung von Gesellschafterkonflikten. 2019.

Band 26 Michel Hoffman: Individualschutz im Betriebsverfassungsrecht. 2019.

www.peterlang.com

www.ingramcontent.com/pod-product-compliance
Ingram Content Group UK Ltd.
Pitfield, Milton Keynes, MK11 3LW, UK
UKHW021829290926
8980IPUK00004B/351

9 783631 782149